パーリ仏典

第三期 7

相応部（サンユッタニカーヤ）六処篇 I

片山一良 訳
Katayama Ichiro

大蔵出版

相応部（サンユッタニカーヤ）六処篇Ⅰ

目次

凡例

一、本巻は、パーリ仏典『相応部』（Saṁyutta-nikāya）の「六処篇」（Saḷāyatana-vagga）に収められた一〇相応、四二〇経のうち、前半の一相応（第一「六処相応」）、二四八経の全訳、および訳註である。

一、本文（Pāli）の底本には、つぎを使用した。

ビルマ（ミャンマー）第六結集版（略号 B^e）

Saṁyuttanikāya（Saḷāyatanavaggasaṁyutta-Pāḷi）, vol. II, pp. 236–406 1997

また、随時、つぎを参照した。

ロンドン・ＰＴＳ（パーリ聖典協会）版（略号 R^e）

The Saṁyutta-nikāya, vol. IV, pp. 1–204 1973

スリランカ・ブッダジャヤンティ版（略号 C^e）

Saṁyuttanikāya, vol. IV, pp. 1–389 1981

タイ王室版（略号 S^e）

Saṁyuttanikāya（Saḷāyatanavagga）, vol. IV, pp. 1–253 1959

インド・ナーランダー版（略号 D^e）

Saṁyuttanikāyo（Saḷāyatanavaggo）, vol. IV, pp. 1–182 1959

一、訳註には、その説明のために、つぎの『註』（Aṭṭhakathā）を使用した。

ビルマ（ミャンマー）第六結集版

Saṁyuttaṭṭhakathā, vol. III, pp. 1–114 1957

また、随時、つぎを参照した。

ロンドン・ＰＴＳ（パーリ聖典協会）版

Sāratthappakāsinī, vol. II, pp. 354–404, III, 1–73 1977

さらに、その補足説明のために、つぎの『復註』（Ṭīkā）を使用した。
ビルマ（ミャンマー）第六結集版
Saṁyuttaṭīkā, vol. II, pp. 281–352 1961

一、経名は、原則として原典の表記と順序に従い、これを訳出した。

一、本文における太字体の小見出しは、すべて便宜上のものである。
また、（ ）による説明は話者等を明瞭に示すための補足である。
註番号のうち、漢数字は脚註の、アラビア数字は補註（巻末）のそれを表わす。
▽—△は、底本での省略部分（pa）等を復元した箇所であることを示す。ただし、＊▽—△は、原文（経の冒頭）に「サーヴァッティの因縁」（Sāvatthi-nidānaṁ）と記された部分であることを示す。

一、脚註における〈〉は『註』、《》は『復註』による解釈であることを示す。ただし、そこに＊印を付したものは他所の『註』『復註』によることを示す。「あるいは「 」」は、別本による解釈、または別の可能な解釈を示す。
なお、脚註における漢訳対応経典を示す「大正蔵」はつぎを参照した。
『阿含部』第一～二巻（大正新脩大蔵経）大蔵出版
その表示に用いられるローマ字a、b、cは各頁の上、中、下段を示す。
一、本文上欄における数字のうち、カッコのない数字は底本（ビルマ第六結集版）の、カッコのある数字はPTS版の該当頁数を示す。
一、固有名詞は、原則として、パーリ語の音をカタカナに写し、これを示した。

一、解説（梗概）等における「参考経典」の略字は、つぎを表わす。
「大正蔵」＝大正新脩大蔵経（大蔵出版）
「南伝蔵」＝南伝大蔵経（大蔵出版）
なお、解説、補註などにおけるパーリ語訳文はビルマ（ミャンマー）第六結集版を底本としたが、その典拠の略号表記については原則としてPTSの辞書のそれに従って示した。

解説　六処篇Ⅰ所収経の梗概

本巻は、六処篇「一〇相応」（四二〇経）のうち、前半の一相応、すなわち第一「六処相応」（二四八経）からなる。以下にその内容を「章」中心に概観しておきたい。なお、この一相応は、「相応部」全五六相応のうち、「第三五相応」である。

第一　六処相応

本「六処相応」（Saḷāyatana-saṃyutta）は一九章、二四八経からなり、六処《ろくしょ》、すなわち六の接触処、接触場所に関する説示をその内容とする。六処篇のうち、量的に最も大部の相応であり、全体は「第一の五十経」（第一～五章、五二経）、「第二の五十経」（第六～一〇章、五一経）、「第三の五十経」（第一一～一五章、五二経）、「第四の五十経」（第一六～一九章、九三経）に四分される。

まず、本篇の主題である「六処」（saḷāyatana）とは何かを見ることにしよう。「六処」とは、接触処である六内処と六外処とをさす。六内処とは内の六根、すなわち眼《げん》・耳《に》・鼻《び》・舌《ぜっ》・身《しん》・意《い》という六の感官であり、六外処とは外の六境、すなわち色《しき》・声《しょう》・香《こう》・味《み》・触《そく》・法《ほう》という六の所縁（対象）である。『清浄道論《しょうじょうどうろん》』「第一五章・処界の解釈」（Vism. 481-484）、および『分別論註《ふんべつろんちゅう》』（VibhA. 45-51）によれば、この六処、すなわち十二処はつぎのように説明される。

「処」（āyatana）とは、一般的に、語源的に言えば、

(1)努力すること（āyatana）から、すなわち眼・色などにおいてそれぞれの門・所縁・心・心所が各自の領受などの作用によって努力することから、「処」である。

(2)入来（āya）を伸ばすこと（tanana）から、すなわち十二処は入来する心・心所法を伸ばし拡大することから、「処」である。

(3)拡大（āyata）を導くこと（nayana）から、すなわち十二処は無始の輪廻《りんね》の中に転起した輪廻の苦《く》が減退しない限り輪廻の苦を導き起こすことから、「処」である。

また、「処」は住処、鉱山、集合処、産地、根拠の五義によって知られる。

(1)住処（nivāsaṭṭhāna）の意味で、すなわちそれぞれの心・心所法は眼などに住み依存するため、眼などはそれら心・心所の住処であるから、「処」と言われる。

(2)鉱山（ākaraṭṭhāna）の意味で、すなわち心・心所法は眼などに散在しそれを所縁とするため、眼などはそれらの鉱山であるから、「処」と言われる。

(3)集合処（samosaraṇaṭṭhāna）の意味で、すなわち心・心所は眼などを基・門・所縁としてそれぞれの処に集合するため、眼などはそれらの集合処であるから、「処」と言われる。

(4)産地（sañjātidesa）の意味で、すなわち心・心所が眼などに依存し所縁としてそこに生起するため、眼などはそれらの産地であるから、「処」と言われる。

(5)根拠（kāraṇa）の意味で、すなわち眼などが存在しなければ心・心所法は存在しないため、眼などはそれらの根拠であるから、「処」と言われる。

つぎに、「処」とは、具体的には眼処・色処、耳処・声処、鼻処・香処、舌処・味処、身処・触処、意処・法処の「十二処」であり、各処の意味はつぎのように解される。すなわち、

(1)見る（cakkhati）から「眼」（cakkhu）である。色（rūpa）を楽しむ（assādeti）、また明らかにする（vibhāveti）、という意味である。明瞭にする（rūpayati）から「色」（rūpa）である。容色が変化する場合、心にある状態を説明する（pakāseti）、という意味である。

(2)聞く（suṇāti）から「耳」（sota）である。発音される（sappati）から「声」（sadda）である。発声される（udāhariyati）という意味である。

(3)嗅ぐ（ghāyati）から「鼻」（ghāna）である。嗅がれる（gandhayati）から「香」（gandha）である。自己の根拠を開陳する（sūcayati）、という意味である。

(4)命（jīvita）を呼び出す（avhayati）から「舌」（jivhā）である。もろもろの有情《うじょう》がそれを嗜む（rasanti）から「味」（rasa）である。楽しむ（assādenti）という意味である。

(5)嫌悪される（kucchita）もろもろの有漏法《うろほう》の来処（āya）であるから「身」（kāya）である。来処とは生起の場所（uppattidesa）である。触れられる（phusiyati）から「触」（phoṭṭhabba 触れられるべきもの）である。

(6)考える（munāti）から「意」（mano）である。それらは自己の相を保つ（dhārayanti）から「法《ほう》」（dhammā 諸法）である、と。

以上のように、「処」、あるいは「六処」、あるいは「十二処」は説明されるが、いずれも「名色《みょうしき》」（身心）という「自己」に収まるものである。なぜならば、眼・耳・鼻・舌・身の五処と色・声・香・味・触の五処の十処は「色」（身）に、意処と法処の二処は「名」（心）に収まるからである。それゆえ、先の蘊篇が五蘊《ごうん》（色・受《じゅ》・想《そう》・行《ぎょう》・識《しき》）という「自己」の無常《むじょう》・苦・無我《むが》を主旨として説かれたように、この六処篇もまた、全経は六処（十二処）という「自己」が無常であり、苦であり、無我であることを主旨として説かれたものに他ならない。それは、本篇冒頭の第一「内無常経」ないし第六「外無我経」が端的に示すとおりである。

さて、これより、各章の経について概観したい。

まず、「第一の五十経」の第一「**無常の章**」は一二経からなる。

第一「内無常経」は、仏（釈尊）が、サーヴァッティに近いジェータ林のアナータピンディカ僧院《そういん》（祇園精舎《ぎおんしょうじゃ》）において、比丘《びく》たちに、六内処（眼・耳・鼻・舌・身・意）は「無常である。苦である。無我である」と、また「これは私のものではない。これは私ではない。これは私の我ではない」と正しい慧《え》によって見られるべきであり、このように見る聖なる弟子は、六内処について厭離《おんり》し、離貪《りとん》し、解脱《げだつ》し、解脱の智《ち》が生じ、「生まれは尽きた。梵行《ぼんぎょう》は完成された。なすべきことはなされた。もはや、この状態の他にはない」と知る、と説かれたものである。第二「内苦経」は六内処が「苦である。無我である」として、第三「内無我経」は六内処が「無我である」として、同様に説かれている。

第四「外無常経」は、比丘たちに、六外処（色・声・香・味・触・法）は「無常である。苦である。無我である」と、また「これは私のものではない。これは私ではない。これは私の我ではない」と正しい慧によって見られるべきであり、このように見る聖なる弟子は、六外処について厭離し、離貪し、解脱し、解脱の智が生じ、「生まれは尽きた」などと知る、と説かれたものである。第五「外苦経」は六外処が「苦である。無我である」として、第六「外無我経」は六外処が「無我である」として、同様に説かれている。

第七「内無常過去未来経」は、過去、未来、また現在の六内処は「無常」であり、このように見る聖なる弟子は、過去の六内処について期待せず、未来の六内処に歓喜《かんぎ》せず、現在の六内処の厭離、離貪、滅尽《めつじん》のために実践する、と説かれたものである。同じく、第八「内苦過去未来経」はそれらが「苦」であるとして、第九「内無我過去未来経」はそれらが「無我」であるとして、説かれたものである。

第一〇「外無常過去未来経」は、過去、未来、また現在の六外処は「無常」であり、このように見る聖なる弟子は、過去の六外処について期待せず、未来の六外処に歓喜せず、現在の六外処の厭離、離貪、滅尽のために実践する、と説かれたものである。同じく、第一一「外苦過去未来経」はそれらが「苦」であるとして、第一二「外無我過去未来経」はそれらが「無我」であるとして、説かれたものである。

第二「一対の章」は一〇経からなる。

その第一「第一正覚以前経《だいいちしょうがくいぜんきょう》」は、仏（釈尊）がアナータピンディカ僧院（祇園精舎）で、比丘たちに、正覚者でない菩薩《ぼさつ》であったときのことを述懐し、説かれたものである。何が六内処（眼・耳・鼻・舌・身・意）の楽味《らくみ》、危難、出離《しゅつり》であるかを思い、楽味とは六内処によって楽・喜が生じることであり、危難とは六内処が無常・苦・変化《へんげ》の法であることであり、出離とは六内処に対する欲貪の調伏《じょうぶく》・捨断《しゃだん》である、と思った。このように六内処について楽味、危難、出離を証知《しょうち》してからは、天・人の世界において、「無上の正自覚《しょうじかく》をよく覚っている」と自称し、「私の解脱は不動である。これは最後の生まれである。もはや再有《さいう》はない」との智見《ちけん》が生じた、と。第二「第二正覚以前経」は六外処（色・声・香・味・触・法）について、同じく楽味、危難、出離を思い、それらを証知してからは、「無上の正自覚をよく覚っている」と自称し、「私の解脱は不動である」などとの智見が生じた、と述懐し、説かれたものである。

第三「第一楽味探求経」は、仏が比丘たちに、六内処の楽味、危難、出離を探求し、それがどれだけのものであるかを慧によってよく見て、「無上の正自覚をよく覚っている」と自称し、「私の解脱は不動である」などとの智見が生じた、と語られたものである。第四「第二楽味探求経」は、六外処の楽味、危難、出離の探求について、同様に語られたものである。

第五『第一「もし楽味がなければ」経』は、仏が比丘たちに説かれたものである。もしここに六内処の楽味がなければ、生けるものたちは、六処に執着《しゅうじゃく》しないが、あるから執着する。六内処の危難がなければ、生けるものたちは、六処を厭わないが、あるから厭う。六内処の出離がなければ、生けるものたちは、六処から出離しないが、あるから出離する。生けるものたちは、六内処について、このように楽味、危難、出離を証知してからは、天・人の世界から出離し、限界のない、自由な心によって住んでいる、と。第六『第二「もし楽味がなければ」経』は、六外処の楽味、危難、出離について、同様に説かれたものである。

第七「第一歓喜経」は、仏が比丘たちに、六内処を歓喜する者は苦を歓喜し、苦を歓喜する者は苦から解放されない、と説かれたものである。第八「第二歓喜経」は、同じく六外処を歓喜する者は苦を歓喜し、苦を歓喜する者は苦から解放されない、と説かれたものである。

第九「第一苦生起経」は、仏が比丘たちに、六内処の生起は苦の生起であり、もろもろの病の存続であり、老死の出現であり、また六内処の滅尽は苦の滅尽であり、もろもろの病の寂止であり、老死の消滅である、と説かれたものである。第一〇「第二苦生起経」は、同じく六外処の生起が苦の生起であり、また六外処の滅尽が苦の滅尽であることを説く。

第三「一切の章」は一〇経からなる。

その第一「一切経」は、仏が比丘たちに、「一切」とは何かを語り、それは六内処（眼・耳・鼻・舌・身・意）と六外処（色・声・香・味・触・法）である、と説かれたものである。ちなみに、「一切」には①一切の一切（一切知智）、②処の一切（四地）、③有身《うしん》の一切（三地）、④場所の一切（五門所縁）の四種が知られ、ここは②の「処の一切」が意趣されている。

第二「捨断経」は、一切を捨断する法を説き、眼、色、眼識、眼触、それを縁として生じる楽・苦・非苦非楽《ひくひらく》の感受が捨断されるべきである、というように六処の一切について示されたものである。第三「証知遍知《しょうちへんち》捨断経《しゃだんきょう》」は、一切を証知し、遍知して、捨断する法を説き、眼、色、眼識、眼触などは証知し、遍知して、捨断されるべきである、というように六処の一切について示されたものである。

第四「第一不遍知経」は、一切を遍知しない者は苦を尽すことはできないが、一切を遍知する者は苦を尽すことができる、と説かれたものである。一切とは何か。眼、色、眼識、眼触、それを縁として生じる楽・苦・非苦非楽の感受など、六処の一切である。第五「第二不遍知経」は、前経と同趣旨で説かれたものであるが、一切を、眼、色、眼識、眼識によって識《し》られるべきもろもろの法など、六処の一切とする。

第六「燃焼経」は、仏が、ガヤーに近いガヤーシーサで、千人の比丘に説かれたものである。一切は燃えている。眼、色、眼識、眼触、それを縁として生じる楽・苦・非苦非楽の感受をはじめとする六処の一切は、十一の火（貪《とん》・瞋《じん》・痴《ち》、生《しょう》・老《ろう》・死《し》、愁・悲・苦・憂・悩）によって燃えている。このように見る聖なる弟子は、六処について厭離し、離貪し、解脱し、「生まれは尽きた」などと知る、と。この教えによって、かつて結髪の三兄弟（ウルヴェーラ・カッサパ、ナディー・カッサパ、ガヤー・カッサパ）をそれぞれの師としたそれぞれ五百人、三百人、二百人の弟子（千人）は執着が消え、心が煩悩《ぼんのう》から解脱したという。

第七「圧迫経」は、仏が、ラージャガハに近い竹林のカランダカニヴァーパ（竹林精舎）で比丘たちに、六処の一切は圧迫されている、と説かれたものである。このように見る聖なる弟子は、六処の一切について厭離し、離貪し、解脱し、「生まれは尽きた」などと知る、と。

第八「根絶相応経」も、仏が、竹林のカランダカニヴァーパで比丘たちに、一切の妄想（愛《あい》・慢《まん》・見《けん》）を根絶するためにふさわしい実践を説かれたものである。眼、色、眼識、眼触、それを縁として生じる楽・苦・非苦非楽の感受をはじめとする六処の一切を私のものであると妄想しない。かれは、世のいかなるものにも執着せず、震えず、自ら般涅槃《はつねはん》する、と。第九「第一根絶適応経」も、同じく一切の妄想を根絶するために適した実践を説いたものである。六処の一切を私のものであると妄想しない。どれだけの蘊・界・処であれ、それも妄想しない、と。第一〇「第二根絶適応経」もまた、同じく一切の妄想を根絶するために適した実践を説いたものであるが、その説示法は異なる。六処の一切は無常であり、苦であり、無我である。このように見る聖なる弟子は、六処の一切について厭離し、離貪し、解脱し、「生まれは尽きた」などと知る、と。

第四「生法の章」は一〇経からなる。

第一「生法経《しょうほうきょう》」は、仏が、アナータピンディカ僧院（祇園精舎）で、比丘たちに、一切は生法（生まれる性質のもの）であると説かれたものである。眼、色、眼識、眼触、それを縁として生じる楽・苦・非苦非楽の感受をはじめとする六処の一切は生法であり、このように見る聖なる弟子は、六処の一切について厭離し、離貪し、解脱し、「生まれは尽きた」などと知る、と。以下、第二「老法経」、第三「病法経」、第四「死法経」、第五「愁法経」、第六「汚染法経」、第七「尽法経《じんほうきょう》」、第八「壊法経《えほうきょう》」、第九「生起法経」、第一〇「滅尽法経」は、各経の法名のもとに、第一経と同じ内容で、簡略に、語られたものである。

第五「一切無常の章」は一〇経からなる。

その第一「無常経」は、仏が比丘たちに、一切は無常であると説かれたものである。眼、色、眼識、眼触、それを縁として生じる楽・苦・非苦非楽の感受をはじめとする六処の一切は無常であり、このように見る聖なる弟子は、六処の一切について厭離し、離貪し、解脱し、「生まれは尽きた」などと知る、と。以下、第二「苦経」は、一切は苦であると、第三「無我経」は、一切は無我であると、第四「可所証知経」は、一切は証知されるべきであると、第五

「可所遍知経」は、一切は遍知されるべきであると、第六「可所捨断経」は、一切は捨断されるべきであると、第七「可所現証経」は、一切は現証されるべきであると、第八「証知可所遍知経」は、一切は証知し、遍知されるべきであると、第九「打倒経」は、一切は打倒されていると、第一〇「打破経」は、一切は打破されていると説き、第一経と同じ説示法で、簡略に、語られたものである。

以上が「第一の五十経」（第一～五章、五二経）の梗概である。

〔参考経典〕『相応部経典』第四（南伝蔵一五、一―四九）

つぎに、「第二の五十経」の**第六「無明の章」**は一〇経からなる。

第一「無明捨断経《むみょうしゃだんきょう》」は、仏が、アナータピンディカ僧院（祇園精舎）で、ある比丘による「どのように知り、見る者に無明が捨断され、明が生じるのか」との問いに答えて説かれたものである。眼、色、眼識、眼触、それを縁として生じる楽・苦・非苦非楽の感受をはじめとする六処の一切を無常である、と知り、見る者に無明（無知）が捨断され、明（智慧）が生じる、と。第二「束縛捨断経《そくばくしゃだんきょう》」も、ある比丘による「どのように知り、見る者にもろもろの束縛が捨断されるのか」との問いに答えて説かれたものである。第一経と同じく、六処の一切を無常である、と知り、見る者にもろもろの束縛が捨断される、と。第三「束縛根絶経」も、ある比丘による「どのように知り、見る者にもろもろの束縛が根絶されるのか」との問いに答えて説かれたものである。眼、色、眼識、眼触、それを縁として生じる楽・苦・非苦非楽の感受をはじめとする六処の一切を無我である、と知り、見る者にもろもろの束縛が根絶される、と。以下、同じく、第四「漏捨断経」は、六処の一切を無常である、と知り、見る者にもろもろの漏（煩悩）が捨断されると、第五「漏根絶経」は、六処の一切を無我である、と知り、見る者にもろもろの漏が根絶されると、第六「随《ずい》眠捨断経《めんしゃだんきょう》」は、六処の一切を無常である、と知り、見る者にもろもろの随眠（潜在煩悩）が捨断されると、第七「随眼根絶経」は、六処の一切を無我である、と知り、見る者にもろもろの随眠が根絶されると、説かれたものである。

第八「一切取著遍知経《いっさいしゆじやくへんちきよう》」は、仏が比丘たちに、一切の取著を遍知するための法を説かれたものである。眼と色とによって眼識が生じる。三者の和合である触を縁として受（感受）が生じる。このように六処の一切を見る聖なる弟子は、六処の一切について厭離し、離貪し、解脱し、「取著は私に遍知されている」と知る、と。第九「第一・一切取著終息経」は、一切の取著を終息させるための法を説かれたものである。第八経と同様に示され、このように見る聖なる弟子は、六処の一切について厭離し、離貪し、解脱し、「取著は私に終息している」と知る、と。第一〇「第二・一切取著終息経」もまた、同じく一切の取著を終息させるための法を説かれたものであるが、その説示法は異なる。六処の一切は無常であり、苦であり、変化する性質のものであり、「これは私のものである」などと見ることは適切でない。このように見る聖なる弟子は、六処の一切について厭離し、離貪し、解脱し、「生まれは尽きた」などと知る、と。

第七「ミガジャーラの章」は一一経からなる。

その第一「第一ミガジャーラ経」は、仏が、アナータピンディカ僧院（祇園精舎）で、ミガジャーラ長老による「どのようにして独住者となるのか、また随伴住者となるのか」との問いに答えて、説かれたものである。眼などの六内処によって識られる欲をともなった色などの六外処がある。もし比丘がそれに執着すれば歓喜が生起し、貪欲が生じ、縛りが生じ、かれは「随伴住者」と言われる。しかし、それに執着しなければ歓喜が滅尽し、貪欲も縛りも生ぜず、かれは「独住者」と言われる。かれは随伴者である渇愛《かつあい》が断たれているから、村辺でだれと交わり、住んでも独住者である、と。第二「第二ミガジャーラ経」は、ミガジャーラ長老に「独《ひと》り離れて住むための簡略な法」を懇願されて、説かれたものである。眼などの六内処によって識られる欲をともなった色などの六外処がある。もし比丘がそれに執着すれば歓喜が生起し、苦の生起がある。しかし、それに執着しなければ歓喜が滅尽し、苦の滅尽がある、と。やがて、かれは独り離れて住み、励み、阿羅漢《あらかん》になったという。

第三「第一サミッディ魔問経」は、仏がサミッディ長老に「どのようにして魔、あるいは魔という概念が現われるのか」と問われて、説かれたものである。眼があり、色があり、眼識があり、眼識によって識られるべきもろもろの法があれば、魔（死）、あるいは魔という概念（名前）が現われる。このように六処（六識）によって識られるべきもろもろの法があれば、魔、あるいは魔という概念が現われ、なければ、現われない、と。第四「サミッディ有情問経」は、第三経における「魔」を「有情」に代えて、第五「サミッディ苦問経」は、「苦」に代えて、第六「サミッディ世界問経」は、「世界」に代えて、説かれたものである。

第七「ウパセーナ蛇経」は、シータ林のサッパソンディカ洞窟に住んでいたウパセーナ長老の身に蛇（毒蛇）が落ちてきたとき、そこにいたサーリプッタ長老と交わした「身の異変と諸感官」に関する会話を内容とする。「私は眼である」とか、「私の眼である」などと思うならば、身の異変とか、諸感官の変化が現われるが、そのように思わなければ現われない。それは、我執《がしゅう》、我所執《がしょしゅう》、慢随眠がよく根絶されているからである、と。

第八「ウパヴァーナ自見経」は、仏がウパヴァーナ長老に「法は自ら見るべきものである」などということについて問われて、説かれたものである。眼によって色を見て、色を感受し、色に対する貪り《むさぼ》を感受し、私の内には貪りがある、と知る。また、眼によって色を見て、色を感受せず、色に対する貪りを感受せず、私の内には貪りがない、と知る。このようにして、六処について知れば、法は自ら見るべきものになる、と。

第九「第一・六触処経」、第一〇「第二・六触処経」、第一一「第三・六触処経」は、いずれも仏が比丘たちに、「六触処（眼など）の生起と消滅と、楽味と危難と出離とを如実《にょじつ》に知らない者は、梵行を完成せず、この法と律《りつ》（仏教）から遠く離れている」と言われて、ある比丘との問答により、示されたものである。第九経は、眼などが「これは私のものではない」などと正しい慧によって見られるならば苦の終わりである、と説く。第一〇経は、眼などが「これは私のものではない」などと正しい慧によって見られるならば眼などの六触処が未来に再生しないために捨断される、と説く。第一一経は、眼などが無常であり、苦であり、変化する性質のものであり、「これは私のものではない」などと見る聖なる弟子は、六処の一切について厭離し、離貪し、解脱し、「生まれは尽きた」などと知る、と説く。

第八「病の章」は一〇経からなる。

その第一「第一病経」は、仏が、新参者で病気に苦しむ比丘を見舞われ、「貪の離貪」について説かれたものである。眼などの六処が無常であり、苦であり、変化する性質のものであり、「これは私のものではない」などと見る聖なる弟子は、六処について厭離し、離貪し、解脱し、「生まれは尽きた」などと知る、と。これが語られているとき、かれに、「およそ生起する性質のものは、すべて滅尽する性質のものである」との法眼《ほうげん》が生じたという。第二「第二病経」は、「執着のない般涅槃」について説かれたものである。眼、色、眼識、眼触、それを縁として生じる楽・苦・非苦非楽の感受をはじめとする六処が無常であり、苦であり、変化する性質のものであり、「これは私のものではない」などと見る聖なる弟子は、六処の一切について厭離し、離貪し、解脱し、「生まれは尽きた」などと知る、と。これが語られているとき、かれの心は、執着がなく、もろもろの煩悩から解脱したという。

第三「ラーダ無常経」は、仏がラーダ長老に「独り離れて住むための簡略な法」を懇願されて、説かれたものである。「無常のもの」に対して欲を断たねばならない。すなわち眼、色、眼識、眼触、それを縁として生じる楽・苦・非苦非楽の感受をはじめとする六処は無常であり、それらに対する欲を断たねばならない、と。第四「ラーダ苦経」は、「苦のもの」に対して、第五「ラーダ無我経」は、「無我のもの」に対して、同様に欲を断たねばならない、と説かれたものである。

第六「第一無明捨断経」は、仏が、ある比丘に「その捨断により、無明が捨断され、明が生じる一法はあるのか」と問われて、説かれたものである。ある。それは無明である。眼、色、眼識、眼触、それを縁として生じる楽・苦・非苦非楽の感受をはじめとする六処を無常であると知る比丘に、無明が捨断され、明が生じる、と。第七「第二無明捨断経」は、仏が、第六経と同じ問いに答えて、説かれたものである。比丘は、「一切の法は執着に適さない」と聞いているなら、一切の法を証知し、遍知し、一切の相を、すなわち六処の一切を他（無我）と見る。このように知り、見る比丘に、無明が捨断され、明が生じる、と。

第八「衆多比丘経」は、多くの比丘が異教《いきょう》の遍歴行者《へんれきぎょうじゃ》たちに「何のために沙門《しゃもん》ゴータマのもとで梵行が行われているのか」と問われ、「苦を知悉《ちしつ》するためである」と答えたことの妥当性を仏が認め、その「苦」について説かれたものである。眼、色、眼識、眼触など、六処の一切は苦である、と解答すべきである、と。

第九「世界問経」は、仏が、ある比丘の「世界はどのようにして世界と言われるのか」との問いに答えて、説かれたものである。壊れる（ルッジャティ）から、世界（ローカ）と言われる。何が壊れるのか。眼、色、眼識、眼触、それを縁として生じる楽・苦・非苦非楽の感受など、六処の一切が壊れる、と。

第一〇「パッグナ問経」は、仏が、パッグナ長老による「眼などの六処によって、過去の、般涅槃し、一切の苦を超越された諸仏について告知しようとする場合、告知することができる、そのような眼などの六処はあるのか」との問いに答えて、説かれたものである。そのような諸仏について告知できる眼などの六処はない、と。

第九「チャンナの章」は一〇経からなる。

その第一「壊滅法経《えめつほうきょう》」は、仏が、アーナンダ長老による「世界はどのようにして世界と言われるのか」との問いに答えて説かれたもので、その内容は前章の第九「世界問経」とほぼ同じである。第二「空世界経」は、仏が、アーナンダ長老による「どのようにして世界は空であると言われるのか」との問いに答えて説かれたものである。眼、色、眼識、眼触、それを縁として生じる楽・苦・非苦非楽の感受などの六処の一切は、我について、あるいは我所（我がもの）について空であるから「世界は空である」と言われる、と。

第三「簡略法経」は、仏がアーナンダ長老に「独り離れて住むための簡略な法」を懇願されて、説かれたものである。眼、色、眼識、眼触、それを縁として生じる楽・苦・非苦非楽の感受をはじめとする六処が無常であり、苦であり、変化する性質のものであり、「これは私のものではない」などと見る聖なる弟子は、六処の一切について厭離し、離貪し、解脱し、「生まれは尽きた」などと知る、と。

第四「チャンナ経」は、チャンナ長老が重病に苦しみ、生きることを望まず、刀を執ろうとするとき、かれを見舞ったサーリプッタ長老は問答により六処に関するかれの充分な理解を確認し、またマハーチュンダ長老は仏の「依存する者には動揺があり」云々の教え（自説）を示したが、かれは刀を執ったため、サーリプッタ長老が仏のもとへ行き、かれの来世を問い、仏から「チャンナ比丘は非難されない刀を執った、と受けとめよ」と答えられたことを語るものである。

第五「プンナ経」は、仏がプンナ長老に「独り離れて住むための簡略な法」を懇願されて、説かれたものである。眼などの内の六処によって識られるべき欲をともなった外の色などの六処を歓び、固執《こしゅう》するならば、歓喜が生じる。歓喜の生起により、苦の生起がある。しかし、六処を歓ばず、固執しなければ、歓喜が滅する。歓喜の滅尽により、苦の滅尽がある、と。また、かれがスナーパランタという地方で住みたい旨を告げると、仏は、そこの人々は凶暴であるが、調御《じょうご》という寂止をそなえれば住むことができる、と語られた。かれはそこへ行き、住み、実践し、まもなく三明を現証し、入滅したという。

第六「バーヒヤ経」は、仏がバーヒヤ長老に「独り離れて住むための簡略な法」を懇願されて、説かれたものであり、その内容は第三「簡略法経」とほぼ同じである。かれは法を喜び、出家《しゅっけ》し、梵行を完成し、阿羅漢の一人になったという。

第七「第一動転経」は、仏が比丘たちに、動転について説かれたものである。動転は病であり、腫れ物であり、矢である。如来《にょらい》は動転がなく、矢を離れて住む。比丘がもしもそのように住もうと希望するならば、眼、色、眼識、眼触、それを縁として生じる楽・苦・非苦非楽の感受をはじめとする六処の一切を妄想してはならない。それは私のものである、と妄想してはならない。かれは、このように妄想せず、世のいかなるものにも執着せず、震えず、自ら般涅槃し、「生まれは尽きた」などと知る、と。第八「第二動転経」も前経と同じく、動転について説かれたものである。眼などの六処を妄想してはならない。なぜならば、あるものを妄想する場合、それはそれと異なるものになるからである。かれは、このように妄想せず、自ら般涅槃し、「生まれは尽きた」などと知る、と。

第九「第一・一対経」は、仏が比丘たちに、「一対」について説かれたものである。その内容は第三章の第一「一切経」と同じであり、「一切」を「一対」に代えて語られている。「一対」とは、眼と色など、六内処と六外処である、と。第一〇「第二・一対経」は、その「一対」（六内処と六外処、根と境）によって識が生じることを説いたものである。そして、その一対も識も触も感受も無常であり、変化し、変異する、と。

第一〇「六の章」は一〇経からなる。

その第一「無調御無守護経」は、仏が比丘たちに、六の触処は、調御がなく、守護がない場合、苦をもたらすものになり、よく調御され、よく守護されている場合、楽をもたらすものになる、と説かれたものであり、八偈を含んでいる。六の触処とは、眼・耳・鼻・舌・身・意という接触処をさす。

第二「マールキヤプッタ経」は、仏が老齢のマールキヤプッタ長老に「独り離れて住むための簡略な法」を懇願され、六処について、偈を含む問答により、説かれたものである。眼などの内の六処によって識られるべき色などの外の六処に対して、執着すれば苦を積み、執着しなければ苦を積まず、涅槃に近い、と。その後、かれは独り離れて住み、梵行を完成し、阿羅漢の一人になったという。

第三「衰退法経」は、仏が比丘たちに、衰退法と不衰退法と六勝処について説かれたものである。眼などの内の六処が色などの外の六処を捉えるとき、不善《ふぜん》の思惟《しゆい》が起こり、それを認めれば、「私は善法から衰退している」と衰退法が生じる。それを認めなければ、「私は善法から衰退していない」と不衰退法が生じる。また、不善の思惟が起こらなければ、「この処は勝利されている。勝処である」と六勝処を知るべきである、と。

第四「放逸住者経《ほういつじゅうしゃきょう》」は、仏が比丘たちに、放逸住者と不放逸住者について説かれたものである。眼などの六感官を防護せずに住めば心が汚れ、苦が生じ、法（止観《しかん》）が現われず、放逸住者になり、防護して住めば不放逸住者になる、と。

第五「防護経」は、仏が比丘たちに、防護と不防護について説かれたものである。眼などの六内処によって識られる欲をともなった色などの六外処を歓喜し、執着してとどまれば、衰退であり、不防護が生じる。しかし、歓喜せず、執着せずにとどまれば、不衰退であり、防護が生じる、と。

第六「定経《じょうきょう》」は、仏が比丘たちに、定（心一境性《しんいっきょうしょう》）について説かれたものである。定を修習《しゅじゅう》せよ。安定している比丘は如実に知る。眼、色、眼識、眼触、それを縁として生じる楽・苦・非苦非楽の感受をはじめとする六処の一切が無常であると如実に知る、と。第七「独坐経《どくざきょう》」は、前経の「定」を「独坐」に代えて説かれたものである。この独坐とは、身の遠離《おんり》をさす。

第八『第一「そなたらのものに非ず」経』は、仏が比丘たちに、草などを運ぶ人の喩えを引いて、説かれたものである。そなたたちのものでないものは捨てよ。それを捨てるならば、利益《りやく》、安楽のためになる。それとは何か。眼、色、眼識、眼触、それを縁として生じる楽・苦・非苦非楽の感受をはじめとする六処の一切である、と。第九『第二

「そなたらのものに非ず」経』は、仏が比丘たちに、草などを運ぶ人の喩えを引かず、説かれたものであり、内容は前経と同じである。

第一〇「ウダカ経」は、仏が比丘たちに、ウダカ・ラーマプッタについて、説かれたものである。かれは「私は明《みよう》智者《ちしや》、一切勝者である」と語っているがそうではない。比丘が六触処の、生起と消滅と、楽味と危難と出離とを如実に知るとき、明智者になるからである、と。

以上が「第二の五十経」(第六～一〇章、五一経)の梗概である。

〔参考経典〕『相応部経典』第四(南伝蔵一五、四九―一三六)

つぎに、「第三の五十経」の**第一一「無碍安穏者の章」**は一〇経からなる。

第一「無碍《むげ》安穏者《あんのんしやきよう》経」は、仏が、アナータピンディカ僧院(祇園精舎)で、比丘たちに、無碍安穏の門である法門《ほうもん》(法の根拠)について説かれたものである。眼などの六内処によって識られる欲をともなった色などの六外処を断ち、それらを捨てるために努力を説く如来は「無碍安穏者」と言われる、と。

第二『「取著して」経』は、仏が比丘たちに、何に取著して内に楽と苦が生じるかを説かれたものである。眼などの六処に取著して、内に楽と苦が生じる。六処は無常であり、苦であり、変化する性質のものである。このように見る聖なる弟子は、六処について厭離し、離貪し、解脱し、「生まれは尽きた」などと知る、と。

第三「苦生起経」は、仏が比丘たちに、苦の生起と消滅について説かれたものである。内の六処と外の六処によって六識が生じる。このように三者の和合である触を縁として受、愛が生じる。これが「苦の生起」である。その愛が離貪によって滅すれば、取、有、生、老死などが滅する。これが「苦の消滅」である、と。

第四「世界生起経」は、前経の「苦」を「世界」に代えて説かれたものである。「世界」は「自己」であり、「六処」

であり、「苦」であるゆえに。

第五『「私は勝《すぐ》れている」経』は、仏が比丘たちに、何に取著して、私は勝れているとか、同等であるとか、劣っているということが生じるかを説かれたものである。眼などの六処に取著して、勝、同等、劣ということが生じる。六処は無常であり、苦であり、変化する性質のものである。このように見る聖なる弟子は、六処について厭離し、離貪し、解脱し、「生まれは尽きた」などと知る、と。

第六「所束縛経」は、仏が比丘たちに、束縛されるべき法と束縛について説かれたものである。眼などの六処が「束縛されるべき法」であり、それらに対する欲貪が「束縛」である、と。第七「所取著経」は、前経の「束縛」を「取著」に代え、取著されるべき法と取著について説かれたものである。「取著」には四種、すなわち欲取《よくしゅ》、見取《けんしゅ》、戒禁取《かいごんしゅ》、我語取《がごしゅ》がある。

第八「内処遍知経」は、仏が比丘たちに、眼などの六内処を遍知しない者は苦を滅尽できず、遍知する者は苦を滅尽できることを説かれたものである。第九「外処遍知経」は、色などの六外処を遍知しない者は苦を滅尽できず、遍知する者は苦を滅尽できることを説かれたものである。

第一〇「近聞経」は、仏が、ニャーティカの煉瓦堂《れんがどう》で独坐し、苦の生起と消滅について語られたとき、それを近くで聞きながら立っている比丘をご覧になり、「この法門を学び、受持《じゅじ》しなさい。初梵行のものです」と言われたものである。ここに説かれた内容は、第三「苦生起経」のそれにほぼ等しい。

第一二「世界妙欲の章」は一〇経からなる。

その第一「第一魔罠経」は、仏が比丘たちに、魔の罠について説かれたものである。眼などの六内処によって識られる欲をともなった色などの六外処を歓喜し、執着してとどまれば、魔の罠にかかり、悪しき者の欲するがままにされる。しかし、歓喜せず、執着せずにとどまれば、魔の罠にかからず、悪しき者の欲するがままにされない、と。魔とは、愛・慢・見の妄執想をいう。第二「第二魔罠経」は、第一経とほぼ同じ内容であるが、表現において「魔の罠にかかり」を「六外処に縛られ、魔の罠にかかり」とし、また「魔の罠にかからず」を「六外処を脱し、魔の罠にかからず」としているところが異なっている。

第三「世界終行経」は、仏が比丘たちに「私は世界の終わりを歩行によって知る、見る、極めることができる、とは説かない。しかし、世界の終わりを極めずして、苦の終わりを作ることを説かない」と略説されたことを、アーナンダ長老が比丘たちの懇願により、詳説したものである。眼などの六処によって、世界において世界を想い、世界を考える者が生じる。しかし、世界はそのように妄想されるものではなく、壊れるもの、無常である。このように知る者は苦の終わりを作ることができる、と。のちに、仏はこれを是認し、長老を称賛されたという。

第四「妙欲経《みようよくきよう》」は、仏が比丘たちに、「正覚以前の菩薩の時に、私はこう思った。以前に触れられた五妙欲は滅尽しているが、不放逸と念《ねん》が心を守るようにしなければならない、と。それゆえ、そなたたちもそのようにして、六内処が滅尽し、六外処が滅尽する、その処が知られるべきである」と略説されたことを、前経と同様に、アーナンダ長老が詳説したものである。仏は六処の滅尽について語られているのである、と。仏はこれを是認し、長老を称賛されたという。

第五「帝釈天問経《たいしやくてんもんきよう》」は、仏が神々の主サッカ（帝釈天）に、有情が現世で般涅槃しない因縁と般涅槃する因縁とを問われて答え、説かれたものである。六内処によって識られる六外処に取著すれば般涅槃せず、取著しなければ般涅槃する、と。第六「パンチャシカ経」は、前経の「神々の主サッカ」を「ガンダッバ天子であるパンチャシカ」に代えて説かれたものであり、内容はほぼ同じである。

第七「サーリプッタ共住者経」は、サーリプッタ長老が、やって来たある比丘から「共住者である比丘が学びを捨てて還俗《げんぞく》している」と聞いて、かれに説いたものである。われわれは、諸感官（六処）の門を守り、食べ物に量を知り、覚醒に努める者になろう、と学ぶべきである、と。

第八「ラーフラ教誡経」は、仏が、実子であるラーフラ長老に、六処の無常を説き、煩悩の滅尽に導かれたものであり、中部147『小ラーフラ教誡経』の内容とほぼ同じである。

第九「所束縛法経」は、仏が比丘たちに、束縛されるべき法と束縛について説かれたものである。眼などの六内処によって識られる欲をともなった色などの六外処が「束縛されるべき法」であり、それらに対する欲貪が「束縛」である、と。第一〇「所取著法経」は、前経の「束縛」を「取著」に代え、取著されるべき法と取著について説かれたものである。

第一三「資産家の章」は一〇経からなる。

その第一「ヴェーサーリー経」は、仏が、ヴェーサーリーのウッガ資産家に、有情が現世で般涅槃しない因縁と般涅槃する因縁とを問われて答え、説かれたものである。六内処によって識られる六外処に取著すれば般涅槃せず、取著しなければ般涅槃する、と。その内容は第一二章の第五「帝釈天問経」とほぼ同じである。第二「ヴァッジー経」は、仏が、ヴァッジー国のハッティ村のウッガ資産家に、第三「ナーランダ経」は仏がウパーリ資産家に説かれたものであり、いずれも内容は第一経と同じである。

第四「バーラドヴァージャ経」は、ピンドーラ・バーラドヴァージャ長老が、ウデーナ王による「若い比丘たちが諸欲の中で遊ばず、生涯、完全で清浄な梵行を行い、時を過ごす因縁は何か」との問いに答えて、厭逆の思惟による三十二行相、六感官（六処）の防護など、仏の教えを説き示したものである。王はこれを喜び、三宝《さんぼう》に帰依《きえ》する信者になったという。

第五「ソーナ経」は、仏が資産家の子ソーナに説かれたものであり、内容は第一経のそれと同じである。

第六「ゴーシタ経」は、アーナンダ長老が資産家ゴーシタの問いに答え、種々の界（界の種々性）について語ったものである。眼界と色と眼識があり、楽を感受すべき触によって楽受が生じ、苦を感受すべき触によって苦受が生じ、非苦非楽を感受すべき触によって非苦非楽受が生じる。このように眼界ないし意界の六界（六処）を種々の界として、仏は説いておられる、と。

第七「ハーリッディカーニ経」は、マハーカッチャーナ長老が資産家ハーリッディカーニの「どのように種々の界によって種々の触が生じ、種々の触によって種々の受が生じるのか」と問いに答えて語ったものであるが、その内容は前経とほぼ同じである。

第八「ナクラピター経」は、仏がナクラピター資産家に、有情が現世で般涅槃しない因縁と般涅槃する因縁とを問われて答え、説かれたものである。その内容は第一「ヴェーサーリー経」とほぼ同じである。

第九「ローヒッチャ経」は、森に住むマハーカッチャーナ長老が、森で沙門を誹謗《ひぼう》しつつ戯《たわむ》れる青年バラモンたちに諸偈をもって、「古のバラモンは戒を最上とし、諸門をよく守った」と語り、それを聞いてやって来たかれらの師ローヒッチャ・バラモンに、「門を守らぬ者」と「門を守る者」について、六処によって説いたものである。説法《せっぽう》の後、ローヒッチャ・バラモンは三宝に帰依したという。

第一〇「ヴェーラハッチャーニ経」は、ウダーイー長老が、ヴェーラハッチャーニ姓の女性バラモンの要請を受け、「阿羅漢は、何があるとき楽と苦を知らせ、何がないとき楽と苦を知らせないのか」という問いに答えて、説いたものである。阿羅漢は、六処があるとき楽と苦を知らせ、六処がないとき楽と苦を知らせない、と。彼女は喜び、三宝に帰依したという。

第一四「デーヴァダハの章」は一二経からなる。

その第一「デーヴァダハ経」は、仏が、デーヴァダハという釈迦族の町で、比丘たちに、六触処についてなすべきことを説かれたものである。阿羅漢の比丘は煩悩が尽き、放逸になることがないから、不放逸によらず、なすべきである。しかし、有学《うがく》の比丘は不放逸により、不放逸の果をよく見て、なすべきである、と。

第二「時機経」は、仏が比丘たちに、「そなたたちには利得があり、梵行住の時機（道慧を得る機会）が獲得されている」と言い、「私は六触処という地獄、六触処という天界《てんかい》を見ている」と語られたものである。それは、そなたたちは人間の状態を得ているから、梵行住の時機が獲得されている、という意趣に他ならない。

第三「第一色楽経」は、仏が比丘たちに、諸天と諸人は色などの六外処を楽しみ、それらの変化と消失と滅尽により苦しむが、如来はそれらの生起と消滅と、楽味と危難と出離とを如実に知り、楽しまず、それらの変化と消失と滅尽により楽しむ、と説かれたものであり、八偈を含んでいる。第四「第二色楽経」は、前経の後半の八偈を欠くもので、その内容は同じである。

第五『第一「そなたらのものに非ず」経』は、仏が比丘たちに、草などを運ぶ人の喩えを引いて、眼などの六内処はそなたたちのものでない、捨てよ、と説かれたものである。第一〇章の第八『第一「そなたらのものに非ず」経』参照。第六『第二「そなたらのものに非ず」経』は、前経の「眼などの六内処」を「色などの六外処」に代えて説かれたものであり、内容はほぼ同じである。

第七「内無常因経」は、仏が比丘たちに、眼などの六内処も六内処が生起する因縁も無常であると見る聖なる弟子は、六内処について厭離し、離貪し、解脱する、と説かれたものである。同様に、第八「内苦因経」は、六内処も六内処が生起する因縁も苦であると、第九「内無我因経」は、六内処も六内処が生起する因縁も無我であると、第一〇「外無常因経」は、色などの六外処も六外処が生起する因縁も無常であると、第一一「外苦因経」は、六外処も六外処が生起する因縁も苦であると、第一二「外無我因経」は、六外処も六外処が生起する因縁も苦であると、このように見る聖なる弟子は、六外処について厭離し、離貪し、解脱する、と説かれたものである。

第一五「新古の章」は一〇経からなる。

その第一「業滅経《ごうめつきょう》」は、仏が比丘たちに、新古の業、業の滅尽、業の滅尽にいたる行道《ぎょうどう》について説かれたものである。古い業とは眼などの六内処であり、新しい業とは今、身・語・意により作るもの、業の滅尽とは身業・語業・意業の滅尽により解脱に触れること、業の滅尽にいたる道とは聖なる八支《はっし》の道である、と。

第二「無常涅槃相応経」は、仏が比丘たちに、涅槃にふさわしい行道として「六処の一切が無常であること」を、同じく、第三「苦涅槃相応経」は、涅槃にふさわしい行道として「六処の一切が苦であること」を、第四「無我涅槃相応経」は、涅槃にふさわしい行道として「六処の一切が無我であること」を説かれたものである。第五「涅槃相応行道経」は、仏が比丘たちに問いつつ、涅槃にふさわしい行道として「六処の一切が無常・苦・無我であること」を説き、このように見る聖なる弟子は、六処の一切について厭離し、離貪し、解脱する、などと語られたものである。

第六「内住者経」は、仏が比丘たちに、この梵行が内住者（内に住む煩悩）のいない、師匠（働きかける煩悩）のいないものとして住まれる（行なわれる）ことを説かれたものである。六処によって悪しき不善の法が生じれば苦に住み、生じなければ楽に住む、と。

第七『何のために梵行は』経』は、仏が比丘たちに、もし異教の遍歴行者たちに「何のために沙門ゴータマのもとで梵行が行われるのか」と問われたならば、「苦を遍知するためである」と答えるべきである、と説かれたものである。六処の一切は苦であると遍知するために、梵行は行なわれる、と。その内容については、第八「病の章」の第八「衆多比丘経」参照。

第八『「理由はあるか」経』は、仏が比丘たちに、比丘が信仰などによらず「生まれは尽きた」などと知る完全智《かんぜんち》を解答できる理由について、説かれたものである。六処について、内に貪・瞋・痴があれば「私にはある」と、なければ「私にはない」と知る、このように慧によって見て、知り、完全智を解答できる、と。

第九「感官具足者経《かんかんぐそくしゃきょう》」は、仏が、ある比丘の「感官の具足者」についての問いに答えて、説かれたものである。六の感官（六処）について生滅を随観して住むならば、それらについて厭離し、離貪し、解脱し、感官の具足者になる、と。

第一〇「説法者問経《せっぽうしゃもんきょう》」は、仏が、ある比丘の「説法者」についての問いに答えて、説かれたものである。六処の厭離、離貪、滅尽のために、法を説くならば「法を説く比丘」、それらのために行道するならば「法の随法《ずいほう》を行道する比丘」などと呼ばれる、と。

以上が「第三の五十経」（第一一〜一五章、五二経）の梗概である。

〔参考経典〕『相応部経典』第四（南伝蔵一五、一三六―二二六）

つぎに、「第四の五十経」の**第一六「歓喜尽滅の章」**は一一経からなる。

その第一「内歓喜尽滅経《ないかんぎじんめつきょう》」は、仏が比丘たちに、比丘が眼などの六内処を無常であると見れば正見《しょうけん》になり、かれは厭離し、歓喜と貪欲との尽滅により、心がよく解脱していると言われる、と説かれたものである。第二「外歓喜尽滅経」は、前経の「眼などの六内処」を「色などの六外処」に代えて説かれたもので、その内容は同じである。

第三「内無常歓喜尽滅経」は、比丘が眼などの六内処を正しく思惟し、それらの無常性《むじょうしょう》を如実に随見《ずいけん》すれば、厭離し、歓喜と貪欲との尽滅により、心がよく解脱していると言われる、と説かれたものである。第四「外無常歓喜尽滅経」は、前経の「眼などの六内処」を「色などの六外処」に代えて説かれたもので、その内容はほぼ同じである。

第五「ジーヴァカマンゴー林定経」は、仏が、ジーヴァカのマンゴー林で、比丘たちに、定（禅定《ぜんじょう》）を修習せよ、定を得ている比丘には、眼、色、眼識、眼触、それを縁として生じる楽・苦・非苦非楽の感受をはじめとする六処の一切が無常である、と如実に現われることを説かれたものである。第六「ジーヴァカマンゴー林独坐経」は、前経の「定を修習せよ」を「独坐に努めよ」に代えて説かれたもので、その内容はほぼ同じである。

第七「コッティカ無常経」は、仏がコッティカ長老に「独り離れて住むための簡略な法」を懇願されて、説かれたものである。「無常のもの」に対して欲を捨てねばならない。すなわち眼、色、眼識、眼触、それを縁として生じる楽・苦・非苦非楽の感受をはじめとする六処は無常であり、それらに対する欲を捨てねばならない、と。第八「コッティカ苦経」は、「苦のもの」に対して、第九「コッティカ無我経」は、「無我のもの」に対して、同様に欲を捨てねばならない、と説かれたものである。第八「病の章」の第三「ラーダ無常経」以下三経参照。

第一〇「邪見捨断経」は、仏が、ある比丘に「邪見の捨断」について問われ、説かれたものである。六処の一切が無常であると知り見る者に邪見（常住見《じょうじゅうけん》、断滅見《だんめつけん》など）は捨断される、と。第一一「有身見捨断経」は、同じく「有身見の捨断」について問われ、説かれたものである。六処の一切が苦であると知り見る者に有身見（五蘊を我であるとする見方）は捨断される、と。第一二「我随見捨断経」は、同じく「我随見の捨断」について問われ、説かれたものである。六処の一切が無我であると知り、見る者に我随見（我に随う見方）は捨断される、と。

第一七「**六十中略の章**」は六〇経からなる。全体は、仏により、比丘たちに、中略の形で説かれたものである。まず、第一「内無常欲経」、第二「内無常貪経」、第三「内無常欲貪経」、第四「苦欲経」など三経、第七「無我欲経」など三経があり、第一〇「外無常欲経」など三経、第一三「外苦欲経」など三経、第一六「外無我欲経」など三経がある。

つぎに第一九「内過去無常経」、第二〇「内未来無常経」、第二一「内現在無常経」、第二二「内過去苦経」など三経、第二五「内過去無我経」など三経があり、第二八「外過去無常経」など三経、第三一「外過去苦経」など三経、第三四「外過去無我経」など三経がある。

つぎに第三七『内過去「無常であるもの」経』、第三八『内未来「無常であるもの」経』、第三九『内現在「無常であるもの」経』、第四〇『内過去「苦であるもの」経』など三経、第四三『内過去「無我であるもの」経』など三経があり、第四六『外過去「無常であるもの」経』など三経、第四九『外過去「苦であるもの」経』など三経、第五二『外過去「無我であるもの」経』など三経があり、そして第五五「内処無常経」、第五六「内処苦経」、第五七「内処無我経」、第五八「外処無常経」、第五九「外処苦経」、第六〇「外処無我経」がある。

以上の各経は、その経名に知られるとおり、六処が、内のものも外のものも、過去のものも未来のものも現在のものも、無常であり、苦であり、無我であると知ること、それらに対する貪りを捨てることが内容となっている。

第一八「海の章」は一〇経からなる。

その第一「第一海経」は、仏が比丘たちに、眼などの六処は人の海（聖者の律における海）であり、そこに色などの六処からなる勢力があり、それに耐えるならば、かれは渦、鮫、羅刹《らせつ》のいる六処の海を渡ったと言われ、彼岸《ひがん》に達し、バラモンとして陸地に立つ、と説かれたものである。ここには一偈が含まれる。第二「第二海経」は、前半において、天・人を含む衆のほとんどが六処に濡れ、輪廻を超えることはないと説かれ、後半の二偈において、貪・瞋・痴を離れている者は渡り難い海を渡った、と説明されたものである。

第三「釣師喩経」は、仏が比丘たちに、不幸な者と不幸でない者とを、釣師の釣針を飲み込む魚と飲み込まない魚とに喩えて、説かれたものである。六処という釣針に歓喜し執着すれば悪魔のなすがままになり、歓喜せず執着しなければ悪魔のなすがままにならない、と。

第四「乳樹喩経」は、仏が比丘たちに、乳樹の喩えをもって、六処を説かれたものである。いかなる比丘であれ、比丘尼であれ、眼などの六内処によって識られる色などの六外処に対して貪・瞋・痴が断たれていない場合、たとえば若い乳樹を鋭い斧でつぎつぎと切れば乳が出るように、少量がその領域に入ったとしても心を占拠する。しかし、貪・瞋・痴が断たれている場合、乾いた乳樹を切っても乳が出ないように、多量がその領域に入っても心を占拠することはない、と。

第五「コッティカ経」は、マハーコッティカ長老とサーリプッタ長老との「六処の束縛」に関する問答を、黒牛と白牛との喩えを引いて、示したものである。六内処は六外処の束縛であるか。そうではない。両者によって欲貪が生じるならば、それが束縛である。仏は両者による欲貪がなく、心がよく解脱しておられるお方である、と。第六「カーマブー経」は、カーマブー長老とアーナンダ長老との「六処の束縛」に関する問答を示したもので、その内容は前経と同じである。

第七「ウダーイー経」は、ウダーイー長老とアーナンダ長老とによる「この身と同じく識も無我であるか」との問答を、芭蕉の幹の喩えを引いて示し、六触処において我・我所を随見しない比丘は執着せず、独り般涅槃する、と語られたものである。

第八「燃焼門経」は、仏が比丘たちに、「燃焼門」という法門を説かれたものである。たとえば燃焼した鉄棒によって眼の感官に触れられることはむしろよく、眼によって識られる色について細相により様相を捉えることはよくない。そこで、聖なる弟子は、眼、色、眼識、眼触、それを縁として生じる楽・苦・非苦非楽の感受をはじめとする六処は無常であると思惟し、精察する。かれは六外処について厭離し、離貪し、解脱する、と。

第九「第一手足喩経」は、仏が比丘たちに、手があれば取捨が知られ、足があれば進退が知られるように、六処があればそれらの触を縁として楽・苦が生起し、なければ生起しない、と説かれたものである。第一〇「第二手足喩経」は、仏が比丘たちに、手があれば取捨が生じ、足があれば進退が生じるように、六処があればそれらの触を縁として楽・苦が生起し、なければ生起しない、と説かれたもので、その内容は前経とほぼ同じである。

第一九「毒蛇の章」は一一経からなる。

その第一「毒蛇喩経」は、仏が比丘たちに、生きたいと欲する男性が四匹の毒蛇（四大要素《しだいようそ》）、五人の殺戮者（五取《ごしゅ》蘊《うん》）、第六の殺戮者（喜貪）である敵を恐れて逃げ、空村（六内処）に入り、村を破壊する盗賊たち（六外処）を恐れ、それよりこちら岸（有身《うしん》）が危険で、向こう岸（涅槃）が安全な、大きな水の流れ（四暴流《しぼる》）を見つけ、筏（八正道《はっしょうどう》）を結び、手足をもって努力（精進努力《しょうじんどりょく》）し、向こう岸へ行き、バラモン（阿羅漢）として、陸地に立つ、と説かれたものである。

第二「車喩経」は、仏が比丘たちに、三法をそなえている者は現世で楽と喜が多く、煩悩滅尽のために胎動（根拠）が開始している、と説かれたものである。「三法」とは、諸感官（六内処）を守ること、食べ物に量を知ること、覚醒に努めること、である。

第三「亀喩経」は、仏が比丘たちに、亀が首などを甲に収めて餌を求めるジャッカルから身を守るように、諸感官（六内処）を守り住むならば、悪しき魔は機会を得ることがない、と説かれたものである。

第四「第一木幹喩経」は、前半は、仏が比丘たちに、ガンガー河の流れに運ばれている木の幹のように、そなたたちがこちらの岸（六内処）にもあちらの岸（六外処）にも近づかず、真ん中で沈まず（喜貪に縛られず）、陸地に打ち上げられず（我慢に高ぶらず）、人間（在家者《ざいけしゃ》）にも非人（天群）にも渦巻（五妙欲）にも捉えられず、内部の腐敗者（悪戒者）にならなければ、そなたたちは涅槃に向かい、涅槃に傾き、涅槃に趣く者になると説き、ある比丘の求めに応じて意味を明らかにされたものである。後半は、仏の近くに立っていた牛飼いのナンダが出家を願い、認められ、やがて梵行を完成し、阿羅漢の一人になったことが語られている。

第五「第二木幹喩経」は、前経の前半の内容とほぼ同じである。仏が比丘たちに説き、キミラ長老の求めに応じて意味を明らかにし、その説明において、「内部の腐敗者」を「出罪が認められない罪を犯した者」とされたことが異なる。

第六「漏泄法門経《ろうせつほうもんきょう》」は、釈迦族の新しく建てられた集会堂に招かれた仏が、夜遅くまで説法をされ、背中に疲れをおぼえ、獅子臥《ししが》をされたために、後を任されたマハーモッガッラーナ長老が比丘たちに、葦《あし》の家の喩えをもって「漏泄の法門」を、また重閣《じゅうかく》の喩えをもって「不漏泄の法門」を説き、仏が起き上がり、これを是認されたものである。「漏泄者」とは六処を貪り、漏れ、魔に征服され、心解脱、慧解脱を如実に知らない者をいい、「不漏泄者」とは六処を貪らず、漏れず、魔を征服し、心解脱、慧解脱を如実に知る者をいう。

第七「苦法経」は、仏が比丘たちに、「苦法」の生起と生滅について説かれたものである。あらゆる苦法（苦の根拠、五蘊）の生滅を如実に知る比丘には、欲貪が潜在しないように炭火坑に喩えられる欲が見られ、かれの行ないと住まいは貪りと憂いが流入しないように随覚（理解）されている。このように知り、六処を貪らず、無量の心で住む者は心解脱、慧解脱を知る防護者である。かれが学びを捨てて還俗するであろうという道理はない、と。

第八「キンスカ喩経」は、仏が、ある比丘の問いに「キンスカ」の喩えをもって答え、説かれたものである。まず、ある比丘が、四比丘に「どれだけで比丘の見は清浄になるのか」と問い、「六触処の生滅」を、「五取蘊の生滅」を、「四大要素」を、「生起するものはすべて滅尽する」と如実に知ればよい、との解答を得る。そこで、これに満足しないかれに、仏は、キンスカ（「何ものか」という名の不思議な木）を見たことのない人が見たことのある四人を訪ねた話をされ、「都城」の喩えを引き、解答した四人の比丘が漏尽者《ろじんしゃ》であることを覚らせられた、と。

第九「琵琶喩経」は、仏が比丘たちに、六内処によって識られる六外処に対して欲や貪・瞋・痴が生じるならば、それより心を防護すべきである、と「穀類を食べる牛」とともに、「琵琶」の喩えをもって説かれたものである。話は、最初に戒が、中間に定の修習が、最後に涅槃が語られたものであるとされる。

第一〇「六生物喩経」は、仏が比丘たちに、不防護者と防護者について、「六生物」の喩えをもって説かれたものである。六内処によって六外処を貪り、身に至る念を確立せずに住む者は、心解脱、慧解脱を如実に知らない「不防護者」であり、それは、捕えられて堅固な紐で縛られ、中央に結び目を作り、放たれた餌場の異なる六生物（蛇・鰐・鳥・犬・ジャッカル・猿）のようである。それに対して、貪らず、身に至る念を確立して住む者は、心解脱、慧解脱を如実に知る「不防護者」であり、それは、捕えられて堅固な紐で縛られ、堅固な杭に縛られ、消耗し、疲れて杭の近くに立ち、坐り、臥す六生物のようである、と。

第一一「麦束経」は、仏が比丘たちに、凡夫《ぼんぷ》が六内処において六外処により打たれることを、四大路に置かれている「麦束」が六本の担ぎ棒と第七の担ぎ棒により打たれる喩えによって、説かれたものである。そこには、神々と阿《ア》修《ス》羅《ラ》との合戦話が引かれ、魔の縛りに触れ、その妄想などが矢であり、それゆえ、「われわれは妄想などのない心によって住もう」と学ぶべきである、と語られている。

以上が「第四の五十経」（第一六〜一九章、九三経）の梗概である。

〔参考経典〕『相応部経典』第四（南伝蔵一五、二二六—三二七）

相応部（サンユッタニカーヤ）六処篇 I

阿羅漢にして　正自覚者なる　かの世尊を拝したてまつる

第一　六処相応（Saḷāyatana-saṁyutta）

［第一の五十経］

第一　無常の章（Anicca-vagga）

（1）236

1　内無常経（Ajjhattānicca-sutta）

（一）このように私は聞いた―

あるとき、世尊《せそん》は、サーヴァッティ[一]に近い、ジェータ林[二]のアナータピンディカ僧院に住んでおられた。そこで、世尊は比丘《びく》たちに話しかけられた。

「比丘たちよ」と。

「尊い方よ」と、かれら比丘は世尊に答えた。

世尊はつぎのように言われた。

六内処の無常

「比丘たちよ、眼《げん》[1]は無常《むじょう》です。無常[三]であるものは苦《く》です。苦[四]であるものは無我《むが》です。無我であるものは〈これ[五]は私のものではない。

（一）『雑阿含経』巻第八〈一九五〉（大正蔵二・五〇ａ）

一　Sāvatthī.　舎衛城。コーサラ国の首都。

二　Jetavane Anāthapiṇḍikassa ārāme.　いわゆる祇園精舎のこと。

三　yad aniccaṁ taṁ dukkhaṁ.「苦」とは不安定、空虚の意。

四　yaṁ dukkhaṁ tad anattā.

五　netaṁ mama.　渇愛がないことをいう。

[六]これは私ではない。[七]これは私の我ではない〉と、このように、これは[八]如実《にょじつ》に、[九]正しい慧《え》によって見られるべきです。

[一〇]耳《に》は無常です。無常であるものは苦▽です。苦であるものは無我です。無我であるものは〈これは私のものではない。これは私ではない。これは私の我ではない〉と、このように、これは如実に、正しい慧によって見られるべきです。△

[一一]鼻《び》は無常です。無常であるものは苦▽です。苦であるものは無我です。無我であるものは〈これは私のものではない。これは私ではない。これは私の我ではない〉と、このように、これは如実に、正しい慧によって見られるべきです。△

[一二]舌《ぜつ》は無常です。無常であるものは苦▽です。苦であるものは無我です。無我であるものは〈これは私のものではない。これは私ではない。これは私の我ではない〉と、このように、これは如実に、正しい慧によって見られるべきです。△

[一三]身《しん》は無常です。無常であるものは苦▽です。苦であるものは無我です。無我であるものは〈これは私のものではない。これは私ではない。これは私の我ではない〉と、このように、これは如実に、正しい慧によって見られるべきです。△

[一四]意《い》は無常です。無常であるものは苦です。苦であるものは無我で

六　nesoham asmi. 慢心がないことをいう。

七　na meso attā. 我見がないことをいう。

八　yathābhūtaṁ. あるいは「真実のとおりに」。顚倒見がなく、無常・苦・無我の相により、ということ。

九　sammappaññāya. 〈＊観（vipassanā）とともに《前段階においては観智（vipassanāñāṇa）によって、思惟によって》、道慧（maggapaññā）によって《道の刹那には現観（abhisamaya）によって、自分自身の智によって》ということ〉。

一〇　sotaṁ. 〈「耳」もまた、浄耳（pasādasota）のみが意趣されている。「鼻」「舌」「身」についても同様である〉。

一一　ghānaṁ.

一二　jivhā.

一三　kāyo.

一四　mano. 〈「意」は、三地（tebhūmaka 欲・色・無色の三界）に属する思惟を行なう心（sammasanacāracitta）《観（vipassanā）の生起の場所となる、観察されるべき（vipassitabba）心》である〉。

す。無我であるものは〈これは私のものではない。これは私ではない。これは私の我ではない〉と、このように、これは如実《にょじつ》に、正しい慧によって見られるべきです。

六内処の厭離

(2) 比丘たちよ、このように見る、[15]聞《もん》をそなえた聖なる弟子は、[16]眼についても厭離《おんり》します。耳についても厭離します。鼻についても厭離
237
します。舌についても厭離します。身についても厭離します。意についても厭離します。[17]厭離し、離貪《りとん》します。[18]離貪により、解脱《げだつ》します。解脱したとき、〈解脱した〉との智《ち》が生じます。[19]〈生まれは尽きた。梵行《ぼんぎょう》は完成された。なすべきことはなされた。もはや、この状態の他にはない〉と知ります」[20]と。

第一

2 内苦経（Ajjhattadukkha-sutta）

[21]▽このように私は聞いた—

あるとき、世尊は、サーヴァッティに近い、ジェータ林のアナータピンディカ僧院に住んでおられた。そこで、世尊は比丘たちに話しかけられた。

一五 sutavā.
一六 ariyasāvako. 阿羅漢、不還、一来、預流の聖者をいう。
一七 nibbindaṁ virajjati. 〈＊ここでは、「離貪」によって四道（預流道・一来道・不還道・阿羅漢道）が語られている〉。
一八 virāgā vimuccati. 〈＊ここでは、「解脱」によって四沙門果（預流果・一来果・不還果・阿羅漢果）が語られている〉。
一九 khīṇā jāti, vusitaṁ brahmacariyaṁ, kataṁ karaṇīyaṁ, nāparaṁ itthattāya. この阿羅漢の境地を示す言葉については、詳しくは長部2『沙門果経』第九九節、補註26、および有偈篇、第一七四節「ブラフマデーヴァ経」（有偈篇Ⅱ、一四六頁）参照。
二〇 〈以上のように、本経は、六内処（cha-ajjhattikāyatana 眼・耳・鼻・舌・身・意）における三相（ti-lakkhaṇa 無常・苦・無我の三相）を示して、語られたときに覚る者たちの意向によって説かれたものである〉。蘊篇、第一五節『「無常であるもの」経』（蘊篇Ⅰ、九七頁）参照。そこでは蘊篇における「五蘊」の無常と厭離が説かれているが、ここでは六処篇における「六処」（六内処、六根）の無常と厭離が説かれている。説明の仕方はすべて同じである。
二一 Cf.『雑阿含経』巻第八〈一九五〉（大正蔵二・五〇a）

「比丘たちよ」と。「尊い方よ」と、かれら比丘は世尊に答えた。
世尊はつぎのように言われた。△

六内処の苦

「比丘たちよ、眼[一]は苦です。苦であるものは無我です。無我であるものは〈これは私のものではない。これは私ではない。これは私の我ではない〉と、このように、これは如実に、正しい慧によって見られるべきです。

耳は苦です。▽苦であるものは無我です。無我であるものは〈これは私のものではない。これは私ではない。これは私の我ではない〉と、このように、これは如実に、正しい慧によって見られるべきです。△

鼻は苦です。▽苦であるものは無我です。無我であるものは〈これは私のものではない。これは私ではない。これは私の我ではない〉と、このように、これは如実に、正しい慧によって見られるべきです。△

舌は苦です。▽苦であるものは無我です。無我であるものは〈これは私のものではない。これは私ではない。これは私の我ではない〉と、このように、これは如実に、正しい慧によって見られるべきです。△

一　cakkhuṁ dukkhaṁ.「眼は空虚です」の意。前節「内無常経」参照。

身は苦です。苦▽であるものは無我です。無我であるものは〈これは私のものではない。これは私ではない。これは私の我ではない〉と、このように、これは如実に、正しい慧によって見られるべきです。△

意は苦です。苦であるものは無我です。無我であるものは〈これは私のものではない。これは私ではない。これは私の我ではない〉と、このように、これは如実に、正しい慧によって見られるべきです。

六内処の厭離

比丘たちよ、このように見る、聞▽をそなえた聖なる弟子は、眼についても厭離します。耳についても厭離します。鼻についても厭離します。舌についても厭離します。身についても厭離します。意についても厭離します。厭離し、離貪します。離貪により、解脱します。解脱したとき、〈解脱した〉との智が生じます。〈生まれは尽きた。梵行は完成された。なすべきことはなされた。△もはや、この状態の他にはない〉と知ります」

と。[二]

第二

二 〈第二（本経）は二の特相《苦相と無我相》を、第三は一の特相《無我相》を示し、語られたとき、覚る者たちの意向によって説かれたものである。なお、残り《説かれた残りの相》は、それら《第二、第三として示された経》によって観察されたもの《正しく理解されたもの》であるか、あるいはこれだけによって《二のうちの一の相を語ることによって》かれらは観察することになる〉。

3 内無我経 (Ajjhattānatta-sutta)

(三) このように私は聞いた——

あるとき、世尊は、サーヴァッティに近い、ジェータ林のアナータピンディカ僧院に住んでおられた。そこで、世尊は比丘たちに話しかけられた。

「比丘たちよ」と。「尊い方よ」と、かれら比丘は世尊に答えた。

世尊はつぎのように言われた。

六内処の無我

「比丘たちよ、眼[一]は無我です。無我であるものは〈これは私のものではない。これは私ではない。これは私の我ではない〉と、このように、これは如実に、正しい慧によって見られるべきです。

耳は無我です。無我であるものは〈これは私のものではない。これは私ではない。これは私の我ではない〉と、このように、これは如実に、正しい慧によって見られるべきです。

鼻は無我です。無我であるものは〈これは私のものではない。これは私ではない。これは私の我ではない〉と、このように、これは如実に、正しい慧によって見られるべきです。

舌は無我です。無我であるものは〈これは私のものではない。これは私ではない。これは私の我ではない〉と、このように、これは

(三) Cf.『雑阿含経』巻第八〈一九五〉(大正蔵二・五〇a)

一 cakkhuṁ anattā. 本相応、第一節「内無常経」(本書、四五頁)参照。

如実に、正しい慧によって見られるべきです。△
身は無我です。▽無我であるものは〈これは私のものではない。これは私ではない。これは私の我ではない〉と、このように、これは如実に、正しい慧によって見られるべきです。△
意は無我です。無我であるものは〈これは私のものではない。これは私ではない。これは私の我ではない〉と、このように、これは如実に、正しい慧によって見られるべきです。

六内処の厭離

比丘たちよ、このように見る、▽聞をそなえた聖なる弟子は、眼についても厭離します。耳についても厭離します。鼻についても厭離します。舌についても厭離します。身についても厭離します。意についても厭離します。厭離し、離貪します。離貪により、解脱します。解脱したとき、〈解脱した〉との智が生じます。〈生まれは尽きた。梵行は完成された。なすべきことはなされた。△もはや、この状態の他にはない〉と知ります」
[二]と。

第三

二　第一経は三の特相（無常・苦・無我）を、第二経は二の特相（苦・無我）を、第三（本経）は一の特相（無我）を説いたものである。

4　外無常経（Bāhirānicca-sutta）

（四）このように私は聞いた——

あるとき、世尊は、サーヴァッティに近い、ジェータ林のアナータピンディカ僧院に住んでおられた。そこで、世尊は比丘たちに話しかけられた。

「比丘たちよ」と。「尊い方よ」と、かれら比丘は世尊に答えた。世尊はつぎのように言われた。

六外処の無常

「比丘たちよ、[一]もろもろの色《しき》は無常です。無常であるものは苦です。苦であるものは無我です。無我であるものは〈[二]これは私のものではない。(3) [三]これは私ではない。[四]これは私の我ではない〉と、このように、これは[五]如実に、[六]正しい慧によって見られるべきです。

[七]もろもろの声《しょう》は無常です。無常であるものは苦です。苦であるものは無我です。無我であるものは〈これは私のものではない。これは私ではない。これは私の我ではない〉と、このように、これは如実に、正しい慧によって見られるべきです。

[八]もろもろの香《こう》は無常です。無常であるものは苦です。苦であるものは無我です。無我であるものは〈これは私のものではない。これは私ではない。これは私の我ではない〉と、このように、これは如

（四）Cf.『雑阿含経』巻第八〈一九五〉（大正蔵二・五〇a）

一　rūpā aniccā.
二　netaṁ mama. 渇愛の無いもの、の意。
三　nesoham asmi. 慢心の無いもの、の意。
四　na meso attā. 我見の無いもの、の意。
五　yathābhūtaṁ. あるいは「真実のとおりに」。顚倒見のない、無常・苦・無我の見方によって、ということ。
六　sammappaññāya.〈＊観（vipassanā）とともに（前段階においては観智によって、思惟によって）、道慧（magga-paññā）によって（道の利那には現観によって、自分自身の智によって）ということ〉。
七　saddā.
八　gandhā.

実に、正しい慧によって見られるべきです。△

[九]もろもろの味《み》▽は無常です。無常であるものは苦です。苦であるものは無我です。無我であるものは〈これは私のものではない。これは私ではない。これは私の我ではない〉と、このように、これは如実に、正しい慧によって見られるべきです。△

[一〇]もろもろの触《そく》▽は無常です。無常であるものは苦です。苦であるものは無我です。無我であるものは〈これは私のものではない。これは私ではない。これは私の我ではない〉と、このように、これは如実に、正しい慧によって見られるべきです。△

[一一]もろもろの法《ほう》は無常です。無常であるものは苦です。苦であるものは無我です。無我であるものは〈これは私のものではない。これは私ではない。これは私の我ではない〉と、このように、これは如実に、正しい慧によって見られるべきです。

六外処の厭離

[一二]比丘たちよ、このように見る、聞をそなえた聖なる弟子は、もろもろの色についても厭離します。もろもろの声についても厭離します。もろもろの香についても厭離します。もろもろの味についても厭離します。もろもろの触についても厭離します。もろもろの法についても厭離します。厭離し、離貪します。離貪により、解脱しま

九　rasā.

一〇　phoṭṭhabbā. あるいは「もろもろの触れられるべきものは」。

一一　dhammā. もろもろの考えは、思いは、の意。

一二　以下については、本相応、第一節「内無常経」（本書、四五頁）参照。

す。解脱したとき、〈解脱した〉との智が生じます。〈生まれは尽きた。梵行は完成された。なすべきことはなされた。もはや、この状態の他にはない〉と知ります」と。[一三]

第四

5 外苦経 (Bāhiradukkha-sutta)

(五) このように私は聞いた——

あるとき、世尊は、サーヴァッティに近い、ジェータ林のアナータピンディカ僧院に住んでおられた。そこで、世尊は比丘たちに話しかけられた。

「比丘たちよ」と。「尊い方よ」と、かれら比丘は世尊に答えた。

世尊はつぎのように言われた。

六外処の苦

「比丘たちよ、もろもろの色は苦です。[一] 苦であるものは無我です。無我であるものは〈これは私のものではない。これは私ではない。これは私の我ではない〉と、このように、これは如実に、正しい慧によって見られるべきです。

もろもろの声は苦です。苦であるものは無我です。無我であるも

一三 〈第四（本経）では、「色」「香」「味」「触」は四等起（業・心・時節・食による生起）のもの、「声」は二等起（心・時節）のものであり、「もろもろの法」は三地（三界）の法所縁である。これもまた、六外処の三相（無常相、苦相、無我相）を示し、語られたとき、覚る者たちの意向によって説かれたものである。

第五（経）と第六（経）については、第二（経）と第三（経）に説かれた《「二の特相」などによって説かれた》ものと同じ仕方《説明法（atidesanaya）》で解される〉。

（五） Cf.『雑阿含経』巻第八〈一九五〉（大正蔵二・五〇a）

一 rūpā dukkhā.「もろもろの色は空虚です」の意。前節「外無常経」参照。

のは〈これは私のものではない。これは私ではない。これは私の我ではない〉と、このように、これは如実に、正しい慧によって見られるべきです。

もろもろの香は苦です。苦であるものは無我です。無我であるものは〈これは私のものではない。これは私ではない。これは私の我ではない〉と、このように、これは如実に、正しい慧によって見られるべきです。

もろもろの味は苦です。苦であるものは無我です。無我であるものは〈これは私のものではない。これは私ではない。これは私の我ではない〉と、このように、これは如実に、正しい慧によって見られるべきです。

もろもろの触は苦です。苦であるものは無我です。無我であるものは〈これは私のものではない。これは私ではない。これは私の我ではない〉と、このように、これは如実に、正しい慧によって見られるべきです。

もろもろの法は苦です。苦であるものは無我です。無我であるものは〈これは私のものではない。これは私ではない。これは私の我ではない〉と、このように、これは如実に、正しい慧によって見られるべきです。

六外処の厭離

比丘たちよ、このように見る、聞をそなえた聖なる弟子は、もろもろの色についても厭離します。もろもろの声についても厭離します。もろもろの香についても厭離します。もろもろの味についても厭離します。もろもろの触についても厭離します。もろもろの法についても厭離します。厭離し、離貪します。離貪により、解脱します。解脱したとき、〈解脱した〉との智が生じます。〈生まれは尽きた。梵行は完成された。なすべきことはなされた。もはや、この状態の他にはない〉と知ります」と。

第五

6 外無我経（Bāhirānatta-sutta）

（六）このように私は聞いた――

あるとき、世尊は、サーヴァッティに近い、ジェータ林のアナータピンディカ僧院に住んでおられた。そこで、世尊は比丘たちに話しかけられた。

「比丘たちよ」と。「尊い方よ」と、かれら比丘は世尊に答えた。

世尊はつぎのように言われた。

（六）Cf.『雑阿含経』巻第八〈一九五〉（大正蔵二・五〇a）

六外処の無我

「比丘たちよ、[一]もろもろの色は無我です。無我であるものは〈これは私のものではない。これは私ではない。これは私の我ではない〉と、このように、これは如実に、正しい慧によって見られるべきです。

もろもろの声は▽無我です。無我であるものは〈これは私のものではない。これは私ではない。これは私の我ではない〉と、このように、これは如実に、正しい慧によって見られるべきです。△

もろもろの香は▽無我です。無我であるものは〈これは私のものではない。これは私ではない。これは私の我ではない〉と、このように、これは如実に、正しい慧によって見られるべきです。△

もろもろの味は▽無我です。無我であるものは〈これは私のものではない。これは私ではない。これは私の我ではない〉と、このように、これは如実に、正しい慧によって見られるべきです。△

もろもろの触は▽無我です。無我であるものは〈これは私のものではない。これは私ではない。これは私の我ではない〉と、このように、これは如実に、正しい慧によって見られるべきです。△

もろもろの法は無我です。無我であるものは〈これは私のものではない。これは私ではない。これは私の我ではない〉と、このよう

一　rūpā anattā. 本相応、第四節「外無常経」（本書、五二頁）参照。

に、これは如実に、正しい慧によって見られるべきです。

六外処の厭離

比丘たちよ、このように見る、聞をそなえた聖なる弟子は、もろもろの色についても厭離します。もろもろの声についても厭離します。もろもろの香についても厭離します。もろもろの味についても厭離します。もろもろの触についても厭離します。もろもろの法についても厭離します。厭離し、離貪します。離貪により、解脱します。解脱したとき、〈解脱した〉との智が生じます。〈生まれは尽きた。梵行は完成された。なすべきことはなされた。もはや、この状態の他にはない〉と知ります」

と。

第六

(4)

7 内無常過去未来経（Ajjhattāniccātītānāgata-sutta）

（七）このように私は聞いた――

あるとき、世尊は、サーヴァッティに近い、ジェータ林のアナータピンディカ僧院に住んでおられた。そこで、世尊は比丘たちに話しかけられた。

「比丘たちよ」と。「尊い方よ」と、かれら比丘は世尊に答えた。

（七）『雑阿含経』巻第一三〈三三三〉（大正蔵二・九二b）

世尊はつぎのように言われた。△

過去未来の六内処の無常

「比丘たちよ、[一]過去未来の眼は無常です。[二]現在のものについては言うまでもありません。比丘たちよ、このように見る、聞をそなえた聖なる弟子は、過去の眼について[三]期待しません。未来の眼を[四]歓喜《かんぎ》しません。現在の眼の[五]厭離のため、[六]離貪のため、[七]滅尽《めつじん》のために、[八]実践します。

過去未来の耳は無常です。▽現在のものについては言うまでもありません。比丘たちよ、このように見る、聞をそなえた聖なる弟子は、過去の耳について期待しません。未来の耳を歓喜しません。現在の耳の厭離のため、離貪のため、滅尽のために、実践します。△

過去未来の鼻は無常です。▽現在のものについては言うまでもありません。比丘たちよ、このように見る、聞をそなえた聖なる弟子は、過去の鼻について期待しません。未来の鼻を歓喜しません。現在の鼻の厭離のため、離貪のため、滅尽のために、実践します。△

過去未来の舌は無常です。現在のものについては言うまでもありません。比丘たちよ、このように見る、聞をそなえた聖なる弟子は、過去の舌について期待しません。未来の舌を歓喜しません。現在の舌の厭離のため、離貪のため、滅尽のために、実践します。

一　cakkhuṁ aniccaṁ atītānāgataṁ. 過去の眼は無常である、未来の眼も無常である、ということ。
二　ko pana vādo paccuppannassa. もちろん現在の眼も無常である、の意。
三　anapekkho hoti.
四　nābhinandati.
五　nibbidāya.
六　virāgāya.
七　nirodhāya.
八　paṭipanno hoti. あるいは「実践する者になります」。

過去未来の身は無常です。▽現在のものについては言うまでもありません。比丘たちよ、このように見る、聞をそなえた聖なる弟子は、過去の身について期待しません。未来の身を歓喜しません。現在の身の厭離のため、離貪のため、滅尽のために、実践します。△

過去未来の意は無常です。現在のものについては言うまでもありません。比丘たちよ、このように見る、聞をそなえた聖なる弟子は、過去の意について期待しません。未来の意を歓喜しません。現在の意の厭離のため、離貪のため、滅尽のために、実践します」

と。[九]

第七

239

8 内苦過去未来経（Ajjhattadukkhātītānāgata-sutta）

（八）▽このように私は聞いた——

あるとき、世尊は、サーヴァッティに近い、ジェータ林のアナータピンディカ僧院に住んでおられた。そこで、世尊は比丘たちに話しかけられた。

「比丘たちよ」と。「尊い方よ」と、かれら比丘は世尊に答えた。

世尊はつぎのように言われた。△

過去未来の六内処の苦

九 〈第七（本経）などは、過去・未来の「眼」などについて、無常相などを観察し《過去・未来は見られないことから、執見を堅固にして観察し》、現在のもの（「眼」など）に対する強い執見（balavagāha）により《現在のものは見られることから、強い渇愛などの執見により、観の路を実践させるために》疲れている者たち《教導されるべき者たち》の影響で説かれている。残余のことは、あらゆる箇所で、すでに説かれた仕方のとおりに解される〉。

（八）Cf.『雑阿含経』巻第一三〈三三三〉（大正蔵二・九二b）

「比丘たちよ、[一]過去未来の眼は苦です。現在のものについては言うまでもありません。比丘たちよ、このように見る、聞をそなえた聖なる弟子は、過去の眼について期待しません。未来の眼を歓喜しません。現在の眼の厭離のため、離貪のため、滅尽のために、実践します。

　過去未来の耳は苦です。▽現在のものについては言うまでもありません。比丘たちよ、このように見る、聞をそなえた聖なる弟子は、過去の耳について期待しません。未来の耳を歓喜しません。現在の耳の厭離のため、離貪のため、滅尽のために、実践します。△

　過去未来の鼻は苦です。▽現在のものについては言うまでもありません。比丘たちよ、このように見る、聞をそなえた聖なる弟子は、過去の鼻について期待しません。未来の鼻を歓喜しません。現在の鼻の厭離のため、離貪のため、滅尽のために、実践します。△

　過去未来の舌は苦です。現在のものについては言うまでもありません。比丘たちよ、このように見る、聞をそなえた聖なる弟子は、過去の舌について期待しません。未来の舌を歓喜しません。現在の舌の厭離のため、離貪のため、滅尽のために、実践します。

　過去未来の身は苦です。▽現在のものについては言うまでもありません。比丘たちよ、このように見る、聞をそなえた聖なる弟子は、

一　cakkhuṁ dukkhaṁ atītānāgataṁ.

過去の身について期待しません。未来の身を歓喜しません。現在の身の厭離のため、離貪のため、滅尽のために、実践します。過去未来の意は苦です。現在のものについては言うまでもありません。比丘たちよ、このように見る、聞をそなえた聖なる弟子は、過去の意について期待しません。未来の意を歓喜しません。現在の意の厭離のため、離貪のため、滅尽のために、実践します」と。

第八

9 内無我過去未来経 (Ajjhattānattātītānāgata-sutta)

(九) このように私は聞いた──

あるとき、世尊は、サーヴァッティに近い、ジェータ林のアナータピンディカ僧院に住んでおられた。そこで、世尊は比丘たちに話しかけられた。

「比丘たちよ」と。「尊い方よ」と、かれら比丘は世尊に答えた。

世尊はつぎのように言われた。

過去未来の六内処の無我

「比丘たちよ、[一]過去未来の眼は無我です。現在のものについては言うまでもありません。比丘たちよ、このように見る、聞をそなえ

(九) Cf.『雑阿含経』巻第一三〈三三三〉(大正蔵二・九二b)

一 cakkhuṃ anattā atītānāgataṃ.

た聖なる弟子は、過去の眼について期待しません。未来の眼を歓喜しません。現在の眼の厭離のため、離貪のため、滅尽のために、実践します。

過去未来の耳は無我です。現在のものについては言うまでもありません。比丘たちよ、このように見る、聞をそなえた聖なる弟子は、過去の耳について期待しません。未来の耳を歓喜しません。現在の耳の厭離のため、離貪のため、滅尽のために、実践します。

過去未来の鼻は無我です。現在のものについては言うまでもありません。比丘たちよ、このように見る、聞をそなえた聖なる弟子は、過去の鼻について期待しません。未来の鼻を歓喜しません。現在の鼻の厭離のため、離貪のため、滅尽のために、実践します。

過去未来の舌は無我です。現在のものについては言うまでもありません。比丘たちよ、このように見る、聞をそなえた聖なる弟子は、過去の舌について期待しません。未来の舌を歓喜しません。現在の舌の厭離のため、離貪のため、滅尽のために、実践します。

過去未来の身は無我です。現在のものについては言うまでもありません。比丘たちよ、このように見る、聞をそなえた聖なる弟子は、過去の身について期待しません。未来の身を歓喜しません。現在の身の厭離のため、離貪のため、滅尽のために、実践します。

過去未来の意は無我です。現在のものについては言うまでもありません。比丘たちよ、このように見る、聞をそなえた聖なる弟子は、過去の意について期待しません。未来の意を歓喜しません。現在の意の厭離のため、離貪のため、滅尽のために、実践します」と。

第九

10 外無常過去未来経 (Bāhirāniccātītānāgata-sutta)

（一〇）このように私は聞いた——

あるとき、世尊は、サーヴァッティに近い、ジェータ林のアナータピンディカ僧院に住んでおられた。そこで、世尊は比丘たちに話しかけられた。

「比丘たちよ」と。「尊い方よ」と、かれら比丘は世尊に答えた。

世尊はつぎのように言われた。

過去未来の六外処の無常

「比丘たちよ、過去未来のもろもろの色は無常です[一]。現在のものについては言うまでもありません。比丘たちよ、このように見る、聞をそなえた聖なる弟子は、過去のもろもろの色について期待しません。未来のもろもろの色を歓喜しません。現在のもろもろの色の

（一〇）Cf.『雑阿含経』巻第一三〈三二三〉（大正蔵二・九二b）

一　rūpā aniccā atītānāgatā.

厭離のため、離貪のため、滅尽のために、実践します。

過去未来のもろもろの声は無常です。▽現在のものについては言うまでもありません。比丘たちよ、このように見る、聞をそなえた聖なる弟子は、過去のもろもろの声について期待しません。未来のもろもろの声を歓喜しません。現在のもろもろの声の厭離のため、離貪のため、滅尽のために、実践します。△

過去未来のもろもろの香は無常です。▽現在のものについては言うまでもありません。比丘たちよ、このように見る、聞をそなえた聖なる弟子は、過去のもろもろの香について期待しません。未来のもろもろの香を歓喜しません。現在のもろもろの香の厭離のため、離貪のため、滅尽のために、実践します。△

過去未来のもろもろの味は無常です。▽現在のものについては言うまでもありません。比丘たちよ、このように見る、聞をそなえた聖なる弟子は、過去のもろもろの味について期待しません。未来のもろもろの味を歓喜しません。現在のもろもろの味の厭離のため、離貪のため、滅尽のために、実践します。△

過去未来のもろもろの触は無常です。▽現在のものについては言うまでもありません。比丘たちよ、このように見る、聞をそなえた聖なる弟子は、過去のもろもろの触について期待しません。未来のもろもろの触を歓喜しません。現在のもろもろの触の厭離のため、離貪のため、滅尽のために、実践します。

過去未来のもろもろの法は無常です。現在のものについては言うまでもありません。比丘たちよ、このように見る、聞をそなえた聖なる弟子は、過去のもろもろの法について期待しません。未来のもろもろの法を歓喜しません。現在のもろもろの法の厭離のため、離貪のため、滅尽のために、実践します」

と。

第一〇

11 外苦過去未来経 (Bāhiradukkhātītānāgata-sutta)

(二二) このように私は聞いた——
あるとき、世尊は、サーヴァッティに近い、ジェータ林のアナータピンディカ僧院に住んでおられた。そこで、世尊は比丘たちに話しかけられた。

「比丘たちよ」と。「尊い方よ」と、かれら比丘は世尊に答えた。

世尊はつぎのように言われた。

過去未来の六外処の苦

(二二) Cf.『雑阿含経』巻第一三〈三三三〉(大正蔵二・九二b)

「比丘たちよ、[一]過去未来のもろもろの色は苦です。現在のものについては言うまでもありません。比丘たちよ、このように見る、聞をそなえた聖なる弟子は、過去のもろもろの色について期待しません。未来のもろもろの色を歓喜しません。現在のもろもろの色の厭離のため、離貪のため、滅尽のために、実践します。

(6)過去未来のもろもろの声は苦です。▽現在のものについては言うまでもありません。比丘たちよ、このように見る、聞をそなえた聖なる弟子は、過去のもろもろの声について期待しません。未来のもろもろの声を歓喜しません。現在のもろもろの声の厭離のため、離貪のため、滅尽のために、実践します。△

過去未来のもろもろの香は苦です。▽現在のものについては言うまでもありません。比丘たちよ、このように見る、聞をそなえた聖なる弟子は、過去のもろもろの香について期待しません。未来のもろもろの香を歓喜しません。現在のもろもろの香の厭離のため、離貪のため、滅尽のために、実践します。△

過去未来のもろもろの味は苦です。▽現在のものについては言うまでもありません。比丘たちよ、このように見る、聞をそなえた聖なる弟子は、過去のもろもろの味について期待しません。未来のもろもろの味を歓喜しません。現在のもろもろの味の厭離のため、離貪

一　rūpā dukkhā atītānāgatā.

のため、滅尽のために、実践します。△

過去未来のもろもろの触は苦です。▽現在のものについては言うまでもありません。比丘たちよ、このように見る、聞をそなえた聖なる弟子は、過去のもろもろの触について期待しません。未来のもろもろの触を歓喜しません。現在のもろもろの触の厭離のため、離貪のため、滅尽のために、実践します。△

過去未来のもろもろの法は苦です。現在のものについては言うまでもありません。比丘たちよ、このように見る、聞をそなえた聖なる弟子は、過去のもろもろの法について期待しません。未来のもろもろの法を歓喜しません。現在のもろもろの法の厭離のため、離貪のため、滅尽のために、実践します」

と。

第一一

12 外無我過去未来経 (Bāhirānattātītānāgata-sutta)

(三)▽このように私は聞いた——

あるとき、世尊は、サーヴァッティに近い、ジェータ林のアナータピンディカ僧院に住んでおられた。そこで、世尊は比丘たちに話しかけられた。

(三) Cf.『雑阿含経』巻第一三〈三三三〉(大正蔵二・九二b)

「比丘たちよ」と。「尊い方よ」と、かれら比丘は世尊に答えた。
世尊はつぎのように言われた。

過去未来の六外処の無我

「比丘たちよ、過去未来のもろもろの色は無我です。現在のものについては言うまでもありません。比丘たちよ、このように見る、聞をそなえた聖なる弟子は、過去のもろもろの色について期待しません。未来のもろもろの色を歓喜しません。現在のもろもろの色の厭離のため、離貪のため、滅尽のために、実践します。

過去未来のもろもろの声は無我です。現在のものについては言うまでもありません。比丘たちよ、このように見る、聞をそなえた聖なる弟子は、過去のもろもろの声について期待しません。未来のもろもろの声を歓喜しません。現在のもろもろの声の厭離のため、離貪のため、滅尽のために、実践します。

過去未来のもろもろの香は無我です。現在のものについては言うまでもありません。比丘たちよ、このように見る、聞をそなえた聖なる弟子は、過去のもろもろの香について期待しません。未来のもろもろの香を歓喜しません。現在のもろもろの香の厭離のため、離貪のため、滅尽のために、実践します。

過去未来のもろもろの味は無我です。現在のものについては言う

一　rūpā anattā atītānāgatā.

までもありません。比丘たちよ、このように見る、聞をそなえた聖なる弟子は、過去のもろもろの味について期待しません。未来のもろもろの味を歓喜しません。現在のもろもろの味の厭離のため、離貪のため、滅尽のために、実践します。△

過去未来のもろもろの触は無我です。▽現在のものについては言うまでもありません。比丘たちよ、このように見る、聞をそなえた聖なる弟子は、過去のもろもろの触について期待しません。未来のもろもろの触を歓喜しません。現在のもろもろの触の厭離のため、離貪のため、滅尽のために、実践します。△

過去未来のもろもろの法は無我です。現在のものについては言うまでもありません。比丘たちよ、このように見る、聞をそなえた聖なる弟子は、過去のもろもろの法について期待しません。未来のもろもろの法を歓喜しません。現在のもろもろの法の厭離のため、離貪のため、滅尽のために、実践します」

と。

第一二

第一　無常の章

以上の摂頌

「無常」と「苦」と「無我」とまた
三の「内《ない》（処《しょ》）」と「外《げ》（処《しょ》）」とあり
無常によって説かれた三は
それぞれ『内（処）」と「外（処）」とあり

第二　一対の章（Yamaka-vagga）

1　第一正覚以前経（Paṭhamapubbesambodha-sutta）

（三）＊▽このように私は聞いた——

あるとき、世尊《せそん》は、サーヴァッティに近い、ジェータ林のアナータピンディカ僧院に住んでおられた。そこで、世尊は比丘《びく》たちに話しかけられた。

「比丘たちよ」と。「尊い方よ」と、かれら比丘は世尊に答えた。

世尊はつぎのように言われた。△

六内処の楽味・危難・出離

「一比丘たちよ、私は、正覚《しょうがく》より以前に、正覚者でない菩薩《ぼさつ》であ(7)ったとき、つぎのように思いました。

〈何が眼《げん》の二楽味《らくみ》であるのか、何が三危難であるのか、何が四出離《しゅつり》であるのか。

何が耳《に》の▽楽味であるのか、何が危難であるのか、何が出離であるのか。△

何が鼻《び》の▽楽味であるのか、何が危難であるのか、何が出離であるのか。△

（三）漢訳の相当経典は不明。

＊▽—△これは原文（経の冒頭）に「サーヴァッティの因縁」（Sāvatthi-nidānaṁ）と記された部分であることを示す。以下の諸経においても同じ。

一　本経については、因縁篇、第一一五節「正覚以前経」（因縁篇Ⅱ、一六〇頁）参照。なお、正覚以前の菩薩については、因縁篇、第四節「ヴィパッシー経」註六以下（因縁篇Ⅰ、四四頁）参照。

二　assāda. 楽。

三　ādīnava. 苦。

四　nissaraṇa. 中。涅槃。以上の「楽味」「危難」「出離」の三は、仏教の人生において経験できる事柄である。仏はこれを、「王宮の生活」「苦行の生活」「菩提樹下（中道）の生活」として実証し、経において説示された。

何が舌《ぜっ》の楽▽味であるのか、何が危難であるのか、何が出離であるのか。△
何が身《しん》の楽▽味であるのか、何が危難であるのか、何が出離であるのか。△
何が意《い》の楽味であるのか、何が危難であるのか、何が出離であるのか〉
と。

比丘たちよ、その私はこのように思いました。
〈眼によって[五]楽・喜が生じること、[六]これが眼の楽味である。眼が[七]無《む》常《じょう》・苦《く》・変化《へんげ》法《ほう》であること、[八]これが眼の危難である。眼に対する[九]欲貪《よくとん》の調伏《じょうぶく》、[一〇]欲貪の捨断《しゃだん》、[一一]これが眼の出離である。
耳によって楽▽・喜が生じること、これが耳の楽味である。耳が無常・苦・変化法であること、これが耳の危難である。耳に対する欲貪の調伏、欲貪の捨断、これが耳の出離である。△
鼻によって楽▽・喜が生じること、これが鼻の楽味である。鼻が無常・苦・変化法であること、これが鼻の危難である。鼻に対する欲貪の調伏、欲貪の捨断、これが鼻の出離である。△
舌によって楽・喜が生じること、これが舌の楽味である。舌が無常・苦・変化法であること、これが舌の危難である。舌に対する欲

五　sukhaṁ somanassa.
六　ayaṁ cakkhussa assādo.
七　aniccā dukkhā vipariṇāmadhammā. 〈＊「生じて生じないこと」の様相によって「無常」（anicca）であり、「圧迫すること」の様相によって「苦」（dukkha）であり、「自性を消失すること」の様相によって「変化法」（vipariṇāma-dhamma）である〉。
八　ayaṁ cakkhussa ādīnavo.
九　chandarāgavinayo.
一〇　chandarāgappahānaṁ.
一一　ayaṁ cakkhussa nissaraṇaṁ. 〈＊涅槃（nibbāna）によって、眼の欲貪が調伏され（静められ）、また断たれる。それゆえ、涅槃はその出離である〉の意。

貪の調伏、欲貪の捨断、これが舌の出離である。

身によって楽・喜が生じること、これが身の楽味である。身が無常・苦・変化法であること、これが身の危難である。身に対する欲貪の調伏、欲貪の捨断、これが身の出離である。

意によって楽・喜が生じること、これが意の楽味である。意が無常・苦・変化法であること、これが意の危難である。意に対する欲貪の調伏、欲貪の捨断、これが意の出離である〉

と。

無上の正自覚

比丘たちよ、私が、これらの六内処《ろくないしょ》[1]について、このように、楽味を楽味として、また危難を危難として、また出離を出離として、如実《にょじつ》に証知《しょうち》しないうちは、比丘たちよ、私は、神々を含む、魔を含む、梵天《ぼんてん》を含む世界において、沙門《しゃもん》・バラモンを含む、天・人を含む衆において、『無上の正自覚《しょうじかく》をよく覚っている』と、自称することがありませんでした。

比丘たちよ、しかし、私が、これらの六内処について、このように、楽味を楽味として、また危難を危難として、また出離を出離として、如実に証知[一二]してからは、比丘たちよ、そこで、私は、神々[一三]を含む、魔[一四]を含む、梵天[一五]を含む世界[一六]において、沙門[一七]・バラモンを含む、

一二　abbhaññāsiṁ.〈＊殊勝な智（最上道智 aggamaggañāṇa）によって知った〉。

一三　sadevake.〈＊五欲天を含む〉。以下については、長部2『沙門果経』第四一節参照。

一四　samārake.〈＊第六欲天を含む〉。

一五　sabrahmake.〈＊梵衆天などの二十天を含む〉。

一六　loke.〈＊有情（生けるものの世界において）〉。

一七　sassamaṇabrāhmaṇiyā.〈＊仏教に敵対する沙門・バラモンと、悪を鎮めて悪を除いた沙門・バラモンを含む〉。

一八　sadevamanussāya.〈＊人間の王、および残りの人間を含む〉。

一九　pajāya.〈＊生けるものの世界において〉。

二〇　anuttaraṁ sammāsambodhiṁ.〈＊この上ない、最勝の、正しい、自己による、覚り（bodhi）を〉。

二一　abhisambuddho ti paccaññāsiṁ.〈＊「私は、よく覚り、得達している者として、洞察し、とどまっている」と、自称した〉。

二二　ñāṇañ ca pana me dassanaṁ udapādi.〈＊また、私には証得の徳を見ることができる省察智（paccavekkhaṇañāṇa）が生起した〉の意。

二三　akuppā me vimutti（C^e, R^e, akuppā me cetovimutti）.〈＊「この私の阿羅漢果の解脱（arahattaphalavimutti）は不動で

(8)

[一八]天・人を含む[一九]衆において、[二〇]『無上《むじょう》の正自覚をよく[二一]覚っている』と、自称したのです。

[二二]また、私には、智という見が生起しました。[二三]〈私の解脱《げだつ》は不動である。[二四]これは最後の生まれである。[二五]もはや再有《さいう》はない〉」[二六]と。

第一

ある」との智が生起した〉ということ。なお、C^e, R^eは、「私の心解脱は不動である」とする。

二四 ayam antimā jāti.

二五 natthi dāni punabbhavo. 〈＊今や再び他の有（生存）というものはない〉の意。

二六 〈＊本経には、四諦（catu-sacca）が語られている。どのようにか。すなわち、四諦のうち、楽味は「集諦」であり、危難は「苦諦」であり、出離は「滅諦」であり、滅を知る道は「道諦」である〉。

242

2 第二正覚以前経（Dutiyapubbesambodha-sutta）

（一四）▽このように私は聞いた──

あるとき、世尊は、サーヴァッティに近い、ジェータ林のアナータピンディカ僧院に住んでおられた。そこで、世尊は比丘たちに話しかけられた。

「比丘たちよ」と。「尊い方よ」と、かれら比丘は世尊に答えた。世尊はつぎのように言われた。△

六外処の楽味・危難・出離

[一]「比丘たちよ、私は、正覚より以前に、正覚者でない菩薩であったとき、つぎのように思いました。

〈何がもろもろの色《しき》の楽味であるのか、何が危難であるのか、何が出離であるのか。

（一四）漢訳の相当経典は不明。

一 本経については、前節「第一正覚以前経」参照。

何がもろもろの声《しょう》の楽味であるのか、何が危難であるのか、何が出離であるのか。
何がもろもろの香《こう》の楽味であるのか、何が危難であるのか、何が出離であるのか。
何がもろもろの味《み》の楽味であるのか、何が危難であるのか、何が出離であるのか。
何がもろもろの触《そく》の楽味であるのか、何が危難であるのか、何が出離であるのか。
何がもろもろの法《ほう》の楽味であるのか、何が危難であるのか、何が出離であるのか〉
と。

比丘たちよ、その私はこのように思いました。

〈もろもろの色によって楽・喜が生じること、[二]これがもろもろの色の楽味である。もろもろの色が無常・苦・変化法であること、[三]これがもろもろの色の危難である。もろもろの色に対する欲貪の調伏、欲貪の捨断、[四]これがもろもろの色の出離である。

もろもろの声によって楽・喜が生じること、これがもろもろの声の楽味である。もろもろの声が無常・苦・変化法であること、これがもろもろの声の危難である。もろもろの声に対する欲貪の調伏、

二　ayaṁ rūpānaṁ assādo.
三　ayaṁ rūpānaṁ ādīnavo.
四　ayaṁ rūpānaṁ nissaraṇaṁ.「出離」とは、寂滅、涅槃をいう。

欲貪の捨断、これがもろもろの声の出離である。△

もろもろの香によって▽楽・喜が生じること、これがもろもろの香の楽味である。もろもろの香が無常・苦・変化法であること、これがもろもろの香の危難である。もろもろの香に対する欲貪の調伏、欲貪の捨断、これがもろもろの香の出離である。△

もろもろの味によって楽・喜が生じること、これがもろもろの味の楽味である。もろもろの味が無常・苦・変化法であること、これがもろもろの味の危難である。もろもろの味に対する欲貪の調伏、欲貪の捨断、これがもろもろの味の出離である。

もろもろの触によって▽楽・喜が生じること、これがもろもろの触の楽味である。もろもろの触が無常・苦・変化法であること、これがもろもろの触の危難である。もろもろの触に対する欲貪の調伏、欲貪の捨断、これがもろもろの触の出離である。△

もろもろの法によって楽・喜が生じること、これがもろもろの法の楽味である。もろもろの法が無常・苦・変化法であること、これがもろもろの法の危難である。もろもろの法に対する欲貪の調伏、欲貪の捨断、これがもろもろの法の出離である〉と。

無上の正自覚

比丘たちよ、私が、これらの六外処[五]について、このように、楽味を楽味として、また危難を危難として、また出離を出離として、如実に証知しないうちは、比丘たちよ、私は、神々を含む、魔を含む、梵天を含む世界において、沙門・バラモンを含む、天・人を含む衆において、『無上の正自覚をよく覚っている』と、自称することがありませんでした。

比丘たちよ、しかし、私が、これらの六外処について、このように、楽味を楽味として、また危難を危難として、また出離を出離として、如実に証知してからは、比丘たちよ、そこで、私は、神々を含む、魔を含む、梵天を含む世界において、沙門・バラモンを含む、天・人を含む衆において、『無上の正自覚をよく覚っている』と、自称したのです。

また、私には、智という見が生起しました。〈私の解脱は不動である。これは最後の生まれである。もはや再有はない〉」

と。

第二

3 第一楽味探求経 (Paṭhama-assādapariyesana-sutta)

（一五）▽このように私は聞いた——

五 imesaṁ channaṁ bāhirānaṁ āyatanānaṁ.

（一五）『雑阿含経』巻第九〈二四三〉（大正蔵二・五八b—c）

あるとき、世尊は、サーヴァッティに近い、ジェータ林のアナー
タピンディカ僧院に住んでおられた。そこで、世尊は比丘たちに話
しかけられた。
「比丘たちよ」と。「尊い方よ」と、かれら比丘は世尊に答えた。
世尊はつぎのように言われた。△

六内処の楽味・危難・出離の探求

（眼）「比丘たちよ[一]、私は、眼の楽味[二]の探求を実行し[三]、何が眼の楽
味であるかを証得《しょうとく》[四]しました。私には、どれだけのものが眼の楽味で
あるか、それが慧《え》[五]によってよく見られました。
(9) 比丘たちよ、私は、眼の危難[六]の探求を実行し、何が眼の危難であ
るかを証得しました。私には、どれだけのものが眼の危難であるか、
それが慧によってよく見られました。
比丘たちよ、私は、眼の出離[七]の探求を実行し、何が眼の出離であ
るかを証得しました。私には、どれだけのものが眼の出離であるか、
それが慧によってよく見られました。
243 （耳）比丘たちよ、私は、耳の楽味▽の探求を実行し、何が耳の楽
味であるかを証得しました。私には、どれだけのものが耳の楽味で
あるか、それが慧によってよく見られました。
比丘たちよ、私は、耳の危難の探求を実行し、何が耳の危難であ

一 本経については、因縁篇、第一一六節『「実行した」経』（因縁篇Ⅱ、一六二頁）参照。
二 assādapariyesanaṁ.
三 acariṁ. あるいは「実行しました」。〈＊智の行（ñāṇa-cāra）によって、経験（anubhavanacāra）によって、実行した〉の意。
四 ajjhagamaṁ.
五 paññāya. あるいは「智慧によって」。
六 ādīnavapariyesanaṁ.
七 nissaraṇapariyesanaṁ.

るかを証得しました。私には、どれだけのものが耳の危難であるか、それが慧によってよく見られました。

比丘たちよ、私は、耳の出離の探求を実行し、何が耳の出離であるかを証得しました。私には、どれだけのものが耳の出離であるか、それが慧によってよく見られました。△

（鼻）比丘たちよ、私は、鼻の▽楽味の探求を実行し、何が鼻の楽味であるかを証得しました。私には、どれだけのものが鼻の楽味であるか、それが慧によってよく見られました。

比丘たちよ、私は、鼻の危難の探求を実行し、何が鼻の危難であるかを証得しました。私には、どれだけのものが鼻の危難であるか、それが慧によってよく見られました。

比丘たちよ、私は、鼻の出離の探求を実行し、何が鼻の出離であるかを証得しました。私には、どれだけのものが鼻の出離であるか、それが慧によってよく見られました。△

（舌）比丘たちよ、私は、舌の楽味の探求を実行し、何が舌の楽味であるかを証得しました。私には、どれだけのものが舌の楽味であるか、それが慧によってよく見られました。

比丘たちよ、私は、舌の危難の探求を実行し、何が舌の危難であるかを証得しました。私には、どれだけのものが舌の危難であるか、それが慧によってよく見られました。

比丘たちよ、私は、舌の出離の探求を実行し、何が舌の出離であるかを証得しました。私には、どれだけのものが舌の出離であるか、それが慧によってよく見られました。

▽（身）比丘たちよ、私は、身の楽味の探求を実行し、何が身の楽味であるかを証得しました。私には、どれだけのものが身の楽味であるか、それが慧によってよく見られました。

比丘たちよ、私は、身の危難の探求を実行し、何が身の危難であるかを証得しました。私には、どれだけのものが身の危難であるか、それが慧によってよく見られました。

比丘たちよ、私は、身の出離の探求を実行し、何が身の出離であるかを証得しました。私には、どれだけのものが身の出離であるか、それが慧によってよく見られました。△

（意）比丘たちよ、私は、意の楽味の探求を実行し、何が意の楽味であるかを証得しました。私には、どれだけのものが意の楽味であるか、それが慧によってよく見られました。

比丘たちよ、私は、意の危難の探求を実行し、何が意の危難であるかを証得しました。私には、どれだけのものが意の危難であるか、それが慧によってよく見られました。

比丘たちよ、私は、意の出離の探求を実行し、何が意の出離であるかを証得しました。私には、どれだけのものが意の出離であるか、それが慧によってよく見られました。

無上の正自覚

[八]比丘たちよ、私が、これらの六内処について、楽味を楽味として、また危難を危難として、また出離を出離として、如実に証知しないうちは、比丘たちよ、私は、神々を含む、魔を含む、梵天を含む世界において、沙門・バラモンを含む、天・人を含む衆において、『無上の正自覚をよく覚っている』と、自称することがありませんでした。

比丘たちよ、しかし、私が、これらの六内処について、楽味を楽味として、また危難を危難として、また出離を出離として、如実に証知してからは、比丘たちよ、そこで、私は、神々を含む、魔を含む、梵天を含む世界において、沙門・バラモンを含む、天・人を含む衆において、『無上の正自覚をよく覚っている』と、自称したのです。

また、私には、智という見が生起しました。〈私の解脱は不動である。これは最後の生まれである。もはや再有はない〉」と。

八　以下については、本相応、第一三節「第一正覚以前経」（本書、七二頁）参照。

第三

4 第二楽味探求経 (Dutiya-assādapariyesana-sutta)

(一六) ▽このように私は聞いた――

あるとき、世尊は、サーヴァッティに近い、ジェータ林のアナータピンディカ僧院に住んでおられた。そこで、世尊は比丘たちに話しかけられた。

「比丘たちよ」と。「尊い方よ」と、かれら比丘は世尊に答えた。

世尊はつぎのように言われた。△

六外処の楽味・危難・出離の探求

(色)「[1]比丘たちよ、私は、もろもろの色の楽味の[2]探求を実行し[3]、何がもろもろの色の楽味であるかを証得しました。私には、どれだけのものがもろもろの色の楽味であるか、それが慧によってよく見られました。

(10) 比丘たちよ、私は、もろもろの色の危難の探求を実行し、何がもろもろの色の危難であるかを証得しました。私には、どれだけのものがもろもろの色の危難であるか、それが慧によってよく見られました。

比丘たちよ、私は、もろもろの色の出離の探求を実行し、何がも

(一六) Cf.『雑阿含経』巻第九〈二四三〉(大正蔵二・五八b―c)

一 前節「第一楽味探求経」参照。

二 assādapariyesanaṁ.

三 acariṁ. あるいは「実行しました」。

ろもろの色の出離であるかを証得しました。私には、どれだけのものがもろもろの色の出離であるか、それが慧によってよく見られました。

（声）比丘たちよ、私は、もろもろの声の楽味の探求を実行し、何がもろもろの声の楽味であるかを証得しました。私には、どれだけのものがもろもろの声の楽味であるか、それが慧によってよく見られました。

比丘たちよ、私は、もろもろの声の危難の探求を実行し、何がもろもろの声の危難であるかを証得しました。私には、どれだけのものがもろもろの声の危難であるか、それが慧によってよく見られました。

比丘たちよ、私は、もろもろの声の出離の探求を実行し、何がもろもろの声の出離であるかを証得しました。私には、どれだけのものがもろもろの声の出離であるか、それが慧によってよく見られました。

（香）比丘たちよ、私は、もろもろの香の楽味の探求を実行し、何がもろもろの香の楽味であるかを証得しました。私には、どれだけのものがもろもろの香の楽味であるか、それが慧によってよく見られました。

比丘たちよ、私は、もろもろの香の危難の探求を実行し、何がもろもろの香の危難であるかを証得しました。私には、どれだけのものがもろもろの香の危難であるか、それが慧によってよく見られました。

比丘たちよ、私は、もろもろの香の出離の探求を実行し、何がもろもろの香の出離であるかを証得しました。私には、どれだけのものがもろもろの香の出離であるか、それが慧によってよく見られました。△

（味）比丘たちよ、私は、もろもろの味の楽▽味の探求を実行し、何がもろもろの味の楽味であるかを証得しました。私には、どれだけのものがもろもろの味の楽味であるか、それが慧によってよく見られました。

比丘たちよ、私は、もろもろの味の危難の探求を実行し、何がもろもろの味の危難であるかを証得しました。私には、どれだけのものがもろもろの味の危難であるか、それが慧によってよく見られました。

比丘たちよ、私は、もろもろの味の出離の探求を実行し、何がもろもろの味の出離であるかを証得しました。私には、どれだけのものがもろもろの味の出離であるか、それが慧によってよく見られま

した。△

（触）比丘たちよ、私は、もろもろの触[四]の▽楽味の探求を実行し、何がもろもろの触の楽味であるかを証得しました。私には、どれだけのものがもろもろの触の楽味であるか、それが慧によってよく見られました。

比丘たちよ、私は、もろもろの触の危難の探求を実行し、何がもろもろの触の危難であるかを証得しました。私には、どれだけのものがもろもろの触の危難であるか、それが慧によってよく見られました。

比丘たちよ、私は、もろもろの触の出離の探求を実行し、何がもろもろの触の出離であるかを証得しました。私には、どれだけのものがもろもろの触の出離であるか、それが慧によってよく見られました。△

（法）比丘たちよ、私は、もろもろの法の楽味の探求を実行し、何がもろもろの法の楽味であるかを証得しました。私には、どれだけのものがもろもろの法の楽味であるか、それが慧によってよく見られました。

比丘たちよ、私は、もろもろの法の危難の探求を実行し、何がもろもろの法の危難であるかを証得しました。私には、どれだけのも

四　phoṭṭhabbānaṁ. あるいは「触れられるべきものの」。

のがもろもろの法の危難であるか、それが慧によってよく見られました。

比丘たちよ、私は、もろもろの法の出離の探求を実行し、何がもろもろの法の出離であるかを証得しました。私には、どれだけのも
244
のがもろもろの法の出離であるか、それが慧によってよく見られました。

無上の正自覚

比丘たちよ、私が、これらの六外処について、楽味を楽味として、また危難を危難として、また出離を出離として、如実に証知しないうちは、比丘たちよ、私は、神々を含む、魔を含む、梵天を含む世界において、沙門・バラモンを含む、天・人を含む衆において、『無上の正自覚をよく覚っている』と、自称することがありませんでした。

比丘たちよ、しかし、私が、これらの六外処について、楽味を楽味として、また危難を危難として、また出離を出離として、如実に証知してからは、比丘たちよ、そこで、私は、神々を含む、魔を含む、梵天を含む世界において、沙門・バラモンを含む、天・人を含む衆において、『無上の正自覚をよく覚っている』と、自称したのです。また、私には、智という見が生起しました。〈私の解脱は不動で

ある。これは最後の生まれである。もはや再有はない〉」と。

第四

5 第一「もし楽味がなければ」経（Paṭhamanoce-assāda-sutta）

（一七）このように私は聞いた——

あるとき、世尊は、サーヴァッティに近い、ジェータ林のアナータピンディカ僧院に住んでおられた。そこで、世尊は比丘たちに話しかけられた。

「比丘たちよ」と。「尊い方よ」と、かれら比丘は世尊に答えた。

世尊はつぎのように言われた。

六内処の楽味・危難・出離

（眼）「[一]比丘たちよ、[二]もしここに眼の楽味がなければ、生けるものたちは、眼に執着《しゅうじゃく》することがありません。しかし、比丘たちよ、眼の楽味があるから、生けるものたちは、[三]眼に執着します。

比丘たちよ、もしここに眼の危難がなければ、生けるものたちは、眼を厭うことがありません。しかし、比丘たちよ、眼の危難があるから、生けるものたちは、[四]眼を厭います。

比丘たちよ、もしここに眼の出離がなければ、生けるものたちは、

（一七）Cf.『雑阿含経』巻第九〈二四三〉（大正蔵二・五八b—c）

一 本経については、因縁篇、第一一七節『「もしこれがなければ」経』（因縁篇Ⅱ、一六五頁）参照。

二 no cedaṁ cakkhussa assādo abhavissa. あるいは「もし眼にこの楽味がなければ」。

三 cakkhusmiṁ sārajjanti.

四 cakkhusmiṁ nibbindanti.

眼から出離することがありません。しかし、比丘たちよ、眼の出離があるから、生けるものたちは、眼[五]から出離します。

（耳）比丘たちよ、もしここに耳[六]の楽味がなければ、生けるものたちは、耳に執着することがありません。しかし、比丘たちよ、耳の楽味があるから、生けるものたちは、耳に執着します。

比丘たちよ、もしここに耳の危難がなければ、生けるものたちは、耳を厭うことがありません。しかし、比丘たちよ、耳の危難があるから、生けるものたちは、耳を厭います。

比丘たちよ、もしここに耳の出離がなければ、生けるものたちは、耳から出離することがありません。しかし、比丘たちよ、耳の出離があるから、生けるものたちは、耳から出離します。

(11)
（鼻）比丘たちよ、もしここに鼻[七]の楽味がなければ、▽生けるものたちは、鼻に執着することがありません。しかし、比丘たちよ、鼻の楽味があるから、生けるものたちは、鼻に執着します。

比丘たちよ、もしここに鼻の危難がなければ、生けるものたちは、鼻を厭うことがありません。しかし、比丘たちよ、鼻の危難があるから、生けるものたちは、鼻を厭います。

比丘たちよ、もしここに鼻の出離がなければ、生けるものたちは、鼻から出離することがありません。しかし、比丘たちよ、鼻の出離

五　cakkhusmā nissaranti.
六　sotassa assādo.
七　ghānassa assādo.

があるから、生けるものたちは、鼻から出離します。△

（舌）比丘たちよ、もしここに舌の楽味[八]がなければ、生けるものたちは、舌に執着することがありません。しかし、比丘たちよ、舌の楽味があるから、生けるものたちは、舌に執着します。

比丘たちよ、もしここに舌の危難がなければ、生けるものたちは、舌を厭うことがありません。しかし、比丘たちよ、舌の危難があるから、生けるものたちは、舌を厭います。

比丘たちよ、もしここに舌の出離がなければ、生けるものたちは、舌から出離することがありません。しかし、比丘たちよ、舌の出離があるから、生けるものたちは、舌から出離します。

（身）比丘たちよ、もしここに身の楽味[九]がなければ、▽生けるものたちは、身に執着することがありません。しかし、比丘たちよ、身の楽味があるから、生けるものたちは、身に執着します。

比丘たちよ、もしここに身の危難がなければ、生けるものたちは、身を厭うことがありません。しかし、比丘たちよ、身の危難があるから、生けるものたちは、身を厭います。

比丘たちよ、もしここに身の出離がなければ、生けるものたちは、身から出離することがありません。しかし、比丘たちよ、身の出離があるから、生けるものたちは、身から出離します。△

八　jivhāya assādo.

九　kāyassa assādo.

（意）比丘たちよ、もしここに意の楽味[一〇]がなければ、生けるものたちは、意に執着することがありません。しかし、比丘たちよ、意の楽味があるから、生けるものたちは、意に執着します。

比丘たちよ、もしここに意の危難がなければ、生けるものたちは、意を厭うことがありません。しかし、比丘たちよ、意の危難があるから、生けるものたちは、意を厭います。

比丘たちよ、もしここに意の出離がなければ、生けるものたちは、意から出離することがありません。しかし、比丘たちよ、意の出離があるから、生けるものたちは、意から出離します。

六内処の証知

比丘たちよ、生けるものたちが、これらの六内処について、楽味
245 を楽味として、また危難を危難として、また出離を出離として、如
実に証知しないうちは、比丘たちよ、生けるものたちは、神々を含
む、魔を含む、梵天を含む世界から、沙門・バラモンを含む、天・
人を含む衆から、出離せず、離縛せず、離脱せず、限界を離れた心
によって住むことがありませんでした。

比丘たちよ、しかし、生けるものたちが、これらの六内処につい
て、楽味を楽味として、また危難を危難として、また出離を出離と
(12) して、如実に証知してからは、比丘たちよ、生けるものたちは、

一〇 manassa assādo.

神々を含む、魔を含む、梵天を含む世界から、沙門・バラモンを含む、天・人を含む衆から、[一一]出離し、[一二]離《り》縛《ばく》し、[一三]離脱し、[1]限界を離れた心によって住んでいます」

[一四]と。

第五

6 第二「もし楽味がなければ」経（Dutiyanoce-assāda-sutta）

（一八）▽このように私は聞いた――

あるとき、世尊は、サーヴァッティに近い、ジェータ林のアナータピンディカ僧院に住んでおられた。そこで、世尊は比丘たちに話しかけられた。

「比丘たちよ」と。「尊い方よ」と、かれら比丘は世尊に答えた。世尊はつぎのように言われた。△

六外処の楽味・危難・出離

（色）「[一]比丘たちよ、[二]もしここにもろもろの色の楽味がなければ、生けるものたちは、もろもろの色に執着することがありません。しかし、比丘たちよ、もろもろの色の楽味があるから、生けるものたちは、もろもろの色に執着します。

比丘たちよ、もしここにもろもろの色の危難がなければ、生ける

一一 nissaṭā.〈出て（nikkhantā）〉。《世間から（lokato）出て》。

一二 visaññuttā.《《束縛の因である煩悩（kilesa）が断たれているから》束縛がなく（no saṁyuttā）〉。

一三 vippamuttā.〈志向がなく（no adhimuttā）〉。《汲々とすることがなく（na ussukkajātā）》。

一四 〈これらの六経（第一七節～二二節）においても、《「眼」などの「楽味」などが語られているから》四諦（catu-sacca）のみが語られている、と解されるべきである〉。

（一八）Cf.『雑阿含経』巻第九〈二四三〉（大正蔵二・五八b―c）

一 前節『第一「もし楽味がなければ」経』参照。

二 no cedaṁ rūpānaṁ assādo abhavissa. あるいは「もしもろもろの色にこの楽味がなければ」。

ものたちは、もろもろの色を厭うことがありません。しかし、比丘たちよ、もろもろの色の危難があるから、生けるものたちは、もろもろの色を厭います。

比丘たちよ、もしここにもろもろの色の出離がなければ、生けるものたちは、もろもろの色から出離することがありません。しかし、比丘たちよ、もろもろの色の出離があるから、生けるものたちは、もろもろの色から出離します。

（声）比丘たちよ、もしここにもろもろの声の▽楽味がなければ、生けるものたちは、もろもろの声に執着することがありません。しかし、比丘たちよ、もろもろの声の楽味があるから、生けるものたちは、もろもろの声に執着します。

比丘たちよ、もしここにもろもろの声の危難がなければ、生けるものたちは、もろもろの声を厭うことがありません。しかし、比丘たちよ、もろもろの声の危難があるから、生けるものたちは、もろもろの声を厭います。

比丘たちよ、もしここにもろもろの声の出離がなければ、生けるものたちは、もろもろの声から出離することがありません。しかし、比丘たちよ、もろもろの声の出離があるから、生けるものたちは、もろもろの声から出離します。△

（香）比丘たちよ、もしここにもろもろの香の▽楽味がなければ、生けるものたちは、もろもろの香に執着することがありません。しかし、比丘たちよ、もろもろの香の楽味があるから、生けるものたちは、もろもろの香に執着します。

比丘たちよ、もしここにもろもろの香の危難がなければ、生けるものたちは、もろもろの香を厭うことがありません。しかし、比丘たちよ、もろもろの香の危難があるから、生けるものたちは、もろもろの香を厭います。

比丘たちよ、もしここにもろもろの香の出離がなければ、生けるものたちは、もろもろの香から出離することがありません。しかし、比丘たちよ、もろもろの香の出離があるから、生けるものたちは、もろもろの香から出離します。△

（味）比丘たちよ、もしここにもろもろの味の▽楽味がなければ、生けるものたちは、もろもろの味に執着することがありません。しかし、比丘たちよ、もろもろの味の楽味があるから、生けるものたちは、もろもろの味に執着します。

比丘たちよ、もしここにもろもろの味の危難がなければ、生けるものたちは、もろもろの味を厭うことがありません。しかし、比丘たちよ、もろもろの味の危難があるから、生けるものたちは、もろもろの味を厭います。

比丘たちよ、もしここにもろもろの味の出離がなければ、生けるものたちは、もろもろの味から出離することがありません。しかし、比丘たちよ、もろもろの味の出離があるから、生けるものたちは、もろもろの味から出離します。

（触）比丘たちよ、もしここにもろもろ[三]の触の楽味がなければ、生けるものたちは、もろもろの触に執着することがありません。しかし、比丘たちよ、もろもろの触の楽味があるから、生けるものたちは、もろもろの触に執着します。

比丘たちよ、もしここにもろもろの触の危難がなければ、生けるものたちは、もろもろの触を厭うことがありません。しかし、比丘たちよ、もろもろの触の危難があるから、生けるものたちは、もろもろの触を厭います。

比丘たちよ、もしここにもろもろの触の出離がなければ、生けるものたちは、もろもろの触から出離することがありません。しかし、比丘たちよ、もろもろの触の出離があるから、生けるものたちは、もろもろの触から出離します。

（法）比丘たちよ、もしここにもろもろの法の楽味がなければ、生けるものたちは、もろもろの法に執着することがありません。し

三　phoṭṭhabbānaṁ. あるいは「もろもろの触れられるべきものの」。

かし、比丘たちよ、もろもろの法の楽味があるから、生けるものたちは、もろもろの法に執着します。

比丘たちよ、もしここにもろもろの法の危難がなければ、生けるものたちは、もろもろの法を厭うことがありません。しかし、比丘たちよ、もろもろの法の危難があるから、生けるものたちは、もろもろの法を厭います。

比丘たちよ、もしここにもろもろの法の出離がなければ、生けるものたちは、もろもろの法から出離することがありません。しかし、比丘たちよ、もろもろの法の出離があるから、生けるものたちは、もろもろの法から出離します。

六外処の証知

比丘たちよ、生けるものたちが、これらの六外処について、楽味を楽味として、また危難を危難として、また出離を出離として、
246 (13)
如実に証知しないうちは、比丘たちよ、生けるものたちは、神々を含む、魔を含む、梵天を含む世界から、沙門・バラモンを含む、天・人を含む衆から、出離せず、離縛せず、離脱せず、限界を離れた心によって住むことがありませんでした。

比丘たちよ、しかし、生けるものたちが、これらの六外処について、楽味を楽味として、また危難を危難として、また出離を出離と

して、如実に証知してからは、比丘たちよ、生けるものたちは、神々を含む、魔を含む、梵天を含む世界から、沙門・バラモンを含む、天・人を含む衆から、出離し、離縛し、離脱し、限界を離れた心によって住んでいます」
と。

第六

7 第一歓喜経（Paṭhamābhinanda-sutta）

（一九）▽このように私は聞いた――

あるとき、世尊は、サーヴァッティに近い、ジェータ林のアナータピンディカ僧院に住んでおられた。そこで、世尊は比丘たちに話しかけられた。

「比丘たちよ」と。「尊い方よ」と、かれら比丘は世尊に答えた。

世尊はつぎのように言われた。△

「[一]比丘たちよ、[二]眼を歓喜《かんぎ》する者は苦を歓喜し、[三]苦を歓喜する者は苦[四]から解放されない、と私は説きます。

比丘たちよ、耳を▽歓喜する者は苦を歓喜し、苦を歓喜する者は苦から解放されない、と私は説きます。△

比丘たちよ、鼻を▽歓喜する者は苦を歓喜し、苦を歓喜する者は苦

（一九）『雑阿含経』巻第八〈一九四〉（大正蔵二・五〇ａ）

一 本経については、因縁篇、第一一九節「歓喜経」（因縁篇Ⅱ、一七二頁）参照。
二 yo cakkhuṁ abhinandati.
三 dukkhaṁ so abhinandati.
四 aparimutto so dukkhasmā.

から解放されない、と私は説きます。△

比丘たちよ、舌を歓喜する者は苦を歓喜し、苦を歓喜する者は苦から解放されない、と私は説きます。

比丘たちよ、身▽を歓喜する者は苦を歓喜し、苦を歓喜する者は苦から解放されない、と私は説きます。△

比丘たちよ、意を歓喜する者は苦を歓喜し、苦を歓喜する者は苦から解放されない、と私は説きます。

しかし、比丘たちよ、[五]眼を歓喜しない者は[六]苦を歓喜せず、苦を歓喜しない者は[七]苦から解放される、と私は説きます。

比丘たちよ、耳▽を歓喜しない者は苦を歓喜せず、苦を歓喜しない者は苦から解放される、と私は説きます。△

比丘たちよ、鼻▽を歓喜しない者は苦を歓喜せず、苦を歓喜しない者は苦から解放される、と私は説きます。△

比丘たちよ舌を歓喜しない者は苦を歓喜せず、苦を歓喜しない者は苦から解放される、と私は説きます。

比丘たちよ、身▽を歓喜しない者は苦を歓喜せず、苦を歓喜しない者は苦から解放される、と私は説きます。△

比丘たちよ、意を歓喜しない者は苦を歓喜せず、苦を歓喜しない者は苦から解放される、と私は説きます」

五 yo cakkhuṃ nābhinandati.
六 dukkhaṃ so nābhinandati.
七 parimutto so dukkhasmā.

と。[八]

8 第二歓喜経 (Dutiyābhinanda-sutta)

(二〇) ▽このように私は聞いた—

あるとき、世尊は、サーヴァッティに近い、ジェータ林のアナータピンディカ僧院に住んでおられた。そこで、世尊は比丘たちに話しかけられた。

「比丘たちよ」と。「尊い方よ」と、かれら比丘は世尊に答えた。

世尊はつぎのように言われた。△

「[一]比丘たちよ、[二]もろもろの色を歓喜する者は[三]苦を歓喜し、苦を歓喜する者は[四]苦から解放されない、と私は説きます。

比丘たちよ、もろもろの声を▽歓喜する者は苦を歓喜し、苦を歓喜する者は苦から解放されない、と私は説きます。△

比丘たちよ、もろもろの香を▽歓喜する者は苦を歓喜し、苦を歓喜する者は苦から解放されない、と私は説きます。△

比丘たちよ、もろもろの味を歓喜する者は苦を歓喜し、苦を歓喜する者は苦から解放されない、と私は説きます。

比丘たちよ、もろもろの触を▽歓喜する者は苦を歓喜し、苦を歓喜

第七

八 〈第七などの四(経)には《諸歓喜(abhinandana)と生滅(uppāda-nirodha)とによって説示が行なわれているから》「輪転と還転」(vaṭṭavivaṭṭa)のみが語られている。それら《諸経》の次第話《初めから以降の語義解釈》はすでに述べられた仕方で解されるべきである〉。

(二〇) Cf.『雑阿含経』巻第九〈二四三〉(大正蔵二・五八b—c)

一 前節「第一歓喜経」参照。
二 yo rūpe abhinandati.
三 dukkhaṁ so abhinandati.
四 aparimutto so dukkhasmā.

(14)
する者は苦から解放されない、と私は説きます。△

比丘たちよ、もろもろの法を歓喜する者は苦を歓喜し、苦を歓喜する者は苦から解放されない、と私は説きます。

しかし、比丘たちよ、[五]もろもろの色を歓喜しない者は[六]苦を歓喜せず、苦を歓喜しない者は[七]苦から解放される、と私は説きます。

比丘たちよ、もろもろの声を▽歓喜しない者は苦を歓喜せず、苦を歓喜しない者は苦から解放される、と私は説きます。△

比丘たちよ、もろもろの香を▽歓喜しない者は苦を歓喜せず、苦を歓喜しない者は苦から解放される、と私は説きます。△

比丘たちよ、もろもろの味を歓喜しない者は苦を歓喜せず、苦を歓喜しない者は苦から解放される、と私は説きます。

比丘たちよ、もろもろの触を▽歓喜しない者は苦を歓喜せず、苦を歓喜しない者は苦から解放される、と私は説きます。△

比丘たちよ、もろもろの法を歓喜しない者は苦を歓喜せず、苦を歓喜しない者は苦から解放される、と私は説きます」

と。

第八

五 yo rūpe nābhinandati.
六 dukkhaṁ so nābhinandati.
七 parimutto so dukkhasmā.

9　第一苦生起経（Paṭhamadukkhuppāda-sutta）

（三二）▽このように私は聞いた──

あるとき、世尊は、サーヴァッティに近い、ジェータ林のアナータピンディカ僧院に住んでおられた。そこで、世尊は比丘たちに話しかけられた。

「比丘たちよ」と。「尊い方よ」と、かれら比丘は世尊に答えた。

世尊はつぎのように言われた。△

「[一]比丘たちよ、[二]眼の生起、[三]存続、[四]再生、[五]出現、これは[六]苦の生起であり、[七]もろもろの病の存続であり、[八]老死《ろうし》の出現です。

耳の▽生起、存続、再生、出現、これは苦の生起であり、もろもろの病の存続であり、老死の出現です。△

鼻の▽生起、存続、再生、出現、これは苦の生起であり、もろもろの病の存続であり、老死の出現です。△

舌の▽生起、存続、再生、出現、これは苦の生起であり、もろもろの病の存続であり、老死の出現です。△

身の▽生起、存続、再生、出現、これは苦の生起であり、もろもろの病の存続であり、老死の出現です。△

意の生起、存続、再生、出現、これは苦の生起であり、もろもろの病の存続であり、老死の出現です。

（三二）『雑阿含経』巻第八〈一九三〉（大正蔵二・四九ｃ）

一　本経については、因縁篇、第一二〇節「生起経」（因縁篇Ⅱ、一七三頁）参照。
二　cakkhussa uppādo.
三　ṭhiti.
四　abhinibbatti.
五　pātubhāvo.
六　dukkhassa uppādo.
七　rogānaṃ ṭhiti.
八　jarāmaraṇassa pātubhāvo.

しかし、比丘たちよ、[九]眼の滅尽《めつじん》、[一〇]寂止、[一一]消滅、これは[一二]苦の滅尽であり、[一三]もろもろの病の寂止であり、[一四]老死の消滅です。

耳の▽滅尽、寂止、消滅、これは苦の滅尽であり、もろもろの病の寂止であり、老死の消滅です。△

鼻の▽滅尽、寂止、消滅、これは苦の滅尽であり、もろもろの病の寂止であり、老死の消滅です。△

舌の▽滅尽、寂止、消滅、これは苦の滅尽であり、もろもろの病の寂止であり、老死の消滅です。△

身の▽滅尽、寂止、消滅、これは苦の滅尽であり、もろもろの病の寂止であり、老死の消滅です。△

意の滅尽、寂止、消滅、これは苦の滅尽であり、もろもろの病の寂止であり、老死の消滅です」

[一五]と。

第九

10 第二苦生起経（Dutiyadukkhuppāda-sutta）

[(三)]▽このように私は聞いた——

あるとき、世尊は、サーヴァッティに近い、ジェータ林のアナータピンディカ僧院に住んでおられた。そこで、世尊は比丘たちに話

九 cakkhussa nirodho.
一〇 vūpasamo.
一一 atthaṅgamo.
一二 dukkhassa nirodho.
一三 rogānaṁ vūpasamo.
一四 jarāmaraṇassa atthaṅgamo.

一五 〈＊本経には「還転」（輪転と還転）が語られている〉。

(三) Cf.『雑阿含経』巻第八〈一九三〉（大正蔵二・四九c）

しかけられた。

「比丘たちよ」と。「尊い方よ」と、かれら比丘は世尊に答えた。

世尊はつぎのように言われた。

「[一]比丘たちよ、もろもろの色の[二]生起、存続、再生、出現、これは苦の生起であり、もろもろの病の存続であり、老死の出現です。

もろもろの声の生起、存続、再生、出現、これは苦の生起であり、もろもろの病の存続であり、老死の出現です。

もろもろの香の生起、存続、再生、出現、これは苦の生起であり、もろもろの病の存続であり、老死の出現です。

もろもろの味の生起、存続、再生、出現、これは苦の生起であり、もろもろの病の存続であり、老死の出現です。

もろもろの触の生起、存続、再生、出現、これは苦の生起であり、もろもろの病の存続であり、老死の出現です。

もろもろの法の生起、存続、再生、出現、これは苦の生起であり、もろもろの病の存続であり、老死の出現です。

しかし、比丘たちよ、[三]もろもろの色の滅尽、寂止、消滅、これは苦の滅尽であり、もろもろの病の寂止であり、老死の消滅です。

もろもろの声の滅尽、寂止、消滅、これは苦の滅尽であり、もろもろの病の寂止であり、老死の消滅です。

一　前節「第一苦生起経」参照。
二　rūpānaṁ uppādo.
三　rūpānaṁ nirodho.

もろもろの香の滅尽▽、寂止、消滅、これは苦の滅尽であり、もろもろの病の寂止であり、老死の消滅です。△もろもろの味の滅尽▽、寂止、消滅、これは苦の滅尽であり、もろもろの病の寂止であり、老死の消滅です。△もろもろの触の滅尽▽、寂止、消滅、これは苦の滅尽であり、もろもろの病の寂止であり、老死の消滅です。△もろもろの法の滅尽、寂止、消滅、これは苦の滅尽であり、もろ(15)もろの病の寂止であり、老死の消滅です」

と。

第一〇

第二　一対の章

以上の摂頌

「正覚」によって二が、さらに
「楽味」によって二が説かれ
「もしこれがなければ」によって二が
また「歓喜」によって二が説かれ
「生起」によって二が説かれ

それによって章が説かれる

第三　一切の章（Sabba-vagga）

1　一切経（Sabba-sutta）

〔二三〕*▽このように私は聞いた――

あるとき、世尊《せそん》は、サーヴァッティに近い、ジェータ林のアナータピンディカ僧院に住んでおられた。そこで、世尊は比丘《びく》たちに話しかけられた。

「比丘たちよ」と。「尊い方よ」と、かれら比丘は世尊に答えた。

世尊はつぎのように言われた。▽

「[1]比丘たちよ、そなたたちに、一切を説きましょう。それを聞きなさい。

それでは、比丘たちよ、一切とは何でしょうか。

眼《げん》ともろもろの色《しき》です。

耳《に》ともろもろの声《しょう》です。

鼻《び》ともろもろの香《こう》です。

舌《ぜつ》ともろもろの味《み》です。

身《しん》ともろもろの触《そく》です。

意《い》ともろもろの法《ほう》です。

〔二三〕『雑阿含経』巻第一三〈三一九〉（大正蔵二・九一a）

一　paccakkhāya.〈拒絶し（paṭikkhipitvā）〉。

二　vācāvatthukaṃ evassa. あるいは「その言葉は根拠のないものになります」。〈言葉によって言うべき事柄のみのものになるであろう。しかし、これらの十二処を超えて、この他の自性法というものがある、と示すことはできないであろう〉の意。

三　puṭṭho ca na sampāyeyya.〈「他の一切とは何か」と問わ

比丘たちよ、これが一切と言われます。

比丘たちよ、『私はこの一切を捨て[一]て、他の一切を示そう』と、このように言う者がいれば、それはただ[二]言葉を根拠としているだけのものになります。かれ[三]は、問われたならば答えられず、さらに困[四]惑することにもなります。それはなぜか。

比[五]丘たちよ、それは埒外のことだからです」

と。

第一

れて、「これである」という言葉で答えることができないであろう〉。

四 vighātaṁ āpajjeyya. 〈苦（dukkha）に陥るであろう〉。

五 yathā taṁ bhikkhave avisayasmiṁ. 〈ここにおける 'taṁ' は単なる不変詞である。'yathā' は理由の言葉であり、「非領域（avisaya）において問われているから」《他の者はだれも非領域において努力するから》、という意味である。なぜなら、非領域においては、諸有情（人々）に困惑（苦）のみが生じるからである。重閣ほどの岩を頭で持ち上げ、深い水を渡ることが「非領域」であり、月と太陽を引き落とすこともまた同様であり、その非領域において努力する者は困惑（苦）のみに陥る。そのように、この非領域においてもまた、困惑（苦）のみに陥るであろう、との意趣である〉。

2 捨断経 (Pahāna-sutta)

（二四）▽このように私は聞いた――

あるとき、世尊は、サーヴァッティに近い、ジェータ林のアナータピンディカ僧院に住んでおられた。そこで、世尊は比丘たちに話しかけられた。

「比丘たちよ」と。「尊い方よ」と、かれら比丘は世尊に答えた。

世尊はつぎのように言われた。△

「比丘たちよ、そなたたちに、一[一]切を捨断《しゃだん》するための法《ほう》を説きましょう。それを聞きなさい。

それでは、比丘たちよ、一切を捨断するための法とは何でしょうか。

（二四）『雑阿含経』巻第八〈二二四〉（大正蔵二・五五b）

一 sabbappahānāya. 〈一切の（sabbassa）《門の所縁とともに生じる門の》捨断のための（pahānāya）《それと結ばれた欲貪の捨断によって断つための》〉。

(16)

比丘たちよ、眼[二]は捨断されるべきです。もろもろの色[三]は捨断されるべきです。眼識《げんしき》[四]は捨断されるべきです。眼触《げんそく》[五]は捨断されるべきです。また、この眼触[六]を縁として生じる楽の、あるいは苦《く》の、あるいは非苦非楽の感受《かんじゅ》も捨断されるべきです。

▽耳は捨断されるべきです。もろもろの声は捨断されるべきです。耳識は捨断されるべきです。耳触は捨断されるべきです。また、この耳触を縁として生じる楽の、あるいは苦の、あるいは非苦非楽の感受も捨断されるべきです。

鼻は捨断されるべきです。もろもろの香は捨断されるべきです。鼻識は捨断されるべきです。鼻触は捨断されるべきです。また、この鼻触を縁として生じる楽の、あるいは苦の、あるいは非苦非楽の感受も捨断されるべきです。△

舌は捨断されるべきです。もろもろの味は捨断されるべきです。舌識は捨断されるべきです。舌触は捨断されるべきです。また、この舌触を縁として生じる楽の、あるいは苦の、あるいは非苦非楽の感受も捨断されるべきです。

身は捨断されるべきです。▽もろもろの触は捨断されるべきです。身識は捨断されるべきです。身触は捨断されるべきです。また、この身触を縁として生じる楽の、あるいは苦の、あるいは非苦非楽の

二　cakkhuṁ.

三　rūpā.

四　cakkhuviññāṇaṁ.

五　cakkhusamphasso.

六　cakkhusamphassapaccayā uppajjati vedayitaṁ. 〈眼触を根本縁として生じる領受（sampaṭicchana）・推度（santīraṇa）・確定（voṭṭhabbana）・速行（javana）の受（vedanā）のこと。ただし、眼識に相応するものについては、言われるべきものがない。「耳門」などの受の縁などについても《「耳触を根本縁として」などというように》、この仕方で解される〉。

七　mano. 〈ここにおける「意は」とは《意門が意趣されているから》、有分心は（bhavaṅgacittaṁ）、ということ〉。

八　dhammā. 〈所縁は（ārammaṇaṁ）《法所縁は》、ということ〉。

九　manoviññāṇaṁ. 〈引転（āvajjana　転向）と共なる速行は《意門の引転と共なる速行は》、ということ〉。

一〇　manosamphasso. 〈有分と共に生じる触は、ということ〉。

一一　vedayitaṁ. 〈引転と共なる受による速行の受も、ということ。ただし、有分（bhavaṅga）に相応するもの《有分

感受も捨断されるべきです。△
　意[七]は捨断されるべきです。[八]もろもろの法は捨断されるべきです。意識[九]は捨断されるべきです。[一〇]意触《いそく》は捨断されるべきです。また、この意触を縁として生じる楽の、あるいは苦の、あるいは非苦非楽の感受[一一]も捨断されるべきです。
　比丘たちよ、これが一切を捨断するための法です」
と。

第二

3 証知遍知捨断経（Abhiññāpariññāpahāna-sutta）

（二五）▽このように私は聞いた——
あるとき、世尊は、サーヴァッティに近い、ジェータ林のアナータピンディカ僧院に住んでおられた。そこで、世尊は比丘たちに話しかけられた。

「比丘たちよ」と。「尊い方よ」と、かれら比丘は世尊に答えた。

世尊はつぎのように言われた。△

「比丘たちよ、そなたたちに、[一]一切を証知《しょうち》し、遍知して、捨断するための法を説きましょう。それを聞きなさい。

それでは、比丘たちよ、一切を証知し、遍知して、捨断するため

に相応する受の把握》については、言われるべきものがない。引転を有分から離さず《有分心（bhavaṅgacitta）とともに引転を得て》、「意は」というように、引転と共に《意門引転の》有分が解されるべきである。「もろもろの法は」とは、所縁は、ということである。「意識は」とは、速行の識は、ということである。「意触は」とは、有分と共に生じる触は、ということである。「感受も」とは、速行と共に生じる受も、ということである。引転と共なることによって、有分と共に生じるもの（受）もよい。なお、ここにおける《「断つための」などによって行なわれた》説示は《師の（仏の）》教誡命令（anusiṭṭhi-āṇā）であり、これは《それぞれの意味を区別し、知らせることから》、告示（paṇṇatti）と呼ばれる〉。

（二五）Cf.『雑阿含経』巻第八〈二二四〉（大正蔵二・五五b）

一　sabbaṁ abhiññā pariññā pahānāya.〈すべてを《処の一切（āyatanasabba）を》、（自ら）よく知り（abhijānitvā）《証知（abhiññā）によって知り》、知悉して（parijānitvā）《度遍知（tīraṇapariññā）によって「無常である」などと知悉して》、《断遍知（pahānapariññā）によって残りなく》捨断するための（pajahanatthāya)〉。本経については、前節「捨断経」参照。

の法とは何でしょうか。

249
比丘たちよ、眼は、証知[二]し、遍知して、捨断されるべきです。もろもろの色は、証知し、遍知して、捨断されるべきです。眼識は、証知し、遍知して、捨断されるべきです。眼触は、証知し、遍知して、捨断されるべきです。また、この眼触を縁として生じる楽の、あるいは苦の、あるいは非苦非楽の感受も、証知し、遍知して、捨断されるべきです。

▽耳は、証知し、遍知して、捨断されるべきです。もろもろの声は、証知し、遍知して、捨断されるべきです。耳識は、証知し、遍知して、捨断されるべきです。耳触は、証知し、遍知して、捨断されるべきです。また、この耳触を縁として生じる楽の、あるいは苦の、あるいは非苦非楽の感受も、証知し、遍知して、捨断されるべきです。

鼻は、証知し、遍知して、捨断されるべきです。もろもろの香は、証知し、遍知して、捨断されるべきです。鼻識は、証知し、遍知して、捨断されるべきです。鼻触は、証知し、遍知して、捨断されるべきです。また、この鼻触を縁として生じる楽の、あるいは苦の、あるいは非苦非楽の感受も、証知し、遍知して、捨断されるべきです。△

舌は、証知し、遍知して、捨断されるべきです。もろもろの味は、証知し、遍知して、捨断されるべきです。舌識は、証知し、遍知し

二　abhiññā pariññā pahātabbaṁ.「これを証知し、遍知して、捨断されるべきです」の意。〈残りは、すでに述べられたとおりに解されるべきである〉。

て、捨断されるべきです。舌触は、証知し、遍知して、捨断されるべきです。また、この舌触を縁として生じる楽の、あるいは苦の、あるいは非苦非楽の感受も、証知し、遍知して、捨断されるべきです。

身は、証知し、遍知して、捨断されるべきです。▽もろもろの触は、証知し、遍知して、捨断されるべきです。身識は、証知し、遍知して、捨断されるべきです。身触は、証知し、遍知して、捨断されるべきです。また、この身触を縁として生じる楽の、あるいは苦の、あるいは非苦非楽の感受も、証知し、遍知して、捨断されるべきです。△

意は、証知し、遍知して、捨断されるべきです。もろもろの法は、(17)証知し、遍知して、捨断されるべきです。意識は、証知し、遍知して、捨断されるべきです。意触は、証知し、遍知して、捨断されるべきです。また、この意触を縁として生じる楽の、あるいは苦の、あるいは非苦非楽の感受も、証知し、遍知して、捨断されるべきです。

比丘たちよ、これが、一切を証知し、遍知して、捨断するための法です」

と。

第三

4 第一不遍知経 (Paṭhama-aparijānana-sutta)[一]

(二六) このように私は聞いた——

あるとき、世尊は、サーヴァッティに近い、ジェータ林のアナータピンディカ僧院に住んでおられた。そこで、世尊は比丘たちに話しかけられた。

「比丘たちよ」と。「尊い方よ」と、かれら比丘は世尊に答えた。世尊はつぎのように言われた。

苦の不尽滅

「比丘たちよ、一切を証知せず[二]、遍知せず、離貪《りとん》させず、捨断しない者は、苦を尽すことができません。

[三]それでは、比丘たちよ、何の一切を証知せず、遍知せず、離貪させず、捨断しない者は、苦を尽すことができないのでしょうか。

比丘たちよ、眼を証知せず、遍知せず、離貪させず、捨断しない者は、苦を尽すことができません。もろもろの色を証知せず、遍知せず、離貪させず、捨断しない者は、苦を尽すことができません。眼識を証知せず、遍知せず、離貪させず、捨断しない者は、苦を尽すことができません。眼触を証知せず、遍知せず、離貪させず、捨断しない者は、苦を尽すことができません。また、この眼触を縁として生じる楽の、あるいは苦の、あるいは非苦非楽の感受も証知せ

一 R^eは、本経名を「遍知（1）」（Parijānanā (1)）とする。
(二六)『雑阿含経』巻第八〈一九〇〉（大正蔵二・四九b—c）
二 anabhijānaṁ aparijānaṁ avirājayaṁ appajahaṁ.〈証知しない者（anabhijānanto）、遍知しない者（aparijānanto）、離貪させない者（avirājento）、捨断しない者は（appajahanto）、ということ。なお、ここにおける「離貪させない者」とは、消滅させない者（avigacchāpento）、ということである〉。
三 kiñ ca bhikkhave sabbaṁ. C^e, S^e, R^eによる。底本B^e, D^eは「それでは、比丘たちよ、何を」（kiñ ca bhikkhave）とする。

ず、遍知せず、離貪させず、捨断しない者は、苦を尽すことができません。

▽耳を証知せず、遍知せず、離貪させず、捨断しない者は、苦を尽すことができません。もろもろの声を証知せず、遍知せず、離貪させず、捨断しない者は、苦を尽すことができません。耳識を証知せず、遍知せず、離貪させず、捨断しない者は、苦を尽すことができません。耳触を証知せず、遍知せず、離貪させず、捨断しない者は、苦を尽すことができません。また、この耳触を縁として生じる楽の、あるいは苦の、あるいは非苦非楽の感受も証知せず、遍知せず、離貪させず、捨断しない者は、苦を尽すことができません。

鼻を証知せず、遍知せず、離貪させず、捨断しない者は、苦を尽すことができません。もろもろの香を証知せず、遍知せず、離貪させず、捨断しない者は、苦を尽すことができません。鼻識を証知せず、遍知せず、離貪させず、捨断しない者は、苦を尽すことができません。鼻触を証知せず、遍知せず、離貪させず、捨断しない者は、苦を尽すことができません。また、この鼻触を縁として生じる楽の、あるいは苦の、あるいは非苦非楽の感受も証知せず、遍知せず、離貪させず、捨断しない者は、苦を尽すことができません。△

舌を証知せず、遍知せず、離貪させず、捨断しない者は、苦を尽すことができません。もろもろの味を証知せず、遍知せず、離貪させず、捨断しない者は、苦を尽すことができません。舌識を証知せず、遍知せず、離貪させず、捨断しない者は、苦を尽すことができません。舌触を証知せず、遍知せず、離貪させず、捨断しない者は、苦を尽すことができません。また、この舌触を縁として生じる楽の、あるいは苦の、あるいは非苦非楽の感受も証知せず、遍知せず、離貪させず、捨断しない者は、苦を尽すことができません。

身を証知せず、遍知せず、離貪させず、捨断しない者は、苦を尽すことができません。もろもろの触を証知せず、遍知せず、離貪させず、捨断しない者は、苦を尽すことができません。身識を証知せず、遍知せず、離貪させず、捨断しない者は、苦を尽すことができません。身触を証知せず、遍知せず、離貪させず、捨断しない者は、苦を尽すことができません。また、この身触を縁として生じる楽の、あるいは苦の、あるいは非苦非楽の感受も証知せず、遍知せず、離貪させず、捨断しない者は、苦を尽すことができません。

意を証知せず、遍知せず、離貪させず、捨断しない者は、苦を尽すことができません。もろもろの法を証知せず、遍知せず、離貪させず、捨断しない者は、苦を尽すことができません。意識を証知せず、遍知せず、離貪させず、捨断しない者は、苦を尽すことができません。意触を証知せず、遍知せず、離貪させず、捨断しない者は、苦を尽すことができません。また、この意触を縁として生じる楽の、あるいは苦の、あるいは非苦非楽の感受も証知せず、遍知せず、離
250 貪させず、捨断しない者は、苦を尽すことができません。

比丘たちよ、この一切を証知せず、遍知せず、離貪させず、捨断しない者は、苦を尽すことができません。

苦の尽滅

しかし、比丘たちよ、一切を証知し、遍知し、離貪させ、捨断する者は、苦を尽すことができます。

(18) それでは、比丘たちよ、何の一切を証知し、遍知し、離貪させ、捨断する者は、苦を尽すことができるのでしょうか。

比丘たちよ、眼を証知し、遍知し、離貪させ、捨断する者は、苦を尽すことができます。もろもろの色を証知し、遍知し、離貪させ、捨断する者は、苦を尽すことができます。眼識を証知し、遍知し、離貪させ、捨断する者は、苦を尽すことができます。眼触を証知し、遍知し、離貪させ、捨断する者は、苦を尽すことができます。また、この眼触を縁として生じる楽の、あるいは苦の、あるいは非苦非楽の感受も証知し、遍知し、離貪させ、捨断する者は、苦を尽すことができます。

耳を証知し、遍知し、離貪させ、捨断する者は、苦を尽すことができます。もろもろの声を証知し、遍知し、離貪させ、捨断する者は、苦を尽すことができます。耳識を証知し、遍知し、離貪させ、捨断する者は、苦を尽すことができます。耳触を証知し、遍知し、離貪させ、捨断する者は、苦を尽すことができます。また、この耳触を縁として生じる楽の、あるいは苦の、あるいは非苦非楽の感受も証知し、遍知し、離貪させ、捨断する者は、苦を尽すことができます。

鼻を証知し、遍知し、離貪させ、捨断する者は、苦を尽すことができます。もろもろの香を証知し、遍知し、離貪させ、捨断する者は、苦を尽すことができます。鼻識を証知し、遍知し、離貪させ、捨断する者は、苦を尽すことができます。鼻触を証知し、遍知し、離貪させ、捨断する者は、苦を尽すことができます。また、この鼻触を縁として生じる楽の、あるいは苦の、あるいは非苦非楽の感受も証知し、遍知し、離貪させ、捨断する者は、苦を尽すことができます。

舌を証知し、遍知し、離貪させ、捨断する者は、苦を尽すことができます。もろもろの味を証知し、遍知し、離貪させ、捨断する者は、苦を尽すことができます。舌識を証知し、遍知し、離貪させ、捨断する者は、苦を尽すことができます。舌触を証知し、遍知し、離貪させ、捨断する者は、苦を尽すことができます。また、この舌触を縁として生じる楽の、あるいは苦の、あるいは非苦非楽の感受も証知し、遍知し、離貪させ、捨断する者は、苦を尽すことができます。

身を証知し、遍知し、離貪させ、捨断する者は、苦を尽すことができます。もろもろの触を証知し、遍知し、離貪させ、捨断する者は、苦を尽すことができます。身識を証知し、遍知し、離貪させ、捨断する者は、苦を尽すことができます。身触を証知し、遍知し、離貪させ、捨断する者は、苦を尽すことができます。また、この身触を縁として生じる楽の、あるいは苦の、あるいは非苦非楽の感受も証知し、遍知し、離貪させ、捨断する者は、苦を尽すことができます。

意を証知し、遍知し、離貪させ、捨断する者は、苦を尽すことができます。もろもろの法を証知し、遍知し、離貪させ、捨断する者は、苦を尽すことができます。意識を証知し、遍知し、離貪させ、捨断する者は、苦を尽すことができます。意触を証知し、遍知し、離貪させ、捨断する者は、苦を尽すことができます。また、この意触を縁として生じる楽の、あるいは苦の、あるいは非苦非楽の感受も証知し、遍知し、離貪させ、捨断する者は、苦を尽すことができます。

比丘たちよ、この一切を証知し、遍知し、離貪させ、捨断する者は、苦を尽すことができます[四]」

と。

第四

5 第二不遍知経（Dutiya-aparijānana-sutta）[一]

（二七）このように私は聞いた――

あるとき、世尊は、サーヴァッティに近い、ジェータ林のアナータピンディカ僧院に住んでおられた。そこで、世尊は比丘たちに話しかけられた。

「比丘たちよ」と。「尊い方よ」と、かれら比丘は世尊に答えた。世尊はつぎのように言われた。

苦の不尽滅

「比丘たちよ、一切を証知せず、遍知せず、離貪させず、捨断しない者は、苦を尽すことができません。

それでは、比丘たちよ、何の一切を証知せず、遍知せず、離貪させず、捨断しない者は、苦を尽すことができないのでしょうか。

四 〈以上のように、本経には、三遍知（tisso pariññā）も語られていることになる。なぜなら、「証知し」という言葉によって知遍知（ñātapariññā）が、「遍知し」という言葉によって度遍知（tīraṇapariññā）が、「離貪させ、捨断する」という二（の言葉）によって断遍知（pahānapariññā）が語られているからである〉。なおまた、《ここでは、「証知し」などによって、世尊は、初めに黒分（苦の側）を示した後、教導される者の意向によって、白分（滅の側）を示しておられる。それゆえ、ここでは「輪転と還転」（vaṭṭavivaṭṭa）が語られている》。

一 Rᵉは、本経名を「遍知（2）」（Parijānanā (2)）とする。

（二七）Cf.『雑阿含経』巻第八〈一九〇〉（大正蔵二・四九b―c）

比丘たちよ、眼というものと、もろもろの色というものと、眼識というものと、眼識[二]によって識《し》られるべきもろもろの法というものがあります。

▽耳というものと、もろもろの声というものと、耳識というものと、耳識によって識られるべきもろもろの法というものがあります。

鼻というものと、もろもろの香というものと、鼻識というものと、鼻識によって識られるべきもろもろの法というものがあります。△

舌というものと、もろもろの味というものと、舌識というものと、舌識によって識られるべきもろもろの法というものがあります。

身というものと、もろもろの触というものと、身識というものと、身識によって識られるべきもろもろの法というものがあります。

意というものと、もろもろの法というものと、意識というものと、意識によって識られるべきもろもろの法というものがあります。

比丘たちよ、この一切を証知せず、遍知せず、離貪させず、捨断しない者は、苦を尽すことができません。

苦の尽滅

[三]しかし、比丘たちよ、一切を証知し、遍知し、離貪させ、捨断する者は、苦を尽すことができます。

それでは、比丘たちよ、何の一切を証知し、遍知し、離貪させ、

二　cakkhuviññāṇaviññātabbā dhammā.〈《「眼識によって識られるべき法」とは色処そのものであるから》すでに捉えられている色のみを捉えて示されたものである。あるいは、すでに捉えられている識闕であり、《「眼識によって識られるべきもろもろの法」と言われているから》ここには識闕がない。ただし、ここでは、つぎが結論である。すなわち、すでに識闕も無識闕も捉えられているが、ここにおける三蘊は眼識相応である。なぜなら、それら《受・想・行の蘊》は眼識とともに識られるべきことから、「眼識によって識られるべきもの」と言われているからである。残余の語についてもこれと同じ仕方で解される〉。

三　ca kho.「しかし」は、C°などによる補足。

捨断する者は、苦を尽すことができるのでしょうか。

比丘たちよ、眼というものと、もろもろの色というものと、眼識というものと、眼識によって識られるべきもろもろの法というものがあります。

▽耳というものと、もろもろの声というものと、耳識というものと、耳識によって識られるべきもろもろの法というものがあります。

鼻というものと、もろもろの香というものと、鼻識というものと、鼻識によって識られるべきもろもろの法というものがあります。△

舌というものと、もろもろの味というものと、舌識というものと、舌識によって識られるべきもろもろの法というものがあります。

身というものと、もろもろの触というものと、身識というものと、身識によって識られるべきもろもろの法というものがあります。

意というものと、もろもろの法というものと、意識というものと、意識によって識られるべきもろもろの法というものがあります。

比丘たちよ、この一切を証知し、遍知し、離貪させ、捨断する者は、苦を尽すことができます」

と。

第五

6 燃焼経（Āditta-sutta）

（二八）▽このように私は聞いた――△

あるとき、世尊は、ガヤー[一]に近い、ガヤーシーサ[二]に、千人[三]の比丘とともに住んでおられた。

そこで、世尊は比丘[1]たちに話しかけられた。

六処は燃えている

「比丘たちよ、一切[四]は燃えています。

それでは、比丘たちよ、何の一切が燃えているのか。

比丘たちよ、眼は燃えています。もろもろの色は燃えています。眼識は燃えています。眼触は燃えています。また、この眼触を縁として生じる楽の、あるいは苦の、あるいは非苦非楽の感受も、燃えています。何によって燃えているのか。貪《とん》の火によって、瞋《しん》の火によって、痴《ち》の火によって燃えています。生まれによって、老いによって、死によって、もろもろの愁《うれ》いによって、もろもろの悲しみによって、もろもろの苦しみによって、もろもろの憂いによって、もろもろの悩みによって燃えています。このように私は説きます。

▽耳は燃えています。もろもろの声は燃えています。耳識は燃えています。耳触は燃えています。また、この耳触を縁として生じる楽の、あるいは苦の、あるいは非苦非楽の感受も、燃えています。何

（二八）『雑阿含経』巻第八〈一九七〉（大正蔵二・五〇b―c）

一 Gayāyaṁ.

二 Gayāsise. 象頭山。〈ガヤー村（Gayāgāma）の近くに、ガヤー（Gayā）という、一つの蓮池（pokkharaṇī）も、川（nadī）もある。「ガヤーシーサ」（象頭）と名づけられるのは、象の頭（瘤）のような（hatthikumbhasadisa）平らな岩（piṭṭhipāsāṇa）だからであり、そこは千人の比丘の場所にもなりえた。そこに世尊は住まわれた。それゆえ、「ガヤーシーサに」と言われている〉。

三 bhikkhusahassena. かつて、ウルヴェーラーの川岸に、結髪の三兄弟（ウルヴェーラ・カッサパ、ナディー・カッサパ、ガヤー・カッサパ）をそれぞれの師として、住んでいたそれぞれ五百人、三百人、二百人の弟子（千人）をさす。

四 sabbaṁ ādittaṁ. 〈「燃えています」（āditta）とは、燃焼し（paditta）《十一の火（貪・瞋・痴、生・老・死、愁・悲・苦・憂・悩の火）が一つの火炎になって燃え》、焼かれている（sampajjalita）、ということ〉。

によって燃えているのか。貪の火によって、瞋の火によって、痴の火によって燃えています。生まれによって、老いによって、死によって、もろもろの愁いによって、もろもろの悲しみによって、もろもろの苦しみによって、もろもろの憂いによって、もろもろの悩みによって燃えています。このように私は説きます。

鼻は燃えています。もろもろの香は燃えています。鼻識は燃えています。鼻触は燃えています。また、この鼻触を縁として生じる楽の、あるいは苦の、あるいは非苦非楽の感受も、燃えています。何によって燃えているのか。貪の火によって、瞋の火によって、痴の火によって燃えています。生まれによって、老いによって、死によって、もろもろの愁いによって、もろもろの悲しみによって、もろもろの苦しみによって、もろもろの憂いによって、もろもろの悩みによって燃えています。このように私は説きます。△

舌は燃えています。もろもろの味は燃えています。舌識は燃えて
(20)
います。舌触は燃えています。また、この舌触を縁として生じる楽の、あるいは苦の、あるいは非苦非楽の感受も、燃えています。何によって燃えているのか。貪の火によって、瞋の火によって、痴の火によって燃えています。生まれによって、老いによって、死によって、もろもろの愁いによって、もろもろの悲しみによって、もろ

もろの苦しみによって、もろもろの憂いによって、もろもろの悩みによって燃えています。このように私は説きます。

▽身は燃えています。もろもろの触は燃えています。身識は燃えています。身触は燃えています。また、この身触を縁として生じる楽の、あるいは苦の、あるいは非苦非楽の感受も、燃えています。何によって燃えているのか。貪の火によって、瞋の火によって、痴の火によって燃えています。生まれによって、老いによって、死によって、もろもろの愁いによって、もろもろの悲しみによって、もろもろの苦しみによって、もろもろの憂いによって、もろもろの悩みによって燃えています。このように私は説きます。△

意は燃えています。もろもろの法は燃えています。意識は燃えています。意触は燃えています。また、この意触を縁として生じる楽の、あるいは苦の、あるいは非苦非楽の感受も、燃えています。何によって燃えているのか。貪の火によって、瞋の火によって、痴の火によって燃えています。生まれによって、老いによって、死によって、もろもろの愁いによって、もろもろの悲しみによって、もろもろの苦しみによって、もろもろの憂いによって、もろもろの悩みによって燃えています。このように私は説きます。

六処の厭離

[五]比丘たちよ、このように見る、聞をそなえた聖なる弟子は、眼についても厭離《おんり》します。もろもろの色についても厭離します。眼識についても厭離します。眼触についても厭離します。また、この眼触[252]を縁として生じる楽の、あるいは苦の、あるいは非苦非楽の感受についても厭離します。

▽耳についても厭離します。もろもろの声についても厭離します。耳識についても厭離します。耳触についても厭離します。また、この耳触を縁として生じる楽の、あるいは苦の、あるいは非苦非楽の感受についても厭離します。

鼻についても厭離します。もろもろの香についても厭離します。鼻識についても厭離します。鼻触についても厭離します。また、この鼻触を縁として生じる楽の、あるいは苦の、あるいは非苦非楽の感受についても厭離します。

舌についても厭離します。もろもろの味についても厭離します。舌識についても厭離します。舌触についても厭離します。また、この舌触を縁として生じる楽の、あるいは苦の、あるいは非苦非楽の感受についても厭離します。

身についても厭離します。もろもろの触についても厭離します。身識についても厭離します。身触についても厭離します。また、こ

五　以下については、本相応、第一節「内無常経」（本書、四五頁）参照。

の身触を縁として生じる楽の、あるいは苦の、あるいは非苦非楽の感受についても厭離します。

　意についても厭離します。もろもろの法についても厭離します。意識についても厭離します。意触についても厭離します。また、この意触を縁として生じる楽の、あるいは苦の、あるいは非苦非楽の感受についても厭離します。

　厭離し、離貪します。離貪により、解脱《げだつ》します。解脱したとき、〈解脱した〉との智《ち》が生じます。〈生まれは尽きた。梵行《ぼんぎょう》は完成された。なすべきことはなされた。もはや、この状態の他にはない〉と知ります[六]」

と。

　このように、世尊は言われた。かれら比丘は喜び、世尊が説かれたことに歓喜《かんぎ》した。

　なお、また、この解答が語られているとき、千人の比丘の心は、執《しゅう》着《じゃく》がなくなり、もろもろの煩悩《ぼんのう》から解脱した、と。

第六

六　〈以上、本経には「苦相」(dukkhalakkhaṇa) が語られている〉。《十一の火によって眼などが燃えている状態 (ādittabhāva) により、耐え難いこと (dukkhamatā) で、苦が語られているからである》。

7 圧迫経（Addhabhūta-sutta）[一]

(二九) このように私は聞いた――

あるとき、世尊は、ラージャガハ[二]に近い、竹林[三]のカランダカ・ニヴァーパに住んでおられた。

そこで、世尊は比丘たちに話しかけられた。

六処は圧迫されている

「比丘たちよ、一切[四]は圧迫されています。

それでは、比丘たちよ、いかなる一切が圧迫されているのか。

比丘たちよ、眼は圧迫されています。もろもろの色は圧迫されています。また、眼識は圧迫されています。眼触は圧迫されています。また、この眼触を縁として生じる楽の、あるいは苦の、あるいは非苦非楽の感受も、圧迫されています。何によって圧迫されているのか。生まれによって、老いによって、死によって、もろもろの愁いによって、もろもろの悲しみによって、もろもろの苦しみによって、もろもろの憂いによって、もろもろの悩みによって圧迫されています。

このように私は説きます。

▽耳は圧迫されています。もろもろの声は圧迫されています。耳識は圧迫されています。耳触は圧迫されています。また、この耳触を縁として生じる楽の、あるいは苦の、あるいは非苦非楽の感受も、

一 C^e, S^e, R^e は本経名を「盲闇」（Andhabhūtaṁ）とする。

(二九) 以下、漢訳の相当経典は不明。

二 Rājagahe. 王舎城。マガダ国の首都。

三 Veḷu-vane Kalandaka-nivāpe. あるいは「竹林のカランダカ・ニヴァーパ僧院に」。竹林精舎をさす。長部16『大般涅槃経』第五〇節参照。

四 sabbaṁ addhabhūtaṁ. 〈「圧迫されている」（addhabhūta）とは、征服されている（adhibhūta）、圧倒されている（ajjhotthata）、悩まされている（upadduta）、という意味である〉。

圧迫されています。何によって圧迫されているのか。生まれによって、老いによって、死によって、もろもろの愁いによって、もろもろの悲しみによって、もろもろの苦しみによって、もろもろの憂いによって、もろもろの悩みによって圧迫されています。このように私は説きます。

　鼻は圧迫されています。もろもろの香は圧迫されています。鼻識は圧迫されています。鼻触は圧迫されています。また、この鼻触を縁として生じる楽の、あるいは苦の、あるいは非苦非楽の感受も、圧迫されています。何によって圧迫されているのか。生まれによって、老いによって、死によって、もろもろの愁いによって、もろもろの悲しみによって、もろもろの苦しみによって、もろもろの憂いによって、もろもろの悩みによって圧迫されています。このように私は説きます。△

　舌は圧迫されています。もろもろの味は圧迫されています。舌識は圧迫されています。舌触は圧迫されています。また、この舌触を縁として生じる楽の、あるいは苦の、あるいは非苦非楽の感受も、圧迫されています。何によって圧迫されているのか。生まれによって、老いによって、死によって、もろもろの愁いによって、もろもろの悲しみによって、もろもろの苦しみによって、もろもろの憂いによって、もろもろの悩みによって圧迫されています。このように私は説きます。

身は圧迫されています。▽もろもろの触は圧迫されています。身識は圧迫されています。身触は圧迫されています。また、この身触を縁として生じる楽の、あるいは苦の、あるいは非苦非楽の感受も、圧迫されています。何によって圧迫されているのか。生まれによって、老いによって、死によって、もろもろの愁いによって、もろもろの悲しみによって、もろもろの苦しみによって、もろもろの憂いによって、もろもろの悩みによって圧迫されています。このように私は説きます。△

意は圧迫されています。もろもろの法は圧迫されています。意識は圧迫されています。意触は圧迫されています。また、この意触を縁として生じる楽の、あるいは苦の、あるいは非苦非楽の感受も、圧迫されています。何によって圧迫されているのか。生まれによって、老いによって、死によって、もろもろの愁いによって、もろもろの悲しみによって、もろもろの苦しみによって、もろもろの憂いによって、もろもろの悩みによって圧迫されています。このように私は説きます。

六処の厭離

比丘たちよ、このように見る、聞をそなえた聖なる弟子は、眼についても厭離します。もろもろの色についても厭離します。眼識についても厭離します。眼触についても厭離します。また、この眼触を縁として生じる楽の、あるいは苦の、あるいは非苦非楽の感受についても厭離します。

耳についても厭離します。もろもろの声についても厭離します。耳識についても厭離します。耳触についても厭離します。また、この耳触を縁として生じる楽の、あるいは苦の、あるいは非苦非楽の感受についても厭離します。

鼻についても厭離します。もろもろの香についても厭離します。鼻識についても厭離します。鼻触についても厭離します。また、この鼻触を縁として生じる楽の、あるいは苦の、あるいは非苦非楽の感受についても厭離します。

舌についても厭離します。もろもろの味についても厭離します。舌識についても厭離します。舌触についても厭離します。また、この舌触を縁として生じる楽の、あるいは苦の、あるいは非苦非楽の感受についても厭離します。

身についても厭離します。もろもろの触についても厭離します。身識についても厭離します。身触についても厭離します。また、この身触を縁として生じる楽の、あるいは苦の、あるいは非苦非楽の感受についても厭離します。

意についても厭離します。もろもろの法についても厭離します。意識についても厭離します。意触についても厭離します。△また、この意触を縁として生じる楽の、あるいは苦の、あるいは非苦非楽の感受についても厭離します。

厭離し、離貪します。離貪により、解脱します。解脱したとき、〈解脱した〉との智が生じます。〈生まれは尽きた。梵行は完成された。なすべきことはなされた。もはや、この状態の他にはない〉と知ります[五]」

と。

第七

8　根絶相応経（Samugghātasāruppa-sutta）

（三〇）[*一]このように私は聞いた——

あるとき、世尊は、ラージャガハに近い、竹林のカランダカ・ニヴァーパに住んでおられた。

そこで、世尊は比丘たちに話しかけられた。*

「比丘たちよ、そなたたちに、[二]一切の妄想を根絶するためにふさ

五　〈本経においても、「苦相」（dukkhalakkhaṇa）のみが語られている〉。

一　以下の三経（第三〇～三二節）には冒頭の説明文（＊——＊）を欠くが、今は前経（第二九節）により、これを補うものとする。

二　sabbamaññitasamugghātasāruppaṁ.〈一切の愛（taṇhā

（22）

わしい実践を説きましょう。それを聞いて、よく考えなさい。語りましょう」と。

「それでは、比丘たちよ、何が一切の妄想を根絶するためにふさわしい実践でしょうか。

（眼）比丘たちよ、[三]ここに、比丘は[四]眼を妄想しません。[五]眼において妄想しません。[六]眼から妄想しません。[七]眼は私のものである、と妄想しません。

もろもろの色を妄想しません。もろもろの色において妄想しません。色から妄想しません。もろもろの色は私のものである、と妄想しません。

眼識を妄想しません。眼識において妄想しません。眼識から妄想しません。眼識は私のものである、と妄想しません。

眼触を妄想しません。眼触において妄想しません。眼触から妄想しません。眼触は私のものである、と妄想しません。

また、この眼触を縁として生じる楽の、あるいは苦の、あるいは非苦非楽の感受も妄想しません。それにおいても妄想しません。それからも妄想しません。それは私のものである、と妄想しません。

▽（耳）耳を妄想しません。耳において妄想しません。耳から妄想しません。耳は私のものである、と妄想しません。

渇愛）・慢（māna 慢心）・見（diṭṭhi 邪見）によって妄想されたもの（maññita 考えられたもの）を根絶するためにふさわしい（anucchavikaṁ）《相応の（anurūpa）、誤りのない（aviloma）》》。「愛・慢・見」を妄想、妄執（maññanā）という。

三 idha.〈この教え（sāsana 仏教）において〉。《この教えの他には、それがないことから》。

四 cakkhuṁ na maññati.〈眼を、「私である」（ahaṁ）とか、「私のもの」（mama）とか、「他者である」（paro）とか、「他者のもの」（parassa）と、妄想しない〉の意。

五 cakkhusmiṁ na maññati.〈眼の中に「私がいる」、眼の中に「私の障碍がある」（mama kiñcanapalibodho）、眼の中に「他者がいる」、眼の中に「他者の障碍がある」と、妄想しない〉の意。

六 cakkhuto na maññati.〈私は《「私は」と言われるべきこの有情は》眼から出ている（cakkhuto niggato）、私の障碍は眼から出ている、他者は眼から出ている、他者の障碍は眼から出ている、と、このようにも妄想しない。愛・慢・見の妄想の一つも起こさない〉の意。

七 cakkhuṁ me ti maññati.〈「私には眼がある」と妄想しない、我所執（mamatta）となる《私の根拠である》愛の妄執（taṇhāmaññanā）を起こさない〉の意。

もろもろの声を妄想しません。もろもろの声において妄想しません。声から妄想しません。もろもろの声は私のものである、と妄想しません。

耳識を妄想しません。耳識において妄想しません。耳識から妄想しません。耳識は私のものである、と妄想しません。

耳触を妄想しません。耳触において妄想しません。耳触から妄想しません。耳触は私のものである、と妄想しません。

また、この耳触を縁として生じる楽の、あるいは苦の、あるいは非苦非楽の感受も妄想しません。それにおいても妄想しません。それからも妄想しません。それは私のものである、と妄想しません。

（鼻）鼻を妄想しません。鼻において妄想しません。鼻から妄想しません。鼻は私のものである、と妄想しません。

もろもろの香を妄想しません。もろもろの香において妄想しません。香から妄想しません。もろもろの香は私のものである、と妄想しません。

鼻識を妄想しません。鼻識において妄想しません。鼻識から妄想しません。鼻識は私のものである、と妄想しません。

鼻触を妄想しません。鼻触において妄想しません。鼻触から妄想しません。鼻触は私のものである、と妄想しません。

また、この鼻触を縁として生じる楽の、あるいは苦の、あるいは非苦非楽の感受も妄想しません。それにおいても妄想しません。それからも妄想しません。それは私のものである、と妄想しません。△

（舌）舌を妄想しません。舌において妄想しません。舌から妄想しません。舌は私のものである、と妄想しません。

もろもろの味を妄想しません。もろもろの味において妄想しません。味から妄想しません。もろもろの味は私のものである、と妄想しません。

舌識を妄想しません。舌識において妄想しません。舌識から妄想しません。舌識は私のものである、と妄想しません。

舌触を妄想しません。舌触において妄想しません。舌触から妄想しません。舌触は私のものである、と妄想しません。

また、この舌触を縁として生じる楽の、あるいは苦の、あるいは非苦非楽の感受も妄想しません。それにおいても妄想しません。それからも妄想しません。それは私のものである、と妄想しません。

▽（身）身を妄想しません。身において妄想しません。身から妄想しません。身は私のものである、と妄想しません。

もろもろの触を妄想しません。もろもろの触において妄想しません。触から妄想しません。もろもろの触は私のものである、と妄想しません。

身識を妄想しません。身識において妄想しません。身識から妄想しません。身識は私のものである、と妄想しません。

身触を妄想しません。身触において妄想しません。身触から妄想しません。身触は私のものである、と妄想しません。

また、この身触を縁として生じる楽の、あるいは苦の、あるいは非苦非楽の感受も妄想しません。それにおいても妄想しません。それからも妄想しません。それは私のものである、と妄想しません。△

（意）意を妄想しません。意において妄想しません。意から妄想しません。意は私のものである、と妄想しません。

もろもろの法を妄想しません。もろもろの法において妄想しません。法から妄想しません。もろもろの法は私のものである、と妄想しません。

意識を妄想しません。意識において妄想しません。意識から妄想しません。意識は私のものである、と妄想しません。

意触を妄想しません。意触において妄想しません。意触から妄想しません。意触は私のものである、と妄想しません。

(23)また、この意触を縁として生じる楽の、あるいは苦の、あるいは非苦非楽の感受も妄想しません。それにおいても妄想しません。それからも妄想しません。それは私のものである、と妄想しません。

一切を妄想しません。一切において妄想しません。一切から妄想しません。一切は私のものである、と妄想しません。

かれは、このように妄想せず、また、世のいかなるものにも執着しません。執着せず、震えません。震えず、ただ自ら、般涅槃《はつねはん》します。〈生まれは尽きた。梵行は完成された。なすべきことはなされた。もはや、この状態の他にはない〉と知ります。

比丘たちよ、これが、その一切の妄想を根絶するためにふさわしい実践です」

と。[八]

第八

八 〈本経には、四十四箇所において、阿羅漢（arahatta）を得させ、観（vipassanā）が語られている〉。《このように、本経には、眼・色・眼識・眼触・楽・苦・非苦非楽による七の場合が眼門にあり、同じく耳門などにというように、六（門）の七法、四十二がある。さらに、有身（sakkāya）によって「一切を妄想しません」などと言われていることから、四十三になる。さらに、三地の輪転（tebhūmakavaṭṭa）を「世界である」と捉えて、「世のいかなるものにも執着しません」と言われていることから、四十四になる。このように、どこでも、「四十四箇所において、阿羅漢を得させ、観が語られている」と解されるべきである》。

9 第一根絶適応経（Paṭhamasamugghātasappāya-sutta）

（三二）このように私は聞いた*——

あるとき、世尊は、ラージャガハに近い、竹林のカランダカ・ニヴァーパに住んでおられた。

そこで、世尊は比丘たちに話しかけられた。*

「比丘たちよ、そなたたちに、一切の妄想を根絶するために適した実践を説きましょう。それを聞きなさい。

それでは、比丘たちよ、何が[一]一切の妄想を根絶するために適した実践でしょうか。

（眼）比丘たちよ、ここに、[二]比丘は眼[三]を妄想しません。眼に[四]おいて妄想しません。眼から[五]妄想しません。眼は[六]私のものである、と妄想しません。

もろもろの色を妄想しません。▽もろもろの色において妄想しません。色から妄想しません。もろもろの色は私のものである、と妄想しません。△

眼識を妄想しません。▽眼識において妄想しません。眼識から妄想しません。眼識は私のものである、と妄想しません。△

眼触を妄想しません。▽眼触において妄想しません。眼触から妄想しません。眼触は私のものである、と妄想しません。△

また、この眼触を縁として生じる楽の、あるいは苦の、あるいは非苦非楽の感受も妄想しません。それにおいても妄想しません。それからも妄想しません。それは私のものである、と妄想しません。

なぜならば、比丘たちよ、あるものを妄想する場合、あるものにおいて妄想する場合、あるものから妄想する場合、あるものは私のものであると妄想する場合、それは[七]それと異なるものになるからです。[八]異なるものとして生存に執する世界は、生存のみを歓喜するの

一　sabbamaññitasamugghātasappāyā.「一切の妄想を」（sabba-maññita）とは、一切の愛（渇愛）・慢（慢心）・見（邪見）によって妄想されたもの（maññita 考えられたもの）を、ということ。〈根絶するために適した（samugghātasappāyā）とは、根絶するために資助となる〉の意。

二　idha. この教え（仏教）において、の意。

三　cakkhuṁ na maññati. 眼を「私である」などと妄想しない、の意。

四　cakkhusmiṁ na maññati. 眼の中に「私がいる」などと妄想しない、の意。

五　cakkhuto na maññati. 私は「眼から出ている」などと妄想しない、の意。

六　cakkhuṁ me ti maññati.「私には眼がある」と妄想しない、の意。

七　tato taṁ hoti aññathā.〈それは（taṁ）《妄想の事柄は（maññanāvatthu）》、それと（tato）《妄想の様相と（maññitākārato）》異なる様相によって（aññenākārena）《「無常」な

です。

▽（耳）耳を妄想しません。耳において妄想しません。耳から妄想しません。耳は私のものである、と妄想しません。

もろもろの声を妄想しません。もろもろの声において妄想しません。声から妄想しません。もろもろの声は私のものである、と妄想しません。

耳識を妄想しません。耳識において妄想しません。耳識から妄想しません。耳識は私のものである、と妄想しません。

耳触を妄想しません。耳触において妄想しません。耳触から妄想しません。耳触は私のものである、と妄想しません。

また、この耳触を縁として生じる楽の、あるいは苦の、あるいは非苦非楽の感受も妄想しません。それにおいても妄想しません。それからも妄想しません。それは私のものである、と妄想しません。

なぜならば、比丘たちよ、あるものを妄想する場合、あるものにおいて妄想する場合、あるものから妄想する場合、あるものは私のものであると妄想する場合、それはそれと異なるものになるからです。異なるものとして生存に執する世界は、生存のみを歓喜するのです。

（鼻）鼻を妄想しません。鼻において妄想しません。鼻から妄想

どの様相から妄想するように、「無常」などと異なる様相によって》、生じるからである〉。

八 aññathābhāvī bhavasatto loko bhavam evābhinandati.〈変異（aññathābhāva）、変化（vipariṇāma）を《生じ滅することによって変異を、また老いにより死によって二種に変化すべきことを》受けて、異なるもの《老と壊の自性にあるこのようなもの》になっても、もろもろの生存に執し、固執し、固着し、執着する、この世界（有情）は《さらにまた》生存のみを歓喜する〉の意。

しません。鼻は私のものである、と妄想しません。

もろもろの香を妄想しません。もろもろの香において妄想しません。香から妄想しません。もろもろの香は私のものである、と妄想しません。

鼻識を妄想しません。鼻識において妄想しません。鼻識から妄想しません。鼻識は私のものである、と妄想しません。

鼻触を妄想しません。鼻触において妄想しません。鼻触から妄想しません。鼻触は私のものである、と妄想しません。

また、この鼻触を縁として生じる楽の、あるいは苦の、あるいは非苦非楽の感受も妄想しません。それにおいても妄想しません。それからも妄想しません。それは私のものである、と妄想しません。

なぜならば、比丘たちよ、あるものを妄想する場合、あるものにおいて妄想する場合、あるものから妄想する場合、あるものは私のものであると妄想する場合、それはそれと異なるものになるからです。異なるものとして生存に執する世界は、生存のみを歓喜するのです。△

（舌）舌を妄想しません。舌において妄想しません。舌から妄想しません。舌は私のものである、と妄想しません。

もろもろの味を妄想しません。もろもろの味において妄想しません。味から妄想しません。もろもろの味は私のものである、と妄想しません。

舌識を妄想しません。舌識において妄想しません。舌識から妄想しません。舌識は私のものである、と妄想しません。

舌触を妄想しません。舌触において妄想しません。舌触から妄想しません。舌触は私のものである、と妄想しません。

(24)
また、この舌触を縁として生じる楽の、あるいは苦の、あるいは非苦非楽の感受も妄想しません。それにおいても妄想しません。それからも妄想しません。それは私のものである、と妄想しません。

なぜならば、比丘たちよ、あるものを妄想する場合、あるものにおいて妄想する場合、あるものから妄想する場合、あるものは私のものであると妄想する場合、それはそれと異なるものになるからです。異なるものとして生存に執する世界は、生存のみを歓喜するのです。

▽(身) 身を妄想しません。身において妄想しません。身から妄想しません。身は私のものである、と妄想しません。

もろもろの触を妄想しません。もろもろの触において妄想しません。触から妄想しません。もろもろの触は私のものである、と妄想しません。

身識を妄想しません。身識において妄想しません。身識から妄想しません。身識は私のものである、と妄想しません。

身触を妄想しません。身触において妄想しません。身触から妄想しません。身触は私のものである、と妄想しません。

また、この身触を縁として生じる楽の、あるいは苦の、あるいは非苦非楽の感受も妄想しません。それにおいても妄想しません。それからも妄想しません。それは私のものである、と妄想しません。

なぜならば、比丘たちよ、あるものを妄想する場合、あるものにおいて妄想する場合、あるものから妄想する場合、あるものは私のものであると妄想する場合、それはそれと異なるものになるからです。異なるものとして生存に執する世界は、生存のみを歓喜するのです。△

（意）意を妄想しません。意において妄想しません。意から妄想しません。意は私のものである、と妄想しません。

もろもろの法を妄想しません。▽もろもろの法において妄想しません。法から妄想しません。もろもろの法は私のものである、と妄想しません。△

意識を妄想しません。意識において妄想しません。意識から妄想しません。意識は私のものである、と妄想しません。

意触を妄想しません。意触において妄想しません。意触から妄想しません。意触は私のものである、と妄想しません。

また、この意触を縁として生じる楽の、あるいは苦の、あるいは非苦非楽の感受も妄想しません。それにおいても妄想しません。それからも妄想しません。それは私のものである、と妄想しません。

なぜならば、比丘たちよ、あるものを妄想する場合、あるものにおいて妄想する場合、あるものから妄想する場合、あるものは私のものであると妄想する場合、それはそれと異なるものになるからです。異なるものとして生存に執する世界は、生存のみを歓喜するのです。

[九]比丘たちよ、どれだけの蘊《うん》・界《かい》・処《しよ》であれ、かれは、それ[一〇]も妄想しません。それにおいても妄想しません。それからも妄想しません。それは私のものである、と妄想しません。

かれは、このように妄想せず、また、世のいかなるものにも執着しません。執着せず、震えません。震えず、ただ自ら、般涅槃します。〈生まれは尽きた。梵行は完成された。なすべきことはなされ
255 た。もはや、この状態の他にはない〉と知ります。

比丘たちよ、これが、その一切の妄想を根絶するために適した実践です[一一]」

九 yāvatā bhikkhave khandha-dhātu-āyatanaṁ.〈これが、どれだけの、諸蘊（五蘊）と諸界（十八界）と諸処（十二処）という蘊・界・処であれ〉。

一〇 tam pi na maññati.〈「すべてをも妄想しません」とすでに捉えられているものを集めて、再び示しているのである〉。《「眼を妄想しません」などと、すでに捉えられているもののみを、蘊・界・処という蘊などの法門（同義語）によって一つに捉え、再びまた、妄想の事柄を示しているのである》。

一一〈本経には、四十八箇所において、阿羅漢果（arahatta）を得させ、観（vipassanā）が語られている〉。《終わりに「それはそれと（異なるものに）なります」と述べられた語と共に、一切の場合にそれぞれ八となるから、（つまり、眼・色・眼識・眼触・楽・苦・非苦非楽・「それはそれとなります」による八の場合が眼門にあるように、六（門）の八法、四十八があるから）「四十八箇所において」と言われている》。

と。

第九

10 第二根絶適応経 (Dutiyasamugghātasappāya-sutta)

(三二) *このように私は聞いた—

あるとき、世尊は、ラージャガハに近い、竹林のカランダカ・ニヴァーパに住んでおられた。

そこで、世尊は比丘たちに話しかけられた。*

「比丘たちよ、そなたたちに、[一]一切の妄想を根絶するために適した実践を説きましょう。それを聞きなさい。

それでは、比丘たちよ、何が一切の妄想を根絶するために適した実践でしょうか。

六処の無常

(眼) 比丘たちよ、そのことをどう思いますか。つまり、眼は常ですか、それとも無常《むじょう》ですか」と。

「無常です、尊師よ」。

「それでは、無常であるものは、苦ですか、それとも楽ですか」と。

(25) 「苦です、尊師よ」。

「それでは、無常であり、苦であり、[二]変化する性質のものを〈こ[三]

一 sabbamaññitasamugghātasappāyaṁ.

二 vipariṇāmadhammaṁ. あるいは「変化の法であるものを」。

れは私のものである。[四]これは私である。[五]これは私の我《が》である〉と随《ずい》[六]見《けん》することは適切ですか」と。

「いいえ、尊師よ」。

「もろもろの色は常ですか、それとも無常ですか」と。……

「眼識は常ですか、それとも無常ですか」と。……

「眼触は常ですか、それとも無常ですか」と。

「無常です、尊師よ」。

▽「それでは、無常であるものは、苦ですか、それとも楽ですか」と。

「苦です、尊師よ」。

「それでは、無常であり、苦であり、変化する性質のものを〈これは私のものである。これは私である。これは私の我である〉と随見することは適切ですか」と。

「いいえ、尊師よ」。△

「また、この眼触を縁として生じる楽の、あるいは苦の、あるいは非苦非楽の感受も常ですか、それとも無常ですか」と。

「無常です、尊師よ」。

「それでは、無常であるものは、苦ですか、それとも楽ですか」と。

「苦です、尊師よ」。

「それでは、無常であり、苦であり、変化する性質のものを〈こ

三 etaṁ mama.〈以下のそれぞれ三語によって、愛・慢・見の執（taṇhāmānadiṭṭhi-gāha）を示し、三転の仕方（tipa-rivaṭṭa-naya）で説示がなされている〉。これは、渇愛（taṇhā）を示す語である。

四 esoham asmi. 慢心（māna）を示す語である。

五 eso me attā. 我見（diṭṭhi）を示す語である。

六 samanupassituṁ. あるいは「見ることは」。

れは私のものである。これは私である。これは私の我である〉と随見することは適切ですか」と。

「いいえ、尊師よ」。

(耳)「耳は常ですか、それとも無常ですか」と。

「無常です、尊師よ」。

「それでは、無常であるものは、苦ですか、それとも楽ですか」と。

「苦です、尊師よ」。

「それでは、無常であり、苦であり、変化する性質のものを〈これは私のものである。これは私である。これは私の我である〉と随見することは適切ですか」と。

「いいえ、尊師よ」。

「もろもろの声は常ですか、それとも無常ですか」と。……

「耳識は常ですか、それとも無常ですか」と。……

「耳触は常ですか、それとも無常ですか」と。

「無常です、尊師よ」。

「それでは、無常であるものは、苦ですか、それとも楽ですか」と。

「苦です、尊師よ」。

「それでは、無常であり、苦であり、変化する性質のものを〈これは私のものである。これは私である。これは私の我である〉と随

見することは適切ですか」と。

「いいえ、尊師よ」。

「また、この耳触を縁として生じる楽の、あるいは苦の、あるいは非苦非楽の感受も常ですか、それとも無常ですか」と。

「無常です、尊師よ」。

「それでは、無常であるものは、苦ですか、それとも楽ですか」と。

「苦です、尊師よ」。

「それでは、無常であり、苦であり、変化する性質のものを〈これは私のものである。これは私である。これは私の我である〉と随見することは適切ですか」と。

「いいえ、尊師よ」。

（鼻）「鼻は常ですか、それとも無常ですか」と。

「無常です、尊師よ」。

「それでは、無常であるものは、苦ですか、それとも楽ですか」と。

「苦です、尊師よ」。

「それでは、無常であり、苦であり、変化する性質のものを〈これは私のものである。これは私である。これは私の我である〉と随見することは適切ですか」と。

「いいえ、尊師よ」。

「もろもろの香は常ですか、それとも無常ですか」と。……

「鼻識は常ですか、それとも無常ですか」と。……

「鼻触は常ですか、それとも無常ですか」と。

「無常です、尊師よ」。

「それでは、無常であるものは、苦ですか、それとも楽ですか」と。

「苦です、尊師よ」。

「それでは、無常であり、苦であり、変化する性質のものを〈これは私のものである。これは私である。これは私の我である〉と随見することは適切ですか」と。

「いいえ、尊師よ」。

「また、この鼻触を縁として生じる楽の、あるいは苦の、あるいは非苦非楽の感受も常ですか、それとも無常ですか」と。

「無常です、尊師よ」。

「それでは、無常であるものは、苦ですか、それとも楽ですか」と。

「苦です、尊師よ」。

「それでは、無常であり、苦であり、変化する性質のものを〈これは私のものである。これは私である。これは私の我である〉と随見することは適切ですか」と。

「いいえ、尊師よ」。△

（舌）「舌は常ですか、それとも無常ですか」と。

「無常です、尊師よ」。

「それでは、無常であるものは、苦ですか、それとも楽ですか」と。

「苦です、尊師よ」。

「それでは、無常であり、苦であり、変化する性質のものを〈これは私のものである。これは私である。これは私の我である〉と随見することは適切ですか」と。

「いいえ、尊師よ」。

「もろもろの味は常ですか、それとも無常ですか」と。……

「舌識は常ですか、それとも無常ですか」と。……

「舌触は常ですか、それとも無常ですか」と。

「無常です、尊師よ」。

「それでは、無常であるものは、苦ですか、それとも楽ですか」と。

「苦です、尊師よ」。

「それでは、無常であり、苦であり、変化する性質のものを〈これは私のものである。これは私である。これは私の我である〉と随見することは適切ですか」と。

「いいえ、尊師よ」。

「また、この舌触を縁として生じる楽の、あるいは苦の、あるいは非苦非楽の感受も常ですか、それとも無常ですか」と。

「無常です、尊師よ」。

「それでは、無常であるものは、苦ですか、それとも楽ですか」と。

「苦です、尊師よ」。

「それでは、無常であり、苦であり、変化する性質のものを〈これは私のものである。これは私である。これは私の我である〉と随見することは適切ですか」と。

「いいえ、尊師よ」。

（身）「身は常ですか、それとも無常ですか」と。

「無常です、尊師よ」。

「それでは、無常であるものは、苦ですか、それとも楽ですか」と。

「苦です、尊師よ」。

「それでは、無常であり、苦であり、変化する性質のものを〈これは私のものである。これは私である。これは私の我である〉と随見することは適切ですか」と。

「いいえ、尊師よ」。

「もろもろの触は常ですか、それとも無常ですか」と。……

「身識は常ですか、それとも無常ですか」と。……

「身触は常ですか、それとも無常ですか」と。

「無常です、尊師よ」。

「それでは、無常であるものは、苦ですか、それとも楽ですか」と。

「苦です、尊師よ」。

「それでは、無常であり、苦であり、変化する性質のものを〈これは私のものである。これは私である。これは私の我である〉と随見することは適切ですか」と。

「いいえ、尊師よ」。

「また、この身触を縁として生じる楽の、あるいは苦の、あるいは非苦非楽の感受も常ですか、それとも無常ですか」と。

「無常です、尊師よ」。

「それでは、無常であるものは、苦ですか、それとも楽ですか」と。

「苦です、尊師よ」。

「それでは、無常であり、苦であり、変化する性質のものを〈これは私のものである。これは私である。これは私の我である〉と随見することは適切ですか」と。

「いいえ、尊師よ」。

(意)「意は常ですか、それとも無常ですか」と。

「無常です、尊師よ」。

「それでは、無常であるものは、苦ですか、それとも楽ですか」と。

「苦です、尊師よ」。

「それでは、無常であり、苦であり、変化する性質のものを〈これは私のものである。これは私である。これは私の我である〉と随見することは適切ですか」と。

「いいえ、尊師よ」。△

「もろもろの法は常ですか、それとも無常ですか」と。……

「意識は常ですか、それとも無常ですか」と。……

「意触は常ですか、それとも無常ですか」と。

「無常です、尊師よ」。

▽「それでは、無常であるものは、苦ですか、それとも楽ですか」と。

「苦です、尊師よ」。

「それでは、無常であり、苦であり、変化する性質のものを〈これは私のものである。これは私である。これは私の我である〉と随見することは適切ですか」と。

「いいえ、尊師よ」。△

「また、この意触を縁として生じる楽の、あるいは苦の、あるいは非苦非楽の感受も常ですか、それとも無常ですか」と。

「無常です、尊師よ」。

「それでは、無常であるものは、苦ですか、それとも楽ですか」と。

「苦です、尊師よ」。

「それでは、無常であり、苦であり、変化する性質のものを〈これは私のものである。これは私である。これは私の我である〉と随見することは適切ですか」と。

「いいえ、尊師よ」。

六処の厭離

(26)
比丘たちよ、このように見る、聞をそなえた聖なる弟子は、眼についても厭離します。もろもろの色についても厭離します。眼識についても厭離します。眼触についても厭離します。また、この眼触を縁として生じる楽の、あるいは苦の、あるいは非苦非楽の感受についても厭離します。
▽耳についても厭離します。もろもろの声についても厭離します。耳識についても厭離します。耳触についても厭離します。また、この耳触を縁として生じる楽の、あるいは苦の、あるいは非苦非楽の感受についても厭離します。
鼻についても厭離します。もろもろの香についても厭離します。鼻識についても厭離します。鼻触についても厭離します。また、この鼻触を縁として生じる楽の、あるいは苦の、あるいは非苦非楽の感受についても厭離します。△

舌についても厭離します。もろもろの味についても▽厭離します。舌識についても厭離します。舌触についても厭離します。△また、この舌触を縁として生じる楽の、あるいは苦の、あるいは非苦非楽の感受についても厭離します。

▽身についても厭離します。もろもろの触についても厭離します。身識についても厭離します。身触についても厭離します。また、この身触を縁として生じる楽の、あるいは苦の、あるいは非苦非楽の感受についても厭離します。△

意についても厭離します。もろもろの法についても厭離します。意識についても厭離します。意触についても厭離します。また、この意触を縁として生じる楽の、あるいは苦の、あるいは非苦非楽の感受についても厭離します。

厭離し[七]、離貪します。離貪により[八]、解脱します。解脱したとき、〈解脱した〉との智が生じます。〈生まれは尽きた。梵行は完成された。なすべきことはなされた。もはや、この状態の他にはない〉と知ります。

256 比丘たちよ、これが、その一切の妄想を根絶するために適した実践です」[九]

と。

七 nibbindaṁ virajjati.〈＊ここでは、「離貪」によって四道（預流道・一来道・不還道・阿羅漢道）が語られている〉。

八 virāgā vimuccati.〈＊ここでは、「解脱」によって四沙門果（預流果・一来果・不還果・阿羅漢果）が語られている〉。

九 〈順次、これらの三経（「根絶相応経」「第一根絶適応経」「第二根絶適応経」）には、観（vipassanā）と共に、四道も語られている〉。《阿羅漢果（arahatta）に至らせ、観

第一〇

が語られているからである》。

第三　一切の章

以上の摂頌

「一切」と二の「捨断」と

さらに二の「遍知」（＝「不遍知」）あり

また「燃焼」と「圧迫」と

「相応」と二の「適応」あり

それによって章が説かれる

第四　生法の章（Jātidhamma-vagga）

1～10　生法経など十経（Jātidhammādisutta-dasaka）

1　生法経（Jātidhamma-sutta）

（三三）*▽このように私は聞いた――

あるとき、世尊《せそん》は、サーヴァッティに近い、ジェータ林のアナータピンディカ僧院に住んでおられた。△そこで、▽世尊は比丘《びく》たちに話しかけられた。

「比丘たちよ」と。「尊い方よ」と、かれら比丘は世尊に答えた。

世尊はつぎのように言われた。△

「比丘たちよ、一切は[一]生法《しょうほう》です。

それでは、比丘たちよ、一切は生法である、とは何でしょうか。

(27) 比丘たちよ、眼《げん》は生法です。もろもろの色《しき》は▽生法です。△眼識《げんしき》は▽生法です。△眼触《げんそく》は▽生法です。△また、この眼触を縁として生じる楽《らく》の、あるいは苦《く》の、あるいは非苦非楽の感受《かんじゅ》も生法です。

耳《に》▽は生法です。もろもろの声《しょう》は生法です。耳識は生法です。耳触は生法です。また、この耳触を縁として生じる楽の、あるいは苦の、あるいは非苦非楽の感受も生法です。

（三三）『雑阿含経』巻第八〈一九六〉（大正蔵二・五〇ａ―ｂ）

一　jātidhammaṁ. あるいは「生まれの法」、「生まれる性質のもの」。〈生まれの法（jāyanadhamma）、生まれを自性とするもの（nibbattanasabhāva）〉。

鼻《び》は生法です。もろもろの香《こう》は生法です。鼻識は生法です。鼻触は生法です。また、この鼻触を縁として生じる楽の、あるいは苦の、あるいは非苦非楽の感受も生法です。

舌《ぜっ》は生法です。もろもろの味《み》は生法です。舌識は生法です。舌触は生法です。また、この舌触を縁として生じる楽の、あるいは苦の、あるいは非苦非楽の感受も生法です。

身は生法です。もろもろの触《そく》は生法です。身識《しんしき》は生法です。身触は生法です。また、この身触を縁として生じる楽の、あるいは苦の、あるいは非苦非楽の感受も生法です。

意《い》は生法です。もろもろの法は生法です。意識は生法です。意触は生法です。また、この意触を縁として生じる楽の、あるいは苦の、あるいは非苦非楽の感受も生法です。

六処の厭離

比丘たちよ、このように見る、聞《もん》をそなえた聖なる弟子は、眼についても厭離《おんり》します。もろもろの色についても厭離します。眼識についても厭離します。眼触についても厭離します。また、この眼触を縁として生じる楽の、あるいは苦の、あるいは非苦非楽の感受についても厭離します。

耳についても厭離します。もろもろの声についても厭離します。

耳識についても厭離します。耳触についても厭離します。また、この耳触を縁として生じる楽の、あるいは苦の、あるいは非苦非楽の感受についても厭離します。

鼻についても厭離します。もろもろの香についても厭離します。鼻識についても厭離します。鼻触についても厭離します。また、この鼻触を縁として生じる楽の、あるいは苦の、あるいは非苦非楽の感受についても厭離します。

舌についても厭離します。もろもろの味についても厭離します。舌識についても厭離します。舌触についても厭離します。また、この舌触を縁として生じる楽の、あるいは苦の、あるいは非苦非楽の感受についても厭離します。

身についても厭離します。もろもろの触についても厭離します。身識についても厭離します。身触についても厭離します。また、この身触を縁として生じる楽の、あるいは苦の、あるいは非苦非楽の感受についても厭離します。

意についても厭離します。もろもろの法についても厭離します。意識についても厭離します。意触についても厭離します。また、この意触を縁として生じる楽の、あるいは苦の、あるいは非苦非楽の感受についても厭離します。

厭離し、離貪《りとん》します。離貪により、解脱《げだつ》します。解脱したとき、〈解脱した〉との智《ち》が生じます。〈生まれは尽きた。梵行《ぼんぎょう》は完成された。なすべきことはなされた。△もはや、この状態の他にはない〉と知ります」
と。

第一

2 老法経 (Jarādhamma-sutta)

(三四)*このように私は聞いた――……
世尊はつぎのように言われた。△
「比丘たちよ、一切は老法[一]です。……解脱したとき、〈解脱した〉との智が生じます。〈生まれは尽きた。……もはや、この状態の他にはない〉と知ります」と。

第二

3 病法経 (Byādhidhamma-sutta)

(三五)*このように私は聞いた――……
世尊はつぎのように言われた。△
「比丘たちよ、一切は病法[一]です。……解脱したとき、〈解脱した〉

(三四) Cf.『雑阿含経』巻第八〈一九五〉(大正蔵二・五〇a―b)

一 jarādhammaṁ. あるいは「老いの法」、「老いる性質のもの」。〈老いを自性とするもの(jīraṇasabhāva)〉。

(三五) Cf.『雑阿含経』巻第八〈一九五〉(大正蔵二・五〇a―b)

一 byādhidhammaṁ. あるいは「病の法」、「病む性質のもの」。〈病が発生する縁であることによって《眼などにおいて異状が生じる特相によって》、病を自性とするもの(byādhi-sabhāva)〉。

との智が生じます。〈生まれは尽きた。……もはや、この状態の他にはない〉と知ります」と。

第三

4 死法経（Maraṇadhamma-sutta）

（三六）このように私は聞いた――……

世尊はつぎのように言われた。

「比丘たちよ、一切は死法です。……解脱したとき、〈解脱した〉との智が生じます。〈生まれは尽きた。……もはや、この状態の他にはない〉と知ります」と。

第四

5 愁法経（Sokadhamma-sutta）

（三七）このように私は聞いた――……

世尊はつぎのように言われた。

「比丘たちよ、一切は愁法《しゅうほう》です。……解脱したとき、〈解脱した〉との智が生じます。〈生まれは尽きた。……もはや、この状態の他にはない〉と知ります」と。

第五

（三六）Cf.『雑阿含経』巻第八〈一九五〉（大正蔵二・五〇a—b）

一 maraṇadhammaṁ. あるいは「死の法」、「死ぬ性質のもの」。〈死を自性とするもの（maraṇasabhāva）〉。

（三七）Cf.『雑阿含経』巻第八〈一九五〉（大正蔵二・五〇a—b）

一 sokadhammaṁ. あるいは「愁いの法」、「愁える性質のもの」。〈愁いが発生する縁であることによって、愁いを自性とするもの（jīraṇasabhāva）〉。《親族の不幸などによって、焼かれている苦を自性とするもの（dayhamānadukkha-sabhāva）》。

（28）257

6 汚染法経（Saṅkilesikadhamma-sutta）

〔三八〕*▽このように私は聞いた――……

世尊はつぎのように言われた。△

「比丘たちよ、一切は汚染法[一]です。……解脱したとき、〈解脱した〉との智が生じます。〈生まれは尽きた。……もはや、この状態の他にはない〉と知ります」と。

第六

7 尽法経（Khayadhamma-sutta）

〔三九〕*▽このように私は聞いた――……

世尊はつぎのように言われた。△

「比丘たちよ、一切は尽法《じんほう》[一]です。……解脱したとき、〈解脱した〉との智が生じます。〈生まれは尽きた。……もはや、この状態の他にはない〉と知ります」と。

第七

8 壊法経（Vayadhamma-sutta）

〔四〇〕*▽このように私は聞いた――……

〔三八〕Cf.『雑阿含経』巻第八〈一九五〉（大正蔵二・五〇a―b）

一 saṅkilesikadhammaṁ. あるいは「汚染の法」、「汚染する性質のもの」。〈汚染を自性とするもの（saṅkilesikasabhāva）〉。《渇愛などによって、雑染を自性とするもの（saṅkilissanasabhāva）》。

〔三九〕Cf.『雑阿含経』巻第八〈一九五〉（大正蔵二・五〇a―b）

一 khayadhammaṁ. あるいは「尽の法」、「尽きる性質のもの」。〈尽き果てることを自性とするもの（khayagamanasabhāva）〉。

〔四〇〕Cf.『雑阿含経』巻第八〈一九五〉（大正蔵二・五〇a―b）

世尊はつぎのように言われた。△

「比丘たちよ、一切は壊法《えほう》[一]です。……解脱したとき、〈解脱した〉との智が生じます。〈生まれは尽きた。……もはや、この状態の他にはない〉と知ります」と。

第八

9 生起法経 (Samudayadhamma-sutta)

(四一) *▽このように私は聞いた――……

世尊はつぎのように言われた。△

「比丘たちよ、一切は生起法[一]です。……解脱したとき、〈解脱した〉との智が生じます。〈生まれは尽きた。……もはや、この状態の他にはない〉と知ります」と。

第九

10 滅尽法経 (Nirodhadhamma-sutta)

(四二) *▽このように私は聞いた――……

世尊はつぎのように言われた。△

「比丘たちよ、一切は滅尽法《めつじんほう》[一]です。……解脱したとき、〈解脱した〉との智が生じます。〈生まれは尽きた。……もはや、この状態

一 vayadhammaṁ. あるいは「壊の法」、「壊れる性質のもの」。

(四一) Cf.『雑阿含経』巻第八〈一九五〉(大正蔵二・五〇a―b)

一 samudayadhammaṁ. あるいは「集法」、「生起の法」、「生起する性質のもの」。

(四二) Cf.『雑阿含経』巻第八〈一九五〉(大正蔵二・五〇a―b)

一 nirodhadhammaṁ. あるいは「滅法」、「滅尽の法」、「滅尽する性質のもの」。

の他にはない〉と知ります」と。

第一〇

第四　生法の章

以上の摂頌

「生」と「老」と「病」と「死」と
「愁」とまた「汚染」あり
「尽」と「壊」と「生起」と「滅尽」の
法によってそれらは十なり

第五　一切無常の章（Sabba-anicca-vagga）

1〜9　無常経など九経（Aniccādisutta-navaka）

1　無常経（Anicca-sutta）

（四三）*▽このように私は聞いた――

あるとき、世尊《せそん》は、サーヴァッティに近い、ジェータ林のアナータピンディカ僧院に住んでおられた。△そこで、▽世尊は比丘《びく》たちに話しかけられた。

「比丘たちよ」と。「尊い方よ」と、かれら比丘は世尊に答えた。

世尊はつぎのように言われた。△

「比丘たちよ、一切は無常《むじょう》[一]です。

それでは、比丘たちよ、一切は無常である、とは何でしょうか。

比丘たちよ、眼《げん》は無常です。もろもろの色《しき》は無常です。眼識《げんしき》は無常です。眼触《げんそく》は無常です。また、この眼触を縁として生じる楽《らく》の、あるいは苦《く》の、あるいは非苦非楽の感受《かんじゅ》も無常です。

▽耳《に》は無常です。もろもろの声《しょう》は無常です。耳識は無常です。耳触は無常です。また、この耳触を縁として生じる楽の、あるいは苦の、あるいは非苦非楽の感受も無常です。

（四三）『雑阿含経』巻第八〈一九五〉（大正蔵二・五〇ａ）

一　aniccaṁ.

鼻《び》は無常です。もろもろの香《こう》は無常です。鼻識は無常です。鼻触は無常です。また、この鼻触を縁として生じる楽の、あるいは苦の、あるいは非苦非楽の感受も無常です。△

舌《ぜつ》は無常です。もろもろの味《み》は無常です。舌識は無常です。舌触は無常です。また、この舌触を縁として生じる楽の、あるいは苦の、あるいは非苦非楽の感受も無常です。

身《しん》は無常です。▽もろもろの触《そく》は無常です。身識は無常です。身触は無常です。また、この身触を縁として生じる楽の、あるいは苦の、あるいは非苦非楽の感受も無常です。△

意《い》は無常です。もろもろの法《ほう》は無常です。意識は無常です。意触は無常です。また、この意触を縁として生じる楽の、あるいは苦の、あるいは非苦非楽の感受も無常です。

六処の厭離

比丘たちよ、このように見る、聞《もん》をそなえた聖なる弟子は、眼についても厭離《おんり》します。もろもろの色についても厭離します。眼識についても厭離します。眼触についても厭離します。また、この眼触を縁として生じる楽の、あるいは苦の、あるいは非苦非楽の感受についても厭離します。

▽耳についても厭離します。もろもろの声についても厭離します。

耳識についても厭離します。耳触についても厭離します。また、この耳触を縁として生じる楽の、あるいは苦の、あるいは非苦非楽の感受についても厭離します。

鼻についても厭離します。もろもろの香についても厭離します。鼻識についても厭離します。鼻触についても厭離します。また、この鼻触を縁として生じる楽の、あるいは苦の、あるいは非苦非楽の感受についても厭離します。

舌についても厭離します。もろもろの味についても厭離します。舌識についても厭離します。舌触についても厭離します。また、この舌触を縁として生じる楽の、あるいは苦の、あるいは非苦非楽の感受についても厭離します。

身についても厭離します。もろもろの触についても厭離します。身識についても厭離します。身触についても厭離します。また、この身触を縁として生じる楽の、あるいは苦の、あるいは非苦非楽の感受についても厭離します。△

意についても厭離します。もろもろの法についても厭離します。意識についても厭離します。意触についても厭離します。また、この意触を縁として生じる楽の、あるいは苦の、あるいは非苦非楽の感受についても厭離します。

258
厭離し、離貪《りとん》します。離貪により、解脱《げだつ》します。解脱したとき、〈解脱した〉との智《ち》が生じます。〈生まれは尽きた。梵行《ぼんぎょう》は完成された。なすべきことはなされた。△もはや、この状態の他にはない〉と知ります」
と。

第一

2 苦経(Dukkha-sutta)

(四四)*▽このように私は聞いた――……
世尊はつぎのように言われた。△
「比丘たちよ、一切は苦《く》です。……解脱したとき、〈解脱した〉との智が生じます。〈生まれは尽きた。……▽もはや、この状態の他にはない〉と知ります」と。△

第二

3 無我経(Anatta-sutta)

(四五)*▽このように私は聞いた――……
世尊はつぎのように言われた。△
「比丘たちよ、一切は無我《むが》です。……解脱したとき、〈解脱した〉

(四四) Cf.『雑阿含経』巻第八〈一九六〉(大正蔵二・五〇a―b)
一 dukkhaṁ.

(四五) Cf.『雑阿含経』巻第八〈一九六〉(大正蔵二・五〇a―b)
一 anattā.

との智が生じます。〈生まれは尽きた。……もはや、この状態の他にはない〉と知ります」と。

第三

4 可所証知経（Abhiññeyya-sutta）

(29)

（四六）このように私は聞いた——……

世尊はつぎのように言われた。

「比丘たちよ、一切は証知《しょうち》されるべきです。……解脱したとき、〈解脱した〉との智が生じます。〈生まれは尽きた。……もはや、この状態の他にはない〉と知ります」と。

第四

5 可所遍知経（Pariññeyya-sutta）

（四七）このように私は聞いた——……

世尊はつぎのように言われた。

「比丘たちよ、一切は遍知《へんち》されるべきです。……解脱したとき、〈解脱した〉との智が生じます。〈生まれは尽きた。……もはや、この状態の他にはない〉と知ります」と。

第五

（四六）Cf.『雑阿含経』巻第八〈一九六〉（大正蔵二・五〇a—b）

一 abhiññeyyaṁ.〈「証知されるべきです」という語には、《対象（visaya）によってその対象の法（visaya-dhamma）が説明されているから》知遍知（ñātapariññā）が述べられている。しかし、他の二も《度遍知（tīraṇapariññā）と断遍知（pahānapariññā）も》捉えられている、と解されるべきである〉。《それらがなければ、意味の成就はないからである》。

（四七）Cf.『雑阿含経』巻第八〈一九六〉（大正蔵二・五〇a—b）

一 pariññeyyaṁ.〈「遍知されるべきです」という語には、度遍知が述べられているが、他の二も（知遍知と断遍知も）捉えられている、と解されるべきである〉。

6　可所捨断経（Pahātabba-sutta）

（四八）*▽このように私は聞いた——……

世尊はつぎのように言われた。△

「比丘たちよ、一切は捨断《しゃだん》[一]されるべきです。……解脱したとき、〈解脱した〉との智が生じます。〈生まれは尽きた。……▽もはや、この状態の他にはない〉と知ります」と。△

第六

7　可所現証経（Sacchikātabba-sutta）

（四九）*▽このように私は聞いた——……

世尊はつぎのように言われた。△

「比丘たちよ、一切は現証《げんしょう》[一]されるべきです。……解脱したとき、〈解脱した〉との智が生じます。〈生まれは尽きた。……▽もはや、この状態の他にはない〉と知ります」と。△

第七

8　証知可所遍知経（Abhiññāpariññeyya-sutta）

（五〇）*▽このように私は聞いた——……

（四八）Cf.『雑阿含経』巻第八〈一九六〉（大正蔵二・五〇a—b）

一　pahātabbaṁ.〈「捨断されるべきです」という語には、断遍知が述べられているが、他の二も（知遍知と度遍知も）捉えられている、と解されるべきである〉。

（四九）Cf.『雑阿含経』巻第八〈一九六〉（大正蔵二・五〇a—b）

一　sacchikātabbaṁ. あるいは「目のあたり見られるべきです」。〈《所縁から（ārammaṇato）、無痴から（asammohato）洞察することにより》現見が（paccakkhaṁ 直接経験が）行なわれるべきです（kātabbaṁ）〉の意。

（五〇）Cf.『雑阿含経』巻第八〈一九六〉（大正蔵二・五〇a—b）

世尊はつぎのように言われた。△

「比丘たちよ、一切は証知し、遍知[一]されるべきです。……解脱したとき、〈解脱した〉との智が生じます。〈生まれは尽きた。……▽もはや、この状態の他にはない〉と知ります」と。△

第八

9 打倒経（Upadduta-sutta）

（五一）*▽このように私は聞いた——……

世尊はつぎのように言われた。△

「比丘たちよ、一切は打倒[一]されています。……解脱したとき、〈解脱した〉との智が生じます。〈生まれは尽きた。……▽もはや、この状態の他にはない〉と知ります」と。△

第九

10 打破経（Upassaṭṭha-sutta）

（五二）*▽このように私は聞いた——

あるとき、世尊は、サーヴァッティに近い、ジェータ林のアナータピンディカ僧院に住んでおられた。△そこで、▽世尊は比丘たちに話しかけられた。

一 abhiññāpariññeyyaṁ. 〈この場合も、断遍知が説かれていなくても、（断遍知が）捉えられている、と解されるべきである〉。

（五一）Cf.『雑阿含経』巻第八〈一九六〉（大正蔵二・五〇a—b）

一 upaddutaṁ. あるいは「悩まされています」。〈《一自性（ekasabhāva）から別離していること（vinābhāva）によって》多くの苦（厄）に打たれている（anekaggattho）〉。

（五二）Cf.『雑阿含経』巻第八〈一九六〉（大正蔵二・五〇a—b）

「比丘たちよ」と。「尊い方よ」と、かれら比丘は世尊に答えた。

世尊はつぎのように言われた。

「比丘たちよ、一切は打破[一]されています。

それでは、比丘たちよ、一切は打破されている、とは何でしょうか。

比丘たちよ、眼は打破されています。もろもろの色は打破されています。眼識は打破されています。眼触は打破されています。また、この眼触を縁として生じる楽の、あるいは苦の、あるいは非苦非楽の感受も打破されています。


耳は打破されています。もろもろの声は打破されています。耳識は打破されています。耳触は打破されています。また、この耳触を縁として生じる楽の、あるいは苦の、あるいは非苦非楽の感受も打破されています。

鼻は打破されています。もろもろの香は打破されています。鼻識は打破されています。鼻触は打破されています。また、この鼻触を縁として生じる楽の、あるいは苦の、あるいは非苦非楽の感受も打破されています。

舌は打破されています。もろもろの味は打破されています。舌識は打破されています。舌触は打破されています。また、この舌触を縁として生じる楽の、あるいは苦の、あるいは非苦非楽の感受も打

一　upassaṭṭhaṃ.〈「打破されています」とは、害破されている状態（upahataṭṭha）によって、である〉。《病に苦しめられるように、内でのみ一切が破壊されているから（abhihatasabbatā）、「害破されている状態」である》。

破されています。

身は打破されています。もろもろの触は打破されています。身識は打破されています。身触は打破されています。また、この身触を縁として生じる楽の、あるいは苦の、あるいは非苦非楽の感受も打破されています。

意は打破されています。もろもろの法は打破されています。意識は打破されています。意触は打破されています。また、この意触を縁として生じる楽の、あるいは苦の、あるいは非苦非楽の感受も打破されています。

(30)
六処の厭離

比丘たちよ、このように見る、聞をそなえた聖なる弟子は、眼についても厭離します。もろもろの色についても厭離します。眼識についても厭離します。眼触についても厭離します。また、この眼触を縁として生じる楽の、あるいは苦の、あるいは非苦非楽の感受についても厭離します。

耳についても厭離します。もろもろの声についても厭離します。耳識についても厭離します。耳触についても厭離します。また、この耳触を縁として生じる楽の、あるいは苦の、あるいは非苦非楽の感受についても厭離します。

鼻についても厭離します。もろもろの香についても厭離します。鼻識についても厭離します。鼻触についても厭離します。また、この鼻触を縁として生じる楽の、あるいは苦の、あるいは非苦非楽の感受についても厭離します。

舌についても厭離します。もろもろの味についても厭離します。舌識についても厭離します。舌触についても厭離します。また、この舌触を縁として生じる楽の、あるいは苦の、あるいは非苦非楽の感受についても厭離します。

身についても厭離します。もろもろの触についても厭離します。身識についても厭離します。身触についても厭離します。また、この身触を縁として生じる楽の、あるいは苦の、あるいは非苦非楽の感受についても厭離します。△

意についても厭離します。もろもろの法についても厭離します。意識についても厭離します。意触についても厭離します。また、この意触を縁として生じる楽の、あるいは苦の、あるいは非苦非楽の感受についても厭離します。

259 厭離し、離貪します。離貪により、解脱します。解脱したとき、〈解脱した〉との智が生じます。〈生まれは尽きた。梵行は完成された。なすべきことはなされた。もはや、この状態の他にはない〉と知ります」
と。

第一〇

第五　一切無常の章

以上の摂頌

「無常」と「苦」と「無我」と
「可所証知」と「可所遍知」
「可所捨断」と「可所現証」
また「証知可所遍知」
「打倒」とまた「打破」とあり
それによって章は説かれる

六処篇における「第一の五十経」は終わる

以上の章の摂頌

「無常の章」と「一対の章」と

「一切の章」と「生法の章」と
「(一切)無常の章」により五十(経)あり
それによって第五[二]が説かれる

二　pañcamo. Cᵉは 'paṭhamo' と読むが、「第一(の五十経)が」の意と解される。底本Bᵉをはじめとする諸本は 'pañcamo'(第五が)と読む。

第六　無明の章（Avijjā-vagga）

1　無明捨断経（Avijjāpahāna-sutta）

（五三）＊▽このように私は聞いた――

あるとき、世尊《せそん》は、サーヴァッティに近い、ジェータ林のアナータピンディカ僧院に住んでおられた。△

ときに、ある比丘《びく》[一]が、世尊がおられるところへ近づいて行った。(31) 行って、世尊を礼拝《らいはい》し、一方に坐った。一方に坐ったその比丘は、世尊にこう申し上げた。

「尊師よ、どのように知り、どのように見る者に、無明《むみょう》[二]が捨断《しゃだん》され、明《みょう》[三]が生じるのでしょうか」と。

「比丘よ、眼《げん》を無常《むじょう》[四]であると知り、見る者に、無明が捨断され、明が生じます。もろもろの色《しき》を無常であると知り、見る者に、無明が捨断され、明が生じます。△眼識《げんしき》▽を無常であると知り、見る者に、無明が捨断され、明が生じます。△眼触《げんそく》▽を無常であると知り、見る者に、無明が捨断され、明が生じます。△また、この眼触を縁として生

（五三）『雑阿含経』巻第八〈二〇一〉（大正蔵二・五一c）

一　aññataro bhikkhu.

二　avijjā.〈四諦（catu-sacca）（苦・集・滅・道の真理）に対する無智（aññāṇa）が〉。《それを覆う迷妄（sammoha）が》。

三　vijjā.〈阿羅漢道の明（arahattamaggavijjā）が〉。《明が生起すれば、残りなく（完全に）無明が捨断されるからである》。「明」とは、智、智慧のこと。

四　aniccato jānato passato.〈「苦」「無我」によっても知り、見る者に、捨断される。しかし、これは、「無常」によって語られているときに、覚る人（bujjhanakapuggala）の意向によって説かれている〉。《道の出起（maggavuṭṭhāna）（道による輪転からの出起）は、無常の随観（aniccānupassanā）によるだけでなく、他の随観にもよるから、このように言ったのである》。

じる楽《らく》の、あるいは苦《く》の、あるいは非苦非楽の感受《かんじゅ》も無常であると知り、見る者に、無明が捨断され、明が生じます。

耳《に》を▽無常であると知り、見る者に、無明が捨断され、明が生じます。もろもろの声《しょう》を無常であると知り、見る者に、無明が捨断され、明が生じます。耳識を無常であると知り、見る者に、無明が捨断され、明が生じます。耳触を無常であると知り、見る者に、無明が捨断され、明が生じます。また、この耳触を縁として生じる楽の、あるいは苦の、あるいは非苦非楽の感受も無常であると知り、見る者に、無明が捨断され、明が生じます。△

鼻《び》を▽無常であると知り、見る者に、無明が捨断され、明が生じます。もろもろの香《こう》を無常であると知り、見る者に、無明が捨断され、明が生じます。鼻識を無常であると知り、見る者に、無明が捨断され、明が生じます。鼻触を無常であると知り、見る者に、無明が捨断され、明が生じます。また、この鼻触を縁として生じる楽の、あるいは苦の、あるいは非苦非楽の感受も無常であると知り、見る者に、無明が捨断され、明が生じます。△

舌《ぜっ》を▽無常であると知り、見る者に、無明が捨断され、明が生じます。もろもろの味《み》を無常であると知り、見る者に、無明が捨断され、明が生じます。舌識を無常であると知り、見る者に、無明が捨断され、明が生じます。舌触を無常であると知り、見る者に、無明が捨断され、明が生じます。また、この舌触を縁として生じる楽の、あるいは苦の、あるいは非苦非楽の感受も無常であると知り、見る者に、無明が捨断され、明が生じます。

身《しん》を無常であると知り、見る者に、無明が捨断され、明が生じます。もろもろの触《そく》を無常であると知り、見る者に、無明が捨断され、明が生じます。身識を無常であると知り、見る者に、無明が捨断され、明が生じます。身触を無常であると知り、見る者に、無明が捨断され、明が生じます。また、この身触を縁として生じる楽の、あるいは苦の、あるいは非苦非楽の感受も無常であると知り、見る者に、無明が捨断され、明が生じます。

260

意《い》を無常であると知り、見る者に、無明が捨断され、明が生じます。もろもろの法《ほう》を無常であると知り、見る者に、無明が捨断され、明が生じます。意識を無常であると知り、見る者に、無明が捨断され、明が生じます。意触を無常であると知り、見る者に、無明が捨断され、明が生じます。また、この意触を縁として生じる楽の、あるいは苦の、あるいは非苦非楽の感受も無常であると知り、見る者に、無明が捨断され、明が生じます。

比丘よ、このように知り、このように見る者に、無明が捨断され、明が生じます」
と。

第一

2　束縛捨断経（Saṁyojanapahāna-sutta）

(五四) このように私は聞いた—

あるとき、世尊は、サーヴァッティに近い、ジェータ林のアナータピンディカ僧院に住んでおられた。

ときに、ある比丘が、世尊がおられるところへ近づいて行った。行って、世尊を礼拝し、一方に坐った。一方に坐ったその比丘は、世尊にこう申し上げた。

「尊師よ[一]、どのように知り、どのように見る者に、もろもろの[二]束《そく》縛《ばく》が捨断されるのでしょうか」と。

「比丘よ、眼を無常であると知り[三]、見る者に、もろもろの束縛が捨断されます。もろもろの色を無常であると知り、見る者に、もろもろの束縛が捨断されます。眼識を無常であると知り、見る者に、もろもろの束縛が捨断されます。眼触を無常であると知り、見る者に、もろもろの束縛が捨断されます。また、この眼触を縁として生じる楽の、あるいは苦の、あるいは非苦非楽の感受も無常であると

(五四) Cf.『雑阿含経』巻第八〈二〇一〉（大正蔵二・五一c）

一　本経については、前節「無明捨断経」参照。「無明」を「もろもろの束縛」に置き換えて説かれたものである。

二　saṁyojanā.〈十の束縛が〉。「十の束縛」とは、欲貪・瞋恚・慢・見・疑・戒禁取・有貪・嫉妬・吝嗇・無明の十束縛（十結）をいう。

三　aniccato jānato passato.

知り、見る者に、もろもろの束縛が捨断されます。

耳▽を無常であると知り、見る者に、もろもろの束縛が捨断されます。もろもろの声を無常であると知り、見る者に、もろもろの束縛が捨断されます。耳識を無常であると知り、見る者に、もろもろの束縛が捨断されます。耳触を無常であると知り、見る者に、もろもろの束縛が捨断されます。また、この耳触を縁として生じる楽の、あるいは苦の、あるいは非苦非楽の感受も無常であると知り、見る者に、もろもろの束縛が捨断されます。△

鼻▽を無常であると知り、見る者に、もろもろの束縛が捨断されます。もろもろの香を無常であると知り、見る者に、もろもろの束縛が捨断されます。鼻識を無常であると知り、見る者に、もろもろの束縛が捨断されます。鼻触を無常であると知り、見る者に、もろもろの束縛が捨断されます。また、この鼻触を縁として生じる楽の、あるいは苦の、あるいは非苦非楽の感受も無常であると知り、見る者に、もろもろの束縛が捨断されます。△

舌▽を無常であると知り、見る者に、もろもろの束縛が捨断されます。もろもろの味を無常であると知り、見る者に、もろもろの束縛が捨断されます。舌識を無常であると知り、見る者に、もろもろの束縛が捨断されます。舌触を無常であると知り、見る者に、もろもろろの束縛が捨断されます。また、この舌触を縁として生じる楽の、あるいは苦の、あるいは非苦非楽の感受も無常であると知り、見る者に、もろもろの束縛が捨断されます。

身を無常であると知り、見る者に、もろもろの束縛が捨断されます。もろもろの触を無常であると知り、見る者に、もろもろの束縛が捨断されます。身識を無常であると知り、見る者に、もろもろの束縛が捨断されます。身触を無常であると知り、見る者に、もろもろの束縛が捨断されます。また、この身触を縁として生じる楽の、あるいは苦の、あるいは非苦非楽の感受も無常であると知り、見る者に、もろもろの束縛が捨断されます。

意を無常であると知り、見る者に、もろもろの束縛が捨断されます。もろもろの法を無常であると知り、見る者に、もろもろの束縛が捨断されます。意識を無常であると知り、見る者に、もろもろの束縛が捨断されます。意触を無常であると知り、見る者に、もろもろの束縛が捨断されます。また、この意触を縁として生じる楽の、あるいは苦の、あるいは非苦非楽の感受も無常であると知り、見る者に、もろもろの束縛が捨断されます。

比丘よ、このように知り、このように見る者に、もろもろの束縛が捨断されます」

と。

第二

3 束縛根絶経 (Saṁyojanasamugghāta-sutta)

(五五)*このように私は聞いた——

あるとき、世尊は、サーヴァッティに近い、ジェータ林のアナータピンディカ僧院に住んでおられた。

ときに、ある比丘が、世尊がおられるところへ近づいて行った。行って、世尊を礼拝し、一方に坐った。一方に坐ったその比丘は、世尊にこう申し上げた。

「尊師よ、[一] どのように知り、どのように見る者に、もろもろの束縛が根絶[二]されるのでしょうか」と。

(32)「比丘よ、眼[三]を無我《むが》であると知り、見る者に、もろもろの束縛が根絶されます。もろもろの色を無我であると知り、見る者に、もろもろの束縛が根絶されます。眼識を無我であると知り、見る者に、もろもろの束縛が根絶されます。眼触を無我であると知り、見る者に、もろもろの束縛が根絶されます。また、この眼触を縁として生じる楽の、あるいは苦の、あるいは非苦非楽の感受も無我であると知り、見る者に、もろもろの束縛が根絶されます。

(五五) Cf.『雑阿含経』巻第八〈二〇一〉(大正蔵二・五一c)

一 本経については、前節「無明捨断経」参照。「捨断される」を「根絶される」に置き換え、また「無常」を「無我」として説かれたものである。

二 samugghātaṁ gacchanti.

三 anattato jānato passato.

耳を無我▽であると知り、見る者に、もろもろの束縛が根絶されます。もろもろの声を無我であると知り、見る者に、もろもろの束縛が根絶されます。耳識を無我であると知り、見る者に、もろもろの束縛が根絶されます。耳触を無我であると知り、見る者に、もろもろの束縛が根絶されます。また、この耳触を縁として生じる楽の、あるいは苦の、あるいは非苦非楽の感受も無我であると知り、見る者に、もろもろの束縛が根絶されます。△

鼻を無我▽であると知り、見る者に、もろもろの束縛が根絶されます。もろもろの香を無我であると知り、見る者に、もろもろの束縛が根絶されます。鼻識を無我であると知り、見る者に、もろもろの束縛が根絶されます。鼻触を無我であると知り、見る者に、もろもろの束縛が根絶されます。また、この鼻触を縁として生じる楽の、あるいは苦の、あるいは非苦非楽の感受も無我であると知り、見る者に、もろもろの束縛が根絶されます。△

舌を無我▽であると知り、見る者に、もろもろの束縛が根絶されます。もろもろの味を無我であると知り、見る者に、もろもろの束縛が根絶されます。舌識を無我であると知り、見る者に、もろもろの束縛が根絶されます。舌触を無我であると知り、見る者に、もろもろの束縛が根絶されます。また、この舌触を縁として生じる楽の、あるいは苦の、あるいは非苦非楽の感受も無我であると知り、見る者に、もろもろの束縛が根絶されます。

身を無我であると知り、見る者に、もろもろの束縛が根絶されます。もろもろの触を無我であると知り、見る者に、もろもろの束縛が根絶されます。身識を無我であると知り、見る者に、もろもろの束縛が根絶されます。身触を無我であると知り、見る者に、もろもろの束縛が根絶されます。また、この身触を縁として生じる楽の、あるいは苦の、あるいは非苦非楽の感受も無我であると知り、見る者に、もろもろの束縛が根絶されます。

意を無我であると知り、見る者に、もろもろの束縛が根絶されます。もろもろの法を無我であると知り、見る者に、もろもろの束縛が根絶されます。意識を無我であると知り、見る者に、もろもろの束縛が根絶されます。意触を無我であると知り、見る者に、もろもろの束縛が根絶されます。また、この意触を縁として生じる楽の、あるいは苦の、あるいは非苦非楽の感受も無我であると知り、見る者に、もろもろの束縛が根絶されます。

比丘よ、このように知り、このように見る者に、もろもろの束縛が根絶されます」

と。

第三

4 漏捨断経（Āsavapahāna-sutta）

（五六）*▽このように私は聞いた――……

ときに、ある比丘が……世尊にこう申し上げた。△

「尊師よ[一]、どのように知り、どのように見る者に、もろもろの漏[二]が捨断されるのでしょうか」と。

▽「比丘よ、眼を無常であると知り、見る者に、もろもろの漏が捨断されます。

……耳を……鼻を……舌を……身を……意を……

比丘よ、このように知り、このように見る者に、もろもろの漏が捨断されます」

と。△

第四

5 漏根絶経（Āsavasamugghāta-sutta）

（五七）*▽このように私は聞いた――……

ときに、ある比丘が……世尊にこう申し上げた。△

「尊師よ、どのように知り、どのように見る者に、もろもろの漏[一]

（五六）Cf.『雑阿含経』巻第八〈二〇一〉（大正蔵二・五一c）

一 本経については、第五三節「無明捨断経」（本書、一七四頁）参照。

二 āsavā pahīyanti.「もろもろの漏」とは、〈四の漏〉である。すなわち、欲（kāma）・有（bhava）・見（diṭṭhi）・無明（avijjā）の四煩悩のこと。四暴流、四軛ともいう。長部33『結集経』第一七節（31）参照。

（五七）Cf.『雑阿含経』巻第八〈二〇一〉（大正蔵二・五一c）

一 āsavā pahīyanti.「漏」とは煩悩のこと。

が根絶されるのでしょうか」と。

「比丘よ、眼を無我であると知り、見る者に、もろもろの漏が根絶されます。

……耳を……鼻を……舌を……身を……意を……

比丘よ、このように知り、このように見る者に、もろもろの漏が根絶されます」

と。

第五

6 随眠捨断経 (Anusayapahāna-sutta)

(五八)このように私は聞いた――……
ときに、ある比丘が……世尊にこう申し上げた。

「尊師よ、どのように知り、どのように見る者に、一もろもろの随《ずい》眠《めん》が捨断されるのでしょうか」と。

「比丘よ、眼を無常であると知り、見る者に、もろもろの随眠が捨断されます。

……耳を……鼻を……舌を……身を……意を……

比丘よ、このように知り、このように見る者に、もろもろの随眠が捨断されます」

(五八)『雑阿含経』巻第八〈二〇一〉(大正蔵二・五一c)

一 anusayā pahīyanti.「随眠」とは潜在煩悩のこと。〈「もろもろの随眠」とは七の随眠である〉。「七の随眠」とは、欲貪・瞋恚・見・疑・慢・有貪・無明の七潜在煩悩をいう。長部33『結集経』第三七節(12)参照。

と。

7 随眠根絶経（Anusayasamugghāta-sutta）

（五九）このように私は聞いた——……

ときに、ある比丘が……世尊にこう申し上げた。

「尊師よ、どのように知り、どのように見る者に、[一]もろもろの随眠が根絶されるのでしょうか」と。

「比丘よ、眼を[二]無我《むが》であると知り、見る者に、もろもろの随眠が根絶されます。

……耳を……鼻を……舌を……身を……意を無我であると知り、見る者に、もろもろの随眠が根絶されます。もろもろの法を無我であると知り、見る者に、もろもろの随眠が根絶されます。意識を無我であると知り、見る者に、もろもろの随眠が根絶されます。意触を無我であると知り、見る者に、もろもろの随眠が根絶されます。また、この意触を縁として生じる楽の、あるいは苦の、あるいは非苦非楽の感受も無我であると知り、見る者に、もろもろの随眠が根絶されます。

比丘よ、このように知り、このように見る者に、もろもろの随眠

（五九）Cf.『雑阿含経』巻第八〈二〇一〉（大正蔵二・五一c）

一 anusayā samugghātaṁ gacchanti.

二 anattato jānato passato.

が根絶されます」
と。

第七

8 一切取著遍知経（Sabbupādānapariññā-sutta）

（六〇）このように私は聞いた──

あるとき、世尊は、サーヴァッティに近い、ジェータ林のアナータピンディカ僧院に住んでおられた。そこで、世尊は比丘たちに話しかけられた。

「比丘たちよ」と。「尊い方よ」と、かれら比丘は世尊に答えた。世尊はつぎのように言われた。

「比丘たちよ、そなたたちに、[一]一切の取著《しゅじゃく》を遍知するための法を説きましょう。それを聞きなさい。

それでは、比丘たちよ、一切の取著を遍知するための法とは何でしょうか。

[二]眼ともろもろの色とによって眼識が生じます。三者の和合は触です。[33]触を縁として受が生じます。比丘たちよ、このように見る、聞をそなえた聖なる弟子は、眼についても厭離《おんり》します。もろもろの色についても厭離します。眼識についても厭離します。眼触について

（六〇）以下、漢訳の相当経典は不明。

一 sabbupādānapariññāya.〈四の取著（欲・有・見・無明）の一切を、三の遍知（知遍知・度遍知・断遍知）によって、遍知（知悉）するための〉。

二 因縁篇、第四三節「苦経」（因縁篇Ⅰ、二九六頁）参照。

も厭離します。また、感受についても厭離します。厭離し、離貪《りとん》します。離貪により、解脱《げだつ》します。解脱により、〈[三]取著は私に遍知されている〉と知ります。

耳ともろもろの声とによって耳識が生じます。▽三者の和合は触です。触を縁として受が生じます。比丘たちよ、このように見る、聞をそなえた聖なる弟子は、耳についても厭離します。もろもろの声についても厭離します。耳識についても厭離します。耳触についても厭離します。また、感受についても厭離します。厭離し、離貪します。離貪により、解脱します。解脱により、〈取著は私に遍知されている〉と知ります。△

鼻ともろもろの香とによって鼻識が生じます。▽三者の和合は触です。触を縁として受が生じます。比丘たちよ、このように見る、聞をそなえた聖なる弟子は、鼻についても厭離します。もろもろの香についても厭離します。鼻識についても厭離します。鼻触についても厭離します。また、感受についても厭離します。厭離し、離貪します。離貪により、解脱します。解脱により、〈取著は私に遍知されている〉と知ります。△

舌ともろもろの味とによって舌識が生じます。▽三者の和合は触です。触を縁として受が生じます。比丘たちよ、このように見る、聞

三　pariññātaṁ me upādānaṁ. 私は執着を知悉している、の意。

をそなえた聖なる弟子は、舌についても厭離します。もろもろの味についても厭離します。舌識についても厭離します。舌触についても厭離します。また、感受についても厭離します。厭離し、離貪します。離貪により、解脱します。解脱により、〈取著は私に遍知されている〉と知ります。△

身ともろもろの触とによって身識が生じます。▽三者の和合は触です。触を縁として受が生じます。比丘たちよ、このように見る、聞をそなえた聖なる弟子は、身についても厭離します。もろもろの触についても厭離します。身識についても厭離します。身触についても厭離します。また、感受についても厭離します。厭離し、離貪します。離貪により、解脱します。解脱により、〈取著は私に遍知されている〉と知ります。△

意ともろもろの法とによって意識が生じます。三者の和合は触です。触を縁として受が生じます。比丘たちよ、このように見る、聞をそなえた聖なる弟子は、意についても厭離します。もろもろの法についても厭離します。意識についても厭離します。意触についても厭離します。また、感受についても厭離します。厭離し、離貪します。離貪により、解脱します。解脱により、〈取著は私に遍知されている〉と知ります。

比丘たちよ、これが一切の取著を遍知するための法です」

と。

第八

9 第一・一切取著終息経 (Paṭhamasabbupādānapariyādāna-sutta)

（六二）▽このように私は聞いた——
あるとき、世尊は、サーヴァッティに近い、ジェータ林のアナータピンディカ僧院に住んでおられた。そこで、世尊は比丘たちに話しかけられた。

「比丘たちよ」と。「尊い方よ」と、かれら比丘は世尊に答えた。

世尊はつぎのように言われた。△

「比丘たちよ、そなたたちに、[一]一切の取著を終息させるための法を説きましょう。それを聞きなさい。

それでは、比丘たちよ、一切の取著を終息させるための法とは何でしょうか。
[二]眼ともろもろの色とによって眼識が生じます。三者の和合は触です。触を縁として受が生じます。比丘たちよ、このように見る、聞をそなえた聖なる弟子は、眼についても厭離《おんり》します。もろもろの色についても厭離します。眼識についても厭離します。眼触について

一 sabbupādānapariyādānāya.〈四の取著（欲・有・見・無明）の一切を、三の遍知（知遍知・度遍知・断遍知）によって、遍知（知悉）するための（parijānamatthāya）〉。
二 因縁篇、第四三節「苦経」（因縁篇I、二九六頁）参照。

も厭離します。また、感受についても厭離します。厭離し、離貪します。離貪により、解脱します。解脱により、〈[三]取著は私に終息している〉と知ります。

耳ともろもろの声とによって耳識が生じます。三者の和合は触です。触を縁として受が生じます。比丘たちよ、このように見る、聞をそなえた聖なる弟子は、耳についても厭離します。もろもろの声についても厭離します。耳識についても厭離します。耳触についても厭離します。また、感受についても厭離します。厭離し、離貪します。離貪により、解脱します。解脱により、〈取著は私に終息している〉と知ります。

鼻ともろもろの香とによって鼻識が生じます。三者の和合は触です。触を縁として受が生じます。比丘たちよ、このように見る、聞をそなえた聖なる弟子は、鼻についても厭離します。もろもろの香についても厭離します。鼻識についても厭離します。鼻触についても厭離します。また、感受についても厭離します。厭離し、離貪します。離貪により、解脱します。解脱により、〈取著は私に終息している〉と知ります。

舌ともろもろの味とによって舌識が生じます。三者の和合は触です。触を縁として受が生じます。比丘たちよ、このように見る、聞

三　pariyādinnaṁ me upādānaṁ.　あるいは「私は取著を終息している」。私は執着を知悉している、の意。

をそなえた聖なる弟子は、舌についても厭離します。もろもろの味についても厭離します。舌識についても厭離します。舌触についても厭離します。また、感受についても厭離します。厭離し、離貪します。離貪により、解脱します。解脱により、〈取著は私に終息している〉と知ります。△

身ともろもろの触とによって▽身識が生じます。三者の和合は触です。触を縁として受が生じます。比丘たちよ、このように見る、聞をそなえた聖なる弟子は、身についても厭離します。もろもろの触についても厭離します。身識についても厭離します。身触についても厭離します。また、感受についても厭離します。厭離し、離貪します。離貪により、解脱します。解脱により、〈取著は私に終息している〉と知ります。△

意ともろもろの法とによって意識が生じます。三者の和合は触です。触を縁として受が生じます。比丘たちよ、このように見る、聞をそなえた聖なる弟子は、意についても厭離します。もろもろの法(34)についても厭離します。意識についても厭離します。意触についても厭離します。また、感受についても厭離します。厭離し、離貪します。離貪により、解脱します。解脱により、〈取著は私に終息している〉と知ります。

比丘たちよ、これが一切の取著を終息させるための法です」
と。

第九

10　第二・一切取著終息経（Dutiyasabbupādānapariyādāna-sutta）

（六二）▽このように私は聞いた――

あるとき、世尊は、サーヴァッティに近い、ジェータ林のアナータピンディカ僧院に住んでおられた。そこで、世尊は比丘たちに話しかけられた。

「比丘たちよ」と。「尊い方よ」と、かれら比丘は世尊に答えた。

世尊はつぎのように言われた。△

「比丘たちよ、そなたたちに、一切の取著を終息させるための法を説きましょう。それを聞きなさい。

それでは、比丘たちよ、[一]一切の取著を終息させるための法とは何でしょうか。

六処の無常

（眼）[二]比丘たちよ、そのことをどう思いますか。つまり、眼は常ですか、それとも無常ですか」と。

「無常です、尊師よ」。

一　sabbupādānapariyādānāya dhammo. 四の取著（欲・有・見・無明）を三の遍知（知遍知・度遍知・断遍知）によって終息するための法をいう。

二　以下については、本相応、第三二節「第二根絶適応経」（本書、一四二頁）参照。

「それでは、無常であるものは、苦ですか、それとも楽ですか」と。

「苦です、尊師よ」。

「それでは、無常であり、苦であり、変化する性質のものを〈これは私のものである。これは私である。これは私の我である〉と随《ずい》見《けん》することは適切ですか」と。

「いいえ、尊師よ」。

「もろもろの色は常ですか、それとも無常ですか」と。

「無常です、尊師よ」。

「それでは、無常であるものは、苦ですか、それとも楽ですか」と。

「苦です、尊師よ」。

「それでは、無常であり、苦であり、変化する性質のものを〈これは私のものである。これは私である。これは私の我である〉と随見することは適切ですか」と。

「いいえ、尊師よ」。

「眼識は常ですか、それとも無常ですか」と。

「無常です、尊師よ」。

「それでは、無常であるものは、苦ですか、それとも楽ですか」と。

「苦です、尊師よ」。

「それでは、無常であり、苦であり、変化する性質のものを〈こ

れは私のものである。これは私である。これは私の我である〉と随見することは適切ですか」と。

「いいえ、尊師よ」。

「眼触は常ですか、それとも無常ですか」と。

「無常です、尊師よ」。

「それでは、無常であるものは、苦ですか、それとも楽ですか」と。

「苦です、尊師よ」。

「それでは、無常であり、苦であり、変化する性質のものを〈これは私のものである。これは私である。これは私の我である〉と随見することは適切ですか」と。

「いいえ、尊師よ」。

「また、この眼触を縁として生じる楽の、あるいは苦の、あるいは非苦非楽の感受も常ですか、それとも無常ですか」と。

「無常です、尊師よ」。

「それでは、無常であるものは、苦ですか、それとも楽ですか」と。

「苦です、尊師よ」。

「それでは、無常であり、苦であり、変化する性質のものを〈これは私のものである。これは私である。これは私の我である〉と随見することは適切ですか」と。

「いいえ、尊師よ」。△

（耳）「耳は常ですか、それとも無常ですか」と。

「無常です、尊師よ」。……

（鼻）「鼻は常ですか、それとも無常ですか」と。

「無常です、尊師よ」。……

（舌）「舌は常ですか、それとも無常ですか」と。

「無常です、尊師よ」。……

（身）「身は常ですか、それとも無常ですか」と。

「無常です、尊師よ」。……

（意）「意は常ですか、それとも無常ですか」と。

「無常です、尊師よ」。

▽「それでは、無常であるものは、苦ですか、それとも楽ですか」と。

「苦です、尊師よ」。

「それでは、無常であり、苦であり、変化する性質のものを〈これは私のものである。これは私である。これは私の我である〉と随見することは適切ですか」と。

「いいえ、尊師よ」。

「もろもろの法は常ですか、それとも無常ですか」と。

「無常です、尊師よ」。

「それでは、無常であるものは、苦ですか、それとも楽ですか」と。

「苦です、尊師よ」。

「それでは、無常であり、苦であり、変化する性質のものを〈これは私のものである。これは私である。これは私の我である〉と随見することは適切ですか」と。

「いいえ、尊師よ」。

「意識は常ですか、それとも無常ですか」と。

「無常です、尊師よ」。

「それでは、無常であるものは、苦ですか、それとも楽ですか」と。

「苦です、尊師よ」。

「それでは、無常であり、苦であり、変化する性質のものを〈これは私のものである。これは私である。これは私の我である〉と随見することは適切ですか」と。

「いいえ、尊師よ」。

「意触は常ですか、それとも無常ですか」と。

「無常です、尊師よ」。

「それでは、無常であるものは、苦ですか、それとも楽ですか」と。

「苦です、尊師よ」。

「それでは、無常であり、苦であり、変化する性質のものを〈こ

れは私のものである。これは私である。これは私の我である〉と随見することは適切ですか」と。

「いいえ、尊師よ」。

「また、この意触を縁として生じる楽の、あるいは苦の、あるいは非苦非楽の感受も常ですか、それとも無常ですか」と。

263 「無常です、尊師よ」。

「それでは、無常であるものは、苦ですか、それとも楽ですか」と。

「苦です、尊師よ」。

「それでは、無常であり、苦であり、変化する性質のものを〈これは私のものである。これは私である。これは私の我である〉と随見することは適切ですか」と。

「いいえ、尊師よ」。

六処の厭離

(35) 「比丘たちよ、このように見る、聞をそなえた聖なる弟子は、眼について厭離します。もろもろの色についても厭離します。眼識についても厭離します。眼触についても厭離します。また、この眼触を縁として生じる楽の、あるいは苦の、あるいは非苦非楽の感受についても厭離します。

耳についても厭離します。もろもろの声についても厭離します。

耳識についても厭離します。耳触についても厭離します。また、この耳触を縁として生じる楽の、あるいは苦の、あるいは非苦非楽の感受についても厭離します。

鼻についても厭離します。もろもろの香についても厭離します。鼻識についても厭離します。鼻触についても厭離します。また、この鼻触を縁として生じる楽の、あるいは苦の、あるいは非苦非楽の感受についても厭離します。△

舌についても厭離します。もろもろの味についても厭離します。舌識についても厭離します。舌触についても厭離します。また、この舌触を縁として生じる楽の、あるいは苦の、あるいは非苦非楽の感受についても厭離します。

▽身についても厭離します。もろもろの触についても厭離します。身識についても厭離します。身触についても厭離します。また、この身触を縁として生じる楽の、あるいは苦の、あるいは非苦非楽の感受についても厭離します。△

意についても厭離します。もろもろの法についても厭離します。意識についても厭離します。意触についても厭離します。また、この意触を縁として生じる楽の、あるいは苦の、あるいは非苦非楽の感受についても厭離します。

厭離し、離貪します。離貪により、解脱します。解脱したとき、〈解脱した〉との智《ち》が生じます。〈生まれは尽きた。梵行は完成された。なすべきことはなされた。もはや、この状態の他にはない〉と知ります。

比丘たちよ、これが一切の取著を終息させるための法です」

と。

第一〇

第六　無明の章

以上の摂頌

「無明」と二の「束縛」と
二の「漏」によって説かれ
さらに二の「随眠」と
「遍知」と二の「終息」あり
それによって章は説かれる

第七　ミガジャーラの章（Migajāla-vagga）

1　第一ミガジャーラ経（Paṭhama-Migajāla-sutta）

（六三）*▽このように私は聞いた——

あるとき、世尊《せそん》は、サーヴァッティに近い、ジェータ林のアナータピンディカ僧院に住んでおられた。△

ときに、[一]尊者《そんじゃ》ミガジャーラは、世尊がおられるところへ近▽づいて行った。行って、世尊を礼拝《らいはい》し、一方に坐った。△一方に坐った尊者ミガジャーラは、世尊にこう申し上げた。

「尊師よ、『[二]独住者、独住者』と言われます。尊師よ、どのように
(36) して独住者となるのでしょうか。しかしまた、どのようにして[三]随伴住者となるのでしょうか」と。

随伴住者

「ミガジャーラよ、[四]眼《げん》によって識《し》られるべき、[五]好ましい、[六]楽しい、[七]喜ばしい、[八]愛しい、[九]欲をともなった、[一〇]魅力的な、もろもろの色《しき》があります。もし比丘《びく》がそれを歓喜《かんぎ》し、歓迎し、執着《しゅうじゃく》してとどまるならば、それを歓喜し、歓迎し、執着してとどまるかれに、[一一]歓喜が生起
264 します。歓喜があれば、[一二]貪欲《とんよく》が生じます。貪欲があれば、[一三]縛りが生

（六三）『雑阿含経』巻第一三〈三〇九〉（大正蔵二・八八c—八九a）

一　āyasmā Migajālo.「ミガジャーラ」は「鹿網」（獣網）の意。

二　'ekavihārī, ekavihārī.'

三　sadutiyavihārī.

四　cakkhuviññeyyā.〈眼識によって見られるべき、ということ。「耳によって識られるべき」（sotaviññeyyā）などについても、同じ仕方で解される〉。なお、以下については、長部13『三明経』第二九節註参照。

五　iṭṭhā.〈遍く求められるものであれ、そうでないものであれ、求められる所縁（iṭṭhārammaṇa）となる〉の意。

六　kantā.〈欲求されるべき（kamanīyā）〉。

七　manāpā.〈意を増大する（mana-vaḍḍhanakā）〉。

八　piyarūpā.〈喜びのある（piyajātika）〉。

九　kāmūpasaṁhitā.〈所縁にして生起する欲望を伴った〉。

一〇　rajanīyā.〈染着される貪りが生起する根拠となる〉。

一一　nandī.〈渇愛の歓喜（taṇhānandī）が〉。《渇愛と称され

じます。ミガジャーラよ、歓喜の束縛《そくばく》[一四]に結ばれた比丘は随伴住者と言われます。

▽ミガジャーラよ、耳《に》によって識られるべき、好ましい、楽しい、喜ばしい、愛しい、欲をともなった、魅力的な、もろもろの声《しょう》があります。もし比丘がそれを歓喜し、歓迎し、執着してとどまるならば、それを歓喜し、歓迎し、執着してとどまるかれに、歓喜が生起します。歓喜があれば、貪欲が生じます。貪欲があれば、束縛が生じます。ミガジャーラよ、歓喜の束縛に結ばれた比丘は随伴住者と言われます。

ミガジャーラよ、鼻《び》によって識られるべき、好ましい、楽しい、喜ばしい、愛しい、欲をともなった、魅力的な、もろもろの香《こう》があります。もし比丘がそれを歓喜し、歓迎し、執着してとどまるならば、それを歓喜し、歓迎し、執着してとどまるかれに、歓喜が生起します。歓喜があれば、貪欲が生じます。貪欲があれば、束縛が生じます。ミガジャーラよ、歓喜の束縛に結ばれた比丘は随伴住者と言われます。△

ミガジャーラよ、舌《ぜつ》によって識られるべき、好ましい、楽しい、喜ばしい、愛しい、欲をともなった、魅力的な、もろもろの味《み》があります。もし比丘がそれを歓喜し、歓迎し、執着してとどまるなら

る歓喜が》。

一二　sārāgo.

一三　saṁyogo.〈束縛が（saṁyojanaṁ）〉。

一四　nandisaṁyojanasaṁyutto.〈歓喜という縛り（nandi-bandhana）によって縛られた（baddho）〉。

ば、それを歓喜し、歓迎し、執着してとどまるかれに、歓喜が生起します。歓喜があれば、貪欲が生じます。貪欲があれば、束縛が生じます。ミガジャーラよ、歓喜の束縛に結ばれた比丘は随伴住者と言われます。

*[一五]ミガジャーラよ、身《しん》によって識られるべき、好ましい、楽しい、喜ばしい、愛しい、欲をともなった、魅力的な、もろもろの触《そく》があります。もし比丘がそれを歓喜し、歓迎し、執着してとどまるならば、それを歓喜し、歓迎し、執着してとどまるかれに、歓喜が生起します。歓喜があれば、貪欲が生じます。貪欲があれば、束縛が生じます。ミガジャーラよ、歓喜の束縛に結ばれた比丘は随伴住者と言われます。

ミガジャーラよ、意《い》によって識られるべき、好ましい、楽しい、喜ばしい、愛しい、欲をともなった、魅力的な、もろもろの法《ほう》があります。もし比丘がそれを歓喜し、歓迎し、執着してとどまるならば、それを歓喜し、歓迎し、執着してとどまるかれに、歓喜が生起します。歓喜があれば、貪欲が生じます。貪欲があれば、束縛が生じます。ミガジャーラよ、歓喜の束縛に結ばれた比丘は随伴住者と言われます。*

ミガジャーラよ、このように住む比丘は、たとえ森[一六]や山林、辺境[一七]

一五　底本 B^e, D^e は以下の＊—＊部分を欠く。今は C^e, S^e, R^e によってこれを補う。

一六　araññavanapatthāni.〈もろもろの森（arañña）ともろもろの山林（vanapattha）とを、ということ。そのうち、たとえアビダンマに絶対門によって「境界柱（indakhila）から外に出て、すべてがこの森である」（Vibh. 251）と言われていても、それ（森）は「最低で五百弓（を離れたところである）」（Vin. IV.183）というように森林住支を完成させる臥坐所と言われているのであり、それがすなわち、意趣されているものであると解されねばならない。「山林」（林叢）とは、村辺を《村の近辺を》越えて人間の近づかない場所であり、そこでは耕作されることも、種が蒔かれることもない。また、つぎのようにも言われている。「山林とはもろもろの遠隔（dūra）の臥坐所の同義語である。山林とはもろもろの密林（vanasaṇḍa）の臥坐所の、山林とはもろもろの恐怖（bhiṁsana）の臥坐所の、山林とはもろもろの身の毛のよだつ（salomahaṁsa）臥坐所の、山林とはもろもろの周辺（pariyanta）の臥坐所の、山林とはもろもろの人間の近づかない（amanussūpacāra）臥坐所の同義語である」（Vibh. 251）と〉。

一七　pantāni.〈周辺の（pariyantāni）、遠隔の（atidūrāni）〉。

の、声[一八]の少ない、音[一九]の少ない、人気[二〇]のない、人里[二一]離れた、独坐[二二]《どくざ》に適する[二三]臥坐所《がざしょ》を受用《じゅよう》しても、なお随伴住者と言われます。それはなぜか。それは、かれの随伴者である渇愛《かつあい》が、かれに捨断《しゃだん》されていないからです。それゆえ、かれは随伴住者と言われます。

独住者

また、ミガジャーラよ、眼によって識られるべき、好ましい、楽しい、喜ばしい、愛しい、欲をともなった、魅力的な、もろもろの色があります。もし比丘がそれを歓喜せず、歓迎せず、執着せずにとどまるならば、それを歓喜せず、歓迎せず、執着せずにとどまるかれに、歓喜[二四]が滅尽《めつじん》します。歓喜がなければ、貪欲が生じません。貪欲がなければ、縛りが生じません。ミガジャーラよ、歓喜の束縛を離れた比丘は独住者と言われます。

▽ミガジャーラよ、耳によって識られるべき、好ましい、楽しい、喜ばしい、愛しい、欲をともなった、魅力的な、もろもろの声があります。もし比丘がそれを歓喜せず、歓迎せず、執着せずにとどまるならば、それを歓喜せず、歓迎せず、執着せずにとどまるかれに、歓喜が滅尽します。歓喜がなければ、貪欲が生じません。貪欲がなければ、縛りが生じません。ミガジャーラよ、歓喜の束縛を離れた比丘は独住者と言われます。

一八　appasaddāni.〈臼、杵、子供などの声がないことによって「声の少ない」〉。
一九　appanigghosāni.〈喨々とした（ninnāda）大きな（mahā）音声がないことによって「音の少ない」〉。
二〇　vijanavātāni.〈歩き回る人（sañcaraṇajana）の身の風（sarīravāta）がない〉。
二一　manussarāhasseyyakāni.〈人間の静かな行為（rahokamma）にふさわしい〉。
二二　paṭisallānasāruppāni.〈隠棲に適する（nilīyanasāruppāni）〉。
二三　senāsanāni. あるいは「もろもろの住処を」。
二四　nandī nirujjhati.

ミガジャーラよ、鼻によって識られるべき、好ましい、楽しい、喜ばしい、愛しい、欲をともなった、魅力的な、もろもろの香があります。もし比丘がそれを歓喜せず、歓迎せず、執着せずにとどまるならば、それを歓喜せず、歓迎せず、執着せずにとどまるかれに、歓喜が滅尽します。歓喜がなければ、貪欲が生じません。貪欲がなければ、縛りが生じません。ミガジャーラよ、歓喜の束縛を離れた比丘は独住者と言われます。△

ミガジャーラよ、舌によって識られるべき、好ましい、楽しい、喜ばしい、愛しい、欲をともなった、魅力的な、もろもろの味があります。▽もし比丘がそれを歓喜せず、歓迎せず、執着せずにとどまるならば、それを歓喜せず、歓迎せず、執着せずにとどまるかれに、歓喜が滅尽します。歓喜がなければ、貪欲が生じません。貪欲がなければ、縛りが生じません。ミガジャーラよ、歓喜の束縛を離れた比丘は独住者と言われます。

ミガジャーラよ、身によって識られるべき、好ましい、楽しい、喜ばしい、愛しい、欲をともなった、魅力的な、もろもろの触があります。もし比丘がそれを歓喜せず、歓迎せず、執着せずにとどまるならば、それを歓喜せず、歓迎せず、執着せずにとどまるかれに、歓喜が滅尽します。歓喜がなければ、貪欲が生じません。貪欲がな

ければ、縛りが生じません。ミガジャーラよ、歓喜の束縛を離れた比丘は独住者と言われます。△

ミガジャーラよ、意によって識られるべき、好ましい、楽しい、喜ばしい、愛しい、欲をともなった、魅力的な、もろもろの法があります。もし比丘がそれを歓喜せず、歓迎せず、執着せずにとどまるならば、それを歓喜せず、歓迎せず、執着せずにとどまるかれに、歓喜が滅尽します。歓喜がなければ、貪欲が生じません。貪欲がなければ、縛りが生じません。ミガジャーラよ、歓喜の束縛を離れた比丘は独住者と言われます。

ミガジャーラよ、このように住む比丘は、たとえ村辺[二五]で、比丘や比丘尼《びくに》たちと、男性信者や女性信者たちと、王や王大臣たちと、異教《いきょう》者《しゃ》や異教者の弟子たちと交わり[二六]、住んでも、なお独住者と言われます。それはなぜか。それは、かれの随伴者である渇愛が、かれに捨断されているからです。それゆえ、かれは独住者と言われます」

と。

第一

2 ▽第二ミガジャーラ経（Dutiya-Migajāla-sutta）

（六四）このように私は聞いた――

二五 gāmante.

二六 ākiṇṇo. あるいは「騒がしく」。

（六四）『雑阿含経』巻第一三〈三一〇〉（大正蔵二・八九a）

あるとき、世尊は、サーヴァッティに近い、ジェータ林のアナータピンディカ僧院に住んでおられた。△

ときに、尊者ミガジャーラ[一]は、世尊がおられるところへ近づいて▽行った。行って、世尊を礼拝し、一方に坐った。△一方に坐った尊者ミガジャーラは、世尊にこう申し上げた。

「[二]尊師よ、世尊はどうか私のために、簡略に法をお説きください。私は、世尊の法をお聞きして、[三]独《ひと》り、[四]離れ、[五]怠ることなく、[六]熱心に、[七]自ら励み、住みたいと思います」と。

苦の生起

「ミガジャーラよ、眼によって識られるべき、好ましい、楽しい、喜ばしい、愛しい、欲をともなった、魅力的な、もろもろの色があります。もし比丘がそれを歓喜し、歓迎し、執着してとどまるならば、それを歓喜し、歓迎し、執着してとどまるかれに、歓喜が生起します。ミガジャーラよ、[八]歓喜の生起により苦《く》の生起がある、と私は言います。

▽ミガジャーラよ、耳によって識られるべき、好ましい、楽しい、喜ばしい、愛しい、欲をともなった、魅力的な、もろもろの声があります。もし比丘がそれを歓喜し、歓迎し、執着してとどまるならば、それを歓喜し、歓迎し、執着してとどまるかれに、歓喜が生起

一　āyasmā Migajālo.

二　以下については、蘊篇、第三五節『「ある比丘」経』(蘊篇I、一三九頁)参照。

三　eko.〈＊四威儀(行・住・坐・臥)において独住し(ekavihārī)〉。

四　vūpakaṭṭho.〈＊遠離し(vivekaṭṭho)、静かに(nissaddo)〉。

五　appamatto. あるいは「不放逸に」。〈＊念を失うことなく(satiyā avippavasanto)〉。

六　ātāpī.〈＊精進をそなえ(viriyasampanno)〉。

七　pahitatto vihareyyaṁ.〈＊勝れた境地を証得する(visesādhigama)ために、自ら励む者となり、住むことができます〉。

八　nandisamudayā dukkhasamudayo.

します。ミガジャーラよ、歓喜の生起により苦の生起がある、と私は言います。

ミガジャーラよ、鼻によって識られるべき、好ましい、楽しい、喜ばしい、愛しい、欲をともなった、魅力的な、もろもろの香があります。もし比丘がそれを歓喜し、歓迎し、執着してとどまるならば、それを歓喜し、歓迎し、執着してとどまるかれに、歓喜が生起します。ミガジャーラよ、歓喜の生起により苦の生起がある、と私は言います。△

ミガジャーラよ、舌によって識られるべき、好ましい、楽しい、喜ばしい、愛しい、欲をともなった、魅力的な、もろもろの味があります。もし比丘がそれを歓喜し、歓迎し、執着してとどまるならば、それを歓喜し、歓迎し、執着してとどまるかれに、歓喜が生起します。ミガジャーラよ、歓喜の生起により苦の生起がある、と私は言います。

ミガジャーラよ、身によって識られるべき、好ましい、楽しい、喜ばしい、愛しい、欲をともなった、魅力的な、もろもろの触があります。もし比丘がそれを歓喜し、歓迎し、執着してとどまるならば、それを歓喜し、歓迎し、執着してとどまるかれに、歓喜が生起します。ミガジャーラよ、歓喜の生起により苦の生起がある、と私は言います。

ミガジャーラよ、意によって識られるべき、好ましい、楽しい、喜ばしい、愛しい、欲をともなった、魅力的な、もろもろの法があります。もし比丘がそれを歓喜し、歓迎し、執着してとどまるならば、それを歓喜し、歓迎し、執着してとどまるかれに、歓喜が生起します。ミガジャーラよ、歓喜の生起により苦の生起がある、と私は言います。

(38)

苦の滅尽

また、ミガジャーラよ、眼によって識られるべき、好ましい、楽しい、喜ばしい、愛しい、欲をともなった、魅力的な、もろもろの色があります。もし比丘がそれを歓喜せず、歓迎せず、執着せずにとどまるならば、それを歓喜せず、歓迎せず、執着せずにとどまるかれに、歓喜が滅尽します。ミガジャーラよ、[九]歓喜の滅尽により苦の滅尽がある、と私は言います。

▽ミガジャーラよ、耳によって識られるべき、好ましい、楽しい、喜ばしい、愛しい、欲をともなった、魅力的な、もろもろの声があります。もし比丘がそれを歓喜せず、歓迎せず、執着せずにとどまるならば、それを歓喜せず、歓迎せず、執着せずにとどまるかれに、歓喜が滅尽します。ミガジャーラよ、歓喜の滅尽により苦の滅尽が

九　nandinirodhā dukkhanirodho.〈渇愛の歓喜（taṇhānandī）の滅尽により、輪転の苦（vaṭṭadukkha）の滅尽がある〉。

ある、と私は言います。

ミガジャーラよ、鼻によって識られるべき、好ましい、楽しい、喜ばしい、愛しい、欲をともなった、魅力的な、もろもろの香があります。もし比丘がそれを歓喜せず、歓迎せず、執着せずにとどまるならば、それを歓喜せず、歓迎せず、執着せずにとどまるかれに、歓喜が滅尽します。ミガジャーラよ、歓喜の滅尽により苦の滅尽がある、と私は言います。△

ミガジャーラよ、舌によって識られるべき、好ましい、楽しい、喜ばしい、愛しい、欲をともなった、魅力的な、もろもろの味があります。▽もし比丘がそれを歓喜せず、歓迎せず、執着せずにとどまるならば、それを歓喜せず、歓迎せず、執着せずにとどまるかれに、歓喜が滅尽します。ミガジャーラよ、歓喜の滅尽により苦の滅尽がある、と私は言います。

ミガジャーラよ、身によって識られるべき、好ましい、楽しい、喜ばしい、愛しい、欲をともなった、魅力的な、もろもろの触があります。もし比丘がそれを歓喜せず、歓迎せず、執着せずにとどまるならば、それを歓喜せず、歓迎せず、執着せずにとどまるかれに、歓喜が滅尽します。ミガジャーラよ、歓喜の滅尽により苦の滅尽がある、と私は言います。△

ミガジャーラよ、意によって識られるべき、好ましい、楽しい、喜ばしい、愛しい、欲をともなった、魅力的な、もろもろの法があります。もし比丘がそれを歓喜せず、歓迎せず、執着せずにとどまるならば、それを歓喜せず、歓迎せず、執着せずにとどまるかれに、歓喜が滅尽します。ミガジャーラよ、歓喜の滅尽により苦の滅尽がある、と私は言います」

と。

すると、尊者ミガジャーラは、世尊が語られたことに歓喜し、喜びを示した。そして、座から立ち上がり、世尊を礼拝し、右回りをして、去って行った。

さて、尊者ミガジャーラは、独り、離れて住み、怠ることなく、熱心に、自ら励んだ。まもなく、そのために善家《ぜんけ》の子たちが正しく家を捨て、出家《しゅっけ》するという、かの無上の梵行《ぼんぎょう》の終結を、現世において、自らよく知り、目のあたり見、獲得して、住んだ。〈生まれは尽きた。梵行は完成された。なすべきことはなされた。もはや、この状態の他にはない〉と、知った。

そしてまた、尊者ミガジャーラは、阿羅漢《あらかん》の一人になった、

と。

第二

3　第一サミッディ魔問経（Paṭhama-Samiddhi-mārapañhā-sutta）

（六五）このように私は聞いた――
あるとき、世尊は、ラージャガハに近い、竹林のカランダカ・ニヴァーパ[一]に住んでおられた。

ときに、尊者サミッディ[二]は、世尊がおられるところへ近づいて行った。行って、世尊を礼拝し、一方に坐った。一方に坐った尊者サミッディは、世尊にこう申し上げた。

「尊師よ、『魔、魔』[三]と言われます。尊師よ、どのようにして魔[四]、あるいは魔という概念[五]が現われる[六]のでしょうか」と。

魔あり

「サミッディよ、眼があり、もろもろの色があり、眼識《げんしき》があり、眼識によって識られるべきもろもろの法があれば、そこに、魔、あるいは魔という概念があります[七]。(39)

耳があり、もろもろの声があり、耳識があり、耳識によって識られるべきもろもろの法があれば、そこに、魔、あるいは魔という概念があります。

鼻があり、もろもろの香があり、鼻識があり、鼻識によって識られるべきもろもろの法があれば、そこに、魔、あるいは魔という概

（六五）Cf.『雑阿含経』巻第九〈二三一〉（大正蔵二・五六b）
一　Veḷuvane Kalandakanivāpe. あるいは「竹林のカランダカ・ニヴァーパ僧院に」。
二　āyasmā Samiddhi.〈「サミッディ」とは自体が成功していること（samiddhatā）によって、このように得られた名前である。伝えによれば、長老の自体は麗しく、端正であり、持ち上げられた華鬘の器のように、また、飾られた華鬘の室のように、あらゆる様相が満たされ、完成していた（samiddha）という〉。有偈篇、第一五八節「サミッディ経」（有偈篇Ⅱ、八五頁）参照。
三　'māro, māro.'
四　māro.〈「魔」とは「死」（maraṇa）を問うものである〉。
五　mārapaññatti.〈「魔」とは「概念」（paññatti）、「名前」（nāma）、「命名」（nāmadheya）である〉。
六　assa.
七　atthi tattha māro vā mārapaññatti vā.〈そこに、「死がある」、あるいは「死というこの名前がある」、ということを示す〉。

念があります。

舌があり、もろもろの味があり、舌識があり、舌識によって識られるべきもろもろの法があれば、そこに、魔、あるいは魔という概念があります。

身があり、もろもろの触があり、身識があり、身識によって識られるべきもろもろの法があれば、そこに、魔、あるいは魔という概念があります。

意があり、もろもろの法があり、意識があり、意識によって識られるべきもろもろの法があれば、そこに、魔、あるいは魔という概念があります。

魔なし

しかし、サミッディよ、眼がなく、もろもろの色がなく、眼識がなく、眼識によって識られるべきもろもろの法がなければ、そこに、魔、あるいは魔という概念はありません。
耳がなく、▽もろもろの声がなく、耳識がなく、耳識によって識られるべきもろもろの法がなければ、そこに、魔、あるいは魔という概念はありません。△
鼻がなく、▽もろもろの香がなく、鼻識がなく、鼻識によって識られるべきもろもろの法がなければ、そこに、魔、あるいは魔という

概念はありません。△
　舌がなく、もろもろの味がなく、舌識がなく、舌識によって識られるべきもろもろの法がなければ、そこに、魔、あるいは魔という概念はありません。
　身がなく、▽もろもろの触がなく、身識がなく、身識によって識られるべきもろもろの法がなければ、そこに、魔、あるいは魔という概念はありません。△
　意がなく、もろもろの法がなく、意識がなく、意識によって識られるべきもろもろの法がなければ、そこに、魔、あるいは魔という概念はありません」
と。

第三

4　サミッディ有情問経（Samiddhi-sattapañhā-sutta）

（六六）▽このように私は聞いた――
あるとき、世尊は、ラージャガハに近い、竹林のカランダカ・ニヴァーパに住んでおられた。
ときに、尊者サミッディは、世尊がおられるところへ近づいて行った。行って、世尊を礼拝し、一方に坐った。一方に坐った尊者サ

（六六）Cf.『雑阿含経』巻第九〈二三一〉（大正蔵二・五六b）

ミッディは、世尊にこう申し上げた。△

「尊師よ、『有情《うじよう》、有情』と言われます。尊師よ、どのようにして有情、あるいは有情という概念が現われるのでしょうか」と。

有情あり

▽「サミッディよ、眼があり、もろもろの色があり、眼識があり、眼識によって識られるべきもろもろの法があれば、そこに、有情、あるいは有情という概念があります。

耳があり、もろもろの声があり、耳識があり、耳識によって識られるべきもろもろの法があれば、そこに、有情、あるいは有情という概念があります。

鼻があり、もろもろの香があり、鼻識があり、鼻識によって識られるべきもろもろの法があれば、そこに、有情、あるいは有情という概念があります。

舌があり、もろもろの味があり、舌識があり、舌識によって識られるべきもろもろの法があれば、そこに、有情、あるいは有情という概念があります。

身があり、もろもろの触があり、身識があり、身識によって識られるべきもろもろの法があれば、そこに、有情、あるいは有情という概念があります。

一 'satto, satto.' あるいは「生けるもの、生けるもの」。

意があり、もろもろの法があり、意識があり、意識によって識られるべきもろもろの法があれば、そこに、有情、あるいは有情という概念があります。

有情なし

しかし、サミッディよ、眼がなく、もろもろの色がなく、眼識がなく、眼識によって識られるべきもろもろの法がなければ、そこに、有情、あるいは有情という概念はありません。

耳がなく、もろもろの声がなく、耳識がなく、耳識によって識られるべきもろもろの法がなければ、そこに、有情、あるいは有情という概念はありません。

鼻がなく、もろもろの香がなく、鼻識がなく、鼻識によって識られるべきもろもろの法がなければ、そこに、有情、あるいは有情という概念はありません。

舌がなく、もろもろの味がなく、舌識がなく、舌識によって識られるべきもろもろの法がなければ、そこに、有情、あるいは有情という概念はありません。

身がなく、もろもろの触がなく、身識がなく、身識によって識られるべきもろもろの法がなければ、そこに、有情、あるいは有情という概念はありません。

意がなく、もろもろの法がなく、意識がなく、意識によって識られるべきもろもろの法がなければ、そこに、有情、あるいは有情という概念はありません」と。

第四

267

5　サミッディ苦問経（Samiddhi-dukkhapañhā-sutta）

（六七）このように私は聞いた――

あるとき、世尊は、ラージャガハに近い、竹林のカランダカ・ニヴァーパに住んでおられた。

ときに、尊者サミッディは、世尊がおられるところへ近づいて行った。行って、世尊を礼拝し、一方に坐った。一方に坐った尊者サミッディは、世尊にこう申し上げた。

「尊師よ、『苦、苦』[一]と言われます。尊師よ、どのようにして苦、あるいは苦という概念が現われるのでしょうか」と。

苦あり

「サミッディよ、眼があり、もろもろの色があり、眼識があり、眼識によって識られるべきもろもろの法があれば、そこに、苦、あるいは苦という概念があります。

（六七）Cf.『雑阿含経』巻第九〈二三一〉（大正蔵二・五六b）

一 ‘dukkhaṁ, dukkhaṁ.’

耳があり、もろもろの声があり、耳識があり、耳識によって識られるべきもろもろの法があれば、そこに、苦、あるいは苦という概念があります。

鼻があり、もろもろの香があり、鼻識があり、鼻識によって識られるべきもろもろの法があれば、そこに、苦、あるいは苦という概念があります。

舌があり、もろもろの味があり、舌識があり、舌識によって識られるべきもろもろの法があれば、そこに、苦、あるいは苦という概念があります。

身があり、もろもろの触があり、身識があり、身識によって識られるべきもろもろの法があれば、そこに、苦、あるいは苦という概念があります。

意があり、もろもろの法があり、意識があり、意識によって識られるべきもろもろの法があれば、そこに、苦、あるいは苦という概念があります。

苦なし

しかし、サミッディよ、眼がなく、もろもろの色がなく、眼識がなく、眼識によって識られるべきもろもろの法がなければ、そこに、苦、あるいは苦という概念はありません。

耳がなく、もろもろの声がなく、耳識がなく、耳識によって識られるべきもろもろの法がなければ、そこに、苦、あるいは苦という概念はありません。

鼻がなく、もろもろの香がなく、鼻識がなく、鼻識によって識られるべきもろもろの法がなければ、そこに、苦、あるいは苦という概念はありません。

舌がなく、もろもろの味がなく、舌識がなく、舌識によって識られるべきもろもろの法がなければ、そこに、苦、あるいは苦という概念はありません。

身がなく、もろもろの触がなく、身識がなく、身識によって識られるべきもろもろの法がなければ、そこに、苦、あるいは苦という概念はありません。

意がなく、もろもろの法がなく、意識がなく、意識によって識られるべきもろもろの法がなければ、そこに、苦、あるいは苦という概念はありません」△と。

第五

6 サミッディ世界問経 (Samiddhi-lokapañhā-sutta)

〔六八〕このように私は聞いた――

あるとき、世尊は、ラージャガハに近い、竹林のカランダカ・ニヴァーパに住んでおられた。

ときに、尊者サミッディは、世尊がおられるところへ近づいて行った。行って、世尊を礼拝し、一方に坐った。一方に坐った尊者サミッディは、世尊にこう申し上げた。

「尊師よ、『世界、世界』[一]と言われます。尊師よ、どのようにして世界、あるいは世界という概念が現われるのでしょうか」と。

世界あり

「サミッディよ、眼があり、もろもろの色があり、眼識があり、眼識によって識られるべきもろもろの法があれば、そこに、世界、あるいは世界という概念があります。

耳があり、もろもろの声があり、耳識があり、耳識によって識られるべきもろもろの法があれば、そこに、世界、あるいは世界という概念があります。

鼻があり、もろもろの香があり、鼻識があり、鼻識によって識られるべきもろもろの法があれば、そこに、世界、あるいは世界という概念があります。

〔六八〕『雑阿含経』巻第九〈二三〇〉(大正蔵二・五六a―五七b)

一 'loko, loko.'〈「世界」(loka)とは、破壊(lujjana)、破滅(palujjana)の状態(意味)によって「世界」(破壊するもの、破滅するもの)である〉。
因みに、「世界」については次のような三種が知られる。①行の世界(saṅkhāra-loka)。すなわち、「一つの世界があり、一切の有情は食によってとどまる」と述べられている行(身心の形成力)の世界である。②有情の世界(satta-loka)。すなわち、諸有情(生けるもの)の世界であり、ここには善悪が、またその異熟が眺められる。③場所の世界(okāsa-loka)。すなわち、輪囲山(鉄囲山)と称される場所(空間)の世界であり、また「器の世界」(bhājana-loka)とも言われ、種々の様相から眺められ、見られる。あるいはまた、①煩悩の世界(kilesa-loka)、②有の世界(bhava-loka)、③根の世界(indriya-loka)、という三種の世界もある(Cf. Saddanīti, dhātumālā, vol.I&II, p.325)。

舌があり、▽もろもろの味があり、舌識があり、舌識によって識られるべきもろもろの法があれば、そこに、世界、あるいは世界という概念があります。

身があり、もろもろの触があり、身識があり、身識によって識られるべきもろもろの法があれば、そこに、世界、あるいは世界という概念があります。△

(40)意があり、もろもろの法があり、意識があり、意識によって識られるべきもろもろの法があれば、そこに、世界、あるいは世界という概念があります。

世界なし

しかし、サミッディよ、眼がなく、もろもろの色がなく、眼識がなく、眼識によって識られるべきもろもろの法がなければ、そこに、世界、あるいは世界という概念はありません。

▽耳がなく、もろもろの声がなく、耳識がなく、耳識によって識られるべきもろもろの法がなければ、そこに、世界、あるいは世界という概念はありません。

鼻がなく、もろもろの香がなく、鼻識がなく、鼻識によって識られるべきもろもろの法がなければ、そこに、世界、あるいは世界という概念はありません。△

舌がなく、▽もろもろの味がなく、舌識がなく、舌識によって識られるべきもろもろの法がなければ、そこに、世界、あるいは世界という概念はありません。

身がなく、もろもろの触がなく、身識がなく、身識によって識られるべきもろもろの法がなければ、そこに、世界、あるいは世界という概念はありません。△

意がなく、もろもろの法がなく、意識がなく、意識によって識られるべきもろもろの法がなければ、そこに、世界、あるいは世界という概念はありません」

と。[二]

第六

7 ウパセーナ蛇経（Upasena-āsīvisa-sutta）

（六九）▽このように私は聞いた——△

あるとき、尊者[一]サーリプッタと尊者[二]ウパセーナは、ラージャガハに近い、[三]シータ林の[四]サッパソンディカ洞窟に住んでいた。

ちょうどそのとき、尊者ウパセーナの身に蛇[1]が落ちてきた。尊者ウパセーナは、比丘たちに呼びかけた。

「さあ、友らよ、私のこの身を寝台に載せ、外へ運び出してくだ

二 〈以上、ミガジャーラ長老の懇願による経《「ミガジャーラの章」の第二経より》以降、五の経においても、輪転（vaṭṭa 輪廻）と還転（vivaṭṭa 解脱）のみが語られている〉。《ただし、第一経には、伴侶の住まい（dutiyakavihāra）などの状態が説かれている》。

（六九）『雑阿含経』巻第九〈二五二〉（大正蔵二・六〇c—六一b）

一 āyasmā Sāriputto. 舎利弗長老。智慧第一の仏弟子。

二 āyasmā Upaseno. 〈法将軍（サーリプッタ長老）の弟であるウパセーナ長老〉をさす。

三 Sītavane. あるいは「寒林の」。〈このような名前の墓地林（susānavana）の〉。

四 Sappasoṇḍikapabbhāre. あるいは「蛇頭洞窟に」。〈蛇の鎌首（sappaphaṇa）のようであることから、このように名づけられた洞窟に〉。

さい。この身が、[五]たとえば一握りの籾殻のように、[六]ここで分散する前にです」と。

このように言われたとき、尊者サーリプッタは、尊者ウパセーナにこう言った。

「しかし、われわれは、ウパセーナ尊者に[七]身の異変とか、[八]諸感官の変化を見ていません」と。

そこで、また、尊者ウパセーナはこのように言った。

「さあ、友らよ、私のこの身を寝台に載せ、外へ運び出してください。この身が、たとえば一握りの籾殻のように、ここで分散する前にです」と。

「友、サーリプッタよ、もし[九]〈私は眼である〉とか〈私の眼である〉とか、〈私は耳である〉とか〈私の耳である〉とか、〈私は鼻である〉とか〈私の鼻である〉とか、〈私は舌である〉とか〈私の舌
268
である〉とか、〈私は身である〉とか〈私の身である〉とか、〈私は意である〉とか〈私の意である〉と思うならば、友、サーリプッタよ、その者には身の異変とか、諸感官の変化が現われます。

(41)
しかし、友、サーリプッタよ、私は、〈私は眼である〉とか〈私の眼である〉とか、〈私は耳である〉とか〈私の耳である〉とか、〈私は鼻である〉とか〈私の鼻である〉とか、〈私は舌である〉とか

五　seyyathāpi bhusamuṭṭhi.

六　purāyaṁ kāyo idheva vikirati.〈分散しないうちに、それを外に運び出してほしい〉の意。

七　kāyassa aññathattaṁ.

八　indriyānaṁ vipariṇāmaṁ.〈眼や耳などの諸感官（諸根）の本性が捨てられた状態を〉。

九　ahaṁ cakkhū ti vā mama cakkhū ti vā. あるいは「『眼は私である』とか、『眼は私のものである』とか」。

〈私の舌である〉とか、〈私は身である〉とか〈私の身である〉とか、〈私は意である〉とか〈私の意である〉と思いません。友、サーリプッタよ、その私に、どうして身の異変とか、諸感官の変化が現われましょうか」と。

「それは、また、ウパセーナ尊者に、長時にわたり、[一〇]我執《がしゅう》、我所《がしょ》執《しゅう》、慢随眠《まんずいめん》がよく根絶されているからです。それゆえ、ウパセーナ尊者は、〈私は眼である〉とか〈私の眼である〉とか、〈私は耳である〉とか〈私の耳である〉とか、〈私は鼻である〉とか〈私の鼻である〉とか、〈私は舌である〉とか〈私の舌である〉とか、〈私は身である〉とか〈私の身である〉とか、〈私は意である〉とか〈私の意である〉と思うことがありません」と。

そこで、その比丘たちは、尊者ウパセーナの身を寝台に載せ、外へ運び出した。すると、尊者ウパセーナの身は、たとえば一握りの籾殻のように、[一一]即座に分散した、と。

第七

8　ウパヴァーナ自見経（Upavāṇasandiṭṭhika-sutta）

（七〇）このように私は聞いた――……

一〇　ahaṅkāramamaṅkāramānānusayo. 邪見と渇愛と慢心の潜在煩悩が、ということ。因縁篇、二三六節「ウパティッサ経」（因縁篇Ⅱ、四七一頁）参照。

一一　tattheva vikiri.〈外に運び出して、置かれた場所で、その寝台の中で分散した〉。

（七〇）漢訳の相当経典は不明。

ときに、[一]尊者ウパヴァーナは、世尊がおられるところへ近づいて行った。▽行って、世尊を礼拝し、一方に坐った。△一方に坐った尊者ウパヴァーナは、世尊にこう申し上げた。

「尊師よ、『[二]法《ほう》は自ら見るべきものである、法は自ら見るべきものである』と言われます。尊師よ、どのようにして、法[1]は、自ら見るべきものになり、時間を隔てないものになり、導くべきものになり、〝来たれ、見よ〟と言うにふさわしいものになり、導くべきものになり、賢者たちによって各自に知られるべきものになるのでしょうか」と。

貪りがあると知る

（眼）「ウパヴァーナよ、ここにまた、比丘は、眼によって色を見て、[三]色を感受し、また[四]色に対する貪《むさぼ》りを感受します。そして、内にもろもろの色に対する貪りがあることについて、〈私の内にはもろもろの色に対する貪りがある〉と知ります。ウパヴァーナよ、比丘は、眼によって色を見て、色を感受し、また色に対する貪りを感受するとき、内にもろもろの色に対する貪りがあることについて、〈私の内にはもろもろの色に対する貪りがある〉と知ります。ウパヴァーナよ、このようにして、法は、自ら見るべきものになり、時間を隔てないものになり、〝来たれ、見よ〟と言うにふさわしいものになり、導くべきものになり、賢者たちによって各自に知られる

一　āyasmā Upavāṇo. この長老は、釈尊の侍者にアーナンダ長老が確定される以前、しばしば侍者の務めを果たしたとされる。有偈篇、第一九九節「デーヴァヒタ経」（有偈篇Ⅱ、二三八頁）因縁篇、第二六節「ウパヴァーナ経」（因縁篇Ⅰ、一八二頁）参照。

二　sandiṭṭhiko dhammo, sandiṭṭhiko dhammo.

三　rūpappaṭisaṁvedī. 〈青・黄などに区分される所縁を確定する場合、《知遍知（ñātapariññā）によって》色を感受されたものにする（paṭisaṁviditaṁ karoti）から、「色を感受し」と呼ばれる〉。

四　rūparāgappaṭisaṁvedī. 〈また、煩悩が存在することによって、色に対する《青などに区分される色法に対する》貪りを《「私にはこの貪りが捨断されていない」と》感受されたものにするから、「色に対する貪りを感受します」と言われる〉。《これによって有学（sekkha）たちの省察（paccavekkhaṇā）が語られている》。

べきものになります。

(42)

（耳）さらにまた、ウパヴァーナよ、比丘は、耳によって声《しょう》を聞き、声を感受し、また声に対する貪りを感受します。そして、内にもろもろの声に対する貪りがあることについて、〈私の内にはもろもろの声に対する貪りがある〉と知ります。ウパヴァーナよ、比丘は、耳によって声を聞き、声を感受し、また声に対する貪りを感受するとき、内にもろもろの声に対する貪りがあることについて、〈私の内にはもろもろの声に対する貪りがある〉と知ります。ウパヴァーナよ、このようにしてまた、法は、自ら見るべきものになり、時間を隔てないものになり、〝来たれ、見よ〟と言うにふさわしいものになり、導くべきものになり、賢者たちによって各自に知られるべきものになります。

（鼻）さらにまた、ウパヴァーナよ、比丘は、鼻によって香《こう》を嗅ぎ、香を感受し、また香に対する貪りを感受します。そして、内にもろもろの香に対する貪りがあることについて、〈私の内にはもろもろの香に対する貪りがある〉と知ります。ウパヴァーナよ、比丘は、鼻によって香を嗅ぎ、香を感受し、また香に対する貪りを感受するとき、内にもろもろの香に対する貪りがあることについて、〈私の内にはもろもろの香に対する貪りがある〉と知ります。ウパヴァーナよ、このようにしてまた、法は、自ら見るべきものになり、時間を隔てないものになり、〝来たれ、見よ〟と言うにふさわしいものになり、導くべきものになり、賢者たちによって各自に知られるべきものになります。△

（舌）さらにまた、ウパヴァーナよ、比丘は、舌によって味《み》を味わい、味を感受し、また味に対する貪りを感受します。そして、内にもろもろの味に対する貪りがあることについて、〈私の内にはもろもろの味に対する貪りがある〉と知ります。ウパヴァーナよ、比丘は、舌によって味を味わい、味を感受し、また味に対する貪りを感受するとき、内にもろもろの味に対する貪りがあることについて、〈私の内にはもろもろの味に対する貪りがある〉と知ります。ウパヴァーナよ、このようにしてまた、法は、自ら見るべきものになり、時間を隔てないものになり、〝来たれ、見よ〟と言うにふさわしいものになり、導くべきものになり、賢者たちによって各自に知られるべきものになります。

▽（身）さらにまた、ウパヴァーナよ、比丘は、身によって触《そく》に触れ、触を感受し、また触に対する貪りを感受します。そして、内にもろもろの触に対する貪りがあることについて、〈私の内にはもろもろの触に対する貪りがある〉と知ります。ウパヴァーナよ、比丘

は、身によって触に触れ、触を感受し、また触に対する貪りを感受するとき、内にもろもろの触に対する貪りがあることについて、〈私の内にはもろもろの触に対する貪りがある〉と知ります。ウパヴァーナよ、このようにしてまた、法は、自ら見るべきものになり、時間を隔てないものになり、〝来たれ、見よ〟と言うにふさわしいものになり、導くべきものになり、賢者たちによって各自に知られるべきものになります。△

（意）さらにまた、ウパヴァーナよ、比丘は、意によって法を見て、法を感受し、また法に対する貪りを感受します。そして、内にもろもろの法に対する貪りがあることについて、〈私の内にはもろもろの法に対する貪りがある〉と知ります。ウパヴァーナよ、比丘は、意によって法を見て、法を感受し、また法に対する貪りを感受するとき、内にもろもろの法に対する貪りがあることについて、〈私の内にはもろもろの法に対する貪りがある〉と知ります。ウパヴァーナよ、このようにしてまた、法は、自ら見るべきものになり、時間を隔てないものになり、〝来たれ、見よ〟と言うにふさわしいものになり、導くべきものになり、賢者たちによって各自に知られるべきものになります。

貪りがないと知る

（眼）しかし、ウパヴァーナよ、ここに、比丘は、眼によって色を見て、色を感受し、[五]また色に対する貪りを感受しません。そして、内にもろもろの色に対する貪りがないことについて、〈私の内にはもろもろの色に対する貪りがない〉と知ります。ウパヴァーナよ、比丘は、眼によって色を見て、色を感受し、また色に対する貪りを感受しないとき、内にもろもろの色に対する貪りがないことについて、〈私の内にはもろもろの色に対する貪りがない〉と知ります。ウパヴァーナよ、このようにして、法は、自ら見るべきものになり、時間を隔てないものになり、〝来たれ、見よ〟と言うにふさわしいものになり、導くべきものになり、賢者たちによって各自に知られるべきものになります。

▽（耳）さらにまた、ウパヴァーナよ、比丘は、耳によって声を聞き、声を感受し、また声に対する貪りを感受しません。そして、内にもろもろの声に対する貪りがないことについて、〈私の内にはもろもろの声に対する貪りがない〉と知ります。ウパヴァーナよ、比丘は、耳によって声を聞き、声を感受し、また声に対する貪りを感受しないとき、内にもろもろの声に対する貪りがないことについて、〈私の内にはもろもろの声に対する貪りがない〉と知ります。ウパヴァーナよ、このようにしてまた、法は、自ら見るべきものになり、

五　no ca rūparāgappaṭisaṃvedī.〈煩悩が存在しないことによって、色に対する貪りを感受されたものにしない《「私の内にはもろもろの色に対する貪りがない」と知る》から、「また色に対する貪りを感受しません」と言われる〉。《なぜなら、これは無学（asekkha）たちの省察であるからである》。

時間を隔てないものになり、〝来たれ、見よ〟と言うにふさわしいものになり、導くべきものになり、賢者たちによって各自に知られるべきものになります。

（鼻）さらにまた、ウパヴァーナよ、比丘は、鼻によって香を嗅ぎ、香を感受し、また香に対する貪りを感受しません。そして、内にもろもろの香に対する貪りがないことについて、〈私の内にはもろもろの香に対する貪りがない〉と知ります。ウパヴァーナよ、比丘は、鼻によって香を嗅ぎ、香を感受し、また香に対する貪りを感受しないとき、内にもろもろの香に対する貪りがないことについて、〈私の内にはもろもろの香に対する貪りがない〉と知ります。ウパヴァーナよ、このようにしてまた、法は、自ら見るべきものになり、時間を隔てないものになり、〝来たれ、見よ〟と言うにふさわしいものになり、導くべきものになり、賢者たちによって各自に知られるべきものになります。△

（舌）さらにまた、ウパヴァーナよ、比丘は、舌によって味を味わい、味を感受し、また味に対する貪りを感受しません。そして、内にもろもろの味に対する貪りがないことについて、〈私の内にはもろもろの味に対する貪りがない〉と知ります。ウパヴァーナよ、比丘は、舌によって味を味わい、味を感受し、また味に対する貪りを感受しないとき、内にもろもろの味に対する貪りがないことについて、〈私の内にはもろもろの味に対する貪りがない〉と知ります。ウパヴァーナよ、このようにしてまた、法は、自ら見るべきものになり、時間を隔てないものになり、〝来たれ、見よ〟と言うにふさわしいものになり、導くべきものになり、賢者たちによって各自に知られるべきものになります。

▽（身）さらにまた、ウパヴァーナよ、比丘は、身によって触に触れ、触を感受し、また触に対する貪りを感受しません。そして、内にもろもろの触に対する貪りがないことについて、〈私の内にはもろもろの触に対する貪りがない〉と知ります。ウパヴァーナよ、比丘は、身によって触に触れ、触を感受し、また触に対する貪りを感受しないとき、内にもろもろの触に対する貪りがないことについて、〈私の内にはもろもろの触に対する貪りがない〉と知ります。ウパヴァーナよ、このようにしてまた、法は、自ら見るべきものになり、時間を隔てないものになり、〝来たれ、見よ〟と言うにふさわしいものになり、導くべきものになり、賢者たちによって各自に知られるべきものになります。△ (43)

（意）さらにまた、ウパヴァーナよ、比丘は、意によって法を見て、法を感受し、また法に対する貪りを感受しません。そして、内にもろもろの法に対する貪りがないことについて、〈私の内にはもろもろの法に対する貪りがない〉と知ります。ウパヴァーナよ、比丘は、意によって法を見て、法を感受し、また法に対する貪りを感受しないとき、内にもろもろの法に対する貪りがないことについて、〈私の内にはもろもろの法に対する貪りがない〉と知ります。ウパヴァーナよ、このようにしてまた、法は、自ら見るべきものになり、時間を隔てないものになり、〝来たれ、見よ〟と言うにふさわしいものになり、導くべきものになり、賢者たちによって各自に知られるべきものになります」
と。

第八

9 第一・六触処経 (Paṭhamachaphassāyatana-sutta)

(七一) ▽このように私は聞いた——……

世尊はつぎのように言われた。△

「比丘たちよ、どのような比丘であれ、一六触処の二生起と消滅と、三楽《らく》
270 味《み》と危難と出離《しゅつり》とを如実《にょじつ》に知らない者は、梵行を四完成していません。
かれはこの五法と律から六遠く離れています」と。

このように言われたとき、ある比丘が世尊にこう申し上げた。

(七一)『雑阿含経』巻第八〈二〇九〉（大正蔵二・五二c—五三a）

一 chaṇṇaṁ phassāyatanānaṁ. 〈「触処の」とは、触（接触）の様相の（phassākāraṇaṁ）、ということ〉。《六の触の様相が生起する場所の、ということ。眼などの、という意味である》。

二 samudayañ ca atthaṅgamañ ca.

三 assādañ ca ādīnavañ ca nissaraṇañ ca.

四 avusitaṁ. 〈住していません（avuṭṭhaṁ）〉。

五 dhammavinayā. 教え（仏教）から、の意。

「[七]尊師よ、ここで、私は失敗しております。なぜなら、尊師よ、私は、六触処の生起と消滅と、楽味と危難と出離とを如実に知らないからです」と。

（眼）「比丘よ、そのことをどう思いますか。つまり、眼を〈これは私のものである、これは私である、これは私の我である〉と[八]随見《ずいけん》しますか」と。

「いいえ、尊師よ」。

「比丘よ、[九]そのとおりです。比丘よ、ここでまた、そなたに、眼を〈これは私のものではない、これは私ではない、これは私の我ではない〉と、このように、これが如実に、正しい慧《え》によって、よく見られるならば、[一〇]これこそ、苦の終わりです」と。

▽（耳）「比丘よ、そのことをどう思いますか。つまり、耳を〈これは私のものである、これは私である、これは私の我である〉と随見しますか」と。

「いいえ、尊師よ」。

「比丘よ、そのとおりです。比丘よ、ここでまた、そなたに、耳を〈これは私のものではない、これは私ではない、これは私の我ではない〉と、このように、これが如実に、正しい慧によって、よく見られるならば、これこそ、苦の終わりです」と。

六　ārakā.〈遠いのです（dūre）〉。

七　etthāhaṁ bhante anassasaṁ.〈「尊師よ、私は、ここにおいて失敗しました（anassasiṁ）、私は失敗しております（naṭṭho）」《六触処の生起などを如実に知る者は完成しており、他は完成しておらず、私はそれと同類（完成していない者）である》と、述べている。世尊は、「この比丘は『私はこの教えにおいて失敗している』と述べている。かれには他に界の業処（dhātukammaṭṭhāna）や遍の業処（kasiṇa-kammaṭṭhāna）などに対する実践（abhiyoga）があるのではないか」と考え、かれをも見ず、「この者には、どのような業処がふさわしいものになるであろうか」と考えられた。そこで、「処の業処のみがふさわしい」と見て、それを語り、「比丘よ、そのことをどう思いますか」などと言われた〉。なお、'anassasaṁ'（B^{e}, D^{e}）について、anassāsiṁ（C^{e}, R^{e}）、anassāsaṁ（S^{e}）の読みもあり。

八　samanupassasi. あるいは「見ますか」。

九　sādhu.〈「そのとおりです」とは、かれの解答に対する喜悦（sampahaṁsana）である〉。

一〇　esevanto dukkhassa.〈これこそ《この、眼について「これは私のものではない」などの三の執見（gāha）が無いことこそ》、輪転苦（vaṭṭadukkha）の終わり（anta）である、限界（pariccheda）である、涅槃（nibbāna）である、の意〉。

（鼻）「比丘よ、そのことをどう思いますか。つまり、鼻を〈これは私のものである、これは私である、これは私の我である〉と随見しますか」と。

「いいえ、尊師よ」。

「比丘よ、そのとおりです。比丘よ、ここでまた、そなたに、鼻を〈これは私のものではない、これは私ではない、これは私の我ではない〉と、このように、これが如実に、正しい慧によって、よく見られるならば、これこそ、苦の終わりです」と。

（舌）「比丘よ、そのことをどう思いますか。つまり、舌を〈これは私のものである、これは私である、これは私の我である〉と随見しますか」と。

「いいえ、尊師よ」。

「比丘よ、そのとおりです。比丘よ、ここでまた、そなたに、舌を〈これは私のものではない、これは私ではない、これは私の我ではない〉と、このように、これが如実に、正しい慧によって、よく見られるならば、これこそ、苦の終わりです」と。

（身）「比丘よ、そのことをどう思いますか。つまり、身を〈これは私のものである、これは私である、これは私の我である〉と随見しますか」と。

「いいえ、尊師よ」。

「比丘よ、そのとおりです。比丘よ、ここでまた、そなたに、身を〈これは私のものではない、これは私ではない、これは私の我ではない〉と、このように、これが如実に、正しい慧によって、よく見られるならば、これこそ、苦の終わりです」と。△

（意）「比丘よ、そのことをどう思いますか。つまり、意を〈これは私のものである、これは私である、これは私の我である〉と随見しますか」と。

「いいえ、尊師よ」。

「比丘よ、そのとおりです。比丘よ、ここでまた、そなたに、意を〈これは私のものではない、これは私ではない、これは私の我ではない〉と、このように、これが如実に、正しい慧によって、よく見られるならば、これこそ、苦の終わりです」

と。

第九

(44)

10 第二・六触処経（Dutiyachaphassāyatana-sutta）

（七二）▽このように私は聞いた——……
世尊はつぎのように言われた。△

（七二）Cf.『雑阿含経』巻第八〈二〇九〉（大正蔵二・五二c—五三a）

「比丘たちよ、どのような比丘であれ、六触処の生起と消滅と、楽味と危難と出離とを如実に知らない者は、梵行を完成していません。かれはこの法と律から遠く離れています」と。

このように言われたとき、ある比丘が世尊にこう申し上げた。

「尊師よ、ここで、私は失敗し、敗亡しております（一）。なぜなら、尊師よ、私は、六触処の生起と消滅と、楽味と危難と出離とを如実に知らないからです」と。

（眼）「比丘よ、そのことをどう思いますか。つまり、眼を〈これは私のものではない、これは私ではない、これは私の我ではない〉と随見しますか」と。

「はい、尊師よ」。

「比丘よ、そのとおりです。比丘よ、ここでまた、そなたに、眼を〈これは私のものではない、これは私ではない、これは私の我ではない〉と、このように、これが如実に、正しい慧によって、よく見られるならば、このようにして、そなたには、この第一の触処が（二）、未来に再生しないために、捨断されることになります（三）」と。

▽（耳）「比丘よ、そのことをどう思いますか。つまり、耳を〈これは私のものではない、これは私ではない、これは私の我ではない〉と随見しますか」と。

一　anassasaṁ panassasaṁ.〈「失敗し（anassasaṁ）とは、私は失敗しました（nassasiṁ）、私は失敗しております（naṭṭho）〉という意味である〉。なお、‘panassasaṁ’（B^e, D^e）について、S^eは‘panassāsaṁ’と読み、C^e, R^eはこれを欠く。

二　paṭhamaṁ phassāyatanaṁ.「眼が」ということ。

三　āyatiṁ apunabbhavāya.〈ここで、未来に、無再生（apunabbhava）と呼ばれる涅槃（nibbāna）が、涅槃のために捨断（pahīna）が起こるであろう、の意〉。

「はい、尊師よ」。

「比丘よ、そのとおりです。比丘よ、ここでまた、そなたに、耳を〈これは私のものではない、これは私ではない、これは私の我ではない〉と、このように、これが如実に、正しい慧によって、よく見られるならば、このようにして、そなたには、この第二[四]の触処が、未来に再生しないために、捨断されることになります」と。

（鼻）「比丘よ、そのことをどう思いますか。つまり、鼻を〈これは私のものではない、これは私ではない、これは私の我ではない〉と随見しますか」と。

「はい、尊師よ」。

「比丘よ、そのとおりです。比丘よ、ここでまた、そなたに、鼻を〈これは私のものではない、これは私ではない、これは私の我ではない〉と、このように、これが如実に、正しい慧によって、よく見られるならば、このようにして、そなたには、この第三[五]の触処が、未来に再生しないために、捨断されることになります」と。△

（舌）「比丘よ、そのことをどう思いますか。つまり、舌を〈これは私のものではない、これは私ではない、これは私の我ではない〉と随見しますか」と。

「はい、尊師よ」。

四　「耳が」ということ。

五　「鼻が」ということ。

「比丘よ、そのとおりです。比丘よ、ここでまた、そなたに、舌を〈これは私のものではない、これは私ではない、これは私の我ではない〉と、このように、これが如実に、正しい慧によって、よく見られるならば、このようにして、そなたには、この第[六]四の触処が、未来に再生しないために、捨断されることになります」と。

▽（身）「比丘よ、そのことをどう思いますか。つまり、身を〈これは私のものではない、これは私ではない、これは私の我ではない〉と随見しますか」と。

「はい、尊師よ」。

「比丘よ、そのとおりです。比丘よ、ここでまた、そなたに、身を〈これは私のものではない、これは私ではない、これは私の我ではない〉と、このように、これが如実に、正しい慧によって、よく見られるならば、このようにして、そなたには、この第[七]五の触処が、未来に再生しないために、捨断されることになります」と。△

（意）「比丘よ、そのことをどう思いますか。つまり、意を〈これは私のものではない、これは私ではない、これは私の我ではない〉と随見しますか」と。

「はい、尊師よ」。

「比丘よ、そのとおりです。比丘よ、ここでまた、そなたに、意

六　catutthaṁ phassāyatanaṁ.「舌が」ということ。

七　「身が」ということ。

を〈これは私のものではない、これは私ではない、これは私の我ではない〉と、このように、これが如実に、正しい慧によって、よく見られるならば、このようにして、そなたには、この第六[八]の触処が、未来に再生しないために、捨断されることになります」
と。

第一〇

11　第三・六触処経（Tatiyachaphassāyatana-sutta）

（七三）このように私は聞いた――……
世尊はつぎのように言われた。
「比丘たちよ、どのような比丘であれ、六触処の生起と消滅と、楽味と危難と出離とを如実に知らない者は、梵行を完成していません。かれはこの法と律から遠く離れています」と。
(45) このように言われたとき、ある比丘が世尊にこう申し上げた。
「尊師よ、ここで、私は失敗し[一]、敗亡しております。なぜなら、尊師よ、私は、六触処の生起と消滅と、楽味と危難と出離とを如実に知らないからです」と。

六内処の無常

（眼）「比丘よ、そのことをどう思いますか。つまり、眼は常です

八　chaṭṭhaṁ phassāyatanaṁ.「意が」ということ。

（七三）Cf.『雑阿含経』巻第八〈二〇九〉（大正蔵二・五二c―五三a）

一　anassasaṁ panassasaṁ.〈「失敗し」（anassasaṁ）とは、私は失敗している（naṭṭho）、という意味である。「敗亡しております」（panassasaṁ）とは、失敗し過ぎている（atinaṭṭho）《まったく失敗している（ekaṁsena naṭṭho）、任務として失敗している（dhurato eva naṭṭho）》、という意味である〉。なお、'anassasaṁ panassasaṁ'（B^e, D^e, S^e）について、C^eはこれを'panassassaṁ'と読み、R^eは'anassāsiṁ'と読む。

か、それとも無常《むじょう》ですか」と。

「無常です、尊師よ」。

「それでは、無常であるものは、苦ですか、それとも楽ですか」と。

「苦です、尊師よ」。

「それでは、無常であり、苦であり、変化[二]する性質のものを〈これは私のものである。これは私である。これは私の我である〉と随見することは適切ですか」と。

「いいえ、尊師よ」。

（耳）「比丘よ、そのことをどう思いますか。つまり、耳は常ですか、それとも無常ですか」と。

「無常です、尊師よ」。

「それでは、無常であるものは、苦ですか、それとも楽ですか」と。

「苦です、尊師よ」。

「それでは、無常であり、苦であり、変化する性質のものを〈これは私のものである。これは私である。これは私の我である〉と随見することは適切ですか」と。

「いいえ、尊師よ」。

（鼻）「比丘よ、そのことをどう思いますか。つまり、鼻は常ですか、それとも無常ですか」と。

二　vipariṇāmadhammaṁ. あるいは「変化する性質のものを」。

「無常です、尊師よ」。

「それでは、無常であるものは、苦ですか、それとも楽ですか」と。

「苦です、尊師よ」。

「それでは、無常であり、苦であり、変化する性質のものを〈これは私のものである。これは私である。これは私の我である〉と随見することは適切ですか」と。

「いいえ、尊師よ」。

（舌）「比丘よ、そのことをどう思いますか。つまり、舌は常ですか、それとも無常ですか」と。

「無常です、尊師よ」。

「それでは、無常であるものは、苦ですか、それとも楽ですか」と。

「苦です、尊師よ」。

「それでは、無常であり、苦であり、変化する性質のものを〈これは私のものである。これは私である。これは私の我である〉と随見することは適切ですか」と。

「いいえ、尊師よ」。

（身）「比丘よ、そのことをどう思いますか。つまり、身は常ですか、それとも無常ですか」と。

「無常です、尊師よ」。

「それでは、無常であるものは、苦ですか、それとも楽ですか」と。

「苦です、尊師よ」。

「それでは、無常であり、苦であり、変化する性質のものを〈これは私のものである。これは私である。これは私の我である〉と随見することは適切ですか」と。

「いいえ、尊師よ」。

（意）「比丘よ、そのことをどう思いますか。つまり、意は常ですか、それとも無常ですか」と。

「無常です、尊師よ」。

「それでは、無常であるものは、苦ですか、それとも楽ですか」と。

「苦です、尊師よ」。

「それでは、無常であり、苦であり、変化する性質のものを〈これは私のものである。これは私である。これは私の我である〉と随見することは適切ですか」と。

「いいえ、尊師よ」。

六内処の厭離

比丘よ、このように見る、聞《もん》[三]をそなえた聖なる弟子は、眼についても厭離《おんり》します。耳についても厭離します。鼻についても厭離します。舌についても厭離します。身についても厭離します。意につい

三　以下については、本相応、第一節「内無常経」（本書、四五頁）参照。

ても厭離します。厭離し、離貪《りとん》します。離貪により、解脱《げだつ》します。解脱したとき、〈解脱した〉との智《ち》が生じます。〈生まれは尽きた。梵行は完成された。なすべきことはなされた。もはや、この状態の他にはない〉と知ります」

と。

第一一

第七　ミガジャーラの章

以上の摂頌

「ミガジャーラ」によって二が
「サミッディ」によって四が説かれ
また「ウパセーナ」と「ウパヴァーナ」と
三の「六触処」が説かれる

第八　病の章（Gilāna-vagga）

1　第一病経（Paṭhamagilāna-sutta）

（七四）＊▽このように私は聞いた――

あるとき、世尊《せそん》は、サーヴァッティに近い、ジェータ林のアナータピンディカ僧院に住んでおられた。△

ときに、ある[一]比丘《びく》が、世尊がおられるところへ近づいて行った。▽行って、世尊を礼拝《らいはい》し、一方に坐った。△一方に坐ったその比丘は、世尊にこう申し上げた。

[二]「尊師よ、[三]某精舎《ぼうしょうじゃ》に、ある新参者で、[四]名の知られていない、病気になり、重病に苦しんでいる、比丘がおります。尊師よ、どうか世尊は、憐れみを垂れ、その比丘がいるところへ、お近づきくださいますように」と。

そこで、世尊は、「新参」という言葉と「病」という言葉とを聞き、「名の知られていない比丘である」と知り、その比丘がいるところへ近づいて行かれた。その比丘は、世尊が遠くから来られるのを見た。見て、[五]床座の上で[六]全身を動かした。

そこで、世尊は、その比丘にこう言われた。

（七四）Cf.『雑阿含経』巻第四七〈一二六五〉（大正蔵二・三四六b―三四七b）

一　aññataro bhikkhu.

二　以下については、蘊篇、第八七節「ヴァッカリ経」（蘊篇Ⅰ、四一三頁）参照。

三　amukasmiṁ vihāre.〈「某」とは、これこれの（asukasmiṁ そのような）、ということ〉。

四　appaññāto.《《姓名（nāmagotta）からも、戒などの徳（guṇa）によっても》知られていない（aññāto）、明らかでない（apākaṭo）、ということ。なぜなら、ラーフラ長老（Rāhulatthera）のように、またスマナ沙弥（Sumanasāmaṇera）のように、新参であってもよく知られた者もいるが、このかれは、まったくの新参で、名が知られていないからである》。なお、「新参」（nava）とは、《長老・中堅（比丘）の状態に達していないことによる》。

五　mañcake. あるいは「寝台の上で」。

六　samadhosi. あるいは「もがいた」。〈＊あまねく《全部分によって》身を動かした、ということ。動きの様相によって敬意を示したのである。これは、重病者であっても、年長者を見たなら、起立の様相によって敬意が示されねばならない、ということが言われている〉。

「やめなさい、比丘よ。そなたは床座の上で全身を動かしてはいけません。[七]これらの座が用意されています。私はそこに坐りましょう」と。

世尊は用意されている座に坐られた。坐られると、世尊は、その比丘にこう言われた。

「比丘よ、[八]そなたは大丈夫ですか。[九]生きて行けますか。苦痛は減退していますか、増進していませんか。これらの減退は認められますか、増進は認められませんか」と。

「尊師よ、私は大丈夫でありません。生きて行けません。私の苦痛は激しく増進し、減退しておりません。これらの増進は認められ、減退は認められません」と。

「比丘よ、そなたには何らかの不行儀がありますか。何らかの後悔がありますか」と。

「尊師よ、確かに私には、少なからず不行儀があり、少なからず後悔があります」と。

(47) 「比丘よ、それでは、自己が、[一〇]戒《かい》について、そなたを責めることはないのですか」と。

「尊師よ、自己が、戒について、私を責めることはありません」と。

七 santimāni āsanāni.〈＊なぜなら、仏の時代には、一人の比丘が住む場所でも、「師が来られたなら、ここにお坐りになるであろう」と、座が、たとえ板切れであっても、あるいは葉座であっても、用意されているからである〉。

八 khamanīyaṁ.〈＊苦に耐えることができるのか〉。あるいは〈＊威儀は大丈夫か（四威儀は楽か）〉の意。

九 yāpanīyaṁ.〈威儀路（行・住・坐・臥の四威儀）を存続させることができるのか〉。あるいは〈＊命に別状はないか〉の意。

一〇 sīlato na upavadati.〈＊戒に関して、戒の状態（戒性）によって、（そなたを）責めることはないのか〉の意。

「比丘よ、もし自己が、戒について、そなたを責めることがなければ、そなたにはどのような不行儀があり、どのような後悔があるのですか」と。

「尊師よ、私は、戒の清浄《しょうじょう》のために世尊がお説きになっている法《ほう》
273 を知りません」と。
「比丘よ、もしそなたが、戒の清浄のために私が説いている法を知らないのであれば、比丘よ、そなたは、今、私が何のために法を説いているのかを知っていますか」と。

「尊師よ、私は、貪の[一]離貪《りとん》のために世尊が法をお説きになっていることを知っております」と。

「そのとおりです、そのとおりです、比丘よ。そのとおりです、比丘よ。そなたは、貪の離貪のために私が法を説いていることを知っています。なぜなら、比丘よ、私は、貪の離貪のための法を説いているからです。

六内処の無常

(眼)「比丘よ、そのことをどう思いますか。つまり、眼《げん》は常ですか、それとも無常《むじょう》ですか」と。

「無常です、尊師よ」。

「▽それでは、無常であるものは、苦《く》ですか、それとも楽《らく》ですか」と。

一　rāgavirāgatthaṁ. あるいは「貪りを離れるために」。

「苦です、尊師よ」。

「それでは、無常であり、苦であり、変化する性質のものを〈これは私のものである。これは私である。これは私の我《が》である〉と随《ずい》見《けん》することは適切ですか」と。

「いいえ、尊師よ」。

（耳）「比丘よ、そのことをどう思いますか。つまり、耳《に》は常ですか、それとも無常ですか」と。

「無常です、尊師よ」。

「それでは、無常であるものは、苦ですか、それとも楽ですか」と。

「苦です、尊師よ」。

「それでは、無常であり、苦であり、変化する性質のものを〈これは私のものである。これは私である。これは私の我である〉と随見することは適切ですか」と。

「いいえ、尊師よ」。

（鼻）「比丘よ、そのことをどう思いますか。つまり、鼻《び》は常ですか、それとも無常ですか」と。

「無常です、尊師よ」。

「それでは、無常であるものは、苦ですか、それとも楽ですか」と。

「苦です、尊師よ」。

「それでは、無常であり、苦であり、変化する性質のものを〈これは私のものである。これは私である。これは私の我である〉と随見することは適切ですか」と。

「いいえ、尊師よ」。

（舌）「比丘よ、そのことをどう思いますか。つまり、舌《ぜつ》は常ですか、それとも無常ですか」と。

「無常です、尊師よ」。

「それでは、無常であるものは、苦ですか、それとも楽ですか」と。

「苦です、尊師よ」。

「それでは、無常であり、苦であり、変化する性質のものを〈これは私のものである。これは私である。これは私の我である〉と随見することは適切ですか」と。

「いいえ、尊師よ」。

（身）「比丘よ、そのことをどう思いますか。つまり、身《しん》は常ですか、それとも無常ですか」と。

「無常です、尊師よ」。

「それでは、無常であるものは、苦ですか、それとも楽ですか」と。

「苦です、尊師よ」。

「それでは、無常であり、苦であり、変化する性質のものを〈こ

れは私のものである。これは私である。これは私の我である〉と随見することは適切ですか」と。

「いいえ、尊師よ」。

（意）「比丘よ、そのことをどう思いますか。つまり、意《い》は常ですか、それとも無常ですか」と。

「無常です、尊師よ」。

「それでは、無常であるものは、苦ですか、それとも楽ですか」と。

「苦です、尊師よ」。

「それでは、無常であり、苦であり、変化する性質のものを〈これは私のものである。これは私である。これは私の我である〉と随見することは適切ですか」と。

「いいえ、尊師よ」。

六内処の厭離

「比丘よ、このように見る、聞《もん》をそなえた聖なる弟子は、眼についても厭離《おんり》します。耳についても厭離します。鼻についても厭離します。舌についても厭離します。身についても厭離します。意についても厭離します。厭離し、離貪《りとん》します。離貪により、解脱《げだつ》します。解脱したとき、〈解脱した〉との智《ち》が生じます。〈生まれは尽きた。梵行《ぼんぎょう》は完成された。なすべきことはなされた。もはや、この状態の他にはない〉と知ります」と。
このように、世尊は言われた。その比丘は喜び、世尊が説かれたことに歓喜《かんぎ》した。
なお、また、この解答が語られているとき、その比丘に、塵のない、垢を離れた[一二]法眼《ほうげん》が生じた。[一三]〈およそ生起する性質のものは、すべて滅尽《めつじん》する性質のものである〉
と。

第一

2 第二病経（Dutiyagilāna-sutta）

（七五）*▽このように私は聞いた——
あるとき、世尊は、サーヴァッティに近い、ジェータ林のアナータピンディカ僧院に住んでおられた。△
ときに、[一]ある比丘が、世尊がおられるところへ近づいて行った。▽行って、世尊を礼拝し、一方に坐った。△一方に坐ったその比丘は、世尊にこう申し上げた。
「尊師よ、某精舎に、ある新参者で、名の知られていない、病気になり、重病に苦しんでいる比丘がおります。尊師よ、どうか世尊は、憐れみを垂れ、その比丘がいるところへ、お近づきくださいま

一二 dhammacakkhuṁ udapādi.
一三 yaṁ kiñci samudayadhammaṁ sabbaṁ taṁ nirodhadhammaṁ.

（七五）Cf.『雑阿含経』巻第四七〈一二六五〉（大正蔵二・三四六b—三四七b）

一 aññataro bhikkhu.

すように」と。

そこで、世尊は、「新参」という言葉と「病」という言葉とを聞き、「名の知られていない比丘である」と知り、その比丘がいるところへ近づいて行かれた。その比丘は、世尊が遠くから来られるのを見た。見て、床座の上で全身を動かした。

そこで、世尊は、その比丘にこう言われた。

「やめなさい、比丘よ。そなたは床座の上で全身を動かしてはいけません。これらの座が用意されています。私はそこに坐りましょう」と。

世尊は用意されている座に坐られた。坐られると、世尊は、その比丘にこう言われた。

「比丘よ、そなたは大丈夫ですか。生きて行けますか。苦痛は減
274 退していますか、増進していませんか。これらの減退は認められますか、増進は認められませんか」と。
「尊師よ、私は大丈夫でありません。生きて行けません。私の苦痛は激しく増進し、減退しておりません。これらの増進は認められ、減退は認められません」と。

「比丘よ、そなたには何らかの不行儀がありますか。何らかの後悔がありますか」と。

「尊師よ、確かに私には、少なからず不行儀があり、少なからず後悔があります」と。

「比丘よ、それでは、自己が、戒について、そなたを責めることはないのですか」と。

「尊師よ、自己が、戒について、私を責めることはありません」と。

「比丘よ、もし自己が、戒について、そなたを責めることがなければ、そなたにはどのような不行儀があり、どのような後悔があるのですか」と。

「尊師よ、私は、戒の清浄のために世尊がお説きになっている法を知りません」と。
(48)
「比丘よ、もしそなたが、戒の清浄のために私が説いている法を知らないのであれば、比丘よ、そなたは、今、私が何のために法を説いているのかを知っていますか」と。

「尊師よ、私は、二執着《しゅうじゃく》のない般涅槃《はつねはん》のために世尊が法をお説きになっていることを知っております」と。

「そのとおりです、そのとおりです、比丘よ。そのとおりです、比丘よ。そなたは、執着のない般涅槃のために私が法を説いていることを知っています。なぜなら、比丘よ、私は、執着のない般涅槃

二 anupādāparinibbānatthaṁ.

のための法を説いているからです。

六処の無常

（眼）比丘[三]よ、そのことをどう思いますか。つまり、眼は常ですか、それとも無常ですか」と。

「無常です、尊師よ」。

「▽それでは、無常であるものは、苦ですか、それとも楽ですか」と。

「苦です、尊師よ」。

「それでは、無常であり、苦であり、変化する性質のものを〈これは私のものである。これは私である。これは私の我である〉と随見することは適切ですか」と。

「いいえ、尊師よ」。

「もろもろの色《しき》は常ですか、それとも無常ですか」と。……

「眼識《げんしき》は常ですか、それとも無常ですか」と。……

「眼触《げんそく》は常ですか、それとも無常ですか」と。……

「また、この眼触を縁として生じる楽の、あるいは苦の、あるいは非苦非楽の感受《かんじゅ》も常ですか、それとも無常ですか」と。

「無常です、尊師よ」。

「それでは、無常であるものは、苦ですか、それとも楽ですか」と。

「苦です、尊師よ」。

三　以下については、第三二節「第二根絶適応経」（本書、一四二頁）参照。なお、R°には、「もろもろの色」などの六外処に関する説明がすべて欠落している。

「それでは、無常であり、苦であり、変化する性質のものを〈これは私のものである。これは私である。これは私の我である〉と随見することは適切ですか」と。

「いいえ、尊師よ」。

（耳）「耳は常ですか、それとも無常ですか」と。……

「もろもろの声《しょう》は常ですか、それとも無常ですか」と。……

「耳識は常ですか、それとも無常ですか」と。……

「耳触は常ですか、それとも無常ですか」と。……

「また、この耳触を縁として生じる楽の、あるいは苦の、あるいは非苦非楽の感受も常ですか、それとも無常ですか」と。

「無常です、尊師よ」。

「それでは、無常であるものは、苦ですか、それとも楽ですか」と。

「苦です、尊師よ」。

「それでは、無常であり、苦であり、変化する性質のものを〈これは私のものである。これは私である。これは私の我である〉と随見することは適切ですか」と。

「いいえ、尊師よ」。

（鼻）「鼻は常ですか、それとも無常ですか」と。……

「もろもろの香《こう》は常ですか、それとも無常ですか」と。……

「鼻識は常ですか、それとも無常ですか」と。……

「鼻触は常ですか、それとも無常ですか」と。……

「また、この鼻触を縁として生じる楽の、あるいは苦の、あるいは非苦非楽の感受も常ですか、それとも無常ですか」と。

「無常です、尊師よ」。

「それでは、無常であるものは、苦ですか、それとも楽ですか」と。

「苦です、尊師よ」。

「それでは、無常であり、苦であり、変化する性質のものを〈これは私のものである。これは私である。これは私の我である〉と随見することは適切ですか」と。

「いいえ、尊師よ」。

（舌）「舌は常ですか、それとも無常ですか」と。……

「もろもろの味《み》は常ですか、それとも無常ですか」と。……

「舌識は常ですか、それとも無常ですか」と。……

「舌触は常ですか、それとも無常ですか」と。……

「また、この舌触を縁として生じる楽の、あるいは苦の、あるいは非苦非楽の感受も常ですか、それとも無常ですか」と。

「無常です、尊師よ」。

「それでは、無常であるものは、苦ですか、それとも楽ですか」と。

「苦です、尊師よ」。

「それでは、無常であり、苦であり、変化する性質のものを〈これは私のものである。これは私である。これは私の我である〉と随見することは適切ですか」と。

「いいえ、尊師よ」。

（身）「身は常ですか、それとも無常ですか」と。……

「もろもろの触《そく》は常ですか、それとも無常ですか」と。……

「身識は常ですか、それとも無常ですか」と。……

「身触は常ですか、それとも無常ですか」と。……

「また、この身触を縁として生じる楽の、あるいは苦の、あるいは非苦非楽の感受も常ですか、それとも無常ですか」と。

「無常です、尊師よ」。

「それでは、無常であるものは、苦ですか、それとも楽ですか」と。

「苦です、尊師よ」。

「それでは、無常であり、苦であり、変化する性質のものを〈これは私のものである。これは私である。これは私の我である〉と随見することは適切ですか」と。

「いいえ、尊師よ」。

（意）「意は常ですか、それとも無常ですか」と。……

「もろもろの法《ほう》は常ですか、それとも無常ですか」と。……

「意識は常ですか、それとも無常ですか」と。……

「意触は常ですか、それとも無常ですか」と。

「無常です、尊師よ」。

「それでは、無常であるものは、苦ですか、それとも楽ですか」と。

「苦です、尊師よ」。

「それでは、無常であり、苦であり、変化する性質のものを〈これは私のものである。これは私である。これは私の我である〉と随見することは適切ですか」と。

「いいえ、尊師よ」。

「また、この意触を縁として生じる楽の、あるいは苦の、あるいは非苦非楽の感受も常ですか、それとも無常ですか」と。

「無常です、尊師よ」。

「それでは、無常であるものは、苦ですか、それとも楽ですか」と。

「苦です、尊師よ」。

「それでは、無常であり、苦であり、変化する性質のものを〈これは私のものである。これは私である。これは私の我である〉と随見することは適切ですか」と。

「いいえ、尊師よ」。

六処の厭離

「比丘たちよ、このように見る、聞をそなえた聖なる弟子は、眼についても厭離します。もろもろの色についても厭離します。眼識についても厭離します。眼触についても厭離します。また、この眼触を縁として生じる楽の、あるいは苦の、あるいは非苦非楽の感受についても厭離します。

耳についても厭離します。もろもろの声についても厭離します。耳識についても厭離します。耳触についても厭離します。また、この耳触を縁として生じる楽の、あるいは苦の、あるいは非苦非楽の感受についても厭離します。

鼻についても厭離します。もろもろの香についても厭離します。鼻識についても厭離します。鼻触についても厭離します。また、この鼻触を縁として生じる楽の、あるいは苦の、あるいは非苦非楽の感受についても厭離します。

舌についても厭離します。もろもろの味についても厭離します。舌識についても厭離します。舌触についても厭離します。また、この舌触を縁として生じる楽の、あるいは苦の、あるいは非苦非楽の感受についても厭離します。

身についても厭離します。もろもろの触についても厭離します。

身識についても厭離します。身触についても厭離します。また、この身触を縁として生じる楽の、あるいは苦の、あるいは非苦非楽の感受についても厭離します。

意についても厭離します。もろもろの法についても厭離します。意識についても厭離します。意触についても厭離します。また、この意触を縁として生じる楽の、あるいは苦の、あるいは非苦非楽の感受についても厭離します。

厭離し、離貪します。離貪により、解脱します。解脱したとき、〈解脱した〉との智が生じます。〈生まれは尽きた。梵行は完成された。なすべきことはなされた。もはや、この状態の他にはない〉と知ります」と。

このように、世尊は言われた。その比丘は喜び、世尊が説かれたことに歓喜した。なお、また、この解答が語られているとき、その比丘の心は、執着がなく、もろもろの煩悩《ぼんのう》から解脱した、と。

第二

3 ラーダ無常経（Rādha-anicca-sutta）

（七六）このように私は聞いた――……

（七六）Cf.『雑阿含経』巻第六〈一二七〉（大正蔵二・四一a）

ときに、尊者《そんじゃ》[一]ラーダは、世尊がおられるところへ近づいて行った。行って、世尊を礼拝し、一方に坐った。一方に坐った尊者ラーダは、世尊にこう申し上げた。

[二]「尊師よ、世尊はどうか私のために、簡略に法をお説きください。私は、世尊の法をお聞きして、独《ひと》り、離れ、怠ることなく、熱心に、自ら励み、住みたいと思います」と。

「ラーダよ、無常のものに対して、そなたは欲[三]を断たねばなりません。

それでは、ラーダよ、何が無常のものであり、それに対してそなたが欲を断たねばならないのでしょうか。

六処の無常

眼[四]は無常です。そなたはそれに対する欲を断たねばなりません。もろもろの色《しき》は無常です。そなたはそれに対する欲を断たねばなりません。眼識は無常です。そなたはそれに対する欲を断たねばなりません。眼触は無常です。そなたはそれに対する欲を断たねばなりません。また、この眼触を縁として生じる楽の、あるいは苦の、あるいは非苦非楽の感受も無常です。そなたはそれに対する欲を断たねばなりません。

耳は無常です。もろもろの声は無常です。そなたはそれに対する

一　āyasmā Rādho. 応弁第一の仏弟子、阿羅漢とされる。かれに対する説法については、蘊篇、第七一節「ラーダ経」（蘊篇I、二七〇頁）参照。

二　以下については、本相応、第六四節「第二ミガジャーラ経」（本書、二〇六頁）参照。

三　chando pahātabbo.

四　cakkhu aniccaṁ.

欲を断たねばなりません。耳識は無常です。そなたはそれに対する欲を断たねばなりません。耳触は無常です。そなたはそれに対する欲を断たねばなりません。また、この耳触を縁として生じる楽の、あるいは苦の、あるいは非苦非楽の感受も無常です。そなたはそれに対する欲を断たねばなりません。

　鼻は無常です。そなたはそれに対する欲を断たねばなりません。もろもろの香は無常です。そなたはそれに対する欲を断たねばなりません。鼻識は無常です。そなたはそれに対する欲を断たねばなりません。鼻触は無常です。そなたはそれに対する欲を断たねばなりません。また、この鼻触を縁として生じる楽の、あるいは苦の、あるいは非苦非楽の感受も無常です。そなたはそれに対する欲を断たねばなりません。△

　舌▽は無常です。そなたはそれに対する欲を断たねばなりません。もろもろの味は無常です。そなたはそれに対する欲を断たねばなりません。舌識は無常です。そなたはそれに対する欲を断たねばなりません。舌触は無常です。そなたはそれに対する欲を断たねばなりません。また、この舌触を縁として生じる楽の、あるいは苦の、あるいは非苦非楽の感受も無常です。そなたはそれに対する欲を断たねばなりません。△

身は無常です。そなたはそれに対する欲を断たねばなりません。もろもろの触は無常です。そなたはそれに対する欲を断たねばなりません。身識は無常です。そなたはそれに対する欲を断たねばなりません。身触は無常です。そなたはそれに対する欲を断たねばなりません。また、この身触を縁として生じる楽の、あるいは苦の、あるいは非苦非楽の感受も無常です。そなたはそれに対する欲を断たねばなりません。

意は無常です。そなたはそれに対する欲を断たねばなりません。もろもろの法は無常です。そなたはそれに対する欲を断たねばなりません。意識は無常です。そなたはそれに対する欲を断たねばなりません。意触は無常です。そなたはそれに対する欲を断たねばなりません。また、この意触を縁として生じる楽の、あるいは苦の、あるいは非苦非楽の感受も無常です。そなたはそれに対する欲を断たねばなりません。

(49)ラーダよ、無常のものに対して、そなたは欲を断たねばなりません」

と。

第三

4 ラーダ苦経 (Rādhadukkha-sutta)

(七七) このように私は聞いた――……

ときに、尊者ラーダは、世尊がおられるところへ近づいて行った。行って、世尊を礼拝し、一方に坐った。一方に坐った尊者ラーダは、世尊にこう申し上げた。

「尊師よ、世尊はどうか私のために、簡略に法をお説きください。私は、世尊の法をお聞きして、独り、離れ、怠ることなく、熱心に、自ら励み、住みたいと思います」と。

「ラーダ[一]よ、苦のものに対して、そなたは欲を断たねばなりません。それでは、ラーダよ、何が苦のものでしょうか。

六処の苦

ラーダよ、眼は苦です[二]。そなたはそれに対する欲を断たねばなりません。もろもろの色は苦です。そなたはそれに対する欲を断たねばなりません。眼識は苦です。そなたはそれに対する欲を断たねばなりません。眼触は苦です。そなたはそれに対する欲を断たねばなりません。また、この眼触を縁として生じる楽の、あるいは苦の、あるいは非苦非楽の感受も苦です。そなたはそれに対する欲を断たねばなりません。

耳は苦です。もろもろの声は苦です。そなたはそれに対する欲を

(七七) Cf.『雑阿含経』巻第六〈一一二七〉(大正蔵二・四一a)

一 Rādha. ラーダ尊者。応弁第一の仏弟子、阿羅漢とされる。

二 cakkhu dukkhaṁ. 「苦」には①苦しい(苦痛)、②空しい(空虚、不安定)、という二の意味があり、ここは②の意味に解される。

断たねばなりません。耳識は苦です。そなたはそれに対する欲を断たねばなりません。耳触は苦です。そなたはそれに対する欲を断たねばなりません。また、この耳触を縁として生じる楽の、あるいは苦の、あるいは非苦非楽の感受も苦です。そなたはそれに対する欲を断たねばなりません。

鼻は苦です。そなたはそれに対する欲を断たねばなりません。もろもろの香は苦です。そなたはそれに対する欲を断たねばなりません。鼻識は苦です。そなたはそれに対する欲を断たねばなりません。鼻触は苦です。そなたはそれに対する欲を断たねばなりません。また、この鼻触を縁として生じる楽の、あるいは苦の、あるいは非苦非楽の感受も苦です。そなたはそれに対する欲を断たねばなりません。

舌は苦です。そなたはそれに対する欲を断たねばなりません。もろもろの味は苦です。そなたはそれに対する欲を断たねばなりません。舌識は苦です。そなたはそれに対する欲を断たねばなりません。舌触は苦です。そなたはそれに対する欲を断たねばなりません。また、この舌触を縁として生じる楽の、あるいは苦の、あるいは非苦非楽の感受も苦です。そなたはそれに対する欲を断たねばなりません。

身は苦です。そなたはそれに対する欲を断たねばなりません。もろもろの触は苦です。そなたはそれに対する欲を断たねばなりません。身識は苦です。そなたはそれに対する欲を断たねばなりません。身触は苦です。そなたはそれに対する欲を断たねばなりません。また、この身触を縁として生じる楽の、あるいは苦の、あるいは非苦非楽の感受も苦です。そなたはそれに対する欲を断たねばなりません。

意は苦です。そなたはそれに対する欲を断たねばなりません。もろもろの法は苦です。そなたはそれに対する欲を断たねばなりません。意識は苦です。そなたはそれに対する欲を断たねばなりません。意触は苦です。そなたはそれに対する欲を断たねばなりません。また、この意触を縁として生じる楽の、あるいは苦の、あるいは非苦非楽の感受も苦です。そなたはそれに対する欲を断たねばなりません。

ラーダよ、苦のものに対して、そなたは欲を断たねばなりません」

と。

第四

5 ラーダ無我経（Rādha-anatta-sutta）

（七八）このように私は聞いた――……
ときに、尊者ラーダは、世尊がおられるところへ近づいて行った。

（七八）Cf.『雑阿含経』巻第六〈一二七〉（大正蔵二・四一a）

行って、世尊を礼拝し、一方に坐った。一方に坐った尊者ラーダは、世尊にこう申し上げた。

「尊師よ、世尊はどうか私のために、簡略に法をお説きください。私は、世尊の法をお聞きして、独り、離れ、怠ることなく、熱心に、自ら励み、住みたいと思います」と。

「ラーダ[一]よ、無我《むが》のものに対して、そなたは欲を断たねばなりません。

それでは、ラーダよ、何が無我のものでしょうか。

六処の無我

ラーダよ、眼[二]は無我です。そなたはそれに対する欲を断たねばなりません。もろもろの色は無我です。そなたはそれに対する欲を断たねばなりません。眼識は無我です。そなたはそれに対する欲を断たねばなりません。眼触は無我です。そなたはそれに対する欲を断たねばなりません。また、この眼触を縁として生じる楽の、あるいは苦の、あるいは非苦非楽の感受も無我です。そなたはそれに対する欲を断たねばなりません。

耳は無我です。もろもろの声は無我です。そなたはそれに対する欲を断たねばなりません。耳識は無我です。そなたはそれに対する欲を断たねばなりません。耳触は無我です。そなたはそれに対する

一 Rādha. ラーダ尊者。応弁第一の仏弟子、阿羅漢とされる。

二 cakkhu anattā.

欲を断たねばなりません。また、この耳触を縁として生じる楽の、あるいは苦の、あるいは非苦非楽の感受も無我です。そなたはそれに対する欲を断たねばなりません。

鼻は無我です。そなたはそれに対する欲を断たねばなりません。もろもろの香は無我です。そなたはそれに対する欲を断たねばなりません。鼻識は無我です。そなたはそれに対する欲を断たねばなりません。鼻触は無我です。そなたはそれに対する欲を断たねばなりません。また、この鼻触を縁として生じる楽の、あるいは苦の、あるいは非苦非楽の感受も無我です。そなたはそれに対する欲を断たねばなりません。

舌は無我です。そなたはそれに対する欲を断たねばなりません。もろもろの味は無我です。そなたはそれに対する欲を断たねばなりません。舌識は無我です。そなたはそれに対する欲を断たねばなりません。舌触は無我です。そなたはそれに対する欲を断たねばなりません。また、この舌触を縁として生じる楽の、あるいは苦の、あるいは非苦非楽の感受も無我です。そなたはそれに対する欲を断たねばなりません。

身は無我です。そなたはそれに対する欲を断たねばなりません。もろもろの触は無我です。そなたはそれに対する欲を断たねばなりません。身識は無我です。そなたはそれに対する欲を断たねばなりません。身触は無我です。そなたはそれに対する欲を断たねばなりません。また、この身触を縁として生じる楽の、あるいは苦の、あるいは非苦非楽の感受も無我です。そなたはそれに対する欲を断たねばなりません。

意は無我です。そなたはそれに対する欲を断たねばなりません。もろもろの法は無我です。そなたはそれに対する欲を断たねばなりません。意識は無我です。そなたはそれに対する欲を断たねばなりません。意触は無我です。そなたはそれに対する欲を断たねばなりません。また、この意触を縁として生じる楽の、あるいは苦の、あるいは非苦非楽の感受も無我です。そなたはそれに対する欲を断たねばなりません。

ラーダよ、無我のものに対して、そなたは欲を断たねばなりません」

と。

第五

276

6 第一無明捨断経 (Paṭhama-avijjāpahāna-sutta)

(七九) このように私は聞いた――……

(七九) 漢訳の相当経典は不明。

ときに、ある比丘が、世尊がおられるところへ近づいて行った。行って、世尊を礼拝し、一方に坐った。

一方に坐ったある比丘は、世尊にこう申し上げた。

「尊師よ、はたして、その捨断《しやだん》により、比丘に無明《むみよう》が捨断され、明《みよう》が生じる一法はあるのでしょうか」と。

「比丘よ、その捨断により、比丘に無明が捨断され、明が生じる一法はあります」と。

「尊師よ、それでは、何が、その捨断により、比丘に無明が捨断され、明が生じる一法でしょうか」と。

「比丘よ、無明です。それが、その捨断により、比丘に無明が捨断され、明が生じる一法です」と。

六処を無常と知る

「尊師よ、それでは、どのように知り、どのように見る比丘に、無明が捨断され、明が生じるのでしょうか」と。

「比丘よ、眼を無常《むじよう》であると知り、見る比丘に、無明が捨断され、明が生じます。

もろもろの色を無常であると知り、見る比丘に、無明が捨断され、明が生じます。眼識を無常であると知り、見る比丘に、無明が捨断され、明が生じます。眼触を無常であると知り、見る比丘に、無明

一 aññataro bhikkhu.
二 avijjā. 無智。愚痴。智慧がないこと。因果、縁起の道理を知らないこと。
三 vijjā. 智慧。
四 eko dhammo. 一つのもの。一つのこと。
五 aniccato jānato. 〈苦・無我によって知る者にも（無明は）捨断されるが、これは、無常相を示して説かれたときに、覚る者の意向によって、説かれている〉。

が捨断され、明が生じます。また、この眼触を縁として生じる楽の、あるいは苦の、あるいは非苦非楽の感受も無常であると知り、見る比丘に、無明が捨断され、明が生じます。

耳を無常であると知り……

鼻を無常であると知り……

舌を無常であると知り……

身を無常であると知り……

意を無常であると知り、見る比丘に、無明が捨断され、明が生じます。もろもろの法を無常であると知り、見る比丘に、無明が捨断され、明が生じます。意識を無常であると知り、見る比丘に、無明が捨断され、明が生じます。意触を無常であると知り、見る比丘に、無明が捨断され、明が生じます。また、この意触を縁として生じる楽の、あるいは苦の、あるいは非苦非楽の感受も無常であると知り、見る比丘に、無明が捨断され、明が生じます。

比丘よ、このように知り、このように見る比丘に、無明が捨断され、明が生じます」

と。

第六

7　第二無明捨断経（Dutiya-avijjāpahāna-sutta）

（八〇）　このように私は聞いた——……

ときに、ある[一]比丘が、世尊がおられるところへ近づいて行った。行って、世尊を礼拝し、一方に坐った。

一方に坐ったある比丘は、世尊にこう申し上げた。

「尊師よ、はたして、その捨断により、比丘に無明が捨断され、明が生じる一法はあるのでしょうか」と。

「比丘よ、その捨断により、比丘に無明が捨断され、明が生じる一法はあります」と。

「尊師よ、それでは、何が、その捨断により、比丘に無明が捨断され、明が生じる一法でしょうか」と。

「比丘よ、無明です。それが、その捨断により、比丘に無明が捨断され、明が生じる一法です」と。

六処を他であると見る

「尊師よ、それでは、どのように知り、[二]どのように見る者に、無明が捨断され、明が生じるのでしょうか」と。

「比丘よ、ここに、比丘は、『[三]一切の法は[四]執着に適さない』と聞い
277
ています。比丘よ、もしこのように、比丘が、『一切の法は執着に適さない』と聞いているなら、かれは一切の法を証知《しょうち》します。一切

（八〇）　漢訳の相当経典は不明。

一　aññataro bhikkhu.

二　kathaṁ passato.　底本 Bᵉ, Dᵉ の読みによる。Cᵉ, Sᵉ は kathaṁ passato bhikkhuno.（どのように見る比丘に）と読む。

三　sabbe dhammā.〈一切の三地（三界世間）の法（tebhūmakadhamma）は〉。

四　nālaṁ abhinivesāya.〈執着（abhinivesa）であり執取（parāmāsa）である執見（gāha）によって捉えることはふさわしくない〉。《無常（anicca）などによって執着することが「執着」であり、それがすなわち、法性（dhammasabhāva）を超

の法を証知し、一切の法を遍知します。一切の[五]相を他[六]であると見ます。

眼を他であると見ます。もろもろの色を他であると見ます。眼識を他であると見ます。眼触を他であると見ます。また、この眼触を縁として生じる楽の、あるいは苦の、あるいは非苦非楽の感受も他であると見ます。

耳を他であると見ます……

鼻を他であると見ます……

舌を他であると見ます……

身を他であると見ます……

意を他であると見ます。もろもろの法を他であると見ます。意識を他であると見ます。意触を他であると見ます。また、この意触を縁として生じる楽の、あるいは苦の、あるいは非苦非楽の感受も他であると見ます。

比丘よ、このように知り、このように見る比丘に、無明が捨断され、明が生じます」と。

第七

えて他と触れることから「執取」であり、それがすなわち「執見」である。その執着であり執取である執見によって捉えることとは、《無常などの自性から》ふさわしくない》。

五 sabbanimittāni.〈一切の行相（saṅkhāranimitta）を〉。《諸行はすなわち、転起の根拠であることから、諸行相を》。

六 aññato passati. 無我であると見る、の意。〈執着を知悉しない（apariññātābhinivesa）人が見るように、それとは他（añña 異なるもの）である、と見る。なぜなら、執着を知悉しない人は、一切の相をも、我（attā 自己）である、と見るからである。しかし、執着を知悉する者は、我であると見ず、無我（anattā）であると見るから、このように、本経には、無我相（anattalakkhaṇa）のみが語られている〉。

8 衆多比丘経 (Sambahulabhikkhu-sutta)

(八一) このように私は聞いた――……

ときに、多く[一]の比丘は、世尊がおられるところへ近づいて行った。行って、世尊を礼拝し、一方に坐った。

一方に坐ったその比丘たちは、世尊にこう申し上げた。

「尊師よ、ここに、異教《いきょう》[二]の遍歴行者《へんれきぎょうじゃ》たちは、私どもに、このように質問しました。『友らよ、何のために、沙門《しゃもん》[三]ゴータマのもとで、梵《ぼん》[四]行《ぎょう》が行なわれているですか』」と。

「尊師よ、このように問われて、私どもは、その異教の遍歴行者たちに、このように解答しました。『友らよ、苦《く》[五]を知悉《ちしつ》するために、世尊のもとで、梵行が行われています』と。

尊師よ、このように[六]質問され、このように解答する私どもは、はたして世尊が説かれたことを説く者になるのでしょうか。また、世尊を不実によって非難することにならないのでしょうか。また、法[七]の随法《ずいほう》を解答することになるのでしょうか。また、いかなる如法の[八]、種々の主張も、非難を受ける根拠にならないのでしょうか」と。

「比丘たちよ、確かに、このように質問され、このように解答すれば、そなたたちは、私が説いたことを説く者になります。また、私を不実によって非難することにもなりません。また、法の随法を

(八一) Cf.『雑阿含経』巻第六〈一一三〉(大正蔵二・三八a)

一 sambahulā bhikkhū.

二 aññatitthiyā paribbājakā.

三 samaṇe Gotame.

四 brahmacariyaṁ vussati.

五 dukkhassa pariññatthaṁ. あるいは「苦を遍知するために」。

六 以下については、因縁篇、第二四節「異学経」(因縁篇I、一六四頁)参照。

七 dhammassa cānudhammaṁ byākaroma.〈*世尊によって根拠(原因)が説かれている。その根拠に従う根拠を語ることになるのか〉。

八 sahadhammiko vādānupāto.〈*つぎのことが言われているのである。すなわち、どのようにして、一切の様相によっても、世尊の所説が、非難されるべき根拠になることがないのか、と〉。

解答することになります。また、いかなる如法の、種々の主張も、非難を受ける根拠になりません。

なぜなら、比丘たちよ、苦を知悉するために、私のもとで、梵行が行われるからです。

しかし、比丘たちよ、もし異教の遍歴行者たちがそなたたちに、『それでは、友らよ、それを知悉するために世尊のもとで梵行が行われるという、その苦とは何ですか』と、このように質問したならば、比丘たちよ、このように質問されたそなたたちは、その異教の遍歴行者たちに、このように解答すべきです。

六処の苦

『友らよ、眼は苦です。それを知悉するために世尊のもとで梵行が行われます。もろもろの色は苦です。それを知悉するために世尊のもとで梵行が行われます。眼識は苦です。それを知悉するために世尊のもとで梵行が行われます。眼触は苦です。それを知悉するために世尊のもとで梵行が行われます。また、この眼触を縁として生じる楽の、あるいは苦の、あるいは非苦非楽の感受も苦です。それを知悉するために世尊のもとで梵行が行われます。

耳は苦です。……

鼻は苦です。……

舌は苦です。……
身は苦です。……
意は苦です。それを知悉するために世尊のもとで梵行が行われます。もろもろの法は苦です。それを知悉するために世尊のもとで梵行が行われます。意識は苦です。それを知悉するために世尊のもとと
278 で梵行が行われます。意触は苦です。それを知悉するために世尊のもとで梵行が行われます。また、この意触を縁として生じる楽の、あるいは苦の、あるいは非苦非楽の感受も苦です。それを知悉するために世尊のもとで梵行が行われます。

友らよ、これが、それを知悉するために世尊のもとで梵行が行われるという、その苦です』と。

比丘たちよ、このように質問されたそなたたちは、その異教の遍
(52) 歴行者たちに、このように解答すべきです[九]」
と。

第八

9 世界問経（Lokapañhā-sutta）

（八二）このように私は聞いた――……

ときに、ある比丘[一]が、世尊がおられるところへ近づいて行った。

九 〈ここでは、《他の諸相が混じらず》ただ（kevalaṁ）苦相（dukkhalakkhaṇa）のみが語られている、と解されるべきである〉。

（八二）『雑阿含経』巻第九〈二三一〉（大正蔵二・五六b）

一 aññataro bhikkhu.

行って、世尊を礼拝し、一方に坐った。

一方に坐ったその比丘は、世尊にこう申し上げた。

「尊師よ、『世界、[二]世界』と言われます。尊師よ、どのようにして『世界』と言われるのでしょうか」と。

六処は壊れる

「[三]比丘よ、壊れる《ルッジャティ》から、世界《ローカ》と言われます。それでは、何が壊れるのか。

比丘よ、[四]眼が壊れます。もろもろの色が壊れます。眼識が壊れます。眼触が壊れます。また、この眼触を縁として生じる楽の、あるいは苦の、あるいは非苦非楽の感受も壊れます。

耳が壊れます。もろもろの声が壊れます。耳識が壊れます。耳触が壊れます。また、この耳触を縁として生じる楽の、あるいは苦の、あるいは非苦非楽の感受も壊れます。

鼻が壊れます。もろもろの香が壊れます。鼻識が壊れます。鼻触が壊れます。また、この鼻触を縁として生じる楽の、あるいは苦の、あるいは非苦非楽の感受も壊れます。

舌が壊れます。もろもろの味が壊れます。舌識が壊れます。舌触が壊れます。また、この舌触を縁として生じる楽の、あるいは苦の、あるいは非苦非楽の感受も壊れます。

二　'loko, loko.'〈＊「世界」（loka）とは、破壊（lujjana）、破滅（palujjana）の状態（意味）によって「世界」（破壊するもの、破滅するもの）である〉。本相応、第六八節「サミッディ世界問経」（本書、二一九頁）参照。

三　lujjatī ti kho bhikkhu tasmā loko ti vuccati.〈「壊れる」（lujjati）とは、壊滅する（palujjati）、破れる（bhijjati）、ということ〉。これは、loka<√luj, ruj として、「世界」（名詞）を語義（動詞）から説明したものである。

四　cakkhu lujjati.

身が壊れます。もろもろの触が壊れます。身識が壊れます。身触が壊れます。また、この身触を縁として生じる楽の、あるいは苦の、あるいは非苦非楽の感受も壊れます。

意が壊れます。もろもろの法が壊れます。意識が壊れます。意触が壊れます。また、この意触を縁として生じる楽の、あるいは苦の、あるいは非苦非楽の感受も壊れます。

比丘よ、壊れるから、世界と言われます[五]」

と。

第九

10 パッグナ問経（Phaggunapañhā-sutta）

（八三） このように私は聞いた——……

ときに、尊者[一]パッグナは、世尊がおられるところへ近づいて行った。行って、世尊を礼拝し、一方に坐った。

一方に坐った尊者パッグナは、世尊にこう申し上げた。

「尊師よ、はたして、眼によって、過去の、般涅槃《はつねはん》[二]し、妄執[三]を断ち、[四]行路を断ち、[五]輪転を終息させ、[六]一切の苦を超越された諸仏[七]について[八]告知しようとする場合、告知することができる、そのような眼はあるのでしょうか[九]。

五 〈ここでは、無常相（aniccalakkhaṇa）が語られている〉。

（八三） 漢訳の相当経典は不明。

一 āyasmā Phagguno.

二 parinibbute. あるいは「入滅し」。

三 chinnapapañce. 〈渇愛の妄執（taṇhāpapañca）が断たれているから「妄執を断ち」〉。《渇愛が断たれていることにより、見（diṭṭhi 邪見）・慢（māna 慢心）（の妄執）も断たれていることから、このように言われているのである》。

四 chinnavaṭume. 〈渇愛の行路（taṇhāvaṭuma）が断たれ

▽尊師よ、はたして、耳によって、過去の、般涅槃し、妄執を断ち、行路を断ち、輪転を終息させ、一切の苦を超越された諸仏について告知しようとする場合、告知することができる、そのような耳はあるのでしょうか。

尊師よ、はたして、鼻によって、過去の、般涅槃し、妄執を断ち、行路を断ち、輪転を終息させ、一切の苦を超越された諸仏について告知しようとする場合、告知することができる、そのような鼻はあるのでしょうか。△

尊師よ、はたして、舌によって、過去の、般涅槃し、妄執を断ち、行路を断ち、輪転を終息させ、一切の苦を超越された諸仏について告知しようとする場合、告知することができる、そのような舌はあるのでしょうか。

▽尊師よ、はたして、身によって、過去の、般涅槃し、妄執を断ち、行路を断ち、輪転を終息させ、一切の苦を超越された諸仏について告知しようとする場合、告知することができる、そのような身はあるのでしょうか。△

尊師よ、はたして、意によって、過去の、般涅槃し、妄執を断ち、行路を断ち、輪転を終息させ、一切の苦を超越された諸仏について告知しようとする場合、告知することができる、そのような意はあ

ているから「行路を断ち」〉。

五 pariyādinnavaṭṭe.

六 sabbadukkhavītivatte.

七 buddhe.

八 paññāpayamāno.

九 〈かれは、何を「私は質問しよう」と質問しているのか。《ここに、「有情」という慣用語は「眼」などがあるときにのみ生じる。それゆえ、般涅槃された方々にも慣用語は「眼」などの支えによってのみあり、異なるものではないから》「過ぎ去られた諸仏によって守られた眼や耳などについて、私は質問しよう」と、あるいはまた、「もし、未来に道（magga）が修されても、眼や耳などの輪転は増大するかもしれない。それを質問しよう」と質問しているのである〉。

るのでしょうか」と。

「パッグナよ、眼によって、過去の、般涅槃し、妄執を断ち、行路を断ち、輪転を終息させ、一切の苦を超越した諸仏について告知しようとする場合、告知することができる、そのような眼はありません。
▽パッグナよ、耳によって、過去の、般涅槃し、妄執を断ち、行路を断ち、輪転を終息させ、一切の苦を超越した諸仏について告知しようとする場合、告知することができる、そのような耳はありません。
パッグナよ、鼻によって、過去の、般涅槃し、妄執を断ち、行路を断ち、輪転を終息させ、一切の苦を超越した諸仏について告知しようとする場合、告知することができる、そのような鼻はありません。△
279 パッグナよ、舌によって、過去の、般涅槃し、妄執を断ち、行路を断ち、輪転を終息させ、一切の苦を超越した諸仏について告知しようとする場合、告知することができる、そのような舌はありません。
▽パッグナよ、身によって、過去の、般涅槃し、妄執を断ち、行路を断ち、輪転を終息させ、一切の苦を超越した諸仏について告知しようとする場合、告知することができる、そのような身はありません。△
(53) パッグナよ、意によって、過去の、般涅槃し、妄執を断ち、行路を断ち、輪転を終息させ、一切の苦を超越した諸仏について告知しよ

うとする場合、告知することができる、そのような意はありません」
と。

第一〇

第八　病の章

以上の摂頌

「病」によって二が、さらに
「ラーダ」によって三が説かれ
「無明」によって二が、そして
「比丘」と「世界」と「パッグナ」が説かれる

第九　チャンナの章（Channa-vagga）

1　壊滅法経（Palokadhamma-sutta）

（八四）＊▽このように私は聞いた――

あるとき、世尊《せそん》は、サーヴァッティに近い、ジェータ林のアナータピンディカ僧院に住んでおられた。△

ときに、[一]尊者《そんじゃ》アーナンダは、世尊がおられるところへ近づいて行った。▽行って、世尊を礼拝《らいはい》し、一方に坐った。△

一方に坐った尊者アーナンダは、世尊にこう申し上げた。

「尊師よ、[二]『世界、世界』と言われます。尊師よ、どのようにして『世界』と言われるのでしょうか」と。

六処は壊滅する性質のもの

「アーナンダよ、[三]壊滅《えめつ》する性質のものは、[四]聖者の律において、『世界』と言われます。それでは、アーナンダよ、何が壊滅する性質のものでしょうか。

アーナンダよ、眼《げん》は壊滅する性質のものです。もろもろの色《しき》は壊滅する性質のものです。眼識《げんしき》は壊滅する性質のものです。眼触《げんそく》は壊滅する性質のものです。また、この眼触を縁として生じる▽楽《らく》の、あ

（八四）漢訳の相当経典は不明。

一　āyasmā Ānando.

二　'loko, loko.'〈＊「世界」(loka) とは、破壊 (lujjana)、壊滅 (palujjana) の状態（意味）によって「世界」（破壊するもの、壊滅するもの）である〉。本相応、第八二節「世界問経」（本書、二七五頁）参照。

三　palokadhammaṁ. あるいは「壊滅の法の」。〈破れる自性の (bhijjanaka-sabhāvaṁ)〉。

四　ariyassa vinaye. 聖者の教え（用語法）において、の意。

るいは苦《く》の、あるいは非苦非楽の感受《かんじゅ》も壊滅する性質のものです。

耳《に》は壊滅する性質のものです。もろもろの声は壊滅する性質のものです。耳識は壊滅する性質のものです。耳触は壊滅する性質のものです。また、この耳触を縁として生じる楽の、あるいは苦の、あるいは非苦非楽の感受も壊滅する性質のものです。

鼻《び》は壊滅する性質のものです。もろもろの香は壊滅する性質のものです。鼻識は壊滅する性質のものです。鼻触は壊滅する性質のものです。また、この鼻触を縁として生じる楽の、あるいは苦の、あるいは非苦非楽の感受も壊滅する性質のものです。△

舌《ぜつ》は壊滅する性質のものです。もろもろの味は壊滅する性質のものです。舌識は壊滅する性質のものです。舌触は壊滅する性質のものです。また、この舌触を縁として▽生じる楽の、あるいは苦の、あるいは非苦非楽の感受も壊滅する性質のものです。

身《しん》は壊滅する性質のものです。もろもろの触は壊滅する性質のものです。身識は壊滅する性質のものです。身触は壊滅する性質のものです。また、この身触を縁として生じる楽の、あるいは苦の、あるいは非苦非楽の感受も壊滅する性質のものです。△

意《い》は壊滅する性質のものです。もろもろの法は壊滅する性質のものです。意識は壊滅する性質のものです。意触は壊滅する性質のものです。また、この意触を縁として生じる楽の、あるいは苦の、あるいは非苦非楽の感受も壊滅する性質のものです。

アーナンダよ、壊滅する性質のものは、聖者の律において、『世界』と言われます[五]」

と。

第一

2 空世界経（Suññataloka-sutta）

（八五）このように私は聞いた――……

ときに、尊者アーナンダは、世尊がおられるところへ近づいて行った。行って、世尊を礼拝し、一方に坐った。

一方に坐った尊者アーナンダは、世尊にこう申し上げた。

「尊師よ、『世界は空である、世界は空である』[一]と言われます。尊師よ、どのようにして、『世界は空である』と言われるのでしょうか」

と。

六処は空である

「アーナンダよ、我[二]《が》について、あるいは我所[三]《がしょ》について空であるから、『世界は空である』と言われます。それでは、アーナンダよ、何が我について、あるいは我所について空でしょうか。

五　〈ここでは、無常相（aniccalakkhaṇa）のみが語られている〉。《ただし、それは相対的（pariyāyena）である。無常相が語られているとき、逆に（byabhicārabhāvato）、他の諸相（苦相・無我相）のみが語られていることになる》。

（八五）『雑阿含経』巻第九〈二三二〉（大正蔵二・五六b―c）

一　'suñño loko, suñño loko.'

二　suññaṁ attena vā attaniyena vā.「我」とか「我がもの」とかについて空虚であるから、の意。

三　attaniyena.〈我（自己）の所有（santaka）、眷属（parikkhāra）について〉。《「これは我（自己）のものである」（attano idaṁ）ということが「我所」（attaniyaṁ）だからである》。

アーナンダよ、眼は我について、あるいは我所について空です。もろもろの色は我について、あるいは我所について空です。眼識は我について、あるいは我所について空です。眼触は我について、あるいは我所について空です。▽また、この眼触を縁として生じる楽の、あるいは苦の、あるいは非苦非楽の感受も我について、あるいは我所について空です。

耳は我について、あるいは我所について空です。もろもろの声は我について、あるいは我所について空です。耳識は我について、あるいは我所について空です。耳触は我について、あるいは我所について空です。また、この耳触を縁として生じる楽の、あるいは苦の、あるいは非苦非楽の感受も我について、あるいは我所について空です。

鼻は我について、あるいは我所について空です。もろもろの香は我について、あるいは我所について空です。鼻識は我について、あるいは我所について空です。鼻触は我について、あるいは我所について空です。また、この鼻触を縁として生じる楽の、あるいは苦の、あるいは非苦非楽の感受も我について、あるいは我所について空です。

舌は我について、あるいは我所について空です。もろもろの味は我について、あるいは我所について空です。舌識は我について、あるいは我所について空です。舌触は我について、あるいは我所について空です。また、この舌触を縁として生じる楽の、あるいは苦の、あるいは非苦非楽の感受も我について、あるいは我所について空です。

身は我について、あるいは我所について空です。もろもろの触は我について、あるいは我所について空です。身識は我について、あるいは我所について空です。身触は我について、あるいは我所について空です。また、この身触を縁として生じる楽の、あるいは苦の、あるいは非苦非楽の感受も我について、あるいは我所について空です。

意は我について、あるいは我所について空です。もろもろの法は我について、あるいは我所について空です。意識は我について、あるいは我所について空です。意触は我について、あるいは我所について空です。また、この意触を縁として生じる楽の、あるいは苦の、あるいは非苦非楽の感受も我について、あるいは我所について空です。

アーナンダよ、我について、あるいは我所について空であるから、『世界は空である』と言われます[四]」

と。

第二

3 簡略法経（Saṅkhittadhamma-sutta）

（八六）このように私は聞いた──……

四 〈ここでは、無我相（anattalakkhaṇa）のみが語られている〉。

（八六）漢訳の相当経典は不明。

ときに、尊者アーナンダは、世尊がおられるところへ近づいて行った。行って、世尊を礼拝し、一方に坐った。

一方に坐った尊者アーナンダは、世尊にこう申し上げた。
[一]「尊師よ、世尊はどうか私のために、簡略に法《ほう》をお説きください。私は、世尊の法をお聞きして、独《ひと》り、離れ、怠ることなく、熱心に、自ら励み、住みたいと思います」と。

六処の無常・苦・変化法

（眼）「アーナンダよ、そのことをどう思いますか。つまり、眼は常ですか、それとも無常《むじょう》ですか」と。

「無常です、尊師よ」。

「それでは、無常であるものは、苦ですか、それとも楽ですか」と。

「苦です、尊師よ」。

「それでは、無常であり、苦であり、変化する性質のものを、〈これは私のものである。これは私である。これは私の我である〉と随《ずい》見《けん》することは適切ですか」と。

「いいえ、尊師よ」。

「もろもろの色は常ですか、それとも無常ですか」と。

「無常です、尊師よ」。

「それでは、無常であるものは、苦ですか、それとも楽ですか」と。


一〈本経については、蘊篇の「アーナンダへの教示」（蘊篇、第八三節「アーナンダ経」（蘊篇Ⅰ、三六一頁）において説かれた仕方で解されるべきである〉。《蘊篇では「蘊」（五蘊）について、ここでは「処」（六処、十二処）について述べられているところが違いである》。なお、因縁篇、第一八八節「眼経」（因縁篇Ⅱ、三四七頁）、六処篇、第六四節「第二ミガジャーラ経」（本書、二〇六頁）参照。

「苦です、尊師よ」。

「それでは、無常であり、苦であり、変化する性質のものを、〈これは私のものである。これは私である。これは私の我である〉と随見することは適切ですか」と。

「いいえ、尊師よ」。

「眼識▽は常ですか、それとも無常ですか」と。

「無常です、尊師よ」。

「それでは、無常であるものは、苦ですか、それとも楽ですか」と。

「苦です、尊師よ」。

「それでは、無常であり、苦であり、変化する性質のものを、〈これは私のものである。これは私である。これは私の我である〉と随見することは適切ですか」と。

「いいえ、尊師よ」。

「眼触は常ですか、それとも無常ですか」と。

「無常です、尊師よ」。

「それでは、無常であるものは、苦ですか、それとも楽ですか」と。

「苦です、尊師よ」。

「それでは、無常であり、苦であり、変化する性質のものを、〈これは私のものである。これは私である。これは私の我である〉と随見することは適切ですか」と。

「いいえ、尊師よ」。
(55)「△また、この眼触を縁として生じる楽の、あるいは苦の、あるいは非苦非楽の感受も常ですか、それとも無常ですか」と。
「無常です、尊師よ」。

「それでは、無常であるものは、苦ですか、それとも楽ですか」と。

「苦です、尊師よ」。

「それでは、無常であり、苦であり、変化する性質のものを、〈これは私のものである。これは私である。これは私の我である〉と随見することは適切ですか」と。

「いいえ、尊師よ」。
▽(耳)「耳は常ですか、それとも無常ですか」と。
「無常です、尊師よ」。……

(鼻)「鼻は常ですか、それとも無常ですか」と。

「無常です、尊師よ」。……△

(舌)「舌は常ですか、それとも無常ですか」と。

「無常です、尊師よ」。
▽「それでは、無常であるものは、苦ですか、それとも楽ですか」と。
「苦です、尊師よ」。

「それでは、無常であり、苦であり、変化する性質のものを、〈これは私のものである。これは私である。これは私の我である〉と随見することは適切ですか」と。

「いいえ、尊師よ」。

「もろもろの味は常ですか、それとも無常ですか」と。

「無常です、尊師よ」。

「それでは、無常であるものは、苦ですか、それとも楽ですか」と。

「苦です、尊師よ」。

「それでは、無常であり、苦であり、変化する性質のものを、〈これは私のものである。これは私である。これは私の我である〉と随見することは適切ですか」と。

「いいえ、尊師よ」。△

「▽舌識は常ですか、それとも無常ですか」と。

「無常です、尊師よ」。

「それでは、無常であるものは、苦ですか、それとも楽ですか」と。

「苦です、尊師よ」。

「それでは、無常であり、苦であり、変化する性質のものを、〈これは私のものである。これは私である。これは私の我である〉と随見することは適切ですか」と。

「いいえ、尊師よ」。

「舌触は常ですか、それとも無常ですか」と。

「無常です、尊師よ」。

「それでは、無常であるものは、苦ですか、それとも楽ですか」と。

「苦です、尊師よ」。

「それでは、無常であり、苦であり、変化する性質のものを、〈これは私のものである。これは私である。これは私の我である〉と随見することは適切ですか」と。

「いいえ、尊師よ」。

「また、この舌触を縁として生じる楽の、あるいは苦の、あるいは非苦非楽の感受も常ですか、それとも無常ですか」と。

「無常です、尊師よ」。

「それでは、無常であるものは、苦ですか、それとも楽ですか」と。

「苦です、尊師よ」。

「それでは、無常であり、苦であり、変化する性質のものを、〈これは私のものである。これは私である。これは私の我である〉と随見することは適切ですか」と。

「いいえ、尊師よ」。

（身）「身は常ですか、それとも無常ですか」と。

「無常です、尊師よ」。……

（意）「意は常ですか、それとも無常ですか」と。

「無常です、尊師よ」。

「それでは、無常であるものは、苦ですか、それとも楽ですか」と。

「苦です、尊師よ」。

「それでは、無常であり、苦であり、変化する性質のものを、〈これは私のものである。これは私である。これは私の我である〉と随見することは適切ですか」と。

「いいえ、尊師よ」。

「もろもろの法は常ですか、それとも無常ですか」と。

「無常です、尊師よ」。

「それでは、無常であるものは、苦ですか、それとも楽ですか」と。

「苦です、尊師よ」。

「それでは、無常であり、苦であり、変化する性質のものを、〈これは私のものである。これは私である。これは私の我である〉と随見することは適切ですか」と。

「いいえ、尊師よ」。

「意識は常ですか、それとも無常ですか」と。

「無常です、尊師よ」。

「それでは、無常であるものは、苦ですか、それとも楽ですか」と。

「苦です、尊師よ」。

「それでは、無常であり、苦であり、変化する性質のものを、〈これは私のものである。これは私である。これは私の我である〉と随見することは適切ですか」と。

「いいえ、尊師よ」。

「意触は常ですか、それとも無常ですか」と。

「無常です、尊師よ」。

「それでは、無常であるものは、苦ですか、それとも楽ですか」と。

「苦です、尊師よ」。

「それでは、無常であり、苦であり、変化する性質のものを、〈これは私のものである。これは私である。これは私の我である〉と随見することは適切ですか」と。

「いいえ、尊師よ」。

「また、この意触を縁として生じる楽の、あるいは苦の、あるいは非苦非楽の感受も常ですか、それとも無常ですか」と。

「無常です、尊師よ」。

「それでは、無常であるものは、苦ですか、それとも楽ですか」と。

「苦です、尊師よ」。

281 「それでは、無常であり、苦であり、変化する性質のものを、〈これは私のものである。これは私である。これは私の我である〉と随見することは適切ですか」と。
「いいえ、尊師よ」。

六処の厭離

「アーナンダよ、このように見る、聞《もん》をそなえた聖なる弟子は、眼についても厭離します。もろもろの色についても厭離します。眼識についても厭離します。眼触についても厭離します。また、この眼触を縁として生じる楽の、あるいは苦の、あるいは非苦非楽の感受についても厭離します。

耳についても厭離します。もろもろの声《しょう》についても厭離します。耳識についても厭離します。耳触についても厭離します。また、この耳触を縁として生じる楽の、あるいは苦の、あるいは非苦非楽の感受についても厭離します。

鼻についても厭離します。もろもろの香《こう》についても厭離します。鼻識についても厭離します。鼻触についても厭離します。また、この鼻触を縁として生じる楽の、あるいは苦の、あるいは非苦非楽の感受についても厭離します。

舌についても厭離します。もろもろの味《み》についても厭離します。

舌識についても厭離します。舌触についても厭離します。また、この舌触を縁として生じる楽の、あるいは苦の、あるいは非苦非楽の感受についても厭離します。

身についても厭離します。もろもろの触《そく》についても厭離します。身識についても厭離します。身触についても厭離します。また、この身触を縁として生じる楽の、あるいは苦の、あるいは非苦非楽の感受についても厭離します。

意についても厭離します。もろもろの法《ほう》についても厭離します。意識についても厭離します。意触についても厭離します。また、この意触を縁として生じる楽の、あるいは苦の、あるいは非苦非楽の感受についても厭離します。

厭離し、離貪《りとん》します。離貪により、解脱します。解脱したとき、〈解脱した〉との智《ち》が生じます。〈生まれは尽きた。梵行《ぼんぎょう》は完成された。なすべきことはなされた。もはや、この状態の他にはない〉と知ります」

と。

第三

4　チャンナ経（Channa-sutta）

（八七）▽このように私は聞いた――△

一あるとき、世尊は、ラージャガハに近い、二竹林のカランダカ・ニヴァーパに住んでおられた。

チャンナ長老への見舞い

ちょうどそのころ、三尊者サーリプッタと四尊者マハーチュンダと五尊者チャンナとが、六鷲峰山《じゅぶせん》に住んでいた。また、そのとき、尊者チャンナは、病気になり、重病に苦しんでいた。

さて、尊者サーリプッタは、夕方、七独坐《どくざ》から立ち上がり、マハーチュンダのところへ近づいて行った。行って、尊者マハーチュンダに、こう言った。

「さあ、友、チュンダよ、チャンナ尊者のところへ八病気見舞いに行きましょう」と。

「わかりました、友よ」と、尊者マハーチュンダは尊者サーリプッタに答えた。

そこで、尊者サーリプッタと尊者マハーチュンダは、尊者チャンナのところへ近づいて行った。行って、用意された座に坐った。

坐ると、尊者サーリプッタは、尊者チャンナにこう言った。

「九友、チャンナよ、あなたは大丈夫ですか。一〇存《なが》えて行けますか。

（八七）『雑阿含経』巻第四七〈一二六六〉（大正蔵二・三四七b―三四八b）

一　本経は、中部144『チャンナ教誡経』（後分五十経篇Ⅱ）とほぼ同じ内容をもつ。

二　Veḷu-vane Kalandaka-nivāpe. あるいは「竹林のカランダカ・ニヴァーパ僧院に」。竹林精舎をさす。

三　āyasmā Sāriputto.

四　āyasmā Mahācundo.

五　āyasmā Channo.〈このような名の長老である。出家に（釈尊の出家時に、カピラの町から）出発した長老ではない〉。つまり、この長老は、蘊篇、第九〇節「チャンナ経」（蘊篇Ⅰ、四五〇頁）に現われるチャンナではない。

六　Gijjhakūṭe pabbate. いわゆる霊鷲山。

七　paṭisallānā.〈果定（phalasamāpatti）から〉。

八　gilānapucchakā.〈看病者（gilānupaṭṭhāka）として、ということ。看病（gilānupaṭṭhāna）というものが仏によって称賛されていたから、このように言った〉。

九　以下については、本相応、第七四節「第一病経」（本もろもろの苦痛は減退していますか、増進していませんか。これらの減退は認められますか、増進は認められませんか」と。

「友、サーリプッタよ、私は大丈夫でありません。存えて行けません。私にはもろもろの激しい苦痛が増進し、減退していません。これらの増進は認められ、減退は認められません。

たとえば、友よ、力のある人が鋭い[一一]剣先で頭上を切り裂いているかのようです。友よ、ちょうどそのように、もろもろの凄まじい風が頭上を切りつけています。友よ、私は大丈夫でありません。存えて行けません。私にはもろもろの激しい苦痛が増進し、減退しておりません。これらの増進は認められ、減退は認められません。

たとえば、友よ、力のある人が堅固[一二]な革紐をもって頭にターバンを巻きつけているかのようです。友よ、ちょうどそのように、頭に凄まじい頭痛があります。友よ、私は大丈夫でありません。存えて行けません。私にはもろもろの激しい苦痛が増進し、減退しておりません。これらの増進は認められ、減退は認められません。

たとえば、友よ、巧みな屠牛者、あるいは屠牛者の弟子が、鋭い[一三]牛用の小刀をもって腹を切開しているかのようです。友よ、ちょうどそのように、もろもろの凄まじい風が腹を切り開いています。友よ、私は大丈夫でありません。存えて行けません。私にはもろもろ

書、二四四頁）をも参照。

一〇 kacci yāpanīyaṁ. あるいは「生きて行けますか」。

一一 tiṇhena sikharena.

一二 daḷhena varattakkhaṇḍena.

一三 tiṇhena govikantanena.

の激しい苦痛が増進し、減退しておりません。これらの増進は認められ、減退は認められません。

たとえば、友よ、二人の力のある人が、力のない人のそれぞれの(57)腕をつかみ、[一四]炭火坑において焼き焦がしているかのようです。友よ、ちょうどそのように、身体に凄まじい焦熱があります。友よ、私は大丈夫でありません。存えて行けません。私にはもろもろの激しい苦痛が増進し、減退しておりません。これらの増進は認められ、減退は認められません。

友、サーリプッタよ、[一五]私は刀を執ります。[一六]生きることを望みません」と。

サーリプッタ長老による説得

「チャンナ尊者は刀を執ってはなりません。チャンナ尊者は存えてください。われわれはチャンナ尊者が存えることを望みます。もしもチャンナ尊者に適した食べ物がないのであれば、私がチャンナ尊者に適した食べ物を求めてきましょう。もしもチャンナ尊者に適した薬がないのであれば、私がチャンナ尊者に適した薬を求めてきましょう。もしもチャンナ尊者に適した看護者たちがいないのであれば、私がチャンナ尊者を看護しましょう。チャンナ尊者は刀を執ってはなりません。チャンナ尊者は存えてください。われわれはチ

一四　aṅgārakāsuyā.

一五　satthaṁ āharissāmi. 〈「刀を」とは、命を奪う刀を（jīvitahārakasatthaṁ）、ということ〉。

一六　jīvitaṁ. あるいは「命を」。

ヤンナ尊者が存えることを望みます」と。

「友、サーリプッタよ、私に適した食べ物がないのではありません。私に適した食べ物はあります。私に適した薬がないのではありません。私に適した薬はあります。私に適した看護者たちがいないのではありません。私に適した看護者たちはいます。

友よ、むしろ私は、長い間、喜びのないことがなく、[一七]喜びのみをもって、師に[一八]お仕えしてまいりました。なぜならば、友よ、喜びのないことがなく、喜びのみをもって、師にお仕えできることこそ、弟子に適することだからです。

友、サーリプッタよ、『チャンナ比丘《びく》は、[一九]非難されない刀を執ることになる』と、このように受けとめてください」と。

六処に関する問答

283 「もしもチャンナ尊者が質問に答える機会を作るなら、われわれはチャンナ尊者に何らかの点について質問します」と。

(58) 「友、サーリプッタよ、お尋ねください。お聞きして、[二〇]理解しましょう」と。

「友、チャンナよ、あなたは、眼を、眼識を、眼識によって識《し》られるべきもろもろの法を、〈[二一]これは私のものである。これは私である。これは私の我である〉と随見しますか。

一七　manāpeneva.〈意を増大させる身業などによって〉。

一八　paricinṇo.〈ご奉仕してきました（paricarito）〉。《それによって、教誡のとおりに実践した、ということを説明する》。〈このうち、七の有学は「仕えている」（paricaranti）と呼ばれ、阿羅漢は「仕える者」（paricārī）と呼ばれ、世尊は「仕えられる者」（paricinṇa）と呼ばれる〉。

一九　anupavajjaṁ.〈転起のない（appavattikaṁ）、結生のない（appaṭisandhikaṁ）〉の意。業生身を作り、未来に生起することがない、ということ。

二〇　vedissāma. あるいは「われわれは理解しましょう」。〈これ（この一文）は弟子の要請（sāvakapavāraṇā）と呼ばれる〉。

二一　etaṁ mama, esoham asmi, eso me attā.〈これらは（順に）、愛（taṇhā）、慢（māna）、見（diṭṭhi）の妄執（gāha）が述べられている〉。なお、「随見しますか」（samanupassasi）とは、見ますか、見なしますか、の意。

▽友、チャンナよ、あなたは、耳を、耳識を、耳識によって識られるべきもろもろの法を、〈これは私のものである。これは私である。これは私の我である〉と随見しますか。

友、チャンナよ、あなたは、鼻を、鼻識を、鼻識によって識られるべきもろもろの法を、〈これは私のものである。これは私である。これは私の我である〉と随見しますか。△

友、チャンナよ、あなたは、舌を、舌識を、舌識によって識られるべきもろもろの法を、〈これは私のものである。これは私である。これは私の我である〉と随見しますか。

▽友、チャンナよ、あなたは、身を、身識を、身識によって識られるべきもろもろの法を、〈これは私のものである。これは私である。これは私の我である〉と随見しますか。△

友、チャンナよ、あなたは、意を、意識を、意識によって識られるべきもろもろの法を、〈これは私のものである。これは私である。これは私の我である〉と随見しますか」と。

「友、サーリプッタよ、私は、眼を、眼識を、眼識によって識られるべきもろもろの法を、〈これは私のものではない。これは私ではない。これは私の我ではない〉と随見します。

▽友、サーリプッタよ、私は、耳を、耳識を、耳識によって識られ

るべきもろもろの法を、〈これは私のものではない。これは私ではない。これは私の我ではない〉と随見します。
友、サーリプッタよ、私は、鼻を、鼻識を、鼻識によって識られるべきもろもろの法を、〈これは私のものではない。これは私ではない。これは私の我ではない〉と随見します。△
友、サーリプッタよ、私は、舌を、舌識を、舌識によって識られるべきもろもろの法を、〈これは私のものではない。これは私ではない。これは私の我ではない〉と随見します。
▽友、サーリプッタよ、私は、身を、身識を、身識によって識られるべきもろもろの法を、〈これは私のものではない。これは私ではない。これは私の我ではない〉と随見します。△
友、サーリプッタよ、私は、意を、意識を、意識によって識られるべきもろもろの法を、〈これは私のものではない。これは私ではない。これは私の我ではない〉と随見します」と。

滅を見る

「友、チャンナよ、あなたは、眼において、眼識において、眼識によって識られるべきもろもろの法において、何を見、何をよく知り、眼を、眼識を、眼識によって識られるべきもろもろの法を、〈これは私のものではない。これは私ではない。これは私の我ではない〉と随見しますか。

▽友、チャンナよ、あなたは、耳において、耳識によって識られるべきもろもろの法において、何を見、何をよく知り、耳を、耳識を、耳識によって識られるべきもろもろの法を、〈これは私のものではない。これは私ではない。これは私の我ではない〉と随見しますか。

友、チャンナよ、あなたは、鼻において、鼻識によって識られるべきもろもろの法において、何を見、何をよく知り、鼻を、鼻識を、鼻識によって識られるべきもろもろの法を、〈これは私のものではない。これは私ではない。これは私の我ではない〉と随見しますか。△

友、チャンナよ、あなたは、舌において、舌識によって識られるべきもろもろの法において、何を見、何をよく知り、舌を、舌識を、舌識によって識られるべきもろもろの法を、〈これは私のものではない。これは私ではない。これは私の我ではない〉と随見しますか。

▽友、チャンナよ、あなたは、身において、身識によって識られるべきもろもろの法において、何を見、何をよく知り、身を、身識を、身識によって識られるべきもろもろの法を、〈これ

は私のものではない。これは私ではない。これは私の我ではない〉と随見しますか。

友、チャンナよ、あなたは、意において、意識において、意識によって識られるべきもろもろの法において、何を見、何をよく知り、意を、意識を、意識によって識られるべきもろもろの法を、〈これは私のものではない。これは私ではない。これは私の我ではない〉と随見しますか」と。

「友、サーリプッタよ、私は、眼において、眼識において、眼識によって識られるべきもろもろの法において、滅[二二]を見、滅をよく知り、眼を、眼識を、眼識によって識られるべきもろもろの法を、[二三]〈これは私のものではない。これは私ではない。これは私の我ではない〉と随見します。

友、サーリプッタよ、私は、耳において、耳識において、耳識によって識られるべきもろもろの法において、滅を見、滅をよく知り、耳を、耳識を、耳識によって識られるべきもろもろの法を、〈これは私のものではない。これは私ではない。これは私の我ではない〉と随見します。

友、サーリプッタよ、私は、鼻において、鼻識において、鼻識によって識られるべきもろもろの法において、滅を見、滅をよく知り、

二二　nirodhaṁ disvā.〈尽滅・壊滅を知って〉。

二三　netaṁ mama, nesoham asmi, na meso attā ti samanupassāmi.〈「無常、苦、無我である」と随見する、ということ。これだけの点について、チャンナ長老は、サーリプッタ長老によってされた質問を阿羅漢果に含めて語った。しかし、サーリプッタ長老は、かれの凡夫性を知っても、かれを「凡夫である」とか、「漏尽者である」と言わず、沈黙したままであった。しかし、チュンダ長老は、かれに「凡夫性を知らせよう」と思い、教示を与えた〉。

鼻を、鼻識を、鼻識によって識られるべきもろもろの法を、〈これは私のものではない。これは私ではない。これは私の我ではない〉と随見します。△

友、サーリプッタよ、私は、舌において、舌識において、舌識に(59)よって識られるべきもろもろの法において、滅を見、滅をよく知り、舌を、舌識を、舌識によって識られるべきもろもろの法を、〈これは私のものではない。これは私ではない。これは私の我ではない〉と随見します。

▽友、サーリプッタよ、私は、身において、身識において、身識によって識られるべきもろもろの法において、滅を見、滅をよく知り、身を、身識を、身識によって識られるべきもろもろの法を、〈これは私のものではない。これは私ではない。これは私の我ではない〉と随見します。△

友、サーリプッタよ、私は、意において、意識において、意識によって識られるべきもろもろの法において、滅を見、滅をよく知り、意を、意識を、意識によって識られるべきもろもろの法を、〈これは私のものではない。これは私ではない。これは私の我ではない〉と随見します」と。

思惟すべき仏の教え

このように言われると、尊者マハーチュンダは、尊者チャンナにこう言った。

「友、チャンナよ、[二四]それゆえ、ここであなたは、[二五]かの世尊の、つぎの教えをも、つねに、よく思惟《しゆい》すべきです。

[二六]『依存する者には[二七]動揺があり、
依存しない者には動揺がない。
動揺がなければ、[二八]軽快があり、
軽快があれば、屈従は起こらない。
[二九]屈従がなければ、[三〇]来と去は起こらない。
[三一]来と去がなければ、[三二]没と生は起こらない。
没と生がなければ、[三三]この世にも、
あの世にも、両者の間にも、ない。
[三四]これがすなわち、苦の終わりである』と」

と。

そこで、尊者サーリプッタと尊者マハーチュンダは、尊者チャンナをこの教示によって教示すると、座から立ち上がり、去って行った。

チャンナ長老の執刀

二四　tasmā.〈死ぬほどの苦痛に耐えることができず、「私は刀を執ろう」と言っているから、それゆえ、ということ。それによって、これをも思惟せよ、と説明する。あるいはまた、六処の滅を見て、「眼などを三の妄執によって私は随見しない」と言ったから、「かの世尊のこの教えもまた尊者によって思惟されるべきである」とも、凡夫性のみを説明して《なすべきことがなされていない状態を説明することによって》、言うのである〉。

二五　idam pi tassa bhagavato sāsanaṁ. 小部経典『自説』第八章（Udāna, p. 81）参照。

二六　nissitassa.〈愛・慢・見によって依存する者には〉。

二七　calitaṁ.〈煩悶が生じ（vipphanditaṁ hoti）。すなわち、尊者に生じているこの苦痛に耐えることができないように、「私が感受する、私の感受は」といって妄執が捨断されていない者には、今や煩悶が生じ、ということ。これによっても、かれに、「あなたは凡夫そのものである」と言うのである〉。

二八　passaddhi.〈身心の軽快（kāyacittapassaddhi）、煩悩の安息（kilesapassaddhi）というものが生じ、の意〉。

二九　natiyā.〈愛（渇愛）の屈従（taṇhānati）が〉。

三〇　asati.〈生存のために愛着・欲求・纏わりがなければ〉。

三一　āgatigati na hoti.〈結生によって「来」（āgati）というものは、死没によって「去」（gamana）というものは起こらない〉。

三二　cutūpapāto.〈死没によって「没」（cuti）は、再生によって「生」（upapāta）は起こらない〉。

三三　nevidha na huraṁ na ubhayam antarena.〈この世（idhaloka）にも、あの世（paraloka）にも、両世（ubhayattha）にも起こらない〉。

三四　esevanto dukkhassa.〈これがすなわち、輪転苦と煩悩苦の終わりである、これが限界であり、終末の状態である〉。

さて、尊者チャンナは、かれらが立ち去って、まもなく、刀[三五]を執った。

ときに、尊者サーリプッタは、世尊がおられるところへ近づいて行った。行って、世尊を礼拝し、一方に坐った。

一方に坐った尊者サーリプッタは、世尊にこう申し上げた。

「尊師よ、チャンナ尊者によって刀が執られました。かれの行方はどのようなものであり、来世はどのようなものでありましょうか」と。

「サーリプッタよ、チャンナ比丘はそなたの面前で、非難[三六]がないことを解答したのではありませんか」と。

「尊師よ、プッバヴィッジャナ[三七]というヴァッジ族の村があります。そこにあります、チャンナ尊者の友人の家、知己の家は、非難[三八]されるべき家です」と。

「サーリプッタよ、確かにチャンナ比丘の、それらの友人の家、(60)知己の家は、非難されるべき家です。しかし、サーリプッタよ、これだけをもって『非難のある者である』と、私は言いません。サーリプッタよ、この身体を放棄し、また別の身体を執取《しゅうしゅ》する者、それを『非難のある者』と、私は言います。チャンナ比丘にはそれがありません。サーリプッタよ、〈チャンナ比丘は、非難されない刀を

三五　satthaṁ āhāresi.〈命を奪う刀を執った。執って、喉笛を切った。すると、その瞬間、かれに死の恐怖が生じ、行方の相が現われた。かれは、自分が凡夫であることを知り、畏怖心をそなえ、観（vipassanā）を確立した。そして諸行を思惟し、阿羅漢果（arahatta）を得て、首等者（samasīsī 漏尽と命終とが同時の者）として、入滅した（parinibbuto）〉。《長時にわたって観に専念したからである》。

三六　anupavajjatā byākatā.〈たとえこの解答が長老の凡夫時のものであっても、この解答によって、かれには障碍のない入滅が起こった。それゆえ、世尊はその解答のみを捉えて《無学時における解答のようにして》語られたのである〉。

三七　Pubbavijjana. 中部144『チャンナ教誡経』（第六節）には、「プッバジラ」（Pubbajira）とある。

三八　upavajjakulāni.〈近づくことができる諸家（家庭）、ということ。これによって《「非難されるべき家です」という言葉によって》、長老《サーリプッタ長老》は、「尊師よ、このように奉仕者や看病者たちが現にいながら、その比丘はあなたさまの教えのもとで、入滅するのでしょうか」と、前分の実践における家交際の過失（kulasaṁsaggadosa）を示しつつ、質問した。《「このように以前は交際住者としてとどまっている者が、後に阿羅漢果を得ることがあるのでしょうか」と疑いつつ、質問した》。そこで、世尊は、かれには諸家の交際がないことを示し、「サーリプッタよ、確かに」云々、と言われた。伝えによれば、この時点で、長老には、諸家における交際のないことが明らかになった

執った〉と、このようにそれを受けとめなさい」
と。

第四

5 プンナ経（Puṇṇa-sutta）

（八八）▽このように私は聞いた――……△
ときに、尊者[一]プンナは、世尊がおられるところへ近づいて行った。▽近づいて
行って、世尊を礼拝し、一方に坐った。△
一方に坐った尊者プンナは、世尊にこう申し上げた。
「尊師よ、世尊はどうか私のために、簡略に法をお説きください。
私は、世尊の法をお聞きして、独り、離れ、怠ることなく、熱心に、
自ら励み、住みたいと思います」と。

プンナ長老への説法

（苦の生起）

「プンナよ、眼[二]によって識られるべき、好ましい、楽しい、喜ばしい、愛しい、欲をともなった魅力的な、もろもろの色があります。もしも比丘が、[三]それを歓び、迎え、固執《こしゅう》し続けるならば、それを歓び、迎え、固執し続けるかれに、[四]歓喜《かんぎ》が生じます。プンナよ、[五]『歓喜の生起により、苦の生起がある』と私は説きます。

らしい〉。

（八八）『雑阿含経』巻第一三〈三一一〉（大正蔵二・八九b—c）

一 āyasmā Puṇṇo. 本経は中部145『プンナ教誡経』（後分五十経篇Ⅱ）とほぼ同じ内容をもつ。なお、「プンナ長老」については同経、補註3参照。

二 cakkhuviññeyyā. あるいは「眼によって識られる」。

三 tañ ce. 〈その眼と色とを〉。

四 nandī. あるいは「喜びが」。

五 nandisamudayā dukkhasamudayo. 〈（歓喜と）渇愛の結合によって、五蘊という苦の結合が生じる。このように（苦が生起する場合は六門によって生起するから、集の場合も同様であるから）、六門（眼・耳・鼻・舌・身・意）において、「歓喜の生起により、苦の生起がある」というこの二諦（苦諦・集諦）により、輪転（vaṭṭa 輪廻）を頂点に到らせ、示されたのである〉。

▽プンナよ、耳によって識られるべき、好ましい、楽しい、喜ばしい、愛しい、欲をともなった魅力的な、もろもろの声があります。もしも比丘が、それを歓び、迎え、固執し続けるならば、それを歓び、迎え、固執し続けるかれに、歓喜が生じます。プンナよ、『歓喜の生起により、苦の生起がある』と私は説きます。

プンナよ、鼻によって識られるべき、好ましい、楽しい、喜ばしい、愛しい、欲をともなった魅力的な、もろもろの香があります。もしも比丘が、それを歓び、迎え、固執し続けるならば、それを歓び、迎え、固執し続けるかれに、歓喜が生じます。プンナよ、『歓喜の生起により、苦の生起がある』と私は説きます。△

プンナよ、舌によって識られるべき、好ましい、楽しい、喜ばしい、愛しい、欲をともなった魅力的な、もろもろの味があります。▽もしも比丘が、それを歓び、迎え、固執し続けるならば、それを歓び、迎え、固執し続けるかれに、歓喜が生じます。プンナよ、『歓喜の生起により、苦の生起がある』と私は説きます。

プンナよ、身によって識られるべき、好ましい、楽しい、喜ばしい、愛しい、欲をともなった魅力的な、もろもろの触があります。もしも比丘が、それを歓び、迎え、固執し続けるならば、それを歓び、迎え、固執し続けるかれに、歓喜が生じます。プンナよ、『歓

喜の生起により、苦の生起がある』と私は説きます。△

プンナよ、意によって識られるべき、好ましい、楽しい、喜ばしい、愛しい、欲をともなった魅力的な、もろもろの法があります。もしも比丘が、それを歓び、迎え、固執し続けるならば、それを歓び、迎え、固執し続けるかれに、歓喜が生じます。プンナよ、『歓喜の生起により、苦の生起がある』と私は説きます。

（苦の滅尽）

プンナよ、眼によって識られるべき、好ましい、楽しい、喜ばしい、愛しい、欲をともなった魅力的な、もろもろの色があります。もしも比丘が、それを歓ばず、迎えず、固執し続けなければ、それを歓ばず、迎えず、固執し続けないかれに、歓喜が滅します。プンナよ、『歓喜の滅尽により[六]、苦の滅尽がある』と私は説きます。

▽プンナよ、耳によって識られるべき、好ましい、楽しい、喜ばしい、愛しい、欲をともなった魅力的な、もろもろの声があります。もしも比丘が、それを歓ばず、迎えず、固執し続けなければ、それを歓ばず、迎えず、固執し続けないかれに、歓喜が滅します。プンナよ、『歓喜の滅尽により、苦の滅尽がある』と私は説きます。

プンナよ、鼻によって識られるべき、好ましい、楽しい、喜ばしい、愛しい、欲をともなった魅力的な、もろもろの香があります。

[六] nandinirodhā dukkhanirodho.〈第二の仕方においては（この場合）、滅・道という二諦（滅諦・道諦）により、還転（vivaṭṭa 解脱）を頂点に到らせ、示されたのである〉。

もしも比丘が、それを歓ばず、迎えず、固執し続けなければ、それを歓ばず、迎えず、固執し続けないかれに、歓喜が滅します。プンナよ、『歓喜の滅尽により、苦の滅尽がある』と私は説きます。

プンナよ、舌によって識られるべき、好ましい、楽しい、喜ばしい、愛しい、欲をともなった魅力的な、もろもろの味があります。もしも比丘が、それを歓ばず、迎えず、固執し続けなければ、それを歓ばず、迎えず、固執し続けないかれに、歓喜が滅します。プンナよ、『歓喜の滅尽により、苦の滅尽がある』と私は説きます。

プンナよ、身によって識られるべき、好ましい、楽しい、喜ばしい、愛しい、欲をともなった魅力的な、もろもろの触があります。もしも比丘が、それを歓ばず、迎えず、固執し続けなければ、それを歓ばず、迎えず、固執し続けないかれに、歓喜が滅します。プンナよ、『歓喜の滅尽により、苦の滅尽がある』と私は説きます。△

プンナよ、意によって識られるべき、好ましい、楽しい、喜ばしい、愛しい、欲をともなった魅力的な、もろもろの法があります。もしも比丘が、それを歓ばず、迎えず、固執し続けなければ、それを歓ばず、迎えず、固執し続けないかれに、歓喜が滅します。プンナよ、『歓喜の滅尽により、苦の滅尽がある』と私は説きます。

[七]プンナよ、そなたは、この私の簡略な教示[八]により教示されました

七 iminā tvaṁ Puṇṇa. 〈これは単独の連結（結論）である。このように、まず、輪転・還転によって説示を阿羅漢果に含め、今やプンナ長老に、七点（罵り、誹り、手の攻撃、土塊の攻撃、棒の攻撃、刀の攻撃、奪命）について、（忍辱に関する）獅子吼をさせるために、このように言われたのである〉。

八 ovādena ovādito. あるいは「教誡により教誡されました」。

が、どの地方に住むつもりですか」と。

スナーパランタ地方のこと

「尊師よ、スナーパランタ[九]という地方があります。そこで私は住みたいと思います」と。

「プンナよ、スナーパランタの人々は凶暴[一〇]です。プンナよ、スナーパランタの人々は粗暴[一一]です。プンナよ、もしもスナーパランタの人々がそなたを罵《ののし》り[一二]、誹《そし》る[一三]ならば、その場合、プンナよ、そなたはどうするつもりですか」と。

「尊師よ、もしもスナーパランタの人々が私を罵り、誹るならば、その場合、私はつぎのように思うでありましょう。〈ああ、このスナーパランタの人々は善良である。ああ、このスナーパランタの人々は実に善良である。この者たちが私を手で[一四]攻撃しないとは！〉と。

世尊よ、このように[一五]、ここで思うでありましょう。善逝《ぜんぜい》[一六]よ、このように、ここで思うでありましょう」と。

「プンナよ、もしもスナーパランタの人々がそなたを手で攻撃するならば、その場合、プンナよ、そなたはどうするつもりですか」と。

「尊師よ、もしもスナーパランタの人々が私を手で攻撃するなら

九 Sunāparanto nāma janapado. プンナ長老の生地。
一〇 caṇḍā.〈邪悪な（duṭṭhā）、罪過のある（kibbisā）〉。《怒りのある（kodhanā）》。
一一 pharusā.〈残酷な（kakkhaḷā）〉。
一二 akkosissanti.〈十の罵倒事（dasa-akkosavatthu）によって罵り〉。「十の罵倒事」とは、生まれ、名、姓、職業、技芸、病、性（特相）、煩悩、罪、悪罵による罵倒をいう。『律蔵』「波逸提二」（Vin. II. 6）参照。
一三 paribhāsissanti.〈「お前は沙門か。お前にこれこれを（手を切断したり、鼻を削いだり）するぞ」と脅かすならば（tajessanti）〉。
一四 pāṇinā. あるいは「掌で」。
一五 evaṁ ettha bhavissati.〈このように、ここで私は（mayhaṁ）思うでありましょう〉。
一六 Sugata. 仏十号の一。善く逝けるお方。清浄・涅槃に行った者、の意。

ば、その場合、私はつぎのように思うでありましょう。〈ああ、このスナーパランタの人々は善良である。ああ、このスナーパランタの人々は実に善良である。この者たちが私を土塊《つちくれ》[一七]で攻撃しないとは！〉と。

世尊よ、このように、ここで思うでありましょう。善逝よ、このように、ここで思うでありましょう」と。

「プンナよ、もしもスナーパランタの人々がそなたを土塊で攻撃するならば、その場合、プンナよ、そなたはどうするつもりですか」と。

「尊師よ、もしもスナーパランタの人々が私を土塊で攻撃するならば、その場合、私はつぎのように思うでありましょう。〈ああ、このスナーパランタの人々は善良である。ああ、このスナーパランタの人々は実に善良である。この者たちが私を棒[一八]で攻撃しないとは！〉と。

(62) 世尊よ、このように、ここで思うでありましょう。善逝よ、このように、ここで思うでありましょう」と。

「プンナよ、もしもスナーパランタの人々がそなたを棒で攻撃するならば、その場合、プンナよ、そなたはどうするつもりですか」と。

一七　leḍḍunā.

一八　daṇḍena.〈四ハッタ（約一・八メートル）の棒によって、あるいは堅木の棒（khadiradaṇḍa）によって、あるいは瓶形棍棒（ghaṭikamuggara）によって〉。

「尊師よ、もしもスナーパランタの人々が私を棒で攻撃するならば、その場合、私はつぎのように思うでありましょう。〈ああ、このスナーパランタの人々は善良である。ああ、このスナーパランタの人々は実に善良である。この者たちが私を刀[一九]で攻撃しないとは！〉と。

世尊よ、このように、ここで思うでありましょう。善逝よ、このように、ここで思うでありましょう」と。

「プンナよ、もしもスナーパランタの人々がそなたを刀で攻撃するならば、その場合、プンナよ、そなたはどうするつもりですか」と。

「尊師よ、もしもスナーパランタの人々が私を刀で攻撃するならば、その場合、私はつぎのように思うでありましょう。〈ああ、このスナーパランタの人々は善良である。ああ、このスナーパランタの人々は実に善良である。この者たちが利刀[二〇]で私の命を奪わないとは！〉と。

世尊よ、このように、ここで思うでありましょう。善逝よ、このように、ここで思うでありましょう」と。

「プンナよ、もしもスナーパランタの人々が利刀でそなたの命を奪うならば、その場合、プンナよ、そなたはどうするつもりです

一九　satthena.〈片刀（ekatodhāra）などなどの刀（剣）によって〉。

二〇　tiṇhena satthena.

か」と。

「尊師よ、もしもスナーパランタの人々が利刀で私の命を奪うならば、その場合、私はつぎのように思うでありましょう。〈世尊の弟子には、身により、また命により、愁え、恥じ、厭いつつ、刺客[二一]を探し求める者たちがいる。しかし私には、探し求めずして、その刺客が得られている〉と。

世尊よ、このように、ここで思うでありましょう。善逝よ、このように、ここで思うでありましょう」と。

「プンナよ、そのとおりです、そのとおりです。プンナよ、そなたは、この調御《じょうご》[二二]という寂止をそなえて、スナーパランタ地方に住むことができるでしょう。プンナよ、今や随意になすべき時です」と。

(63)

プンナ長老の遊行と入滅

[二三]そこで、尊者プンナは、世尊が説かれたことに歓喜し、喜びを示して、座から立ち上がり、世尊を礼拝し、右回りをした。そして、臥坐所《がざしょ》を片付けると、鉢衣《はつえ》を保ち、スナーパランタ地方へ遊行に出かけた。順次に遊行し、スナーパランタ地方へ入って行った。そして、尊者プンナはそのスナーパランタ地方に住んだ。

さて、尊者プンナは、その雨安居内《うあんごない》に、五百人の男性信者を告げ[二四]

二一　satthahārakaṁ pariyesanti. 〈命を奪う刀を探し求める、ということ。長老は、第三波羅夷事における不浄話を聞いて自体を厭う比丘たちが刺客（命を奪う刀）を探し求めることについて、これを述べたのである〉。「第三波羅夷」の学処（戒条）については、中部145『プンナ教誡経』（後分五十経篇Ⅱ）補註1参照。

二二　damūpasamena. 〈このうち、「調御」（dama）とは「根防護」などの名である。「諦により調御し、調御し近づき、ヴェーダを極め、梵行を終えた」（S. I. 168）という場合、「調御」は「根防護」（indriyasaṁvara 六感官の防護）と言われている。「真実（諦）、調御、捨棄、忍辱より、立派なものがこの世にあるか」（S. I. 215）という場合、「調御」は「慧」（paññā）と言われている。「布施によっても、調御によっても、自制によっても、真実語によっても」（D. I. 53）という場合、「調御」は「布薩の儀式」（uposatha-kamma 布薩戒）と言われている。

しかし、本経においては、「調御」は「忍」（khanti 忍辱）と解されるべきである。「寂止」（upasama）とは、その（「調御」の）同義語である〉。

二三　atha kho āyasmā Puṇṇo. 〈このプンナとは何者か。ところで、なぜ、ここに《スナーパランタ地方に》行きたいと思ったのか。この者は実はスナーパランタの住民であった。しかし、サーヴァッティには（修習実践のために）ふさわしい精舎がないと観察し、そこに行きたいと思ったのである〉。その「次第話」については、中部145『プンナ教誡経』（後分五十経篇Ⅱ）補註3参照。

二四　paṭivedesi（Rᵉ, paṭipādesi）. あるいは「実践させた」。

知らせた。その雨安居内に、五百人の女性信者を告げ知らせた。かれは、その雨安居内に、三明《さんみょう》[二五]を現証した。その雨安居内に、入滅[二六]した。

ときに、多く[二七]の比丘は、世尊がおられるところへ近づいて行った。▽行って、世尊を礼拝し、一方に坐った。△

一方に坐ったその比丘たちは、世尊につぎのように申し上げた。

「尊師よ、かのプンナという善家《ぜんけ》[二八]の子は世尊によって簡略な教示により教示されましたが、かれは亡くなっております。かれの行方はどのようなものであり、来世はどのようなものでありましょうか」と。

「比丘たちよ、善家の子であるプンナは賢者であり、法の随法[二九]を実践しました。しかも、法のために私を悩ませることがありませんでした。比丘たちよ、善家の子であるプンナは入滅しています」と。

第五

6 バーヒヤ経（Bāhiya-sutta）

（八九）▽このように私は聞いた――……△

ときに、尊者[一]バーヒヤは、世尊がおられるところへ近づいて行った。▽行って、世尊を礼拝し、一方に坐った。△

二五 tisso vijjā sacchākāsi. 阿羅漢になったことを示す。「三明」とは、死生智（未来世を知る智）、漏尽智（現在世を知る智）、宿住随念智（過去世を知る智）をいう。

二六 parinibbāyi. あるいは「般涅槃した」。〈無余依（anupādisesa）の涅槃界（nibbānadhātu）に入滅した、ということ。大衆は長老のために、多くの香木片を集め、七日間、遺体供養（sarīrapūjā）を行ない、遺体を荼毘し（sarīraṁ jhāpetvā）、もろもろの舎利（dhātu）を取り、塔（cetiya 支提）を建てた〉。

二七 sambahulā bhikkhū. 〈長老の火葬場（āḷāhanaṭṭhāna）にいた比丘たちは〉。

二八 kulaputto. 「比丘は」の意。

二九 dhammassānudhammaṁ. 「止観」などの法、実践をさす。

（八九）『雑阿含経』巻第二四〈六二五〉（大正蔵二・一七五ａ）

一 āyasmā Bāhiyo.

一方に坐った尊者バーヒヤは、世尊にこう申し上げた。

「尊師よ、世尊はどうか私のために、簡略に法をお説きください。私は、世尊の法をお聞きして、独り、離れ、怠ることなく、熱心に、自ら励み、住みたいと思います」と。

六処の無常

（眼）[二]「バーヒヤよ、そのことをどう思いますか。つまり、眼は常ですか、それとも無常ですか」と。

「無常です、尊師よ」。

「それでは、無常であるものは、苦ですか、それとも楽ですか」と。

「苦です、尊師よ」。

「それでは、無常であり、苦であり、変化する性質のものを〈これは私のものである。これは私である。これは私の我である〉と随見することは適切ですか」と。
(64)「いいえ、尊師よ」。
「もろもろの色は常ですか、それとも無常ですか」と。……

「眼識は常ですか、それとも無常ですか」と。……

「眼触は常ですか、それとも無常ですか」と。……

「▽また、この眼触を縁として生じる楽の、あるいは苦の、あるいは非苦非楽の感受も常ですか、それとも無常ですか」と。

二　以下については、本相応、第三二節「第二根絶適応経」（本書、一四二頁）および、第八六節「簡略法経」（本書、二八五頁）参照。

「無常です、尊師よ」。

「それでは、無常であるものは、苦ですか、それとも楽ですか」と。

「苦です、尊師よ」。

「それでは、無常であり、苦であり、変化する性質のものを〈これは私のものである。これは私である。これは私の我である〉と随見することは適切ですか」と。

「いいえ、尊師よ」。

（耳）「耳は常ですか、それとも無常ですか」と。

「無常です、尊師よ」。

「それでは、無常であるものは、苦ですか、それとも楽ですか」と。

「苦です、尊師よ」。

「それでは、無常であり、苦であり、変化する性質のものを〈これは私のものである。これは私である。これは私の我である〉と随見することは適切ですか」と。

「いいえ、尊師よ」。

「もろもろの声は常ですか、それとも無常ですか」と。……

「耳識は常ですか、それとも無常ですか」と。……

「耳触は常ですか、それとも無常ですか」と。……

「また、この耳触を縁として生じる楽の、あるいは苦の、あるいは非苦非楽の感受も常ですか、それとも無常ですか」と。

「無常です、尊師よ」。

「それでは、無常であるものは、苦ですか、それとも楽ですか」と。

「苦です、尊師よ」。

「それでは、無常であり、苦であり、変化する性質のものを〈これは私のものである。これは私である。これは私の我である〉と随見することは適切ですか」と。

「いいえ、尊師よ」。

（鼻）「鼻は常ですか、それとも無常ですか」と。

「無常です、尊師よ」。

「それでは、無常であるものは、苦ですか、それとも楽ですか」と。

「苦です、尊師よ」。

「それでは、無常であり、苦であり、変化する性質のものを〈これは私のものである。これは私である。これは私の我である〉と随見することは適切ですか」と。

「いいえ、尊師よ」。

「もろもろの香は常ですか、それとも無常ですか」と。……

「鼻識は常ですか、それとも無常ですか」と。……

「鼻触は常ですか、それとも無常ですか」と。……

「また、この鼻触を縁として生じる楽の、あるいは苦の、あるいは非苦非楽の感受も常ですか、それとも無常ですか」と。

「無常です、尊師よ」。

「それでは、無常であるものは、苦ですか、それとも楽ですか」と。

「苦です、尊師よ」。

「それでは、無常であり、苦であり、変化する性質のものを〈これは私のものである。これは私である。これは私の我である〉と随見することは適切ですか」と。

「いいえ、尊師よ」。

（舌）「舌は常ですか、それとも無常ですか」と。

「無常です、尊師よ」。

「それでは、無常であるものは、苦ですか、それとも楽ですか」と。

「苦です、尊師よ」。

「それでは、無常であり、苦であり、変化する性質のものを〈これは私のものである。これは私である。これは私の我である〉と随見することは適切ですか」と。

「いいえ、尊師よ」。

「もろもろの味は常ですか、それとも無常ですか」と。……

「舌識は常ですか、それとも無常ですか」と。……

「舌触は常ですか、それとも無常ですか」と。……

「また、この舌触を縁として生じる楽の、あるいは苦の、あるいは非苦非楽の感受も常ですか、それとも無常ですか」と。

「無常です、尊師よ」。

「それでは、無常であるものは、苦ですか、それとも楽ですか」と。

「苦です、尊師よ」。

「それでは、無常であり、苦であり、変化する性質のものを〈これは私のものである。これは私である。これは私の我である〉と随見することは適切ですか」と。

「いいえ、尊師よ」。

(身)「身は常ですか、それとも無常ですか」と。

「無常です、尊師よ」。

「それでは、無常であるものは、苦ですか、それとも楽ですか」と。

「苦です、尊師よ」。

「それでは、無常であり、苦であり、変化する性質のものを〈これは私のものである。これは私である。これは私の我である〉と随見することは適切ですか」と。

「いいえ、尊師よ」。

「もろもろの触は常ですか、それとも無常ですか」と。……

「身識は常ですか、それとも無常ですか」と。……

「身触は常ですか、それとも無常ですか」と。……

「また、この身触を縁として生じる楽の、あるいは苦の、あるいは非苦非楽の感受も常ですか、それとも無常ですか」と。

「無常です、尊師よ」。

「それでは、無常であるものは、苦ですか、それとも楽ですか」と。

「苦です、尊師よ」。

「それでは、無常であり、苦であり、変化する性質のものを〈これは私のものである。これは私である。これは私の我である〉と随見することは適切ですか」と。

「いいえ、尊師よ」。

(意)「意は常ですか、それとも無常ですか」と。

「無常です、尊師よ」。

「それでは、無常であるものは、苦ですか、それとも楽ですか」と。

「苦です、尊師よ」。

「それでは、無常であり、苦であり、変化する性質のものを〈これは私のものである。これは私である。これは私の我である〉と随見することは適切ですか」と。

「いいえ、尊師よ」。

「もろもろの法は常ですか、それとも無常ですか」と。……

「意識は常ですか、それとも無常ですか」と。……

「意触は常ですか、それとも無常ですか」と。……

「また、この意触を縁として生じる楽の、あるいは苦の、あるいは非苦非楽の感受も常ですか、それとも無常ですか」と。

「無常です、尊師よ」。

「それでは、無常であるものは、苦ですか、それとも楽ですか」と。

「苦です、尊師よ」。

「それでは、無常であり、苦であり、変化する性質のものを〈これは私のものである。これは私である。これは私の我である〉と随見することは適切ですか」と。

「いいえ、尊師よ」。

六処の厭離

「バーヒヤよ、このように見る、聞をそなえた聖なる弟子は、眼についても厭離します。もろもろの色についても厭離します。眼識についても厭離します。眼触についても厭離します。また、この眼触を縁として生じる楽の、あるいは苦の、あるいは非苦非楽の感受についても厭離します。

耳についても厭離します。もろもろの声についても厭離します。

耳識についても厭離します。耳触についても厭離します。また、この耳触を縁として生じる楽の、あるいは苦の、あるいは非苦非楽の感受についても厭離します。

　鼻についても厭離します。もろもろの香についても厭離します。鼻識についても厭離します。鼻触についても厭離します。また、この鼻触を縁として生じる楽の、あるいは苦の、あるいは非苦非楽の感受についても厭離します。

　舌についても厭離します。もろもろの味についても厭離します。舌識についても厭離します。舌触についても厭離します。また、この舌触を縁として生じる楽の、あるいは苦の、あるいは非苦非楽の感受についても厭離します。

　身についても厭離します。もろもろの触についても厭離します。身識についても厭離します。身触についても厭離します。また、この身触を縁として生じる楽の、あるいは苦の、あるいは非苦非楽の感受についても厭離します。

　意についても厭離します。もろもろの法についても厭離します。意識についても厭離します。意触についても厭離します。△また、この意触を縁として生じる楽の、あるいは苦の、あるいは非苦非楽の感受についても厭離します。

厭離し、離貪します。離貪により、解脱します。解脱したとき、〈解脱した〉との智が生じます。〈生まれは尽きた。梵行は完成された。なすべきことはなされた。もはや、この状態の他にはない〉と知ります」

と。

そこで、尊者バーヒヤは、世尊が説かれたことに歓喜し、喜びを示して、座から立ち上がった。そして、世尊を礼拝し、右回りをして、立ち去った。

[三]さて、尊者バーヒヤは、独り、離れて住み、怠ることなく、熱心に、自ら励んだ。まもなく、そのために善家の子たちが正しく家を捨て、出家《しゅつけ》するという、かの無上の梵行の終結を、現世において、自らよく知り、目のあたり見、獲得して、住んだ。〈生まれは尽きた。梵行は完成された。なすべきことはなされた。もはや、この状態の他にはない〉と、知った。そしてまた、尊者バーヒヤは、阿羅《あら》漢《かん》の一人になった、

と。

第六

三 以下については、本相応、第六四節「第二ミガジャーラ経」（本書、二一〇頁）参照。

7 第一動転経（Paṭhama-ejā-sutta）

(九〇) ▽このように私は聞いた――……

世尊はつぎのように言われた。△

「比丘たちよ、動転[一]は病[二]です。動転は腫れ物[三]です。動転は矢[四]です。

それゆえ[五]、比丘たちよ、如来[六]《にょらい》は、動転がなく、矢を離れて住みます。それゆえ、比丘たちよ、比丘は、もしも〈動転がなく、矢を離れて住もう〉と希望するならば、

（眼）眼を[七]妄想してはなりません。眼において[八]妄想してはなりません。眼から[九]妄想してはなりません。眼は[一〇]私のものである、と妄想してはなりません。

もろもろの色を妄想してはなりません。もろもろの色において妄想してはなりません。色から妄想してはなりません。もろもろの色は私のものである、と妄想してはなりません。

眼識を妄想してはなりません。眼識において妄想してはなりません。眼識からてはなり妄想しません。眼識は私のものである、と妄想してはなりません。

眼触を妄想してはなりません。眼触において妄想してはなりません。眼触から妄想してはなりません。眼触は私のものである、と妄想してはなりません。

(九〇)『雑阿含経』巻第八〈二二七〉（大正蔵二・五五c）

一 ejā. あるいは「動貪は」。〈渇愛は（taṇhā）、ということ。なぜなら、それ（渇愛）は動く状態（calanaṭṭha）によって動転（ejā）と言われるからである〉。

二 rogo. 〈それは、すなわち、病気の状態（ābādha）によって「病」である〉。

三 gaṇḍo. 〈内における《内心の》汚れの状態（dussanaṭṭha）によって「腫れ物」である〉。

四 sallaṁ. 〈切り落とす状態（nikantanaṭṭha）によって「矢」である〉。

五 tasmā. 〈「動転」が病であり、腫れ物であり、矢であるから、それゆえ〉。

六 tathāgato. 仏は、覚っている者は、の意。

七 cakkhuṁ na maññeyya. 眼を、「私である」とか、「私のもの」とか、「他者である」とか、「他者のもの」と妄想してはならない、の意。〈以下は述べられた仕方のとおりである。ここでも、すべてが、すでに捉えられたことのみを《すでに「妄想されたものの根絶に相応する経」に述べられていることのみを》集めて示されている〉。本相応、第三〇節「根絶相応経」（本書、一三〇頁）参照。

八 cakkhusmiṁ na maññeyya. 眼の中に「私がいる」、眼の中に「私の障碍がある」、眼の中に「他者がいる」、眼の中に「他者の障碍がある」と妄想してはならない、の意。

九 cakkhuto na maññeyya. 私は（私という有情は）眼から出ている、私の障碍は眼から出ている、他者は眼から出ている、他者の障碍は眼から出ている、と、このようにも妄想しはならない、の意。

一〇 cakkhuṁ me ti maññeyya. 「私には眼がある」と妄想してはならない、我所執となる（私の根拠である）愛の妄執を起こしてはならない、の意。

また、この眼触を縁として生じる楽の、あるいは苦の、あるいは非苦非楽の感受も妄想してはなりません。それにおいても妄想してはなりません。それからも妄想してはなりません。それは私のものである、と妄想してはなりません。

▽（耳）耳を妄想してはなりません。耳において妄想してはなりません。耳から妄想してはなりません。耳は私のものである、と妄想してはなりません。

もろもろの声を妄想してはなりません。もろもろの声において妄想してはなりません。声から妄想してはなりません。もろもろの声は私のものである、と妄想してはなりません。

耳識を妄想してはなりません。耳識において妄想してはなりません。耳識から妄想してはなりません。耳識は私のものである、と妄想してはなりません。

耳触を妄想してはなりません。耳触において妄想してはなりません。耳触から妄想してはなりません。耳触は私のものである、と妄想してはなりません。

また、この耳触を縁として生じる楽の、あるいは苦の、あるいは非苦非楽の感受も妄想してはなりません。それにおいても妄想してはなりません。それからも妄想してはなりません。それは私のものである、と妄想してはなりません。

（鼻）鼻を妄想してはなりません。鼻において妄想してはなりません。鼻から妄想してはなりません。鼻は私のものである、と妄想してはなりません。

もろもろの香を妄想してはなりません。もろもろの香において妄想してはなりません。香から妄想してはなりません。もろもろの香は私のものである、と妄想してはなりません。

鼻識を妄想してはなりません。鼻識において妄想してはなりません。鼻識から妄想してはなりません。鼻識は私のものである、と妄想してはなりません。

鼻触を妄想してはなりません。鼻触において妄想してはなりません。鼻触から妄想してはなりません。鼻触は私のものである、と妄想してはなりません。

また、この鼻触を縁として生じる楽の、あるいは苦の、あるいは非苦非楽の感受も妄想してはなりません。それにおいても妄想してはなりません。それからも妄想してはなりません。それは私のものである、と妄想してはなりません。△

（舌）舌を妄想してはなりません。舌において妄想してはなりません。舌から妄想してはなりません。舌は私のものである、と妄想してはなりません。

もろもろの味を妄想してはなりません。もろもろの味において妄想してはなりません。味から妄想してはなりません。もろもろの味は私のものである、と妄想してはなりません。

舌識を妄想してはなりません。舌識において妄想してはなりません。舌識から妄想してはなりません。舌識は私のものである、と妄想してはなりません。

舌触を妄想してはなりません。舌触において妄想してはなりません。舌触から妄想してはなりません。舌触は私のものである、と妄想してはなりません。

また、この舌触を縁として生じる楽の、あるいは苦の、あるいは非苦非楽の感受も妄想してはなりません。それにおいても妄想してはなりません。それからも妄想してはなりません。それは私のものである、と妄想してはなりません。

▽（身）身を妄想してはなりません。身において妄想してはなりません。身から妄想してはなりません。身は私のものである、と妄想してはなりません。

もろもろの触を妄想してはなりません。もろもろの触において妄想してはなりません。触から妄想してはなりません。もろもろの触は私のものである、と妄想してはなりません。

身識を妄想してはなりません。身識において妄想してはなりません。身識から妄想してはなりません。身識は私のものである、と妄想してはなりません。

身触を妄想してはなりません。身触において妄想してはなりません。身触から妄想してはなりません。身触は私のものである、と妄想してはなりません。

また、この身触を縁として生じる楽の、あるいは苦の、あるいは非苦非楽の感受も妄想してはなりません。それにおいても妄想してはなりません。それからも妄想してはなりません。それは私のものである、と妄想してはなりません。△

（意）意を妄想してはなりません。意において妄想してはなりません。意から妄想してはなりません。意は私のものである、と妄想してはなりません。

もろもろの法を妄想してはなりません。もろもろの法において妄想してはなりません。法から妄想してはなりません。もろもろの法は私のものである、と妄想してはなりません。

意識を妄想してはなりません。意識において妄想してはなりません。意識から妄想してはなりません。意識は私のものである、と妄想してはなりません。

意触を妄想してはなりません。意触において妄想してはなりません。意触から妄想してはなりません。意触は私のものである、と妄想してはなりません。

また、この意触を縁として生じる楽の、あるいは苦の、あるいは非苦非楽の感受も妄想してはなりません。それにおいても妄想してはなりません。それからも妄想してはなりません。それは私のものである、と妄想してはなりません。

[二]一切を妄想してはなりません。一切において妄想してはなりません。一切から妄想してはなりません。一切は私のものである、と妄想してはなりません。

かれは、このように妄想せず、世のいかなるものにも執着《しゅうじゃく》しません。執着せず、震えません。震えず、ただ自ら、般涅槃《はつねはん》します。[(66)]〈生まれは尽きた。梵行は完成された。なすべきことはなされた。もはや、この状態の他にはない〉と知ります」

と。

第七

二　sabbaṁ na maññeya. 以下は、一切の愛（taṇhā 渇愛）・慢（māna 慢心）・見（diṭṭhi 邪見）によって妄想されたもの（maññita 考えられたもの）の根絶を説くものである。

8 第二動転経（Dutiya-ejā-sutta）

（九二）このように私は聞いた――……

世尊はつぎのように言われた。

「比丘たちよ、動転[一]は病です。動転は腫れ物です。動転は矢です。それゆえ、比丘たちよ、如来は、動転がなく、矢を離れて住みます。それゆえ、比丘たちよ、比丘は、もしも〈動転がなく、矢を離れて住もう〉と希望するならば、

（眼）眼を妄想してはなりません。眼において妄想してはなりません。眼から妄想してはなりません。眼は私のものである、と妄想してはなりません。

もろもろの色を妄想してはなりません。もろもろの色において妄想してはなりません。色から妄想してはなりません。もろもろの色は私のものである、と妄想してはなりません。

眼識を妄想してはなりません。眼識において妄想してはなりません。眼識からてはなり妄想しません。眼識は私のものである、と妄想してはなりません。

眼触を妄想してはなりません。眼触において妄想してはなりません。眼触から妄想してはなりません。眼触は私のものである、と妄想してはなりません。

（九二）『雑阿含経』巻第八〈二一七〉（大正蔵二・五五c）

一 ejā.「渇愛は」の意。

また、この眼触を縁として生じる楽の、あるいは苦の、あるいは非苦非楽の感受も妄想してはなりません。それにおいても妄想してはなりません。それからも妄想してはなりません。それは私のものである、と妄想してはなりません。

[二]なぜならば、比丘たちよ、あるものを妄想する場合、あるものにおいて妄想する場合、あるものから妄想する場合、あるものは私のものであると妄想する場合、それはそれと異なるものになるからです。異なるものとして生存に執する世界は、生存のみを歓喜するのです。

（耳）耳を妄想してはなりません。耳において妄想してはなりません。耳から妄想してはなりません。耳は私のものである、と妄想してはなりません。

もろもろの声を妄想してはなりません。もろもろの声において妄想してはなりません。声から妄想してはなりません。もろもろの声は私のものである、と妄想してはなりません。

耳識を妄想してはなりません。耳識において妄想してはなりません。耳識から妄想してはなりません。耳識は私のものである、と妄想してはなりません。

耳触を妄想してはなりません。耳触において妄想してはなりませ

二　以下については、本相応、第三一節「第一根絶適応経」（本書、一三六頁）参照。

ん。耳触から妄想してはなりません。耳触は私のものである、と妄想してはなりません。

また、この耳触を縁として生じる楽の、あるいは苦の、あるいは非苦非楽の感受も妄想してはなりません。それにおいても妄想してはなりません。それからも妄想してはなりません。それは私のものである、と妄想してはなりません。

なぜならば、比丘たちよ、あるものを妄想する場合、あるものにおいて妄想する場合、あるものから妄想する場合、あるものは私のものであると妄想する場合、それはそれと異なるものになるからです。異なるものとして生存に執する世界は、生存のみを歓喜するのです。

（鼻）鼻を妄想してはなりません。鼻において妄想してはなりません。鼻から妄想してはなりません。鼻は私のものである、と妄想してはなりません。

もろもろの香を妄想してはなりません。もろもろの香において妄想してはなりません。香から妄想してはなりません。もろもろの香は私のものである、と妄想してはなりません。

鼻識を妄想してはなりません。鼻識において妄想してはなりません。鼻識から妄想してはなりません。鼻識は私のものである、と妄想してはなりません。

鼻触を妄想してはなりません。鼻触において妄想してはなりません。鼻触から妄想してはなりません。鼻触は私のものである、と妄想してはなりません。

また、この鼻触を縁として生じる楽の、あるいは苦の、あるいは非苦非楽の感受も妄想してはなりません。それにおいても妄想してはなりません。それからも妄想してはなりません。それは私のものである、と妄想してはなりません。

なぜならば、比丘たちよ、あるものを妄想する場合、あるものにおいて妄想する場合、あるものから妄想する場合、あるものは私のものであると妄想する場合、それはそれと異なるものになるからです。異なるものとして生存に執する世界は、生存のみを歓喜するのです。

（舌）舌を妄想してはなりません。舌において妄想してはなりません。舌から妄想してはなりません。舌は私のものである、と妄想してはなりません。

もろもろの味を妄想してはなりません。もろもろの味において妄想してはなりません。味から妄想してはなりません。もろもろの味は私のものである、と妄想してはなりません。

舌識を妄想してはなりません。舌識において妄想してはなりません。舌識から妄想してはなりません。舌識は私のものである、と妄想してはなりません。

舌触を妄想してはなりません。舌触において妄想してはなりません。舌触から妄想してはなりません。舌触は私のものである、と妄想してはなりません。

また、この舌触を縁として生じる楽の、あるいは苦の、あるいは非苦非楽の感受も妄想してはなりません。それにおいても妄想してはなりません。それからも妄想してはなりません。それは私のものである、と妄想してはなりません。

なぜならば、比丘たちよ、あるものを妄想する場合、あるものにおいて妄想する場合、あるものから妄想する場合、あるものは私のものであると妄想する場合、それはそれと異なるものになるからです。異なるものとして生存に執する世界は、生存のみを歓喜するのです。

（身）身を妄想してはなりません。身において妄想してはなりません。身から妄想してはなりません。身は私のものである、と妄想してはなりません。

もろもろの触を妄想してはなりません。もろもろの触において妄想してはなりません。触から妄想してはなりません。もろもろの触は私のものである、と妄想してはなりません。

身識を妄想してはなりません。身識において妄想してはなりません。身識から妄想してはなりません。身識は私のものである、と妄想してはなりません。

身触を妄想してはなりません。身触において妄想してはなりません。身触から妄想してはなりません。身触は私のものである、と妄想してはなりません。

また、この身触を縁として生じる楽の、あるいは苦の、あるいは非苦非楽の感受も妄想してはなりません。それにおいても妄想してはなりません。それからも妄想してはなりません。それは私のものである、と妄想してはなりません。

なぜならば、比丘たちよ、あるものを妄想する場合、あるものにおいて妄想する場合、あるものから妄想する場合、あるものは私のものであると妄想する場合、それはそれと異なるものになるからです。異なるものとして生存に執する世界は、生存のみを歓喜するのです。△

（意）意を妄想してはなりません。意において妄想してはなりません。意から妄想してはなりません。意は私のものである、と妄想してはなりません。

もろもろの法を妄想してはなりません。もろもろの法において妄想してはなりません。法から妄想してはなりません。もろもろの法は私のものである、と妄想してはなりません。

意識を妄想してはなりません。意識において妄想してはなりません。意識から妄想してはなりません。意識は私のものである、と妄想してはなりません。

意触を妄想してはなりません。意触において妄想してはなりません。意触から妄想してはなりません。意触は私のものである、と妄想してはなりません。

また、この意触を縁として生じる楽の、あるいは苦の、あるいは非苦非楽の感受も妄想してはなりません。それにおいても妄想してはなりません。それからも妄想してはなりません。それは私のものである、と妄想してはなりません。

(67)なぜならば、比丘たちよ、あるものを妄想する場合、あるものにおいて妄想する場合、あるものから妄想する場合、あるものは私のものであると妄想する場合、それはそれと異なるものになるからです。異なるものとして生存に執する世界は、生存のみを歓喜するのです。

三 比丘たちよ、どれだけの蘊《うん》・界《かい》・処《しょ》であれ、かれは、それも妄想しません。それにおいても妄想しません、それからも妄想しません、それは私のものである、と妄想しません。

かれは、このように妄想せず、世のいかなるものにも執着《しゅうじゃく》しません。執着せず、震えません。震えず、ただ自ら、般涅槃します。〈生まれは尽きた。梵行は完成された。なすべきことはなされた。もはや、この状態の他にはない〉と知ります」と。

第八

291

9 第一・一対経（Paṭhamadvaya-sutta）

（九二）▽このように私は聞いた——……

世尊はつぎのように言われた。△

「比丘たちよ、そなたたちに、一 一対を説きましょう。それを聞きなさい。

それでは、比丘たちよ、一対とは何でしょうか。

二 眼ともろもろの色です。耳ともろもろの声です。鼻ともろもろの香です。舌ともろもろの味です。身ともろもろの触です。意ともろもろの法です。

三 yāvatā bhikkhave khandha-dhātu-āyatanaṁ.「これがどれだけの諸蘊（五蘊）と諸界（十八界）と諸処（十二処）という蘊・界・処であれ」の意。本相応、第三一節「第一根絶適応経」（本書、一四一頁）参照。

（九二）『雑阿含経』巻第八〈二一三〉（大正蔵二・五四ａ）

一 dvayaṁ.〈二つずつの部分を（dve dve koṭṭhāse）〉。《「一対を」とは二法を、ということ。パーリ（聖典）には繰り返しの省略（āmeitalopa）による説明があるから、「二つずつの部分を」と言ったのである》。

二 cakkhuñ ceva rūpā ca. 以下の一対とは、根（感官）と境（対象）、六根と六境をいう。

比丘たちよ、これが一対と言われます。

比丘たちよ、『私はこの一対を捨てて、他の一対を示そう』と、このように言う者がいれば、それはただ言葉を根拠としているだけのものになります。かれは、問われたならば答えられず、さらに困惑することにもなります。それはなぜか。

比丘たちよ、それは埒外のことだからです」

と。

第九

10 第二・一対経 (Dutiyadvaya-sutta)

(九三)▽このように私は聞いた――……

世尊はつぎのように言われた。△

「比丘たちよ、一対によって[一]識が生じます。

それでは、比丘たちよ、どのように一対によって識が生じるのか。

(眼)[二]眼ともろもろの色とによって[三]眼識が生起します。眼は[四]無常であり、変化し、変異するものです。もろもろの色は無常であり、変化し、変異するものです。[五]このように、この一対は[六]動き、揺れ、無常であり、変化し、変異するものです。眼識は無常であり、変化し、変異するものです。眼識が生起するための[七]因であるものも、縁

(68)

(九三)『雑阿含経』巻第八〈二一三〉(大正蔵二・五四a)

一　viññāṇaṁ sambhoti.

二　cakkhuñ ca paṭicca rūpe ca.

三　uppajjati cakkhuviññāṇaṁ.

四　aniccaṁ vipariṇāmi aññathābhāvi.

五　itthetaṁ dvayaṁ.《このように(evaṁ)、「無常」などの状態によって、この眼と色という一対は》。

六　calañ ceva byathañ ca.〈自ら自性によって定立しないことから、動き(calati)、また揺れ(byathati)〉。

七　yopi hetu yopi paccayo.〈眼識の基と所縁(vatthārammaṇa)である因も縁も〉。

であるものも、それは無常であり、変化し、変異するものです。比丘たちよ、それにもかかわらず、無常である縁によって生起する眼識が、[八]どうして常住《じょうじゅう》になりましょうか。

比丘たちよ、これらの[九]三法の[一〇]和合、[一一]集合、[一二]結合であるもの、これが[一三]眼触と言われます。眼触もまた無常であり、変化し、変異するものです。眼触が生起するための[一四]因であるものも、縁であるものも、それは無常であり、変化し、変異するものです。比丘たちよ、それにもかかわらず、無常である縁によって生起する眼触が、どうして常住になりましょうか。

比丘たちよ、[一五]触れられるものを感受します。触れられるものを意思します。触れられるものを想念します。このように、これらの法も動き、震え、無常であり、変化し、変異するものです。

（耳）耳と▽もろもろの声とによって耳識が生起します。耳は無常であり、変化し、変異するものです。もろもろの声は無常であり、変化し、変異するものです。このように、この一対は動き、揺れ、無常であり、変化し、変異するものです。耳識は無常であり、変化し、変異するものです。耳識が生起するための因であるものも、縁であるものも、それは無常であり、変化し、変異するものです。比丘たちよ、それにもかかわらず、無常である縁によって生起する耳

八　kuto niccaṁ bhavissati.〈いかなる根拠によって常（変化のないもの）になるであろうか。たとえば、女性奴隷の胎に生まれた男性奴隷の子が別の男性奴隷となるように、無常（変化のあるもの）である、という意味である〉。

九　tiṇṇaṁ dhammānaṁ. 眼ともろもろの色と眼識の、ということ。

一〇　saṅgati.〈協合（sahagati）〉。

一一　sannipāto.〈一つに集まること（sannipatanaṁ）〉。

一二　samavāyo.〈一つに合うこと（samāgamo）〉。

一三　ayaṁ vuccati cakkhusamphasso.〈この和合・集合・結合と称される縁（paccaya）によって生起していることで、縁という名によってのみ和合があり、集合があり、結合があるから、これが眼触と言われます〉の意。

一四　sopi hetu.〈触（phassa）の基と所縁と倶生の三蘊という、この《三種の》因も〉。《「基」（vatthu）とは眼であり、依止縁などの状態による。「所縁」（ārammaṇa）とは色であり、所縁縁などの状態による。「倶生の三蘊」（sahajātā tayo khandhā）とは受などであり、それらは倶生縁などの状態による》。

一五　phuṭṭho.〈‘phuṭṭho’とは、目的格（upayoga, Acc.）を意味する主格（paccatta, Nom.）である。触（phassa）によって触れられる領域のみを（phuṭṭham eva gocaraṁ）、感受が感受する（vedanā vedeti）、意思が意思する（cetanā ceteti）、想念が想念する（saññā sañjānāti）、という意味である。

あるいは、‘phuṭṭho’とは、触をそなえている人は（phassa-samaṅgipuggalo）、ということである。かれは、触によって、触れられる所縁のみを、感受などによって感受する、意思する、想念する、とも言われていることになる。

以上のように、本経では、ちょうど三十の蘊（samatiṁsa-

識が、どうして常住になりましょうか。

　比丘たちよ、これらの三法の和合、集合、結合であるもの、これが耳触と言われます。耳触もまた無常であり、変化し、変異するものです。耳触が生起するための因であるものも、縁であるものも、それは無常であり、変化し、変異するものです。比丘たちよ、それにもかかわらず、無常である縁によって生起する耳触が、どうして常住になりましょうか。

　比丘たちよ、触れられるものを感受します。触れられるものを意思します。触れられるものを想念します。このように、これらの法も動き、震え、無常であり、変化し、変異するものです。

　（鼻）鼻ともろもろの香とによって鼻識が生起します。鼻は無常であり、変化し、変異するものです。もろもろの香は無常であり、変化し、変異するものです。このように、この一対は動き、揺れ、無常であり、変化し、変異するものです。鼻識は無常であり、変化し、変異するものです。鼻識が生起するための因であるものも、縁であるものも、それは無常であり、変化し、変異するものです。比丘たちよ、それにもかかわらず、無常である縁によって生起する鼻識が、どうして常住になりましょうか。

　比丘たちよ、これらの三法の和合、集合、結合であるもの、これ

kkhandhā）が語られていることになる。どのようにか。まず、眼門においては、基と所縁とが「色蘊」であり、触れられるものを感受するから「受蘊」であり、意思するから「行蘊」であり、想念するから「想蘊」であり、意識するから「識蘊」である。残りの門（耳門ないし意門）についても、これと同じ仕方で解される。なぜなら、意門についても、基色が完全に「色蘊」であり、また、色と所縁があるときは所縁も色蘊であるから、六の五法、三十になるのである。なお、略せば、これらは、六門においても単なる五蘊であるから、「有縁の五蘊について無常である」と詳説して言われるときに覚る者たちの意向によって、本経は説示されている〉。

が鼻触と言われます。鼻触もまた無常であり、変化し、変異するものです。鼻触が生起するための因であるものも、縁であるものも、それは無常であり、変化し、変異するものです。比丘たちよ、それにもかかわらず、無常である縁によって生起する鼻触が、どうして常住になりましょうか。

　比丘たちよ、触れられるものを感受します。触れられるものを意思します。触れられるものを想念します。このように、これらの法も動き、震え、無常であり、変化し、変異するものです。△

（舌）舌ともろもろの味とによって舌識が生起します。舌は無常であり、変化し、変異するものです。もろもろの味は無常であり、変化し、変異するものです。このように、この一対は動き、揺れ、無常であり、変化し、変異するものです。舌識は無常であり、変化 292 し、変異するものです。舌識が生起するための因であるものも、縁であるものも、それは無常であり、変化し、変異するものです。比丘たちよ、それにもかかわらず、無常である縁によって生起する舌識が、どうして常住になりましょうか。

　比丘たちよ、これらの三法の和合、集合、結合であるもの、これが舌触と言われます。舌触もまた無常であり、変化し、変異するも (69) のです。舌触が生起するための因であるものも、縁であるものも、それは無常であり、変化し、変異するものです。比丘たちよ、それにもかかわらず、無常である縁によって生起する舌触が、どうして常住になりましょうか。

比丘たちよ、触れられるものを感受します。触れられるものを意思します。触れられるものを想念します。このように、これらの法も動き、震え、無常であり、変化し、変異するものです。

（身）身ともろもろの触とによって身識が生起します。身は無常であり、変化し、変異するものです。もろもろの触は無常であり、変化し、変異するものです。このように、この一対は動き、揺れ、無常であり、変化し、変異するものです。身識は無常であり、変化し、変異するものです。身識が生起するための因であるものも、縁であるものも、それは無常であり、変化し、変異するものです。比丘たちよ、それにもかかわらず、無常である縁によって生起する身識が、どうして常住になりましょうか。

比丘たちよ、これらの三法の和合、集合、結合であるもの、これが身触と言われます。身触もまた無常であり、変化し、変異するものです。身触が生起するための因であるものも、縁であるものも、それは無常であり、変化し、変異するものです。比丘たちよ、それにもかかわらず、無常である縁によって生起する身触が、どうして常住になりましょうか。

比丘たちよ、触れられるものを感受します。触れられるものを意思します。触れられるものを想念します。このように、これらの法も動き、震え、無常であり、変化し、変異するものです。

（意）意ともろもろの法とによって意識が生起します。意は無常であり、変化し、変異するものです。もろもろの法は無常であり、変化し、変異するものです。このように、この一対は動き、揺れ、無常であり、変化し、変異するものです。意識は無常であり、変化し、変異するものです。意識が生起するための因であるものも、縁であるものも、それは無常であり、変化し、変異するものです。比丘たちよ、それにもかかわらず、無常である縁によって生起する意識が、どうして常住になりましょうか。

比丘たちよ、これらの三法の和合、集合、結合であるもの、これが意触と言われます。意触もまた無常であり、変化し、変異するものです。意触が生起するための因であるものも、縁であるものも、それは無常であり、変化し、変異するものです。比丘たちよ、それにもかかわらず、無常である縁によって生起する意触が、どうして常住になりましょうか。

比丘たちよ、触れられるものを感受します。触れられるものを意思します。触れられるものを想念します。このように、これらの法も動き、震え、無常であり、変化し、変異するものです。

比丘たちよ、このように一対によって識が生じます」

と。

第一〇

第九　チャンナの章

以上の摂頌

「壊滅」と「空」と「簡略」と
「チャンナ」と「プンナ」と「バーヒヤ」あり
また「動転」により二が説かれ
「一対」によりさらに二あり

第一〇　六の章（Saḷa-vagga）

1　無調御無守護経（Adanta-agutta-sutta）[一]

（九四）*▽このように私は聞いた——

あるとき、世尊《せそん》は、サーヴァッティに近い、ジェータ林のアナータピンディカ僧院に住んでおられた。

そこで、世尊は比丘《びく》たちに話しかけられた。△

調御されていない六触処

「比丘たちよ、これらの[二]六の触処《そくしょ》は、[三]調御《じょうご》がなく、[四]保護がなく、[五]守護がなく、[六]防護がない場合、[七]苦《く》をもたらすものになります。

六とは何でしょうか。

比丘たちよ、眼《げん》という触処は、調御されず、保護されず、守護されず、防護されていない場合、苦をもたらすものになります。

▽耳《に》という触処は、調御されず、保護されず、守護されず、防護されていない場合、苦をもたらすものになります。

鼻《び》という触処は、調御されず、保護されず、守護されず、防護されていない場合、苦をもたらすものになります。△

舌《ぜっ》という触処は、調御されず、保護されず、守護されず、防護さ

一　R

一　Rᵉ は本経名を「所摂（一）」（Saṅgayha (1)）とする。なお、「所摂」とは「偈を含むもの」ということ。（九四）『雑阿含経』巻第一一〈二七九〉（大正蔵二・七六a—c）

二　chayime phassāyatanā. 六の接触（根・境・識）のための処（根拠）。眼という触処、耳という触処、鼻という触処、舌という触処、身という触処、意という触処をさす。

三　adantā.〈調御されていない（adamitā）〉。

四　aguttā.〈保護されていない（agopitā）〉。《念（sati）と称される垣（vati）によって守護されていない》。

五　arakkhitā.〈守護されていない（na rakkhitā）〉。

六　asaṁvutā.〈《念の扉（satikavāṭa）によって》閉じられていない場合（apihitā）〉。

七　dukkhādhivāhā honti.〈堕地獄（nerayika）などに分類される苦の増大（adhikadukkha）をもたらすものになる〉。

れていない場合、苦をもたらすものになります。

身《しん》という触処は、調御されず、保護されず、守護されず、防護されていない場合、苦をもたらすものになります。

意《い》という触処は、調御されず、保護されず、守護されず、防護されていない場合、苦をもたらすものになります。

比丘たちよ、これらの六の触処は、調御がなく、保護がなく、守護がなく、防護がない場合、苦をもたらすものになります。

よく調御されている六触処

「比丘たちよ、これらの六の触処は、[八]よく調御され、よく保護され、よく守護され、よく防護されている場合、[九]楽《らく》をもたらすものになります。

六とは何でしょうか。

比丘たちよ、眼という触処は、よく調御され、よく保護され、よく守護され、よく防護されている場合、楽をもたらすものになります。

耳という触処は、よく調御され、よく保護され、よく守護され、よく防護されている場合、楽をもたらすものになります。

鼻という触処は、よく調御され、よく保護され、よく守護され、よく防護されている場合、楽をもたらすものになります。

舌という触処は、よく調御され、よく保護され、よく守護され、

八　sudantā suguttā surakkhitā susaṁvutā.
九　sukhādhivāhā honti. 〈禅・道・果（jhāna-magga-phala）に区分される楽の増大（adhikasukha）をもたらすものになる〉。

よく防護されている場合、楽をもたらすものになります。身という触処は、よく調御され、よく保護され、よく守護され、よく防護されている場合、楽をもたらすものになります。意という触処は、よく調御され、よく保護され、よく守護され、よく防護されている場合、楽をもたらすものになります。

比丘たちよ、これらの六の触処は、よく調御され、よく保護され、よく守護され、よく防護されている場合、楽をもたらすものになります」

と。

このように世尊は言われた。このように善逝《ぜんぜい》は言われた。そしてさらに、師はつぎのように言われた。

「比丘らよ、[一〇]六の触処あり
[一一]その無防護者は苦を受ける
[一二]それらの防護を得た者らは
[一三]信《しん》を友とし、[一四]無漏《むろ》に住む

心楽しい色《しき》を見て、また
心楽しくない色を見るとき

一〇　saḷeva.〈‘cha eva’ということ〉。《cha 字が sa 字になり、ḷa 字は語の連声を作るものである》。
一一　asaṁvuto yattha dukkhaṁ nigacchati.〈諸処に対する防護のない者は苦を得るであろう〉。
一二　tesañ ca ye saṁvaraṁ avedisuṁ.〈それら諸処の防護を知った（vindiṁsu）者らは、獲得した（paṭilabhiṁsu）者らは〉。
一三　saddhādutiyā.
一四　viharantānavassutā.〈《貪り（rāga）によって》漏れることなく（anavassutā）、濡れることなく（atintā）住む（viharanti）〉。

心楽しいものへの貪路《とんろ》[一五]を除き
また、〈私に不《ふ》愛《あい》[一六]あり〉と意を汚すな

(71)
愛と不愛の両声《りょうしょう》を聞くとき
愛の声に夢中にならず
また、不愛への汚れを除き
〈私に不愛あり〉と意を汚すな

294
心楽しい芳香《ほうこう》を嗅ぎ、また
不浄で不快な香を嗅ぐとき
不快に対する怒りを除き
快への欲に引かれるな

[一七]甘くおいしい味《み》を味わい、また
ときに、まずい味を味わうとき
[一八]おいしい味に耽って食べず
まずい味に嫌悪を示すな

触《そく》に触れては楽に酔わず

一五　rāgapathaṁ. 心楽しい色に対する貪りの路を、ということ。
一六　appiyaṁ. 心楽しくない色に対する憎しみがある、ということ。
一七　rasañ ca bhotvāna asāditañ ca sāduṁ (R^e, rasañ ca bhotvā sāditañ ca sāduñ ca).〈「甘くおいしい」(asāditañ ca sāduṁ) とは、楽味があり (assādavantaṁ)、甘美な (madhuraṁ)、ということ〉。
一八　virodhaṁ āsādusu nopadaṁsaye (R^e, virodhaṁ asādūsu no padaṁ saye).

また、苦に触れても動じるな
一九 楽・苦の二触に平静となれ
二〇 何によっても喜怒がなく

二一 妄想のある、二二 いかなる人も
二三 妄執し、想あり、近づいて行く
しかし、二四 意からなる一切の在家《ざいけ》依存を
二五 除去し、二六 かれは離欲依存を威儀《いぎ》す

このように意が二七 六を修習《しゅじゅう》すれば
触れられ、二八 心は何にも揺れず
比丘らよ、その貪《とん》と瞋《しん》を征し
二九 生死の彼岸《ひがん》に行く者となれ」

と。

2 マールキヤプッタ経（Mālukyaputta-sutta）一

(九五) ▽このように私は聞いた——……△

一九 phassadvayaṁ sukhadukkhe upekkhe.〈楽触と苦触という二触に平静となれ（upekkhe 無関心となれ）、ここに平静を起こすがよい、の意〉。
二〇 anānuruddho aviruddha kenaci.〈いかなるものとも喜ばない者（neva anuruddho）、怒らない者（na viruddho）になるがよい〉。
二一 papañcasaññā.〈煩悩想（kilesasaññā）によって妄想者と呼ばれるものになり〉。
二二 itarītarā narā.〈劣悪な有情たちは（lāmakasattā）〉。
二三 papañcayantā upayanti saññino.〈《輪廻において》妄執しつつ（papañcayamānā）、《在家的な想によって》想のある有情として（sasaññā sattā）、輪転に近づく（vaṭṭaṁ upagacchanti）〉。
二四 manomayaṁ gehasitañ ca sabbaṁ.〈一切の、五妙欲による在家依存の、意からなる、考え（vitakka）を〉。
二五 panujja.〈除き（panuditvā）、取り除き（nīharitvā）〉。
二六 nekkhammasitaṁ iriyati.〈賢い比丘は、離欲依存を威儀によって威儀する《実践する（paṭipajjati）》〉。
二七 chassu yadā subhāvito.〈六の所縁に対して、よく修習されているとき〉。
二八 phuṭṭhassa cittaṁ na vikampate kvaci.〈楽触によって、あるいは苦触によって触れられた者の心は《その既述の触によって触れられた、その心は》、何にも《いかなる好・不好の所縁にも》揺れず、動じない〉。
二九 bhavattha jātimaraṇassa pāragā.〈そなたたちは、生死の彼岸（pāra）である涅槃（nibbāna）に行く者（gamaka）となれ〉。

一 Rᵉ は本経名を「所摂（二）」（Saṅgayha (2)）とする。
(九五)『雑阿含経』巻第一三〈三一二〉（大正蔵二・八九c—九〇b）

ときに、[二]尊者《そんじゃ》マールキヤプッタは、世尊がおられるところへ近づいて行った。▽行って、世尊を礼拝《らいはい》し、一方に坐った。△一方に坐った尊者マールキヤプッタは、世尊にこう申し上げた。

「尊師よ、世尊はどうか私のために、簡略に法《ほう》をお説きください。私は、世尊の法をお聞きして、独《ひと》り、離れ、怠ることなく、熱心に、自ら励み、住みたいと思います」と。

「マールキヤプッタよ、そなたのような[三]老齢、老体、老大にして、人生の旅人であり、老境に達した比丘が簡略に教示を要請するのであれば、われわれは、[四]ここで、今、若い比丘たちに何を説けばよいのですか」と。

「尊師よ、[五]たとえ私が老齢、老体、老大にして、人生の旅人であり、老境に達した者でありましても、尊師よ、世尊はどうか私のために、簡略に法をお説きください。私は、おそらく世尊が語られた言葉の意味をよく理解できるでありましょう。私は、おそらく世尊が語られた言葉の相続者になるでありましょう」と。

（眼）「マールキヤプッタよ、そのことをどう思いますか。つまり、そなたには、眼に識《し》られるもろもろの色で、[六]見られていないもの、以前にも見られたことのないもの、[七]また見ていないもの、[八]またそなたには見ようとしないものがありますが、そなたにはそれに対して、

二 āyasmā Mālukyaputto.〈マールキヤ・バラモン女性の息子である〉。仏はこの比丘のために、中部63『小マールキヤ経』では「十無記」（「世界は常住である」などの解答されない十種の事柄）を退けて「四諦」を説き、また中部64『大マールキヤ経』では「五下分結」（有身見・疑い・戒禁取・欲貪・瞋恚）の束縛からの出離とその道を示しておられる。

三 ettha.〈そなたのためのこの教示の要請において、ということ。これによって、長老を叱責もし（apasādeti pi）、励ましもしている（ussādeti pi）のである。

どのようにか。伝えによれば、この者は、若い頃は色などに酔い、後に老大になると森林住を望み、業処を乞い求めた。そこで、世尊は、『ここで若い者たちには何を話そうか。マールキヤプッタのように、そなたたちも若いときには酔い、老大になると森に入り、沙門法を行なってよいものか』とこの趣旨によって語り、長老を叱責しておられるのである。

しかしまた、長老が老大になっても森に入り、沙門法を行なおうと願っているから、世尊は、『ここで若い者たちには何を話そうか。このわれわれのマールキヤプッタは、老大になっても森に入り、沙門法を行なおうと願い、業処を乞い求めている。そなたたちは、若いときも、精進をしないのか』とのこの趣旨によって語り、長老を励ましておられるのである〉。

四 jiṇṇo vuddho mahallako addhagato vayo-anuppatto.「老齢」とは老衰の者、「老体」とは肢体の成長が限界に達している者、「老大」とは長時に追求した者、「人生の旅人」とは道を行く（実践している）者であり、「老境に達した者」とは人生の後期に達した者をいう。長部4『ソーナダンダ経』第四節参照。

五 kiñcāpāhaṁ.〈たとえ「私は老大である」と知られていても、私が老大であり、老大であっても、沙門法を行なう

[九]欲、あるいは貪《むさぼ》り、あるいは愛着がありますか」と。
「ありません、尊師よ」。

（耳）「そなたには、耳に識られるもろもろの声で、聞かれていないもの、以前にも聞かれたことのないもの、また聞いていないもの、またそなたには聞こうとしないものがありますが、そなたにはそれに対して、欲、あるいは貪り、あるいは愛着がありますか」と。

「ありません、尊師よ」。

（鼻）「そなたには、鼻に識られるもろもろの香で、嗅がれていないもの、以前にも嗅がれたことのないもの、また嗅いでいないもの、またそなたには嗅ごうとしないものがありますが、そなたにはそれに対して、欲、あるいは貪り、あるいは愛着がありますか」と。

「ありません、尊師よ」。

（舌）「そなたには、舌に識られるもろもろの味で、味わわれていないもの、以前にも味わわれたことのないもの、また味わっていないもの、またそなたには味わおうとしないものがありますが、そなたにはそれに対して、欲、あるいは貪り、あるいは愛着がありますか」と。

「ありません、尊師よ」。

（身）「そなたには、身に識られるもろもろの触で、触れられてい

ことができるなら、尊師よ、世尊は私にお説きください、との趣旨によって、老大性を摂受し、また教示を称賛しつつ、このように言った〉。
六 adiṭṭhā adiṭṭhapubbā.〈この自体（attabhāva）において見られていないもの、過去にもかつて見られていないもの〉。
七 na ca passasi.〈現在も見ていない〉。
八 na ca te hoti passeyyaṁ.〈このように、そなたには注意（samannāhāra）もないのに、どうしてそなたに欲などが起こり得ようか、と問うているのである〉。
九 chando vā rāgo vā pemaṁ vā.
一〇 diṭṭhasutamutaviññātabbesu dhammesu.
一一 diṭṭhe diṭṭhamattaṁ.〈色処が眼識によって見られるとき、見られる量（diṭṭhamatta）が生じるであろう。なぜなら、眼識は色（rūpa）《色処（rūpāyatana）》における色量

ないもの、以前にも触れられたことのないもの、また触れていないもの、またそなたには触れようとしないものがありますが、そなたにはそれに対して、欲、あるいは貪り、あるいは愛着がありますか」と。

「ありません、尊師よ」。

(73) （意）「そなたには、意に識られるもろもろの法で、識られていないもの、以前にも識られたことのないもの、また識らないもの、またそなたには識ろうとしないものがありますが、そなたにはそれに対して、欲、あるいは貪り、あるいは愛着がありますか」と。

「ありません、尊師よ」。

苦の終わり

「マールキヤプッタよ、ここにまた、そなたによって見られ[一〇]、聞かれ、知覚され、識られるべきもろもろの法について、見られ[一一]るとき296は見られる量になり、聞かれるときは聞かれる量になり、知覚されるときは知覚される量になり、識[一二]られるときは識られる量になるでしょう。

マールキヤプッタよ、そなたによって見られ、聞かれ、知覚され、識られるべきもろもろの法について、見られるときは見られる量になり、聞かれるときは聞かれる量になり、知覚さ

のみ（rūpamatta）《「青」などに区分される色処のみ》を見るからであり、「常」などの自性を見ないからである。以上のように、残余の識によっても、私にはここにおいて見られる量のみの心（citta）が生じるであろう、の意。あるいはまた、「見られるとき、見られるものは」とは、眼識であり、色について色を知ること（rūpavijjāna）は、という意味である。

「量」（mattā）とは、分量（pamāṇaṁ）である。それは見られる分量があるから、「見られる量」、心である。私には、眼識の量のみ（cakkhuviññāṇamattam eva）の心が生じるであろう、の意。つぎのことが言われているのである。すなわち、視野に入る色に眼識が染まらず、汚れず、迷わないように、貪などがないことによって、眼識の量のみの速行（javana）が生じるであろう、私は眼識の分量のみによって速行を置くであろう、と。あるいはまた、「見られるもの」とは眼識によって見られる色であり、「見られるときは見られる量が」とはその場で生じる領受（sampaṭi-cchana）・推度（santīraṇa）・確定（voṭṭhabbana）と称される三心（cittattaya）である。《見られる分量は、眼識のように、貪などがないことによって起こるからである》。それが染まらず、汚れず、迷わないように、私は視野に入る色にその領受などの分量によって速行を生じさせよう、私はその分量を超えて貪染などによって生じることを認めないであろう、これがこの場合の意味である。「聞かれるもの」「知覚されるもの」についてもこれと同じ仕方で解される〉。

一二　viññāte viññātamattaṁ.〈なお、ここに、「識られるもの」（viññāta）とは意門の引転によって「識られる所縁」（viññātārammaṇa）であり、それが識られるときに識られる量であるから「引転の分量」（āvajjanapamāṇa）である。引転によって染まらず、汚れず、迷わないように、貪染などによって生じることを認めず、私は引転の分量のみによって心を置くであろう、これがこの場合の意味である〉。

れる量になり、識られるときは識られる量になるでしょう。そのと[13]き、マールキヤプッタよ、そなたはそれ[14]によることがありません。[15]マールキヤプッタよ、そなたはそれによることがないとき、マールキヤプッタよ、そなたはそこにいることがありません。マールキヤプッタよ、そなたはそこにいることがないとき、マールキヤプッタよ、[16]そなたはこの世にも、あの世にも、両者の間にもいることがありません。これが、すなわち、苦の終わりです」
と。

マールキヤプッタの理解

「尊師よ、私は、世尊が簡略に語られたこの言葉の意味を詳しく理解いたします。

（一）

（色）愛の相[17]を意に置く[18]者には　色《しき》を見て、念《ねん》[19]が消え失せる
かれは執心し感受《かんじゅ》して　[20]さらにそれに執しとどまる。
かれには色から生まれ出る　多くの感受が増大す
[21]貪りにより、害により　かれの心は壊される
このように苦を積む[22]者に　[23]涅《ね》槃《はん》は遠いと称される。
（声）愛の相を意に置く者には　声を聞き、念が消え失せる
かれは執心し感受して　さらにそれに執しとどまる。

一三　tato.〈そのときに（tadā）、ということ〉。《「そのときに」とは、「そのときには」（tasmiṁ kāle）、「それより以後ではなく」（na tato paṭṭhāya）ということであり、これがこの場合の意味であることを示す》。

一四　na tena.〈その染まり（貪）によって染まる者に、あるいは汚れ（瞋）によって汚れる者に、あるいは迷い（痴）によって迷う者にならないであろう〉の意。

一五　tato tvaṁ Mālukyaputta na.〈そなたが、その染まり（貪）によって、あるいは汚れ（瞋）によって、あるいは迷い（痴）によって、染まる者に、あるいは汚れる者に、あるいは迷う者にならないとき、そなたは、そこで、それが見られ、あるいは聞かれ、知覚され、識られるとき、結ばれる者（paṭibaddha　執する者）、汚される者（allīna）、依存する者（patiṭṭhita　止まる者）にならないであろう〉の意。

一六　nevidha. 以下については、小部経典『自説』第八章（Udāna, p.81）参照。

一七　piyaṁ nimittaṁ.

一八　manasikaroto. あるいは「思惟する者には」。

一九　sati muṭṭhā.〈念が破壊される（sati naṭṭhā）〉。

二〇　tañ ca ajjhosā.〈その所縁を呑みほし（gilitvā）《完成させ（pariniṭṭhāpetvā）、我所を作ること（attaniyakaraṇa）によって》〉。

二一　avijjhā ca vihesā ca.〈貪りと害意（vihiṁsā）とにより〉。

二二　ācinato.《増大させる者に（vaḍḍhentassa）》。

二三　ārā nibbāna vuccati（R^e, ārā nibbānaṁ vuccati）.〈このような人に、涅槃というものは遠い（dūre）、と称される〉。

かれには声から生まれ出る　多くの感受が増大す
貪りにより、害により　かれの心は壊される
このように苦を積む者に　涅槃は遠いと称される。
(香)愛の相を意に置く者には　香を嗅ぎ[二四]、念が消え失せる
かれは執心し感受して　さらにそれに執しとどまる。
かれには香から生まれ出る　多くの感受が増大す
貪りにより、害により　かれの心は壊される
このように苦を積む者に　涅槃は遠いと称される。
(味)愛の相を意に置く者には　味を味わい[二五]、念が消え失せる
かれは執心し感受して　さらにそれに執しとどまる。
かれには味から生まれ出る　多くの感受が増大す
貪りにより、害により　かれの心は壊される
このように苦を積む者に　涅槃は遠いと称される。
(触)愛の相を意に置く者には　触に触れ[二六]、念が消え失せる
かれは執心し感受して　さらにそれに執しとどまる。
かれには触から生まれ出る　多くの感受が増大す
貪りにより、害により　かれの心は壊される
このように苦を積む者に　涅槃は遠いと称される。
(法)愛の相を意に置く者には　法を識り[二七]、念が消え失せる

二四　ghatvā.〈嗅いで（ghāyitvā）〉。

二五　bhotvā.〈食べ（bhutvā）、味わい（sāyitvā）、舐め（lehitvā）〉。

二六　phussa.〈触れて（phusitvā）〉。

二七　dhammaṁ ñatvā. あるいは「法を知り」。

かれは執心し感受して　さらにそれに執しとどまる。
かれには法から生まれ出る　多くの感受が増大す
貪りにより、害により　かれの心は壊される
このように苦を積む者に　涅槃は遠いと称される。

（二）

（色）色を見て、[二八]憶念《おくねん》する者は　もろもろの色に染まらない
かれは執心せず感受して　さらにそれに執さずとどまる。
かれが色を見ているとき　[二九]また感受に従っているとき
[三〇]尽き、積まれないように　かれは念をそなえ行く
このように苦を積まない者に　[三一]涅槃は近いと称される。
（声）声を聞き、憶念する者は　もろもろの声に染まらない
かれは執心せず感受して　さらにそれに執さずとどまる。
かれが声を聞いているとき　また感受に従っているとき
尽き、積まれないように　かれは念をそなえ行く
このように苦を積まない者に　涅槃は近いと称される。
(75)
（香）香を嗅ぎ、憶念する者は　もろもろの香に染まらない
かれは執心せず感受して　さらにそれに執さずとどまる。
かれが香を嗅いでいるとき　また感受に従っているとき
尽き、積まれないように　かれは念をそなえ行く

二八　paṭissato.〈憶念（paṭissati）と称される念（sati）に結ばれている者は〉。
二九　sevato cāpi vedanaṁ.〈四道（catumagga）と結合された、生起している出世間の感受（lokuttaravedanā）に従っているとき〉。
三〇　khīyati.〈尽滅に至り、ということ。それは何か。苦（dukkha）も生じている煩悩（kilesajāta）も、である〉。
三一　santike nibbāna vuccati.

298

このように苦を積まない者に　涅槃は近いと称される。
（味）味を味わい、憶念する者は　もろもろの味に染まらない
かれは執心せず感受して　さらにそれに執さずとどまる。
かれが味を味わっているとき　また感受に従っているとき
尽き、積まれないように　かれは念をそなえ行く
このように苦を積まない者に　涅槃は近いと称される。
（触）触に触れ、憶念する者は　もろもろの触に染まらない
かれは執心せず感受して　さらにそれに執さずとどまる。
かれが触に触れているとき　また感受に従っているとき
尽き、積まれないように　かれは念をそなえ行く
このように苦を積まない者に　涅槃は近いと称される。
（法）法を識り、憶念する者は　もろもろの法に染まらない
かれは執心せず感受して　さらにそれに執さずとどまる。
かれが法を識[三]っているとき　また感受に従っているとき
尽き、積まれないように　かれは念をそなえ行く
このように苦を積まない者に　涅槃は近いと称される、

と。

尊師よ、私は、世尊が簡略に語られたこの言葉の意味を、このよ

三　jānato（C^e, R^e, vijānato）.

うに詳しく理解いたします」
と。

仏の是認

「マールキヤプッタよ、そのとおりです、そのとおりです。マールキヤプッタよ、そなたが私によって簡略に語られた言葉の意味を詳しく理解しているのは、よいことです。

（一）

（色）愛の相を意に置く者には　色を見て、念が消え失せる
かれは執心し感受して　さらにそれに執しとどまる。
かれには色から生まれ出る　多くの感受が増大す
貪りにより、害により　かれの心は壊される
このように苦を積む者に　涅槃[三]は遠いと称される。

……

（法）愛の相を意に置く者には　法を識り、念が消え失せる
かれは執心し感受して　さらにそれに執しとどまる。
かれには法から生まれ出る　多くの感受が増大す
貪りにより、害により　かれの心は壊される
このように苦を積む者に　涅槃は遠いと称される。

（二）

三　ārā nibbāna vuccati.

(色)色を見て、憶念する者は　もろもろの色に染まらない
かれは執心せず感受して　さらにそれに執さずとどまる。
かれが色を見ているとき　また感受に従っているとき
尽き、積まれないように　かれは念をそなえ行く
このように苦を積まない者に　涅槃は近いと称される。

……

(76) (法)法を識り、憶念する者は　もろもろの法に染まらない
かれは執心せず感受して　さらにそれに執さずとどまる。
かれが法を識[三四]っているとき　また感受に従っているとき
尽き、積まれないように　かれは念をそなえ行く
このように苦を積まない者に　涅槃は近いと称される、

三四　vijānato.

と。

マールキヤプッタよ、私によって簡略に語られたこの言葉の意味は、このように詳しく理解されるべきです」

と。
299 すると、尊者マールキヤプッタは、世尊が語られたことに歓喜《かんぎ》し、喜びを示した。そして、座から立ち上がり、世尊を礼拝し、右回りをして、去って行った。

さて、尊者マールキヤプッタは、独り、離れて住み、怠ることなく、熱心に、自ら励んだ。まもなく、そのために善家《ぜんけ》の子たちが正しく家を捨て、出家《しゅっけ》するという、かの無上の梵行《ぼんぎょう》の終結を、現世において、自らよく知り、目のあたり見、獲得して、住んだ。〈生まれは尽きた。梵行は完成された。なすべきことはなされた。もはや、この状態の他にはない〉と、知った。

そしてまた、尊者マールキヤプッタは、阿羅漢《あらかん》の一人[三五]になった、と。

第二

3 衰退法経 (Parihānadhamma-sutta)

(九六) ▽このように私は聞いた——……

世尊はつぎのように言われた。△

「比丘たちよ、そなたたちに、衰退法と不衰退法と六勝処とを説きましょう。それを聞きなさい。

衰退法

それでは、比丘たちよ、どのように衰退法[一]が生じるのでしょうか。

ここに、比丘たちよ、比丘が、眼によって色を見るとき、もろもろ[二]の悪しき、不善《ふぜん》の、束縛《そくばく》[三]されるべき、流れ[四]の思惟《しゆい》が起こります。

三五 aññataro.〈八十人の大弟子(asīti-mahāsāvaka)のうちの一人に〉。

(九六)『雑阿含経』巻第一一〈二七八〉(大正蔵二・七六a)

一 parihānadhammo.〈衰退の自性(parihānasabhāva)が〉。
二 pāpakā akusalā.
三 saṁyojaniyā.〈縛られるべき(bandhaniyā)、縛りの縁となる(bandhanassa paccayabhūtā)〉。
四 sarasaṅkappā.〈ここでは、それらが流れる(saranti)か

[五]もし比丘がそれを認め[六]、捨てず[七]、除かず、滅ぼさず、亡きものにしないならば、比丘たちよ、比丘はこのことを知るべきです。〈私はもろもろの善法から衰退している。なぜなら、これが衰退である、と世尊によって言われているからである〉と。

▽さらにまた、比丘たちよ、比丘が、耳によって声を聞くとき、もろもろの悪しき、不善の、束縛されるべき、流れの思惟が起こります。もし比丘がそれを認め、捨てず、除かず、滅ぼさず、亡きものにしないならば、比丘たちよ、比丘はこのことを知るべきです。〈私はもろもろの善法から衰退している。なぜなら、これが衰退である、と世尊によって言われているからである〉と。

さらにまた、比丘たちよ、比丘が、鼻によって香を嗅ぐとき、もろもろの悪しき、不善の、束縛されるべき、流れの思惟が起こります。もし比丘がそれを認め、捨てず、除かず、滅ぼさず、亡きものにしないならば、比丘たちよ、比丘はこのことを知るべきです。〈私はもろもろの善法から衰退している。なぜなら、これが衰退である、と世尊によって言われているからである〉と。△

さらにまた、比丘たちよ、比丘が、舌によって味を味わうとき、▽もろもろの悪しき、不善の、束縛されるべき、流れの思惟が起こります。もし比丘がそれを認め、捨てず、除かず、滅ぼさず、亡きも

ら「流れ」(sarā) であり、走る (dhāvanti)、という意味である。流れという思惟が (sarā ca te saṅkappā ca)「流れの思惟」である〉。

五 tañ ce bhikkhu. 〈もし比丘が、このように起こっている (uppanna) その煩悩 (kilesajāta) を、あるいは所縁 (ārammaṇa) を〉ということ。

六 adhivāseti. 〈心にのせて (cite āropetvā) 住み〉。《所縁を心に作る場合、「認め」と呼ばれる》。

七 nappajahati. 〈欲貪の捨断によって (chandarāgappahānena) 捨てず、ということ。このようにすべての語について適用されるべきである〉。

(77)

のにしないならば、比丘たちよ、比丘はこのことを知るべきです。〈私はもろもろの善法から衰退している。なぜなら、これが衰退である、と世尊によって言われているからである〉と。

　さらにまた、比丘たちよ、比丘が、身によって触に触れるとき、もろもろの悪しき、不善の、束縛されるべき、流れの思惟が起こります。もし比丘がそれを認め、捨てず、除かず、滅ぼさず、亡きものにしないならば、比丘たちよ、比丘はこのことを知るべきです。〈私はもろもろの善法から衰退している。なぜなら、これが衰退である、と世尊によって言われているからである〉と。△

　さらにまた、比丘たちよ、比丘が、意によって法を識るとき、もろもろの悪しき、不善の、束縛されるべき、流れの思惟が起こります。もし比丘がそれを認め、捨てず、除かず、滅ぼさず、亡きものにしないならば、比丘たちよ、比丘はこのことを知るべきです。〈私はもろもろの善法から衰退している。なぜなら、これが衰退である、と世尊によって言われているからである〉と。

　比丘たちよ、このように衰退法が生じます。

不衰退法

　それではまた、比丘たちよ、どのように不衰退法[八]が生じるのでしょうか。

八　aparihānadhammo.

ここに、比丘たちよ、比丘が、眼によって色を見るとき、もろもろの悪しき、不善の、束縛されるべき、流れの思惟が起こります。もし比丘がそれを認めず、捨て、除き、滅ぼし、亡きものにするならば、比丘たちよ、比丘はこのことを知るべきです。〈私はもろもろの善法から衰退していない。なぜなら、これが不衰退である、と世尊によって言われているからである〉と。

▽さらにまた、比丘たちよ、比丘が、耳によって声を聞くとき、もろもろの悪しき、不善の、束縛されるべき、流れの思惟が起こります。もし比丘がそれを認めず、捨て、除き、滅ぼし、亡きものにするならば、比丘たちよ、比丘はこのことを知るべきです。〈私はもろもろの善法から衰退していない。なぜなら、これが不衰退である、と世尊によって言われているからである〉と。

さらにまた、比丘たちよ、比丘が、鼻によって香を嗅ぐとき、もろもろの悪しき、不善の、束縛されるべき、流れの思惟が起こります。もし比丘がそれを認めず、捨て、除き、滅ぼし、亡きものにするならば、比丘たちよ、比丘はこのことを知るべきです。〈私はもろもろの善法から衰退していない。なぜなら、これが不衰退である、と世尊によって言われているからである〉と。△

さらにまた、比丘たちよ、比丘が、舌によって味を味わうとき、

▽もろもろの悪しき、不善の、束縛されるべき、流れの思惟が起こります。もし比丘がそれを認めず、捨て、除き、滅ぼし、亡きものにするならば、比丘たちよ、比丘はこのことを知るべきです。〈私はもろもろの善法から衰退していない。なぜなら、これが不衰退である、と世尊によって言われているからである〉と。

さらにまた、比丘たちよ、比丘が、身によって触に触れるとき、もろもろの悪しき、不善の、束縛されるべき、流れの思惟が起こります。もし比丘がそれを認めず、捨て、除き、滅ぼし、亡きものにするならば、比丘たちよ、比丘はこのことを知るべきです。〈私はもろもろの善法から衰退していない。なぜなら、これが不衰退である、と世尊によって言われているからである〉と。△

さらにまた、比丘たちよ、比丘が、意によって法を識るとき、もろもろの悪しき、不善の、束縛されるべき、流れの思惟が起こります。もし比丘がそれを認めず、捨て、除き、滅ぼし、亡きものにするならば、比丘たちよ、比丘はこのことを知るべきです。〈私はもろもろの善法から衰退していない。なぜなら、これが不衰退である、と世尊によって言われているからである〉と。

比丘たちよ、このように不衰退法が生じます。

六勝処

それでは、比丘たちよ、六勝処[九]とは何でしょうか。

ここに、比丘たちよ、比丘が、眼によって色を見るとき、もろもろの悪しき、不善の、束縛されるべき、流れの思惟が起こりません。比丘たちよ、比丘はこのことを知るべきです。〈この処は勝利されている。なぜなら、これが[一〇]勝処である、と世尊によって言われているからである〉と。

▽さらにまた、比丘たちよ、比丘が、耳によって声を聞くとき、もろもろの悪しき、不善の、束縛されるべき、流れの思惟が起こりません。比丘たちよ、比丘はこのことを知るべきです。〈この処は勝利されている。なぜなら、これが勝処である、と世尊によって言われているからである〉と。

さらにまた、比丘たちよ、比丘が、鼻によって香を嗅ぐとき、もろもろの悪しき、不善の、束縛されるべき、流れの思惟が起こりません。比丘たちよ、比丘はこのことを知るべきです。〈この処は勝利されている。なぜなら、これが勝処である、と世尊によって言われているからである〉と。

さらにまた、比丘たちよ、比丘が、舌によって味を味わうとき、もろもろの悪しき、不善の、束縛されるべき、流れの思惟が起こりません。比丘たちよ、比丘はこのことを知るべきです。〈この処は

九 cha abhibhāyatanāni.〈(六)勝処(abhibhāyatana)とは、(六の)勝利されている(abhibhavita)処(āyatana)である〉。

一〇 abhibhāyatanañ hetaṁ vuttaṁ bhagavatā.〈これは、仏・世尊によって勝利(征服)されている処である、ということが語られている〉。

勝利されている。なぜなら、これが勝処である、と世尊によって言われているからである〉と。

さらにまた、比丘たちよ、比丘が、身によって触に触れるとき、もろもろの悪しき、不善の、束縛されるべき、流れの思惟が起こりません。比丘たちよ、比丘はこのことを知るべきです。〈この処は勝利されている。なぜなら、これが勝処である、と世尊によって言われているからである〉と。△

さらにまた、比丘たちよ、比丘が、識《しき》によって法を識るとき、もろもろの悪しき、不善の、束縛されるべき、流れの思惟が起こりません。比丘たちよ、比丘はこのことを知るべきです。〈この処は勝利されている。なぜなら、これが勝処である、と世尊によって言われているからである〉と。

比丘たちよ、これらが六勝処と言われます」二

と。

第三

(78)

4 放逸住者経（Pamādavihārī-sutta）

（九七）▽このように私は聞いた――……

世尊はつぎのように言われた。△

二 〈ここでは、《「それでは、比丘たちよ、どのように衰退法が生じるのでしょうか」と》法（dhamma）を問い、《それを》分別する《世尊という》人（puggala）によって《「もし比丘がそれを認め」などと、人の決意によって》法が示されている〉。

（九七）『雑阿含経』巻第一一〈二七七〉（大正蔵二・七五c―七六a）

「比丘たちよ、そなたたちに、[一]放逸住者《ほういつじゅうしゃ》と不[二]放逸住者とについて説きましょう。それを聞きなさい。

放逸住者

それでは、比丘たちよ、どのようにして放逸住者になるのでしょうか。

比丘たちよ、眼の感官を[三]防護せずに住むならば、かれの心は眼に識られるべきもろもろの色において[四]汚れます。心が汚れるとき、[五]満足は生じません。満足がないとき、[六]喜びは生じません。喜びがないとき、[七]軽快は生じません。軽快がないとき、[八]苦が生じます。苦しむとき、心は[九]安定しません。心が安定しないとき、[一〇]もろもろの法は現われません。もろもろの法が現われないことから、かれは放逸住者と呼ばれます。

▽比丘たちよ、耳の感官を防護せずに住むならば、かれの心は耳に識られるべきもろもろの声において汚れます。心が汚れるとき、満足は生じません。満足がないとき、喜びは生じません。喜びがないとき、軽快は生じません。軽快がないとき、苦が生じます。苦しむとき、心は安定しません。心が安定しないとき、もろもろの法は現われません。もろもろの法が現われないことから、かれは放逸住者と呼ばれます。

一 pamādavihāriṁ. 怠る者。念をそなえていない者。

二 appamādavihāriṁ. 怠らない者。念をそなえている者。

三 asaṁvutassa. 〈閉じられているもの（apihita）を閉じず（na pidahitvā）、置かれているもの（ṭhapita）を覆い（sañchāditvā）〉。《眼の感官（cakkhundriya）を閉じず、とどまっているものを覆い》。

四 byāsiñcati. 〈煩悩に濡れて行く（kilesatintaṁ hutvā vattati）〉。《もろもろの煩悩によって特に（visesena）注ぐ（āsiñcati）》。

五 pāmojjaṁ. 〈「満足」とは、弱い喜び（dubbalapīti）である〉。

六 pīti. 〈「喜び」とは、強い喜び（balavapīti）である〉。

七 passaddhi. あるいは「軽安」。〈悩みの止息（darathapassaddhi）〉。《身心の悩みの寂止（kāyacittadarathavūpasama）を特相とする止息》。

八 dukkhaṁhoti. あるいは「苦に住みます」（Cᵉ, Sᵉ, Rᵉ, dukkhaṁ viharati.）。

九 na samādhiyati.

一〇 dhammā na pātubhavanti. 〈止・観の法（samathavipassanādhammā）が起こらない（na uppajjanti）〉。《縁の相続（paccayaparamparā）が未完だからである》。

比丘たちよ、鼻の感官を防護せずに住むならば、かれの心は鼻に識られるべきもろもろの香において汚れます。心が汚れるとき、満足は生じません。満足がないとき、喜びは生じません。喜びがないとき、軽快は生じません。軽快がないとき、苦が生じます。苦しむとき、心は安定しません。心が安定しないとき、もろもろの法は現われません。もろもろの法が現われないことから、かれは放逸住者と呼ばれます。△

比丘たちよ、舌の感官を防護せずに住むならば、かれの心は舌に識られるべきもろもろの味において汚れます。心が汚れるとき、▽満足は生じません。満足がないとき、喜びは生じません。喜びがないとき、軽快は生じません。軽快がないとき、苦が生じます。苦しむとき、心は安定しません。心が安定しないとき、もろもろの法は現われません。もろもろの法が現われないことから、かれは放逸住者と呼ばれます。

比丘たちよ、身の感官を防護せずに住むならば、かれの心は身に識られるべきもろもろの触において汚れます。心が汚れるとき、満足は生じません。満足がないとき、喜びは生じません。喜びがないとき、軽快は生じません。軽快がないとき、苦が生じます。苦しむとき、心は安定しません。心が安定しないとき、もろもろの法は現

われません。もろもろの法が現われないことから、かれは放逸住者
と呼ばれます。△
比丘たちよ、意の感官を防護せずに住むならば、かれの心は意に
識られるべきもろもろの法において汚れます。心が汚れるとき、満
足は生じません。満足がないとき、喜びは生じません。喜びがない
とき、軽快は生じません。軽快がないとき、苦が生じます。苦しむ
301 とき、心は安定しません。心が安定しないとき、もろもろの法は現
われません。もろもろの法が現われないことから、かれは放逸住者
と呼ばれます。
比丘たちよ、このようにして放逸住者になります。

不放逸住者

それでは、比丘たちよ、どのようにして不放逸住者になるのでし
ょうか。
比丘たちよ、眼の感官を防護して住むならば、かれの心は眼に識
られるべきもろもろの色において汚れません。心が汚れないとき、
満足が生じます。満足するとき、喜びが生じます。意が喜ぶとき、
身は軽快になります。身が軽快であるとき、楽に住みます。楽があ
(79) るとき、心は安定します。心が安定するとき、もろもろの法は現わ
れます。もろもろの法が現われることから、かれは不放逸住者と呼

ばれます。

▽比丘たちよ、耳の感官を防護して住むならば、かれの心は耳に識られるべきもろもろの声において汚れません。心が汚れないとき、満足が生じます。満足するとき、喜びが生じます。意が喜ぶとき、身は軽快になります。身が軽快であるとき、楽に住みます。楽があるとき、心は安定します。心が安定するとき、もろもろの法は現われます。もろもろの法が現われることから、かれは不放逸住者と呼ばれます。

比丘たちよ、鼻の感官を防護して住むならば、かれの心は鼻に識られるべきもろもろの香において汚れません。心が汚れないとき、満足が生じます。満足するとき、喜びが生じます。意が喜ぶとき、身は軽快になります。身が軽快であるとき、楽に住みます。楽があるとき、心は安定します。心が安定するとき、もろもろの法は現われます。もろもろの法が現われることから、かれは不放逸住者と呼ばれます。△

比丘たちよ、舌の感官を防護して住むならば、かれの心は舌に識られるべきもろもろの味において汚れません。▽心が汚れないとき、満足が生じます。満足するとき、喜びが生じます。意が喜ぶとき、身は軽快になります。身が軽快であるとき、楽に住みます。楽があるとき、心は安定します。心が安定するとき、もろもろの法は現われます。もろもろの法が現われることから、かれは不放逸住者と呼ばれます。

比丘たちよ、身の感官を防護して住むならば、かれの心は身に識られるべきもろもろの触において汚れません。心が汚れないとき、満足が生じます。満足するとき、喜びが生じます。意が喜ぶとき、身は軽快になります。身が軽快であるとき、楽に住みます。楽があるとき、心は安定します。心が安定するとき、もろもろの法は現われます。もろもろの法が現われることから、かれは不放逸住者と呼ばれます。△

比丘たちよ、意の感官を防護して住むならば、かれの心は意に識られるべきもろもろの法において汚れません。心が汚れないとき、満足が生じます。満足するとき、喜びが生じます。意が喜ぶとき、身は軽快になります。身が軽快であるとき、楽に住みます。楽があるとき、心は安定します。心が安定するとき、もろもろの法は現われます。もろもろの法が現われることから、かれは不放逸住者と呼ばれます。

比丘たちよ、このようにして不放逸住者になります」[二]と。

二 〈本経では、《「それでは、比丘たちよ、どのようにして放逸住者になるのでしょうか」などによって》人(puggala)を問い、《「満足は生じません」「満足が生じます」などと》分別する法(dhamma)によって、《また「不放逸住者である」「放逸住者である」と》人が示されている〉。

5 防護経 (Saṁvara-sutta)

(九八) このように私は聞いた――……

世尊はつぎのように言われた。

「比丘たちよ、そなたたちに、防護[一]と不防護とについて説きましょう。それを聞きなさい。

不防護[二]

それでは、比丘たちよ、どのように不防護が生じるのでしょうか。

「[三]比丘たちよ、眼[四]によって識られる、好[五]ましい、楽[六]しい、喜[七]ばしい、愛[八]しい、欲[九]をともなった、魅[一〇]力的な、もろもろの色があります。もし比丘がそれを歓喜し、歓迎し、執着《しゅうじゃく》してとどまるならば、比丘たちよ、比丘はこのことを知るべきです。〈私はもろもろの善[一一]法から衰退している。なぜなら、これが衰退である、と世尊によって言われているからである〉と。

比丘たちよ、耳によって識られる、好ましい、楽しい、喜ばしい、愛しい、欲をともなった、魅力的な、もろもろの声があります。もし比丘がそれを歓喜し、歓迎し、執着してとどまるならば、比丘たちよ、比丘はこのことを知るべきです。〈私はもろもろの善法から

一 saṁvarañ ca asaṁvarañ ca.

二 kathañ ca bhikkhave asaṁvaro hoti. 〈これは《「それでは、比丘たちよ、どのように不防護が生じるのでしょうか」という言葉は》、道の善巧 (maggakusala) のために、左を離れて右を得るように、と最初に捨てられるべき道の話 (maggakkhāna) のような説明の順序で説かず、説示の巧みさ (padesanākusalatā) により、最初に捨てられるべき法の話 (dhammakkhāna) によって説かれている、と解されるべきである〉。

三 以下については、本相応、第六三節「第一ミガジャーラ経」(本書、二〇〇頁) 参照。

四 cakkhuviññeyyā. 「眼識によって見られるべき」ということ。「耳」などについても同じ仕方で解される。

五 iṭṭhā. 「求められる所縁となる」の意。

六 kantā. 「欲求されるべき」の意。

七 manāpā. 「意を増大する」の意。

八 piyarūpā. 「喜びのある」の意。

九 kāmūpasaṁhitā. 「所縁にして生起する欲望を伴った」の意。

一〇 rajaniyā. 「染着される貪りが生起する根拠となる」の意。

れているからである〉と。

比丘たちよ、鼻によって識られる、好ましい、楽しい、喜ばしい、愛しい、欲をともなった、魅力的な、もろもろの香があります。もし比丘がそれを歓喜し、歓迎し、執着してとどまるならば、比丘たちよ、比丘はこのことを知るべきです。〈私はもろもろの善法から衰退している。なぜなら、これが衰退である、と世尊によって言われているからである〉と。

比丘たちよ、舌によって識られる、好ましい、楽しい、喜ばしい、愛しい、欲をともなった、魅力的な、もろもろの味があります。もし比丘がそれを歓喜し、歓迎し、執着してとどまるならば、比丘たちよ、比丘はこのことを知るべきです。〈私はもろもろの善法から衰退している。なぜなら、これが衰退である、と世尊によって言われているからである〉と。

比丘たちよ、身によって識られる、好ましい、楽しい、喜ばしい、愛しい、欲をともなった、魅力的な、もろもろの触があります。もし比丘がそれを歓喜し、歓迎し、執着してとどまるならば、比丘たちよ、比丘はこのことを知るべきです。〈私はもろもろの善法から衰退している。なぜなら、これが衰退である、と世尊によって言われ

二 kusalehidhammehi. 止観（samathavipassanā）の二法をさす。

れているからである〉と。△

比丘たちよ、意によって識られる、好ましい、楽しい、喜ばしい、愛しい、欲をともなった、魅力的な、もろもろの法があります。もし比丘がそれを歓喜し、歓迎し、執着してとどまるならば、比丘たちよ、比丘はこのことを知るべきです。〈私はもろもろの善法から衰退している。なぜなら、これが衰退である、と世尊によって言われているからである〉と。

比丘たちよ、このように不防護が生じます。

防護

それでは、比丘たちよ、どのように防護[三]が生じるのでしょうか。

「比丘たちよ、眼によって識られる、好ましい、楽しい、喜ばしい、愛しい、欲をともなった、魅力的な、もろもろの色があります。もし比丘がそれを歓喜せず、歓迎せず、執着せずにとどまるならば、比丘たちよ、比丘はこのことを知るべきです。〈私はもろもろの善法から衰退していない。なぜなら、これが不衰退である、と世尊によって言われているからである〉と。

302 (80) ▽比丘たちよ、耳によって識られる、好ましい、楽しい、喜ばしい、愛しい、欲をともなった、魅力的な、もろもろの声があります。もし比丘がそれを歓喜せず、歓迎せず、執着せずにとどまるならば、

三 saṃvaro.

比丘たちよ、比丘はこのことを知るべきです。〈私はもろもろの善法から衰退していない。なぜなら、これが不衰退である、と世尊によって言われているからである〉と。

比丘たちよ、鼻によって識られる、好ましい、楽しい、喜ばしい、愛しい、欲をともなった、魅力的な、もろもろの香があります。もし比丘がそれを歓喜せず、歓迎せず、執着せずにとどまるならば、比丘たちよ、比丘はこのことを知るべきです。〈私はもろもろの善法から衰退していない。なぜなら、これが不衰退である、と世尊によって言われているからである〉と。△

比丘たちよ、舌によって識られる、好ましい、楽しい、喜ばしい、愛しい、欲をともなった、魅力的な、もろもろの味があります。▽もし比丘がそれを歓喜せず、歓迎せず、執着せずにとどまるならば、比丘たちよ、比丘はこのことを知るべきです。〈私はもろもろの善法から衰退していない。なぜなら、これが不衰退である、と世尊によって言われているからである〉と。

比丘たちよ、身によって識られる、好ましい、楽しい、喜ばしい、愛しい、欲をともなった、魅力的な、もろもろの触があります。もし比丘がそれを歓喜せず、歓迎せず、執着せずにとどまるならば、比丘たちよ、比丘はこのことを知るべきです。〈私はもろもろの善

法から衰退していない。なぜなら、これが不衰退である、と世尊によって言われているからである〉と。△

比丘たちよ、意によって識られる、好ましい、楽しい、喜ばしい、愛しい、欲をともなった、魅力的な、もろもろの法があります。もし比丘がそれを歓喜せず、歓迎せず、執着せずにとどまるならば、比丘たちよ、比丘はこのことを知るべきです。〈私はもろもろの善法から衰退していない。なぜなら、これが不衰退である、と世尊によって言われているからである〉と。

比丘たちよ、このように防護が生じます[一三]」と。

第五

6 定経 (Samādhi-sutta)

(九九) ▽このように私は聞いた――……

世尊はつぎのように言われた。△

「比丘たちよ、[一]定《じょう》を修習《しゅじゅう》しなさい。

比丘たちよ、[二]安定している比丘は、[三]如実《にょじつ》に知ります。それでは、何を如実に知るのでしょうか。

〈[四]眼は無常《むじょう》である〉と如実に知ります。〈[五]もろもろの色は無常であ

一三 〈ここでは、《「それでは、比丘たちよ、どのように不防護が生じるのでしょうか」と》法(dhamma)を問い、《「比丘たちよ、眼によって識られる……もろもろの色があります」などと》法のみが分別されている〉。

(九九) 『雑阿含経』巻第八〈二〇七〉(大正蔵二・五二b)

一 samādhiṁ. 〈心一境性を(cittekaggataṁ)、ということ。なぜなら、本経は、《止(samatha)による》心一境性が衰退している者たちを見て、「この者たちは心一境性を得れば、業処(kammaṭṭhāna)が増大するであろう」と知り、語られているからである〉。《「業処」とは、観の業処(vipassanākammaṭṭhāna)、あるいは止(samatha)そのものである》。

二 samāhito. あるいは「定のある」。

三 yathābhūtaṁpajānāti. 「如実に」とは、真実のとおりに、

る〉と如実に知ります。〈[六]眼識《げんしき》は無常である〉と如実に知ります。〈[七]眼触《げんそく》は無常である〉と如実に知ります。〈また、この眼触を縁として生じる楽の、あるいは苦の、あるいは非苦非楽の感受、それも無常である〉と如実に知ります。

〈▽耳は無常である〉と如実に知ります。〈もろもろの声は無常である〉と如実に知ります。〈耳識は無常である〉と如実に知ります。〈耳触は無常である〉と如実に知ります。〈また、この耳触を縁として生じる楽の、あるいは苦の、あるいは非苦非楽の感受、それも無常である〉と如実に知ります。

〈鼻は無常である〉と如実に知ります。〈もろもろの香は無常である〉と如実に知ります。〈鼻識は無常である〉と如実に知ります。〈鼻触は無常である〉と如実に知ります。〈また、この鼻触を縁として生じる楽の、あるいは苦の、あるいは非苦非楽の感受、それも無常である〉と如実に知ります。

〈舌は無常である〉と如実に知ります。〈もろもろの味は無常である〉と如実に知ります。〈舌識は無常である〉と如実に知ります。〈舌触は無常である〉と如実に知ります。〈また、この舌触を縁として生じる楽の、あるいは苦の、あるいは非苦非楽の感受、それも無常である〉と如実に知ります。

正しく、ということ。

四 cakkhu. 根（感官）としての眼。以下については本相応、第二四節「捨断経」（本書、一〇七頁）参照。

五 rūpā. 境（対象）としての色。

六 cakkhuviññāṇaṁ. 識（認識）としての眼識、眼の心。

七 cakkhusamphasso. 眼の接触。

〈身は無常である〉と如実に知ります。〈もろもろの触は無常である〉と如実に知ります。〈身識は無常である〉と如実に知ります。〈身触は無常である〉と如実に知ります。〈また、この身触を縁として生じる楽の、あるいは苦の、あるいは非苦非楽の感受、それも無常である〉と如実に知ります。

〈意は無常である〉と如実に知ります。〈もろもろの法は無常である〉と如実に知ります。〈意識は無常である〉と如実に知ります。〈意触は無常である〉と如実に知ります。〈また、この意触を縁として生じる楽の、あるいは苦の、あるいは非苦非楽の感受、それも無常である〉と如実に知ります。

比丘たちよ、定を修習しなさい。

比丘たちよ、安定している比丘は、如実に知ります」

と。

第六

7　独坐経（Paṭisallāna-sutta）

（一〇〇）このように私は聞いた——……

世尊はつぎのように言われた。

「比丘たちよ、[一]独坐《どくざ》の実践に努めなさい。

（一〇〇）『雑阿含経』巻第八〈二〇六〉（大正蔵二・五二b）

一　paṭisallāne yogam āpajjatha.〈「独坐」とは、身の遠離

比丘たちよ、独坐[二]をする比丘は、如実に知ります。[三]それでは、何(81)を如実に知るのでしょうか。

〈眼は無常である〉と如実に知ります。〈もろもろの色は無常である〉と如実に知ります。〈眼識は無常である〉と如実に知ります。〈眼触は無常である〉と如実に知ります。〈また、この眼触を縁として生じる楽の、あるいは苦の、あるいは非苦非楽の感受、それも無常である〉と如実に知ります。

▽〈耳は無常である〉と如実に知ります。〈もろもろの声は無常である〉と如実に知ります。〈耳識は無常である〉と如実に知ります。〈耳触は無常である〉と如実に知ります。〈また、この耳触を縁として生じる楽の、あるいは苦の、あるいは非苦非楽の感受、それも無常である〉と如実に知ります。

〈鼻は無常である〉と如実に知ります。〈もろもろの香は無常である〉と如実に知ります。〈鼻識は無常である〉と如実に知ります。〈鼻触は無常である〉と如実に知ります。〈また、この鼻触を縁として生じる楽の、あるいは苦の、あるいは非苦非楽の感受、それも無常である〉と如実に知ります。

〈舌は無常である〉と如実に知ります。〈もろもろの味は無常である〉と如実に知ります。〈舌識は無常である〉と如実に知ります。

(kāyaviveka) のこと。なぜなら、本経は、身の遠離が衰退している者たちを見て、「この者たちは身の遠離を得れば、業処（kammaṭṭhāna）《止観の業処》が増大するであろう」と知り、語られているからである）。なお、「遠離」には、身の遠離（身の静まり）、心の遠離（八等至）、生存素因の遠離（涅槃）の三種が知られる。

二　paṭisallīno bhikkhu.

三　以下は、前節「定経」の内容に同じ。

〈舌触は無常である〉と如実に知ります。〈また、この舌触を縁として生じる楽の、あるいは苦の、あるいは非苦非楽の感受、それも無常である〉と如実に知ります。

〈身は無常である〉と如実に知ります。〈もろもろの触は無常である〉と如実に知ります。〈身識は無常である〉と如実に知ります。〈身触は無常である〉と如実に知ります。〈また、この身触を縁として生じる楽の、あるいは苦の、あるいは非苦非楽の感受、それも無常である〉と如実に知ります。△

〈意は無常である〉と如実に知ります。〈もろもろの法は無常である〉と如実に知ります。〈意識は無常である〉と如実に知ります。〈意触は無常である〉と如実に知ります。〈また、この意触を縁として生じる楽の、あるいは苦の、あるいは非苦非楽の感受、それも無常である〉と如実に知ります。

比丘たちよ、独坐の実践に努めなさい。

比丘たちよ、独坐をする比丘は、如実に知ります」

と。

第七

8 第一「そなたらのものに非ず」経
(Paṭhama-natumhāka-sutta)

(一〇一)▽このように私は聞いた――……
世尊はつぎのように言われた。△
[一]「比丘たちよ、そなたたちのものでないものは、それを捨てなさ[二]い。[三]それを捨てることは、そなたたちの利益《りやく》のため、安楽のためになるでしょう。

それでは、比丘たちよ、何がそなたたちのものでないものでしょうか。

(眼)比丘たちよ、眼はそなたたちのものでありません。それを捨てなさい。それを捨てることは、そなたたちの利益のため、安楽のためになるでしょう。

もろもろの色はそなたたちのものでありません。それらを捨てなさい。それらを捨てることは、そなたたちの利益のため、安楽のためになるでしょう。

眼識はそなたたちのものでありません。それを捨てなさい。それを捨てることは、そなたたちの利益のため、安楽のためになるでしょう。

眼触はそなたたちのものでありません。それを捨てなさい。それ

(一〇一) Cf.『雑阿含経』巻第一〇〈二六九〉(大正蔵二・七〇b―c)

一 yaṁ bhikkhave na tumhākaṁ. 本経については、因縁篇、第三七節、『「そなたらのものに非ず」経』、(因縁篇I、二七八頁)、蘊篇、第三三節『第一「そなたらのものに非ず」経』(蘊篇I、一三五頁)参照。

二 pajahatha.「欲貪(欲と貪り)の捨断によって捨てなさい」の意。

三 taṁ vo pahīnaṁ. あるいは「それが捨てられることは、そなたたちの」。

を捨てることは、そなたたちの利益のため、安楽のためになるでしょう。

また、この眼触を縁として生じる楽の、あるいは苦の、あるいは非苦非楽の感受、それもそなたたちのものでありません。それを捨てなさい。それを捨てることは、そなたたちの利益のため、安楽のためになるでしょう。

（耳）耳はそなたたちのものでありません。それを捨てなさい。それを捨てることは、そなたたちの利益のため、安楽のためになるでしょう。

もろもろの声はそなたたちのものでありません。それらを捨てなさい。それらを捨てることは、そなたたちの利益のため、安楽のためになるでしょう。

耳識はそなたたちのものでありません。それを捨てなさい。それを捨てることは、そなたたちの利益のため、安楽のためになるでしょう。

耳触はそなたたちのものでありません。それを捨てなさい。それを捨てることは、そなたたちの利益のため、安楽のためになるでしょう。

また、この耳触を縁として生じる楽の、あるいは苦の、あるいは非苦非楽の感受、それもそなたたちのものでありません。それを捨てなさい。それを捨てることは、そなたたちの利益のため、安楽のためになるでしょう。

（鼻）鼻はそなたたちのものでありません。それを捨てなさい。それを捨てることは、そなたたちの利益のため、安楽のためになるでしょう。

もろもろの香はそなたたちのものでありません。それらを捨てなさい。それらを捨てることは、そなたたちの利益のため、安楽のためになるでしょう。

鼻識はそなたたちのものでありません。それを捨てなさい。それを捨てることは、そなたたちの利益のため、安楽のためになるでしょう。

鼻触はそなたたちのものでありません。それを捨てなさい。それを捨てることは、そなたたちの利益のため、安楽のためになるでしょう。

また、この鼻触を縁として生じる楽の、あるいは苦の、あるいは非苦非楽の感受、それもそなたたちのものでありません。それを捨てなさい。それを捨てることは、そなたたちの利益のため、安楽のためになるでしょう。△

（舌）舌はそなたたちのものでありません。それを捨てなさい。それを捨てることは、そなたたちの利益のため、安楽のためになるでしょう。

もろもろの味はそなたたちのものでありません。それらを捨てなさい。それらを捨てることは、そなたたちの利益のため、安楽のためになるでしょう。

舌識はそなたたちのものでありません。それを捨てなさい。それを捨てることは、そなたたちの利益のため、安楽のためになるでしょう。

(82)
舌触はそなたたちのものでありません。それを捨てなさい。それを捨てることは、そなたたちの利益のため、安楽のためになるでしょう。

また、この舌触を縁として生じる楽の、あるいは苦の、あるいは非苦非楽の感受、それもそなたたちのものでありません。それを捨てなさい。それを捨てることは、そなたたちの利益のため、安楽のためになるでしょう。

▽（身）身はそなたたちのものでありません。それを捨てなさい。それを捨てることは、そなたたちの利益のため、安楽のためになるでしょう。

もろもろの触はそなたたちのものでありません。それらを捨てなさい。それらを捨てることは、そなたたちの利益のため、安楽のためになるでしょう。

身識はそなたたちのものでありません。それを捨てなさい。それを捨てることは、そなたたちの利益のため、安楽のためになるでしょう。

身触はそなたたちのものでありません。それを捨てなさい。それを捨てることは、そなたたちの利益のため、安楽のためになるでしょう。

また、この身触を縁として生じる楽の、あるいは苦の、あるいは非苦非楽の感受、それもそなたたちのものでありません。それを捨てなさい。それを捨てることは、そなたたちの利益のため、安楽のためになるでしょう。△

（意）意はそなたたちのものでありません。それを捨てなさい。それを捨てることは、そなたたちの利益のため、安楽のためになるでしょう。

もろもろの法はそなたたちのものでありません。それらを捨てなさい。それらを捨てることは、そなたたちの利益のため、安楽のためになるでしょう。

意識はそなたたちのものでありません。それを捨てなさい。それを捨てることは、そなたたちの利益のため、安楽のためになるでしょう。

意触はそなたたちのものでありません。それを捨てなさい。それを捨てることは、そなたたちの利益のため、安楽のためになるでしょう。

また、この意触を縁として生じる楽の、あるいは苦の、あるいは非苦非楽の感受、それもそなたたちのものでありません。それを捨てなさい。それを捨てることは、そなたたちの利益のため、安楽のためになるでしょう。

比丘たちよ、そなたたちのものでないものは、それを捨てなさい。それを捨てることは、そなたたちの利益のため、安楽のためになるでしょう。

たとえば、比丘たちよ、このジェータ林における草[四]・薪《まき》・枝・葉なるものを、人が運んでいる、あるいは焼いている、あるいは適宜に処置しているようなものです。はたして、そなたたちはつぎのように思うでしょうか。〈われわれを、人が運んでいる、あるいは焼いている、あるいは適宜に処置している〉」と。

「尊師よ、そうではありません」

四　tiṇa-kaṭṭha-sākhā-palāsaṁ.

「それはなぜですか」

「尊師よ、それは私どもの我《が》[五]でも、[六]我に属するものでもないからです」と。

「比丘たちよ、ちょうどそのように、眼はそなたたちのものでありません。……もろもろの色はそなたたちのものでありません。……眼識はそなたたちのものでありません。……眼触はそなたたちのものでありません。……また、この眼触を縁として生じる楽の、あるいは苦の、あるいは非苦非楽の感受、それもそなたたちのものでありません。それを捨てなさい。それを捨てることは、そなたたちの利益のため、安楽のためになるでしょう。
▽耳はそなたたちのものでありません。……もろもろの声はそなたたちのものでありません。……耳識はそなたたちのものでありません。……耳触はそなたたちのものでありません。……また、この耳触を縁として生じる楽の、あるいは苦の、あるいは非苦非楽の感受、それもそなたたちのものでありません。それを捨てなさい。それを捨てることは、そなたたちの利益のため、安楽のためになるでしょう。
鼻はそなたたちのものでありません。……もろもろの香はそなたたちのものでありません。……鼻識はそなたたちのものでありません。……鼻触はそなたたちのものでありません。……また、この鼻

五　attā vā.
六　attaniyaṁ vā.

触を縁として生じる楽の、あるいは苦の、あるいは非苦非楽の感受、それもそなたたちのものでありません。それを捨てなさい。それを捨てることは、そなたたちの利益のため、安楽のためになるでしょう。

舌はそなたたちのものでありません。……もろもろの味はそなたたちのものでありません。……舌識はそなたたちのものでありません。……舌触はそなたたちのものでありません。……また、この舌触を縁として生じる楽の、あるいは苦の、あるいは非苦非楽の感受、それもそなたたちのものでありません。それを捨てなさい。それを捨てることは、そなたたちの利益のため、安楽のためになるでしょう。

身はそなたたちのものでありません。……もろもろの触はそなたたちのものでありません。……身識はそなたたちのものでありません。……身触はそなたたちのものでありません。……また、この身触を縁として生じる楽の、あるいは苦の、あるいは非苦非楽の感受、それもそなたたちのものでありません。それを捨てなさい。それを捨てることは、そなたたちの利益のため、安楽のためになるでしょう。△

意はそなたたちのものでありません。……もろもろの法はそなたたちのものでありません。……意識はそなたたちのものでありません。……意触はそなたたちのものでありません。……また、この意触を縁として生じる楽の、あるいは苦の、あるいは非苦非楽の感受、

304

それもそなたたちのものでありません。それを捨てなさい。それを捨てることは、そなたたちの利益のため、安楽のためになるでしょう」[七]と。

第八

9 第二「そなたらのものに非ず」経（Dutiya-natumhāka-sutta）

（一〇三）このように私は聞いた——……

世尊はつぎのように言われた。

「[一]比丘たちよ、そなたたちのものでないものは、それを捨てなさい。それを捨てることは、そなたたちの利益のため、安楽のためになるでしょう。

それでは、比丘たちよ、何がそなたたちのものでないものでしょうか。

（眼）比丘たちよ、眼はそなたたちのものでありません。それを捨てなさい。それを捨てることは、そなたたちの利益のため、安楽のためになるでしょう。

もろもろの色はそなたたちのものでありません。それらを捨てなさい。それらを捨てることは、そなたたちの利益のため、安楽のためになるでしょう。

七〈第八〈本経〉は、比喩に従って（upamāya parivāretvā）《比喩を引いて（upamaṁ pariharitvā）》語られたとき、覚る者たちの意向によって説かれたものである〉。

（一〇三）Cf.『雑阿含経』巻第一〇〈二六九〉（大正蔵二・七〇b—c）

一 蘊篇、第三四節『第二「そなたらのものに非ず」経』（蘊篇I、一三八頁）参照。

眼識はそなたたちのものでありません。それを捨てなさい。それを捨てることは、そなたたちの利益のため、安楽のためになるでしょう。

眼触はそなたたちのものでありません。それを捨てなさい。それを捨てることは、そなたたちの利益のため、安楽のためになるでしょう。

▽また、この眼触を縁として生じる楽の、あるいは苦の、あるいは非苦非楽の感受、それもそなたたちのものでありません。それを捨てなさい。それを捨てることは、そなたたちの利益のため、安楽のためになるでしょう。

（耳）耳はそなたたちのものでありません。それを捨てなさい。それを捨てることは、そなたたちの利益のため、安楽のためになるでしょう。

もろもろの声はそなたたちのものでありません。それらを捨てなさい。それらを捨てることは、そなたたちの利益のため、安楽のためになるでしょう。

耳識はそなたたちのものでありません。それを捨てなさい。それを捨てることは、そなたたちの利益のため、安楽のためになるでしょう。

耳触はそなたたちのものでありません。それを捨てなさい。それを捨てることは、そなたたちの利益のため、安楽のためになるでしょう。

また、この耳触を縁として生じる楽の、あるいは苦の、あるいは非苦非楽の感受、それもそなたたちのものでありません。それを捨てなさい。それを捨てることは、そなたたちの利益のため、安楽のためになるでしょう。

（鼻）鼻はそなたたちのものでありません。それを捨てなさい。それを捨てることは、そなたたちの利益のため、安楽のためになるでしょう。

もろもろの香はそなたたちのものでありません。それらを捨てなさい。それらを捨てることは、そなたたちの利益のため、安楽のためになるでしょう。

鼻識はそなたたちのものでありません。それを捨てなさい。それを捨てることは、そなたたちの利益のため、安楽のためになるでしょう。

鼻触はそなたたちのものでありません。それを捨てなさい。それを捨てることは、そなたたちの利益のため、安楽のためになるでしょう。

また、この鼻触を縁として生じる楽の、あるいは苦の、あるいは非苦非楽の感受、それもそなたたちのものでありません。それを捨てなさい。それを捨てることは、そなたたちの利益のため、安楽のためになるでしょう。

（舌）舌はそなたたちのものでありません。それを捨てなさい。それを捨てることは、そなたたちの利益のため、安楽のためになるでしょう。

もろもろの味はそなたたちのものでありません。それらを捨てなさい。それらを捨てることは、そなたたちの利益のため、安楽のためになるでしょう。

舌識はそなたたちのものでありません。それを捨てなさい。それを捨てることは、そなたたちの利益のため、安楽のためになるでしょう。

舌触はそなたたちのものでありません。それを捨てなさい。それを捨てることは、そなたたちの利益のため、安楽のためになるでしょう。

また、この舌触を縁として生じる楽の、あるいは苦の、あるいは非苦非楽の感受、それもそなたたちのものでありません。それを捨てなさい。それを捨てることは、そなたたちの利益のため、安楽のためになるでしょう。

（身）身はそなたたちのものでありません。それを捨てなさい。それを捨てることは、そなたたちの利益のため、安楽のためになるでしょう。

もろもろの触はそなたたちのものでありません。それらを捨てなさい。それらを捨てることは、そなたたちの利益のため、安楽のためになるでしょう。

身識はそなたたちのものでありません。それを捨てなさい。それを捨てることは、そなたたちの利益のため、安楽のためになるでしょう。

身触はそなたたちのものでありません。それを捨てなさい。それを捨てることは、そなたたちの利益のため、安楽のためになるでしょう。

また、この身触を縁として生じる楽の、あるいは苦の、あるいは非苦非楽の感受、それもそなたたちのものでありません。それを捨てなさい。それを捨てることは、そなたたちの利益のため、安楽のためになるでしょう。

（意）意はそなたたちのものでありません。それを捨てなさい。それを捨てることは、そなたたちの利益のため、安楽のためになるでしょう。

もろもろの法はそなたたちのものでありません。それらを捨てなさい。それらを捨てることは、そなたたちの利益のため、安楽のためになるでしょう。

意識はそなたたちのものでありません。それを捨てなさい。それを捨てることは、そなたたちの利益のため、安楽のためになるでしょう。

意触はそなたたちのものでありません。それを捨てなさい。それを捨てることは、そなたたちの利益のため、安楽のためになるでしょう。△

また、この意触を縁として生じる楽の、あるいは苦の、あるいは非苦非楽の感受、それもそなたたちのものでありません。それを捨てなさい。それを捨てることは、そなたたちの利益のため、安楽のためになるでしょう。

比丘たちよ、そなたたちのものでないものは、それを捨てなさい。それを捨てることは、そなたたちの利益のため、安楽のためになるでしょう[二]」

と。

第九

二 〈第九（本経）は、単純経（suddhika）のみによって《比喩がなく、ただ純粋に（kevalam eva）》、覚る者たちの意向によって説かれたものである〉。

10 ウダカ経 (Udaka-sutta)[一]

(一〇三) ▽このように私は聞いた――……

世尊はつぎのように言われた。△

「比丘たちよ、実にウダカ・ラーマプッタ[二]は、このような言葉を語っています。

『[三]まさに確かに明智者《みょうちしゃ》である。まさに確かに一[四]切勝者である。まさに確かに掘[五]り出されていない腫れ物の根を掘[六]り出している』

と。
[七]しかし、比丘たちよ、それはこうです。ウダカ・ラーマプッタは、明智者でないのに『[八]私は明智者である』と語っています。一切勝者でないのに『[九]私は一切勝者である』と語っています。腫れ物の根は掘り出されていないのに『[一〇]私は腫れ物の根を掘り出している』と語っています。
比丘たちよ、[一一]ここにおいて、比丘が正しく言う場合に、それを言うことができるのです。

『まさに確かに明智者である。まさに確かに一切勝者である。まさに確かに掘り出されていない腫れ物の根を掘り出している』

と。

一 Rᵉは本経名を「ウッダカ」(Uddako) とする。
(一〇三)『中阿含経』巻第二八〈一一四〉(大正蔵一・六〇三a―b)
二 Udako Rāmaputto. 釈尊の菩薩時代における第二の師であり、非想非非想処定を得ていたとされる。中部26『聖求経』第七節参照。
三 idaṁ jātu vedagū. 〈ここにおける「まさに」(idaṁ) とは単なる不変詞 (nipātamatta) である。あるいはまた、「この私の言葉を聞け」(idaṁ mama vacanaṁ suṇātha)、とを説明してこのように言ったのである。「確かに明智者である」(jātu vedagū) とは、私は確実に明智者である、ヴェーダ (veda) と称される智 (ñāṇa) によって導かれるべき者 (neyya) たちに達している、あるいはヴェーダに達している、通達している、私は賢者 (paṇḍita) である、という意味である〉。
四 sabbaji. 〈「私は完全に全輪転 (sabbavaṭṭa 全輪廻) に勝ち (jinitvā)、打ち勝ち、とどまっている」と言っているのである〉。
五 apalikhataṁ gaṇḍamūlaṁ. 〈掘り出されていない苦の根 (dukkhamūla) を〉。
六 palikhaṇiṁ. 〈私によって掘り出されている (palikhataṁ mayā)、私は掘りとどまっている (khaṇitvā ṭhitosmi)、と説明しているのである〉。
七 taṁ kho panetaṁ bhikkhave.
八 vedagūsmi.
九 sabbajismi.
一〇 palikhataṁ me gaṇḍamūlaṁ.
一一 idha. この教え (仏教) において、の意。

それでは、比丘たちよ、どのようにして明智者になるのでしょうか。比丘たちよ、比丘が[一二]六触処の、[一三]生起と消滅と、[一四]楽味《らくみ》と危難と出《しゅつ》離《り》とを如実に知るとき、比丘たちよ、このようにして、比丘は明智者になります。

それでは、比丘たちよ、どのようにして一切勝者になるのでしょうか。比丘たちよ、比丘が六触処の、生起と消滅と、楽味と危難と出離とを如実に知るとき、比丘たちよ、このようにして、比丘は一切勝者になります。

305 それでは、比丘たちよ、どのようにして比丘に掘り出されていない腫れ物の根が掘り出されることになるのでしょうか。比丘たちよ、[一五]『腫れ物』とは、これは[一六]この四《し》大要素《だいようそ》から成り、母と父から生まれ、米飯と麦菓子で養われた、[一七]無常の、除滅の、摩滅の、破滅の、壊滅《えめつ》の性質のある、[一八]身の同義語です。比丘たちよ、[一九]『腫れ物の根』とは、

(84) [二〇]これは渇愛《かつあい》の同義語です。比丘たちよ、[二一]比丘の渇愛が断たれ、根絶され、根幹を失ったターラ樹のようにされ、空無なものにされ、未来に生起しない性質のものになっているとき、比丘たちよ、このようにして、比丘に掘り出されていない腫れ物の根が掘り出されることになります。

比丘たちよ、実にウダカ・ラーマプッタは、このような言葉を語

一二　chaṇṇaṁ phassāyatanānaṁ.「六触処」とは、眼などの、六の接触が起こる場所（出処）をいう。本相応、第七一節「第一・六触処経」（本書、二三一頁）参照。

一三　samudayañ ca atthaṅgamañ ca.

一四　assādañ ca ādīnavañ ca nissaraṇañ ca.

一五　gaṇḍo.

一六　以下については、長部2『沙門果経』第八五節参照。

一七　aniccucchādanaparimaddanabhedanaviddhaṁsanadhamma-ssa.〈このうち、これは、身として非有の状態による「無常の」性質（aniccadhamma）の、悪臭を除くために薄い塗香による「除滅の」性質（ucchādanadhamma）の、肢節の病を除去するために少々の按摩による「摩滅の」性質（pari-maddanadhamma）の、あるいはまた、幼いときに腿に横臥させ、母胎の住まいによっては確立し難いそれぞれの肢体を確立させるために引っ張りや圧迫などによる「摩滅の」性質のあるものである。このように世話をされても、「破滅の」「壊滅の」性質（bhedana-viddhaṁsana-dhamma）があり、壊れ、また散る。このような自性（sabhāva）がある、という意味である。

そのうち、「母と父から生まれ」「米飯と麦菓子で養われ

っています。

『まさに確かに明智者である。まさに確かに一切勝者である。

まさに確かに掘り出されていない腫れ物の根を掘り出している』

と。

しかし、比丘たちよ、それはこうです。ウダカ・ラーマプッタは、明智者でないのに『私は明智者である』と語っています。一切勝者でないのに『私は一切勝者である』と語っています。腫れ物の根は掘り出されていないのに『私は腫れ物の根を掘り出している』と語っています。

比丘たちよ、ここにおいて、比丘が正しく言う場合に、それを言うことができるのです。

『まさに確かに明智者である。まさに確かに一切勝者である。

まさに確かに掘り出されていない腫れ物の根を掘り出している』

と」

と。

第一〇

第一〇　六の章

た」「摩滅の」という語によって「増大」(vaḍḍhi)が、「無常の」「破滅の」「壊滅の」という語によって「衰退」(pari-hāni)が語られている。《「除滅の」は、「摩滅の」と同じであるとして、取り上げられていない》。あるいは、前の三によって「生起」(samudaya)が、後の三によって「消滅」(atthaṅgama)が語られている。このように、四大要素からなる身には、増大と衰退、発生と破壊が認められている〉。

一八　kāyassa adhivacanaṁ.

一九　gaṇḍamūlaṁ.

二〇　taṇhāyetaṁ adhivacanaṁ.

二一　以下については、中部22『蛇喩経』第一二節参照。

以上の摂頌

二[二二]の「所摂」と「衰退（法）」
「放逸住者」と「防護」と「定」
「独坐」と二の「そなたらのものに非ず」
さらにまた「ウッダカ」[二三]あり、と

六処篇における「第二の五十経」は終わる

以上の章の摂頌

「無明《むみよう》」と「ミガジャーラ」と
「病」と第四の「チャンナ」と
「六」の章により五十経あり
これが「第二の五十経」なり、と

第一の百経

二二　dve saṅgayhā. 二の「偈を含むもの」ということ。本文では、「無調御無守護経」と「マールキヤプッタ経」とする。

二三　Uddako. ただし、本文には「ウダカ」（Udako）とある。本相応、第一〇三節「ウダカ経」註一（本書、三九三頁）参照。

(85)

［第三の五十経］

第一一　無碍安穏者の章（Yogakkhemi-vagga）

306

1　無碍安穏者経（Yogakkhemi-sutta）

（一〇四）*▽ このように私は聞いた――

あるとき、世尊《せそん》は、サーヴァッティに近い、ジェータ林のアナータピンディカ僧院に住んでおられた。

そこで、世尊は比丘《びく》たちに話しかけられた。

「比丘たちよ、そなたたちに、一無碍安穏《むげあんのん》の門である二法門《ほうもん》を説きましょう。それを聞きなさい。

それでは、比丘たちよ、無碍安穏の門である法門とは何でしょうか。

比丘たちよ、三眼《げん》によって識《し》られるべき、好ましい、楽しい、喜ばしい、愛しい、欲をともなった、魅力的な、もろもろの色《しき》があります。それらは、如来《にょらい》には、断たれ、根絶され、根幹を失ったターラ樹のようにされ、空無なものにされ、未来に生起しない性質のものになっています。また、かれは、それらを捨てるための四努力を説き

（一〇四）漢訳の相当経典は不明。

一　yogakkhemipariyāyaṁ. 〈四の束縛（catuyoga 欲・生存・見・無明の煩悩）からの安穏者（khemī）の根拠（kāraṇa）となる〉。中部1『根本法門経』第七節参照。

二　dhammapariyāyaṁ. 〈法の根拠（dhammakāraṇa）を〉。

三　cakkhuviññeyyā rūpā iṭṭhā. 以下については、本相応、第六三節「第一ミガジャーラ経」（本書、二〇〇頁）参照。

四　akkhāsi yogaṁ. 〈実践を語りました（yuttiṁ kathesi）〉。《「実践を」（yuttiṁ）とは、止観の法を（samathavipassanā-dhammāni）、あるいは四諦の法を（catusacca-dhammāni）ということ》。

ました。[五]それゆえ、如来は『無碍安穏者』と言われます。

▽比丘たちよ、耳《に》によって識られるべき、好ましい、楽しい、喜ばしい、愛しい、欲をともなった、魅力的な、もろもろの声《しょう》があります。それらは、如来には、断たれ、根絶され、根幹を失ったターラ樹のようにされ、空無なものにされ、未来に生起しない性質のものになっています。また、かれはそれらを捨てるための努力を説きました。それゆえ、如来は『無碍安穏者』と言われます。

比丘たちよ、鼻《び》によって識られるべき、好ましい、楽しい、喜ばしい、愛しい、欲をともなった、魅力的な、もろもろの香《こう》があります。それらは、如来には、断たれ、根絶され、根幹を失ったターラ樹のようにされ、空無なものにされ、未来に生起しない性質のものになっています。また、かれはそれらを捨てるための努力を説きました。それゆえ、如来は『無碍安穏者』と言われます。

比丘たちよ、舌《ぜつ》によって識られるべき、好ましい、楽しい、喜ばしい、愛しい、欲をともなった、魅力的な、もろもろの味《み》があります。それらは、如来には、断たれ、根絶され、根幹を失ったターラ樹のようにされ、空無なものにされ、未来に生起しない性質のものになっています。また、かれはそれらを捨てるための努力を説きました。それゆえ、如来は『無碍安穏者』と言われます。

五　tasmā. 〈「それゆえ」とは、なぜか。説かれているからか、それとも捨てられているからか。捨てられているからである。なぜなら《欲貪を捨てること（chandarāgappahāna）が無碍安穏者になるための根拠であり》、説くこと（akkhāna）によって無碍安穏者と呼ばれるものはにならないからである〉。

比丘たちよ、身《しん》によって識られるべき、好ましい、楽しい、喜ばしい、愛しい、欲をともなった、魅力的な、もろもろの触《そく》があります。それらは、如来には、断たれ、根絶され、根幹を失ったターラ樹のようにされ、空無なものにされ、未来に生起しない性質のものになっています。また、かれはそれらを捨てるための努力を説きました。それゆえ、如来は『無碍安穏者』と言われます。△

比丘たちよ、意《い》によって識られるべき、好ましい、楽しい、喜ばしい、愛しい、欲をともなった、魅力的な、もろもろの法《ほう》があります。それらは、如来には、断たれ、根絶され、根幹を失ったターラ樹のようにされ、空無なものにされ、未来に生起しない性質のものになっています。また、かれはそれらを捨てるための努力を説きました。それゆえ、如来は『無碍安穏者』と言われます。

比丘たちよ、これが無碍安穏の門である法門です」

と。

第一

2 「取著して」経 (Upādāya-sutta)

(一〇五) ▽このように私は聞いた——……

世尊はつぎのように言われた。△

(一〇五)『雑阿含経』巻第七〈一四六〉(大正蔵二・四三b)

「一比丘たちよ、何があるとき、何二に取著《しゅじゃく》して、内三に楽《らく》と苦《く》が生じますか」

と。

「尊師よ、私どものもろもろの法は、世尊を根源とし、▽世尊を指導者とし、世尊を依拠としております。

尊師よ、どうか世尊は、この説かれたことの意味をお明かしくださいますように。比丘どもは、世尊の言葉をお聞きし、記憶にとどめるでありましょう」と。

「それでは、比丘たちよ、聞いて、よく考えなさい。話しましょう」と。

「かしこまりました、尊師よ」と、かれら比丘は世尊に答えた。

世尊は、つぎのように言われた。△

「比丘たちよ、眼があるとき、眼に取著して、内に楽と苦が生じます。
▽耳があるとき、耳に取著して、内に楽と苦が生じます。
鼻があるとき、鼻に取著して、内に楽と苦が生じます。
舌があるとき、舌に取著して、内に楽と苦が生じます。
身があるとき、身に取著して、内に楽と苦が生じます。△
意があるとき、意に取著して、内に楽と苦が生じます。

一　以下については、蘊篇、第一五〇節「内経」（蘊篇I、六一五頁）参照。
二　kiṁ upādāya.〈＊何に縁って（kiṁ paṭicca）〉の意。
三　ajjhattaṁ sukhadukkhaṁ.《「内に楽と苦が」と言われているから、解脱の楽と六処の苦とが語られていることであり、ここにまた、還転の楽（vivaṭṭasukha）が語られているのである、と知ることができる。確かに「蘊篇」では「蘊」によって説示がなされており、「処」によってではない。しかし、ここで言われるべき意味の特徴は、「蘊篇」において言われた仕方で解される》。

六処の無常

比丘たちよ、そのことをどう思いますか。つまり、

（眼）眼は常であるか、無常《むじょう》であるか、ということです」と。

「無常です、尊師よ」。

「それでは、無常であるものは苦でしょうか、それとも楽でしょうか」と。

「苦です、尊師よ」。

「それでは、無常であり、苦であり、変化する性質のものに取著せず、内に楽と苦が生じ得ましょうか」と。

「いいえ、尊師よ」。

（耳）「耳は常であるか、無常であるか、ということです」と。

「無常です、尊師よ」。

「それでは、無常であるものは苦でしょうか、それとも楽でしょうか」と。

「苦です、尊師よ」。

「それでは、無常であり、苦であり、変化する性質のものに取著せず、内に楽と苦が生じ得ましょうか」と。

「いいえ、尊師よ」。

（鼻）「鼻は常であるか、無常であるか、ということです」と。

「無常です、尊師よ」。

「それでは、無常であるものは苦でしょうか、それとも楽でしょうか」と。

「苦です、尊師よ」。

「それでは、無常であり、苦であり、変化する性質のものに取著せず、内に楽と苦が生じ得ましょうか」と。

「いいえ、尊師よ」。△

(86)
(舌)「舌は常であるか、無常であるか、ということです」と。

「無常です、尊師よ」。

「それでは、無常であるものは苦でしょうか、それとも楽でしょうか」と。

「苦です、尊師よ」。

「それでは、無常であり、苦であり、変化する性質のものに取著せず、内に楽と苦が生じ得ましょうか」と。

「いいえ、尊師よ」。

(身)「身▽は常であるか、無常であるか、ということです」と。

「無常です、尊師よ」。

「それでは、無常であるものは苦でしょうか、それとも楽でしょうか」と。

「苦です、尊師よ」。

「それでは、無常であり、苦であり、変化する性質のものに取著せず、内に楽と苦が生じ得ましょうか」と。

「いいえ、尊師よ」。△

(意)「意は常であるか、無常であるか、ということです」と。

「無常です、尊師よ」。

「それでは、無常であるものは苦でしょうか、それとも楽でしょうか」と。

「苦です、尊師よ」。

「それでは、無常であり、苦であり、変化する性質のものに取著せず、内に楽と苦が生じ得ましょうか」と。

「いいえ、尊師よ」。

六処の厭離

「比丘たちよ、このように見る、聞《もん》をそなえた聖なる弟子は、眼についても厭離《おんり》します。▽耳についても厭離します。鼻についても厭離します。舌についても厭離します。身についても厭離します。△意についても厭離します。厭離し、離貪《りとん》します。離貪により、解脱《げだつ》します。解脱したとき、〈解脱した〉との智《ち》が生じます。〈生まれは尽きた。梵行《ぼんぎょう》は完成された。なすべきことはなされた。もはや、この状態の他にはない〉と知ります[四]」

と。

第二

3 苦生起経（Dukkhasamudaya-sutta）

（一〇六）▽このように私は聞いた――……

世尊はつぎのように言われた。△

「比丘[一]たちよ、苦[二]の生起と消滅《しょうめつ》とについて説[三]きましょう。それを聞きなさい。

苦の生起

それでは、比丘たちよ、何が苦の生起でしょうか。

眼[四]ともろもろの色《しき》[五]とによって[六]眼識《げんしき》[七]が生じます。三者の和合[八]は触《そく》です。触[九]を縁として受《じゅ》[一〇]が生じます。受を縁として愛《あい》[一一]が生じます。比丘たちよ、[一二]これが苦の生起です。

▽耳ともろもろの声《しょう》とによって耳識が生じます。三者の和合は触です。触を縁として受が生じます。受を縁として愛が生じます。比丘たちよ、これが苦の生起です。

鼻ともろもろの香《こう》とによって鼻識が生じます。三者の和合は触です。触を縁として受が生じます。受を縁として愛が生じます。比丘

四 〈第二（本経）は、受の楽と苦（vedanāsukhadukkha）《受と称される楽と苦》が語られている。しかし、それは異熟の楽と苦（vipākasukhadukkha）にふさわしい〉。

（一〇六）『雑阿含経』巻第八〈二一八〉（大正蔵二・五四c―五五a）

一 以下については、因縁篇、第四三節「苦経」（因縁篇I、二九六頁）参照。

二 dukkhassa samudayañ ca atthaṅgamañ ca.「苦」とは〈＊輪転の苦（vaṭṭadukkha）〉をいう。「生起」には〈＊二の生起、すなわち「刹那の生起」（khaṇikasamudaya）と「縁の生起」（paccayasamudaya）がある〉。また「消滅」にも〈＊「究極の消滅」（accantatthaṅgama）と「破壊の消滅」（bhedatthaṅgama）という二種がある〉。なお、「究極の消滅」とは不転起、滅尽、涅槃を、「破壊の消滅」とは刹那の滅尽をいう。

三 desessāmi.〈＊この輪転苦の生起と消滅、発生と破壊（nibbatti-bheda）を説きましょう〉の意。

四 cakkhuṁ.

五 rūpe.

六 paṭicca.〈＊親依（nissaya）によって《眼の支えによって》、また所縁（ārammaṇa）によって《もろもろの色を所縁にして》、縁（paccaya）にして〉。

七 cakkhuviññāṇaṁ.

八 tiṇṇaṁ saṅgati phasso.〈＊三者の和合により（saṅgatiyā）触があります〉。「三者の和合」とは、眼ともろもろの色と眼識、すなわち、根・境・識の和合をいう。

九 phassapaccayā. あるいは「接触を縁として」。

たちよ、これが苦の生起です。△

舌ともろもろの味《み》とによって舌識が生じます。三者の和合は触です。触を縁として受が生じます。受を縁として愛が生じます。比丘たちよ、これが苦の生起です。

▽身ともろもろの触《そく》とによって身識が生じます。三者の和合は触です。触を縁として受が生じます。受を縁として愛が生じます。比丘たちよ、これが苦の生起です。△

意ともろもろの法《ほう》とによって意識が生じます。三者の和合は触です。触を縁として受が生じます。受を縁として愛が生じます。比丘たちよ、これが苦の生起です。

苦の消滅

ではまた、比丘たちよ、何が苦の消滅[一三]でしょうか。

眼ともろもろの色とによって眼識が生じます。三者の和合は触です。触を縁として受が生じます。受を縁として愛が生じます。その[一四]愛が離貪によって残りなく滅すれば取が滅します。取の滅により有《う》が滅します。有の滅により生が滅します。生の滅により老死《ろうし》、愁《うれ》い・悲しみ・苦しみ・憂い・悩みが滅します。このように、この全体の苦の集まりの滅尽があります。比丘たちよ、これが苦の消滅です。

耳ともろもろの声とによって耳識が生じます。▽三者の和合は触で

一〇　vedanā. あるいは「感受」。
一一　taṇhā. あるいは「渇愛」。
一二　〈＊これが輪転苦の発生と呼ばれる〉ということ。
一三　atthaṅgama. 〈＊破壊（bheda）ということ。なぜなら、このように輪転の苦は、無結生において（不生起、滅尽により）破壊されているからである〉。
一四　tassāyeva taṇhāya asesavirāganirodhā. 「離貪」（virāga）とは、道（magga）、あるいは捨断（pahāna）をさす。

す。触を縁として受が生じます。受を縁として愛が生じます。その愛が離貪によって残りなく滅すれば取が滅します。取の滅により有が滅します。有の滅により生が滅します。生の滅により老死、愁い・悲しみ・苦しみ・憂い・悩みが滅します。このように、この全体の苦の集まりの滅尽があります。比丘たちよ、これが苦の消滅です。

鼻ともろもろの香とによって鼻識が生じます。三者の和合は触です。触を縁として受が生じます。受を縁として愛が生じます。その愛が離貪によって残りなく滅すれば取が滅します。取の滅により有が滅します。有の滅により生が滅します。生の滅により老死、愁い・悲しみ・苦しみ・憂い・悩みが滅します。このように、この全体の苦の集まりの滅尽があります。比丘たちよ、これが苦の消滅です。

舌ともろもろの味とによって舌識が生じます。三者の和合は触です。触を縁として受が生じます。受を縁として愛が生じます。その愛が離貪によって残りなく滅すれば取が滅します。取の滅により有が滅します。有の滅により生が滅します。生の滅により老死、愁い・悲しみ・苦しみ・憂い・悩みが滅します。このように、この全体の苦の集まりの滅尽があります。比丘たちよ、これが苦の消滅です。

身ともろもろの触とによって身識が生じます。三者の和合は触です。触を縁として受が生じます。受を縁として愛が生じます。その

(87)

愛が離貪によって残りなく滅すれば取が滅します。取の滅により有が滅します。有の滅により生が滅します。生の滅により老死、愁い・悲しみ・苦しみ・憂い・悩みが滅します。このように、この全体の苦の集まりの滅尽があります。比丘たちよ、これが苦の消滅です。△

意ともろもろの法とによって意識が生じます。三者の和合は触です。触を縁として受が生じます。受を縁として愛が生じます。その愛が離貪によって残りなく滅すれば取が滅します。取の滅により有が滅します。有の滅により生が滅します。生の滅により老死、愁い・悲しみ・苦しみ・憂い・悩みが滅します。このように、この全体の苦の集まりの滅尽があります。比丘たちよ、これが苦の消滅です」

と。

第三

4 世界生起経 (Lokasamudaya-sutta)

(一〇七) ▽このように私は聞いた——……

世尊は一つぎのように言われた。△

「比丘たちよ、二世界の生起と消滅とについて説きましょう。それを聞きなさい。

世界の生起

(一〇七)『雑阿含経』巻第九〈二三三〉(大正蔵二・五六c)

一 以下については、因縁篇I、第四四節「世界経」(因縁篇I、三〇〇頁)参照。

二 lokassa.〈行の世界の(saṅkhāralokassa 行世間の)〉、ということ。仏教では、「世界」は「自己」であり、「五蘊」であり、「六処」であり、「苦」であるから、意味として「世界」と「苦」は同一である。

それでは、比丘たちよ、何が世界の生起でしょうか。

眼ともろもろの色とによって眼識が生じます。三者の和合は触です。触を縁として受が生じます。受を縁として愛が生じます。比丘たちよ、これが世界の生起です。

▽耳ともろもろの声とによって耳識が生じます。三者の和合は触です。触を縁として受が生じます。受を縁として愛が生じます。比丘たちよ、これが世界の生起です。

鼻ともろもろの香とによって鼻識が生じます。三者の和合は触です。触を縁として受が生じます。受を縁として愛が生じます。比丘たちよ、これが世界の生起です。△

舌ともろもろの味とによって舌識が生じます。三者の和合は触です。触を縁として受が生じます。受を縁として愛が生じます。比丘たちよ、これが世界の生起です。

▽身ともろもろの触とによって身識が生じます。三者の和合は触です。触を縁として受が生じます。受を縁として愛が生じます。比丘たちよ、これが世界の生起です。△

意ともろもろの法とによって意識が生じます。三者の和合は触です。触を縁として受が生じます。受を縁として愛が生じます。比丘たちよ、これが世界の生起です。

308

世界の消滅

それではまた、比丘たちよ、何が世界の消滅でしょうか。

眼ともろもろの色とによって眼識が生じます。三者の和合は触です。触を縁として受が生じます。受を縁として愛が生じます。その愛が離貪によって残りなく滅すれば取が滅します。取の滅により有《う》が滅します。有の滅により生が滅します。生の滅により老死、愁い・悲しみ・苦しみ・憂い・悩みが滅します。このように、この全体の苦の集まりの滅尽があります。比丘たちよ、これが世界の消滅です。

▽耳ともろもろの声とによって耳識が生じます。三者の和合は触です。触を縁として受が生じます。受を縁として愛が生じます。その愛が離貪によって残りなく滅すれば取が滅します。取の滅により有が滅します。有の滅により生が滅します。生の滅により老死、愁い・悲しみ・苦しみ・憂い・悩みが滅します。このように、この全体の苦の集まりの滅尽があります。比丘たちよ、これが世界の消滅です。

鼻ともろもろの香とによって鼻識が生じます。三者の和合は触です。触を縁として受が生じます。受を縁として愛が生じます。その愛が離貪によって残りなく滅すれば取が滅します。取の滅により有が滅します。有の滅により生が滅します。生の滅により老死、愁い・悲しみ・苦しみ・憂い・悩みが滅します。このように、この全体の苦の集まりの滅尽があります。比丘たちよ、これが世界の消滅です。△

舌ともろもろの味とによって舌識が生じます。三者の和合は触です。触を縁として受が生じます。受を縁として愛が生じます。その愛が離貪によって残りなく滅すれば取が滅します。取の滅により有が滅します。有の滅により生が滅します。生の滅により老死、愁い・悲しみ・苦しみ・憂い・悩みが滅します。このように、この全体の苦の集まりの滅尽があります。比丘たちよ、これが世界の消滅です。

▽身ともろもろの触とによって身識が生じます。三者の和合は触です。触を縁として受が生じます。受を縁として愛が生じます。その愛が離貪によって残りなく滅すれば取が滅します。取の滅により有が滅します。有の滅により生が滅します。生の滅により老死、愁い・悲しみ・苦しみ・憂い・悩みが滅します。このように、この全体の苦の集まりの滅尽があります。比丘たちよ、これが世界の消滅です。△

意ともろもろの法とによって意識が生じます。三者の和合は触です。触を縁として受が生じます。受を縁として愛が生じます。その愛が離貪によって残りなく滅すれば取が滅します。取の滅により有が滅します。有の滅により生が滅します。生の滅により老死、愁い・悲しみ・苦しみ・憂い・悩みが滅します。このように、この全体の苦の集まりの滅尽があります。比丘たちよ、これが世界の消滅です」

と。

第四

(88)

5「私は勝れている」経（Seyyohamasmi-sutta）

（一〇八）▽このように私は聞いた——……

世尊はつぎのように言われた。△

「比丘たちよ、[一]何があるとき、何に[二]取著《しゅじゃく》し、何に[三]執着《しゅうじゃく》して、〈[四]私は勝れている〉とか、〈[五]私は同等である〉とか、〈[六]私は劣っている〉ということが生じますか」

「尊師よ、私どものもろもろの法は、世尊を根源とし、▽世尊を指導者とし、世尊を依拠としております。尊師よ、どうか世尊は、この説かれたことの意味をお明かしくださいますように。比丘どもは、世尊の言葉をお聞きし、記憶にとどめるでありましょう」と。

（一〇八）『雑阿含経』巻第七〈一四九〉（大正蔵二・四三b）

一 蘊篇、第四九節「ソーナ経」（蘊篇I、一八〇頁）参照。

二 kiṁ upādāya.「何に縁って」の意。

三 kiṁ abhinivissa.「何に執着の縁（abhinivesapaccaya）を作って」の意。

四 seyyo ham asmi.〈＊私は最勝（visiṭṭha）、最上（uttama）である〉。

五 sadiso ham asmi.

六 hīno ham asmi.「慢」（māna）とは心の高ぶりをいう。「私は勝れている」（seyya）という慢、「私は同等である」（sadisa）という慢、「私は劣っている」（hīna）という慢、このように三種からなる。さらに、三種のそれぞれに、「勝」「同等」「劣」という慢があり、九種からなるものでもある。なお、「慢」は、高ぶりを特相とし、我慢を味とし、膨張状態を現状とし、見不相応の貪を足場とする、と

「それでは、比丘たちよ、聞いて、よく考えなさい。話しましょう」と。

「かしこまりました、尊師よ」と、かれら比丘は世尊に答えた。

世尊は、つぎのように言われた。

「比丘たちよ、眼があるとき、眼に取著し、眼に執着して、〈私は勝れている〉とか、〈私は同等である〉とか、〈私は劣っている〉ということが生じます。

耳があるとき、耳に取著し、耳に執着して、〈私は勝れている〉とか、〈私は同等である〉とか、〈私は劣っている〉ということが生じます。

鼻があるとき、鼻に取著し、鼻に執着して、〈私は勝れている〉とか、〈私は同等である〉とか、〈私は劣っている〉ということが生じます。

舌があるとき、舌に取著し、舌に執着して、〈私は勝れている〉とか、〈私は同等である〉とか、〈私は劣っている〉ということが生じます。

身があるとき、身に取著し、身に執着して、〈私は勝れている〉とか、〈私は同等である〉とか、〈私は劣っている〉ということが生じます。

言われる。有偈篇、第九節「求慢経」補註1（有偈篇Ⅰ、三九三頁）参照。

意があるとき、意に取著し、意に執着して、〈私は勝れている〉とか、〈私は同等である〉とか、〈私は劣っている〉ということが生じます。

六処の無常

比丘たちよ、そのことをどう思いますか。つまり、（眼）眼は常であるか、無常であるか、ということです」と。

「無常です、尊師よ」。

「それでは、無常であるものは苦でしょうか、それとも楽でしょうか」と。

「苦です、尊師よ」。

「それでは、無常であり、苦であり、変化する性質のものに取著せず、〈私は勝れている〉とか、〈私は同等である〉とか、〈私は劣っている〉ということが生じ得ましょうか」と。

「いいえ、尊師よ」。

（耳）「耳は常であるか、無常であるか、ということです」と。

「無常です、尊師よ」。

「それでは、無常であるものは苦でしょうか、それとも楽でしょうか」と。

「苦です、尊師よ」。

「それでは、無常であり、苦であり、変化する性質のものに取著せず、〈私は勝れている〉とか、〈私は同等である〉とか、〈私は劣っている〉ということが生じ得ましょうか」と。

「いいえ、尊師よ」。

（鼻）「鼻は常であるか、無常であるか、ということです」と。

「無常です、尊師よ」。

「それでは、無常であるものは苦でしょうか、それとも楽でしょうか」と。

「苦です、尊師よ」。

「それでは、無常であり、苦であり、変化する性質のものに取著せず、〈私は勝れている〉とか、〈私は同等である〉とか、〈私は劣っている〉ということが生じ得ましょうか」と。

「いいえ、尊師よ」。△

（舌）「舌は常であるか、無常であるか、ということです」と。

「無常です、尊師よ」。

「それでは、無常であるものは苦でしょうか、それとも楽でしょうか」と。

「苦です、尊師よ」。

「それでは、無常であり、苦であり、変化する性質のものに取著せず、〈私は勝れている〉とか、〈私は同等である〉とか、〈私は劣っている〉ということが生じ得ましょうか」と。

「いいえ、尊師よ」。

（身）「▽身は常であるか、無常であるか、ということです」と。

「無常です、尊師よ」。

「それでは、無常であるものは苦でしょうか、それとも楽でしょうか」と。

「苦です、尊師よ」。

「それでは、無常であり、苦であり、変化する性質のものに取著せず、〈私は勝れている〉とか、〈私は同等である〉とか、〈私は劣っている〉ということが生じ得ましょうか」と。

「いいえ、尊師よ」。△

（意）「意は常であるか、無常であるか、ということです」と。

「無常です、尊師よ」。

「それでは、無常であるものは苦でしょうか、それとも楽でしょうか」と。

「苦です、尊師よ」。

「それでは、無常であり、苦であり、変化する性質のものに取著せず、〈私は勝れている〉とか、〈私は同等である〉とか、〈私は劣っている〉ということが生じ得ましょうか」と。

「いいえ、尊師よ」。

六処の厭離

「比丘たちよ、このように見る、聞をそなえた聖なる弟子は、眼についても厭離《おんり》します。耳についても厭離します。鼻についても厭離します。舌についても厭離します。身についても厭離します。意についても厭離します。厭離し、離貪します。離貪により、解脱します。解脱したとき、〈解脱した〉との智が生じます。〈生まれは尽きた。梵行は完成された。なすべきことはなされた。もはや、この状態の他にはない〉と知ります」

と。

第五

(89)

6 所束縛経（Saṁyojaniya-sutta）[一]

（一〇九）このように私は聞いた――……

世尊はつぎのように言われた。

「比丘たちよ、もろもろの束縛《そくばく》されるべき法[二]と束縛[三]とについて説きましょう。それを聞きなさい。

それでは、比丘たちよ、何がもろもろの束縛されるべき法であり、

一　R^{e}は本経名を「束縛」（Saññojanaṁ）とする。本経については、蘊篇、第一二〇節「所束縛経」（蘊篇Ⅰ、五六〇頁）参照。

（一〇九）『雑阿含経』巻第九〈二三九〉（大正蔵二・五七c）

二　saṁyojaniye dhamme. あるいは「もろもろの束縛するもの」。〈＊もろもろの縛られるべき（bandhaniyā）、縛り（bandhana）の縁（paccaya）となる法〉。

三　saṁyojanaṁ.「輪転に諸有情を結び、縛るから、束縛（saṁyojana）である」（『分別論註』VibhA. 499）と言われる。「束縛」（結）に三種（有身見・疑・戒禁取）、十種

また何が束縛でしょうか。

比丘たちよ、眼が束縛されるべき法です。それに対する欲貪《よくとん》[四]がその場合の束縛です。

耳が束縛されるべき法です。それに対する欲貪がその場合の束縛です。

鼻が束縛されるべき法です。それに対する欲貪がその場合の束縛です。

舌が束縛されるべき法です。それに対する欲貪がその場合の束縛です。

身が束縛されるべき法です。それに対する欲貪がその場合の束縛です。

意が束縛されるべき法です。それに対する欲貪がその場合の束縛です。

比丘たちよ、これらがもろもろの束縛されるべき法であり、これが束縛である、と言われます」

と。

第六

（欲貪・瞋恚・慢・見・疑・戒禁取・有貪・嫉妬・吝嗇・無明）などがある。

四　chandarāgo. あるいは「欲と貪りは」。

7 所取著経（Upādāniya-sutta）[一]

（二一〇）▽このように私は聞いた――……

世尊はつぎのように言われた。△

「比丘たちよ、もろもろの取著されるべき法[二]と取著[三]とについて説きましょう。それを聞きなさい。

それでは、比丘たちよ、何がもろもろの取著されるべき法であり、また何が取著でしょうか。

比丘たちよ、眼が取著されるべき法です。それに対する欲貪[四]がその場合の取著です。

耳が取著されるべき法です。それに対する欲貪がその場合の取著です。

鼻が取著されるべき法です。それに対する欲貪がその場合の取著です。

舌が取著されるべき法です。それに対する欲貪がその場合の取著です。

身が取著されるべき法です。それに対する欲貪がその場合の取著です。

意が取著されるべき法です。それに対する欲貪がその場合の取著です。

一 R^{e}は本経名を「取著」（Upādānaṁ）とする。本経については、蘊篇、第一二二節「所取著経」（蘊篇Ⅰ、五六二頁）参照。

（二一〇）『雑阿含経』巻第九〈二四〇〉（大正蔵二・五八ａ）

二 Upādāniye dhamme. あるいは「もろもろの取著するもの」。

三 upādānaṁ. 強固な把捉。五種妙欲の貪りの同義語。執着。「取著」（upādāna 取）には四種、すなわち、欲取、見取、戒禁取、我語取がある。因縁篇、第二節「分別経」（因縁篇Ⅰ、三五頁）参照。

四 chandarāgo. あるいは「欲と貪りは」。

比丘たちよ、これらがもろもろの取著されるべき法であり、これが取著である、と言われます」

と。

第七

8　内処遍知経（Ajjhattikāyatanaparijjānana-sutta）[一]

（二一）このように私は聞いた——……

世尊はつぎのように言われた。

「比丘たちよ、眼を証知《しょうち》[二]せず、遍知《へんち》[三]せず、離貪[四]させず、捨断《しゃだん》[五]しない者は、苦を滅尽することができません[六]。

耳を証知せず、遍知せず、離貪させず、捨断しない者は、苦を滅尽することができません。

鼻を証知せず、遍知せず、離貪させず、捨断しない者は、苦を滅尽することができません。

舌を証知せず、遍知せず、離貪させず、捨断しない者は、苦を滅尽することができません。

身を証知せず、遍知せず、離貪させず、捨断しない者は、苦を滅尽することができません。

意を証知せず、遍知せず、離貪させず、捨断しない者は、苦を滅

一　R^eは、本経名を「了知（一）」（Pajānaṁ (1)）とする。本経については、本相応、第二六節「第一不遍知経」（本書、一一二頁）参照。

（二一）『雑阿含経』巻第九〈二四二〉（大正蔵二・五八b）

二　anabhijānaṁ.「直接に知らず」ということ。

三　aparijānaṁ.「あまねく知らず」ということ。

四　avirājayaṁ.「消滅させず」ということ。

五　appajahaṁ.「捨てない者は」ということ。

六　abhabbo dukkhakkhayāya.

尽することができません。

しかし、比丘たちよ、眼を証知し、遍知し、離貪させ、捨断する者は、苦を滅尽することができます。

耳を証知し、遍知し、離貪させ、捨断する者は、苦を滅尽することができます。

鼻を証知し、遍知し、離貪させ、捨断する者は、苦を滅尽することができます。

舌を証知し、遍知し、離貪させ、捨断する者は、苦を滅尽することができます。

身を証知し、遍知し、離貪させ、捨断する者は、苦を滅尽することができます。

意を証知し、遍知し、離貪させ、捨断する者は、苦を滅尽することができます[七]」

と。

第八

9 外処遍知経 (Bāhirāyatanaparijānana-sutta)[一]

(一三) このように私は聞いた——……

世尊はつぎのように言われた。

七 〈＊本経には三遍知も語られていることになる。なぜなら、「証知し」という言葉によって知遍知が、「遍知し」という言葉によって度遍知が、「離貪させ、捨断する」という二によって断遍知が語られているからである〉。

一 R^e は、本経名を「了知（二）」(Pajānaṁ (2)) とする。本経については、本相応、第二七節「第二不遍知経」（本書、一一八頁）参照。

(一三) Cf.『雑阿含経』巻第九〈二四二〉（大正蔵二・五八b）

「比丘たちよ、もろもろの色を証知せず、遍知せず、離貪させず、捨断しない者は、苦を滅尽することができません。

もろもろの声を証知せず、遍知せず、離貪させず、捨断しない者は、苦を滅尽することができません。

もろもろの香を証知せず、遍知せず、離貪させず、捨断しない者は、苦を滅尽することができません。

もろもろの味を証知せず、遍知せず、離貪させず、捨断しない者は、苦を滅尽することができません。

もろもろの触を証知せず、遍知せず、離貪させず、捨断しない者は、苦を滅尽することができません。

もろもろの法を証知せず、遍知せず、離貪させず、捨断しない者は、苦を滅尽することができません。

しかし、比丘たちよ、もろもろの色を証知し、遍知し、離貪させ、捨断する者は、苦を滅尽することができます。

もろもろの声を証知し、遍知し、離貪させ、捨断する者は、苦を滅尽することができます。

もろもろの香を証知し、遍知し、離貪させ、捨断する者は、苦を滅尽することができます。

もろもろの味を証知し、遍知し、離貪させ、捨断する者は、苦を滅尽することができます。

もろもろの触を証知し、遍知し、離貪させ、捨断する者は、苦を滅尽することができます。

もろもろの法を証知し、遍知し、離貪させ、捨断する者は、苦を滅尽することができます」

と。

第九

10　近聞経（Upassuti-sutta）[一]

（一三）このように私は聞いた――
あるとき、世尊は、ニャーティカ[二]の煉瓦堂《れんがどう》[三]に住んでおられた。

そこで、世尊は、静かに独坐《どくざ》し、つぎの法門《ほうもん》[四]を語られた。

苦の生起

「眼ともろもろの色とによって眼識が生じます。三者の和合は触です。触を縁として受が生じます。受を縁として愛が生じます。愛を縁として取が生じます。取を縁として有が生じます。有を縁として生が生じます。生を縁として老死、愁い・悲しみ・苦しみ・憂い・悩みが生じます。このように、この全体の苦の集まりの生起があります。

一　本経については、本章、第一〇六節「苦生起経」、また因縁篇、第四五節「ニャーティカ経」（因縁篇I、三〇五頁）参照。
（一三）漢訳の相当経典は不明。
二　Ñātike.「ニャーティカ村の」ということ。
三　Giñjakāvasathe.「煉瓦で造られた大重閣に」ということ。
四　dhammapariyāya.〈＊法の根拠（kāraṇa）を〉。

▽耳ともろもろの声とによって耳識が生じます。三者の和合は触です。触を縁として受が生じます。受を縁として愛が生じます。愛を縁として取が生じます。取を縁として有が生じます。有を縁として生が生じます。生を縁として老死、愁い・悲しみ・苦しみ・憂い・悩みが生じます。このように、この全体の苦の集まりの生起があります。

鼻ともろもろの香とによって鼻識が生じます。三者の和合は触です。触を縁として受が生じます。受を縁として愛が生じます。愛を縁として取が生じます。取を縁として有が生じます。有を縁として生が生じます。生を縁として老死、愁い・悲しみ・苦しみ・憂い・悩みが生じます。このように、この全体の苦の集まりの生起があります。△

舌ともろもろの味とによって舌識が生じます。▽三者の和合は触です。触を縁として受が生じます。受を縁として愛が生じます。愛を縁として取が生じます。取を縁として有が生じます。有を縁として生が生じます。生を縁として老死、愁い・悲しみ・苦しみ・憂い・悩みが生じます。このように、この全体の苦の集まりの生起があります。

身ともろもろの触とによって身識が生じます。三者の和合は触です。触を縁として受が生じます。受を縁として愛が生じます。愛を縁として取が生じます。取を縁として有が生じます。有を縁として生が生じます。生を縁として老死、愁い・悲しみ・苦しみ・憂い・悩みが生じます。このように、この全体の苦の集まりの生起があります。△

意ともろもろの法とによって意識が生じます。三者の和合は触です。触を縁として受が生じます。受を縁として愛が生じます。愛を縁として取が生じます。取を縁として有が生じます。有を縁として生が生じます。生を縁として老死、愁い・悲しみ・苦しみ・憂い・悩みが生じます。このように、この全体の苦の集まりの生起があります。

苦の消滅

眼ともろもろの色とによって眼識が生じます。三者の和合は触です。触を縁として受が生じます。受を縁として愛が生じます。その愛が離貪によって残りなく滅すれば取が滅します。取の滅により有が滅します。有の滅により生が滅します。生の滅により老死、愁い・悲しみ・苦しみ・憂い・悩みが滅します。このように、この全体の苦の集まりの滅尽があります。

▽耳ともろもろの声とによって耳識が生じます。三者の和合は触で

す。触を縁として受が生じます。受を縁として愛が生じます。その愛が離貪によって残りなく滅すれば取が滅します。取の滅により有が滅します。有の滅により生が滅します。生の滅により老死、愁い・悲しみ・苦しみ・憂い・悩みが滅します。このように、この全体の苦の集まりの滅尽があります。

　鼻ともろもろの香とによって鼻識が生じます。三者の和合は触です。触を縁として受が生じます。受を縁として愛が生じます。その愛が離貪によって残りなく滅すれば取が滅します。取の滅により有が滅します。有の滅により生が滅します。生の滅により老死、愁い・悲しみ・苦しみ・憂い・悩みが滅します。このように、この全体の苦の集まりの滅尽があります。△

　舌ともろもろの味とによって舌識が生じます。▽三者の和合は触です。触を縁として受が生じます。受を縁として愛が生じます。その愛が離貪によって残りなく滅すれば取が滅します。取の滅により有が滅します。有の滅により生が滅します。生の滅により老死、愁い・悲しみ・苦しみ・憂い・悩みが滅します。このように、この全体の苦の集まりの滅尽があります。

　身ともろもろの触とによって身識が生じます。三者の和合は触です。触を縁として受が生じます。受を縁として愛が生じます。その愛が離貪によって残りなく滅すれば取が滅します。取の滅により有が滅します。有の滅により生が滅します。生の滅により老死、愁い・悲しみ・苦しみ・憂い・悩みが滅します。このように、この全体の苦の集まりの滅尽があります。△

　意ともろもろの法とによって意識が生じます。三者の和合は触です。触を縁として受が生じます。受を縁として愛が生じます。その愛が離貪によって残りなく滅すれば取が滅します。取の滅により▽有が滅します。有の滅により生が滅します。生の滅により老死、愁い・悲しみ・苦しみ・憂い・悩みが滅します。△このように、この全体の苦の集まりの滅尽があります」と。

　さて、そのとき、ある比丘が、世尊の近く[五]で聞きながら立っていた。世尊は、その近くで聞きながら立っている比丘をご覧[六]になった。ご覧になり、その比丘につぎのように言われた。

「比丘よ、そなたはこの法門を聞きましたか」と。

「はい、尊師よ」と。

「比丘よ、そなたはこの法門を学び[七]なさい。比丘よ、そなたはこの法門に[八]習熟しなさい。比丘よ、そなたはこの法門を受持《じゅじ》[九]しなさい。比丘よ、この法門は、[一〇]利益《りやく》をそなえたものであり、初梵行[一一]のものです」

五　upassuti.〈＊そこに近づけば世尊の声を聞くことができる「近くで聞く場所」(upassutiṭṭhāna)、そこに立っていた、の意。伝えによれば、かれ(ある比丘)は(仏の)香房の庭を掃除するために来たが、自分の務めを放棄し、世尊の法の声を聞きながら立っていた〉。

六　addasā.〈＊伝えによれば、そのとき、世尊は初めから縁相を思惟し、「これはこの縁によって、これはこの縁によって生じる」と転じられると、有頂天まで一空地が生じた(すべてが覆いのないものとなった)。師は思惟を止め、言葉によって読誦し、結論のとおりに説示を終えて、「この法門を誰か聞いていたのであろうか」と心を転じ、その比丘を(智眼によって)ご覧になられたという〉。

七　uggaṇhāhi

八　pariyāpuṇāhi.〈＊語と随語を結び、言葉によって積み上げる場合、「学得する」と呼ばれる〉。

九　dhārehi. あるいは「憶持しなさい」。

一〇　atthasaṁhito.〈＊(出世間法の)根拠に依るものであり〉。

と。

第一〇

第一一　無碍安穏者の章

以上の摂頌

「無碍安穏者」と「取著して」
「苦」と「世界」と「勝れている」
「[三]束縛」と「取著」、さらにまた
二の「了知」と「近聞」あり

二　ādibrahmacariyako.〈＊道梵行（maggabrahmacariya）の初め（ādi）であり、確立となるもの（patiṭṭhānabhūta）であり〉。「梵行」とは三学をさす。

三　以下の四経は本文に「所束縛」「所取著」「内処遍知」「外処遍知」とある。

第一二　世界妙欲の章（Lokakāmaguṇa-vagga）

1　第一魔罠経（Paṭhamamārapāsa-sutta）

（二四）このように私は聞いた――……
世尊《せそん》はつぎのように言われた。

魔の罠がかかる

「比丘《びく》たちよ、[一]眼《げん》によって識《し》られるべき、好ましい、楽しい、喜ばしい、愛しい、欲をともなった、魅力的な、もろもろの色《しき》があります。もし比丘《びく》がそれを歓喜《かんぎ》し、歓迎し、執着《しゅうじゃく》してとどまるならば、比丘たちよ、この比丘は、[二]魔の住処に入っている者、[三]魔の支配下にある者、[四]魔の罠がかれにかかっている、と言われます。かれは、魔の縛りに縛られ、悪しき者の欲するがままにされてしまいます。

比丘たちよ、耳《に》によって識られるべき、好ましい、楽しい、喜ばしい、愛しい、欲をともなった、魅力的な、もろもろの声《しょう》があります。もし比丘がそれを歓喜し、歓迎し、執着してとどまるならば、比丘たちよ、この比丘は、魔の住処に入っている者、魔の支配下にある者、魔の罠がかれにかかっている、と言われます。かれは、魔の縛りに縛られ、悪しき者の欲するがままにされてしまいます。

（二四）『雑阿含経』巻第九〈二四四〉（大正蔵二・五八c）

一　cakkhuviññeyyā.〈＊眼識によって見られるべき、ということ。「耳によって識られるべき」（sotaviññeyyā）などについても、同じ仕方で解される〉。以下については、本相応、第六三節「第一ミガジャーラ経」（本書、二〇〇頁）参照。

二　āvāsagatomārassa.〈魔の住む所（vasanaṭṭhāna）へ行っている者〉。

三　mārassa vasaṁ gato.〈三種もの魔の支配下にある者〉。《「三種もの魔」とは、妄執想（papañcasaññā）と称される三種もの魔である。それゆえ、天子魔の支配下にもある、と理解することができる》。「三種」とは、渇愛・慢心・邪見、あるいは煩悩魔・死魔・天子魔をさす。なお、「妄執想」については、中部18『蜜玉経』第三節参照。

四　paṭimukk' assa mārapāso.〈かれの首に（assa gīvāya）魔の罠が（mārapāso）かかっている（paṭimukko）、入っている（pavesito）〉の意。

比丘たちよ、鼻《び》によって識られるべき、好ましい、楽しい、喜ばしい、愛しい、欲をともなった、魅力的な、もろもろの香《こう》があります。もし比丘がそれを歓喜し、歓迎し、執着してとどまるならば、比丘たちよ、この比丘は、魔の住処に入っている者、魔の支配下にある者、魔の罠がかれにかかっている、と言われます。かれは、魔の縛りに縛られ、悪しき者の欲するがままにされてしまいます。△

比丘たちよ、舌《ぜつ》によって識られるべき、好ましい、楽しい、喜ばしい、愛しい、欲をともなった、魅力的な、もろもろの味《み》があります。もし比丘がそれを歓喜し、歓迎し、執着してとどまるならば、比丘たちよ、この比丘は、魔の住処に入っている者、魔の支配下にある者、魔の罠がかれにかかっている、と言われます。かれは、魔の縛りに縛られ、悪しき者の欲するがままにされてしまいます。

▽比丘たちよ、身《しん》によって識られるべき、好ましい、楽しい、喜ばしい、愛しい、欲をともなった、魅力的な、もろもろの触《そく》があります。もし比丘がそれを歓喜し、歓迎し、執着してとどまるならば、比丘たちよ、この比丘は、魔の住処に入っている者、魔の支配下にある者、魔の罠がかれにかかっている、と言われます。かれは、魔の縛りに縛られ、悪しき者の欲するがままにされてしまいます。△

比丘たちよ、意《い》によって識られるべき、好ましい、楽しい、喜ば

しい、愛しい、欲をともなった、魅力的な、もろもろの法《ほう》がありま
す。もし比丘がそれを歓喜し、歓迎し、執着してとどまるならば、
比丘たちよ、この比丘は、魔の住処に入っている者、魔の支配下に
ある者、魔の罠がかれにかかっている、と言われます。かれは、魔
の縛りに縛られ、悪しき者の欲するがままにされてしまいます。

(92)
魔の罠がかからず

また、比丘たちよ、眼によって識られるべき、好ましい、楽しい、
喜ばしい、愛しい、欲をともなった、魅力的な、もろもろの色があり
ます。もし比丘がそれを歓喜せず、歓迎せず、執着せずにとどまる
ならば、比丘たちよ、この比丘は、魔の住処に入っていない者、魔
の支配下にない者、魔の罠[五]がかれにかかっていない、と言われます。
かれは、魔の縛りを脱し、悪しき者の欲するがままにされません。
▽比丘たちよ、耳によって識られるべき、好ましい、楽しい、喜ば
しい、愛しい、欲をともなった、魅力的な、もろもろの声がありま
す。もし比丘がそれを歓喜せず、歓迎せず、執着せずにとどまるな
らば、比丘たちよ、この比丘は、魔の住処に入っていない者、魔の
支配下にない者、魔の罠がかれにかかっていない、と言われます。
かれは、魔の縛りを脱し、悪しき者の欲するがままにされません。
比丘たちよ、鼻によって識られるべき、好ましい、楽しい、喜ば

五 ummukk' assa mārapāso.

しい、愛しい、欲をともなった、魅力的な、もろもろの香があります。もし比丘がそれを歓喜せず、歓迎せず、執着せずにとどまるならば、比丘たちよ、この比丘は、魔の住処に入っていない者、魔の支配下にない者、魔の罠がかれにかかっていない、と言われます。かれは、魔の縛りを脱し、悪しき者の欲するがままにされません。△

比丘たちよ、舌によって識られるべき、好ましい、楽しい、喜ばしい、愛しい、欲をともなった、魅力的な、もろもろの味があります。もし比丘がそれを歓喜せず、歓迎せず、執着せずにとどまるならば、比丘たちよ、この比丘は、魔の住処に入っていない者、魔の支配下にない者、魔の罠がかれにかかっていない、と言われます。かれは、魔の縛りを脱し、悪しき者の欲するがままにされません。

▽比丘たちよ、身によって識られるべき、好ましい、楽しい、喜ばしい、愛しい、欲をともなった、魅力的な、もろもろの触があります。もし比丘がそれを歓喜せず、歓迎せず、執着せずにとどまるならば、比丘たちよ、この比丘は、魔の住処に入っていない者、魔の支配下にない者、魔の罠がかれにかかっていない、と言われます。かれは、魔の縛りを脱し、悪しき者の欲するがままにされません。△

比丘たちよ、意によって識られるべき、好ましい、楽しい、喜ばしい、愛しい、欲をともなった、魅力的な、もろもろの法があります。もし比丘がそれを歓喜せず、歓迎せず、執着せずにとどまるならば、比丘たちよ、この比丘は、魔の住処に入っていない者、魔の支配下にない者、魔の罠がかれにかかっていない、と言われます。魔のかれは、魔の縛りを脱し、悪しき者の欲するがままにされません」と。

第一

2 第二魔罠経 (Dutiyamārapāsa-sutta)

（一二五）このように私は聞いた——……

世尊はつぎのように言われた。

魔の罠がかかる

「比丘たちよ、眼によって識られるべき、好ましい、楽しい、喜ばしい、愛しい、欲をともなった、魅力的な、もろもろの色があります。もし比丘がそれを歓喜し、歓迎し、執着してとどまるならば、比丘たちよ、この比丘は、[一]眼によって識られるもろもろの色に縛られている者、魔の住処に入っている者、魔の支配下にある者、魔の罠がかれにかかっている、と言われます。かれは、魔の縛りに縛られ、悪しき者の欲するがままにされてしまいます。

比丘たちよ、耳によって識られるべき、好ましい、楽しい、喜ば

（一二五）Cf.『雑阿含経』巻第九〈二四四〉（大正蔵二・五八c）

一　baddho cakkhuviññeyyesu rūpesu.

しい、愛しい、欲をともなった、魅力的な、もろもろの声があります。もし比丘がそれを歓喜し、歓迎し、執着してとどまるならば、比丘たちよ、この比丘は、耳によって識られるもろもろの声に縛られている者、魔の住処に入っている者、魔の支配下にある者、魔の罠がかれにかかっている、と言われます。かれは、魔の縛りに縛られ、悪しき者の欲するがままにされてしまいます。

　比丘たちよ、鼻によって識られるべき、好ましい、楽しい、喜ばしい、愛しい、欲をともなった、魅力的な、もろもろの香があります。もし比丘がそれを歓喜し、歓迎し、執着してとどまるならば、比丘たちよ、この比丘は、鼻によって識られるもろもろの香に縛られている者、魔の住処に入っている者、魔の支配下にある者、魔の罠がかれにかかっている、と言われます。かれは、魔の縛りに縛られ、悪しき者の欲するがままにされてしまいます。△

　比丘たちよ、舌によって識られるべき、好ましい、楽しい、喜ばしい、愛しい、欲をともなった、魅力的な、もろもろの味があります。もし比丘がそれを歓喜し、歓迎し、執着してとどまるならば、比丘たちよ、この比丘は、舌によって識られるもろもろの味に縛られている者、魔の住処に入っている者、魔の支配下にある者、魔の罠がかれにかかっている、と言われます。かれは、魔の縛りに縛られ、悪しき者の欲するがままにされてしまいます。

▽比丘たちよ、身によって識られるべき、好ましい、楽しい、喜ばしい、愛しい、欲をともなった、魅力的な、もろもろの触があります。もし比丘がそれを歓喜し、歓迎し、執着してとどまるならば、比丘たちよ、この比丘は、身によって識られるもろもろの触に縛られている者、魔の住処に入っている者、魔の支配下にある者、魔の罠がかれにかかっている、と言われます。かれは、魔の縛りに縛られ、悪しき者の欲するがままにされてしまいます。△

313

比丘たちよ、意によって識られるべき、好ましい、楽しい、喜ばしい、愛しい、欲をともなった、魅力的な、もろもろの法があります。もし比丘がそれを歓喜し、歓迎し、執着してとどまるならば、比丘たちよ、この比丘は、意によって識られるもろもろの法に縛られている者、魔の住処に入っている者、魔の支配下にある者、魔の罠がかれにかかっている、と言われます。かれは、魔の縛りに縛られ、悪しき者の欲するがままにされてしまいます。

魔の罠がかからず

また、比丘たちよ、眼によって識られるべき、好ましい、楽しい、喜ばしい、愛しい、欲をともなった、魅力的な、もろもろの色があります。もし比丘がそれを歓喜せず、歓迎せず、執着せずにとどまるならば、比丘たちよ、この比丘は、眼[二]によって識られるもろもろの色を脱している者、魔の住処に入っていない者、魔の支配下にない者、魔の罠がかれにかかっていない、と言われます。かれは、魔の縛りを脱し、悪しき者の欲するがままにされません。

▽比丘たちよ、耳によって識られるべき、好ましい、楽しい、喜ばしい、愛しい、欲をともなった、魅力的な、もろもろの声があります。もし比丘がそれを歓喜せず、歓迎せず、執着せずにとどまるならば、比丘たちよ、この比丘は、耳によって識られるもろもろの声を脱している者、魔の住処に入っていない者、魔の支配下にない者、魔の罠がかれにかかっていない、と言われます。かれは、魔の縛りを脱し、悪しき者の欲するがままにされません。

比丘たちよ、鼻によって識られるべき、好ましい、楽しい、喜ばしい、愛しい、欲をともなった、魅力的な、もろもろの香があります。もし比丘がそれを歓喜せず、歓迎せず、執着せずにとどまるならば、比丘たちよ、この比丘は、鼻によって識られるもろもろの香を脱している者、魔の住処に入っていない者、魔の支配下にない者、魔の罠がかれにかかっていない、と言われます。かれは、魔の縛りを脱し、悪しき者の欲するがままにされません。△

比丘たちよ、舌によって識られるべき、好ましい、楽しい、喜ば

二　mutto cakkhuviññeyyehi rūpehi.

しい、愛しい、欲をともなった、魅力的な、もろもろの味がありま
す。もし比丘がそれを歓喜せず、歓迎せず、執着せずにとどまるな
らば、比丘たちよ、この比丘は、舌によって識られるもろもろの味
を脱している者、魔の住処に入っていない者、魔の支配下にない者、
魔の罠がかれにかかっていない、と言われます。かれは、魔の縛り
を脱し、悪しき者の欲するがままにされません。

▽比丘たちよ、身によって識られるべき、好ましい、楽しい、喜ば
しい、愛しい、欲をともなった、魅力的な、もろもろの触がありま
す。もし比丘がそれを歓喜せず、歓迎せず、執着せずにとどまるな
らば、比丘たちよ、この比丘は、身によって識られるもろもろの触
を脱している者、魔の住処に入っていない者、魔の支配下にない者、
魔の罠がかれにかかっていない、と言われます。かれは、魔の縛り
を脱し、悪しき者の欲するがままにされません。△

(93)
比丘たちよ、意によって識られるべき、好ましい、楽しい、喜ば
しい、愛しい、欲をともなった、魅力的な、もろもろの法がありま
す。もし比丘がそれを歓喜せず、歓迎せず、執着せずにとどまるな
らば、比丘たちよ、この比丘は、意によって識られるもろもろの法
を脱している者、魔の住処に入っていない者、魔の支配下にない者、
魔の罠がかれにかかっていない、と言われます。かれは、魔の縛り

を脱し、悪しき者の欲するがままにされません」

と。

第二

3　世界終行経（Lokantagamana-sutta）[一]

（二六）▽このように私は聞いた——……
世尊はつぎのように言われた。△

「比丘たちよ、私は、世界の終わり[二]を、歩行[三]によって、知る[四]、見る、極めることができる、とは説きません。しかし、比丘たちよ、私は、世界の終わりを極めずして、苦《く》[五]の終わりを作ることを説きません」

と。

世尊は、これを言い、座から立ち上がり、精舎《しょうじゃ》[六]に入られた。

さて、かれら比丘は、世尊が立ち去られてまもまく、こう思った。

〈友らよ、世尊は、われわれに、『比丘たちよ、私は、世界の終わりを、歩行によって、知る、見る、極めることができる、とは説きません。しかし、比丘たちよ、私は、世界の終わりを極めずして、苦の終わりを作ることを説きません』と、このように概要を簡略に述べ、詳しく意味を解説せず、座から立ち上がり、精舎に入ってしま

一　Rᵉは、本経名を「世界妙欲（一）」（Lokakāmaguṇa (1)）とする。（二六）『雑阿含経』巻第九〈二三四〉（大正蔵二・五六c）

二　lokassa antaṁ.〈「世界の」（lokassa）とは、輪囲山（鉄囲山）世界（Cakkavāḷaloka）の、ということ。「世界の終わりを」（lokassa antaṁ）とは、行世界（saṅkhāraloka）の終わりを、ということである〉。《ここには有情の集まり（sattakāya）や草木（bhūtagāma）などが見られる（lokiyanti）から「世界」（loka）であり、輪囲山である。また、行（saṅkhāra）は、破滅（lujjana）、破壊（palujjana）の状態によって、「世界」である。「終わり」（anta 辺）とは、終焉（osāna果て）である》。なお、この「世界の終わり」については、『赤馬経』（増支部・四法集 A. II. 47-49）、『ブッダのことば パーリ仏典入門』、大法輪閣（二三一～二三三頁）参照。ここでは、赤馬天子が「輪囲山世界の終わり」を問い、仏が「行世界の終わり」を語っておられる。

三　gamanena.〈足で行くことによって（padagamanena）〉。

四　ñāteyyaṁ daṭṭheyyaṁ patteyyaṁ.

五　dukkhassa antakiriyaṁ.〈輪転の苦（vaṭṭadukkha）の終わりを作ることを〉。

六　vihāraṁ pāvisi.〈「私が精舎に入れば、これらの比丘はこの概要をアーナンダに質問するであろう。そして、かれはかれらに、私の一切知智によって結び《相違せず》、語るであろう。そこで、私がかれを称賛すれば、私の称賛を聞いて、比丘たちは『アーナンダに近づくべきであり、か

われた。いったい誰が、この世尊によって簡略に述べられ、詳しく意味が解説されなかった概要の意味を詳しく解説することができるであろうか〉と。

そこで、かれら比丘はこう思った。〈かのアーナンダ[七]尊者《そんじゃ》は、師[八]によっても称賛され、また賢明な同梵行者《どうぼんぎょうじゃ》[九]たちによっても尊敬されている。したがって、アーナンダ尊者は、この世尊によって簡略に述べられ、詳しく意味が解説されなかった概要の意味を詳しく解説することができる。われわれは、アーナンダ尊者のもとへ近づいて行ってはどうであろうか。行って、アーナンダ尊者に、この意味を質問してみよう〉と。

そこで、かれら比丘は、尊者アーナンダのもとへ近づいて行った。行って、尊者アーナンダとともに喜びの挨拶を交わし、喜ばしい印象に残る話を取り交わすと、一方に坐った。

一方に坐ったかれら比丘は、尊者アーナンダにこう言った。

「友、アーナンダよ、世尊は、われわれに、『比丘たちよ、私は、世界の終わりを、歩行によって、知る、見る、極めることができる、とは説きません。しかし、比丘たちよ、私は、世界の終わりを極めずして、苦の終わりを作ることを説きません』と、このように概要を簡略に述べ、詳しく意味を解説せず、座から立ち上がり、精舎に

れの言葉を聞くべきであり、信ずべきである』と考えるであろう。それは、長時にわたり、かれらにとって利益のため、安楽のためになるであろう」と思い、簡略に語られた言葉の意味を詳しく解説しないまま、坐られた座において消え失せ、香房に姿を現わされたのである。それゆえ、「座から立ち上がり、精舎に入られた」と言われている〉。

七　āyasmā Ānando. 多聞第一、随侍第一の仏弟子。

八　satthu ceva saṁvaṇṇito. 〈師によっても称えられ（satthārā ca pasattho）〉。

九　viññūnaṁ. 〈これ（'viññūnaṁ'）も、具格（karaṇa）の属格形（sāmivacana）である〉。

入ってしまわれました。

友よ、そのわれわれは、世尊が立ち去られてまもまく、こう思いました。〈友らよ、世尊は、われわれに、『比丘たちよ、私は、世界の終わりを、歩行によって、知る、見る、極めることができる、とは説きません。しかし、比丘たちよ、私は、世界の終わりを極めずして、苦の終わりを作ることを説きません』と、このように概要を簡略に述べ、詳しく意味を解説せず、座から立ち上がり、精舎に入ってしまわれた。いったい誰が、この世尊によって簡略に述べられ、詳しく意味が解説されなかった概要の意味を詳しく解説することができるであろうか〉と。

友よ、そこでそのわれわれはこう思いました。〈かのアーナンダ尊者は、師によっても称賛され、また賢明な同梵行者たちによっても尊敬されている。したがって、アーナンダ尊者は、この世尊によって簡略に述べられ、詳しく意味が解説されなかった概要の意味を詳しく解説することができる。われわれは、アーナンダ尊者のもとへ近づいて行ってはどうであろうか。行って、アーナンダ尊者に、この意味を質問してみよう〉と。

アーナンダ尊者は解説してください」と。

アーナンダ長老の解説

「友らよ、たとえば、[10]心材を欲し、心材を求める人が、心材を探し歩きながら、心材を有し立っている大樹の[11]根を過ぎ、幹を過ぎて、枝葉の中に心材を探すべきだと考えるようなものです。尊者方の場
315 合も[12]これと同様であり、師が面前におられるのに、その世尊を[13]通り過ぎて、われわれにこの意味を質問すべきだと考えているのです。

なぜなら、友らよ、かの世尊は、[14]知って知り、[15]見て見られるからです。すなわち、[16]眼となるお方、[17]智《ち》となるお方、[18]法《ほう》となるお方、[19]梵《ぼん》となるお方、[20]説くお方、[21]語るお方、[22]意味を導くお方、[23]不死《ふし》を与えるお方、[24]法主《ほうしゅ》、[25]如来《にょらい》なのです。それゆえ、あなた方は、その時に、世
(95) 尊にのみ、この意味を質問すべきでありました。あなた方は、世尊が解答されるとおりに、それを受持《じゅじ》すべきです」と。

「友、アーナンダよ、確かに世尊は、知って知り、見て見られます。すなわち、眼となるお方、智となるお方、法となるお方、梵となるお方、説くお方、語るお方、意味を導くお方、不死を与えるお方、法主、如来です。それゆえ、われわれは、その時に、世尊にのみ、この意味を質問すべきでありました。われわれは、世尊が解答されるとおりに、それを受持すべきです。

しかし、アーナンダ尊者は、師によっても称賛され、また賢明な同梵行者たちによっても尊敬されれています。したがって、アーナ

一〇 sāratthiko. 以下については、中部29『大心材経』第一節参照。
一一 atikkammeva mūlaṁ atikkammeva khandhaṁ. 〈心材（sāra）というものは根とか幹とかに生じるものであるが、それをも過ぎて〉の意。
一二 evaṁ sampadam idaṁ. 〈このような成行きがあり（evaṁ sampattikaṁ）、このとおりであり（īdisaṁ）〉。《このような結果があり（evaṁ sampajjanakaṁ）、このように見られるべきであり（evaṁ passitabbaṁ）、これが私の求めるものである》の意。
一三 atisitvā. 〈超え過ぎて（atikkamitvā）〉。
一四 jānaṁ jānāti. 〈知るべきことのみを知る〉。《一切知智（sabbaññutaññāṇa）によって知るべきことを知るのみ、ということ。なぜなら、限定智（padesaññāṇa）にとどまって、知るべきことをすべて知るのではないからである》。
一五 passaṁ passati. 〈見るべきことのみを見る、ということ。一部の者が逆さまのことを捉えて知っても知らず、見ても見ないように、世尊はそのようになさらない。ただ、世尊は、知って知り、見て見られるのみ、ということ〉。《天眼（dibbacakkhu）・慧眼（paññācakkhu）・法眼（dhammacakkhu）・仏眼（buddhacakkhu）・普眼（samantacakkhu）と称される智眼（ñāṇacakkhu）によって、見るべきものを見るのみ、ということである》。
一六 cakkhubhūto. 〈見ることを導く者（dassanapariṇāyaka）の状態によって「眼となるお方」である〉。〈あるいはまた、眼のようになる者であるから「眼となるお方」である。このようにこれら（以下）の語についても意味が知られるべきである〉。
一七 ñāṇabhūto. 〈知られたものにする（viditakaraṇa）状態によって「智となるお方」である〉。
一八 dhammabhūto. 〈不顚倒を自性とする（aviparītasabhāva）状態によって教法を転じること（pariyattidhammapavattana）

ンダ尊者は、世尊によって簡略に述べられ、詳しく意味が解説されなかったこの概要の意味を詳しく解説することができます。アーナンダ尊者は、ご負担[二六]なく、解説してください」と。

「それでは、友らよ、聞いて、よく考えてください。語りましょう」と。

「わかりました、友よ」と、かれら比丘は尊者アーナンダに答えた。

尊者アーナンダはつぎのように言った。

「友らよ、世尊は、あなた方に、『比丘たちよ、私は、世界の終わりを、歩行によって、知る、見る、極めることができる、とは説きません。しかし、比丘たちよ、私は、世界の終わりを極めずして、苦の終わりを作ることを説きません』と、このように概要を簡略に述べ、詳しく意味を解説せず、座から立ち上がり、精舎に入ってしまわれました。

友らよ、私は、世尊によって簡略に述べられ、詳しく意味が解説されなかったこの概要の意味を詳しく理解しています。

友らよ、それによって、世界において、世界を想い、世界を考える者が生じる場合、これは聖者の[二七]律において世界と呼ばれます。

それでは、友らよ、何によって、世界において、世界を想い、世

から、あるいは、心によって考え（hadayena cintetvā）、語によって発する法からなる者（vācāya nicchāritadhammamaya）であるから「法となるお方」である〉。《諸菩提分法（dhammā bodhipakkiyā）が生じていることから、また世界にそれを生じさせることから、あるいは、他と共通しない法を得ている者、証得している者であるから「法となるお方」である》。

一九　brahmabhūto.〈最勝の（seṭṭha）状態によって「梵となるお方」である〉。《道智（maggañāṇa）は最勝の状態によって「梵」と言われる。それが生じているから、また世界にそれを生じさせることから、またそれを自在智（sayambhūñāṇa）によって得ているから「梵となるお方」である》。

二〇　vattā.〈法（dhamma）《四諦の法（catusaccadhamma）》を説くこと（vattana）から「説くお方」である〉。

二一　pavattā.〈語ること（pavattana）から「語るお方」である〉。《久しく諦の洞察（saccapaṭivedha）を行ない説く（pavattento vadati）から「語るお方」である》。

二二　atthassa ninnetā.〈意味を《苦（dukkha）などの意味を》つぎつぎ取り出し、見ることができることから「意味を導くお方」である〉。《あるいは、最上義の涅槃（paramatthanibbāna）を得させるお方（pāpayitā）である》。

二三　amatassa dātā.〈不死の証得（amatādhigama）のために行（paṭipatti　実践）を示すから「不死を与えるお方」である〉。

二四　dhammassāmī.

二五　tathāgto.

二六　〈何度も要請させる場合も「負担《重任（bhāriya）》を作る」（garuṁ karoti）と呼ばれる。自己の有学の無碍解智（sekkhapaṭisambhidāñāṇa）にとどまり、須弥山の麓から砂を除去するように、不明瞭なものにして語る場合もまた「負担を作る」と呼ばれる。このようにしないで、われわれに何度も要請させず、明瞭なものにして語ってください、と言われている〉。

界を考える者が生じるのでしょうか。
[二八]友らよ、眼によって、世界において、世界を想い、世界を考える者が生じます。
友らよ、耳によって、▽世界において、世界を想い、世界を考える者が生じます。△
友らよ、鼻によって、▽世界において、世界を想い、世界を考える者になります。△
友らよ、舌によって、世界において、世界を想い、世界を考える者が生じます。
友らよ、身によって、▽世界において、世界を想い、世界を考える者が生じます。△
友らよ、意によって、世界において、世界を想い、世界を考える者が生じます。
これが、聖者の律において世界と呼ばれます。
友らよ、世尊は、あなた方に、『比丘たちよ、私は、世界の終わりを、歩行によって、知る、見る、極めることができる、とは説きません。しかし、比丘たちよ、私は、世界の終わりを極めずして、苦の終わりを作ることを説きません』と、このように概要を簡略に述べ、詳しく意味を解説せず、座から立ち上がり、精舎に入ってし

二七　ariyassa vinaye. 聖者の教え（用語法）において、の意。

二八　cakkhunā kho āvuso lokasmiṁ lokasaññī hoti lokamānī.〈なぜなら、眼を、世界において、見が捨てられていない凡夫は、有情の集まりによって、また輪囲山世界によって、「世界」と思ったり、考えたりするからである。それは、眼などの十二処以外に、かれにはその想いや考えが生じないからである。それゆえ、「友らよ、眼によって、世界において、世界を想い、世界を考える者が生じます」と言われている。また、この世界の終わりというものは、歩行によって知ることも、見ることも、極めることもできない。ただし、破滅の状態によって、その眼などに分類される世界の、涅槃（nibbāna）と称される終わり（anta）を極めずして、輪転の苦の終わりを作ることはない、と知られねばならない〉。

まわれました。

友らよ、私は、世尊によって簡略に述べられ、詳しく意味が解説されなかったこの概要の意味を、このように詳しく理解しています。しかし、あなた方尊者は、お望み[二九]なら、世尊のもとに行き、この意味を質問してください。あなた方は、世尊が解答されるとおりに、それを受持すべきです」

と。

「わかりました、友よ」と、かれら比丘は尊者アーナンダに答えた。そして、座から立ち上がり、世尊がおられるところへ近づいて行った。行って、世尊を礼拝《らいはい》し、一方に坐った。

一方に坐ったかれら比丘は、世尊にこう申し上げた。

「尊師よ、世尊は、私どもに、『比丘たちよ、私は、世界の終わりを、歩行によって、知る、見る、極めることができる、とは説きません。しかし、比丘たちよ、私は、世界の終わりを極めずして、苦の終わりを作ることを説きません』と、このように概要を簡略に述べ、詳しく意味を解説せず、座から立ち上がり、精舎に入ってしまわれました。

尊師よ、そこで私どもは、世尊が立ち去られてまもまく、こう思いました。〈友らよ、世尊は、私どもに、『比丘たちよ、私は、世界

二九 ākaṅkhamānā pana. 〈このように質問に答え、今や「声聞（sāvaka 弟子）によって質問が語られている」との自信が生じてはならない。かの世尊は一切知智の秤（sabbaññuta-ññāṇatulā）を持ち、坐っておられる。望む者たちは、かのお方のもとに行き、疑惑を除きなさい〉と勧めて、このように言ったのである〉。

の終わりを、歩行によって、知る、見る、極めることができる、とは説きません。しかし、比丘たちよ、私は、世界の終わりを極めずして、苦の終わりを作ることを説きません』と、このように概要を簡略に述べ、詳しく意味を解説せず、座から立ち上がり、精舎に入ってしまわれた。いったい誰が、世尊によって簡略に述べられ、詳しく意味が解説されなかったこの概要の意味を詳しく解説することができるであろうか〉と。

(97) 尊師よ、そこでその私どもはこう思いました。〈かのアーナンダ尊者は、師によっても称賛され、また賢明な同梵行者たちによっても尊敬されている。したがって、アーナンダ尊者は、世尊によって簡略に述べられ、詳しく意味が解説されなかったこの概要の意味を詳しく解説することができる。私どもは、アーナンダ尊者のもとへ近づいて行ってはどうであろうか。行って、アーナンダ尊者に、この意味を質問してみよう〉と。

317 尊師よ、そこで私どもは、アーナンダ尊者のもとへ近づいて行きました。行って、アーナンダ尊者に、この意味を質問しました。

尊師よ、その私どもに、アーナンダ尊者は、三〇これらの方法により、三一これらの語句により、三二これらの表現により、意味を解説されました」と。

三〇 imehi ākārehi.〈これらの根拠（kāraṇa）によって、輪囲山世界に終わりがないことの諸根拠と行世界に終わりを得ることの諸根拠とによって〉。
三一 imehi padehi.〈これらの文字の集合（akkharasampiṇḍana）によって〉。
三二 byañjanehi.〈別々の文字（pāṭiyekka-akkhara）によって〉。

仏の是認

「比丘たちよ、アーナンダは賢者[三三]です。比丘たちよ、アーナンダは[三四]大慧者《だいえしゃ》です。

比丘たちよ、そなたたちが私にこの意味を質問したとしても、私も、[三五]アーナンダによって解答されているとおり、それについて同じように解答することになります。これこそがその意味であって、それを受持すべきです」

と。

第三

4 妙欲経（Kāmaguṇa-sutta）[一]

（一七）▽このように私は聞いた――……

世尊はつぎのように言われた。△

「比丘たちよ、私は、[二]正覚《しょうがく》より以前に、正覚者でない菩薩《ぼさつ》であったとき、つぎのように思いました。〈私の心[三]によって以前に触れられた[四]五妙欲《ごみようよく》は、過ぎ去り[五]、滅尽《めつじん》し、変壊している。それに対して[六]、私の心は、現在[七]のものには多く、あるいはまた未来[八]のものには少し、向い行くかもしれない〉と。

比丘たちよ、そこで、私はこう思いました。〈私の心によって以

三三 paṇḍito.〈賢明（paṇḍicca）をそなえている者。四の根拠によって賢者である。すなわち、界に巧みな者（dhātu-kusala）、処に巧みな者（āyatanakusala）、縁相に巧みな者（paccayākārakusala）、根拠・非根拠に巧みな者（kāraṇākāraṇa-kusala）である〉。

三四 mahāpañño.〈もろもろの大義（mahā-attha）、大法（mahā-dhamma）、大詞（mahā-nirutti）、大弁（mahā-paṭibhāna）を摂受することができるため、大慧（mahāpaññā）をそなえている者〉。『無碍解道』（Paṭis. II. 190）参照。

三五 yathā taṁ Ānandena byākataṁ.〈アーナンダによって解答されているように、私もまったく同じように解答するであろう〉の意。

一 Rᵉは、本経名を「世界妙欲（二）」（Lokakāmaguṇa (2)）とする。

（一七）『雑阿含経』巻第八〈二一二〉（大正蔵二・五三a―c）

二 pubbe sambodhā. 成道（煩悩滅尽）以前に、ということ。

三 cetaso samphuṭṭhapubbā.〈心によって以前に経験した〉。

四 pañcakāmaguṇā. あるいは「五種の欲は」。五根（眼・耳・鼻・舌・身＝五官）による五境（色・声・香・味・触）への欲望。

五 atītā niruddhā vipariṇatā.

六 tatra me cittaṁ bahulaṁ gacchamānaṁ gaccheyya.〈《三の季節（夏季・雨季・冬季）に適していることによって》三殿堂（pāsādattaya 三時殿）や《それによる》三種の舞女（tividhanāṭakā）などに区分される栄華によって以前に経験したそれら五の妙欲に対して、何度も、（私の心は）生じ起こるかもしれない、ということを説明している〉。

七 paccuppannesu va.〈ここに、精進を行なうとき、六年

(98)

前に触れられた五妙欲は、過ぎ去り、滅尽し、変壊している。[九]それに対して、私には、自分自身のために、[一〇]不《ふ》放逸《ほういつ》と[一一]念《ねん》とが[一二]心を守るようにしなければならない〉と。

それゆえ、比丘たちよ、そなたたちにも、そなたたちの心によって以前に触れられた五妙欲は、過ぎ去り、滅尽し、変壊しています。それに対して、そなたたちの心は、現在のものには多く、あるいはまた未来のものには少し、向い行くかもしれません。

それゆえ、比丘たちよ、そなたたちにも、そなたたちの心によって以前に触れられた五妙欲は、過ぎ去り、滅尽し、変壊しています。それに対して、そなたたちには、自分自身のために、不放逸と念とが心を守るようにしなければなりません。

[一三]それゆえ、比丘たちよ、その処が知られるべきです。

眼が滅尽し、色想が滅尽する、その処が知られるべきです。
▽耳が滅尽し、声想が滅尽する、その処が知られるべきです。
鼻が滅尽し、香想が滅尽する、その処が知られるべきです。△
舌が滅尽し、味想が滅尽する、その処が知られるべきです。
▽身が滅尽し、触想が滅尽する、その処が知られるべきです。△
意が滅尽し、法想が滅尽する、その処が知られるべきです」

と。

間、よく花が咲いている密林に生まれた鳥の群れなどによって、見られたこと、聞かれたことなどからなる喜ばしい対象である妙欲を作り、示して、「このような現在のものに対して多く起こるかもしれない」と示すのである〉。

八　appaṁ vā anāgatesu.〈未来には「メッテッヤという仏が、サンカという王が、ケートゥマティーという王都が現われるであろう」などということによって、ほんの少しのものが未来の諸妙欲に起こるかもしれない、ということを示すのである〉。

…………………………………………

九　tatra me attarūpena.〈それに対して、私は自分の利益を求める自性により（mayā attano hitakāmajātikena）〉。

一〇　appamādo.〈堅忍不抜（sātaccakiriyā）《諸善法に対して飽くなきこと（kusaladhammesu akhaṇḍakāritā）》が、五妙欲に対して心を捨棄しないこと（avossagga）が〉。《前者の説明は諸善法を行なうことによって、後者は諸不善法を行なわないことによって、示されている》。

一一　sati.〈所縁を捉える念（ārammaṇapariggahitasati）が〉。

一二　cetaso ārakkho karaṇīyo.〈この不放逸と念とが心の守護（ārakkha）として作られねばならない、このように私は思った、ということを示している。守護のためにこれらの二法《不放逸、念という二法》が作られるべきである、ということが言われている〉。

一三　tasmātiha bhikkhave se āyatane veditabbe.〈心を守護するために、不放逸と念とが作られるべきであるから、その処が知られるときには《その涅槃（nibbāna）と名づけられる根拠（kāraṇa）が洞察されるときには》不放逸や念によって作られるべきものがないから、それゆえ、「その処が知られるべきです」（se āyatane veditabbe）、その根拠が知られるべきです（taṁ kāraṇaṁ jānitabbaṁ）、という意味である〉。

318

世尊は、これを言い、座から立ち上がり、精舎に入られた。

[一四]さて、かれら比丘は、世尊が立ち去られてまもまく、こう思った。〈友らよ、世尊は、われわれに、『それゆえ、比丘たちよ、その処が知られるべきです。眼が滅尽し、色想が滅尽する、その処が知られるべきです。耳が滅尽し、声想が滅尽する、その処が知られるべきです。鼻が滅尽し、香想が滅尽する、その処が知られるべきです。舌が滅尽し、味想が滅尽する、その処が知られるべきです。身が滅尽し、触想が滅尽する、その処が知られるべきです。意が滅尽し、法想が滅尽する、その処が知られるべきです』と、このように概要を簡略に述べ、詳しく意味を解説せず、座から立ち上がり、精舎に入ってしまわれた。いったい誰が、この世尊によって簡略に述べられ、詳しく意味が解説されなかった概要の意味を詳しく解説することができるであろうか〉と。

そこで、かれら比丘はこう思った。〈かのアーナンダ尊者は、師によっても称賛され、また賢明な同梵行者たちによっても尊敬されている。したがって、アーナンダ尊者は、この世尊によって簡略に述べられ、詳しく意味が解説されなかった概要の意味を詳しく解説することができる。われわれは、アーナンダ尊者のもとへ近づいて行ってはどうであろうか。行って、アーナンダ尊者に、この意味を

一四　以下の説示形式は、前経「世界終行経」に同じである。

(99)
質問してみよう〉と。

そこで、かれら比丘は、尊者アーナンダのもとへ近づいて行った。行って、尊者アーナンダとともに喜びの挨拶を交わし、喜ばしい印象に残る話を取り交わすと、一方に坐った。

一方に坐ったかれら比丘は、尊者アーナンダにこう言った。

「友、アーナンダよ、世尊は、われわれに、『それゆえ、比丘たちよ、その処が知られるべきです。眼が滅尽し、色想が滅尽する、その処が知られるべきです。耳が滅尽し、声想が滅尽する、その処が知られるべきです。鼻が滅尽し、香想が滅尽する、その処が知られるべきです。舌が滅尽し、味想が滅尽する、その処が知られるべきです。身が滅尽し、触想が滅尽する、その処が知られるべきです。意が滅尽し、法想が滅尽する、その処が知られるべきです』と、このように概要を簡略に述べ、詳しく意味を解説せず、座から立ち上がり、精舎に入ってしまわれました。

友よ、そのわれわれは、世尊が立ち去られてまもまく、こう思いました。〈友らよ、世尊は、われわれに、『それゆえ、比丘たちよ、その処が知られるべきです。眼が滅尽し、色想が滅尽する、その処が知られるべきです。耳が滅尽し、声想が滅尽する、その処が知られるべきです。鼻が滅尽し、香想が滅尽する、その処が知られるべきです。舌が滅尽し、味想が滅尽する、その処が知られるべきです。身が滅尽し、触想が滅尽する、その処が知られるべきです。意が滅尽し、法想が滅尽する、その処が知られるべきです』と、このように概要を簡略に述べ、詳しく意味を解説せず、座から立ち上がり、精舎に入ってしまわれた。いったい誰が、この世尊によって簡略に述べられ、詳しく意味が解説されなかった概要の意味を詳しく解説することができるであろうか〉と。

友よ、そこでそのわれわれはこう思いました。〈かのアーナンダ尊者は、師によっても称賛され、また賢明な同梵行者たちによっても尊敬されている。したがって、アーナンダ尊者は、この世尊によって簡略に述べられ、詳しく意味が解説されなかった概要の意味を詳しく解説することができる。われわれは、アーナンダ尊者のもとへ近づいて行ってはどうであろうか。行って、アーナンダ尊者に、この意味を質問してみよう〉と。

アーナンダ尊者は解説してください」と。

アーナンダ長老の解説

「友らよ、たとえば、心材を欲し、心材を求める人が、心材を探し歩きながら、心材を有し立っている大樹の根を過ぎ、幹を過ぎて、枝葉の中に心材を探すべきだと考えるようなものです。尊者方の場合もこれと同様であり、師が面前におられるのに、その世尊を通り過ぎて、われわれにこの意味を質問すべきだと考えているのです。

なぜなら、友らよ、かの世尊は、知って知り、見て見られるからです。すなわち、眼となるお方、智となるお方、法となるお方、梵となるお方、説くお方、語るお方、意味を導くお方、不死を与えるお方、法主、如来なのです。それゆえ、あなた方は、その時に、世尊にのみ、この意味を質問すべきでありました。あなた方は、世尊が解答されるとおりに、それを受持すべきです」と。

「友、アーナンダよ、確かに世尊は、知って知り、見て見られます。すなわち、眼となるお方、智となるお方、法となるお方、梵となるお方、説くお方、語るお方、意味を導くお方、不死を与えるお方、法主、如来です。それゆえ、われわれは、その時に、世尊にのみ、この意味を質問すべきでありました。われわれは、世尊が解答されるとおりに、それを受持すべきです。

しかし、アーナンダ尊者は、師によっても称賛され、また賢明な同梵行者たちによっても尊敬されれています。したがって、アーナンダ尊者は、この世尊によって簡略に述べられ、詳しく意味が解説されなかった概要の意味を詳しく解説することができます。△アーナンダ尊者は、ご負担なく、解説してください」と。

「それでは、友らよ、聞いて、よく考えてください。語りましょう」と。

「わかりました、友よ」と、かれら比丘は尊者アーナンダに答えた。

尊者アーナンダはつぎのように言った。

「友らよ、世尊は、あなた方に、『それゆえ、比丘たちよ、その処が知られるべきです。眼が滅尽し、色想が滅尽する、その処が知られるべきです。耳が滅尽し、声想が滅尽する、その処が知られるべきです。鼻が滅尽し、香想が滅尽する、その処が知られるべきです。舌が滅尽し、味想が滅尽する、その処が知られるべきです。身が滅尽し、触想が滅尽する、その処が知られるべきです。意が滅尽し、法想が滅尽する、その処が知られるべきです』と、このように概要を簡略に述べ、詳しく意味を解説せず、座から立ち上がり、精舎に入ってしまわれました。

友らよ、私は、この世尊によって簡略に述べられ、詳しく意味が解説されなかった概要の意味を詳しく理解しています。

友らよ、これは、世尊によって、[一五]六処《ろくしょ》の滅尽について、語られているのです。

すなわち、『それゆえ、比丘たちよ、その処が知られるべきです。眼が滅尽し、色想が滅尽する、その処が知られるべきです。耳が滅

一五　saḷāyatananirodhaṃ.〈「六処の滅尽」は涅槃と言われる。それについて語られている、という意味である。なぜなら、涅槃において、眼などが滅尽し、また色想なども滅尽するからである〉。

尽し、声想が滅尽する、その処が知られるべきです。鼻が滅尽し、香想が滅尽する、その処が知られるべきです。舌が滅尽し、味想が滅尽する、その処が知られるべきです。身が滅尽し、触想が滅尽する、その処が知られるべきです。意が滅尽し、法想が滅尽する、その処が知られるべきです』と。

友らよ、世尊は、あなた方に、『それゆえ、比丘たちよ、その処が知られるべきです。眼が滅尽し、色想が滅尽する、その処が知られるべきです。耳が滅尽し、声想が滅尽する、その処が知られるべきです。鼻が滅尽し、香想が滅尽する、その処が知られるべきです。舌が滅尽し、味想が滅尽する、その処が知られるべきです。身が滅尽し、触想が滅尽する、その処が知られるべきです。意が滅尽し、法想が滅尽する、その処が知られるべきです』と、このように概要を簡略に述べ、詳しく意味を解説せず、座から立ち上がり、精舎に入ってしまわれました。

友らよ、私は、この世尊によって簡略に述べられ、詳しく意味が解説されなかった概要の意味を、このように詳しく理解しています。しかし、あなた方尊者は、お望みなら、世尊のもとに行き、この意味を質問してください。あなた方は、世尊が解答されるとおりに、それを受持すべきです」と。

320

「わかりました、友よ」と、かれら比丘は尊者アーナンダに答えた。そして、座から立ち上がり、世尊がおられるところへ近づいて行った。行って、世尊を礼拝し、一方に坐った。

一方に坐ったかれら比丘は、世尊にこう申し上げた。

「尊師よ、世尊は、私どもに、『それゆえ、比丘たちよ、その処が知られるべきです。眼が滅尽し、色想が滅尽する、その処が知られるべきです。耳が滅尽し、声想が滅尽する、その処が知られるべきです。鼻が滅尽し、香想が滅尽する、その処が知られるべきです。舌が滅尽し、味想が滅尽する、その処が知られるべきです。身が滅尽し、触想が滅尽する、その処が知られるべきです。意が滅尽し、法想が滅尽する、その処が知られるべきです』と、このように概要を簡略に述べ、詳しく意味を解説せず、座から立ち上がり、精舎に入ってしまわれました。

尊師よ、そこで私どもは、世尊が立ち去られてまもまく、こう思
(101)
いました。〈友らよ、世尊は、私どもに、『それゆえ、比丘たちよ、その処が知られるべきです。眼が滅尽し、色想が滅尽する、その処が知られるべきです。耳が滅尽し、声想が滅尽する、その処が知られるべきです。鼻が滅尽し、香想が滅尽する、その処が知られるべきです。舌が滅尽し、味想が滅尽する、その処が知られるべきで

す。▽身が滅尽し、触想が滅尽する、その処が知られるべきです。△意が滅尽し、法想が滅尽する、その処が知られるべきです』と、このように概要を簡略に述べ、詳しく意味を解説せず、座から立ち上がり、精舎に入ってしまわれた。いったい誰が、この世尊によって簡略に述べられ、詳しく意味が解説されなかった概要の意味を詳しく解説することができるであろうか〉と。

尊師よ、そこでその私どもはこう思いました。〈かのアーナンダ尊者は、師によっても称賛され、また賢明な同梵行者たちによっても尊敬されている。したがって、アーナンダ尊者は、この世尊によって簡略に述べられ、詳しく意味が解説されなかった概要の意味を詳しく解説することができる。私どもは、アーナンダ尊者のもとへ近づいて行ってはどうであろうか。行って、アーナンダ尊者に、この意味を質問してみよう〉と。

尊師よ、そこで私どもは、アーナンダ尊者のもとへ近づいて行きました。行って、アーナンダ尊者に、この意味を質問しました。

尊師よ、その私どもに、アーナンダ尊者は、これらの方法により、これらの語句により、これらの表現により、意味を解説されました」と。

仏の是認

「比丘たちよ、アーナンダは賢者です。比丘たちよ、アーナンダは大慧者です。

比丘たちよ、そなたたちが私にこの意味を質問したとしても、私も、アーナンダによって解答されているとおり、それについて同じように解答することになります。これこそがその意味であって、それを受持すべきです」

と。

第四

5 帝釈天問経 (Sakkapañha-sutta)[一]

(二一八)▽このように私は聞いた―△

あるとき、世尊は、ラージャガハに近い、鷲峰《じゆぶ》山《せん》[二]に住んでおられた。そこで、神々の主サッカ[三]は、世尊がおられるところに近づいて行った。行って、世尊を礼拝し、一方に立った。

一方に立った神々の主サッカは、世尊にこう申し上げた。

「尊師よ、ここに、一部の有情《うじよう》は現世[四]において般涅槃《はつねはん》しませんが、その因は何でしょうか、その縁は何でしょうか。

また、尊師よ、ここに、一部の有情は現世において般涅槃[五]しますが、その因は何でしょうか、その縁は何でしょうか」と。

一　本経については、長部21『帝釈天問経』参照。(二一八)以下、漢訳の相当経典は不明。

二　Gijjhakūṭe pabbate. いわゆる霊鷲山。

三　Sakko devānamindo. 三十三天の神々の主であるサッカ(Sakka 帝釈天)。

四　diṭṭheva dhamme. あるいは「現法において」。〈この自体(attabhāva)のみにおいて〉。《「現」(diṭṭhe)とは、直接に経験されるものとなる(paccakkhabhūte)、ということ。「世(法)において」(dhamme)とは、取蘊の法において(upādānakkhandha-dhamme)、ということである》。この生涯において、今ここにおいて、の意。長部1『梵網経』第九三節註三参照。

五　parinibbāyanti. 〈煩悩の般涅槃(kilesaparinibbāna 煩悩の寂滅)によって般涅槃します〉の意。

般涅槃しない因縁

「神々の主よ、眼[六]によって識られるべき、好ましい、楽しい、喜ばしい、愛しい、欲をともなった、魅力的な、もろもろの色があります。もし比丘がそれを歓喜し、歓迎し、執着してとどまるならば、それを歓喜し、歓迎し、執着してとどまるかれには、それに[七]取著《しゅじゃく》し、[八]それに依存する識《しき》が生じます。神々の主よ、取著のある比丘は般涅槃しません。

▽神々の主よ、耳によって識られるべき、好ましい、楽しい、喜ばしい、愛しい、欲をともなった、魅力的な、もろもろの声があります。もし比丘がそれを歓喜し、歓迎し、執着してとどまるならば、それを歓喜し、歓迎し、執着してとどまるかれには、それに取著し、それに依存する識が生じます。神々の主よ、取著のある比丘は般涅槃しません。

神々の主よ、鼻によって識られるべき、好ましい、楽しい、喜ばしい、愛しい、欲をともなった、魅力的な、もろもろの香があります。もし比丘がそれを歓喜し、歓迎し、執着してとどまるならば、それを歓喜し、歓迎し、執着してとどまるかれには、それに取著し、それに依存する識が生じます。神々の主よ、取著のある比丘は般涅槃しません。△

六　cakkhuviññeyyā rūpā iṭṭhā kantā manāpā piyarūpā kāmūpasaṁhitā rajanīyā. 以下については、本相応、第六三節「第一ミガジャーラ経」（本書、二〇〇頁）参照。

七　tadupādānaṁ.〈《これには渇愛の取著（taṇhupādāna）と称される捉えがあるから》それを捉え（taṁgahaṇaṁ）、ということ。渇愛の捉え（taṇhāgahaṇa）をともなう識が生じる、という意味である〉。

八　tannissitaṁ viññāṇaṁ.〈渇愛に依存する（taṇhānissita）業識（kammaviññāṇa）が生じる〉の意。

神々の主よ、舌によって識られるべき、好ましい、楽しい、喜ばしい、愛しい、欲をともなった、魅力的な、もろもろの味があります。もし比丘がそれを歓喜し、歓迎し、執着してとどまるならば、それを歓喜し、歓迎し、執着してとどまるかれには、それに取著し、それに依存する識が生じます。神々の主よ、取著のある比丘は般涅槃しません。

▽神々の主よ、身によって識られるべき、好ましい、楽しい、喜ばしい、愛しい、欲をともなった、魅力的な、もろもろの触があります。もし比丘がそれを歓喜し、歓迎し、執着してとどまるならば、それを歓喜し、歓迎し、執着してとどまるかれには、それに取著し、それに依存する識が生じます。神々の主よ、取著のある比丘は般涅槃しません。△

神々の主よ、意によって識られるべき、好ましい、楽しい、喜ばしい、愛しい、欲をともなった、魅力的な、もろもろの法があります。もし比丘がそれを歓喜し、歓迎し、執着してとどまるならば、それを歓喜し、歓迎し、執着してとどまるかれには、それに取著し、それに依存する識が生じます。神々の主よ、取著のある比丘は般涅槃しません。

神々の主よ、これが、ここに、一部の有情は現世において般涅槃しない、その因であり、その縁です。

般涅槃する因縁

神々の主よ、眼によって識られるべき、好ましい、楽しい、喜ばしい、愛しい、欲をともなった、魅力的な、もろもろの色があります。もし比丘がそれを歓喜せず、歓迎せず、執着せずにとどまるならば、それを歓喜せず、歓迎せず、執着せずにとどまるかれには、それに取著し、それに依存する識が生じません。神々の主よ、取著のない比丘は般涅槃します。

▽神々の主よ、耳によって識られるべき、好ましい、楽しい、喜ばしい、愛しい、欲をともなった、魅力的な、もろもろの声があります。もし比丘がそれを歓喜せず、歓迎せず、執着せずにとどまるならば、それを歓喜せず、歓迎せず、執着せずにとどまるかれには、それに取著し、それに依存する識が生じません。神々の主よ、取著のない比丘は般涅槃します。

神々の主よ、鼻によって識られるべき、好ましい、楽しい、喜ばしい、愛しい、欲をともなった、魅力的な、もろもろの香があります。もし比丘がそれを歓喜せず、歓迎せず、執着せずにとどまるならば、それを歓喜せず、歓迎せず、執着せずにとどまるかれには、それに取著し、それに依存する識が生じません。神々の主よ、取著

のない比丘は般涅槃します。△

神々の主よ、舌によって識られるべき、好ましい、楽しい、喜ばしい、愛しい、欲をともなった、魅力的な、もろもろの味があります。もし比丘がそれを歓喜せず、歓迎せず、執着せずにとどまるならば、それを歓喜せず、歓迎せず、執着せずにとどまるかれには、それに取著し、それに依存する識が生じません。神々の主よ、取著のない比丘は般涅槃します。

▽神々の主よ、身によって識られるべき、好ましい、楽しい、喜ばしい、愛しい、欲をともなった、魅力的な、もろもろの触があります。もし比丘がそれを歓喜せず、歓迎せず、執着せずにとどまるならば、それを歓喜せず、歓迎せず、執着せずにとどまるかれには、それに取著し、それに依存する識が生じません。神々の主よ、取著のない比丘は般涅槃します。△

神々の主よ、意によって識られるべき、好ましい、楽しい、喜ばしい、愛しい、欲をともなった、魅力的な、もろもろの法があります。もし比丘がそれを歓喜せず、歓迎せず、執着せずにとどまるならば、それを歓喜せず、歓迎せず、執着せずにとどまるかれには、それに取著し、それに依存する識が生じません。神々の主よ、取著のない比丘は般涅槃します。

神々の主よ、これが、ここに、一部の有情は現世において般涅槃する、その因であり、その縁です」

と。

第五

(103)

6 パンチャシカ経（Pañcasikha-sutta）一

（二一九）このように私は聞いた――

あるとき、世尊は、ラージャガハに近い、鷲峰山に住んでおられた。

そこで、ガンダッバ天子二であるパンチャシカは、世尊がおられるところに近づいて行った。行って、世尊を礼拝し、一方に立った。一方に立ったガンダッバ天子であるパンチャシカは、世尊にこう申し上げた。

「尊師よ、ここに、一部の有情は現世において般涅槃しませんが、その因は何でしょうか、その縁は何でしょうか。

また、尊師よ、ここに、一部の有情は現世において般涅槃しますが、その因は何でしょうか、その縁は何でしょうか」と。

般涅槃しない因縁

「パンチャシカよ、眼によって識られるべき、好ましい、楽しい、喜ばしい、愛しい、欲をともなった、魅力的な、もろもろの色があ

一　本経は前経（第一一八節）の内容とほぼ同じ。聞法者が、前経では「神々の主サッカ」であるのに対し、本経では「ガンダッバ天子であるパンチャシカ」になっていることで相違する。

二　Pañcasikho gandhabbadevaputto.「ガンダッバ」は音楽神。「パンチャシカ」は、五の（pañca）髻（sikhā）のある者、の意。〈＊伝えによれば、かれは人間の道において功徳を積むときは童子（dāraka）になり、五髻童子のときは牧童頭（vacchapālaka-jeṭṭhaka）になった。また他の子供を連れ、村の外で四道の場所《四道を通って行く場所》に堂を作る、池を掘る、橋をかける、凸凹の道を平らにする、車軸がぶつかる樹木を運ぶという、このような功徳を積みながら歩き回り、童子のまま死んでいった。そのかれの自体（atta-bhāva）は、好ましい、楽しい、喜ばしいものになった。かれは死後、四大王の天界に九百万年の寿命を得て生まれかわり、その自体は三ガーヴタに広がる黄金の集まりのようになった。かれは車千台分の装身具で飾り、九壺分の香を塗り、天の赤い布をまとい、赤い黄金の耳輪（ratta-suvaṇṇa-kaṇṇikā）を飾り、背には五の結髪があり、五の髻のある子供にのみ囲まれて歩き回った。それゆえ、かれは「パンチャシカ（五の髻のある者）」と呼ばれた〉という。長部19『マハーゴーヴィンダ経』補註1参照。

ります。もし比丘がそれを歓喜し、歓迎し、執着してとどまるならば、それを歓喜し、歓迎し、執着してとどまるかれには、それに取著し、それに依存する識が生じます。パンチャシカよ、取著のある比丘は般涅槃しません。

▽パンチャシカよ、耳によって識られるべき、好ましい、楽しい、喜ばしい、愛しい、欲をともなった、魅力的な、もろもろの声があります。もし比丘がそれを歓喜し、歓迎し、執着してとどまるならば、それを歓喜し、歓迎し、執着してとどまるかれには、それに取著し、それに依存する識が生じます。パンチャシカよ、取著のある比丘は般涅槃しません。

パンチャシカよ、鼻によって識られるべき、好ましい、楽しい、喜ばしい、愛しい、欲をともなった、魅力的な、もろもろの香があります。もし比丘がそれを歓喜し、歓迎し、執着してとどまるならば、それを歓喜し、歓迎し、執着してとどまるかれには、それに取著し、それに依存する識が生じます。パンチャシカよ、取著のある比丘は般涅槃しません。△

パンチャシカよ、舌によって識られるべき、好ましい、楽しい、喜ばしい、愛しい、欲をともなった、魅力的な、もろもろの味があります。もし比丘がそれを歓喜し、歓迎し、執着してとどまるならば、それを歓喜し、歓迎し、執着してとどまるかれには、それに取著し、それに依存する識が生じます。パンチャシカよ、取著のある比丘は般涅槃しません。

▽パンチャシカよ、身によって識られるべき、好ましい、楽しい、喜ばしい、愛しい、欲をともなった、魅力的な、もろもろの触があります。もし比丘がそれを歓喜し、歓迎し、執着してとどまるならば、それを歓喜し、歓迎し、執着してとどまるかれには、それに取著し、それに依存する識が生じます。パンチャシカよ、取著のある比丘は般涅槃しません。△

パンチャシカよ、意によって識られるべき、好ましい、楽しい、喜ばしい、愛しい、欲をともなった、魅力的な、もろもろの法があります。もし比丘がそれを歓喜し、歓迎し、執着してとどまるならば、それを歓喜し、歓迎し、執着してとどまるかれには、それに取著し、それに依存する識が生じます。パンチャシカよ、取著のある比丘は般涅槃しません。

パンチャシカよ、これが、ここに、一部の有情は現世において般涅槃しない、その因であり、その縁です。

般涅槃する因縁

パンチャシカよ、眼によって識られるべき、好ましい、楽しい、喜ばしい、愛しい、欲をともなった、魅力的な、もろもろの色があります。もし比丘がそれを歓喜せず、歓迎せず、執着せずにとどまるならば、それを歓喜せず、歓迎せず、執着せずにとどまるかれには、それに取著し、それに依存する識が生じません。パンチャシカよ、取著のない比丘は般涅槃します。

▽パンチャシカよ、耳によって識られるべき、好ましい、楽しい、喜ばしい、愛しい、欲をともなった、魅力的な、もろもろの声があります。もし比丘がそれを歓喜せず、歓迎せず、執着せずにとどまるならば、それを歓喜せず、歓迎せず、執着せずにとどまるかれには、それに取著し、それに依存する識が生じません。パンチャシカよ、取著のない比丘は般涅槃します。

パンチャシカよ、鼻によって識られるべき、好ましい、楽しい、喜ばしい、愛しい、欲をともなった、魅力的な、もろもろの香があります。もし比丘がそれを歓喜せず、歓迎せず、執着せずにとどまるならば、それを歓喜せず、歓迎せず、執着せずにとどまるかれには、それに取著し、それに依存する識が生じません。パンチャシカよ、取著のない比丘は般涅槃します。△

パンチャシカよ、舌によって識られるべき、好ましい、楽しい、喜ばしい、愛しい、欲をともなった、魅力的な、もろもろの味があります。もし比丘がそれを歓喜せず、歓迎せず、執着せずにとどまるならば、それを歓喜せず、歓迎せず、執着せずにとどまるかれには、それに取著し、それに依存する識が生じません。パンチャシカよ、取著のない比丘は般涅槃します。

▽パンチャシカよ、身によって識られるべき、好ましい、楽しい、喜ばしい、愛しい、欲をともなった、魅力的な、もろもろの触があります。もし比丘がそれを歓喜せず、歓迎せず、執着せずにとどまるならば、それを歓喜せず、歓迎せず、執着せずにとどまるかれには、それに取著し、それに依存する識が生じません。パンチャシカよ、取著のない比丘は般涅槃します。△

パンチャシカよ、意によって識られるべき、好ましい、楽しい、喜ばしい、愛しい、欲をともなった、魅力的な、もろもろの法があります。もし比丘がそれを歓喜せず、歓迎せず、執着せずにとどまるならば、それを歓喜せず、歓迎せず、執着せずにとどまるかれには、それに取著し、それに依存する識が生じません。パンチャシカよ、取著のない比丘は般涅槃します。

パンチャシカよ、これが、ここに、一部の有情は現世において般涅槃する、その因であり、その縁です」

と。

7 サーリプッタ共住者経（Sāriputtasaddhivihārika-sutta）

（三二〇）▽このように私は聞いた――△

あるとき、尊者[一]サーリプッタは、サーヴァッティに近い、ジェータ林のアナータピンディカ僧院に住んでいた。

ときに、ある比丘が、尊者サーリプッタがいるところに近づいて行った。行って、尊者サーリプッタとともに喜びの挨拶を交わし、喜ばしい印象に残る話を取り交わすと、一方に坐った。

一方に坐ったその比丘は、尊者サーリプッタにこう言った。

323 「友、サーリプッタよ、共住者[二]である比丘が、学び[三]を捨てて、還《げん》俗《ぞく》しています」と。

「友よ、これは、諸感官の門を守らない者、食べ物に量を知らない者、覚醒に努めない者にありがちなことです。

（104） 友よ、実に、諸感官の門を守らず、食べ物に量を知らず、覚醒に努めないその比丘が、生涯、完全で清浄《しょうじょう》な梵行を続ける[四]であろう、ということの道理は知られません。

友よ、実に、諸感官の門を守り、食べ物に量を知り、覚醒に努めるその比丘が、生涯、完全で清浄な梵行を続けるであろう、という

一 āysmā Sāriputto. 舎利弗長老。智慧第一の仏弟子。

二 saddhivihāriko bhikkhu. あるいは「共住弟子である比丘が」。

三 sikkhaṁ paccakkhāya hīnāyāvatto. 「学び」とは、三学（戒学・定学・慧学）、梵行をさす。

四 santānessati. 〈結ぶであろう（ghaṭessati）《前後に結ばれた連結（sambandha）を作るであろう》、その努力を断つこと（yogaviccheda）《敵対する縁の生起による梵行（brahma-cariya）の断絶（uccheda）》はないであろう〉。

この道理は知られます。

諸感官の門を守る者

それでは、友よ、どのようにして諸感官の門を守る者[五]になるのか。

友よ、ここに、比丘は、眼によって色を見る場合、その外相を捉えることもなく、その細相を捉えることもありません。この眼の感官を防護しないで住むならば、もろもろの悪しき不善《ふぜん》の法が、貪欲として憂いとして、流れ込むことになります。そこでかれは、その防護につとめ、眼の感官を保護し、眼の感官を防護するに到ります。

耳によって声を聞く場合、その外相を捉えることもなく、その細相を捉えることもありません。この耳の感官を防護しないで住むならば、もろもろの悪しき不善の法が、貪欲として憂いとして、流れ込むことになります。そこでかれは、その防護につとめ、耳の感官を保護し、耳の感官を防護するに到ります。

鼻によって香を嗅ぐ場合、その外相を捉えることもなく、その細相を捉えることもありません。この鼻の感官を防護しないで住むならば、もろもろの悪しき不善の法が、貪欲として憂いとして、流れ込むことになります。そこでかれは、その防護につとめ、鼻の感官を保護し、鼻の感官を防護するに到ります。

舌によって味を味わう場合、その外相を捉えることもなく、その

五　indriyesu guttadvāro. 以下については長部2『沙門果経』第六四節参照。

細相を捉えることもありません。この舌の感官を防護しないで住むならば、もろもろの悪しき不善の法が、貪欲として憂いとして、流れ込むことになります。そこでかれは、その防護につとめ、舌の感官を保護し、舌の感官を防護するに到ります。△

身によって触に触れる場合、▽その外相を捉えることもなく、その細相を捉えることもありません。この身の感官を防護しないで住むならば、もろもろの悪しき不善の法が、貪欲として憂いとして、流れ込むことになります。そこでかれは、その防護につとめ、身の感官を保護し、身の感官を防護するに到ります。△

意によって法を識る場合、その外相を捉えることもなく、その細相を捉えることもありません。この意の感官を防護しないで住むならば、もろもろの悪しき不善の法が、貪欲として憂いとして、流れ込むことになります。そこでかれは、その防護につとめ、意の感官を保護し、意の感官を防護するに到ります。

友よ、このようにして諸感官の門を守る者になります。

食べ物に量を知る者

それでは、友よ、どのようにして食べ物[六]に量を知る者になるのか。

友よ、ここに、比丘は、正しく観察し、食べ物を摂取します。それは、戯《たわむ》れのためでなく、心酔《しんすい》のためでなく、美容のためでなく、

六 bhojane mattaññū. 以下については中部2『一切煩悩経』第一〇節参照。

あくまでも、この身体の存続のため、維持のため、害の制止のためであり、梵行を支えるためでしかありません。〈このようにして、私は古い苦痛を克服しよう。また、新しい苦痛を起こさないようにしよう。そうすれば、私は生き存え、過誤がなく、安らかに住むことになる〉と。

友よ、このようにして食べ物に量を知る者になります。

覚醒に努める者

それでは、友よ、どのようにして覚醒[七]に努める者になるのか。

友よ、ここに、比丘は、日中には、経行《きんひん》により、安座[八]により、もろもろの障碍の法から心を浄めます。夜の初分には、経行により、
(105) 安座により、もろもろの障碍の法から心を浄めます。夜の中分には、念[九]をそなえ、正知をそなえ、起き上がりの想を思惟《しゆい》し、足に足を少しずらして重ね、右脇をもって獅子《しし》のように臥します。夜の後分には、起き上がり、経行により、安座により、もろもろの障碍の法から心を浄めます。

324 友よ、このようにして覚醒に努める者になります。

それゆえ、友よ、〈われわれは、諸感官の門を守り、食べ物に量を知り、覚醒に努める者になろう〉と学ばれるべきです。

友よ、あなたたちはこのように学ぶべきです」

七　jāgariyaṁ anuyutto.

八　nisajjāya. あるいは「坐禅により」。

九　以下については長部16『大般涅槃経』第六六節、補註39参照。

と。

第七

8 ラーフラ教誡経 [一](Rāhulovāda-sutta)

(一二一)▽このように私は聞いた△——

あるとき、世尊は、サーヴァッティに近い、ジェータ林のアナータピンディカ僧院に住んでおられた。

ときに、世尊は静かに独坐《どくざ》をしておられたが、心につぎのような考えが生じた。〈[二]ラーフラには[三]解脱《げだつ》を熟すべき[四]もろもろの法が熟している。私から、ラーフラをさらに[五]もろもろの煩悩《ぼんのう》の滅尽へと導くことにしよう〉と。

さて、世尊は、午前時に着衣し、鉢衣《はつえ》を保ち、サーヴァッティで托鉢《たくはつ》をされた。そして、食後、托鉢食《たくはつじき》を離れると、ラーフラに話しかけられた。

「ラーフラよ、坐具を持ちなさい。日中を過ごすために、[六]アンダ林へ行くことにします」と。

「かしこまりました、尊師よ」と、尊者ラーフラは世尊に答えた。

そして坐具を持ち、世尊の後について行った。

ちょうどそのとき、[七]数千の神々が、「今から世尊が、ラーフラ尊

一 本経は中部147『小ラーフラ教誡経』の内容とほぼ同じである。なお、中部61『アンバラッティカ・ラーフラ教誡経』、同62『大ラーフラ教誡経』参照。

(一二一)『雑阿含経』巻第八〈二〇〇〉(大正蔵二・五一a—c)

二 Rāhulassa. 羅睺羅。密行(好学)第一の仏弟子。釈尊の実子。

三 vimuttiparipācaniyā.〈解脱を円熟させる〉。《*阿羅漢果を完全に熟させる》。

四 dhammā.〈十五法のこと。それらは信根などの《*阿羅漢果と称される》清浄の根拠によって知られるべきである〉。詳しくは中部147『小ラーフラ教誡経』補註1参照。

五 āsavānaṁ khaye.

六 Andhavanaṁ. あるいは「盲目林に」。詳しくは有偈篇、第一六二節「アーラヴィカー経」註三(有偈篇Ⅱ、一一一頁)、中部23『蟻塚経』補註2参照。

七 anekāni devatāsahassāni.〈尊者ラーフラはパドゥムッタラ世尊(過去二十八仏の第十三仏)の足もとでパーリタ龍王(尊者ラーフラの前生)のときに願をかけたが、そのかれとともに願をかけた神々のうち、ある者は《樹や山に依存する》地居天(神)、ある者は《空を行き、天宮に住む》空居天、ある者は四大王天として、ある者は天界に、ある者は梵天界に生まれていた。しかし、この日には、かれらはすべて一箇所に、アンダ林にのみ集まっていた。それについて、「数千の神々が」と言ったのである〉。

(106)

者を、さらにもろもろの煩悩の滅尽へとお導きになるであろう」と、世尊について行っていた。

さて、世尊は、アンダ林に入り、ある樹の根もとに用意された座に坐られた。尊者ラーフラもまた、世尊を礼拝し、一方に坐った。

一方に坐った尊者ラーフラに、世尊はこう言われた。

六処の無常

（眼）「ラーフラよ[八]、そのことをどう思いますか。つまり、眼は常ですか、それとも無常《むじょう》ですか」と。

「無常です、尊師よ」。

「それでは、無常であるものは、苦ですか、それとも楽《らく》ですか」と。

「苦です、尊師よ」。

「それでは、無常であり、苦であり、変化する性質のものを〈これは私のものである[九]。これは私である[一〇]。これは私の我《が》である[一一]〉と随《ずい》見《けん》[一二]することは適切ですか」と。

「いいえ、尊師よ」。

「もろもろの色は常ですか、それとも無常ですか」と。

「無常です、尊師よ」。……

「眼識は常ですか、それとも無常ですか」と。

「無常です、尊師よ」。……

八　以下については、本相応、第三二節『第二根絶適応経』（本書、一四二頁）参照。

九　etaṁ mama. これは、渇愛（taṇhā）を示す語である。

一〇　esoham asmi. 慢心（māna）を示す語である。

一一　eso me attā. 我見（diṭṭhi）を示す語である。

一二　samanupassituṁ. あるいは「見ることは」。

「眼触《げんそく》は常ですか、それとも無常ですか」と。

「無常です、尊師よ」。……

「また、この眼触を縁として生じる受《じゅ》[一三]の類、想《そう》の類、行《ぎょう》の類、識《しき》の類も常ですか、それとも無常ですか」と。

「無常です、尊師よ」。

「それでは、無常であるものは、苦ですか、それとも楽ですか」と。

「苦です、尊師よ」。

「それでは、無常であり、苦であり、変化する性質のものを〈これは私のものである。これは私である。これは私の我である〉と随見することは適切ですか」と。

「いいえ、尊師よ」。……
▽(耳)「耳は常ですか、それとも無常ですか」と。
「無常です、尊師よ」。

「それでは、無常であるものは、苦ですか、それとも楽ですか」と。

「苦です、尊師よ」。

「それでは、無常であり、苦であり、変化する性質のものを〈これは私のものである。これは私である。これは私の我である〉と随見することは適切ですか」と。

「いいえ、尊師よ」。

一三　vedanāgataṁ saññāgataṁ saṅkhāragataṁ viññāṇagataṁ.

「もろもろの声は常ですか、それとも無常ですか」と。……

「耳識は常ですか、それとも無常ですか」と。……

「耳触は常ですか、それとも無常ですか」と。

「無常です、尊師よ」。

「また、この耳触を縁として生じる受の類、想の類、行の類、識の類も常ですか、それとも無常ですか」と。

「無常です、尊師よ」。

「それでは、無常であるものは、苦ですか、それとも楽ですか」と。

「苦です、尊師よ」。

「それでは、無常であり、苦であり、変化する性質のものを〈これは私のものである。これは私である。これは私の我である〉と随見することは適切ですか」と。

「いいえ、尊師よ」。……

（鼻）「鼻は常ですか、それとも無常ですか」と。

「無常です、尊師よ」。

「それでは、無常であるものは、苦ですか、それとも楽ですか」と。

「苦です、尊師よ」。

「それでは、無常であり、苦であり、変化する性質のものを〈これは私のものである。これは私である。これは私の我である〉と随

見することは適切ですか」と。

「いいえ、尊師よ」。

「もろもろの香は常ですか、それとも無常ですか」と。……

「鼻識は常ですか、それとも無常ですか」と。……

「鼻触は常ですか、それとも無常ですか」と。

「無常です、尊師よ」。

「また、この鼻触を縁として生じる受の類、想の類、行の類、識の類も常ですか、それとも無常ですか」と。

「無常です、尊師よ」。

「それでは、無常であるものは、苦ですか、それとも楽ですか」と。

「苦です、尊師よ」。

「それでは、無常であり、苦であり、変化する性質のものを〈これは私のものである。これは私である。これは私の我である〉と随見することは適切ですか」と。

「いいえ、尊師よ」。……△

（舌）「舌は常ですか、それとも無常ですか」と。

「無常です、尊師よ」。

「それでは、無常であるものは、苦ですか、それとも楽ですか」と。

「苦です、尊師よ」。

「それでは、無常であり、苦であり、変化する性質のものを〈これは私のものである。これは私である。これは私の我である〉と随見することは適切ですか」と。

「いいえ、尊師よ」。

「もろもろの味は常ですか、それとも無常ですか」と。……

「舌識は常ですか、それとも無常ですか」と。……

「舌触は常ですか、それとも無常ですか」と。

「無常です、尊師よ」。

「また、この舌触を縁として生じる受の類、想の類、行の類、識の類も常ですか、それとも無常ですか」と。

「無常です、尊師よ」。

「それでは、無常であるものは、苦ですか、それとも楽ですか」と。

「苦です、尊師よ」。

「それでは、無常であり、苦であり、変化する性質のものを〈これは私のものである。これは私である。これは私の我である〉と随見することは適切ですか」と。

「いいえ、尊師よ」。……
▽（身）「身は常ですか、それとも無常ですか」と。
「無常です、尊師よ」。

「それでは、無常であるものは、苦ですか、それとも楽ですか」と。

「苦です、尊師よ」。

「それでは、無常であり、苦であり、変化する性質のものを〈これは私のものである。これは私である。これは私の我である〉と随見することは適切ですか」と。

「いいえ、尊師よ」。

「もろもろの触は常ですか、それとも無常ですか」と。……

「身識は常ですか、それとも無常ですか」と。……

「身触は常ですか、それとも無常ですか」と。

「無常です、尊師よ」。

「また、この身触を縁として生じる受の類、想の類、行の類、識の類も常ですか、それとも無常ですか」と。

「無常です、尊師よ」。

「それでは、無常であるものは、苦ですか、それとも楽ですか」と。

「苦です、尊師よ」。

「それでは、無常であり、苦であり、変化する性質のものを〈これは私のものである。これは私である。これは私の我である〉と随見することは適切ですか」と。

「いいえ、尊師よ」。……△

(107)
〈意〉「意は常ですか、それとも無常ですか」と。

「無常です、尊師よ」。

「それでは、無常であるものは、苦ですか、それとも楽ですか」と。

「苦です、尊師よ」。

「それでは、無常であり、苦であり、変化する性質のものを〈これは私のものである。これは私である。これは私の我である〉と随見することは適切ですか」と。

「いいえ、尊師よ」。

「もろもろの法は常ですか、それとも無常ですか」と。……

「意識は常ですか、それとも無常ですか」と。……

「意触は常ですか、それとも無常ですか」と。

「無常です、尊師よ」。

「また、この意触を縁として生じる受の類、想の類、行の類、識の類も常ですか、それとも無常ですか」と。

「無常です、尊師よ」。

「それでは、無常であるものは、苦ですか、それとも楽ですか」と。

「苦です、尊師よ」。

「それでは、無常であり、苦であり、変化する性質のものを〈これは私のものである。これは私である。これは私の我である〉と随

見することは適切ですか」と。

「いいえ、尊師よ」。

六処の厭離

「ラーフラよ、このように見る、[一四]聞《もん》をそなえた[一五]聖なる弟子は、眼についても厭離します。もろもろの色についても厭離します。眼識についても厭離します。眼触についても厭離します。また、この眼触を縁として生じる受の類、想の類、行の類、識の類についても厭離します。

▽耳についても厭離します。もろもろの声についても厭離します。耳識についても厭離します。耳触についても厭離します。また、この耳触を縁として生じる受の類、想の類、行の類、識の類についても厭離します。

鼻についても厭離します。もろもろの香についても厭離します。鼻識についても厭離します。鼻触についても厭離します。また、この鼻触を縁として生じる受の類、想の類、行の類、識の類についても厭離します。△

舌についても厭離します。もろもろの味についても厭離します。舌識についても厭離します。舌触についても厭離します。また、この舌触を縁として生じる受の類、想の類、行の類、識の類について

一四　sutavā.

一五　ariyasāvako. 阿羅漢、不還、一来、預流の聖者をいう。

も厭離します。
　身▽についても厭離します。もろもろの触についても厭離します。身識についても厭離します。身触についても厭離します。また、この身触を縁として生じる受の類、想の類、行の類、識の類についても厭離します。△
　意についても厭離します。もろもろの法についても厭離します。意識についても厭離します。意触についても厭離します。また、この意触を縁として生じる受の類、想の類、行の類、識の類についても厭離します。
　[一六]厭離し、離貪します。[一七]離貪により、解脱します。解脱したとき、〈解脱した〉との智が生じます。[一八]〈生まれは尽きた。梵行は完成された。なすべきことはなされた。もはや、この状態の他にはない〉と知ります」
と。

　このように世尊は言われた。尊者ラーフラは喜び、世尊が語られたことに歓喜した。

　しかもまた、この解答が語られているとき、尊者ラーフラの心は、執着がなく、もろもろの煩悩から解脱した。

　さらに、数千の神々に、塵を離れ、垢を離れた[一九]法眼《ほうげん》が生じた。

一六　nibbindaṁ virajjati. 〈＊「離貪」によって、四道（預流道・一来道・不還道・阿羅漢道）が語られている〉。
一七　virāgā vimuccati. 〈＊「解脱」によって、四果（預流果・一来果・不還果・阿羅漢果）が語られている〉。
一八　khīṇā jāti, vusitaṁ brahmacariyaṁ, kataṁ karaṇīyaṁ, nāparaṁ itthattāya. この阿羅漢の境地を示す言葉については、詳しくは長部2『沙門果経』第九九節、補註26、および有偈篇、第一七四節「ブラフマデーヴァ経」（有偈篇Ⅱ、一四六頁）参照。
一九　dhammacakkhuṁ. 〈本経においては、四道（catumagga）および四果（catuphala）が《四諦法（catusaccadhamma）を示すことによって》「法眼」であると知られるべきである。なぜなら、そのうち、ある神々は預流者に、ある神々は一来者に、不還者に、漏尽者になったからである。ただし、「その神々のうちのこれだけである」というように、数による制限はない〉。

[二〇]〈およそ生起する性質のものは、すべて滅尽する性質のものである〉」と。

第八

9 所束縛法経 (Saṁyojaniyadhamma-sutta)[一]

(一二三) このように私は聞いた——……

世尊はつぎのように言われた。

「比丘たちよ、[二]もろもろの束縛《そくばく》されるべき法と束縛[三]とについて説きましょう。それを聞きなさい。

それでは、比丘たちよ、何がもろもろの束縛されるべき法であり、また何が束縛でしょうか。

比丘たちよ、眼[四]によって識《し》られるべき、好ましい、楽しい、喜ばしい、愛しい、欲をともなった、魅力的な、もろもろの色があります。比丘たちよ、これらがもろもろの束縛されるべき法です。それに対する欲貪《よくとん》[五]がその場合の束縛です。

比丘たちよ、耳によって識られるべき、好ましい、楽しい、喜ばしい、愛しい、欲をともなった、魅力的な、もろもろの声があります。比丘たちよ、これらがもろもろの束縛されるべき法です。それに対する欲貪がその場合の束縛です。

二〇 yaṁ kiñci samudayadhammaṁ, sabbaṁ taṁ nirodhadhammaṁ.

一 R^e は本経名を「束縛」(Saṁyojanaṁ)とする。本経については本相応、第一〇九節「所束縛経」(本書、四一六頁)参照。

(一二三)『雑阿含経』巻第九〈二三九〉(大正蔵二・五七c)

二 saṁyojaniye dhamme. 〈*もろもろの縛られるべき(bandhaniyā)、縛り(bandhana)の縁(paccaya)となる法〉。

三 saṁyojanaṁ. 「輪転に諸有情を結び、縛るから、束縛(saṁyojana)である」(『分別論註』VibhA. 499)と言われる。

四 以下については、本相応、第六三節「第一ミガジャーラ経」(本書、二〇〇頁)参照。

五 chandarāgo. あるいは「欲と貪りは」。

比丘たちよ、鼻によって識られるべき、好ましい、楽しい、喜ばしい、愛しい、欲をともなった、魅力的な、もろもろの香があります。比丘たちよ、これらがもろもろの束縛されるべき法です。それに対する欲貪がその場合の束縛です。△

比丘たちよ、舌によって識られるべき、好ましい、楽しい、喜ばしい、愛しい、欲をともなった、魅力的な、もろもろの味があります。比丘たちよ、これらがもろもろの束縛されるべき法です。それに対する欲貪がその場合の束縛です。

▽比丘たちよ、身によって識られるべき、好ましい、楽しい、喜ばしい、愛しい、欲をともなった、魅力的な、もろもろの触があります。比丘たちよ、これらがもろもろの束縛されるべき法です。それに対する欲貪がその場合の束縛です。△

比丘たちよ、意によって識られるべき、好ましい、楽しい、喜ばしい、愛しい、欲をともなった、魅力的な、もろもろの法があります。比丘たちよ、これらがもろもろの束縛されるべき法です。それに対する欲貪がその場合の束縛です。

比丘たちよ、これらがもろもろの束縛されるべき法であり、それに対する欲貪がその場合の束縛である、と言われます」

と。

10 所取著法経 (Upādāniyadhamma-sutta)[一]

(一二三) ▽このように私は聞いた——……

世尊はつぎのように言われた。△

「比丘たちよ、もろもろの取著されるべき法[二]と取著[三]とについて説きましょう。それを聞きなさい。

それでは、比丘たちよ、何がもろもろの取著されるべき法であり、また何が取著でしょうか。

比丘たちよ、眼によって識られるべき、好ましい、楽しい、喜ばしい、愛しい、欲をともなった、魅力的な、もろもろの色があります。比丘たちよ、これらがもろもろの取著されるべき法です。それに対する欲貪[四]がその場合の取著です。

▽比丘たちよ、耳によって識られるべき、好ましい、楽しい、喜ばしい、愛しい、欲をともなった、魅力的な、もろもろの声があります。比丘たちよ、これらがもろもろの取著されるべき法です。それに対する欲貪がその場合の取著です。

比丘たちよ、鼻によって識られるべき、好ましい、楽しい、喜ばしい、愛しい、欲をともなった、魅力的な、もろもろの香がありま

一 Rᵉ は本経名を「取著」(Upādānaṁ) とする。本経については本相応、第一一〇節「所取著経」(本書、四一八頁) 参照。(一二三)『雑阿含経』巻第九〈二四〇〉(大正蔵二・五八a)

二 Upādāniye dhamme. あるいは「もろもろの取著するもの」。

三 upādānaṁ. 強固な把捉。五種妙欲の貪りの同義語。執着。

四 chandarāgo. あるいは「欲と貪りは」。

す。比丘たちよ、これらがもろもろの取著されるべき法です。それに対する欲貪がその場合の取著です。△

比丘たちよ、舌によって識られるべき、好ましい、楽しい、喜ばしい、愛しい、欲をともなった、魅力的な、もろもろの味があります。比丘たちよ、これらがもろもろの取著されるべき法です。それに対する欲貪がその場合の取著です。

▽比丘たちよ、身によって識られるべき、好ましい、楽しい、喜ばしい、愛しい、欲をともなった、魅力的な、もろもろの触があります。比丘たちよ、これらがもろもろの取著されるべき法です。それに対する欲貪がその場合の取著です。△

比丘たちよ、意によって識られるべき、好ましい、楽しい、喜ばしい、愛しい、欲をともなった、魅力的な、もろもろの法があります。比丘たちよ、これらがもろもろの取著されるべき法です。それに対する欲貪がその場合の取著です。

比丘たちよ、これらがもろもろの取著されるべき法であり、それに対する欲貪がその場合の取著である、と言われます」

と。

第一〇

第一二　世界妙欲の章

以上の摂頌

「魔罠」によって二が説かれ
また「世界（終行）」と「妙欲」とによって。
さらに「帝釈（天問）」と「パンチャシカ」と
「サーリプッタ（共住者）」と「ラーフラ（教誡）」と
「（所）束縛（法）」と「（所）取著（法）」あり
それによって章が説かれる

第一三　資産家の章（Gahapati-vagga）[一]

1　ヴェーサーリー経（Vesālī-sutta）

（二三四）このように私は聞いた――

あるとき、世尊《せそん》は、ヴェーサーリー[二]に近い、大林の重閣講堂《じゅうかくこうどう》に住んでおられた。

ときに、ヴェーサーリー[三]のウッガ資産家は、世尊がおられるところへ近づいて行った。行って、一方に坐った。一方に坐ったヴェーサーリーのウッガ資産家は、世尊にこう申し上げた。

「[四]尊師よ、ここに、一部の有情《うじょう》は現世において般涅槃《はつねはん》しませんが、その因は何でしょうか、その縁は何でしょうか。

また、尊師よ、ここに、一部の有情は現世[五]において般涅槃[六]しますが、その因は何でしょうか、その縁は何でしょうか」と。

般涅槃しない因縁

「資産家よ、眼《げん》によって識《し》られるべき、好ましい、楽しい、喜ばしい、愛しい、欲をともなった、魅力的な、もろもろの色《しき》があります。もし比丘《びく》がそれを歓喜《かんぎ》し、歓迎し、執着《しゅうじゃく》してとどまるならば、それを歓喜し、歓迎し、執着してとどまるかれには、それに取著《しゅじゃく》し、そ

一　あるいは「居士の章」。

（二三四）『雑阿含経』巻第九〈二三七〉（大正蔵二・五七b―c）

二　Vesāliyaṃ mahāvane kūṭāgārasālāyaṃ.「ヴェーサーリー」（毘舎離）はヴァッジ国の首都。「大林」はヒマラヤと一続きになった大きな林。「重閣講堂」はその林の僧園に建てられた山頂の堂のような高楼であり、その僧園全体の呼び名でもある。因縁篇、第二三〇節『木片経』（因縁篇Ⅱ、四五七頁）参照。

三　Uggo gahapati vesāliko. ヴェーサーリー出身のウッガ（郁伽）長者。〈「資産家の章」の第一（ヴェーサーリー経）におけるウッガ（Ugga）とは、妙勝の施主（paṇītadāyaka）のうちで第一のウッガである。かれは、世尊によって、「比丘たちよ、わが弟子である妙勝の施主のうち、最上の者はこのウッガ資産家である」（A. I. 26）と、このように第一に置かれている〉。あるいは好意の施主（manāpadāyaka）第一の男性信者。

四　以下については、本相応、第一一八節「帝釈天問経」（本書、四五五頁）参照。

五　diṭṭheva dhamme. あるいは「現法において」。〈＊この自体（attabhāva）のみにおいて〉。

六　parinibbāyanti.〈＊煩悩の般涅槃（kilesaparinibbāna　煩悩の寂滅）によって般涅槃する〉の意。

れに依存する識《しき》が生じます。資産家よ、取著のある比丘は般涅槃しません。

▽資産家よ、耳《に》によって識られるべき、好ましい、楽しい、喜ばしい、愛しい、欲をともなった、魅力的な、もろもろの声《しょう》があります。もし比丘がそれを歓喜し、歓迎し、執着してとどまるならば、それを歓喜し、歓迎し、執着してとどまるかれには、それに取著し、それに依存する識が生じます。資産家よ、取著のある比丘は般涅槃しません。

資産家よ、鼻《び》によって識られるべき、好ましい、楽しい、喜ばしい、愛しい、欲をともなった、魅力的な、もろもろの香《こう》があります。もし比丘がそれを歓喜し、歓迎し、執着してとどまるならば、それを歓喜し、歓迎し、執着してとどまるかれには、それに取著し、それに依存する識が生じます。資産家よ、取著のある比丘は般涅槃しません。△

資産家よ、舌《ぜつ》によって識られるべき、好ましい、楽しい、喜ばしい、愛しい、欲をともなった、魅力的な、もろもろの味《み》があります。もし比丘がそれを歓喜し、歓迎し、執着してとどまるならば、それを歓喜し、歓迎し、執着してとどまるかれには、それに取著し、それに依存する識が生じます。資産家よ、取著のある比丘は般涅槃しません。

▽資産家よ、身《しん》によって識られるべき、好ましい、楽しい、喜ばしい、愛しい、欲をともなった、魅力的な、もろもろの触《そく》があります。もし比丘がそれを歓喜し、歓迎し、執着してとどまるならば、それを歓喜し、歓迎し、執着してとどまるかれには、それに取著し、それに依存する識が生じます。資産家よ、取著のある比丘は般涅槃しません。△

資産家よ、意《い》によって識られるべき、好ましい、楽しい、喜ばしい、愛しい、欲をともなった、魅力的な、もろもろの法《ほう》があります。もし比丘がそれを歓喜し、歓迎し、執着してとどまるならば、それを歓喜し、歓迎し、執着してとどまるかれには、それに取著し、それに依存する識が生じます。資産家よ、取著のある比丘は般涅槃しません。

資産家よ、これが、ここに、一部の有情は現世において般涅槃しない、その因であり、その縁です。

般涅槃する因縁

資産家よ、眼によって識られるべき、好ましい、楽しい、喜ばしい、愛しい、欲をともなった、魅力的な、もろもろの色があります。もし比丘がそれを歓喜せず、歓迎せず、執着せずにとどまるならば、それを歓喜せず、歓迎せず、執着せずにとどまるかれには、それに取著し、それに依存する識が生じません。資産家よ、取著のない比丘は般涅槃します。

▽資産家よ、耳によって識られるべき、好ましい、楽しい、喜ばしい、愛しい、欲をともなった、魅力的な、もろもろの声があります。もし比丘がそれを歓喜せず、歓迎せず、執着せずにとどまるならば、それを歓喜せず、歓迎せず、執着せずにとどまるかれには、それに取著し、それに依存する識が生じません。資産家よ、取著のない比丘は般涅槃します。

資産家よ、鼻によって識られるべき、好ましい、楽しい、喜ばしい、愛しい、欲をともなった、魅力的な、もろもろの香があります。もし比丘がそれを歓喜せず、歓迎せず、執着せずにとどまるならば、それを歓喜せず、歓迎せず、執着せずにとどまるかれには、それに取著し、それに依存する識が生じません。資産家よ、取著のない比丘は般涅槃します。△

資産家よ、舌によって識られるべき、好ましい、楽しい、喜ばしい、愛しい、欲をともなった、魅力的な、もろもろの味があります。もし比丘がそれを歓喜せず、歓迎せず、執着せずにとどまるならば、それを歓喜せず、歓迎せず、執着せずにとどまるかれには、それに取著し、それに依存する識が生じません。資産家よ、取著のない比丘は般涅槃します。

▽資産家よ、身によって識られるべき、好ましい、楽しい、喜ばしい、愛しい、欲をともなった、魅力的な、もろもろの触があります。もし比丘がそれを歓喜せず、歓迎せず、執着せずにとどまるならば、それを歓喜せず、歓迎せず、執着せずにとどまるかれには、それに取著し、それに依存する識が生じません。資産家よ、取著のない比丘は般涅槃します。△

資産家よ、意によって識られるべき、好ましい、楽しい、喜ばしい、愛しい、欲をともなった、魅力的な、もろもろの法があります。もし比丘がそれを歓喜せず、歓迎せず、執着せずにとどまるならば、それを歓喜せず、歓迎せず、執着せずにとどまるかれには、それに

328
取著し、それに依存する識が生じません。資産家よ、取著のない比丘は般涅槃します。

資産家よ、これが、ここに、一部の有情は現世において般涅槃する、その因であり、その縁です」

と。

第一

2 ヴァッジー経 (Vajji-sutta)[一]

(一三五) ▽このように私は聞いた△——

あるとき、世尊は、[二]ヴァッジー国の[三]ハッティ村に住んでおられた。ときに、[四]ハッティ村のウッガ資産家は、世尊がおられるところへ近づいて行った。行って、一方に坐った。一方に坐ったハッティ村のウッガ資産家は、世尊にこう申し上げた。

「尊師よ、ここに、一部の有情は現世において般涅槃しませんが、その因は何でしょうか、その縁は何でしょうか。

また、尊師よ、ここに、一部の有情は現世において般涅槃しますが、その因は何でしょうか、その縁は何でしょうか」と。[五*]

般涅槃しない因縁

「資産家よ、眼によって識られるべき、好ましい、楽しい、喜ばしい、愛しい、欲をともなった、魅力的な、もろもろの色があります。もし比丘がそれを歓喜し、歓迎し、執着してとどまるならば、それを歓喜し、歓迎し、執着してとどまるかれには、それに取著し、それに依存する識が生じます。資産家よ、取著のある比丘は般涅槃しません。

資産家よ、耳によって識られるべき……

資産家よ、鼻によって識られるべき……

一 R^eは、本経名を「ヴァッジ」(Vajji)とする。

(一三五) 漢訳の相当経典は不明。

二 Vajjīsu.

三 Hatthigāme. あるいは「象村に」。

四 Uggo gahapati hatthigāmako. ハッティ村出身のウッガ長者。

五 以下*—*について、底本B^eは「前経(第一二四節、ヴェーサーリー経)と同様に詳説されるべきである」と記している。

資産家よ、舌によって識られるべき……

資産家よ、身によって識られるべき……

資産家よ、意によって識られるべき、好ましい、楽しい、喜ばしい、愛しい、欲をともなった、魅力的な、もろもろの法があります。もし比丘がそれを歓喜し、歓迎し、執着してとどまるならば、それを歓喜し、歓迎し、執着してとどまるかれには、それに取著し、それに依存する識が生じます。資産家よ、取著のある比丘は般涅槃しません。

資産家よ、これが、ここに、一部の有情は現世において般涅槃しない、その因であり、その縁です。

般涅槃する因縁

資産家よ、眼によって識られるべき、好ましい、楽しい、喜ばしい、愛しい、欲をともなった、魅力的な、もろもろの色があります。もし比丘がそれを歓喜せず、歓迎せず、執着せずにとどまるならば、それを歓喜せず、歓迎せず、執着せずにとどまるかれには、それに取著し、それに依存する識が生じません。資産家よ、取著のない比丘は般涅槃します。

資産家よ、耳によって識られるべき……

資産家よ、鼻によって識られるべき……

資産家よ、舌によって識られるべき……

資産家よ、身によって識られるべき……

資産家よ、意によって識られるべき、好ましい、楽しい、喜ばしい、愛しい、欲をともなった、魅力的な、もろもろの法があります。もし比丘がそれを歓喜せず、歓迎せず、執着せずにとどまるならば、それを歓喜せず、歓迎せず、執着せずにとどまるかれには、それに取著し、それに依存する識が生じません。資産家よ、取著のない比丘は般涅槃します。*

(110) 資産家よ、これが、ここに、一部の有情は現世において般涅槃する、その因であり、その縁です」
と。

第二

3 ナーランダ経 (Nāḷanda-sutta)[一]

(二二六) ▽このように私は聞いた——△
あるとき、世尊は、ナーランダー[二]に近い、パーヴァーリカ[三]のマンゴー林に住んでおられた。

ときに、ウパーリ[四]資産家は、世尊がおられるところへ近づいて行った。行って、一方に坐った。一方に坐ったウパーリ資産家は、世

一 あるいは「ナーランダー経」(Cᵉ, Nālandā-sutta)。
(二二六) 漢訳の相当経典は不明。
二 Nālandāyaṃ. ナーランダーは、ラージャガハ(王舎城)から一ヨージャナ(約一二キロメートル)の距離にあり、のちに仏教学の府となった地。
三 Pāvārikambavane.〈*ドゥッサ・パーヴァーリカ長者のマンゴー林。伝えによれば、かれはその園林を所有していたが、世尊の説法を聞いて世尊に浄信を起こし、そこに僧房、窟、仮堂などで飾った世尊の精舎を作り施した。その精舎はジーヴァカのマンゴー林(僧院)のようであり、

尊にこう申し上げた。

「尊師よ、ここに、一部の有情は現世において般涅槃しませんが、その因は何でしょうか、その縁は何でしょうか。

また、尊師よ、ここに、一部の有情は現世において般涅槃しますが、その因は何でしょうか、その縁は何でしょうか」と。[五*]

般涅槃しない因縁

「資産家よ、眼によって識られるべき、好ましい、楽しい、喜ばしい、愛しい、欲をともなった、魅力的な、もろもろの色があります。もし比丘がそれを歓喜し、歓迎し、執着してとどまるならば、それを歓喜し、歓迎し、執着してとどまるかれには、それに取著し、それに依存する識が生じます。資産家よ、取著のある比丘は般涅槃しません。

資産家よ、耳によって識られるべき……

資産家よ、鼻によって識られるべき……

資産家よ、舌によって識られるべき……

資産家よ、身によって識られるべき……

資産家よ、意によって識られるべき、好ましい、楽しい、喜ばしい、愛しい、欲をともなった、魅力的な、もろもろの法があります。もし比丘がそれを歓喜し、歓迎し、執着してとどまるならば、それ

パーヴァーリカ・マンゴー林〈僧院〉と呼ばれた〉。中部56『ウパーリ経』補註1参照。

四　Upāli gahapati.

五　以下＊―＊について、底本Bᵉは「前経と同様に詳説されるべきである」と記している。

を歓喜し、歓迎し、執着してとどまるかれには、それに取著し、それに依存する識が生じます。資産家よ、取著のある比丘は般涅槃しません。

資産家よ、これが、ここに、一部の有情は現世において般涅槃しない、その因であり、その縁です。

般涅槃する因縁

資産家よ、眼によって識られるべき、好ましい、楽しい、喜ばしい、愛しい、欲をともなった、魅力的な、もろもろの色があります。もし比丘がそれを歓喜せず、歓迎せず、執着せずにとどまるならば、それを歓喜せず、歓迎せず、執着せずにとどまるかれには、それに取著し、それに依存する識が生じません。資産家よ、取著のない比丘は般涅槃します。

資産家よ、耳によって識られるべき……

資産家よ、鼻によって識られるべき……

資産家よ、舌によって識られるべき……

資産家よ、身によって識られるべき……

資産家よ、意によって識られるべき、好ましい、楽しい、喜ばしい、愛しい、欲をともなった、魅力的な、もろもろの法があります。もし比丘がそれを歓喜せず、歓迎せず、執着せずにとどまるならば、それを歓喜せず、歓迎せず、執着せずにとどまるかれには、それに取著し、それに依存する識が生じません。資産家よ、取著のない比丘は般涅槃します。*

資産家よ、これが、ここに、一部の有情は現世において般涅槃する、その因であり、その縁です」

と。

第三

4 バーラドヴァージャ経 (Bhāradvāja-sutta)

(一二七) ▽このように私は聞いた――△

あるとき、[1]尊者《そんじゃ》ピンドーラ・バーラドヴァージャは、コーサンビー[一]に近い、ゴーシタ[二]園林《おんりん》に住んでいた。

ときに、ウデーナ王[三]は、尊者ピンドーラ・バーラドヴァージャがいるところへ近づいて[2]行った。行って、尊者ピンドーラ・バーラドヴァージャとともに喜びの挨拶を交わし、喜ばしい印象に残る話を取り交わすと、一方に坐った。

一方に坐ったウデーナ王は、尊者ピンドーラ・バーラドヴァージャにこう言った。

「バーラドヴァージャ尊よ、これらの若い比丘は、漆黒[四]の髪を持

(一二七)『雑阿含経』巻第四三〈一一六五〉(大正蔵二・三一一a―b)

一 Kosambiyaṃ. ヴァンサ国の首都。

二 Ghositārāme. あるいは「ゴーシタ僧院に」。〈*ゴーシタ長者によって設けられた園〉。長部7『ジャーリヤ経』第一節、補註1参照。

三 rājā Udeno.

四 以下については長部4『ソーナダンダ経』第五節参照。

つ青年であり、すばらしい青春がありながら、人生の初期に、諸欲の中で遊ぶこともなく、生涯、完全で清浄《しょうじょう》な梵行《ぼんぎょう》を行ない、また時[五]を過ごしますが、その因は何でしょうか、その縁は何でしょうか」と。

(111)

「大王よ、かの知り、見る、阿羅漢《あらかん》であり、正自覚者《しょうじかくしゃ》である世尊によって、こう言われております。『さあ、比丘たちよ、そなたたちは、母[六]ほどの者たちに対しては母心を起こしなさい。姉妹ほどの者たちに対しては姉妹心を起こしなさい。娘ほどの者たちに対しては娘心を起こしなさい』と。

大王よ、これが、これらの若い比丘が、漆黒の髪を持つ青年であり、すばらしい青春がありながら、人生の初期に、諸欲の中で遊ぶこともなく、生涯、完全で清浄な梵行を行ない、また時を過ごす、その因であり、その縁です」と。

「バーラドヴァージャ尊よ、実に心は動揺するものです。時には、母ほどの者に対しても貪《むさぼ》りの諸法が生じます。姉妹ほどの者に対しても貪りの諸法が生じます。娘ほどの者に対しても貪りの諸法が生じます。

バーラドヴァージャ尊よ、これらの若い比丘は、漆黒の髪を持つ青年であり、▽すばらしい青春がありながら、人生の初期に、諸欲の

五　addhānañ ca āpādenti.〈伝統を守ります（paveṇiṁ paṭipādenti）、長時に従わせます（anubandhāpenti）《完成させます（sampādenti）》〉。

六　mātumattīsu.〈母を標準とする者たちに対しては、ということ。なぜなら、世間では、母、姉妹、娘というこの三種は尊重すべき対象（garukārammaṇa）と呼ばれるからである。このように尊重すべき対象に対しては結縛（執着）の心を解き放つことができない、ということを示して、このように言われた。そこで、その問いにより、かれ《王》の心が《清浄の路（pasādavīthi）に》入るのを見て、世尊が厭逆の思惟（paṭikūlamanasikāra）によって心の結縛のために説かれた三十二行相（dvattiṁsākāra 三十二身分）の業処を、語ったのである〉。

中で遊ぶこともなく、生涯、完全で清浄な梵行を行ない、△また時を過ごしますが、他の因があり、また他の縁があるのではないでしょうか」と。

「大王よ、かの知り、見る、阿羅漢であり、正自覚者である世尊によって、こう言われております。『さあ、比丘たちよ、そなたたちは、[七]この身を、足の裏より上、頭髪より下の、皮膚を周辺とする、種々の不浄に満ちたものとして、観察しなさい。〈この身には、髪・毛・爪・歯・皮、肉・筋・骨・骨髄・腎臓、心臓・肝臓・肋膜・脾臓・肺臓、腸・腸間膜・胃物・大便、胆汁・痰・膿・血・汗・脂肪、涙・脂肪油・唾・鼻液・関節液・小便がある〉と』と。

大王よ、これもまた、これらの若い比丘が、漆黒の髪を持つ青年であり、▽すばらしい青春がありながら、人生の初期に、諸欲の中で遊ぶこともなく、生涯、完全で清浄な梵行を行ない、△また時を過ごす、その因であり、その縁です」と。

「バーラドヴァージャ尊よ、かれら比丘が身を修習《しゅじゅう》し、戒《かい》を修習し、心を修習し、慧《え》を修習している場合、かれらにとってそれは行ない易いものになります。

しかし、バーラドヴァージャ尊よ、かれら比丘が身を[八]修習せず、戒を修習せず、心を修習せず、慧を修習していない場合、[九]かれらに

七　imam eva kāyaṁ. 以下については、長部22『大念処経』第六節（厭逆思惟の部）、註二参照。

八　abhāvitakāyā.〈五門身を修習せず（abhāvitapañcadvārika-kāyā）〉。

九　tesaṁ taṁ dukkaraṁ hoti.〈かれらにとってその不浄業

とってそれは行ない難いものになります。

330 バーラドヴァージャ尊よ、時には、〈私は不浄として思惟《しゆい》しようとしても、かれは浄のみに至ります。

(112) バーラドヴァージャ尊よ、これらの若い比丘は、漆黒の髪を持つ青年であり、▽すばらしい青春がありながら、人生の初期に、諸欲の中で遊ぶこともなく、生涯、完全で清浄な梵行を行ない、△また時を過ごしますが、他の因があり、また他の縁があるのではないでしょうか」と。

「大王よ、かの知り、見る、阿羅漢であり、正自覚者である世尊によって、こう言われております。『さあ、比丘たちよ、そなたたちは、一〇諸感官の門を守り、住みなさい。

眼によって色を見る場合、その外相を捉えてはなりません。その細相を捉えてはなりません。この眼の感官を防護しないで住むならば、もろもろの悪しき不善の法が、貪欲として憂いとして、流れ込むことになります。その防護につとめなさい。眼の感官を保護しなさい。眼の感官を防護するに到ります。

耳によって声を聞く場合、▽その外相を捉えてはなりません。その細相を捉えてはなりません。この耳の感官を防護しないで住むならば、もろもろの悪しき不善の法が、貪欲として憂いとして、流れ込

処（asubhakammaṭṭhāna）を修習することが行ない難いものになる、ということ。このように、これによってもまた、かれ（王）の心が（清浄の路に）入るのを見て、根防護戒（indriyasaṃvarasīla）を語った。なぜなら、根防護においては、結縛の心を圧迫することができないからである。王はそれを聞いて、そこに心が入り、「バーラドヴァージャ尊よ、不思議なことです」などと言ったのである〉。

一〇　以下については、本相応、第一二〇節「サーリプッタ共住者経」（本書、四六五頁）参照。

むことになります。その防護につとめなさい。耳の感官を保護しなさい。耳の感官を防護するに到ります。△

鼻によって香を嗅ぐ場合、▽その外相を捉えてはなりません。その細相を捉えてはなりません。この鼻の感官を防護しないで住むならば、もろもろの悪しき不善の法が、貪欲として憂いとして、流れ込むことになります。その防護につとめなさい。鼻の感官を保護しなさい。鼻の感官を防護するに到ります。△

舌によって味を味わう場合、▽その外相を捉えてはなりません。その細相を捉えてはなりません。この舌の感官を防護しないで住むならば、もろもろの悪しき不善の法が、貪欲として憂いとして、流れ込むことになります。その防護につとめなさい。舌の感官を保護しなさい。舌の感官を防護するに到ります。△

身によって触に触れる場合、▽その外相を捉えてはなりません。その細相を捉えてはなりません。この身の感官を防護しないで住むならば、もろもろの悪しき不善の法が、貪欲として憂いとして、流れ込むことになります。その防護につとめなさい。身の感官を保護しなさい。身の感官を防護するに到ります。△

意によって法を識る場合、その外相を捉えてはなりません。その細相を捉えてはなりません。この意の感官を防護しないで住むならば、もろもろの悪しき不善の法が、貪欲として憂いとして、流れ込むことになります。その防護につとめなさい。意の感官を保護しなさい。意の感官を防護するに到ります。

大王よ、これもまた、これらの若い比丘が、漆黒の髪を持つ青年であり、▽すばらしい青春がありながら、人生の初期に、諸欲の中で遊ぶこともなく、生涯、完全で清浄な梵行を行ない、△また時を過ごす、その因であり、その縁です」と。

「バーラドヴァージャ尊よ、不思議なことです。バーラドヴァージャ尊よ、珍しいことです。バーラドヴァージャ尊よ、これが、かの知り、見る、阿羅漢であり、正自覚者である世尊によって、よく語られているとは。

バーラドヴァージャ尊よ、これこそ、これらの若い比丘が、漆黒の髪を持つ青年であり、すばらしい青春がありながら、人生の初期に、諸欲の中で遊ぶこともなく、生涯、完全で清浄な梵行を行ない、また時を過ごす、その因であり、その縁です。

バーラドヴァージャ尊よ、私も身を守らず、二 言葉を守らず、心を守らず、念《ねん》を確立せず、諸感官を防護せず、内宮に入りますが、三 そのときは、もろもろの貪りの法が私を極度に征服します。

しかし、バーラドヴァージャ尊よ、私が身を守り、言葉を守り、

二　arakkhiteneva kāyena.〈手足を遊ばせ、首を回す場合、身を守らない、と言われる。種々の粗悪なことを語る場合、言葉（語）を守らない、と言われる。欲の考え（kāmavitakka 欲尋）などを考える場合、心を守らない、と言われる。「身を守り」などについても、述べられた方法で意味が知られるべきである〉。

三　ativiya maṁ tasmiṁ samaye lobhadhammā parisahanti.〈私をそのときに打ち負かし、貪りが征服する〉の意。

心を守り、[13]念を確立し、諸感官を防護して、内宮に入る場合、[14]そのときは、もろもろの貪りの法が私をそのように征服することはありません。[15]

[16]バーラドヴァージャ尊よ、すばらしいことです。バーラドヴァージャ尊よ、すばらしいことです。

たとえば、バーラドヴァージャ尊よ、倒れたものを起こすかのように、覆われたものを取り除くかのように、迷った者に道を教えるかのように、〈眼の見える者たちは、もろもろのものを見るだろう〉と、暗闇に灯火《とうか》を掲げるかのように、まさにそのように、バーラドヴァージャ尊は多くの方法で、法を説いてくださいました。

バーラドヴァージャ尊よ、この私は、世尊に、また法に、比丘僧団に帰依《きえ》いたします。今より以後、生涯、バーラドヴァージャ尊は、私を帰依する信者として、お認めくださいますように」

と。

第四

5　ソーナ経（Soṇa-sutta）

（一二八）▽このように私は聞いた――△

あるとき、世尊は、ラージャガハに近い、竹林のカランダカ・ニ

一三　upaṭṭhitāya satiyā.〈身に至る念がよく確立し〉。

一四　na maṁ tathā tasmiṁ samaye.〈そのときは私を以前のように貪りが打ち負かして生じることはない、の意。'parisahanti' という語には「生じる」(uppajjanti) という意味もある〉。

一五　〈以上、本経には、三の「身」(kāya) が語られている。どのようにか。「この身を」(imam eva kāyaṁ) という場合は《集合 (samūha) の意味の身として》業生身 (karajakāya) が、「身を修習し」(bhāvitakāyo) という場合は五門身 (pañca-dvārikakāya) が、「身を守り」(rakkhiteneva kāyena) という場合は動揺身 (copanakāya)、すなわち身表 (kāyaviññatti 身に表われた行為) の意、が語られている〉。

一六　以下については、長部2『沙門果経』第一〇一節参照。

（一二八）漢訳の相当経典は不明。

ヴァーパに住んでおられた。
ときに、[一]資産家の子ソーナは、世尊がおられるところへ近づいて行った。行って、一方に坐った。一方に坐った資産家の子ソーナは、世尊にこう申し上げた。
「尊師よ、ここに、一部の有情は現世において般涅槃しませんが、その因は何でしょうか、その縁は何でしょうか。
また、尊師よ、ここに、一部の有情は現世において般涅槃しますが、その因は何でしょうか、その縁は何でしょうか」と。[二]＊

般涅槃しない因縁

「ソーナよ、眼によって識られるべき、好ましい、楽しい、喜ばしい、愛しい、欲をともなった、魅力的な、もろもろの色があります。もし比丘がそれを歓喜し、歓迎し、執着してとどまるならば、それを歓喜し、歓迎し、執着してとどまるかれには、それに取著し、それに依存する識が生じます。ソーナよ、取著のある比丘は般涅槃しません。

ソーナよ、耳によって識られるべき……

ソーナよ、鼻によって識られるべき……

ソーナよ、舌によって識られるべき……

ソーナよ、身によって識られるべき……

一　Sono gahapatiputto.

二　以下＊—＊について、底本B°は「前経と同様に詳説されるべきである」と記している。本相応、第一二四節「ヴェーサーリー経」（本書、四八四頁）、第一二五節「ヴァッジー経」（本書、四八九頁）などを参照。

ソーナよ、意によって識られるべき、好ましい、楽しい、喜ばしい、愛しい、欲をともなった、魅力的な、もろもろの法があります。もし比丘がそれを歓喜し、歓迎し、執着してとどまるならば、それを歓喜し、歓迎し、執着してとどまるかれには、それに取著し、それに依存する識が生じます。ソーナよ、取著のある比丘は般涅槃しません。

ソーナよ、これが、ここに、一部の有情は現世において般涅槃しない、その因であり、その縁です。

般涅槃する因縁

ソーナよ、眼によって識られるべき、好ましい、楽しい、喜ばしい、愛しい、欲をともなった、魅力的な、もろもろの色があります。もし比丘がそれを歓喜せず、歓迎せず、執着せずにとどまるならば、それを歓喜せず、歓迎せず、執着せずにとどまるかれには、それに取著し、それに依存する識が生じません。ソーナよ、取著のない比丘は般涅槃します。

ソーナよ、耳によって識られるべき……

ソーナよ、鼻によって識られるべき……

ソーナよ、舌によって識られるべき……

ソーナよ、身によって識られるべき……

ソーナよ、意によって識られるべき、好ましい、楽しい、喜ばしい、愛しい、欲をともなった、魅力的な、もろもろの法があります。もし比丘がそれを歓喜せず、歓迎せず、執着せずにとどまるならば、それを歓喜せず、歓迎せず、執着せずにとどまるかれには、それに取著し、それに依存する識が生じません。ソーナよ、取著のない比丘は般涅槃します。*

ソーナよ、これが、ここに、一部の有情は現世において般涅槃する、その因であり、その縁です」

と。

第五

6 ゴーシタ経（Ghosita-sutta）

（二三九）このように私は聞いた——

あるとき、尊者[一]アーナンダは、コーサンビーに近い、ゴーシタ園林に住んでいた。

ときに、資産家[二]ゴーシタは、尊者アーナンダがいるところへ近づいて行った。行って、尊者アーナンダとともに喜びの挨拶を交わし、喜ばしい印象に残る話を取り交わすと、一方に坐った。

一方に坐った資産家ゴーシタは、尊者アーナンダにこう言った。

（二三九）『雑阿含経』巻第一七〈四六〇〉（大正蔵二・一一七c—一一八a）

一 āyasmā Ānando. 多聞第一、随侍第一の仏弟子。

二 Ghosito gahapati.

「アーナンダ尊者よ、『種々の界、種々の界』[三]と言われます。尊者よ、いったいどれだけをもって、世尊は種々の界を説いておられるのでしょうか」と。

眼界

「資産家よ、眼界[四]と、もろもろ[五]の喜ばしい色と、眼識[六]があります。楽《らく》を感受《かんじゅ》すべき触[七]によって楽受[八]が生じます。

資産家よ、眼界と、もろもろの喜ばしくない色と、眼識があります。苦《く》を感受すべき触によって苦受[九]が生じます。

資産家よ、眼界と、もろもろ[一〇]の捨を感受すべき色と、眼識があります。非苦非楽を感受すべき触によって非苦非楽受[一一]が生じます。

耳界

▽資産家よ、耳界と、もろもろの喜ばしい声と、耳識があります。楽を感受すべき触によって楽受が生じます。

資産家よ、耳界と、もろもろの喜ばしくない声と、耳識があります。苦を感受すべき触によって苦受が生じます。

資産家よ、耳界と、もろもろの捨を感受すべき声と、耳識があります。非苦非楽を感受すべき触によって非苦非楽受が生じます。

鼻界

資産家よ、鼻界と、もろもろの喜ばしい香と、鼻識があります。

三　dhātunānattaṁ. あるいは「界の種々性」。「界」とは要素のこと。因縁篇、第八五節「種々界経」（因縁篇Ⅱ、四五頁）参照。
四　cakkhudhātu.
五　rūpā ca manāpā.《青などに区分されるもろもろの色法は、意による、快適な、喜ばしい色として存在する、ということ。これはまた、楽を感受すべき触の自性を示すためである》。
六　cakkhuviññāṇañ ca.
七　sukhavedaniyaṁ phassaṁ.〈眼識に相応する、親依（upanissaya）により、速行（javana）のときに楽受の縁となる接触〉。
八　sukhā vedanā.〈一つの接触によって、速行により、楽受が生じる〉。
九　dukkhā vedanā.
一〇　rūpā ca upekkhāvedaniyā. 底本 Bᵉ はこの箇所を「もろもろの喜ばしい捨を感受すべき色と」（rūpā ca manāpā upekkhāvedaniyā）とし、「喜ばしい」（manāpā）という語を付している。しかし、後の「舌界」「意界」の場合には付されていないため、また Cᵉ 本などの読みに従い、ここではこれを省略した。なお、「捨を」とは、中立を、無関心を、非苦非楽を、ということ。
一一　adukkhamasukhā vedanā.

楽を感受すべき触によって楽受が生じます。

資産家よ、鼻界と、もろもろの喜ばしくない香と、鼻識があります。苦を感受すべき触によって苦受が生じます。

資産家よ、鼻界と、もろもろの捨を感受すべき香と、鼻識があります。非苦非楽を感受すべき触によって非苦非楽受が生じます。△

舌界

資産家よ、舌界と、もろもろの喜ばしい味と、舌識があります。楽を感受すべき触によって楽受が生じます。

資産家よ、舌界と、もろもろの喜ばしくない味と、舌識があります。苦を感受すべき触によって苦受が生じます。

資産家よ、舌界と、もろもろの捨を感受すべき味と、舌識があります。非苦非楽を感受すべき触によって非苦非楽受が生じます。

身界

▽資産家よ、身界と、もろもろの喜ばしい触と、身識があります。楽を感受すべき触によって楽受が生じます。

資産家よ、身界と、もろもろの喜ばしくない触と、身識があります。苦を感受すべき触によって苦受が生じます。

資産家よ、身界と、もろもろの捨を感受すべき触と、身識があります。非苦非楽を感受すべき触によって非苦非楽受が生じます。△

意界

資産家よ、意界と、もろもろの喜ばしい法と、意識があります。楽を感受すべき触によって楽受が生じます。

資産家よ、意界と、もろもろの喜ばしくない法と、意識があります。苦を感受すべき触によって苦受が生じます。

資産家よ、意界と、もろもろの捨を感受すべき法と、意識があります。非苦非楽を感受すべき触によって非苦非楽受が生じます。

資産家よ、これだけをもって、世尊は種々の界を説いておられます」[三]

と。

第六

(115)

7 ハーリッディカーニ経 (Hāliddikāni-sutta)

(一三〇) ▽このように私は聞いた—△

あるとき、尊者[一]マハーカッチャーナは、アヴァンティ国[二]のクララガラ[三]に近い、山の断崖に住んでいた。

ときに、資産家[四]ハーリッディカーニは、尊者マハーカッチャーナがいるところへ近づいて行った。▽行って、尊マハーカッチャーナとともに喜びの挨拶を交わし、喜ばしい印象に残る話を取り交わすと、

三 〈以上、本経には二十三界が《六門による分別を捉えて》語られている。どのようにか。ここには、眼浄である眼界(cakkhudhātu)、その所縁である色界(rūpadhātu)、眼識である識界(viññāṇadhātu)、眼識界と俱生する三蘊である法界(dhammadhātu)がある。このように、五門には各四があることから二十となり、意門には《三が、すなわち》「意界」という転向心(āvajjanacitta)と、所縁と心基(心の依所)である法界(dhammadhātu)と、基《心基》に依止する意識界(manoviññāṇadhātu)があるから、二十三となる。このように、二十三界による種々の界が世尊によって説かれている、ということを示すのである〉。

(一三〇)『雑阿含経』巻第二〇〈五五四〉(大正蔵二・一四五a—c)

一 āyasmā Mahākaccāno. 大迦旃延(だいかせんねん)。論議第一の仏弟子。

二 Avantīsu. 阿槃提。インド十六大国の一。首都はウッジェニー。

三 Kuraraghare papāte pabbate. クララガラはアヴァンティにある町。

四 Hāliddikāni gahapati.

333

一方に坐った。△

一方に坐った資産家ハーリッディカーニは、尊者マハーカッチャーナにこう言った。

「尊者よ、世尊は『[五]種々の界によって種々の触が生じます。[六]種々の触によって種々の受が生じます』と説いておられます。尊者よ、どのように、種々の界によって種々の触が生じ、種々の触によって種々の受が生じるのでしょうか」と。

眼界

「資産家よ、ここに、比丘は、眼によって色を見て、〈[七]喜ばしいものである、これはそのとおりである〉と理解します。[八]眼識があり、そして楽を感受すべき触によって楽受が生じます。

また、眼によって色を見て、〈喜ばしくないものである、これはそのとおりである〉と理解します。眼識があり、そして苦を感受すべき触によって苦受が生じます。

また、眼によって色を見て、〈[九]捨に基づくものである、これはそのとおりである〉と理解します。眼識があり、そして非苦非楽を感受すべき触によって非苦非楽受が生じます。

耳界

つぎにまた、資産家よ、ここに、比丘は、耳によって声を聞き、

五　dhātunānattaṁ paṭicca uppajjati phassanānattaṁ. 因縁篇、第八六節「種々触経」（因縁篇Ⅱ、四六頁）参照。

六　phassanānattaṁ paṭicca uppajjati vedanānānattaṁ. 因縁篇、第八八節「種々受経」（因縁篇Ⅱ、四九頁）参照。

七　manāpaṁ itthetan ti pajānāti.〈それによって喜ばしい色であると見られるもの、これはそのとおりであるから、このように、この喜ばしいものこそがそれである、と理解する〉。《眼によって見られる色はこのようなものである》の意。

八　cakkhuviññāṇaṁ sukhavedaniyañ ca phassaṁ paṭicca.〈眼識があり、そして親依を主とする（upanissayakoṭi）、あるいは無間を主とする（anantarakoṭi）、あるいは等無間を主とする（samanantarakoṭi）、あるいは相応を主とする（sampayuttakoṭi）楽受の縁としての触があるが、その楽を感受すべき触によって楽受が生じる、ということ。この仕方は、すべての場合に《残りの全七章において》同じである。

以上、これらの二経においては、唯作意識界（kiriyāmanoviññāṇadhātu）は引転作用（āvajjanakicca）、あるいは《論の仕方（abhidhammanaya）によれば》ただ意界（manodhātu）としてあり、意界という名で説かれている、と解されるべきである〉。《ただし経の仕方（suttantanaya）によれば、空性の状態（suññatattha）によって、また非有情・非生命（nissattanijjīvattha）の状態によって意界の名称を得るのみである》。

九　upekkhāṭṭhāniyaṁ. あるいは「捨のための基礎である」。「捨」とは中捨性、非苦非楽受をいう。

▽〈喜ばしいものである、これはそのとおりである〉と理解します。耳識があり、そして楽を感受すべき触によって楽受が生じます。

また、耳によって声を聞き、〈喜ばしくないものである、これはそのとおりである〉と理解します。耳識があり、そして苦を感受すべき触によって苦受が生じます。

また、耳によって声を聞き、〈捨に基づくものである、これはそのとおりである〉と理解します。耳識があり、そして非苦非楽を感受すべき触によって非苦非楽受が生じます。△

鼻界

つぎにまた、資産家よ、ここに、比丘は、鼻によって香を嗅ぎ、▽〈喜ばしいものである、これはそのとおりである〉と理解します。鼻識があり、そして楽を感受すべき触によって楽受が生じます。

また、鼻によって香を嗅ぎ、〈喜ばしくないものである、これはそのとおりである〉と理解します。鼻識があり、そして苦を感受すべき触によって苦受が生じます。

また、鼻によって香を嗅ぎ、〈捨に基づくものである、これはそのとおりである〉と理解します。鼻識があり、そして非苦非楽を感受すべき触によって非苦非楽受が生じます。△

舌界

つぎにまた、資産家よ、ここに、比丘は、舌によって味を味わい、▽〈喜ばしいものである、これはそのとおりである〉と理解します。舌識があり、そして楽を感受すべき触によって楽受が生じます。

また、舌によって味を味わい、〈喜ばしくないものである、これはそのとおりである〉と理解します。舌識があり、そして苦を感受すべき触によって苦受が生じます。

また、舌によって味を味わい、〈捨に基づくものである、これはそのとおりである〉と理解します。舌識があり、そして非苦非楽を感受すべき触によって非苦非楽受が生じます。△

身界

つぎにまた、資産家よ、ここに、比丘は、身によって触に触れ、▽〈喜ばしいものである、これはそのとおりである〉と理解します。身識があり、そして楽を感受すべき触によって楽受が生じます。

また、身によって触に触れ、〈喜ばしくないものである、これはそのとおりである〉と理解します。身識があり、そして苦を感受すべき触によって苦受が生じます。

また、身によって触に触れ、〈捨に基づくものである、これはそのとおりである〉と理解します。身識があり、そして非苦非楽を感受すべき触によって非苦非楽受が生じます。△

意界

つぎにまた、資産家よ、ここに、比丘は、意によって法を識り、(116)〈喜ばしいものである、これはそのとおりである〉と理解します。意識があり、そして楽を感受すべき触によって楽受が生じます。また、意によって法を識り、〈喜ばしくないものである、これはそのとおりである〉と理解します。意識があり、そして苦を感受すべき触によって苦受が生じます。また、意によって法を識り、〈捨に基づくものである、これはそのとおりである〉と理解します。意識があり、そして非苦非楽を感受すべき触によって非苦非楽受が生じます。

資産家よ、このように、種々の界によって種々の触が生じます。種々の触によって種々の受が生じます」

と。

第七

8 ナクラピター経 (Nakulapitu-sutta)

(一三二) このように私は聞いた——

あるとき、世尊は、バッガ[一]のスマーラギラ[二]に近い、ベーサカラ[三]ー林の鹿園《ろくおん》に住んでおられた。

一 Bhaggesu. あるいは「バッガ国の」。ヴェーサーリーとサーヴァッティの間に位置したとされる。

二 Susumāragire. あるいは「スンスマーラギラに近い」

そこで、[四]資産家ナクラピターは、世尊がおられるところに近づいて行った。行って、世尊を礼拝《らいはい》し、一方に坐った。

一方に坐った資産家ナクラピターは、世尊にこう申し上げた。

「[五]尊師よ、ここに、一部の有情は現世において般涅槃しませんが、その因は何でしょうか、その縁は何でしょうか。

また、尊師よ、ここに、一部の有情は現世において般涅槃しますが、その因は何でしょうか、その縁は何でしょうか」と。

般涅槃しない因縁

「資産家よ、眼によって識られるべき、好ましい、楽しい、喜ばしい、愛しい、欲をともなった、魅力的な、もろもろの色があります。もし比丘がそれを歓喜し、歓迎し、執着してとどまるならば、それを歓喜し、歓迎し、執着してとどまるかれには、それに取著し、それに依存する識が生じます。資産家よ、取著のある比丘は般涅槃しません。

▽資産家よ、耳によって識られるべき、好ましい、楽しい、喜ばしい、愛しい、欲をともなった、魅力的な、もろもろの声があります。もし比丘がそれを歓喜し、歓迎し、執着してとどまるならば、それを歓喜し、歓迎し、執着してとどまるかれには、それに取著し、それに依存する識が生じます。資産家よ、取著のある比丘は般涅槃し

(Suṁsumāragire)。ススマーラギラ(鰐〈ススマーラ〉の声〈ギラー〉)はバッガ国の都。中部15『推理経』第一節、同50『降魔経』第一節参照。

三 Bhesakaḷāvane migadāye.

四 Nakulapitā gahapati. あるいは「ナクラピター資産家は」。〈＊「ナクラピター」は、ナクラ(Nakula)という幼児(dāraka)の父親(pitā)である〉。蘊篇、第一節「ナクラピター経」(蘊篇I、三七頁)参照。

五 以下については、本相応、第一一八節「帝釈天問経」(本書、四五五頁)参照。

ません。

資産家よ、鼻によって識られるべき、好ましい、楽しい、喜ばしい、愛しい、欲をともなった、魅力的な、もろもろの香があります。もし比丘がそれを歓喜し、歓迎し、執着してとどまるならば、それを歓喜し、歓迎し、執着してとどまるかれには、それに取著し、それに依存する識が生じます。資産家よ、取著のある比丘は般涅槃しません。△

資産家よ、舌によって識られるべき、好ましい、楽しい、喜ばしい、愛しい、欲をともなった、魅力的な、もろもろの味があります。もし比丘がそれを歓喜し、歓迎し、執着してとどまるならば、それを歓喜し、歓迎し、執着してとどまるかれには、それに取著し、それに依存する識が生じます。資産家よ、取著のある比丘は般涅槃しません。

▽資産家よ、身によって識られるべき、好ましい、楽しい、喜ばしい、愛しい、欲をともなった、魅力的な、もろもろの触があります。もし比丘がそれを歓喜し、歓迎し、執着してとどまるならば、それを歓喜し、歓迎し、執着してとどまるかれには、それに取著し、それに依存する識が生じます。資産家よ、取著のある比丘は般涅槃しません。△

資産家よ、意によって識られるべき、好ましい、楽しい、喜ばしい、愛しい、欲をともなった、魅力的な、もろもろの法があります。もし比丘がそれを歓喜し、歓迎し、執着してとどまるならば、それを歓喜し、歓迎し、執着してとどまるかれには、それに取著し、それに依存する識が生じます。資産家よ、取著のある比丘は般涅槃しません。

334

資産家よ、これが、ここに、一部の有情は現世において般涅槃しない、その因であり、その縁です。

般涅槃する因縁

資産家よ、眼によって識られるべき、好ましい、楽しい、喜ばしい、愛しい、欲をともなった、魅力的な、もろもろの色があります。もし比丘がそれを歓喜せず、歓迎せず、執着せずにとどまるならば、それを歓喜せず、歓迎せず、執着せずにとどまるかれには、それに取著し、それに依存する識が生じません。資産家よ、取著のない比丘は般涅槃します。

▽資産家よ、耳によって識られるべき、好ましい、楽しい、喜ばしい、愛しい、欲をともなった、魅力的な、もろもろの声があります。もし比丘がそれを歓喜せず、歓迎せず、執着せずにとどまるならば、それを歓喜せず、歓迎せず、執着せずにとどまるかれには、それに

取著し、それに依存する識が生じません。資産家よ、取著のない比丘は般涅槃します。

資産家よ、鼻によって識られるべき、好ましい、楽しい、喜ばしい、愛しい、欲をともなった、魅力的な、もろもろの香があります。もし比丘がそれを歓喜せず、歓迎せず、執着せずにとどまるならば、それを歓喜せず、歓迎せず、執着せずにとどまるかれには、それに取著し、それに依存する識が生じません。資産家よ、取著のない比丘は般涅槃します。△

資産家よ、舌によって識られるべき、好ましい、楽しい、喜ばしい、愛しい、欲をともなった、魅力的な、もろもろの味があります。もし比丘がそれを歓喜せず、歓迎せず、執着せずにとどまるならば、それを歓喜せず、歓迎せず、執着せずにとどまるかれには、それに取著し、それに依存する識が生じません。資産家よ、取著のない比丘は般涅槃します。

▽資産家よ、身によって識られるべき、好ましい、楽しい、喜ばしい、愛しい、欲をともなった、魅力的な、もろもろの触があります。もし比丘がそれを歓喜せず、歓迎せず、執着せずにとどまるならば、それを歓喜せず、歓迎せず、執着せずにとどまるかれには、それに取著し、それに依存する識が生じません。資産家よ、取著のない比

丘は般涅槃します。△

資産家よ、意によって識られるべき、好ましい、楽しい、喜ばしい、愛しい、欲をともなった、魅力的な、もろもろの法があります。もし比丘がそれを歓喜せず、歓迎せず、執着せずにとどまるならば、それを歓喜せず、歓迎せず、執着せずにとどまるかれには、それに取著し、それに依存する識が生じません。資産家よ、取著のない比丘は般涅槃します。

資産家よ、これが、ここに、一部の有情は現世において般涅槃する、その因であり、その縁です」

と。

第八

(117)

9 ローヒッチャ経 (Lohicca-sutta)

(一三二)▽このように私は聞いた――△

あるとき、尊者マハーカッチャーナは、[一]アヴァンティ国の[二]マッカラカタに近い、[三]森の僧房《そうぼう》に住んでいた。

さて、[四]ローヒッチャ・バラモンの[1]共住者であり、採薪者である、多くの青年バラモンたちは、尊者マハーカッチャーナの森の僧房に[五]近づいて行った。行って、僧房の周囲を遊歩し、徘徊し、高い声や

(一三二)『雑阿含経』巻第九〈二五五〉(大正蔵二・六三b―六四b)

一 Avantīsu. 阿槃提。インド十六大国の一。首都はウッジェニー。

二 makkarakate.〈マッカラカタというこのような名前の都市(nagara)に近い〉。

三 araññakuṭikāyaṁ.〈森(arañña)に作られた単独の(pāṭiyekka)僧房(kuṭi 小屋)に、ということであり、精舎近辺の(vihārapaccanta)僧房に、ということではない〉。

四 Lohiccassa brāhmaṇassa. 長部12『ローヒッチャ経』第

大きい声を出し、「[六]これらの禿頭[2]の似非沙門《しゃもん》は、[3]梵天《ぼんてん》の足から生まれた、黒い[七]、卑賤[4]な者である。しかし、この者たちには、地主たち[5]の尊敬があり、尊重があり、敬愛があり、供養があり、敬礼がある」といって、つぎつぎ[八]飛び跳ね戯《たわむ》れた。

すると、尊者マハーカッチャーナは[6]精舎《しょうじゃ》から出て、かれら青年バラモンに、こう言った。

「青年バラモンたちよ、声を出してはいけません。あなた方に法を語りましょう」と。

このように言われると、かれら青年バラモンは沈黙した。

そこで、尊者マハーカッチャーナは、かれら青年バラモンに、もろもろの偈をもって語った。

「[九]古《いにしえ》を憶《おも》うかれら古の
バラモンは[一〇]戒を最上とした。
[一一]怒りを征し、かれらには
[一二]諸門は守られ、よく護られた。

古を憶うかれら古の
バラモンは[一三]法《ほう》と禅《ぜん》を楽しんだ。

一節参照。

五 tenupasaṅkamiṁsu.〈早朝に技芸を学び、夕方に「師のために薪を運ぼう」と、森に入り、遊歩しながら、その僧房に近づいて行った〉。

……………………………

六 長部3『アンバッタ経』第一〇節参照。

七 kaṇhā.《黒い階級の（kaṇhābhijātikā）》。〈＊再生族のみが清浄な生まれであり、他はそうでなく、黒い生まれの〉ということ。

八 seleyyakāni karonti.〈互いの背中をつかみ、軽く跳び（laṅghitvā）、あちこち歩いたり遊んだり（caṅkamanakīḷana）した〉。《「飛び跳ね」（seleyyaka）とは、互いにつかみ、跳ぶ遊び（silissanalaṅghanakīḷana 馬跳び遊び）である》。

九 ye purāṇaṁ saranti.〈古のバラモン法（brāhmaṇadhamma）を憶う〉。

一〇 sīlittamā pubbatarā ahesuṁ.〈徳のある者たちの徳（guṇa）が語られると、徳のない者たちに徳のないことが明らかになるであろう、ということで、古のバラモンたちの徳を語り、このように言った。そのうち、「戒を最上とした」とは、戒を最勝とした、ということである。なぜなら、かれらにとって最上のものは戒であり、生まれや姓（jātigotta）ではないからである〉。

一一 abhibhuyya kodhaṁ.〈怒りを征服し、かれらには諸門がよく守られ、よく護られるものになった〉。

一二 guttāni dvārāni surakkhitāni.「諸門」とは、諸感官、六根（眼・耳・鼻・舌・身・意）をさす。

一三 dhamme ca jhāne ca ratā.〈十種の善業道の法（kusala-kammapatha-dhamma）と八等至の法（aṭṭhasamāpattijjhāna-dhamma）とを楽しむ〉。

一四 〈このように古人（porāṇa）たちの徳を語り、そこで、今から（現在の）バラモンたちの慢心（māna）を破砕しつつ、以下のように言った〉。

(118)

[一四]しかし、これ[一五]らを逸《そ》れ、「われらは読誦す」と
[一六]姓に酔う者らは不正を行なう

怒りに征され、種[一七]々の棒を執り
[一八]有愛者《うあいしゃ》・無《む》愛者《あいしゃ》に貪著なし
[一九]門を守らぬ者には空しい
[二〇]夢で得た人の富のように

[二一]断食《だんじき》、ま[二二]た露地に臥す
[二三]早朝に沐浴、三ヴェーダあり
[二四]粗い獣皮、結髪、泥
[二五]呪文、戒禁《かいごん》、苦行あり

[二六]欺瞞あり、また曲がった杖
[二七]さらに水の洗浄あり
[二八]これらはバラモンの姿にして
[二九]わずかを生むため、なされたり

[三〇]しかし、心はよく安定し

一五　ime ca vokkamma japāmase.〈そのうち、「逸れ」(vokkamma) とは、これらの徳から去り (apakkamitva)《離れ (apeta)、無いもの (virahita) になり》、ということ。「われらは読誦す」(japāmase) とは、われわれは読誦する (japāma)、学習する (sajjhāyāma)、ということである〉。
一六　gottena mattā visamaṁ caranti.〈ただこれだけで、われわれはバラモンであると思い、われわれはバラモンであるというこの「姓に酔う者らは」、「不正を行なう」、つまり不正な身業などを行なう、という意味である〉。
一七　puthu-attadaṇḍā.〈この者たちによって種々に (puthu) 棒 (daṇḍa) が得られている (atta) から、「種々の棒を執り」、多種の棒を持ち (gahitanānāvidhadaṇḍā)、という意味である〉。
一八　virajjamānā sataṇhātaṇhesu. あるいは「有愛者・無愛者を害す」(Cᵉ, Rᵉ, virajjhamānā sataṇhātaṇhesu)。〈「有愛者・無愛者に」とは、渇愛のある者 (sataṇha)、渇愛のない者 (nittaṇha) に対して、ということ〉。
一九　aguttadvārassa bhavanti moghā.〈門を防護しない者には、一切の務め (誓戒) の受持 (vatasamādāna) も空しいもの (mogha) となる、と説明している〉。
二〇　supineva laddhaṁ purisassa vittaṁ.〈夢の中で人が得た宝石や真珠などの種々の富は空しく、目覚めれば何も見ないように、空しいものとなる〉の意。
二一　anāsakā.〈一日、二日などによって食を断つこと (panāhārakā)〉。
二二　thaṇḍilasāyikā ca.〈青草が敷かれている地面に臥すこと (sayana)〉。
二三　pāto sinānañ ca tayo ca vedā.〈早朝には水に入り沐浴すること (nhāna)、また三ヴェーダ (の読誦) があり〉。
二四　kharājinaṁ jaṭā paṅko.〈粗い感触の羚羊皮 (ajinacamma) と、結髪の束 (jaṭākalāpa) と、泥 (paṅka) と、ということ。「泥」とは歯垢 (dantamala) をいう〉。

澄浄にして、濁りなく
生類すべてに強情[三一]なし
[三二]それは梵天に至る道なり」

と。

すると、かれら青年バラモンは怒り、喜ばず、ローヒッチャ・バラモンがいるところへ近づいて行った。行って、ローヒッチャ・バラモンにこう言った。

「どうか、尊者はお知りください。沙門マハーカッチャーナがバラモンたちの呪文を一方的に叱責し、非難しています」と。

このように言われると、ローヒッチャ・バラモンは怒り、喜ばなかった。そして、ローヒッチャ・バラモンは、このように思った。〈何はともあれ、私が青年バラモンたちの言葉を聞いて、沙門マハーカッチャーナを罵ったり、誹謗《ひぼう》したりするのは、私にふさわしいことではない。私から、近づいて行き、質問してはどうであろうか〉と。

そこで、ローヒッチャ・バラモンは、かれら青年バラモンととも(119)に、尊者マハーカッチャーナがいるところへ近づいて行った。行って、尊者マハーカッチャーナとともに喜びの挨拶を交わし、喜ばし

二五 mantā sīlabbataṁ tapo.〈呪文（manta 聖言）と、山羊の戒・牛の戒と称される戒（sīla 禁戒）と、山羊の務め・牛の務めと称される務め（vata 苦行）がある〉。

二六 kuhanā vaṅkadaṇḍā ca.〈坑が覆われているように過失が覆われている欺瞞（kohañña）と、曲がった杖と、ということ。「曲がった杖」（vaṅkadaṇḍa）とは、無花果・パラーサ樹・椽（ベールヴァ）のいずれかより得られる曲がった杖、という意味である〉。

二七 udakācamanāni ca.〈水で顔を洗うこと（mukhaparimajja-na）がある〉。

二八 vaṇṇā ete brāhmaṇānaṁ.〈これらはバラモンたちの必需品・道具の姿（vaṇṇa 特徴）にして、ということを示す〉。

二九 katā kiñcikkhabhāvanā. あるいは「わずかな修習がなされたり」。〈わずかな利益（āmisakiñcikkha）の増大（vaḍḍhana）のために行なわれている、の意〉。

三〇 cittañ ca susamāhitaṁ.〈このように今（現在）のバラモンたちの慢心を破砕し、再び古のバラモン（porāṇa-brā-hmaṇa）たちの徳（vaṇṇa）を語り、以下のように言った。そのうち、「よく安定し」（あるいは「よく入定し」）とは、かれらバラモンの心は近行定・根本定（upacārappanāsamā-dhi）によってよく安定するものになった、ということを示す〉。

三一 akhilaṁ.〈柔軟（mudu）であり、傲慢でない（athaddha）〉。《心の不毛（cetokhila 心の頑固）がない梵住（brahmavihāra）によって「強情なし」、ということである》。

三二 so maggo brahmapattiyā.〈それは最勝に至る（seṭṭha-pattiyā 最勝の獲得による）道（magga）である。しかし、あなた方バラモンはどうか、と説明してこのように言った〉。

336

い印象に残る話を取り交わすと、一方に坐った。

一方に坐ったローヒッチャ・バラモンは、尊者マハーカッチャーナにこう言った。

「カッチャーナ尊よ、私どもの共住者であり、採薪者である、多くの青年バラモンたちが、ここ[三三]へ来ましたか」と。

「バラモンよ、あなたの共住者であり、採薪者である、多くの青年バラモンたちは、ここへ来ました」と。

「それでは、カッチャーナ尊には、かれら青年バラモンと、何らかの会話がありましたか」と。

「バラモンよ、私には、かれら青年バラモンと、何らかの会話がありました」と。

「それでは、カッチャーナ尊には、かれら青年バラモンと、どのような会話がありましたか」と。

「バラモンよ、私には、かれら青年バラモンと、つぎのような会話がありました。

『古を憶うかれら古の
バラモンは戒を最上とした。
▽怒りを征し、かれらには

三三 āgamaṁsu nu khvidha.

諸門が守られ、よく護られた。

古を憶うかれら古の
バラモンは法と禅を楽しんだ。
しかし、これらを逸れ、「われらは読誦す」と
姓に酔う者らは不正を行なう

怒りに征され、各自に棒を執り
有愛者・無愛者に貪著なし
門を守らぬ者には空しい
夢で得た人の富のように

断食、また露地に臥す
早朝に沐浴、三ヴェーダあり
粗い獣皮、結髪、泥
呪文、戒禁、苦行あり

欺瞞あり、また曲がった杖
さらに水の洗浄あり

これらはバラモンの姿にして
わずかを生むため、なされたり

しかし、心はよく安定し
澄浄にして、濁りなく
生類すべてに強情なし
それは梵天に至る道なり』

と。

バラモンよ、私には、かれら青年バラモンと、このような会話がありました」と。

門を守らぬ者

「カッチャーナ尊は、『[三四]門を守らぬ者』と言われました。カッチャーナ尊よ、いったいどれだけをもって『門を守らぬ者』になるのでしょうか」

と。

「バラモンよ、ここに、一部の者は、眼によって色を見て、愛しい色に[三五]心を向け、愛しくない色に[三六]心を背け、身に至る念を確立せず、[三七]小さな心で住みます。また、かれに生じているそれらの悪しき不善

三四　aguttadvāro.

三五　adhimuccati.〈煩悩（kilesa）によって心を向ける者（adhimutta）《歓喜（abhirati）によって専念している者》、貪り求める者（giddha）になり〉。

三六　byāpajjati.〈違背（byāpāda 害意）によって腐心（pūticitta）が生じ〉。

三七　parittacetaso.〈念が確立していないため、雑染の心（saṅkilesacitta）によって、心が小さい者（parittacitta）《全面に心が破壊されている者（parito khaṇḍacitta）》であり〉。

(120)
の法がそこで残りなく消滅《しょうめつ》する、その心解脱《しんげだつ》[三八]、慧解脱《えげだつ》[三九]を如実《にょじつ》に知りません。

一部の者は、耳によって声を聞き、愛しい声に心を向け、愛しくない声に心を背け、身に至る念を確立せず、小さな心で住みます。また、かれに生じているそれらの悪しき不善の法がそこで残りなく消滅する、その心解脱、慧解脱を如実に知りません。

一部の者は、鼻によって香を嗅ぎ、愛しい香に心を向け、愛しくない香に心を背け、身に至る念を確立せず、小さな心で住みます。また、かれに生じているそれらの悪しき不善の法がそこで残りなく消滅する、その心解脱、慧解脱を如実に知りません。

一部の者は、舌によって味を味わい、愛しい味に心を向け、愛しくない味に心を背け、身に至る念を確立せず、小さな心で住みます。また、かれに生じているそれらの悪しき不善の法がそこで残りなく消滅する、その心解脱、慧解脱を如実に知りません。

一部の者は、身によって触に触れ、愛しい触に心を向け、愛しくない触に心を背け、身に至る念を確立せず、小さな心で住みます。また、かれに生じているそれらの悪しき不善の法がそこで残りなく消滅する、その心解脱、慧解脱を如実に知りません。

一部の者は、意によって法を知り、愛しい法に心を向け、愛しく

三八　cetovimuttiṁ.〈果定（phalasamādhi）を〉。
三九　paññāvimuttiṁ.〈果慧（phalapaññā）を〉。

ない法に心を背け、身に至る念を確立せず、小さな心で住みます。また、かれに生じているそれらの悪しき不善の法がそこで残りなく消滅する、その心解脱、慧解脱を如実に知りません。バラモンよ、このようにして『門を守らぬ者』になります」と。

「カッチャーナ尊よ、不思議なことです。カッチャーナ尊よ、珍しいことです。カッチャーナ尊によって、『門を守らぬ者』がそのまま『門を守らぬ者』として語られているとは」。

門を守る者

「カッチャーナ尊は、『門を守る者』[四〇]と言われました。カッチャーナ尊よ、いったいどれだけをもって『門を守る者』になるのでしょうか」と。

「バラモンよ、ここに、一部の者は、眼によって色を見て、愛しい色に心を向けず、愛しくない色に心を背けず、身に至る念を確立し、無量の心[四一]で住みます。また、かれに生じているそれらの悪しき不善の法がそこで残りなく消滅する、その心解脱、慧解脱を如実に知ります。

▽一部の者は、△耳によって声を聞き、▽愛しい声に心を向けず、愛しくない声に心を背けず、身に至る念を確立し、無量の心で住みます。また、かれに生じているそれらの悪しき不善の法がそこで残りなく

四〇 guttadvāro.

四一 appamāṇacetaso.〈念が確立しているため、煩悩のない心（nikkilesacitta）によって、心が無量の者（appamāṇa-citta）《「これは何か」と期待することができる心の者》であり〉。

消滅する、その心解脱、慧解脱を如実に知ります。

　一部の者は、鼻によって香を嗅ぎ、愛しい香に心を向けず、愛しくない香に心を背けず、身に至る念を確立し、無量の心で住みます。また、かれに生じているそれらの悪しき不善の法がそこで残りなく消滅する、その心解脱、慧解脱を如実に知ります。

　一部の者は、舌によって味を味わい、愛しい味に心を向けず、愛しくない味に心を背けず、身に至る念を確立し、無量の心で住みます。また、かれに生じているそれらの悪しき不善の法がそこで残りなく消滅する、その心解脱、慧解脱を如実に知ります。

　一部の者は、身によって触に触れ、愛しい触に心を向けず、愛しくない触に心を背けず、身に至る念を確立し、無量の心で住みます。また、かれに生じているそれらの悪しき不善の法がそこで残りなく消滅する、その心解脱、慧解脱を如実に知ります。

　一部の者は、意によって法を知り、愛しい法に心を向けず、愛しくない法に心を背けず、身に至る念を確立し、無量の心で住みます。また、かれに生じているそれらの悪しき不善の法がそこで残りなく消滅する、その心解脱、慧解脱を如実に知ります。

　バラモンよ、このようにして『門を守る者』になります」と。

「カッチャーナ尊よ、不思議なことです。カッチャーナ尊よ、珍しいことです。カッチャーナ尊によって、『門を守る者』がそのまま『門を守る者』として語られているとは。

カッチャーナ尊よ、すばらしいことです。カッチャーナ尊よ、すばらしいことです。

たとえば、カッチャーナ尊よ、倒れたものを起こすかのように、覆われたものを取り除くかのように、迷った者に道を教えるかのように、〈眼の見える者たちは、もろもろのものを見るだろう〉と暗闇に灯火を掲げるかのように、まさにそのように、カッチャーナ尊は多くの方法で、法を説いてくださいました。

カッチャーナ尊よ、この私は、かの世尊に、また法に、比丘僧団に帰依《きえ》いたします。今より以後、生涯、カッチャーナ尊は、私を帰依する信者として、お認めくださいますように。

また、カッチャーナ尊は、マッカラカタにおける男性信者の家々に近づかれるように、ちょうどそのように、ローヒッチャの家にお近づきください。そこで、若い男性バラモンや女性バラモンがカッチャーナ尊を礼拝《らいはい》したり、立って迎えたり、座や水を施すならば、それはかれらにとって、長時にわたり、利益《りやく》のため、安楽のためになるでありましょう」

と。

10 ヴェーラハッチャーニ経（Verahaccāni-sutta）

（一二三）このように私は聞いた——

あるとき、尊者ウダーイー[一]は、カーマンダー[二]に近い、トーデッヤ[三]・バラモンのマンゴー林に住んでいた。

さて、ヴェーラハッチャーニ姓[四]の女性バラモンの共住者である青年バラモンは、尊者ウダーイーがいるところへ近づいて行った。行って、尊者ウダーイーとともに喜びの挨拶を交わし、喜ばしい印象 338 に残る話を取り交わすと、一方に坐った。一方に坐ったその青年バラモンを、尊者ウダーイーは、法話によって教示し、訓戒し、激励し、喜ばせた。

すると、尊者ウダーイーによって法話により教示され、訓戒され、激励され、喜ばせられたその青年バラモンは、座から立ち上がり、ヴェーラハッチャーニ姓の女性バラモンがいるところへ近づいて行った。行って、ヴェーラハッチャーニ姓の女性バラモンにこう言った。

「[五]尊女《そんにょ》よ、[六]どうかお知りください。沙門ウダーイーは、[七]初めもよく、中間もよく、終わりもよい、内容もよく、形式もよい、完全無 (122) 欠で清浄な法を示し、[八]梵行を明らかにしています」と。

（一二三）『雑阿含経』巻第九〈二五三〉（大正蔵二・六一b—六二b）

一 āyasmā Udāyī.

二 Kāmaṇḍāyaṁ.〈このような（カーマンダーという）名の都市（nagara）に近い〉。

三 Todeyyassa brāhmaṇassa ambavane.

四 Verahaccānigottāya brāhmaṇiyā.

五 bhoti.

六 yagghe.〈叱責（codanā）を意味する不変詞である〉。《聞法のために女性バラモンを叱責して、青年バラモンは、「どうか」と言ったのである》。

不説法

「それでは、青年バラモンよ、あなたは、私の言葉によって、沙門ウダーイーを明日の食事にお招きしなさい」と。

「わかりました、尊女よ」と、その青年バラモンはヴェーラハッチャーニ姓の女性バラモンに答え、尊者ウダーイーがいるところへ近づいて行った。行って、尊者ウダーイーにこう言った。

「ウダーイー尊者は、どうか私どもの師の妻であるヴェーラハッチャーニ姓の女性バラモンによる、明日の食事をお受けくださいますように」と。

尊者ウダーイーは、沈黙によって同意した。

さて、尊者ウダーイーは、その夜が明けると、午前のうちに着衣し、鉢衣を保ち、ヴェーラハッチャーニ姓の女性バラモンの住居に近づいて行った。行って、用意された座に坐った。

そこで、ヴェーラハッチャーニ姓の女性バラモンは、尊者ウダーイーを、勝《すぐ》れた硬食・軟食によって、手ずから充分にふるまい、充分にもてなした。

さて、ヴェーラハッチャーニ姓の女性バラモンは、尊者ウダーイーが食べ終わり、鉢から手を離すと、サンダル[九]を履き、頭を覆い、高い座に坐り、尊者ウダーイーにこう言った。

七　ādikalyāṇaṁ majjhekalyāṇaṁ pariyosānakalyāṇaṁ.〈＊ここでは、説示の初め・中間・終わりが意趣されている。なぜなら、世尊は法（dhamma）を示す場合、「初め」に戒（sīla）を示し、「中間」に中道（majjhimapaṭipadā）を示し、「終わり」に涅槃（nibbāna）を示されるからである〉。なお、以下については、長部2『沙門果経』第四一節、補註9～11参照。

八　brahmacariyaṁ pakāseti.〈＊三学に収められる全教説としての梵行を明らかにする〉の意。

九　pādukā ārohitvā ucce āsane nisīditvā sīsaṁ oguṇṭhitva.

「沙門よ、法を説きなさい」と。
「姉妹[一〇]よ、時は来るでしょう」と言って、座から立ち上がり、去って行った。

説法

再びまた、その青年バラモンは、尊者ウダーイーがいるところへ近づいて行った。行って、尊者ウダーイーとともに喜びの挨拶を交わし、喜ばしい印象に残る話を取り交わすと、一方に坐った。一方に坐ったその青年バラモンを、尊者ウダーイーは、法話によって教示し、訓戒し、激励し、喜ばせた。

再びまた、尊者ウダーイーによって法話により教示され、訓戒され、激励され、喜ばせられたその青年バラモンは、座から立ち上が
339 り、ヴェーラハッチャーニ姓の女性バラモンがいるところへ近づいて行った。行って、ヴェーラハッチャーニ姓の女性バラモンにこう言った。

「尊女よ、どうかお知りください。沙門ウダーイーは、初めもよ
(123) く、中間もよく、終わりもよい、内容もよく、形式もよい、完全無欠で清浄な法を示し、梵行を明らかにしています」と。

「青年バラモンよ、あなたはそのように沙門ウダーイーの徳を語っていますが、沙門ウダーイーは、『沙門よ、法を説きなさい』と

一〇 bhagini.

言われながら、『時は来るでしょう』と言って、座から立ち上がり、去って行きました」と。

「そのとおりです。しかし、尊女よ、それは、あなたがサンダルを履き、頭を覆い、高い座に坐り、『沙門よ、法を説きなさい』とこう言われたからです。かれら尊者は、法を尊敬し、法を尊重しているのです」と。

「それでは、青年バラモンよ、あなたは、私の言葉によって、沙門ウダーイーを明日の食事にお招きしなさい」と。

「わかりました、尊女よ」と、その青年バラモンはヴェーラハッチャーニ姓の女性バラモンに答え、尊者ウダーイーがいるところへ近づいて行った。行って、尊者ウダーイーにこう言った。

「ウダーイー尊者は、どうか私どもの師の妻であるヴェーラハッチャーニ姓の女性バラモンによる、明日の食事をお受けくださいますように」と。

尊者ウダーイーは、沈黙によって同意した。

さて、尊者ウダーイーは、その夜が明けると、午前のうちに着衣し、鉢衣を保ち、ヴェーラハッチャーニ姓の女性バラモンの住居に近づいて行った。行って、用意された座に坐った。

そこで、ヴェーラハッチャーニ姓の女性バラモンは、尊者ウダーイーを、勝れた硬食・軟食によって、手ずから充分にふるまい、充分にもてなした。

さて、ヴェーラハッチャーニ姓の女性バラモンは、尊者ウダーイーが食べ終わり、鉢から手を離すと、[一一]サンダルを脱ぎ、頭を開き、低い座に坐り、尊者ウダーイーにこう言った。

「[一二]尊者よ、何があるとき、[一三]阿羅漢たちは楽と苦を知らせるのでしょうか。何がないとき、阿羅漢たちは楽と苦を知らせないのでしょうか」と。

「姉妹よ、眼があるとき、阿羅漢たちは楽と苦を知らせます。眼がないとき、阿羅漢たちは楽と苦を知らせません。

▽耳があるとき、阿羅漢たちは楽と苦を知らせます。耳がないとき、阿羅漢たちは楽と苦を知らせません。

鼻があるとき、阿羅漢たちは楽と苦を知らせます。鼻がないとき、阿羅漢たちは楽と苦を知らせません。△

(124) 舌があるとき、阿羅漢たちは楽と苦を知らせます。舌がないとき、阿羅漢たちは楽と苦を知らせません。

▽身があるとき、阿羅漢たちは楽と苦を知らせます。身がないとき、阿羅漢たちは楽と苦を知らせません。△

意があるとき、阿羅漢たちは楽と苦を知らせます。意がないとき、

一一　pādukā orohitvā nīce āsane nisīditvā sīsaṁ vivaritvā.

一二　bhante.

一三　arahanto sukhadukkhaṁ paññapenti.〈＊敵（ari）（煩悩という敵、あるいは五種の魔など）が殺されている（hata）から、また資具などに値する（araha）から「阿羅漢」（arahā）である〉。

340
阿羅漢たちは楽と苦を知らせません」と。

このように言われると、ヴェーラハッチャーニ姓の女性バラモンは、尊者ウダーイーにこう言った。

「尊者よ、すばらしいことです。尊者よ、すばらしいことです。たとえば、尊者よ、倒れたものを起こすかのように、覆われたものを取り除くかのように、迷った者に道を教えるかのように、〈眼の見える者たちは、もろもろのものを見るだろう〉と、暗闇に灯火を掲げるかのように、まさにそのように、ウダーイー聖者[一四]は多くの方法で、法を説いてくださいました。ウダーイー聖者よ、この私は、世尊に、また法に、比丘僧団に帰依いたします。今より以後、生涯、ウダーイー聖者は、私を帰依する女性信者として、お認めくださいますように」

と。

第一〇

第一三　資産家の章

以上の摂頌

「ヴェーサーリー」、「ヴァッジ（ー）」、「ナーランダ（ー）」

一四 ayyena Udāyinā.

「バーラドヴァージャ」、「ソーナ」、「ゴーシタ」と
「ハーリッディカ（一二）」、「ナクラピター」
「ローヒッチャ」、「ヴェーラハッチャーニ」あり

（125）

第一四　デーヴァダハの章（Devadaha-vagga）

1　デーヴァダハ経（Devadaha-sutta）

（二三四）▽このように私は聞いた――△

あるとき、世尊《せそん》は、[一]サッカ国に住んでおられた。[二]デーヴァダハという[三]釈迦族の町があった。

そこで、世尊は、比丘《びく》たちに話しかけられた。

「比丘たちよ、私は、すべての比丘たちに、[四]六触処《ろくそくしょ》について、[五]不《ふ》放逸《ほういつ》により、なすべきである、と言いません。また、比丘たちよ、すべての比丘たちに、六触処について、不放逸によらず、なすべきである、とも言いません。

比丘たちよ、[六]比丘にして、阿羅漢《あらかん》であり、煩悩《ぼんのう》が尽き、住み終え、なすべきことをなし、負担を下ろし、自己の目的に達し、生存の束《そく》縛《ばく》を断ち、正しく知って解脱《げだつ》している者たちがいます。比丘たちよ、私は、その比丘たちに、六触処について、不放逸によらず、なすべきである、と言います。

それはなぜか。かれらには不放逸によってなされており、かれらは放逸になることができないからです。

（二三四）『雑阿含経』巻第八〈二一二〉（大正蔵二・五三c）

一　Sakkesu. あるいは「釈迦国に」。

二　Devadahaṁ. デーヴァダハ（天臂）は、釈尊の母、養母などの生地とされ、近くに釈尊が降誕されたルンビニー園があったとされる。

三　Sakyānaṁ nigamo.

四　chasu phassāyatanesu. 六触処とは、接触する六処、すなわち、六根（六内処＝眼・耳・鼻・舌・身・意）と六境（六外処＝色・声・香・味・触・法）をさす。

五　appamādena. あるいは「怠らないことによって」。失念せず、ということ。

六　bhikkhū arahanto khīṇāsavā vusitavanto katakaraṇīyā ohitabhārā anuppattasadatthā parikkhīṇabhavasaṁyojanā sammadaññā vmuttā.「負担を下ろし」とは、三の負担、すなわち、蘊と煩悩と行作（業形成）の負担を下ろし、ということ。「自己の目的に達し」とは、阿羅漢果に達し、ということである。以下については、中部1『根本法門経』第八節参照。

また、比丘たちよ、[七]比丘にして、有学《うがく》であり、意《い》に達しておらず、最上の無碍《むげ》安穏《あんのん》を求めて住む者たちがいます。比丘たちよ、私は、その比丘たちに、六触処について、不放逸により、なすべきである、と言います。それはなぜか。

比丘たちよ、眼《げん》によって識られるもろもろの色《しき》に[八]喜ばしいものも[九]喜ばしくないものもあります。それらがかれの心につぎつぎ触れても、占拠してとどまることはありません。心を占拠しないことから、精進《しょうじん》が開始し、不動になり、念《ねん》が起こり、失念せず、身が軽快になり、激せず、心が安定し、統一します。比丘たちよ、私は、この不放逸の果をよく見つつ、その比丘たちに、六触処について、不放逸により、なすべきである、と言います。

▽比丘たちよ、耳《に》によって識られるもろもろの声《しょう》に喜ばしいものも喜ばしくないものもあります。それらがかれの心につぎつぎ触れても、占拠してとどまることはありません。心を占拠しないことから、精進が開始し、不動になり、念が起こり、失念せず、身が軽快になり、激せず、心が安定し、統一します。比丘たちよ、私は、この不放逸の果をよく見つつ、その比丘たちに、六触処について、不放逸により、なすべきである、と言います。

比丘たちよ、鼻《び》によって識られるもろもろの香《こう》に喜ばしいものも

七　bhikkhū sekkhā appattamānasā anuttaraṁ yogakkhemaṁ patthayamānā viharanti.「有学」とは、悟りを得ている学人であり、預流道から阿羅漢道までの七種の人をさす。以下については、中部1『根本法門経』第七節参照。

八　manoramā.〈心（意）を喜ばせる（manaṁ ramayantā）、喜ばしいもの（manāpā）〉。

九　amanoramā.

喜ばしくないものもあります。それらがかれの心につぎつぎ触れても、占拠してとどまることはありません。心を占拠しないことから、精進が開始し、不動になり、念が起こり、失念せず、身が軽快になり、激せず、心が安定し、統一します。比丘たちよ、私は、この不放逸の果をよく見つつ、その比丘たちに、六触処について、不放逸により、なすべきである、と言います。

比丘たちよ、舌《ぜつ》によって識られるもろもろの味《み》に喜ばしいものも喜ばしくないものもあります。それらがかれの心につぎつぎ触れても、占拠してとどまることはありません。心を占拠しないことから、精進が開始し、不動になり、念が起こり、失念せず、身が軽快になり、激せず、心が安定し、統一します。比丘たちよ、私は、この不放逸の果をよく見つつ、その比丘たちに、六触処について、不放逸により、なすべきである、と言います。

比丘たちよ、身《しん》によって識られるもろもろの触《そく》に喜ばしいものも喜ばしくないものもあります。それらがかれの心につぎつぎ触れても、占拠してとどまることはありません。心を占拠しないことから、精進が開始し、不動になり、念が起こり、失念せず、身が軽快になり、激せず、心が安定し、統一します。比丘たちよ、私は、この不放逸の果をよく見つつ、その比丘たちに、六触処について、不放逸により、なすべきである、と言います。

比丘たちよ、意《い》によって識られるもろもろの法《ほう》に喜ばしいものも喜ばしくないものもあります。それらがかれの心につぎつぎ触れても、占拠してとどまることはありません。心を占拠しないことから、精進が開始し、不動になり、念が起こり、失念せず、身が軽快になり、激せず、心が安定し、統一します。比丘たちよ、私は、この不放逸の果をよく見つつ、その比丘たちに、六触処について、不放逸により、なすべきである、と言います」

と。

第一

2 時機経(Khaṇa-sutta)[一]

(一三五)このように私は聞いた――……

世尊はつぎのように言われた。

「比丘たちよ、そなたたちには利得[二]があります。比丘たちよ、そなたたちにはよく得られています[三]。比丘たちよ、そなたたちには梵行《ぼんぎょう》住《じゅう》の時機[四]が獲得されています。

地獄を見る

比丘たちよ、私は、六触処と名づけられる地獄[五]を見ています。そ

一 Rᵉは、本経名を「執着」(Saṅgayha)とする。

(一三五)『雑阿含経』巻第八〈二一〇〉(大正蔵二・五三a)

二 lābhā vo.

三 suladdhaṁ vo. あるいは「そなたたちによってよく得られています」。

四 khaṇo vo paṭiladdho brahmacariyavāsāya.「梵行住の時機」とは、梵行(道の梵行の住まい)に住む時機、道慧を得る機会、ということ。

五 chaphassāyatanikā nāma nirayā.〈「六触処と名づけられる」とは、別個に六触処(chaphassāyatanikā)《六の触処に

こでは、眼によって何らかの色を見る場合、[六]好ましいものではなく、[七]好ましくないもののみを見ます。[八]楽しいものではなく、[九]楽しくないもののみを見ます。[一〇]喜ばしいものではなく、[一一]喜ばしくないもののみを見ます。

耳によって何らかの声を聞く場合、好▽ましいものではなく、好ましくないもののみを聞きます。楽しいものではなく、楽しくないもののみを聞きます。喜ばしいものではなく、喜ばしくないもののみを聞きます。△

鼻によって何らかの香を嗅ぐ場合、好▽ましいものではなく、好ましくないもののみを嗅ぎます。楽しいものではなく、楽しくないもののみを嗅ぎます。喜ばしいものではなく、喜ばしくないもののみを嗅ぎます。△

舌によって何らかの味を味わう場合、好▽ましいものではなく、好ましくないもののみを味わいます。楽しいものではなく、楽しくないもののみを味わいます。喜ばしいものではなく、喜ばしくないもののみを味わいます。△

身によって何らかの触に触れる場合、好▽ましいものではなく、好ましくないもののみに触れます。楽しいものではなく、楽しくないもののみに触れます。喜ばしいものではなく、喜ばしくないものの

よって好ましくないことが知られるもの》と名づけられる地獄があるのではない。なぜなら、三十一大地獄（ekatiṁsamahāniraya）のすべてについても、六門という触処の概念（chadvāraphassāyatanapaññatti）が生じるからである《苦を経験するために、六門によって所縁の感受が生じるからである》。ただし、これは無間大地獄（avīcimahāniraya）に関して言われている〉。

六 iṭṭharūpaṁ. あるいは「好ましい色」。

七 aniṭṭharūpaṁ. あるいは「好ましくない色」。以下についても同じである。

八 kantarūpaṁ.

九 akantarūpaṁ.

一〇 manāparūpaṁ.

一一 amanāparūpaṁ.

みに触れます。△

意によって何らかの法を識る場合、好ましいものではなく、好ましくないもののみを識ります。楽しいものではなく、楽しくないもののみを識ります。喜ばしいものではなく、喜ばしくないもののみを識ります。

天界を見る

比丘たちよ、そなたたちには利得があります。比丘たちよ、そなたたちにはよく得られています。比丘たちよ、そなたたちには梵行住の時機が獲得されています。

比丘たちよ、私は、[三]六触処と名づけられる天界《てんかい》を見ています。そこでは、眼によって何らかの色を見る場合、好ましくないものではなく、好ましいもののみを見ます。楽しくないものではなく、楽しいもののみを見ます。喜ばしくないものではなく、喜ばしいもののみを見ます。

耳によって何らかの声を聞く場合、好▽ましくないものではなく、好ましいもののみを聞きます。楽しくないものではなく、楽しいもののみを聞きます。喜ばしくないものではなく、喜ばしいもののみを聞きます。△

鼻によって何らかの香を嗅ぐ場合、好▽ましくないものではなく、

三　chaphassāyatanikā nāma saggā. 〈「天界」とは、ここでも三十三天の都（Tāvatiṁsapura）《善見の大都（Sudassana-mahānagara）》のみが意趣されている。ただし、欲行の天界（kāmāvacaradevaloka）の一つについても、《あらゆるところで楽を経験することから》六触処の概念（chaphassāyatanapaññatti）がないものはない。これによって何を説明するのか。地獄（niraya）においては絶対的な苦があることによって、また天界（devaloka）においては絶対的な楽があることから絶対的な遊戯の楽しみにより生じる放逸によって、道の梵行住に住むことができない。しかし、人間界は楽と苦とが混ざっており、ここでは《この人間界では》、《いつかは苦処の苦のような苦を感受することから》苦処（apāya）も、《いつかは天の富のような栄華が獲得されうることから》天界（sagga）も認められる。これが「道の梵行の業地」（maggabrahmacariyassa kammabūmi）と名づけられ、「それがそなたたちによって得られている」。それゆえ、そなたたちにはこれら人間の諸蘊が得られており、

好ましいもののみを嗅ぎます。楽しくないものではなく、楽しいもののみを嗅ぎます。喜ばしくないものではなく、喜ばしいもののみを嗅ぎます。△

舌によって何らかの味を味わう場合、▽好ましくないものではなく、好ましいもののみを味わいます。楽しくないものではなく、楽しいもののみを味わいます。喜ばしくないものではなく、喜ばしいもののみを味わいます。△

身によって何らかの触に触れる場合、▽好ましいものではなく、好ましくないもののみに触れます。楽しいものではなく、楽しくないもののみに触れます。喜ばしいものではなく、喜ばしくないもののみに触れます。△

意によって何らかの法を識る場合、好ましくないものではなく、好ましいもののみを識ります。楽しくないものではなく、楽しいもののみを識ります。喜ばしくないものではなく、喜ばしいもののみを識ります。

比丘たちよ、そなたたちには利得があります。比丘たちよ、そなたたちにはよく得られています。比丘たちよ、そなたたちには梵行住の時機が獲得されています」

と。

「それらがそなたたちには得られている」。また、そなたたちにこの人間の状態（manussatta）が得られている場合、「そなたたちには梵行住の時機（khaṇa）、機会（samaya）が獲得されている」、ということである。なぜなら、古人たちによって、つぎのようにも言われているからである。

『これ《人間界》は業地《人の力を作る業の地》、ここに道の修習あり
ここには厭離すべき（saṁvejaniya）多くの因（ṭhāna）《根拠》あり
厭離すべき厭離の諸対象《生・老・病・死、苦処の生存》について
厭離が生じた者こそ正しく行なえ《努力せよ》

と』。

3 第一色楽経 (Paṭhamarūpārāma-sutta)[一]

(一三六) ▽このように私は聞いた——……

世尊はつぎのように言われた。△

諸天と諸人

「比丘たちよ、諸天と諸人は[二]、もろもろの色を楽しみとし[三]、もろもろの色を楽しみ[四]、もろもろの色を喜んでいます[五]。比丘たちよ、諸天と諸人は、もろもろの色の変化と消失と滅尽《めつじん》により[六]、苦しみ[七]、住んでいます。

比丘たちよ、諸天と諸人は、もろもろの声を楽しみとし、もろもろの声を楽しみ、もろもろの声を喜んでいます。比丘たちよ、諸天と諸人は、もろもろの声の変化と消失と滅尽により、苦しみ、住んでいます。

▽比丘たちよ、諸天と諸人は、△もろもろの香を楽しみとし、▽もろもろの香を楽しみ、もろもろの香を喜んでいます。比丘たちよ、諸天と諸人は、もろもろの香の変化と消失と滅尽により、苦しみ、住んでいます。

比丘たちよ、諸天と諸人は、△もろもろの味を楽しみとし、▽もろも

一 本経名を、C^{e}は「執着経」(Sagayha-sutta)、R^{e}は「不執着」(Agayha)とする。
(一三六)『雑阿含経』巻第一三〈三〇八〉(大正蔵二・八八b―c)
二 devamanussā. あるいは「神々と人間は」。
三 rūpārāmā.
四 rūpāratā.
五 rūpasammuditā.〈もろもろの色を喜び(sammuditā)、満足しています(pamoditā)〉。
六 rūpavipariṇāmavirāganirodhā.
七 dukkhā.〈苦しんで(dukkhitā)〉。

（127）

ろの味を楽しみ、もろもろの味を喜んでいます。比丘たちよ、諸天と諸人は、もろもろの味の変化と消失と滅尽により、苦しみ、住んでいます。

比丘たちよ、諸天と諸人は、△もろもろの触を楽しみとし、▽もろもろの触を楽しみ、もろもろの触を喜んでいます。比丘たちよ、諸天と諸人は、もろもろの触の変化と消失と滅尽により、苦しみ、住んでいます。△

比丘たちよ、諸天と諸人は、もろもろの法を楽しみとし、もろもろの法を楽しみ、もろもろの法を喜んでいます。比丘たちよ、諸天と諸人は、もろもろの法の変化と消失と滅尽により、苦しみ、住んでいます。

如来

しかし、比丘たちよ、[八]阿羅漢であり、正自覚者《しょうじかくしゃ》である如来《にょらい》は、もろもろの色の[九]生起と消滅と、[一〇]楽味《らくみ》と危難と出離《しゅつり》とを如実《にょじつ》に知り、もろもろの色を楽しみとせず、もろもろの色を楽しまず、もろもろの色を喜んでいません。比丘たちよ、如来は、もろもろの色の変化と消失と滅尽により、[一一]楽しみ、住んでいます。

▽比丘たちよ、阿羅漢であり、正自覚者である如来は、△もろもろの声の▽生起と消滅と、楽味と危難と出離とを如実に知り、もろもろの

八　tathāgato arahaṁ sammāsambuddho.

九　samudayañ ca atthaṅgamañ ca.

一〇　assādañ ca ādīnavañ ca nissaraṇañ ca. 楽と苦と中（解脱）とを、ということ。本相応、第一三節「第一正覚以前経」（本書、七二頁）参照。

一一　sukho.〈涅槃の楽（nibbānasukha）によって楽しみ（sukhito）〉。

声を楽しみとせず、もろもろの声を楽しまず、もろもろの声を喜んでいません。比丘たちよ、如来は、もろもろの声の変化と消失と滅尽により、楽しみ、住んでいます。

比丘たちよ、阿羅漢であり、正自覚者である如来は、もろもろの香の生起と消滅と、楽味と危難と出離とを如実に知り、もろもろの香を楽しみとせず、もろもろの香を楽しまず、もろもろの香を喜んでいません。比丘たちよ、如来は、もろもろの香の変化と消失と滅尽により、楽しみ、住んでいます。

比丘たちよ、阿羅漢であり、正自覚者である如来は、もろもろの味の生起と消滅と、楽味と危難と出離とを如実に知り、もろもろの味を楽しみとせず、もろもろの味を楽しまず、もろもろの味を喜んでいません。比丘たちよ、如来は、もろもろの味の変化と消失と滅尽により、楽しみ、住んでいます。

比丘たちよ、阿羅漢であり、正自覚者である如来は、もろもろの触の生起と消滅と、楽味と危難と出離とを如実に知り、もろもろの触を楽しみとせず、もろもろの触を楽しまず、もろもろの触を喜んでいません。比丘たちよ、如来は、もろもろの触の変化と消失と滅尽により、楽しみ、住んでいます。

比丘たちよ、阿羅漢であり、正自覚者である如来は、もろもろの法の生起と消滅と、楽味と危難と出離とを如実に知り、もろもろの法を楽しみとせず、もろもろの法を楽しまず、もろもろの法を喜んでいません。比丘たちよ、如来は、もろもろの法の変化と消失と滅尽により、楽しみ、住んでいます」
と。

このように世尊は言われた。このように善逝《ぜんぜい》は言われた。そして
さらに、師はつぎのように言われた。

「もろもろの色、声、香、味
また触、法の全体は
存する限り[一二]、好ましく
楽しく、喜ばしいものと言われる

天を含む世界では
これらは楽と見なされる
しかしこれらが滅尽すれば
それはかれらに苦《く》と見なされる

聖者らにより有身《うしん》[一三]の滅尽は

一二　yāvatatthī ti vuccati.〈「存する限り」（yāvatatthi）とは、「あるうちは」（yattakā atthi）〉。《色などの法が世間にあるうちは》ということ。なお、以下の八偈は『経集』（B^{e}, Sn. 764~771 ; R^{e}, Sn. 759~765）にも見られる。

一三　sakkāyassa nirodhanaṁ.「有身」（sakkāya）とは、自身、五取蘊、名色をさす。

楽であると見なされる
[一四]見る者らにとって、これは
一切世間と逆になる

他の者らは[一五]楽と言い
それを聖者らは苦と言う
他の者らは苦と言い
それを賢者らは[一六]楽と見る

了知し難い法を見よ
[一七]ここに[一八]無智《むち》の者らは迷う
[一九]覆われた者らに暗黒が
[二〇]見ない者らに闇が生じる

(128)

[二一]しかし善人らには開かれ
見る者らには光明《こうみょう》のよう
[二二]法《ほう》を熟知しない者らは
道の近くで了知せず

一四　paccanikam idaṁ hoti, sabbalokena passataṁ.《《諦の洞察によって正しく》見る（passantānaṁ）賢者たちのこの見解（dassana）は、一切の世間と逆になり、対立するもの（viruddha）となる。なぜなら、世間（人々）は五蘊（pañcakkhandha）を「常・楽・我・浄」であると思い、賢者たちは「無常・苦・無我・不浄」であると思うからである〉。

一五　sukhato āhu.〈楽であると語り（kathenti）〉。

一六　sukhato vidū.〈楽（sukha）であると知る（jānanti）、ということ。《涅槃のみが絶対的な楽と呼ばれるから》これはすべて涅槃（nibbāna）のみについて言われている〉。

一七　ettha.〈涅槃において〉。

一八　aviddasū.〈愚者（bāla）らは〉。

一九　nivutānaṁ.〈煩悩の蓋（kilesanivaraṇa）によって覆われ、包まれた者らに〉。

二〇　andhakāro apassataṁ.〈見ない者らには（apassantānaṁ）闇が生じる、ということ。何がこのようになるのか。涅槃（nibbāna）とか涅槃見（nibbānadassana）《聖道（ariya-magga）》とかを見ない愚者らには、涅槃も涅槃見も、まるで黒雲に覆われた月輪のように、また瓶で覆われた鉢のようになり、常に暗黒と闇が起こる（sampajjati）のである〉。

二一　satañ ca vivaṭaṁ hoti, āloko passatāmiva.〈しかし、善人らには（sappurisānaṁ）、慧見（paññādassana）によって見る者らには（passantānaṁ）、涅槃（nibbāna）は光明のように（āloko viya）開かれている〉。

二二　santike na vijānanti, maggā dhammassa akovidā.〈自己の身体における髪や毛などのうちのいずれかの部分を《不浄の状態を限定することにより、また正知見により》限定して直ちに証得できることから、あるいは自己の諸蘊の滅尽・道（nirodhamagga）から、涅槃は近くにある（santike nibbānaṁ）が、このように近くにいながら、愚かである人々は（magabhūtā janā）、道・非道の法（maggāmagga-dhamma）《聖道の法（ariyamaggadhamma）＝「道の法」（magga-

二三 有貪に征服された者ら
有貪に随従する者ら
二四 魔の領域に達した者らに
この法はよく覚られず

二五 聖者らの他にいったい誰が
句を覚ることができよう
句を正しく二六了知して
無漏《むろ》の者らは般涅槃《はつねはん》する」

と。

第三

4 第二色楽経（Dutiyarūpārāma-sutta）一

（一三七）このように私は聞いた——……
世尊はつぎのように言われた。

諸天と諸人

「比丘たちよ、諸天と諸人は、もろもろの色を楽しみとし、もろもろの色を楽しみ、もろもろの色を喜んでいます。比丘たちよ、諸

dhamma)》を、あるいは四諦の法（catusaccadhamma）を熟知せず、それを知らない〉。
二三 bhavarāgaparetebhi.「有貪」とは生存欲をいう。
二四 māradheyyānupannehi.〈三地（欲・色・無色の三界）の輪転（tebhūmakavaṭṭa）である魔の住処（nivāsaṭṭhāna）に達した者らによって〉。
二五 ko nu aññatra mariyebhi, padaṁ sambuddhum arahati.〈聖者らを除いて、他にいったい誰が涅槃の句（nibbānapada）を知ることができるのか〉。
二六 sammad aññāya parinibbanti.〈阿羅漢果慧（arahattapaññā）によって正しく知り、直ちに漏尽者（anāsava）となり、煩悩の完全消滅（kilesaparinibbāna）によって般涅槃（有余依涅槃）する。あるいは、正しく知って、漏尽者となり、終わりに蘊の完全消滅（pakhandhaparinibbāna）によって般涅槃（無余依涅槃）する、ということ〉。

一〈第四（本経）は、単純にして《偈の結合がなくただ散文のみで》示されるときに、覚る者たちの意向によって説かれている〉。本経名を、Cᵉは「執着経」（Gayha-sutta）とし、Rᵉは本経を前経の後半部分に置く。本経は、前経後半の諸偈を欠くものであり、その内容は同じである。

天と諸人は、もろもろの色の変化と消失と滅尽により、苦しみ、住んでいます。

比丘たちよ、諸天と諸人は、もろもろの声を楽しみとし、もろもろの声を楽しみ、もろもろの声を喜んでいます。比丘たちよ、諸天と諸人は、もろもろの声の変化と消失と滅尽により、苦しみ、住んでいます。

▽比丘たちよ、諸天と諸人は、△もろもろの香を楽しみとし、▽もろもろの香を楽しみ、もろもろの香を喜んでいます。比丘たちよ、諸天と諸人は、もろもろの香の変化と消失と滅尽により、苦しみ、住んでいます。

比丘たちよ、諸天と諸人は、△もろもろの味を楽しみとし、▽もろもろの味を楽しみ、もろもろの味を喜んでいます。比丘たちよ、諸天と諸人は、もろもろの味の変化と消失と滅尽により、苦しみ、住んでいます。

比丘たちよ、諸天と諸人は、△もろもろの触を楽しみとし、▽もろもろの触を楽しみ、もろもろの触を喜んでいます。比丘たちよ、諸天と諸人は、もろもろの触の変化と消失と滅尽により、苦しみ、住んでいます。△

比丘たちよ、諸天と諸人は、もろもろの法を楽しみとし、もろもろの法を楽しみ、もろもろの法を喜んでいます。比丘たちよ、諸天と諸人は、もろもろの法の変化と消失と滅尽により、苦しみ、住んでいます。

如来

しかし、比丘たちよ、阿羅漢であり、正自覚者である如来は、もろもろの色の生起と消滅と、楽味と危難と出離とを如実に知り、もろもろの色を楽しみとせず、もろもろの色を楽しまず、もろもろの色を喜んでいません。比丘たちよ、如来は、もろもろの色の変化と消失と滅尽により、楽しみ、住んでいます。

比丘たちよ、阿羅漢であり、正自覚者である如来は、もろもろの声の生起と消滅と、楽味と危難と出離とを如実に知り、もろもろの声を楽しみとせず、もろもろの声を楽しまず、もろもろの声を喜んでいません。比丘たちよ、如来は、もろもろの声の変化と消失と滅尽により、楽しみ、住んでいます。

比丘たちよ、阿羅漢であり、正自覚者である如来は、もろもろの香の生起と消滅と、楽味と危難と出離とを如実に知り、もろもろの香を楽しみとせず、もろもろの香を楽しまず、もろもろの香を喜んでいません。比丘たちよ、如来は、もろもろの香の変化と消失と滅尽により、楽しみ、住んでいます。

比丘たちよ、阿羅漢であり、正自覚者である如来は、もろもろの味の生起と消滅と、楽味と危難と出離とを如実に知り、もろもろの味を楽しみとせず、もろもろの味を楽しまず、もろもろの味を喜んでいません。比丘たちよ、如来は、もろもろの味の変化と消失と滅尽により、楽しみ、住んでいます。

比丘たちよ、阿羅漢であり、正自覚者である如来は、もろもろの触の生起と消滅と、楽味と危難と出離とを如実に知り、もろもろの触を楽しみとせず、もろもろの触を楽しまず、もろもろの触を喜んでいません。比丘たちよ、如来は、もろもろの触の変化と消失と滅尽により、楽しみ、住んでいます。

比丘たちよ、阿羅漢であり、正自覚者である如来は、もろもろの法の生起と消滅と、楽味と危難と出離とを如実に知り、もろもろの法を楽しみとせず、もろもろの法を楽しまず、もろもろの法を喜んでいません。比丘たちよ、如来は、もろもろの法の変化と消失と滅尽により、楽しみ、住んでいます」

と。

第四

5 第一「そなたらのものに非ず」経 (Paṭhama-natumhāka-sutta)[一]

(一三八) ▽このように私は聞いた——……

世尊はつぎのように言われた。△

[二]「比丘たちよ、そなたたちのものでないものは、それを捨てなさ[三]い。それを捨てることは、そなたたちの利益《りやく》のため、安楽のためになるでしょう。

それでは、比丘たちよ、何がそなたたちのものでないものでしょうか。

比丘たちよ、眼はそなたたちのものでありません。それを捨てなさい。それを捨てることは、そなたたちの利益のため、安楽のためになるでしょう。

▽耳はそなたたちのものでありません。それを捨てなさい。それを捨てることは、そなたたちの利益のため、安楽のためになるでしょう。

鼻はそなたたちのものでありません。それを捨てなさい。それを捨てることは、そなたたちの利益のため、安楽のためになるでしょう。△

(129) 舌はそなたたちのものでありません。それを捨てなさい。それを捨てることは、そなたたちの利益のため、安楽のためになるでしょう。

▽身はそなたたちのものでありません。それを捨てなさい。それを

一 本経名を、Cᵉは「葉経」(Palāsa-sutta)、Rᵉは Palāsinā (1)とする。

(一三八)『雑阿含経』巻第一一〈二七四〉(大正蔵二・七三a)

二 yaṁ bhikkhave na tumhākaṁ. 本経については、本相応、第一〇一節『第一「そなたらのものに非ず」経』(本書、三七九頁)参照。本経は、眼・耳・鼻・舌・身・意の六内処について、「そなたらのものに非ず」と説かれたものである。

三 pajahatha.「欲貪(欲と貪り)の捨断によって捨てなさい」の意。

捨てることは、そなたたちの利益のため、安楽のためになるでしょう。△
　意はそなたたちのものでありません。それを捨てなさい。それを捨てることは、そなたたちの利益のため、安楽のためになるでしょう。
たとえば、比丘たちよ、このジェータ林における草[四]・薪《まき》・枝・葉なるものを、人が運んでいる、あるいは焼いている、あるいは適宜に処置しているようなものです。はたして、そなたたちはつぎのように思うでしょうか。〈われわれを、人が運んでいる、あるいは焼いている、あるいは適宜に処置している〉」と。

「尊師よ、そうではありません」

「それはなぜですか」

「尊師よ、それは私どもの我《が》[五]でも、我[六]に属するものでもないからです」と。

「比丘たちよ、ちょうどそのように、眼はそなたたちのものでありません。それを捨てなさい。それを捨てることは、そなたたちの利益のため、安楽のためになるでしょう。

▽耳はそなたたちのものでありません。それを捨てなさい。それを捨てることは、そなたたちの利益のため、安楽のためになるでしょう。

　鼻はそなたたちのものでありません。それを捨てなさい。それを捨てることは、そなたたちの利益のため、安楽のためになるでしょう。△

四　tiṇa-kaṭṭha-sākhā-palāsaṁ.

五　attā vā.

六　attaniyaṁ vā.

344

舌はそなたたちのものでありません。それを捨てなさい。それを捨てることは、そなたたちの利益のため、安楽のためになるでしょう。▽身はそなたたちのものでありません。それを捨てなさい。それを捨てることは、そなたたちの利益のため、安楽のためになるでしょう。△意はそなたたちのものでありません。それを捨てなさい。それを捨てることは、そなたたちの利益のため、安楽のためになるでしょう」

と。

第五

6 第二「そなたらのものに非ず」経（Dutiya-natumhāka-sutta）一

（二三九）▽このように私は聞いた――……

世尊はつぎのように言われた。△

「比丘たちよ、そなたたちのものでないものは、それを捨てなさい。それを捨てることは、そなたたちの利益のため、安楽のためになるでしょう。

それでは、比丘たちよ、何がそなたたちのものでないものでしょうか。

比丘たちよ、もろもろの色はそなたたちのものでありません。そ

一 本経名を、Ceは「第二葉経」（Dutiya-palāsa-sutta）、Reは Palāsinā (2) とする。本経は、色・声・香・味・触・法の六外処について、「そなたらのものに非ず」と説かれたものである。

（二三九）Cf.『雑阿含経』巻第一一〈二七四〉（大正蔵二・七三a）

れを捨てなさい。それを捨てることは、そなたたちの利益のため、安楽のためになるでしょう。

もろもろの声はそなたたちのものでありません。それを捨てなさい。それを捨てることは、そなたたちの利益のため、安楽のためになるでしょう。

もろもろの香はそなたたちのものでありません。それを捨てなさい。それを捨てることは、そなたたちの利益のため、安楽のためになるでしょう。

もろもろの味はそなたたちのものでありません。それを捨てなさい。それを捨てることは、そなたたちの利益のため、安楽のためになるでしょう。

もろもろの触[二]はそなたたちのものでありません。それを捨てなさい。それを捨てることは、そなたたちの利益のため、安楽のためになるでしょう。

もろもろの法[三]はそなたたちのものでありません。それを捨てなさい。それを捨てることは、そなたたちの利益のため、安楽のためになるでしょう。

たとえば、比丘たちよ、このジェータ林における草・薪・枝・葉なるものを、人が運んでいる、あるいは焼いている、あるいは適宜

二 phoṭṭhabbā. あるいは「もろもろの触れられる（べき）ものは」。

三 dhammā.「法」とは、思い、考え、思想のこと。

に処置しているようなものです。はたして、そなたたちはつぎのように思うでしょうか。〈われわれを、人が運んでいる、あるいは焼いている、あるいは適宜に処置している〉」と。

「尊師よ、そうではありません」

「それはなぜですか」

「尊師よ、それは私どもの我でも、我に属するものでもないからです」と。

「比丘たちよ、ちょうどそのように、もろもろの色はそなたたちのものでありません。それを捨てなさい。それを捨てることは、そなたたちの利益のため、安楽のためになるでしょう。

もろもろの声はそなたたちのものでありません。それを捨てなさい。それを捨てることは、そなたたちの利益のため、安楽のためになるでしょう。

もろもろの香はそなたたちのものでありません。それを捨てなさい。それを捨てることは、そなたたちの利益のため、安楽のためになるでしょう。

もろもろの味はそなたたちのものでありません。それを捨てなさい。それを捨てることは、そなたたちの利益のため、安楽のためになるでしょう。

もろもろの触はそなたたちのものでありません。それを捨てなさい。それを捨てることは、そなたたちの利益のため、安楽のためになるでしょう。

もろもろの法はそなたたちのものでありません。△それを捨てなさい。それを捨てることは、そなたたちの利益のため、安楽のためになるでしょう」

と。

第六

7 内無常因経（Ajjhattāniccahetu-sutta）[一]

（一四〇）▽このように私は聞いた――……

世尊はつぎのように言われた。△

六内処の無常

「比丘たちよ、眼[二]は無常《むじょう》です。[三]眼が生起するための因も縁も無常です。比丘たちよ、無常のものから生じている眼がどうして常のもの[四]になりましょうか。

(130) ▽比丘たちよ、耳は無常です。耳が生起するための因も縁も無常です。比丘たちよ、無常のものから生じている耳がどうして常のものになりましょうか。

一　本経名を、Cᵉは「内無常経」（Ajjhatta-anicca-sutta）、Rᵉは Hetunā ajjhatta (1) とする。以下の諸経は〈それぞれ同じようにして《（六）内処（ajjhattika-āyatana）と（六）外処（bāhira-āyatana）とを、無常相（aniccalakkhaṇa）と苦相（dukkhalakkhaṇa）と無我相（anattalakkhaṇa）とによって結び、示すことにより》、覚る者たちの意向によって説かれたものである〉。

（一四〇）Cf.『雑阿含経』巻第八〈一九五〉（大正蔵二・五〇a）

二　cakkhuṁ aniccaṁ. 本経については、本相応、第一節「内無常経」（本書、四五頁）参照。

三　yopi hetu yopi paccayo cakkhussa uppādāya, sopi anicco.

四　niccaṁ. あるいは「常住のものに」。永遠のものに。

比丘たちよ、鼻は無常です。鼻が生起するための因も縁も無常です。比丘たちよ、無常のものから生じている鼻がどうして常のものになりましょうか。△

比丘たちよ、舌は無常です。舌が生起するための因も縁も無常です。比丘たちよ、無常のものから生じている舌がどうして常のものになりましょうか。

▽比丘たちよ、身は無常です。身が生起するための因も縁も無常です。比丘たちよ、無常のものから生じている身がどうして常のものになりましょうか。△

比丘たちよ、意は無常です。意が生起するための因も縁も無常です。比丘たちよ、無常のものから生じている意がどうして常のものになりましょうか。

六内処の厭離

比丘たちよ、このように見る、聞《もん》をそなえた[五]聖なる弟子は、眼についても厭離《おんり》します。▽耳についても厭離します。鼻についても厭離します。舌についても厭離します。身についても厭離します。△意についても厭離します。[六]厭離し、離貪《りとん》します。[七]離貪により、解脱《げだつ》します。解脱したとき、〈解脱した〉との智が生じます。[八]〈生まれは尽きた。梵行は完成された。なすべきことはなされた。もはや、この状

五　ariyasāvako. 阿羅漢、不還、一来、預流の聖者をいう。

六　nibbindaṁ virajjati. 〈＊ここでは、「離貪」によって四道（預流道・一来道・不還道・阿羅漢道）が語られている〉。

七　virāgā vimuccati. 〈＊ここでは、「解脱」によって四沙門果（預流果・一来果・不還果・阿羅漢果）が語られている〉。

八　khīṇā jāti, vusitaṁ brahmacariyaṁ, kataṁ karaṇīyaṁ, nāparaṁ itthattāya. これは阿羅漢の境地を示す言葉とされる。詳しくは長部2『沙門果経』第九九節、補註26参照。

態の他にはない〉と知ります」
と。

第七

8 内苦因経 (Ajjhattadukkhahetu-sutta)[一]

(一四一) ▽このように私は聞いた——……
世尊はつぎのように言われた。△

六内処の苦

「比丘たちよ、眼[二]は苦《く》です。眼が生起するための因も縁も苦です。比丘たちよ、苦のものから生じている眼がどうして楽のものになりましょうか。

▽比丘たちよ、耳は苦です。耳が生起するための因も縁も苦です。比丘たちよ、苦のものから生じている耳がどうして楽のものになりましょうか。

比丘たちよ、鼻は苦です。鼻が生起するための因も縁も苦です。比丘たちよ、苦のものから生じている鼻がどうして楽のものになりましょうか。△

比丘たちよ、舌は苦です。舌が生起するための因も縁も苦です。比丘たちよ、苦のものから生じている舌がどうして楽のものになり

一 本経名を、C^eは「内無苦経」(Ajjhatta-dukkha-sutta)、R^eは Hetunā ajjhatta (2) とする。
(一四一) Cf.『雑阿含経』巻第八〈一九五〉(大正蔵二・五〇a)
二 cakkhuṁ dukkhaṁ. 本経については、本相応、第二節「内苦経」(本書、四七頁) 参照。

ましょうか。

比丘たちよ、身は苦です。身が生起するための因も縁も苦です。比丘たちよ、苦のものから生じている身がどうして楽のものになりましょうか。

比丘たちよ、意は苦です。意が生起するための因も縁も苦です。比丘たちよ、苦のものから生じている意がどうして楽のものになりましょうか。

六内処の厭離

比丘たちよ、このように見る、聞をそなえた聖なる弟子は、眼についても厭離します。耳についても厭離します。鼻についても厭離します。舌についても厭離します。身についても厭離します。意についても厭離します。厭離し、離貪します。離貪により、解脱します。解脱したとき、〈解脱した〉との智が生じます。〈生まれは尽きた。梵行は完成された。なすべきことはなされた。もはや、この状態の他にはない〉と知ります」

と。

第八

9 内無我因経 (Ajjhattānattahetu-sutta)[一]

(一四二) このように私は聞いた——……

世尊はつぎのように言われた。

六内処の無我

「比丘たちよ、眼[二]は無我《むが》です。眼が生起するための因も縁も無我です。比丘たちよ、無我のものから生じている眼がどうして我のものになりましょうか。

比丘たちよ、耳は無我です。耳が生起するための因も縁も無我です。比丘たちよ、無我のものから生じている耳がどうして我のものになりましょうか。

比丘たちよ、鼻は無我です。鼻が生起するための因も縁も無我です。比丘たちよ、無我のものから生じている鼻がどうして我のものになりましょうか。

比丘たちよ、舌は無我です。舌が生起するための因も縁も無我です。比丘たちよ、無我のものから生じている舌がどうして我のものになりましょうか。

比丘たちよ、身は無我です。身が生起するための因も縁も無我です。比丘たちよ、無我のものから生じている身がどうして我のものになりましょうか。

一　本経名を、Cᵉは「内無我経」(Ajjhatta-anatta-sutta)、Rᵉは Hetunā ajjhatta (3) とする。

(一四二) Cf.『雑阿含経』巻第八〈一九五〉(大正蔵二・五〇a)

二　cakkhuṁ anattā. 本経については、本相応、第三節「内無我経」(本書、五〇〇頁)参照。

比丘たちよ、意は無我です。意が生起するための因も縁も無我です。比丘たちよ、無我のものから生じている意がどうして我のものになりましょうか。

六内処の厭離

比丘たちよ、このように見る、聞をそなえた聖なる弟子は、眼についても厭離します。耳についても厭離します。鼻についても厭離します。舌についても厭離します。身についても厭離します。意についても厭離します。厭離し、離貪します。離貪により、解脱します。解脱したとき、〈解脱した〉との智が生じます。〈生まれは尽きた。梵行は完成された。なすべきことはなされた。もはや、この状態の他にはない〉と知ります」

と。

第九

10 外無常因経（Bāhirāniccahetu-sutta）一

（一四三）このように私は聞いた――……

世尊はつぎのように言われた。

六外処の無常

「比丘たちよ、もろもろの色は無常です。二 もろもろの色が生起す

一　本経名を、Ceは「外無常経」（Bāhira-anicca-sutta）、Reは Hetunā bāhira (1) とする。
（一四三）Cf.『雑阿含経』巻第八〈一九五〉（大正蔵二・五〇a）

二　rūpā aniccā. 本経については、本相応、第四節「外無常経」（本書、五二二頁）参照。

るための因も縁も無常です。比丘たちよ、無常のものから生じているもろもろの色がどうして常のものになりましょうか。

比丘たちよ、もろもろの声は無常です。もろもろの声が生起するための因も縁も無常です。比丘たちよ、無常のものから生じているもろもろの声がどうして常のものになりましょうか。

比丘たちよ、もろもろの香は無常です。もろもろの香が生起するための因も縁も無常です。比丘たちよ、無常のものから生じているもろもろの香がどうして常のものになりましょうか。

比丘たちよ、もろもろの味は無常です。もろもろの味が生起するための因も縁も無常です。比丘たちよ、無常のものから生じているもろもろの味がどうして常のものになりましょうか。

比丘たちよ、もろもろの触は無常です。もろもろの触が生起するための因も縁も無常です。比丘たちよ、無常のものから生じているもろもろの触がどうして常のものになりましょうか。

比丘たちよ、もろもろの法は無常です。もろもろの法が生起するための因も縁も無常です。比丘たちよ、無常のものから生じているもろもろの法がどうして常のものになりましょうか。

六外処の厭離

比丘たちよ、このように見る、聞をそなえた聖なる弟子は、もろもろの色についても厭離します。もろもろの声についても厭離します。もろもろの香についても厭離します。もろもろの味についても厭離します。もろもろの触についても厭離します。もろもろの法についても厭離します。厭離し、離貪します。離貪により、解脱します。解脱したとき、〈解脱した〉との智が生じます。〈生まれは尽きた。梵行は完成された。なすべきことはなされた。もはや、この状態の他にはない〉と知ります」
と。

第一〇

11 外苦因経（Bāhiradukkhahetu-sutta）[一]

（一四）このように私は聞いた——……
世尊はつぎのように言われた。

六外処の苦

「比丘たちよ、[二]もろもろの色は苦です。もろもろの色が生起するための因も縁も苦です。比丘たちよ、苦のものから生じているもろもろの色がどうして楽のものになりましょうか。
比丘たちよ、もろもろの声は苦です。もろもろの声が生起するための因も縁も苦です。比丘たちよ、苦のものから生じているもろも

一 本経名を、C^eは「外苦経」（Bāhira-dukkha-sutta）、R^eは Hetunā bāhira (2) とする。
（一四） Cf.『雑阿含経』巻第八〈一九五〉（大正蔵二・五〇a）
二 rūpā dukkhā. 本経については、本相応、第五節「外苦経」（本書、五四頁）参照。

ろの声がどうして楽のものになりましょうか。

比丘たちよ、もろもろの香は苦です。もろもろの香が生起するための因も縁も苦です。比丘たちよ、苦のものから生じているもろもろの香がどうして楽のものになりましょうか。

比丘たちよ、もろもろの味は苦です。もろもろの味が生起するための因も縁も苦です。比丘たちよ、苦のものから生じているもろもろの味がどうして楽のものになりましょうか。

比丘たちよ、もろもろの触は苦です。もろもろの触が生起するための因も縁も苦です。比丘たちよ、苦のものから生じているもろもろの触がどうして楽のものになりましょうか。

比丘たちよ、もろもろの法は苦です。もろもろの法が生起するための因も縁も苦です。比丘たちよ、苦のものから生じているもろもろの法がどうして楽のものになりましょうか。

六外処の厭離

比丘たちよ、このように見る、聞をそなえた聖なる弟子は、もろもろの色についても厭離します。もろもろの声についても厭離します。もろもろの香についても厭離します。もろもろの味についても厭離します。もろもろの触についても厭離します。もろもろの法についても厭離します。厭離し、離貪します。離貪により、解脱します。解脱したとき、〈解脱した〉との智が生じます。〈生まれは尽きた。梵行は完成された。なすべきことはなされた。もはや、この状態の他にはない〉と知ります」
と。

第一一

12 外無我因経 (Bāhirānattahetu-sutta)[一]

(一四五) このように私は聞いた——……
世尊はつぎのように言われた。

六外処の無我

「比丘たちよ、[二]もろもろの色は無我です。もろもろの色が生起するための因も縁も無我です。比丘たちよ、無我のものから生じているもろもろの色がどうして我のものになりましょうか。

比丘たちよ、もろもろの声は無我です。もろもろの声が生起するための因も縁も無我です。比丘たちよ、無我のものから生じているもろもろの声がどうして我のものになりましょうか。

比丘たちよ、もろもろの香は無我です。もろもろの香が生起するための因も縁も無我です。比丘たちよ、無我のものから生じているもろもろの香がどうして我のものになりましょうか。

一 本経名を、C^eは「外無我経」(Bāhira-anatta-sutta)、R^eは Hetunā bāhira (3) とする。
(一四五) Cf.『雑阿含経』巻第八〈一九五〉(大正蔵二・五〇a)

二 rūpā anattā. 本経については、本相応、第六節「外無我経」(本書、五六頁)参照。

比丘たちよ、もろもろの味は無我です。もろもろの味が生起するための因も縁も無我です。比丘たちよ、無我のものから生じているもろもろの味がどうして我のものになりましょうか。

比丘たちよ、もろもろの触は無我です。もろもろの触が生起するための因も縁も無我です。比丘たちよ、無我のものから生じているもろもろの触がどうして我のものになりましょうか。

比丘たちよ、もろもろの法は無我です。もろもろの法が生起するための因も縁も無我です。比丘たちよ、無我のものから生じているもろもろの法がどうして我のものになりましょうか。

（132）346

六外処の厭離

比丘たちよ、このように見る、聞をそなえた聖なる弟子は、もろもろの色についても厭離します。もろもろの声についても厭離します。もろもろの香についても厭離します。もろもろの味についても厭離します。もろもろの触についても厭離します。もろもろの法についても厭離します。厭離し、離貪します。離貪により、解脱します。解脱したとき、〈解脱した〉との智が生じます。〈生まれは尽きた。梵行は完成された。なすべきことはなされた。もはや、この状態の他にはない〉と知ります」と。

第一二

第一四　デーヴァダハの章

以上の摂頌

「デーヴァダハ」と「時機」と（二の）「色（楽）」
また二の「そなたらのものに非ず」あり
また「因」によって三からなる
「内（処）」と「外（処）」との二（計六）が説かれたり

第一五　新古の章（Navapurāṇa-vagga）

1　業滅経（Kammanirodha-sutta）[一]

（一四六）▽このように私は聞いた——……

世尊《せそん》はつぎのように言われた。△

「比丘《びく》たちよ、新古の業と[二]、業《ごう》の滅尽《めつじん》と、業の滅尽にいたる行道《ぎょうどう》とを説きましょう。それを聞き、よく考えなさい。語りましょう」と。

新古の業

「それでは、比丘たちよ、古い業とは何でしょうか。

[三]比丘たちよ、眼《げん》は古い業であり、行作されたもの[四]、意思されたもの[五]、[六]感受《かんじゅ》されたものと解されるべきです。

▽耳《に》は古い業であり、行作されたもの、意思されたもの、感受されたものと解されるべきです。

鼻《び》は古い業であり、行作されたもの、意思されたもの、感受されたものと解されるべきです。

舌《ぜつ》は古い業であり、行作されたもの、意思されたもの、感受されたものと解されるべきです。△

▽身は古い業であり、行作されたもの、意思されたもの、感受され

一　本経名を、Cᵉは「業経」（Kamma-sutta）、Rᵉは Kammaṁ とする。

（一四六）漢訳の相当経典は不明。

二　navapurāṇāni.〈もろもろの新しい（業）ともろもろの古い（業）と〉。

三　cakkhu bhikkhave purāṇakammaṁ.〈眼は古いのではなく、業のみが古いのである。しかし、業から生まれているので、縁の名によって（paccayanāmena）《先の生まれによって成就しているから「古い」と言われるべき縁となる業の名によって（kammassa nāmea）》このように《「古い業」と》言われている〉。因縁篇、第三七節『「そなたらのものに非ず」経』（因縁篇I、二七八頁）参照。

四　abhisaṅkhataṁ.〈諸縁によって（paccayehi）、共に近づき（abhisamāgantvā）、作られたもの（kataṁ）〉。

五　abhisañcetayitaṁ.〈意思によって（cetanāya）分別されたもの（pakappitaṁ）〉。

六　vedaniyaṁ daṭṭhabbaṁ.〈感受（vedanā）の根拠（vatthu）《生起の根拠（nibbattikāraṇa）》であると《観慧（vipassanā-paññā）によって》見られるべきです〉。

たものと解されるべきです。△

意《い》は古い業であり、行作されたもの、意思されたもの、感受されたものと解されるべきです。

比丘たちよ、これが古い業と言われます。

それでは、比丘たちよ、新しい業とは何でしょうか。

比丘たちよ、今、[七]身《しん》により、語により、意により作るものです。

比丘たちよ、これが新しい業と言われます。

業の滅尽

それではまた、比丘たちよ、業の滅尽[八]とは何でしょうか。

比丘たちよ、身業、語業、意業の滅尽[九]により解脱《げだつ》に触れることです。比丘たちよ、これ[一〇]が業の滅尽と言われます。

業の滅尽にいたる行道

それではまた、比丘たちよ、業の滅尽[一一]にいたる行道とは何でしょうか。

これは聖なる八支[一二]の道です。すなわち、[一三]正見《しょうけん》・正思《しょうし》・正語《しょうご》・正《しょう》業《ごう》・正命《しょうみょう》・正精進《しょうしょうじん》・正念《しょうねん》・正定《しょうじょう》です。比丘たちよ、これが業の滅尽にいたる行道と言われます。

以上のように、比丘たちよ、私によって、古い業が説かれ、新しい業が説かれ、業の滅尽が説かれ、業の滅尽にいたる行道が説かれ

七　kāyena vācāya manasā. 身・語（口）・意の三業によって、ということ。

八　kammanirodho.

九　nirodhā vimuttiṁ phusati. 〈この三種の業の滅尽によって《諸煩悩が生起しない滅尽の成就によって》解脱（vimutti）に触れる《阿羅漢果の解脱を得る（arahattaphalavimuttiṁ pāpuṇāti）》〉。

一〇　ayaṁ vuccati. 〈これが、その解脱の所縁となる（ārammaṇabhūta）滅尽である、業の滅尽と言われる、ということ。このように、本経では、前分の観（pubbabhāgavipassanā）が語られている〉。《「業はここで滅尽する」という理由によって、涅槃（nibbāna）が「業の滅尽」と言われる》。

一一　kammanirodhagāminī paṭipadā.

一二　ariyo aṭṭhaṅgiko maggo. あるいは「八支聖道」。八正道。

一三　sammādiṭṭhi, sammāsaṅkappo, sammāvācā, sammākammanto, sammā-ājīvo, sammāvāyāmo, sammāsati, sammāsamādhi. このうち、「正見」とは智慧による正しい見方、縁起、四諦によるもの。「正思」（正思惟）とは慈悲による正しい思い、他者を害さない考えをいう。

ています。

比丘たちよ、[一四]弟子たちのために[一五]利益《りやく》を願い、憐れみのある師が憐れみによってなすべきことを、私はそなたたちのためになしております。

比丘たちよ、[一六]これらの樹下があります。[一七]これらの空屋があります。

比丘たちよ、[一八]瞑想しなさい。[一九]怠ってはなりません。[二〇]後悔があってはなりません。これがそなたたちに対する[二一]われわれの教誡です」

と。

第一

2 無常涅槃相応経（Aniccanibbānasappāya-sutta）[一]

（一四七）このように私は聞いた——……
世尊はつぎのように言われた。

「比丘たちよ、そなたたちに、[二]涅槃《ねはん》にふさわしい行道を説きましょう。それを聞き、よく考えなさい。語りましょう」と。

「それでは、比丘たちよ、涅槃にふさわしい行道とは何でしょうか。

比丘たちよ、ここに、比丘は、[三]眼は無常《むじょう》であると見ます。[四]もろもろの色《しき》は無常であると見ます。[五]眼識《げんしき》は無常であると見ます。[六]眼触《げんそく》は無常であると見ます。この眼触を縁として生じる楽《らく》の、あるいは苦《く》

一四　以下については、中部8『削減経』第八節参照。
一五　hitesinā anukampakena.「利益を願い」とは慈（mettā）のある、「憐れみのある」とは悲（karuṇā 同情）のある、ということ。
一六　etāni rukkhamūlāni. 樹下の臥坐所をさす。
一七　etāni suññāgārāni. 人々から離れた場所をさす。
一八　jhāyatha. あるいは「坐禅をしなさい」。〈＊止と観（samatha-vipassanā）の修習に努めよ〉の意。
一九　mā pamādattha.
二〇　mā pacchāvippaṭisārino ahuvattha. 後に、老いたとき、病のとき、死のとき、師の入滅などのときに、これまでの怠りを悔いてはならない、ということ。
二一　amhākaṁ anusāsanī.〈＊われわれのもとで「瞑想せよ、怠ってはならない」との教誡〉。

一　本経名を、C^{e}は「相応経」（Sappāya-sutta）、R^{e}はSappāya (1) とする。（一四七）『雑阿含経』巻第八〈二二〇〉（大正蔵二・五五ａ）
二　nibbānasappāyaṁ paṭipadaṁ.〈涅槃（nibbāna）のために《涅槃の証得（nibbānādhigama）のために、あるいは煩悩の消滅（kilesanibbāna 煩悩涅槃）のために》、ふさわしい、資助となる行道（利益をもたらす実践）を、ということ。第三（第一四八節）などについても、これと同じ仕方で解される。ただし、順次に、これらの四経《第二などの四》においても、観（vipassanā）を伴う四道（catu-magga）が語られている〉。
三　cakkhuṁ aniccan ti passati.「眼は」とは、感覚器官（根）である眼は、ということ。

の、あるいは非苦非楽の感受も無常であると見ます。

▽耳は無常であると見ます。もろもろの声《しょう》は無常であると見ます。耳識は無常であると見ます。耳触は無常であると見ます。この耳触を縁として生じる楽の、あるいは苦の、あるいは非苦非楽の感受も無常であると見ます。

鼻は無常であると見ます。もろもろの香《こう》は無常であると見ます。鼻識は無常であると見ます。鼻触は無常であると見ます。この鼻触を縁として生じる楽の、あるいは苦の、あるいは非苦非楽の感受も無常であると見ます。△

舌は無常であると見ます。もろもろの味《み》は無常であると見ます。舌識は無常であると見ます。舌触は無常であると見ます。この舌触を縁として生じる楽の、あるいは苦の、あるいは非苦非楽の感受も無常であると見ます。

▽身は無常であると見ます。もろもろの触《そく》は無常であると見ます。身識は無常であると見ます。身触は無常であると見ます。この身触を縁として生じる楽の、あるいは苦の、あるいは非苦非楽の感受も無常であると見ます。△

意は無常であると見ます。もろもろの法《ほう》は無常であると見ます。意識は無常であると見ます。意触は無常であると見ます。この意触

四　rūpā.「もろもろの色は」とは、眼の対象（境）であるもろもろの色は、ということ。

五　cakkhuviññāṇaṁ.「眼識は」とは、眼の心（識）である眼識は、ということ。

六　cakkhusamphasso. あるいは「眼の接触は」。

を縁として生じる楽の、あるいは苦の、あるいは非苦非楽の感受も無常であると見ます。

比丘たちよ、これがその涅槃にふさわしい行道です」

と。

第二

3 苦涅槃相応経 (Aniccanibbānasappāya-sutta)[一]

(一四八) このように私は聞いた――……

世尊はつぎのように言われた。

「比丘たちよ、そなたたちに、涅槃[二]にふさわしい行道を説きましょう。それを聞き、よく考えなさい。語りましょう」と。

「それでは、比丘たちよ、涅槃にふさわしい行道とは何でしょうか。

比丘たちよ、ここに、比丘は、眼は苦であると見ます[三]。もろもろの色《しき》は苦であると見ます。眼識は苦であると見ます。眼触は苦であると見ます。この眼触を縁として生じる楽の、あるいは苦の、あるいは非苦非楽の感受も苦であると見ます。

耳は苦であると見ます。もろもろの声《しょう》は苦であると見ます。耳識は苦であると見ます。耳触は苦であると見ます。この耳触を縁として生じる楽の、あるいは苦の、あるいは非苦非楽の感受も苦である

一　本経名を、Cᵉは「第二相応経」(Dutiyasappāya-sutta)、Rᵉは Sappāya (2) とする。
(一四八) Cf.『雑阿含経』巻第八〈二二〇〉(大正蔵二・五五a)

二　nibbānasappāyaṁ. 涅槃の証得のために、あるいは煩悩の消滅のために。

三　cakkhuṁ dukkhan ti passati.

と見ます。

鼻は苦であると見ます。もろもろの香《こう》は苦であると見ます。鼻識は苦であると見ます。鼻触は苦であると見ます。この鼻触を縁として生じる楽の、あるいは苦の、あるいは非苦非楽の感受も苦であると見ます。△

舌は苦であると見ます。もろもろの味《み》は苦であると見ます。舌識は苦であると見ます。舌触は苦であると見ます。この舌触を縁として生じる楽の、あるいは苦の、あるいは非苦非楽の感受も苦であると見ます。

▽身は苦であると見ます。もろもろの触《そく》は苦であると見ます。身識は苦であると見ます。身触は苦であると見ます。この身触を縁として生じる楽の、あるいは苦の、あるいは非苦非楽の感受も苦であると見ます。△

意は苦であると見ます。もろもろの法は苦であると見ます。意識は苦であると見ます。意触は苦であると見ます。この意触を縁として生じる楽の、あるいは苦の、あるいは非苦非楽の感受も苦であると見ます。

比丘たちよ、これがその涅槃にふさわしい行道です」

と。

4 無我涅槃相応経 (Anattanibbānasappāya-sutta)[一]

（一四九）このように私は聞いた——……

世尊はつぎのように言われた。

「比丘たちよ、そなたたちに、[二]涅槃にふさわしい行道を説きましょう。それを聞き、よく考えなさい。語りましょう」と。

「それでは、比丘たちよ、涅槃にふさわしい行道とは何でしょうか。比丘たちよ、ここに、比丘は、[三]眼は無我《むが》であると見ます。もろもろの色は無我であると見ます。眼識は無我であると見ます。眼触は
(135)
無我であると見ます。この眼触を縁として生じる楽の、あるいは苦の、あるいは非苦非楽の感受も無我であると見ます。

耳は無我であると見ます。もろもろの声は無我であると見ます。耳識は無我であると見ます。耳触は無我であると見ます。この耳触を縁として生じる楽の、あるいは苦の、あるいは非苦非楽の感受も無我であると見ます。

鼻は無我であると見ます。もろもろの香は無我であると見ます。鼻識は無我であると見ます。鼻触は無我であると見ます。この鼻触を縁として生じる楽の、あるいは苦の、あるいは非苦非楽の感受も

一 本経名を、C^eは「第三相応経」(Tatiyasappāya-sutta)、R^eは Sappāya (3) とする。

（一四九） Cf.『雑阿含経』巻第八〈二二〇〉（大正蔵二・五五a）

二 nibbānasappāyaṃ. 涅槃の証得のために、あるいは煩悩の消滅のために。

三 cakkhuṃ anattā ti passati.

無我であると見ます。

舌は無我であると見ます。もろもろの味は無我であると見ます。舌識は無我であると見ます。舌触は無我であると見ます。この舌触を縁として生じる楽の、あるいは苦の、あるいは非苦非楽の感受も無我であると見ます。

身は無我であると見ます。もろもろの触は無我であると見ます。身識は無我であると見ます。身触は無我であると見ます。この身触を縁として生じる楽の、あるいは苦の、あるいは非苦非楽の感受も無我であると見ます。

意は無我であると見ます。もろもろの法は無我であると見ます。意識は無我であると見ます。意触は無我であると見ます。この意触を縁として生じる楽の、あるいは苦の、あるいは非苦非楽の感受も無我であると見ます。

比丘たちよ、これがその涅槃にふさわしい行道です」

と。

第四

5 涅槃相応行道経 (Nibbānasappāyapatipadā-sutta)[一]

(一五〇) このように私は聞いた――……

一 本経名を、Cᵉは「第四相応経」(Catutthasappāya-sutta)、Rᵉは Sappāya (4) とする。
(一五〇) Cf.『雑阿含経』巻第八〈二二〇〉(大正蔵二・五五a)

世尊はつぎのように言われた。△

「比丘たちよ、そなたたちに、涅槃[二]にふさわしい行道を説きましょう。それを聞き、▽よく考えなさい。語りましょう」と。

「△それでは、比丘たちよ、涅槃にふさわしい行道とは何でしょうか。

六処の無常

（眼）比丘[三]たちよ、そのことをどう思いますか。つまり、眼は常ですか、それとも無常ですか」と。

「無常です、尊師よ」。

「それでは、無常であるものは、苦ですか、それとも楽ですか」と。

「苦です、尊師よ」。

「それでは、無常であり、苦であり、変化する性質のものを〈[四]これは私のものである。これ[五]は私である。これ[六]は私の我《が》である〉と随《ずい》[七]見《けん》することは適切ですか」と。

「いいえ、尊師よ」。

「もろもろの色は常ですか、それとも無常ですか」と。……

「眼識は常ですか、それとも無常ですか」と。……

「眼触は常ですか、それとも無常ですか」と。

「無常です、尊師よ」。……

「▽また、この眼触を縁として生じる楽の、あるいは苦の、あるい

二　nibbānasappāyaṁ. 涅槃の証得のために、あるいは煩悩の消滅のために。

三　以下については、本相応、第三二節「第二根絶適応経」（本書、一四二頁）参照。

四　etaṁ mama. 〈以下のそれぞれ三語によって、愛・慢・見の執（taṇhāmānadiṭṭhi-gāha）を示し、三転の仕方（tiparivaṭṭa-naya）で説示がなされている〉。これは、渇愛（taṇhā）を示す語である。

五　esoham asmi. 慢心（māna）を示す語である。

六　eso me attā. 我見（diṭṭhi）を示す語である。

七　samanupassituṁ. あるいは「見ることは」。

は非苦非楽の感受も常ですか、それとも無常ですか」と。

「無常です、尊師よ」。

「それでは、無常であるものは、苦ですか、それとも楽ですか」と。

「苦です、尊師よ」。

「それでは、無常であり、苦であり、変化する性質のものを〈これは私のものである。これは私である。これは私の我である〉と随見することは適切ですか」と。

「いいえ、尊師よ」。

（耳）「耳は常ですか、それとも無常ですか」と。

「無常です、尊師よ」。

「それでは、無常であるものは、苦ですか、それとも楽ですか」と。

「苦です、尊師よ」。

「それでは、無常であり、苦であり、変化する性質のものを〈これは私のものである。これは私である。これは私の我である〉と随見することは適切ですか」と。

「いいえ、尊師よ」。

「もろもろの声は常ですか、それとも無常ですか」と。……

「耳識は常ですか、それとも無常ですか」と。……

「耳触は常ですか、それとも無常ですか」と。

「無常です、尊師よ」。……

「また、この耳触を縁として生じる楽の、あるいは苦の、あるいは非苦非楽の感受も常ですか、それとも無常ですか」と。

「無常です、尊師よ」。

「それでは、無常であるものは、苦ですか、それとも楽ですか」と。

「苦です、尊師よ」。

「それでは、無常であり、苦であり、変化する性質のものを〈これは私のものである。これは私である。これは私の我である〉と随見することは適切ですか」と。

「いいえ、尊師よ」。

（鼻）「鼻は常ですか、それとも無常ですか」と。

「無常です、尊師よ」。

「それでは、無常であるものは、苦ですか、それとも楽ですか」と。

「苦です、尊師よ」。

「それでは、無常であり、苦であり、変化する性質のものを〈これは私のものである。これは私である。これは私の我である〉と随見することは適切ですか」と。

「いいえ、尊師よ」。

「もろもろの香は常ですか、それとも無常ですか」と。……

「鼻識は常ですか、それとも無常ですか」と。……

「鼻触は常ですか、それとも無常ですか」と。

「無常です、尊師よ」。……

「また、この鼻触を縁として生じる楽の、あるいは苦の、あるいは非苦非楽の感受も常ですか、それとも無常ですか」と。

「無常です、尊師よ」。

「それでは、無常であるものは、苦ですか、それとも楽ですか」と。

「苦です、尊師よ」。

「それでは、無常であり、苦であり、変化する性質のものを〈これは私のものである。これは私である。これは私の我である〉と随見することは適切ですか」と。

「いいえ、尊師よ」。

(舌)「舌は常ですか、それとも無常ですか」と。

「無常です、尊師よ」。

「それでは、無常であるものは、苦ですか、それとも楽ですか」と。

「苦です、尊師よ」。

「それでは、無常であり、苦であり、変化する性質のものを〈これは私のものである。これは私である。これは私の我である〉と随見することは適切ですか」と。

「いいえ、尊師よ」。

「もろもろの味は常ですか、それとも無常ですか」と。……

「舌識は常ですか、それとも無常ですか」と。……

「舌触は常ですか、それとも無常ですか」と。

「無常です、尊師よ」。……

「また、この舌触を縁として生じる楽の、あるいは苦の、あるいは非苦非楽の感受も常ですか、それとも無常ですか」と。

「無常です、尊師よ」。

「それでは、無常であるものは、苦ですか、それとも楽ですか」と。

「苦です、尊師よ」。

「それでは、無常であり、苦であり、変化する性質のものを〈これは私のものである。これは私である。これは私の我である〉と随見することは適切ですか」と。

「いいえ、尊師よ」。

（身）「身は常ですか、それとも無常ですか」と。

「無常です、尊師よ」。

「それでは、無常であるものは、苦ですか、それとも楽ですか」と。

「苦です、尊師よ」。

「それでは、無常であり、苦であり、変化する性質のものを〈こ

れは私のものである。これは私である。これは私の我である〉と随見することは適切ですか」と。

「いいえ、尊師よ」。

「もろもろの触は常ですか、それとも無常ですか」と。……

「身識は常ですか、それとも無常ですか」と。……

「身触は常ですか、それとも無常ですか」と。

「無常です、尊師よ」。……

「また、この身触を縁として生じる楽の、あるいは苦の、あるいは非苦非楽の感受も常ですか、それとも無常ですか」と。

「無常です、尊師よ」。

「それでは、無常であるものは、苦ですか、それとも楽ですか」と。

「苦です、尊師よ」。

「それでは、無常であり、苦であり、変化する性質のものを〈これは私のものである。これは私である。これは私の我である〉と随見することは適切ですか」と。

「いいえ、尊師よ」。

(意)「意は常ですか、それとも無常ですか」と。

「無常です、尊師よ」。

「それでは、無常であるものは、苦ですか、それとも楽ですか」と。

「苦です、尊師よ」。

「それでは、無常であり、苦であり、変化する性質のものを〈これは私のものである。これは私である。これは私の我である〉と随見することは適切ですか」と。

「いいえ、尊師よ」。

「もろもろの法は常ですか、それとも無常ですか」と。……

「意識は常ですか、それとも無常ですか」と。……

「意触は常ですか、それとも無常ですか」と。

「無常です、尊師よ」。……

「また、この意触を縁として生じる楽の、あるいは苦の、あるいは非苦非楽の感受も常ですか、それとも無常ですか」と。

「無常です、尊師よ」。

「それでは、無常であるものは、苦ですか、それとも楽ですか」と。

「苦です、尊師よ」。

「それでは、無常であり、苦であり、変化する性質のものを〈これは私のものである。これは私である。これは私の我である〉と随見することは適切ですか」と。

「いいえ、尊師よ」。

六処の厭離

「比丘たちよ、このように見る、聞《もん》をそなえた聖なる弟子は、眼についても厭離《おんり》します。もろもろの色についても厭離します。眼識についても厭離します。眼触についても厭離します。▽また、この眼触を縁として生じる楽の、あるいは苦の、あるいは非苦非楽の感受についても厭離します。

耳についても厭離します。もろもろの声についても厭離します。耳識についても厭離します。耳触についても厭離します。また、この耳触を縁として生じる楽の、あるいは苦の、あるいは非苦非楽の感受についても厭離します。

鼻についても厭離します。もろもろの香についても厭離します。鼻識についても厭離します。鼻触についても厭離します。また、この鼻触を縁として生じる楽の、あるいは苦の、あるいは非苦非楽の感受についても厭離します。

舌についても厭離します。もろもろの味についても厭離します。舌識についても厭離します。舌触についても厭離します。また、この舌触を縁として生じる楽の、あるいは苦の、あるいは非苦非楽の感受についても厭離します。

身についても厭離します。もろもろの触についても厭離します。身識についても厭離します。身触についても厭離します。また、こ

の身触を縁として生じる楽の、あるいは苦の、あるいは非苦非楽の
感受についても厭離します。
意についても厭離します。もろもろの法についても厭離します。
意識についても厭離します。意触についても厭離します。△また、こ
の意触を縁として生じる楽の、あるいは苦の、あるいは非苦非楽の
感受についても厭離します。
(136) 八厭離し、離貪《りとん》します。九離貪により、解脱します。解脱したとき、
〈解脱した〉との智《ち》が生じます。〈生まれは尽きた。梵行《ぼんぎょう》は完成され
た。なすべきことはなされた。もはや、この状態の他にはない〉と
知ります。
比丘たちよ、これがその涅槃にふさわしい行道です」
と。

第五

349

6 内住者経（Antevāsika-sutta）一

（一五二）▽このように私は聞いた——……
世尊はつぎのように言われた。△
「比丘たちよ、この梵行二は、内住者三のいない、師匠四のいないもの
として住まれます。比丘たちよ、内住者のいる、師匠のいる比丘は、

八 nibbindaṁ virajjati.〈*ここでは、「離貪」によって四道（預流道・一来道・不還道・阿羅漢道）が語られている〉。
九 virāgā vimuccati.〈*ここでは、「解脱」によって四果（預流果・一来果・不還果・阿羅漢果）が語られている〉。

一 あるいは「内住弟子経」。

（一五二）『雑阿含経』巻第九〈二三五〉（大正蔵二・五七a—b）
二 brahmacariyaṁ vussati.「梵行」とは、〈*最勝の状態（setthattha）によって梵（brahma）となる所行（cariya）、あるいは梵となるもろもろの仏（buddha）などの所行〉とされる。長部2『沙門果経』補註11参照。なお、「梵行は住まれます」とは、梵行は住まれる（vasiyati）、行なわれ

苦に住み、安楽に住みません。

苦に住む

それでは、どのように、[五]内住者のいる、師匠のいる比丘は、[六]苦に住み、安楽に住まないのでしょうか。

比丘たちよ、ここに、比丘には、眼によって色を見たとき、[七]悪しき不善《ふぜん》の法、[八]束縛《そくばく》されるべき憶念《おくねん》と思念《しゆい》が生じます。それらはかれの内に住みつきます。悪しき不善の法が[九]かれの内に住みつくから、それゆえ『[一〇]内住者のいる』と言われます。[一一]それらはかれに働きかけます。悪しき不善の法がかれに働きかけるから、それゆえ『[一二]師匠のいる』と言われます。

▽さらにまた、比丘たちよ、比丘には、耳によって声を聞いたとき、悪しき不善の法、束縛されるべき憶念と思念が生じます。それらはかれの内に住みつきます。悪しき不善の法がかれの内に住みつくから、それゆえ『内住者のいる』と言われます。それらはかれに働きかけます。悪しき不善の法がかれに働きかけるから、それゆえ『師匠のいる』と言われます。

さらにまた、比丘たちよ、比丘には、鼻によって香を嗅いだとき、悪しき不善の法、束縛されるべき憶念と思念が生じます。それらはかれの内に住みつきます。悪しき不善の法がかれの内に住みつくか

る（cariyati）、の意。

三 anantevāsikaṁ. あるいは「内住弟子のいない」。〈内に住みつく煩悩のない（anto vasanakakilesavirahitaṁ）〉。

四 anācariyakaṁ.〈働きかける煩悩のない（ācaraṇakakilesavirahitaṁ）〉。

五 bhikkhu santevāsiko sācariyako.

六 dukkhaṁ na phāsu viharati.

七 pāpakā akusalā dhammā.

八 sarasaṅkappā saṁyojaniyā. 中部119『身至念経』第二節参照。

九 antassa vasanti.〈かれの（assa）《その人の（assa puggalassa）》内に（anto）《内心に（abbhantare citte）》住みつく《起こる（pavattanti）》〉。

一〇 santevāsiko.

一一 te naṁ samudācaranti.〈それらはこの者を征服する（adhibhavanti）、圧倒する（ajjhottharanti）、あるいは教える（sikkhāpenti 学ばせる）、ということ。「このように医術を、このように使者の仕事を行なえ」と、このように教えること（sikkhāpana）と称される実行（samudācaraṇa 働きかけ）によって、それらは師匠（ācariyā）と呼ばれることになる。それらの師匠によって《それらの、煩悩と称される、諸有情を自己の行方に置かせる、師匠によって》、『師匠のいる』と言われる〉。

一二 sācariyako.

ら、それゆえ『内住者のいる』と言われます。それらはかれに働きかけます。悪しき不善の法がかれに働きかけるから、それゆえ『師匠のいる』と言われます。△

さらにまた、比丘たちよ、比丘には、舌によって味を味わったとき、悪しき不善の法、束縛されるべき憶念と思念が生じます。それらはかれの内に住みつきます。悪しき不善の法がかれの内に住みつくから、それゆえ『内住者のいる』と言われます。それらはかれに働きかけます。悪しき不善の法がかれに働きかけるから、それゆえ『師匠のいる』と言われます。

▽さらにまた、比丘たちよ、比丘には、身によって触に触れたとき、悪しき不善の法、束縛されるべき憶念と思念が生じます。それらはかれの内に住みつきます。悪しき不善の法がかれの内に住みつくから、それゆえ『内住者のいる』と言われます。それらはかれに働きかけます。悪しき不善の法がかれに働きかけるから、それゆえ『師匠のいる』と言われます。△

さらにまた、比丘たちよ、比丘には、意によって法を識ったとき、悪しき不善の法、束縛されるべき憶念と思念が生じます。それらは
(137) かれの内に住みつきます。悪しき不善の法がかれの内に住みつくから、それゆえ『内住者のいる』と言われます。それらはかれに働き

かけます。悪しき不善の法がかれに働きかけるから、それゆえ『師匠のいる』と言われます。

比丘たちよ、このように、内住者のいる、師匠のいる比丘は、苦に住み、安楽に住みません。

楽に住む

それでは、比丘たちよ、どのように、内住者のいない、師匠のいない[一三]比丘は、楽に住み、安楽に住むのでしょうか。[一四]

比丘たちよ、ここに、比丘には、眼によって色を見たとき、悪しき不善の法、束縛されるべき憶念と思念が生じません。それらはかれの内に住みつきません。悪しき不善の法がかれの内に住みつかないから、それゆえ『内住者のいない』[一五]と言われます。それらはかれに働きかけません。悪しき不善の法がかれに働きかけないから、それゆえ『師匠のいない』[一六]と言われます。

▽さらにまた、比丘たちよ、比丘には、耳によって声を聞いたとき、悪しき不善の法、束縛されるべき憶念と思念が生じません。それらはかれの内に住みつきません。悪しき不善の法がかれの内に住みつかないから、それゆえ『内住者のいない』と言われます。それらはかれに働きかけません。悪しき不善の法がかれに働きかけないから、それゆえ『師匠のいない』と言われます。

一三 anantevāsiko anācariyako.
一四 sukhaṁ phāsu viharati.
一五 anantevāsiko.
一六 anācariyako.

さらにまた、比丘たちよ、比丘には、鼻によって香を嗅いだとき、悪しき不善の法、束縛されるべき憶念と思念が生じません。それらはかれの内に住みつきません。悪しき不善の法がかれの内に住みつかないから、それゆえ『内住者のいない』と言われます。それらはかれに働きかけません。悪しき不善の法がかれに働きかけないから、それゆえ『師匠のいない』と言われます。△

さらにまた、比丘たちよ、比丘には、舌によって味を味わったとき、悪しき不善の法、束縛されるべき憶念と思念が生じません。それらはかれの内に住みつきません。悪しき不善の法がかれの内に住みつかないから、それゆえ『内住者のいない』と言われます。それらはかれに働きかけません。悪しき不善の法がかれに働きかけないから、それゆえ『師匠のいない』と言われます。

▽さらにまた、比丘たちよ、比丘には、身によって触に触れたとき、悪しき不善の法、束縛されるべき憶念と思念が生じません。それらはかれの内に住みつきません。悪しき不善の法がかれの内に住みつかないから、それゆえ『内住者のいない』と言われます。それらはかれに働きかけません。悪しき不善の法がかれに働きかけないから、それゆえ『師匠のいない』と言われます。△

さらにまた、比丘たちよ、比丘には、意によって法を識ったとき、悪しき不善の法、束縛されるべき憶念と思念が生じません。それらはかれの内に住みつきません。悪しき不善の法がかれの内に住みつかないから、それゆえ『内住者のいない』と言われます。それらはかれに働きかけません。悪しき不善の法がかれに働きかけないから、それゆえ『師匠のいない』と言われます。

比丘たちよ、このように、内住者のいない、師匠のいない比丘は、楽に住み、安楽に住みます。

比丘たちよ、この梵行は、内住者のいない、師匠のいないものと(138)して住まれます。比丘たちよ、内住者のいる、師匠のいる比丘は、苦に住み、安楽に住みません。比丘たちよ、内住者のいない、師匠のいない比丘は、楽に住み、安楽に住みます」

と。

第六

7 「何のために梵行は」経 (Kimatthiyabrahmacariya-sutta)

(一五二) ▽このように私は聞いた——……

世尊はつぎのように言われた。△

「比丘たちよ、もし異教[一]《いきょう》の遍歴行者《へんれきぎょうじゃ》たちがそなたたちに、『友らよ、何のために沙門《しゃもん》ゴータマのもとで梵行は住まれますか』[二]と質問した

(一五二) 以下、漢訳の相当経典は不明。

一 aññatitthiyā paribbājakā.

二 brahmacariyaṁ vussati. あるいは「梵行につとめ住みますか」。中部24『中継車経』第六節参照。

ならば、比丘たちよ、このように質問されたそなたたちは、その異教の遍歴行者たちに、つぎのように解答すべきです。『友らよ、苦[三]を遍知するために世尊のもとで梵行は住まれます』と。

しかし、比丘たちよ、もし異教の遍歴行者たちがそなたたちに、『それでは、友らよ、沙門ゴータマのもとで梵行がそのために住まれるという、苦とは何ですか』と質問したならば、比丘たちよ、このように質問されたそなたたちは、その異教の遍歴行者たちに、つぎのように解答すべきです。

『友らよ、眼[四]は苦であり、それを遍知するために世尊のもとで梵行は住まれます。もろもろの色は苦であり、それらを遍知するために世尊のもとで梵行は住まれます。眼識は苦であり、それを遍知するために世尊のもとで梵行は住まれます。眼触は苦であり、それを遍知するために世尊のもとで梵行は住まれます。また、この眼触を縁として生じる楽の、あるいは苦の、あるいは非苦非楽の感受も苦であり、それを遍知するために世尊のもとで梵行は住まれます。

▽耳は苦であり、それを遍知するために世尊のもとで梵行は住まれます。もろもろの声は苦であり、それらを遍知するために世尊のもとで梵行は住まれます。耳識は苦であり、それを遍知するために世尊のもとで梵行は住まれます。耳触は苦であり、それを遍知するた

三　dukkhassa pariññāya. あるいは「苦を知悉するために」。本経については、本相応、第二六節「第一不遍知経」（本書、一一二頁）参照。

四　cakkhu dukkhaṁ. 眼は、苦、空虚、不安定なもの、ということ。以下の六処についても同様に解される。

めに世尊のもとで梵行は住まれます。また、この耳触を縁として生じる楽の、あるいは苦の、あるいは非苦非楽の感受も苦であり、それを遍知するために世尊のもとで梵行は住まれます。

鼻は苦であり、それを遍知するために世尊のもとで梵行は住まれます。もろもろの香は苦であり、それらを遍知するために世尊のもとで梵行は住まれます。鼻識は苦であり、それを遍知するために世尊のもとで梵行は住まれます。鼻触は苦であり、それを遍知するために世尊のもとで梵行は住まれます。また、この鼻触を縁として生じる楽の、あるいは苦の、あるいは非苦非楽の感受も苦であり、それを遍知するために世尊のもとで梵行は住まれます。

舌は苦であり、それを遍知するために世尊のもとで梵行は住まれます。もろもろの味は苦であり、それらを遍知するために世尊のもとで梵行は住まれます。舌識は苦であり、それを遍知するために世尊のもとで梵行は住まれます。舌触は苦であり、それを遍知するために世尊のもとで梵行は住まれます。また、この舌触を縁として生じる楽の、あるいは苦の、あるいは非苦非楽の感受も苦であり、それを遍知するために世尊のもとで梵行は住まれます。

身は苦であり、それを遍知するために世尊のもとで梵行は住まれます。もろもろの触は苦であり、それらを遍知するために世尊のもとで梵行は住まれます。身識は苦であり、それを遍知するために世尊のもとで梵行は住まれます。身触は苦であり、それを遍知するために世尊のもとで梵行は住まれます。また、この身触を縁として生じる楽の、あるいは苦の、あるいは非苦非楽の感受も苦であり、それを遍知するために世尊のもとで梵行は住まれます。△

　意は苦であり、それを遍知するために世尊のもとで梵行は住まれます。もろもろの法は苦であり、それらを遍知するために世尊のもとで梵行は住まれます。意識は苦であり、それを遍知するために世尊のもとで梵行は住まれます。意触は苦であり、それを遍知するために世尊のもとで梵行は住まれます。また、この意触を縁として生じる楽の、あるいは苦の、あるいは非苦非楽の感受も苦であり、それを遍知するために世尊のもとで梵行は住まれます。

351　友らよ、これが苦であり、それを遍知するために世尊のもとで梵行は住まれます』と。

　比丘たちよ、このように質問されたそなたたちは、その異教の遍歴行者たちに、このように解答すべきです」と。

第七

8「理由はあるか」経（Atthinukhopariyāya-sutta）

（一五三）▽このように私は聞いた——……△

世尊はつぎのように言われた。

「比丘たちよ、比丘が、信仰[一]によらず、愛好[二]によらず、伝聞[三]によらず、様相の考察[四]によらず、見解の認容《にんよう》[五]によらず、その理由[六]によって、〈生まれは尽きた[七]。梵行は完成された。なすべきことはなされた。もはや、この状態の他にはない、と私は知る〉というように、完《かん》[八]全智《ぜんち》を解答できる理由はありますか」と。

「尊師よ、私どものもろもろの法は、世尊を根源とし、世尊を指導者とし、世尊を依拠としております。

尊師よ、どうか世尊は、この説かれたことの意味をお明かしくださいますように。比丘どもは、世尊の言葉をお聞きし、記憶にとどめるでありましょう」と。

「それでは、比丘たちよ、聞いて、よく考えなさい。話しましょう」と。

「かしこまりました、尊師よ」と、かれら比丘は世尊に答えた。

世尊は、つぎのように言われた。

「比丘たちよ、比丘が、信仰によらず、愛好によらず、伝聞によらず、様相の考察によらず、見解の認容によらず、その理由によっ

一　aññatreva saddhāya.〈信仰でなく（vinā saddhāya）、信仰を除いて（saddhaṁ apanetvā）、ということ。また、ここでいう「信仰」とは、《「世尊は正自覚者である。法は世尊によってよく説かれている」（長部27『小象跡喩経』第一節）というような、現に見られる、顚倒のない意味に起こる信としての》個人的経験の信（paccakkhā saddhā）ではない。そうではなく、他人が「このようなものらしい、あのようなものらしい」と語るのを聞いて生じる信仰の様相（saddahanākāra）であり、それについてこれが言われている〉。なお、以下の五法（信仰・愛好・伝聞・様相の考察・見解の認容）については、中部95『チャンキー経』第七節参照。

二　aññatra ruciyā.〈「愛好」（ruci）とは、喜び（rucāpetvā）《何らかの道理を自己の考えで喜び（rocetvā）》、好み（khamāpetvā）《心がそのように喜び》、「これは道理（attha）である」と《心によって》捉える様相（gahaṇākāra）をいう〉。

三　aññatra anussavā.《「伝聞」（anussava）とは、「このようになるらしい」という風聞（anussavana）である》。

四　aññatra ākāraparivitakkā.〈「様相の考察」（ākāraparivitakka）とは、坐って一つの根拠を考える者に根拠が現われ、このように現われた者が「これは道理《根拠（kāraṇa）》である」と捉えることをいう。「根拠の考察」（kāraṇavitakka）という意味である〉。

五　aññatra diṭṭhinijjhānakkhantiyā.〈「見解の認容」（diṭṭhinijjhānakkhanti）とは、根拠を考える者には悪しき執見（pāpikā laddhi）が生じ、それを「これは道理である」と捉える様相をいう〉。

六　yaṁ pariyāyaṁ āgamma.〈その（ある）根拠（kāraṇa）によって〉。《このもののために果を得る（pariyāyati）、受ける（parigacchati）から「理由」（pariyāya）、因（hetu）という》。

七　khīṇā jāti, vusitaṁ brahmacariyaṁ, kataṁ karaṇīyaṁ, nāparaṁ itthattāya. 以下は阿羅漢の境地を示す言葉。長部2

て、〈生まれは尽きた。梵行は完成された。なすべきことはなされた。もはや、この状態の他にはない、と私は知る〉というように、完全智を解答できる理由はあります」

と。

「それでは、比丘たちよ、比丘が、信仰によらず、愛好によらず、伝聞によらず、様相の考察によらず、見解の認容によらず、その理由によって、〈生まれは尽きた。梵行は完成された。なすべきことはなされた。もはや、この状態の他にはない、と私は知る〉というように、完全智を解答する理由とは何でしょうか。

（眼）比丘たちよ、ここに、比丘は、眼によって色を見て、内に[九]貪・瞋・痴があれば〈私には内に貪・瞋・痴がある〉と知り、あるいは、内に貪・瞋・痴がなければ〈私には内に貪・瞋・痴がない〉と知ります。

比丘たちよ、[一〇]これらの法は、はたして信仰によって知られるべきでしょうか。あるいは愛好によって知られるべきでしょうか。あるいは伝聞によって知られるべきでしょうか。あるいは様相の考察によって知られるべきでしょうか。あるいは見解の認容によって知られるべきでしょうか」と。

「いいえ、尊師よ」。

『沙門果経』第九九節、補註26参照。

八 aññaṁ byākareyya.〈これら五の理由（thāna）《「信仰」などの五の根拠》を離れて、阿羅漢果（arahatta）を解答できる、ということ〉。

九 rāgadosamohaṁ. 貪りと怒りと愚痴（愚かさ）が、の意。

一〇 ime dhammā. これらのことは、の意。

「比丘たちよ、これらの法は、慧《え》[一一]によって見て、知られるべきではないでしょうか」と。

「はい、尊師よ」。

「比丘たちよ、これこそ、比丘が、信仰によらず、愛好によらず、伝聞によらず、様相の考察によらず、見解の認容によらず、その理由によって、〈生まれは尽きた。梵行は完成された。なすべきことはなされた。もはや、この状態の他にはない、と私は知る〉というように、完全智を解答する理由です」と。

（耳）「▽さらにまた、比丘たちよ、ここに、比丘は、耳によって声を聞き、内に貪・瞋・痴があれば〈私には内に貪・瞋・痴がある〉と知り、あるいは、内に貪・瞋・痴がなければ〈私には内に貪・瞋・痴がない〉と知ります。

比丘たちよ、これらの法は、はたして信仰によって知られるべきでしょうか。あるいは愛好によって知られるべきでしょうか。あるいは伝聞によって知られるべきでしょうか。あるいは様相の考察によって知られるべきでしょうか。あるいは見解の認容によって知られるべきでしょうか」と。

「いいえ、尊師よ」。

「比丘たちよ、これらの法は、慧によって見て、知られるべきで

一一　paññāya disvā.　あるいは「智慧によって見て」。

はないでしょうか」と。

「はい、尊師よ」。

「比丘たちよ、これもまた、比丘が、信仰によらず、愛好によらず、伝聞によらず、様相の考察によらず、見解の認容によらず、その理由によって、〈生まれは尽きた。梵行は完成された。なすべきことはなされた。もはや、この状態の他にはない、と私は知る〉というように、完全智を解答する理由です」と。

（鼻）「さらにまた、比丘たちよ、ここに、比丘は、鼻によって香を嗅ぎ、内に貪・瞋・痴があれば〈私には内に貪・瞋・痴がある〉と知り、あるいは、内に貪・瞋・痴がなければ〈私には内に貪・瞋・痴がない〉と知ります。

比丘たちよ、これらの法は、はたして信仰によって知られるべきでしょうか。あるいは愛好によって知られるべきでしょうか。あるいは伝聞によって知られるべきでしょうか。あるいは様相の考察によって知られるべきでしょうか。あるいは見解の認容によって知られるべきでしょうか」と。

「いいえ、尊師よ」。

「比丘たちよ、これらの法は、慧によって見て、知られるべきではないでしょうか」と。

「はい、尊師よ」。

「比丘たちよ、これもまた、比丘が、信仰によらず、愛好によらず、伝聞によらず、様相の考察によらず、見解の認容によらず、その理由によって、〈生まれは尽きた。梵行は完成された。なすべきことはなされた。もはや、この状態の他にはない、と私は知る〉というように、完全智を解答する理由です」と。

(舌)「さらにまた、比丘たちよ、ここに、比丘は、舌によって味を味わい、内に貪・瞋・痴があれば〈私には内に貪・瞋・痴がある〉と知り、あるいは、内に貪・瞋・痴がなければ〈私には内に貪・瞋・痴がない〉と知ります。

比丘たちよ、これらの法は、はたして信仰によって知られるべきでしょうか。あるいは愛好によって知られるべきでしょうか。あるいは伝聞によって知られるべきでしょうか。あるいは様相の考察によって知られるべきでしょうか。あるいは見解の認容によって知られるべきでしょうか」と。

「いいえ、尊師よ」。

「比丘たちよ、これらの法は、慧によって見て、知られるべきではないでしょうか」と。

「はい、尊師よ」。

「比丘たちよ、これもまた、比丘が、信仰によらず、愛好によらず、伝聞によらず、様相の考察によらず、見解の認容によらず、その理由によって、〈生まれは尽きた。梵行は完成された。なすべきことはなされた。もはや、この状態の他にはない、と私は知る〉というように、完全智を解答する理由です」と。

（身）「さらにまた、比丘たちよ、ここに、比丘は、身によって触に触れ、内に貪・瞋・痴があれば〈私には内に貪・瞋・痴がある〉と知り、あるいは、内に貪・瞋・痴がなければ〈私には内に貪・瞋・痴がない〉と知ります。

比丘たちよ、これらの法は、はたして信仰によって知られるべきでしょうか。あるいは愛好によって知られるべきでしょうか。あるいは伝聞によって知られるべきでしょうか。あるいは様相の考察によって知られるべきでしょうか。あるいは見解の認容によって知られるべきでしょうか」と。

「いいえ、尊師よ」。

「比丘たちよ、これらの法は、慧によって見て、知られるべきではないでしょうか」と。

「はい、尊師よ」。

「比丘たちよ、これもまた、比丘が、信仰によらず、愛好によらず、伝聞によらず、様相の考察によらず、見解の認容によらず、その理由によって、〈生まれは尽きた。梵行は完成された。なすべきことはなされた。もはや、この状態の他にはない、と私は知る〉というように、完全智を解答する理由です」と。△

(140)
(意)「さらにまた、比丘たちよ、ここに、比丘は、意によって法を識り、内に貪・瞋・痴があれば〈私には内に貪・瞋・痴がある〉と知り、あるいは、内に貪・瞋・痴がなければ〈私には内に貪・瞋・痴がない〉と知ります。

比丘たちよ、これらの法は、はたして信仰によって知られるべきでしょうか。あるいは愛好によって知られるべきでしょうか。あるいは伝聞によって知られるべきでしょうか。あるいは様相の考察によって知られるべきでしょうか。あるいは見解の認容によって知られるべきでしょうか」と。

「いいえ、尊師よ」。

「比丘たちよ、これらの法は、慧によって見て、知られるべきではないでしょうか」と。

「はい、尊師よ」。

353
「比丘たちよ、これもまた、比丘が、信仰によらず、愛好によらず、伝聞によらず、様相の考察によらず、見解の認容によらず、その理由によって、〈生まれは尽きた。梵行は完成された。なすべきことはなされた。もはや、この状態の他にはない、と私は知る〉というように、完全智を解答する理由です」[三]と。

第八

9 感官具足者経（Indriyasampanna-sutta）

（二五四）このように私は聞いた――……

ときに、ある比丘が、世尊がおられるところへ近づいて行った。行って、世尊を礼拝《らいはい》し、一方に坐った。

一方に坐ったその比丘は、世尊にこう申し上げた。

「尊師よ、『感官の具足者、感官の具足者』[一]と言われます。尊師よ、いったいどれだけをもって感官の具足者になるのでしょうか」と。

「[二]比丘よ、もし[三]眼の感官について生滅《しょうめつ》[四]を随観して住むならば、眼の感官について厭離します。

比丘よ、もし耳の感官について生滅を随観して住むならば、耳の感官について厭離します。

比丘よ、比丘よ、もし鼻の感官について生滅を随観して住むならば、鼻の感官について厭離します。

三 〈本経では、《「内に貪・瞋・痴があれば」などによって》有学（sekha）の省察（paccavekkhaṇā）と、《「内に貪・瞋・痴がなければ」などによって》無学（asekha）の省察とが語られている〉。

一 indriyasampanno. あるいは「根の具足者」。「感官」とは、六感覚器官（眼・耳・鼻・舌・身・意）、六根、六処をさす。〈「感官の具足者」とは、感官が円満（完成）している者をいう。そこで、六感官を思惟して（sammasitvā）阿羅漢果（arahatta）が得られたならば、かれはそれらの従順な感官をそなえていることから、あるいは「眼」などの六感官を思惟するかれには生起している「信」などの根がそなわっていることから、「感官が円満している者」と呼ばれることになる。それについて、世尊は、「もし眼の感官について」などの仕方で説示を詳しくし、「比丘よ、これだけをもって感官の具足者になります」と言われたのである〉。なお、《'sampanna' という語は、「比丘たちよ、戒をそなえて住みなさい」（中部6『希望経』第一節）などにおけるように、円満（paripuṇṇa）の意味をもつから、

比丘よ、もし舌の感官について生滅を随観して住むならば、舌の感官について厭離します。

比丘よ、もし身の感官について生滅を随観して住むならば、身の感官について厭離します。

比丘よ、もし意の感官について生滅を随観して住むならば、意の感官について厭離します。

厭離し、離貪します。離貪により、解脱します。解脱したとき、〈解脱した〉との智が生じます。〈生まれは尽きた。梵行は完成された。なすべきことはなされた。もはや、この状態の他にはない〉と知ります。

比丘よ、これだけをもって感官の具足者になります」

と。

第九

(141)

10 説法者問経 (Dhammakathikapuccha-sutta)[一]

（一五五）このように私は聞いた――……

ときに、ある比丘が、世尊がおられるところへ近づいて行った。

行って、世尊を礼拝し、一方に坐った。

一方に坐ったその比丘は、世尊にこう申し上げた。

「感官が円満している者」と言ったのである》。なおまた、この語には、円満、具足（samaṅgī 具備）、甘美（madhura）の三義があり、ここは「円満」、あるいは「具足」と解される。

二 bhikkhu. あるいは「比丘が」。以下についても同じ。

三 cakkhundriye. あるいは「眼根について」。

四 udayabbayānupassī. あるいは「生起と消滅とを観続けて」。

一 本経名を、C^eは「説法者経」(Dhammakathika-sutta)、R^eは Kathika とする。本経については、因縁篇、第一六節「説法者経」（因縁篇I、一二二頁）参照。

（一五五）『雑阿含経』巻第一〈二六〉（大正蔵二・五c）

「尊師よ、『[二]説法者《せっぽうしゃ》、説法者』と言われます。しかし、尊師よ、どれだけをもって説法者になるのでしょうか」と。

（眼）「[三]比丘よ、もし[四]眼の厭離のため、[五]離貪のため、[六]滅尽のために法を説くならば、『[七]法を説く比丘』と[八]呼ばれるに充分です。

比丘よ、もし眼の厭離のため、離貪のため、滅尽のために行道するならば、『[九]法の随法《ずいほう》を行道《ぎょうどう》する比丘』と呼ばれるに充分です。

比丘よ、もし眼の厭離により、離貪により、滅尽により、[一〇]執着《しゅうじゃく》のない解脱者《げだつしゃ》になるならば、『[一一]現法涅槃《げんぽうねはん》を得ている比丘』と呼ばれるに充分です。

▽（耳）比丘よ、もし耳の厭離のため、離貪のため、滅尽のために法を説くならば、『法を説く比丘』と呼ばれるに充分です。

比丘よ、もし耳の厭離のため、離貪のため、滅尽のために行道するならば、『法の随法を行道する比丘』と呼ばれるに充分です。

比丘よ、もし耳の厭離により、離貪により、滅尽により、執着のない解脱者になるならば、『現法涅槃を得ている比丘』と呼ばれるに充分です。

（鼻）比丘よ、もし鼻の厭離のため、離貪のため、滅尽のために法を説くならば、『法を説く比丘』と呼ばれるに充分です。

比丘よ、もし鼻の厭離のため、離貪のため、滅尽のために行道す

二　dhammakathiko.

三　bhikkhu. あるいは「比丘が」。以下についても同じ。

四　cakkhussa nibbidāya. 眼を厭い離れるために、〈＊厭離の随観を獲得するために〉、ということ。

五　virāgāya. 貪り（染まり）を離れるために、ということ。

六　nirodhāya. 消滅のために、ということ。

七　dhammakathiko bhikkhu.

八　alaṁ vacanāya. 〈＊このように言われるべきことに値する、適切な者、ふさわしい者である〉の意。

九　dhammānudhammappaṭipanno bhikkhu. 〈＊「法の随法を行道する」とは、出世間の涅槃法（nibbānadhamma 涅槃をもたらす聖道）のために随法（anudhamma ふさわしい自性）となる行道（paṭipadā 実践）を行なう、ということである〉。

一〇　anupādāvimutto. 〈＊いかなる法にも執さず、四の取著（欲・見・戒禁・我語という執着）から解脱している者〉。

一一　diṭṭhadhammanibbānappatto bhikkhu. 「現法涅槃」（diṭṭha-dhammanibbāna）とは、現法（現世、今ここ）における涅槃（寂静）をいう。

るならば、『法の随法を行道する比丘』と呼ばれるに充分です。

比丘よ、もし鼻の厭離により、離貪により、滅尽により、執着のない解脱者になるならば、『現法涅槃を得ている比丘』と呼ばれるに充分です。△

（舌）比丘よ、もし舌の厭離のため、離貪のため、滅尽のために法を説くならば、『法を説く比丘』と呼ばれるに充分です。

比丘よ、もし舌の厭離のため、離貪のため、滅尽のために行道するならば、『法の随法を行道する比丘』と呼ばれるに充分です。

比丘よ、もし舌の厭離により、離貪により、滅尽により、執着のない解脱者になるならば、『現法涅槃を得ている比丘』と呼ばれるに充分です。

▽（身）比丘よ、もし身の厭離のため、離貪のため、滅尽のために法を説くならば、『法を説く比丘』と呼ばれるに充分です。

比丘よ、もし身の厭離のため、離貪のため、滅尽のために行道するならば、『法の随法を行道する比丘』と呼ばれるに充分です。

比丘よ、もし身の厭離により、離貪により、滅尽により、執着のない解脱者になるならば、『現法涅槃を得ている比丘』と呼ばれるに充分です。△

（意）比丘よ、もし意の厭離のため、離貪のため、滅尽のために法を説くならば、『法を説く比丘』と呼ばれるに充分です。

比丘よ、もし意の厭離のため、離貪のため、滅尽のために行道するならば、『法の随法を行道する比丘』と呼ばれるに充分です。

比丘よ、もし意の厭離により、離貪により、滅尽により、執着のない解脱者になるならば、『現法涅槃を得ている比丘』と呼ばれるに充分です」

と。

第一〇

第一五　新古の章

以上の摂頌

「業（滅）」と四の「相応」と

「内住者」と「何のために梵行は」と

「理由はあるか」と「感官（具足者）」と

また「説（法者問）」によってあり、と

六処篇における「第三の五十経」は終わる

以上の章の摂頌

「無碍安穏者」と「世界（妙欲）」と
「資産家」と「デーヴァダハ」とにより
また「新古」により五十（経）あり
それによって「第三（の五十経）」と言われる

第一六　歓喜尽滅の章（Nandikkhaya-vagga）

1 内歓喜尽滅経（Ajjhattanandikkhaya-sutta）[一]

(一五六) このように私は聞いた――……

世尊《せそん》はつぎのように言われた。

「比丘《びく》たちよ、比丘は、[二]無常《むじょう》である眼《げん》を無常である、と見ます。それはかれの[三]正見《しょうけん》になります。かれは、正しく見て、厭離《おんり》します。[四]歓喜の尽滅《じんめつ》により貪欲《とんよく》の尽滅があり、貪欲の尽滅により歓喜《かんぎ》の尽滅があります。歓喜と貪欲との尽滅により、[五]心がよく解脱《げだつ》している、と言われます。

比丘たちよ、比丘は、無常である耳《に》を無常である、と見ます。それはかれの正見になります。かれは、正しく見て、厭離します。歓喜の尽滅により貪欲の尽滅があり、貪欲の尽滅により歓喜の尽滅があります。歓喜と貪欲との尽滅により、心がよく解脱している、と言われます。

比丘たちよ、比丘は、無常である鼻《び》を無常である、と見ます。そ

一　本経名を、C^eは「内歓喜尽滅無常経」（Ajjhattanandikkhaya-anicca-sutta）、R^eはNandikkhaya (1) とする。本経は、内処、すなわち、六内処（眼・耳・鼻・舌・身・意）が無常であると見て、それらに対する歓喜（貪欲）の滅尽により、解脱することを説いたものである。

(一五六)『雑阿含経』巻第八〈一八八〉（大正蔵二・四九b）

二　aniccaṁ yeva cakkhuṁ aniccan ti passati.

三　sammādiṭṭhi. 正しい見解。縁起、四諦による見方。

四　nandikkhayā rāgakkhayo, rāgakkhayā nandikkhayo.〈「歓喜」と「貪欲」とが道理から（atthato）《自性から（sabāvato）》一つであることで、このように言われているのである〉。なお、《智（ñāṇa）によって聖者（ariya）により知られるべきことから「道理」、自性である。なぜなら、このように破壊されない自性（abhijjanasabhāva）が、歓喜する状態によって「歓喜」（nandī）であり、貪染する状態によって「貪欲」（rāga）であるからである》。

五　suvimuttaṁ.〈阿羅漢果の解脱（arahattaphalavimutti）によって充分に解脱している（suṭṭhu vimuttaṁ）〉。

れはかれの正見になります。かれは、正しく見て、厭離します。歓喜の尽滅により貪欲の尽滅があり、貪欲の尽滅により歓喜の尽滅があります。歓喜と貪欲との尽滅により、心がよく解脱している、と言われます。△

比丘たちよ、比丘は、無常である舌《ぜつ》を無常である、と見ます。それはかれの正見になります。かれは、正しく見て、厭離します。歓喜の尽滅により貪欲の尽滅があり、貪欲の尽滅により歓喜の尽滅があります。歓喜と貪欲との尽滅により、心がよく解脱している、と言われます。

▽比丘たちよ、比丘は、無常である身《しん》を無常である、と見ます。それはかれの正見になります。かれは、正しく見て、厭離します。歓喜の尽滅により貪欲の尽滅があり、貪欲の尽滅により歓喜の尽滅があります。歓喜と貪欲との尽滅により、心がよく解脱している、と言われます。△

比丘たちよ、比丘は、無常である意《い》を無常である、と見ます。それはかれの正見になります。かれは、正しく見て、厭離します。歓喜の尽滅により貪欲の尽滅があり、貪欲の尽滅により歓喜の尽滅があります。歓喜と貪欲との尽滅により、心がよく解脱している、と言われます」

と。

2 外歓喜尽滅経 (Bāhiranandikkhaya-sutta)[一]

(一五七) このように私は聞いた——……

世尊はつぎのように言われた。

「比丘たちよ、比丘は、[二]無常であるもろもろの色《しき》を無常である、と見ます。それはかれの正見[三]になります。かれは、正しく見て、厭離します。歓喜の尽滅により貪欲の尽滅があり、貪欲の尽滅により
355 歓喜の尽滅があります。歓喜と貪欲との尽滅により、心がよく解脱している、と言われます。

比丘たちよ、比丘は、無常であるもろもろの声《しょう》を無常である、と見ます。それはかれの正見になります。かれは、正しく見て、厭離します。歓喜の尽滅により貪欲の尽滅があり、貪欲の尽滅により歓喜の尽滅があります。歓喜と貪欲との尽滅により、心がよく解脱している、と言われます。

比丘たちよ、比丘は、無常であるもろもろの香《こう》を無常である、と見ます。それはかれの正見になります。かれは、正しく見て、厭離します。歓喜の尽滅により貪欲の尽滅があり、貪欲の尽滅により歓

第一

一 本経名を、Cᵉ は「外歓喜尽滅無常経」(Bahiddhānandikkhaya-anicca-sutta)、Rᵉ は Nandikkhaya (2) とする。本経は、外処、すなわち、六外処(色・声・香・味・触・法)が無常であると見て、それらに対する歓喜(貪欲)の滅尽により、解脱することを説いたものである。

(一五七) Cf.『雑阿含経』巻第八〈一八八〉(大正蔵二・四九b)

二 aniccaṁ yeva rūpe aniccā ti passati.

三 sammādiṭṭhi. 正しい見解。縁起、四諦による見方。

喜の尽滅があります。歓喜と貪欲との尽滅により、心がよく解脱している、と言われます。

比丘たちよ、比丘は、無常であるもろもろの味《み》を無常である、と見ます。それはかれの正見になります。かれは、正しく見て、厭離します。歓喜の尽滅により貪欲の尽滅があり、貪欲の尽滅により歓喜の尽滅があります。歓喜と貪欲との尽滅により、心がよく解脱している、と言われます。

比丘たちよ、比丘は、無常であるもろもろの触《そく》[四]を無常である、と見ます。それはかれの正見になります。かれは、正しく見て、厭離します。歓喜の尽滅により貪欲の尽滅があり、貪欲の尽滅により歓喜の尽滅があります。歓喜と貪欲との尽滅により、心がよく解脱している、と言われます。

比丘たちよ、比丘は、無常であるもろもろの法《ほう》を無常である、と見ます。それはかれの正見になります。かれは、正しく見て、厭離します。歓喜の尽滅により貪欲の尽滅があり、貪欲の尽滅により歓喜の尽滅があります。歓喜と貪欲との尽滅により、心がよく解脱している、と言われます」

と。

第二

四 photthabbe. あるいは「もろもろの触れられるべきものを」。

3 内無常歓喜尽滅経 (Ajjhatta-aniccanandikkhaya-sutta)[一]

(一五八) このように私は聞いた——……

世尊はつぎのように言われた。

「比丘たちよ、比丘は、眼を正しく[二]思惟《しゆい》しなさい。また眼の[三]無常《むじょう》性《しょう》を[四]如実《にょじつ》に[五]随見《ずいけん》しなさい。比丘たちよ、眼を正しく思惟し、眼の無常性を如実に随見する比丘は、眼についても厭離します。歓喜の尽滅により貪欲の尽滅があり、貪欲の尽滅により歓喜の尽滅があります。歓喜と貪欲との尽滅により、心がよく解脱している、と言われます。

比丘たちよ、比丘は、耳を正しく思惟しなさい。また耳の無常性を如実に随見しなさい。比丘たちよ、耳を正しく思惟し、耳の無常性を如実に随見する比丘は、耳についても厭離します。歓喜の尽滅により貪欲の尽滅があり、貪欲の尽滅により歓喜の尽滅があります。歓喜と貪欲との尽滅により、心がよく解脱している、と言われます。

比丘たちよ、比丘は、鼻を正しく思惟しなさい。また鼻の無常性を如実に随見しなさい。比丘たちよ、鼻を正しく思惟し、鼻の無常性を如実に随見する比丘は、鼻についても厭離します。歓喜の尽滅により貪欲の尽滅があり、貪欲の尽滅により歓喜の尽滅があります。

一 本経名を、Cᵉは「内歓喜尽滅如理経」(Ajjhattanandikkhaya-yoniso-sutta)、Rᵉは Nandikkhaya (3) とする。本経は、内処(六内処)を正しく思惟し、その無常性を如実に随見して、それらに対する歓喜(貪欲)の滅尽により、解脱することを説いたものである。

(一五八)『雑阿含経』巻第八〈一八九〉(大正蔵二・四九b)

二 cakkhuṁ yoniso manasi karotha.「正しく」とは、如理に、根本から、の意。

三 cakkhāniccataṁ. あるいは「眼が無常であることを」。

四 yathābhūtaṁ. あるいは「真実のとおりに」。

五 samanupassathaṁ. あるいは「見なさい」。

歓喜と貪欲との尽滅により、心がよく解脱している、と言われます。

比丘たちよ、比丘は、舌を正しく思惟しなさい。また舌の無常性を如実に随見しなさい。比丘たちよ、舌を正しく思惟し、舌の無常性を如実に随見する比丘は、舌についても厭離します。歓喜の尽滅により貪欲の尽滅があり、貪欲の尽滅により歓喜の尽滅があります。歓喜と貪欲との尽滅により、心がよく解脱している、と言われます。

比丘たちよ、比丘は、身を正しく思惟しなさい。また身の無常性を如実に随見しなさい。比丘たちよ、身を正しく思惟し、身の無常性を如実に随見する比丘は、身についても厭離します。歓喜の尽滅により貪欲の尽滅があり、貪欲の尽滅により歓喜の尽滅があります。歓喜と貪欲との尽滅により、心がよく解脱している、と言われます。

比丘たちよ、比丘は、意を正しく思惟しなさい。また意の無常性を如実に随見しなさい。比丘たちよ、意を正しく思惟し、意の無常性を如実に随見する比丘は、意についても厭離します。歓喜の尽滅により貪欲の尽滅があり、貪欲の尽滅により歓喜の尽滅があります。歓喜と貪欲との尽滅により、心がよく解脱している、と言われます」

と。

第三

4 外無常歓喜尽滅経 (Bāhira-aniccanandikkhaya-sutta)[一]

(一五九) このように私は聞いた——……

世尊はつぎのように言われた。

「比丘たちよ、比丘は、[二]もろもろの色を正しく思惟しなさい。また[三]色の無常性を如実に随見しなさい。比丘たちよ、もろもろの色を正しく思惟し、色の無常性を如実に随見する比丘は、もろもろの色についても厭離します。歓喜の尽滅により貪欲の尽滅があり、貪欲の尽滅により歓喜の尽滅があります。歓喜と貪欲との尽滅により、心がよく解脱している、と言われます。

比丘たちよ、比丘は、もろもろの声を正しく思惟しなさい。また声の無常性を如実に随見しなさい。比丘たちよ、もろもろの声を正しく思惟し、声の無常性を如実に随見する比丘は、もろもろの声についても厭離します。歓喜の尽滅により貪欲の尽滅があり、貪欲の尽滅により歓喜の尽滅があります。歓喜と貪欲との尽滅により、心がよく解脱している、と言われます。

比丘たちよ、比丘は、もろもろの香を正しく思惟しなさい。また香の無常性を如実に随見しなさい。比丘たちよ、もろもろの香を正しく思惟し、香の無常性を如実に随見する比丘は、もろもろの香に

一 本経名を、C^e は「外歓喜尽滅如理経」(Bahiddhā-nandikkhayayoniso-sutta)、R^e は Nandikkhaya (4) とする。本経は、外処（六外処）を正しく思惟し、その無常性を如実に随見して、それらに対する歓喜（貪欲）の滅尽により、解脱することを説いたものである。

(一五九) Cf.『雑阿含経』巻第八〈一八九〉(大正蔵二・四九b)

二 rūpe yoniso manasi karotha.「正しく」とは、如理に、根本から、の意。

三 rūpāniccataṁ. あるいは「色が無常であることを」。

ついても厭離します。歓喜の尽滅により貪欲の尽滅があり、貪欲の尽滅により歓喜の尽滅があります。歓喜と貪欲との尽滅により、心がよく解脱している、と言われます。

比丘たちよ、比丘は、もろもろの味を正しく思惟しなさい。また味の無常性を如実に随見しなさい。比丘たちよ、もろもろの味を正しく思惟し、味の無常性を如実に随見する比丘は、もろもろの味についても厭離します。歓喜の尽滅により貪欲の尽滅があり、貪欲の尽滅により歓喜の尽滅があります。歓喜と貪欲との尽滅により、心がよく解脱している、と言われます。

比丘たちよ、比丘は、[四]もろもろの触を正しく思惟しなさい。また触の無常性を如実に随見しなさい。比丘たちよ、もろもろの触を正しく思惟し、触の無常性を如実に随見する比丘は、もろもろの触についても厭離します。歓喜の尽滅により貪欲の尽滅があり、貪欲の尽滅により歓喜の尽滅があります。歓喜と貪欲との尽滅により、心がよく解脱している、と言われます。

比丘たちよ、比丘は、もろもろの法を正しく思惟しなさい。また法の無常性を如実に随見しなさい。比丘たちよ、もろもろの法を正しく思惟し、法の無常性を如実に随見する比丘は、もろもろの法についても厭離します。歓喜の尽滅により貪欲の尽滅があり、貪欲の

四　photthabbe. あるいは「もろもろの触れられるべきものを」。

尽滅により歓喜の尽滅があります。歓喜と貪欲との尽滅により、心がよく解脱している、と言われます」

と。

第四

5 ジーヴァカマンゴー林定経 (Jīvakambavanasamādhi-sutta)[一]

(一六〇) このように私は聞いた―

あるとき、世尊は、ラージャガハに近い、ジーヴァカ[二]のマンゴー林に住んでおられた。そこで、世尊は比丘たちに話しかけられた。

「比丘たちよ」と。

「尊い方よ」と、かれら比丘は世尊に答えた。

世尊はつぎのように言われた。

「比丘たちよ、定《じょう》[三]を修習《しゅじゅう》しなさい。比丘たちよ、定を得ている[四]比丘には如実に現われます[五]。それでは、何が如実に現われるのでしょうか。

眼は無常である、と如実に現われます。もろもろの色は無常である、と如実に現われます。眼識[六]は無常である、と如実に現われます。眼触[七]は無常である、と如実に現われます。また、この眼触《げんそく》を縁として生じる楽《らく》の、あるいは苦《く》の、あるいは非苦非楽の感受《かんじゅ》も無常であ

一 本経名を、C^eは「定経」(Samādhi-sutta)、R^eはJīvakambavane (1) とする。〈第五(本経)は、定を欠く者 (samādhivikala) たちが心一境性 (cittekaggatā 心の統一) を得ようとする場合、この者たちの業処 (kammaṭṭhāna 瞑想、瞑想対象) は増大 (phāti) に向かうであろう、と知って、語られたものである〉。

(一六〇)『雑阿含経』巻第八〈二〇七〉(大正蔵二・五二b―c)

二 Jīvakambavane. ジーヴァカ・コーマーラバッチャのマンゴー林。「ジーヴァカ」(耆婆) は釈尊在世時の名医。長部2『沙門果経』第一節、補註5および、中部55『ジーヴァカ経』第一節補註1参照。

三 samādhiṁ bhāvetha.「定」とは、禅定、三昧、心の安定をいう。

四 samāhitassa bhikkhuno. あるいは「入定した比丘には」。

五 okkhāyati.〈《四諦法 (catusaccadhamma) が明らかなことによって、現われが》知られます (paññāyati)、明らかになります (pākaṭaṁ hoti)〉。

六 cakkhuviññāṇaṁ. 眼の識は、眼の心は、ということ。

七 cakkhusamphasso. 眼の接触は、ということ。

る、と如実に現われます。

耳は無常である、と如実に現われます。もろもろの声は無常である、と如実に現われます。耳識は無常である、と如実に現われます。耳触は無常である、と如実に現われます。また、この耳触を縁として生じる楽の、あるいは苦の、あるいは非苦非楽の感受も無常である、と如実に現われます。

鼻は無常である、と如実に現われます。もろもろの香は無常である、と如実に現われます。鼻識は無常である、と如実に現われます。鼻触は無常である、と如実に現われます。また、この鼻触を縁として生じる楽の、あるいは苦の、あるいは非苦非楽の感受も無常である、と如実に現われます。

舌は無常である、と如実に現われます。もろもろの味は無常である、と如実に現われます。舌識は無常である、と如実に現われます。舌触は無常である、と如実に現われます。また、この舌触を縁として生じる楽の、あるいは苦の、あるいは非苦非楽の感受も無常である、と如実に現われます。

身は無常である、と如実に現われます。もろもろの触は無常である、と如実に現われます。身識は無常である、と如実に現われます。身触は無常である、と如実に現われます。また、この身触を縁として生じる楽の、あるいは苦の、あるいは非苦非楽の感受も無常である、と如実に現われます。

意は無常である、と如実に現われます。もろもろの法は無常である、と如実に現われます。意識は無常である、と如実に現われます。意触は無常である、と如実に現われます。また、この意触を縁として生じる楽の、あるいは苦の、あるいは非苦非楽の感受も無常である、と如実に現われます」

と。

第五

6 ジーヴァカマンゴー林独坐経

(Jīvakambavanapaṭisallāna-sutta) 一

(一六二) このように私は聞いた——

あるとき、世尊は、ラージャガハに近い、ジーヴァカのマンゴー林に住んでおられた。そこで、世尊は比丘たちに話しかけられた。

「比丘たちよ」と。

「尊い方よ」と、かれら比丘は世尊に答えた。

世尊はつぎのように言われた。

「比丘たちよ、二独坐《どくざ》に努めなさい。比丘たちよ、三独坐する比丘に

一 本経名を、Cᵉは「独坐経」(Paṭisallāna-sutta)、Rᵉは Jīvakambavane (2) とする。〈第六(本経)は、独坐を欠く者(paṭisallānavikala)たちが身遠離(kāyaviveka)と心一境性とを得ようとする場合、この者たちの業処は増大に向かうであろう、と知って、語られたものである〉。

(一六二)『雑阿含経』巻第八〈二〇六〉(大正蔵二・五二b)

二 paṭisallāne yogam āpajjatha.

は如実に現[四]われます。それでは、何が如実に現われるのでしょうか。

　眼は無常である、と如実に現われます。もろもろの色は無常である、と如実に現われます。眼識は無常である、と如実に現われます。眼触は無常である、と如実に現われます。また、この眼触を縁として生じる楽の、あるいは苦の、あるいは非苦非楽の感受も無常である、と如実に現われます。
　▽耳は無常である、と如実に現われます。もろもろの声は無常である、と如実に現われます。耳識は無常である、と如実に現われます。耳触は無常である、と如実に現われます。また、この耳触を縁として生じる楽の、あるいは苦の、あるいは非苦非楽の感受も無常である、と如実に現われます。
　鼻は無常である、と如実に現われます。もろもろの香は無常である、と如実に現われます。鼻識は無常である、と如実に現われます。鼻触は無常である、と如実に現われます。また、この鼻触を縁として生じる楽の、あるいは苦の、あるいは非苦非楽の感受も無常である、と如実に現われます。△
　舌は無常である、と如実に現われます。もろもろの味は無常である、と如実に現われます。舌識は無常である、と如実に現われます。舌触は無常である、と如実に現われます。また、この舌触を縁とし

三　paṭisallīnassa bhikkhuno.
四　okkhāyati.　知られる、明らかになる、の意。

て生じる楽の、あるいは苦の、あるいは非苦非楽の感受も無常である、と如実に現われます。

身は無常である、と如実に現われます。もろもろの触は無常である、と如実に現われます。身識は無常である、と如実に現われます。身触は無常である、と如実に現われます。また、この身触を縁として生じる楽の、あるいは苦の、あるいは非苦非楽の感受も無常である、と如実に現われます。

(145) 意は無常である、と如実に現われます。もろもろの法は無常である、と如実に現われます。意識は無常である、と如実に現われます。意触は無常である、と如実に現われます。また、この意触を縁として生じる楽の、あるいは苦の、あるいは非苦非楽の感受も無常である、と如実に現われます。

比丘たちよ、独坐に努めなさい。比丘たちよ、独坐する比丘には如実に現われます」[五]と。

第六

7 コッティカ無常経 (Koṭṭhika-anicca-sutta)

(一六二) このように私は聞いた——……

五 〈以上、これら二経（第五、第六経）においては、観（vipassanā）を伴う四道（catu-magga 預流道・一来道・不還道・阿羅漢道）が語られている〉。

(一六二) 以下、漢訳の相当経典は不明。

357

ときに、[一]尊者《そんじゃ》マハーコッティカは、世尊がおられるところへ近づいて行った。▽行って、世尊を礼拝《らいはい》し、一方に坐った。△一方に坐った尊者マハーコッティカは、世尊にこう申し上げた。

[二]「尊師よ、世尊はどうか私のために、簡略に法をお説きください。私は、世尊の法をお聞きして、[三]独《ひと》り、[四]離れ、[五]怠ることなく、[六]熱心に、[七]自ら励み、住みたいと思います」と。

「コッティカよ、無常であるものに対する欲をそなたは捨てるべきです。

それでは、コッティカよ、何が無常であるものでしょうか。

コッティカよ、[八]眼は無常であり、それに対する欲をそなたは捨てるべきです。もろもろの色は無常であり、それに対する欲をそなたは捨てるべきです。眼識は無常であり、それに対する欲をそなたは捨てるべきです。眼触は無常であり、それに対する欲をそなたは捨てるべきです。また、この眼触を縁として生じる楽の、あるいは苦の、あるいは非苦非楽の感受も無常であり、それに対する欲をそなたは捨てるべきです。

▽耳は無常であり、それに対する欲をそなたは捨てるべきです。もろもろの声は無常であり、それに対する欲をそなたは捨てるべきです。耳識は無常であり、それに対する欲をそなたは捨てるべきです。

一　āyasmā Mahākoṭṭhiko. 大倶絺羅長老。無碍解第一の仏弟子。なお、「コッティカ」は「マハーコッティカ」の略称。

二　以下については、本相応、第六四節「第二ミガジャーラ経」（本書、二〇六頁）参照。

三　eko.〈＊四威儀（行・住・坐・臥）において独住し〉。

四　vūpakaṭṭho.〈＊遠離し、静かに〉。

五　appamatto. あるいは「不放逸に」。〈＊念を失うことなく〉。

六　ātāpī.〈＊精進をそなえ〉。

七　pahitatto vihareyyaṁ.〈＊勝れた境地を証得するために、自ら励む者となり、住むことができます〉。

八　cakkhu aniccaṁ.

耳触は無常であり、それに対する欲をそなたは捨てるべきです。また、この耳触を縁として生じる楽の、あるいは苦の、あるいは非苦非楽の感受も無常であり、それに対する欲をそなたは捨てるべきです。

鼻は無常であり、それに対する欲をそなたは捨てるべきです。もろもろの香は無常であり、それに対する欲をそなたは捨てるべきです。鼻識は無常であり、それに対する欲をそなたは捨てるべきです。鼻触は無常であり、それに対する欲をそなたは捨てるべきです。また、この鼻触を縁として生じる楽の、あるいは苦の、あるいは非苦非楽の感受も無常であり、それに対する欲をそなたは捨てるべきです。△

舌は無常であり、それに対する欲をそなたは捨てるべきです。もろもろの味は無常であり、それに対する欲をそなたは捨てるべきです。舌識は無常であり、それに対する欲をそなたは捨てるべきです。舌触は無常であり、それに対する欲をそなたは捨てるべきです。また、この舌触を縁として生じる楽の、あるいは苦の、あるいは非苦非楽の感受も無常であり、それに対する欲をそなたは捨てるべきです。

▽身は無常であり、それに対する欲をそなたは捨てるべきです。もろもろの触は無常であり、それに対する欲をそなたは捨てるべきです。身識は無常であり、それに対する欲をそなたは捨てるべきです。身触は無常であり、それに対する欲をそなたは捨てるべきです。ま

た、この身触を縁として生じる楽の、あるいは苦の、あるいは非苦非楽の感受も無常であり、それに対する欲をそなたは捨てるべきです。

意は無常であり、それに対する欲をそなたは捨てるべきです。もろもろの法は無常であり、それに対する欲をそなたは捨てるべきです。意識は無常であり、それに対する欲をそなたは捨てるべきです。意触は無常であり、それに対する欲をそなたは捨てるべきです。また、この意触を縁として生じる楽の、あるいは苦の、あるいは非苦非楽の感受も無常であり、それに対する欲をそなたは捨てるべきです。

コッティカよ、無常であるものに対する欲をそなたは捨てるべきです[九]」

と。

第七

九〈第七（本経）など（以下）の三経においては、長老の解脱を円熟させる法（vimuttiparipācaniyā dhammā）《無常の随観（aniccānupassanā）など》のみが語られている〉。《そのとき、長老の信（saddhā）などの根（indriya 感官）は円熟しておらず、長老はこれらの説示によって根が円熟したのであった》。

（146）

8 コッティカ苦経（Koṭṭhikadukkha-sutta）

（一六三）このように私は聞いた――……

ときに、尊者マハーコッティカは、世尊がおられるところへ近づいて行った。行って、世尊を礼拝し、一方に坐った。一方に坐った尊者マハーコッティカは、世尊にこう申し上げた。

「尊師よ、世尊はどうか私のために、簡略に法をお説きください。

私は、世尊の法をお聞きして、独り、離れ、怠ることなく、熱心に、自ら励み、住みたいと思います」と。

「コッティカよ、苦であるものに対する欲をそなたは捨てるべきです。

それでは、コッティカよ、何が苦であるものでしょうか。

コッティカよ、眼[一]は苦であり、それに対する欲をそなたは捨てるべきです。もろもろの色は苦であり、それに対する欲をそなたは捨てるべきです。眼識は苦であり、それに対する欲をそなたは捨てるべきです。眼触は苦であり、それに対する欲をそなたは捨てるべきです。また、この眼触を縁として生じる楽の、あるいは苦の、あるいは非苦非楽の感受も苦であり、それに対する欲をそなたは捨てるべきです。

耳は苦であり、それに対する欲をそなたは捨てるべきです。もろもろの声は苦であり、それに対する欲をそなたは捨てるべきです。耳識は苦であり、それに対する欲をそなたは捨てるべきです。耳触は苦であり、それに対する欲をそなたは捨てるべきです。また、この耳触を縁として生じる楽の、あるいは苦の、あるいは非苦非楽の感受も苦であり、それに対する欲をそなたは捨てるべきです。

鼻は苦であり、それに対する欲をそなたは捨てるべきです。もろ

一 cakkhu dukkhaṁ.

もろの香は苦であり、それに対する欲をそなたは捨てるべきです。鼻識は苦であり、それに対する欲をそなたは捨てるべきです。鼻触は苦であり、それに対する欲をそなたは捨てるべきです。また、この鼻触を縁として生じる楽の、あるいは苦の、あるいは非苦非楽の感受も苦であり、それに対する欲をそなたは捨てるべきです。△

舌は苦であり、それに対する欲をそなたは捨てるべきです。もろもろの味は苦であり、それに対する欲をそなたは捨てるべきです。舌識は苦であり、それに対する欲をそなたは捨てるべきです。舌触は苦であり、それに対する欲をそなたは捨てるべきです。また、この舌触を縁として生じる楽の、あるいは苦の、あるいは非苦非楽の感受も苦であり、それに対する欲をそなたは捨てるべきです。

▽身は苦であり、それに対する欲をそなたは捨てるべきです。もろもろの触は苦であり、それに対する欲をそなたは捨てるべきです。身識は苦であり、それに対する欲をそなたは捨てるべきです。身触は苦であり、それに対する欲をそなたは捨てるべきです。また、この身触を縁として生じる楽の、あるいは苦の、あるいは非苦非楽の感受も苦であり、それに対する欲をそなたは捨てるべきです。△

意は苦であり、それに対する欲をそなたは捨てるべきです。もろ
358 もろの法は苦であり、それに対する欲をそなたは捨てるべきです。

意識は苦であり、それに対する欲をそなたは捨てるべきです。意触は苦であり、それに対する欲をそなたは捨てるべきです。また、この意触を縁として生じる楽の、あるいは苦の、あるいは非苦非楽の感受も苦であり、それに対する欲をそなたは捨てるべきです。

コッティカよ、苦であるものに対する欲をそなたは捨てるべきです」

と。

第八

9 コッティカ無我経 (Koṭṭhika-anatta-sutta)

(一六四) このように私は聞いた――……

ときに、尊者マハーコッティカは、世尊がおられるところへ近づいて行った。行って、世尊を礼拝し、一方に坐った。一方に坐った尊者マハーコッティカは、世尊にこう申し上げた。

「尊師よ、世尊はどうか私のために、簡略に法をお説きください。私は、世尊の法をお聞きして、独り、離れ、怠ることなく、熱心に、自ら励み、住みたいと思います」と。

「コッティカよ、無我《むが》であるものに対する欲をそなたは捨てるべきです。

それでは、コッティカよ、何が無我であるものでしょうか。

コッティカよ、眼[一]は無我であり、それに対する欲をそなたは捨てるべきです。もろもろの色は無我であり、それに対する欲をそなたは捨てるべきです。眼識は無我であり、それに対する欲をそなたは捨てるべきです。眼触は無我であり、それに対する欲をそなたは捨てるべきです。また、この眼触を縁として生じる楽の、あるいは苦の、あるいは非苦非楽の感受も無我であり、それに対する欲をそなたは捨てるべきです。

▽耳は無我であり、それに対する欲をそなたは捨てるべきです。もろもろの声は無我であり、それに対する欲をそなたは捨てるべきです。耳識は無我であり、それに対する欲をそなたは捨てるべきです。耳触は無我であり、それに対する欲をそなたは捨てるべきです。また、この耳触を縁として生じる楽の、あるいは苦の、あるいは非苦非楽の感受も無我であり、それに対する欲をそなたは捨てるべきです。

鼻は無我であり、それに対する欲をそなたは捨てるべきです。もろもろの香は無我であり、それに対する欲をそなたは捨てるべきです。鼻識は無我であり、それに対する欲をそなたは捨てるべきです。鼻触は無我であり、それに対する欲をそなたは捨てるべきです。また、この鼻触を縁として生じる楽の、あるいは苦の、あるいは非苦非

一 cakkhu anattā.

楽の感受も無我であり、それに対する欲をそなたは捨てるべきです。△

舌は無我であり、それに対する欲をそなたは捨てるべきです。▽もろもろの味は無我であり、それに対する欲をそなたは捨てるべきです。舌識は無我であり、それに対する欲をそなたは捨てるべきです。舌触は無我であり、それに対する欲をそなたは捨てるべきです。また、この舌触を縁として生じる楽の、あるいは苦の、あるいは非苦非楽の感受も無我であり、それに対する欲をそなたは捨てるべきです。

身は無我であり、それに対する欲をそなたは捨てるべきです。もろもろの触は無我であり、それに対する欲をそなたは捨てるべきです。身識は無我であり、それに対する欲をそなたは捨てるべきです。身触は無我であり、それに対する欲をそなたは捨てるべきです。また、この身触を縁として生じる楽の、あるいは苦の、あるいは非苦非楽の感受も無我であり、それに対する欲をそなたは捨てるべきです。△

意は無我であり、それに対する欲をそなたは捨てるべきです。もろもろの法は無我であり、それに対する欲をそなたは捨てるべきです。△意識は▽無我であり、それに対する欲をそなたは捨てるべきです。△意触は無我であり、それに対する欲をそなたは捨てるべきです。△また、この意触を縁として生じる楽の、あるいは苦の、あるいは非苦非(147)楽の感受も無我であり、それに対する欲をそなたは捨てるべきです。

コッティカよ、無我であるものに対する欲をそなたは捨てるべきです」

と。

第九

10 邪見捨断経（Micchādiṭṭhipahāna-sutta）

（一六五）このように私は聞いた――……
ときに、[一]ある比丘が、世尊がおられるところへ近づいて行った。行って、世尊を礼拝し、一方に坐った。一方に坐ったその比丘は、世尊にこう申し上げた。

「尊師よ、どのように知り、どのように見る者に、邪見[二]が捨断《しゃだん》されるのでしょうか」と。

「比丘よ、眼を無常[三]であると知り、見る者に、邪見が捨断されます。もろもろの色を無常であると知り、見る者に、邪見が捨断されます。眼識を無常であると知り、見る者に、邪見が捨断されます。眼触を無常であると知り、見る者に、邪見が捨断されます。また、この眼触を縁として生じる楽の、あるいは苦の、あるいは非苦非楽の感受も無常であると知り、見る者に、邪見が捨断されます。

耳を無常であると知り、見る者に、邪見が捨断されます。もろも

一 以下については、本相応、第五三節「無明捨断経」（本書、一七四頁）参照。
二 micchādiṭṭhi pahīyati.「邪見」とは、常住見、断滅見などの見解をいう。
三 aniccato jānato passato.

ろの声を無常であると知り、見る者に、邪見が捨断されます。耳識を無常であると知り、見る者に、邪見が捨断されます。耳触を無常であると知り、見る者に、邪見が捨断されます。また、この耳触を縁として生じる楽の、あるいは苦の、あるいは非苦非楽の感受も無常であると知り、見る者に、邪見が捨断されます。

鼻を無常であると知り、見る者に、邪見が捨断されます。もろもろの香を無常であると知り、見る者に、邪見が捨断されます。鼻識を無常であると知り、見る者に、邪見が捨断されます。鼻触を無常であると知り、見る者に、邪見が捨断されます。また、この鼻触を縁として生じる楽の、あるいは苦の、あるいは非苦非楽の感受も無常であると知り、見る者に、邪見が捨断されます。

舌を無常であると知り、見る者に、邪見が捨断されます。もろもろの味を無常であると知り、見る者に、邪見が捨断されます。舌識を無常であると知り、見る者に、邪見が捨断されます。舌触を無常であると知り、見る者に、邪見が捨断されます。また、この舌触を縁として生じる楽の、あるいは苦の、あるいは非苦非楽の感受も無常であると知り、見る者に、邪見が捨断されます。

身を無常であると知り、見る者に、邪見が捨断されます。もろもろの触を無常であると知り、見る者に、邪見が捨断されます。身識を無常であると知り、見る者に、邪見が捨断されます。身触を無常であると知り、見る者に、邪見が捨断されます。また、この身触を縁として生じる楽の、あるいは苦の、あるいは非苦非楽の感受も無常であると知り、見る者に、邪見が捨断されます。

意を無常であると知り、見る者に、邪見が捨断されます。もろもろの法を無常であると知り、見る者に、邪見が捨断されます。意識を無常であると知り、見る者に、邪見が捨断されます。意触を無常であると知り、見る者に、邪見が捨断されます。△また、この意触を縁として生じる楽の、あるいは苦の、あるいは非苦非楽の感受も無常であると知り、見る者に、邪見が捨断されます。

比丘よ、このように知り、このように見る者に、邪見が捨断されます[四]」

と。

第一〇

四 〈第一〇（本経）など（以下）の三は、別々に、人の意向（puggalajjhāsaya）によって説かれたものである〉。

359

11 有身見捨断経（Sakkāyadiṭṭhipahāna-sutta）

（一六八）▽このように私は聞いた——……△

ときに、ある比丘が、▽世尊がおられるところへ近づいて行った。行って、世尊を礼拝し、一方に坐った。一方に坐ったその比丘は、世尊にこう申し上げた。
「尊師よ、どのように知り、どのように見る者に、有身見《うしんけん》が捨断されるのでしょうか」と。
「比丘よ、眼を苦であると知り、見る者に、有身見が捨断されます。もろもろの色を苦であると知り、見る者に、有身見が捨断されます。眼識を苦であると知り、見る者に、有身見が捨断されます。眼触を苦であると知り、見る者に、有身見が捨断されます。また、この眼触を縁として生じる楽の、あるいは苦の、あるいは非苦非楽の感受も苦であると知り、見る者に、有身見が捨断されます。

耳を苦であると知り、見る者に、有身見が捨断されます。もろもろの声を苦であると知り、見る者に、有身見が捨断されます。耳識を苦であると知り、見る者に、有身見が捨断されます。耳触を苦であると知り、見る者に、有身見が捨断されます。また、この耳触を縁として生じる楽の、あるいは苦の、あるいは非苦非楽の感受も苦であると知り、見る者に、有身見が捨断されます。

鼻を苦であると知り、見る者に、有身見が捨断されます。もろもろの香を苦であると知り、見る者に、有身見が捨断されます。鼻識を苦であると知り、見る者に、有身見が捨断されます。鼻触を苦であると知り、見る者に、有身見が捨断されます。また、この鼻触を

一　sakkāyadiṭṭhi pahīyati.「有身見」とは、有身、すなわち、五蘊（色・受・想・行・識）を「我」であるとする見解をいう。

二　dukkhato jānato passato.

縁として生じる楽の、あるいは苦の、あるいは非苦非楽の感受も苦であると知り、見る者に、有身見が捨断されます。

舌を苦であると知り、見る者に、有身見が捨断されます。もろもろの味を苦であると知り、見る者に、有身見が捨断されます。舌識を苦であると知り、見る者に、有身見が捨断されます。舌触を苦であると知り、見る者に、有身見が捨断されます。また、この舌触を縁として生じる楽の、あるいは苦の、あるいは非苦非楽の感受も苦であると知り、見る者に、有身見が捨断されます。

身を苦であると知り、見る者に、有身見が捨断されます。もろもろの触を苦であると知り、見る者に、有身見が捨断されます。身識を苦であると知り、見る者に、有身見が捨断されます。身触を苦であると知り、見る者に、有身見が捨断されます。また、この身触を縁として生じる楽の、あるいは苦の、あるいは非苦非楽の感受も苦であると知り、見る者に、有身見が捨断されます。

意を苦であると知り、見る者に、有身見が捨断されます。もろもろの法を苦であると知り、見る者に、有身見が捨断されます。意識を苦であると知り、見る者に、有身見が捨断されます。意触を苦であると知り、見る者に、有身見が捨断されます。△また、この意触を縁として生じる楽の、あるいは苦の、あるいは非苦非楽の感受も苦であると知り、見る者に、有身見が捨断されます。
比丘よ、このように知り、このように見る者に、有身見が捨断されます」

と。

第一一

12 我随見捨断経 (Attānudiṭṭhipahāna-sutta)

(一六七) このように私は聞いた――……

ときに、ある比丘が、世尊がおられるところへ近づいて行った。行って、世尊を礼拝し、一方に坐った。一方に坐ったその比丘は、世尊にこう申し上げた。

「尊師よ、どのように知り、どのように見る者に、我随見《がずいけん》[一]が捨断されるのでしょうか」と。

「比丘よ、眼を無我であると知り[二]、見る者に、我随見が捨断されます。もろもろの色を無我であると知り、見る者に、我随見が捨断されます。眼識を無我であると知り、見る者に、我随見が捨断されます。眼触を無我であると知り、見る者に、我随見が捨断されます。また、この眼触を縁として生じる楽の、あるいは苦の、あるいは非苦非楽の感受も無我であると知り、見る者に、我随見が捨断されます。

(一六七)『雑阿含経』巻第八〈二〇二〉(大正蔵二・五一c―五二a)

一 attānudiṭṭhi pahīyati.「我随見」とは、「我」(我執)に随う見方をいう。

二 anattato jānato passato.

▽耳を無我であると知り、見る者に、我随見が捨断されます。もろもろの声を無我であると知り、見る者に、我随見が捨断されます。耳識を無我であると知り、見る者に、我随見が捨断されます。耳触を無我であると知り、見る者に、我随見が捨断されます。また、この耳触を縁として生じる楽の、あるいは苦の、あるいは非苦非楽の感受も無我であると知り、見る者に、我随見が捨断されます。

鼻を無我であると知り、見る者に、我随見が捨断されます。もろもろの香を無我であると知り、見る者に、我随見が捨断されます。鼻識を無我であると知り、見る者に、我随見が捨断されます。鼻触を無我であると知り、見る者に、我随見が捨断されます。また、この鼻触を縁として生じる楽の、あるいは苦の、あるいは非苦非楽の感受も無我であると知り、見る者に、我随見が捨断されます。△

舌を無我であると知り、見る者に、我随見が捨断されます。▽もろもろの味を無我であると知り、見る者に、我随見が捨断されます。舌識を無我であると知り、見る者に、我随見が捨断されます。舌触を無我であると知り、見る者に、我随見が捨断されます。また、この舌触を縁として生じる楽の、あるいは苦の、あるいは非苦非楽の感受も無我であると知り、見る者に、我随見が捨断されます。

身を無我であると知り、見る者に、我随見が捨断されます。もろもろの触を無我であると知り、見る者に、我随見が捨断されます。身識を無我であると知り、見る者に、我随見が捨断されます。身触を無我であると知り、見る者に、我随見が捨断されます。また、この身触を縁として生じる楽の、あるいは苦の、あるいは非苦非楽の感受も無我であると知り、見る者に、我随見が捨断されます。

意を無我であると知り、見る者に、我随見が捨断されます。もろもろの法を無我であると知り、見る者に、我随見が捨断されます。意識を無我であると知り、見る者に、我随見が捨断されます。意触を無我であると知り、見る者に、我随見が捨断されます。また、この意触を縁として生じる楽の、あるいは苦の、あるいは非苦非楽の感受も無我であると知り、見る者に、我随見が捨断されます。

[三]*比丘よ、このように知り、このように見る者に、我随見が捨断されます*」

と。

第一二

第一六　歓喜滅尽の章

以上の摂頌

三　底本 B^e, D^e はこの一文（*—*）を欠くが、C^e, S^e, R^e により、また前二節の形式に従い、これを置く。

「尽滅」によって四があり
「ジーヴァカ・マンゴー林」には二がある
「コッティカ」によって三が説かれ
また「邪（見）」「有身」「我（随見）」あり

第一七　六十中略の章（Saṭṭhipeyyāla-vagga）一

1 内無常欲経（Ajjhatta-aniccachanda-sutta）

（一六八）▽このように私は聞いた――……

世尊《せそん》はつぎのように言われた。△

「二比丘《びく》たちよ、そなたたちは無常《むじょう》であるものに対する欲《よく》を捨てるべきです。

それでは、比丘たちよ、何が無常であるものでしょうか。

比丘たちよ、眼《げん》は無常であり、そなたたちはそれに対する欲を捨てるべきです。

▽耳《に》は無常であり、そなたたちはそれに対する欲を捨てるべきです。

鼻《び》は無常であり、そなたたちはそれに対する欲を捨てるべきです。△

舌《ぜっ》は無常であり、そなたたちはそれに対する欲を捨てるべきです。

▽身《しん》は無常であり、そなたたちはそれに対する欲を捨てるべきです。△

意《い》は無常であり、そなたたちはそれに対する欲を捨てるべきです。

比丘たちよ、そなたたちは無常であるものに対する欲を捨てるべきです」

と。

一 〈以下（第一～第六〇経＝第一六八～二二七節）は《中略の仕方（peyyālanaya）で説示がなされているから》「六十の中略」と呼ばれるが、その意味は明瞭そのものである。ただし、ここで説かれている六十経は、「欲を捨てるべきである」というように、それぞれの語によって覚る者たちの意向（bujjhanakānaṁ ajjhāsaya）により説かれたものである。以上、そのすべては別々に《それぞれの》人の意向（puggalajjhāsaya）によって語られており、また、この一々の経の終わりに、それぞれ六十人の比丘が阿羅漢果（arahatta）を得たという〉。

（一六八）Cf.『雑阿含経』巻第八〈一八九〉（大正蔵二・四九b）

二 yaṁ bhikkhave aniccaṁ, tatra vo chando pahātabbo.

2 内無常貪経（Ajjhatta-aniccarāga-sutta）

（一六九）このように私は聞いた——……

世尊はつぎのように言われた。

「比丘たちよ、そなたたちは無常であるものに対する貪《むさぼ》りを捨てるべきです。

それでは、比丘たちよ、何が無常であるものでしょうか。

比丘たちよ、眼は無常であり、そなたたちはそれに対する貪りを捨てるべきです。耳は無常であり……鼻は無常であり……舌は無常であり、そなたたちはそれに対する貪りを捨てるべきです。身は無常であり……意は無常であり、そなたたちはそれに対する貪りを捨てるべきです。

比丘たちよ、そなたたちは無常であるものに対する貪りを捨てるべきです」

と。

3 内無常欲貪経（Ajjhatta-aniccachandarāga-sutta）

（一七〇）このように私は聞いた——……

世尊はつぎのように言われた。

（一六九）Cf.『雑阿含経』巻第八〈一八九〉（大正蔵二・四九ｂ）

一 yaṁ bhikkhave aniccaṁ, tatra vo rāgo pahātabbo.

（一七〇）Cf.『雑阿含経』巻第八〈一八九〉（大正蔵二・四九ｂ）

「(一)比丘たちよ、そなたたちは無常であるものに対する欲貪《よくとん》を捨てるべきです。

それでは、比丘たちよ、何が無常であるものでしょうか。

比丘たちよ、眼は無常であり、そなたたちはそれに対する欲貪を捨てるべきです。耳は無常であり……鼻は無常であり……舌は無常であり、そなたたちはそれに対する欲貪を捨てるべきです。身は無常であり……意は無常であり、そなたたちはそれに対する欲貪を捨てるべきです。

比丘たちよ、そなたたちは無常であるものに対する欲貪を捨てるべきです」

と。

4～6 苦欲経など三経 (Dukkhachandādi-sutta)

(一七一～一七三) このように私は聞いた――……

世尊はつぎのように言われた。

「(一)比丘たちよ、そなたたちは苦《く》であるものに対する欲を捨てるべきです。貪りを捨てるべきです。欲貪を捨てるべきです。

それでは、比丘たちよ、何が苦であるものでしょうか。

比丘たちよ、眼は苦であり、そなたたちはそれに対する欲を捨て

一 yaṁ bhikkhave aniccaṁ, tatra vo chandarāgo pahātabbo. 「欲貪」とは、「欲と貪り」のこと。欲 (chanda) は弱い欲、貪り (rāga) は強い欲をいう。長部1『梵網経』第六三節参照。

(一七一～一七三) 以下、漢訳の相当経典は不明。

一 yaṁ bhikkhave dukkhaṁ, tatra vo chando pahātabbo, rāgo pahātabbo, chandarāgo pahātabbo. この三経は、「苦」である「六内処」に対する「欲」、「貪り」、「欲貪」の捨断を説いたものである。

るべきです。貪りを捨てるべきです。欲貪を捨てるべきです。耳は苦であり……鼻は苦であり……舌は苦であり……身は苦であり……意は苦であり、そなたたちはそれに対する欲を捨てるべきです。貪りを捨てるべきです。欲貪を捨てるべきです。

(150) 比丘たちよ、そなたたちは苦であるものに対する欲を捨てるべきです。貪りを捨てるべきです。欲貪を捨てるべきです」

と。

361

7～9 無我欲経など三経 (Anattachandādi-sutta)

(一七四～一七六) このように私は聞いた――……

世尊はつぎのように言われた。

「比丘たちよ[一]、そなたたちは無我《むが》であるものに対する欲を捨てるべきです。貪りを捨てるべきです。欲貪を捨てるべきです。

それでは、比丘たちよ、何が無我であるものでしょうか。

比丘たちよ、眼は無我であり、そなたたちはそれに対する欲を捨てるべきです。貪りを捨てるべきです。欲貪を捨てるべきです。耳は無我であり……鼻は無我であり……舌は無我であり……身は無我であり……意は無我であり、そなたたちはそれに対する欲を捨てるべきです。貪りを捨てるべきです。欲貪を捨てるべきです。

一　yo bhikkhave anattā, tatra vo chando pahātabbo, rāgo pahātabbo, chandarāgo pahātabbo. この三経は「無我」である「六内処」に対する「欲」、「貪り」、「欲貪」の捨断を説いたものである。

比丘たちよ、そなたたちは無我であるものに対する欲を捨てるべきです。貪りを捨てるべきです。欲貪を捨てるべきです」と。

10〜12 外無常欲経など三経 (Bāhirāniccachandādi-sutta)

(一七七〜一七九) このように私は聞いた。世尊はつぎのように言われた。——……

「比丘たちよ、そなたたちは無常であるものに対する欲を捨てるべきです。貪りを捨てるべきです。欲貪を捨てるべきです。[一]

それでは、比丘たちよ、何が無常であるものでしょうか。

比丘たちよ、もろもろの色《しき》は無常であり、そなたたちはそれに対する欲を捨てるべきです。貪りを捨てるべきです。欲貪を捨てるべきです。

もろもろの声《しょう》は無常であり、そなたたちはそれに対する欲を捨てるべきです。貪りを捨てるべきです。欲貪を捨てるべきです。

もろもろの香《こう》は無常であり、そなたたちはそれに対する欲を捨てるべきです。貪りを捨てるべきです。欲貪を捨てるべきです。

もろもろの味《み》は無常であり、そなたたちはそれに対する欲を捨てるべきです。貪りを捨てるべきです。欲貪を捨てるべきです。

一 yaṁ bhikkhave aniccaṁ, tatra vo chando pahātabbo, rāgo pahātabbo, chandarāgo pahātabbo. この三経は、「無常」である「六外処」に対する「欲」、「貪り」、「欲貪」の捨断を説いたものである。

二 もろもろの触《そく》は無常であり、そなたたちはそれに対する欲を捨てるべきです。貪りを捨てるべきです。欲貪を捨てるべきです。

三 もろもろの法《ほう》は無常であり、そなたたちはそれに対する欲を捨てるべきです。貪りを捨てるべきです。欲貪を捨てるべきです。

比丘たちよ、そなたたちは無常であるものに対する欲を捨てるべきです。貪りを捨てるべきです。欲貪を捨てるべきです」

と。

13〜15 外苦欲経など三経（Bāhiradukkhachandādi-sutta）

（一八〇〜一八二）▽このように私は聞いた——……

世尊はつぎのように言われた。△

一「比丘たちよ、そなたたちは苦であるものに対する欲を捨てるべきです。貪りを捨てるべきです。欲貪を捨てるべきです。

それでは、比丘たちよ、何が苦であるものでしょうか。

比丘たちよ、もろもろの色は苦であり、そなたたちはそれに対する欲を捨てるべきです。貪りを捨てるべきです。欲貪を捨てるべきです。▽もろもろの声は苦であり……もろもろの香は苦であり……△もろもろの味は苦であり……▽もろもろの触は苦であり……△もろもろの法は苦であり、そなたたちはそれに対する欲を捨てるべきです。貪

二 phoṭṭhabbā. あるいは「もろもろの触れられる（べき）ものは」。

三 dhammā.「法」とは、思い、考え、思想のこと。

一 yaṁ bhikkhave dukkhaṁ, tatra vo chando pahātabbo, rāgo pahātabbo, chandarāgo pahātabbo. この三経は、「苦」である「六外処」に対する「欲」、「貪り」、「欲貪」の捨断を説いたものである。

りを捨てるべきです。欲貪を捨てるべきです。

比丘たちよ、そなたたちは苦であるものに対する欲を捨てるべきです。貪りを捨てるべきです。欲貪を捨てるべきです」

と。

（151）362

16～18　外無我欲経など三経（Bāhirānattachandādi-sutta）

（一八三～一八五）このように私は聞いた——……

世尊はつぎのように言われた。

「比丘たちよ、そなたたちは無我であるものに対する欲を捨てるべきです。貪りを捨てるべきです。欲貪を捨てるべきです。[一]

それでは、比丘たちよ、何が無我であるものでしょうか。

比丘たちよ、もろもろの色は無我であり、そなたたちはそれに対する欲を捨てるべきです。貪りを捨てるべきです。欲貪を捨てるべきです。もろもろの声は無我であり……もろもろの香は無我であり……もろもろの味は無我であり……もろもろの触は無我であり……もろもろの法は無我であり、そなたたちはそれに対する欲を捨てるべきです。貪りを捨てるべきです。欲貪を捨てるべきです。

比丘たちよ、そなたたちは無我であるものに対する欲を捨てるべきです。貪りを捨てるべきです。欲貪を捨てるべきです」

一　yo bhikkhave anattā, tatra vo chando pahātabbo, rāgo pahātabbo, chandarāgo pahātabbo. この三経は、「無我」である「六外処」に対する「欲」、「貪り」、「欲貪」の捨断を説いたものである。

と。

19　内過去無常経（Ajjhattātītānicca-sutta）

（一八六）このように私は聞いた――……

世尊はつぎのように言われた。

「[一]比丘たちよ、過去の眼は無常です。過去の耳は無常です。過去の鼻は無常です。過去の舌は無常です。過去の身は無常です。過去の意は無常です。

[二]比丘たちよ、このように見る、聞《もん》をそなえた[三]聖なる弟子は、眼についても厭離《おんり》します。耳についても厭離します。鼻についても厭離します。舌についても厭離します。身についても厭離します。意についても厭離します。[四]かれは厭離し、離貪《りとん》します。[五]離貪により、解《げ》脱《だつ》します。解脱したとき、〈解脱した〉との智《ち》が生じます。[六]〈生まれは尽きた。梵行《ぼんぎょう》は完成された。なすべきことはなされた。もはや、この状態の他にはない〉と知ります」

と。

20　内未来無常経（Ajjhattānāgatānicca-sutta）

（一八七）このように私は聞いた――……

（一八六）Cf.『雑阿含経』巻第八〈一九五〉（大正蔵二・五〇a）

一　cakkhu bhikkhave aniccaṁ atītaṁ. 本経は、「過去」の「六内処」を「無常」であると見る聖なる弟子に六内処の厭離、離貪、解脱があることを説いたものである。

二　以下については、本相応、第一節「内無常経」（本書、四五頁）参照。

三　ariyasāvako. 阿羅漢、不還、一来、預流の聖者をいう。

四　nibbindaṁ virajjati.「離貪」によって四道（預流道・一来道・不還道・阿羅漢道）が語られている。

五　virāgā vimuccati.「解脱」によって四果（預流果・一来果・不還果・阿羅漢果）が語られている。

六　khīṇā jāti, vusitaṁ brahmacariyaṁ, kataṁ karaṇīyaṁ, nāparaṁ itthattāya. これは阿羅漢の境地を示す言葉である。

（一八七）Cf.『雑阿含経』巻第八〈一九五〉（大正蔵二・五〇a）

世尊はつぎのように言われた。

「[一]比丘たちよ、未来の眼は無常です。未来の耳は……未来の鼻は……未来の舌は無常です。未来の身は……未来の意は無常です。

比丘たちよ、このように見る、聞をそなえた聖なる弟子は、眼についても厭離します。……〈生まれは尽きた。梵行は完成された。なすべきことはなされた。もはや、この状態の他にはない〉と知ります」

と。

21 内現在無常経（Ajjhattapaccuppannānicca-sutta）

（一八八）このように私は聞いた——……

世尊はつぎのように言われた。

「[一]比丘たちよ、現在の眼は無常です。現在の耳は……現在の鼻は……現在の舌は無常です。現在の身は……現在の意は無常です。

比丘たちよ、このように見る、聞をそなえた聖なる弟子は、眼についても厭離します。……〈生まれは尽きた。梵行は完成された。なすべきことはなされた。もはや、この状態の他にはない〉と知ります」

と。

一 cakkhu bhikkhave aniccaṁ anāgataṁ. 本経は、「未来」の「六内処」を「無常」であると見る聖なる弟子に六内処の厭離、離貪、解脱があることを説いたものである。なお、以下については、本相応、第七節「内無常過去未来経」（本書、五九頁）参照。

（一八八）Cf.『雑阿含経』巻第八〈一九五〉（大正蔵二・五〇a）

一 cakkhu bhikkhave aniccaṁ paccuppannaṁ. 本経は、「現在」の「六内処」を「無常」であると見る聖なる弟子に六内処の厭離、離貪、解脱があることを説いたものである。

22〜24 内過去苦経など三経（Ajjhattātītādidukkha-sutta）

（一八九〜一九一） このように私は聞いた——……

世尊はつぎのように言われた。

「[一]比丘たちよ、過去・未来・現在の眼は苦です。過去・未来・現在の耳は……過去・未来・現在の鼻は……過去・未来・現在の舌は苦です。過去・未来・現在の身は……過去・未来・現在の意は苦です。比丘たちよ、このように見る、聞をそなえた聖なる弟子は、眼についても厭離します。……〈生まれは尽きた。梵行は完成された。なすべきことはなされた。もはや、この状態の他にはない〉と知ります」

と。

25〜27 内過去無我経など三経（Ajjhattātītādi-anatta-sutta）

（一九二〜一九四） このように私は聞いた——……

世尊はつぎのように言われた。

「[一]比丘たちよ、過去・未来・現在の眼は無我です。過去・未来・現在の耳は……過去・未来・現在の鼻は……過去・未来・現在の舌は無我です。過去・未来・現在の身は……過去・未来・現在の意は

（一八九〜一九一） Cf.『雑阿含経』巻第八〈一九五〉（大正蔵二・五〇ａ）

一 cakkhu bhikkhave dukkhaṁ atītaṁ anāgataṁ paccuppannaṁ. この三経は、「過去」、「未来」、「現在」の「六内処」を「苦」であると見る聖なる弟子に六内処の厭離、離貪、解脱があることを説いたものである。

（一九二〜一九四） Cf.『雑阿含経』巻第八〈一九五〉（大正蔵二・五〇ａ）

一 cakkhu bhikkhave anattā atītaṁ anāgataṁ paccuppannaṁ. この三経は、「過去」、「未来」、「現在」の「六内処」を「無我」であると見る聖なる弟子に六内処の厭離、離貪、解脱があることを説いたものである。

無我です。

比丘たちよ、このように見る、聞をそなえた聖なる弟子は、眼についても厭離します。……〈生まれは尽きた。梵行は完成された。なすべきことはなされた。もはや、この状態の他にはない〉と知ります」

と。

28〜30 外過去無常経など三経 (Bāhirātītādi-anicca-sutta)

(一九五〜一九七) このように私は聞いた――……

世尊はつぎのように言われた。
[一]「比丘たちよ、過去・未来・現在のもろもろの色は無常です。過去・未来・現在のもろもろの声は……過去・未来・現在のもろもろの香は……過去・未来・現在のもろもろの味は無常です。過去・未来・現在のもろもろの触は……過去・未来・現在のもろもろの法は無常です。
比丘たちよ、このように見る、聞をそなえた聖なる弟子は、もろもろの色についても厭離します。……〈生まれは尽きた。梵行は完成された。なすべきことはなされた。もはや、この状態の他にはない〉と知ります」

(一九五〜一九七) Cf.『雑阿含経』巻第八〈一九五〉(大正蔵二・五〇ａ)
一 rūpā bhikkhave aniccā atītā anāgatā paccuppannā. この三経は、「過去」、「未来」、「現在」の「六外処」を「無常」であると見る聖なる弟子に六外処の厭離、離貪、解脱があることを説いたものである。

と。

31～33 外過去苦経など三経 (Bāhirātītādidukkha-sutta)

(一九六～二〇〇) このように私は聞いた――……

世尊はつぎのように言われた。

[一]「比丘たちよ、過去・未来・現在のもろもろの色は苦です。過去・未来・現在のもろもろの声は……過去・未来・現在のもろもろの香は……過去・未来・現在のもろもろの味は苦です。過去・未来・現在のもろもろの触は……過去・未来・現在のもろもろの法は苦です。

比丘たちよ、このように見る、聞をそなえた聖なる弟子は、もろもろの色についても厭離します。……〈生まれは尽きた。梵行は完成された。なすべきことはなされた。もはや、この状態の他にはない〉と知ります」

と。

34～36 外過去無我経など三経 (Bāhirātītādi-anatta-sutta)

(二〇一～二〇三) このように私は聞いた――……

世尊はつぎのように言われた。

(一九六～二〇〇) Cf.『雑阿含経』巻第八〈一九五〉(大正蔵二・五〇a)

一 rūpā bhikkhave dukkhā atītā anāgatā paccuppannā. この三経は、「過去」、「未来」、「現在」の「六外処」を「苦」であると見る聖なる弟子に六外処の厭離、離貪、解脱があることを説いたものである。

(二〇一～二〇三) Cf.『雑阿含経』巻第八〈一九五〉(大正蔵二・五〇a)

[一]「比丘たちよ、過去・未来・現在のもろもろの色は無我です。過去・未来・現在のもろもろの声は……過去・未来・現在のもろもろの香は……過去・未来・現在のもろもろの味は無我です。過去・未来・現在のもろもろの触は……過去・未来・現在のもろもろの法は無我です。

比丘たちよ、このように見る、聞をそなえた聖なる弟子は、もろもろの色についても厭離します。……〈生まれは尽きた。梵行は完成された。なすべきことはなされた。もはや、この状態の他にはない〉と知ります」

と。

(153)

37 内過去「無常であるもの」経（Ajjhattātītayadanicca-sutta）

(二〇四) このように私は聞いた——……

世尊はつぎのように言われた。

「[一]比丘たちよ、過去の眼は無常です。無常であるものは苦です。[二]無常であるものは苦です。無我であるものは〈[三]これは私のものではない。[四]これは私ではない。[五]これは私の我ではない〉と、このように、これは[六]如実《にょじつ》に、正しい慧《え》によって見られるべきです。

耳は無常です。無常であるものは苦です。……

一 rūpā bhikkhave anattā atītā anāgatā paccuppannā. この三経は、「過去」、「未来」、「現在」の「六外処」を「無我」であると見る聖なる弟子に六外処の厭離、離貪、解脱があることを説いたものである。

(二〇四) Cf.『雑阿含経』巻第八〈一九五〉（大正蔵二・五〇a）

一 cakkhu bhikkhave aniccaṁ atītaṁ. 以下については、本相応、第一節「内無常経」（本書、四五頁）参照。

二 yad aniccaṁ taṁ dukkhaṁ.「無常であるもの」とは永遠でないもの、「苦」とは不安定、空虚の意。

三 netaṁ mama. 渇愛がないことをいう。

四 nesoham asmi. 慢心がないことをいう。

五 na meso attā. 我見がないことをいう。

六 yathābhūtaṁ. あるいは「真実のとおりに」。顚倒見がなく、無常・苦・無我の相により、ということ。

鼻は無常です。無常であるものは苦です。……△
舌は無常です。無常であるものは苦です。苦であるものは無我です。無我であるものは〈これは私のものではない。これは私ではない。これは私の我ではない〉と、このように、これは如実に、正しい慧によって見られるべきです。
▽身は無常です。無常であるものは苦です。……△
意は無常です。無常であるものは苦です。苦であるものは無我です。無我であるものは〈これは私のものではない。これは私ではない。これは私の我ではない〉と、このように、これは如実に、正しい慧によって見られるべきです。

比丘たちよ、このように見る、▽聞をそなえた聖なる弟子は、眼についても厭離します。……〈生まれは尽きた。梵行は完成された。なすべきことはなされた。△もはや、この状態の他にはない〉と知ります」

と。

364

38 内未来「無常であるもの」経（Ajjhattānāgatayadanicca-sutta）

（二〇五）▽このように私は聞いた――……

世尊はつぎのように言われた。△

（二〇五）Cf.『雑阿含経』巻第八〈一九五〉（大正蔵二・五〇a）

「[一]比丘たちよ、未来の眼は無常です。無常であるものは苦です。苦であるものは無我です。無我であるものは〈これは私のものではない。これは私ではない。これは私の我ではない〉と、このように、これは如実に、正しい慧によって見られるべきです。

耳は無常です。無常であるものは苦です。……

鼻は無常です。無常であるものは苦です。……

舌は無常です。無常であるものは苦です。苦であるものは無我です。無我であるものは〈これは私のものではない。これは私ではない。これは私の我ではない〉と、このように、これは如実に、正しい慧によって見られるべきです。

身は無常です。無常であるものは苦です。……

意は無常です。無常であるものは苦です。苦であるものは無我です。無我であるものは〈これは私のものではない。これは私ではない。これは私の我ではない〉と、このように、これは如実に、正しい慧によって見られるべきです。

比丘たちよ、このように見る、聞をそなえた聖なる弟子は、眼についても厭離します。……〈生まれは尽きた。梵行は完成された。なすべきことはなされた。もはや、この状態の他にはない〉と知ります」

一　cakkhu bhikkhave aniccaṁ anāgataṁ.

と。

39 内現在「無常であるもの」経
(Ajjhattapaccuppannayadanicca-sutta)

(二〇六) このように私は聞いた――……

世尊はつぎのように言われた。

「比丘[一]たちよ、現在の眼は無常です。無常であるものは苦です。苦であるものは無我です。無我であるものは〈これは私のものではない。これは私ではない。これは私の我ではない〉と、このように、これは如実に、正しい慧によって見られるべきです。

耳は無常です。無常であるものは苦です。……

鼻は無常です。無常であるものは苦です。……

舌は無常です。無常であるものは苦です。苦であるものは無我です。無我であるものは〈これは私のものではない。これは私ではない。これは私の我ではない〉と、このように、これは如実に、正しい慧によって見られるべきです。

身は無常です。無常であるものは苦です。……

意は無常です。無常であるものは苦です。苦であるものは無我です。無我であるものは〈これは私のものではない。これは私ではな

(二〇六) Cf.『雑阿含経』巻第八〈一九五〉(大正蔵二・五〇a)

一 cakkhu bhikkhave aniccaṁ paccuppannaṁ.

い。これは私の我ではない〉と、このように、これは如実に、正しい慧によって見られるべきです。

比丘たちよ、このように見る、聞をそなえた聖なる弟子は、眼についても厭離します。……〈生まれは尽きた。梵行は完成された。なすべきことはなされた。もはや、この状態の他にはない〉と知ります」

と。

40～42　内過去「苦であるもの」経など三経
(Ajjhattātītādiyaṁdukkha-sutta)

（二〇七～二〇九）このように私は聞いた――……

世尊はつぎのように言われた。

「比丘たちよ[一]、過去・未来・現在の眼は苦です。苦であるものは[二]無我です。無我であるものは〈これは私のものではない。これは私ではない。これは私の我ではない〉と、このように、これは如実に、正しい慧によって見られるべきです。

過去・未来・現在の耳は苦です。……

過去・未来・現在の鼻は苦です。……

過去・未来・現在の舌は苦です。……

（二〇七～二〇九）Cf.『雑阿含経』巻第八〈一九五〉（大正蔵二・五〇a）

一　cakkhu bhikkhave dukkhaṁ atītaṁ anāgataṁ paccuppannaṁ. この三経は、「過去」、「未来」、「現在」の「六内処」を「苦であるもの」と見る聖なる弟子に六内処の厭離、離貪、解脱があることを説いたものである。本相応、第一八九～一九一節「内過去苦経など三経」（本書、六四三頁）参照。

二　yaṁ dukkhaṁ tad anattā.

▽過去・未来・現在の身は苦です。……△
過去・未来・現在の意は苦です。苦であるものは無我です。無我であるものは〈これは私のものではない。これは私ではない。これは私の我ではない〉と、このように、これは如実に、正しい慧によって見られるべきです。
比丘たちよ、このように見る、▽聞をそなえた聖なる弟子は、眼についても厭離します。……〈生まれは尽きた。梵行は完成された。なすべきことはなされた。△もはや、この状態の他にはない〉と知ります」
と。

43～45 内過去「無我であるもの」経など三経
（Ajjhattātītādiyadanatta-sutta）

365

（二一〇～二一二）▽このように私は聞いた――……
世尊はつぎのように言われた。△
「一比丘たちよ、過去・未来・現在の眼は無我です。二無我であるものは〈これは私のものではない。これは私ではない。これは私の我ではない〉と、このように、これは如実に、正しい慧によって見られるべきです。

（二一〇～二一二）Cf.『雑阿含経』巻第八〈一九五〉（大正蔵二・五〇ａ）
一 cakkhu bhikkhave anattā atītaṁ anāgataṁ paccuppannaṁ. この三経は、「過去」、「未来」、「現在」の「六内処」を「無我であるもの」と見る聖なる弟子に六内処の厭離、離貪、解脱があることを説いたものである。本相応、第一九二～一九四節「内過去無我経など三経」（本書、六四三頁）参照。
二 yad anattā.

過去・未来・現在の耳は無我です。……過去・未来・現在の鼻は無我です。……過去・未来・現在の舌は無我です。……過去・未来・現在の身は無我です。……過去・未来・現在の意は無我です。無我であるものは〈これは私のものではない。これは私ではない。これは私の我ではない〉と、このように、これは如実に、正しい慧によって見られるべきです。

比丘たちよ、このように見る、聞をそなえた聖なる弟子は、眼についても厭離します。……〈生まれは尽きた。梵行は完成された。なすべきことはなされた。もはや、この状態の他にはない〉と知ります」

と。

46〜48 外過去「無常であるもの」経など三経
(Bāhirātītādiyadanicca-sutta)

(二二三〜二二五) このように私は聞いた――……

世尊はつぎのように言われた。

「比丘たちよ、過去・未来・現在のもろもろの色[一]は無常です。無[二]常であるものは苦です。苦であるものは無我です。無我であるもの

(二二三〜二二五) Cf.『雑阿含経』巻第八〈一九五〉(大正蔵二・五〇a)

一 rūpā bhikkhave aniccā atītā anāgatā paccuppannā. この三経は、「過去」、「未来」、「現在」の「六外処」を「無常であるもの」と見る聖なる弟子に六外処の厭離、離貪、解脱

は〈これは私のものではない。これは私ではない。これは私の我ではない〉と、このように、これは如実に、正しい慧によって見られるべきです。

過去・未来・現在のもろもろの声は▽無常です。……△

過去・未来・現在のもろもろの香は▽無常です。……△

過去・未来・現在のもろもろの味は▽無常です。……△

過去・未来・現在のもろもろの触は▽無常です。……△

過去・未来・現在のもろもろの法は無常です。無常であるものは苦です。苦であるものは無我です。無我であるものは〈これは私のものではない。これは私ではない。これは私の我ではない〉と、このように、これは如実に、正しい慧によって見られるべきです。

比丘たちよ、このように見る、▽聞をそなえた聖なる弟子は、もろもろの色についても厭離します。……〈生まれは尽きた。梵行は完成された。△なすべきことはなされた。もはや、この状態の他にはない〉と知ります」

と。

があることを説いたものである。本相応、一九五〜一九七節「外過去無常経など三経」（本書、六四四頁）参照。

二 yad aniccaṁ, taṁ dukkhaṁ.

49〜51　外過去「苦であるもの」経など三経
(Bāhirātītādiyaṁdukkha-sutta)

(二二六〜二二八) このように私は聞いた——……

世尊はつぎのように言われた。

「[一]比丘たちよ、過去・未来・現在のもろもろの色は苦です。苦で[二]あるものは無我です。無我であるものは〈これは私のものではない。これは私ではない。これは私の我ではない〉と、このように、これは如実に、正しい慧によって見られるべきです。

過去・未来・現在のもろもろの声は苦です。……

過去・未来・現在のもろもろの香は苦です。……

過去・未来・現在のもろもろの味は苦です。……

過去・未来・現在のもろもろの触は苦です。……

過去・未来・現在のもろもろの法は苦です。苦であるものは無我です。無我であるものは〈これは私のものではない。これは私ではない。これは私の我ではない〉と、このように、これは如実に、正しい慧によって見られるべきです。

比丘たちよ、このように見る、聞をそなえた聖なる弟子は、もろもろの色についても厭離します。……〈生まれは尽きた。梵行は完成された。なすべきことはなされた。もはや、この状態の他にはな

(二二六〜二二八) Cf.『雑阿含経』巻第八〈一九五〉(大正蔵二・五〇a)

一　rūpā bhikkhave dukkhā atītā anāgatā paccuppannā. この三経は、「過去」、「未来」、「現在」の「六外処」を「苦であるもの」と見る聖なる弟子に六外処の厭離、離貪、解脱があることを説いたものである。本相応、一九八〜二〇〇節「外過去苦経など三経」(本書、六四五頁)参照。

二　yaṁ dukkhaṁ tad anattā.

い〉と知ります」

と。

52～54　外過去「無我であるもの」経など三経
(Bāhirātītādiyadanatta-sutta)


(二九～三二)このように私は聞いた。――……

世尊はつぎのように言われた。

一「比丘たちよ、過去・未来・現在のもろもろの色は無我です。二無我であるものは〈これは私のものではない。これは私ではない。これは私の我ではない〉と、このように、これは如実に、正しい慧によって見られるべきです。

過去・未来・現在のもろもろの声は無我です。……

過去・未来・現在のもろもろの香は無我です。……

過去・未来・現在のもろもろの味は無我です。……

過去・未来・現在のもろもろの触は無我です。……

過去・未来・現在のもろもろの法は無我です。無我であるものは〈これは私のものではない。これは私ではない。これは私の我ではない〉と、このように、これは如実に、正しい慧によって見られるべきです。


(二九～三二)Cf.『雑阿含経』巻第八〈一九五〉(大正蔵二・五〇a)
一　rūpā bhikkhave anattā atītā anāgatā paccuppannā. この三経は、「過去」、「未来」、「現在」の「六外処」を「無我であるもの」と見る聖なる弟子に六外処の厭離、離貪、解脱があることを説いたものである。本相応、二〇一～二〇三節「外過去無我経など三経」(本書、六四五頁)参照。
二　yad anattā.

比丘たちよ、このように見る、聞をそなえた聖なる弟子は、もろもろの色についても厭離します。……〈生まれは尽きた。梵行は完成された。なすべきことはなされた。もはや、この状態の他にはない〉と知ります」

と。

55 内処無常経（Ajjhattāyatana-anicca-sutta）

（三二）このように私は聞いた――……

世尊はつぎのように言われた。

「[一]比丘たちよ、眼は無常です。耳は無常です。鼻は無常です。舌は無常です。身は無常です。意は無常です。

比丘たちよ、このように見る、聞をそなえた聖なる弟子は、眼についても厭離します。……〈生まれは尽きた。梵行は完成された。なすべきことはなされた。もはや、この状態の他にはない〉と知ります」

と。

56 内処苦経（Ajjhattāyatanadukkha-sutta）

（三三）このように私は聞いた――……

（三二）Cf.『雑阿含経』巻第八〈一九五〉（大正蔵二・五〇a）

一 cakkhu bhikkhave aniccaṁ.

（三三）Cf.『雑阿含経』巻第八〈一九五〉（大正蔵二・五〇a）

世尊はつぎのように言われた。

「[一]比丘たちよ、眼は苦です。耳は苦です。鼻は苦です。舌は苦です。身は苦です。意は苦です。

比丘たちよ、このように見る、聞をそなえた聖なる弟子は、眼についても厭離します。……〈生まれは尽きた。梵行は完成された。なすべきことはなされた。もはや、この状態の他にはない〉と知ります」

と。

(156)

57 内処無我経 (Ajjhattāyatana-anatta-sutta)

(二三四) このように私は聞いた——……

世尊はつぎのように言われた。

「[一]比丘たちよ、眼は無我です。耳は無我です。鼻は無我です。舌は無我です。身は無我です。意は無我です。

比丘たちよ、このように見る、聞をそなえた聖なる弟子は、眼についても厭離します。……〈生まれは尽きた。梵行は完成された。なすべきことはなされた。もはや、この状態の他にはない〉と知ります」

と。

一 cakkhu bhikkhave dukkhaṁ.

(二三四) Cf.『雑阿含経』巻第八〈一九五〉(大正蔵二・五〇a)

一 cakkhu bhikkhave anattā.

58 外処無常経 (Bāhirāyatana-anicca-sutta)

(三三五) このように私は聞いた――……

世尊はつぎのように言われた。

「比丘[一]たちよ、もろもろの色は無常です。もろもろの声は無常です。もろもろの香は無常です。もろもろの味は無常です。もろもろの触は無常です。もろもろの法は無常です。

比丘たちよ、このように見る、聞をそなえた聖なる弟子は、もろもろの色についても厭離します。……〈生まれは尽きた。梵行は完成された。なすべきことはなされた。もはや、この状態の他にはない〉と知ります」

と。

59 外処苦経 (Bāhirāyatanadukkha-sutta)

(三三六) このように私は聞いた――……

世尊はつぎのように言われた。

「比丘[一]たちよ、もろもろの色は苦です。もろもろの声は苦です。もろもろの香は苦です。もろもろの味は苦です。もろもろの触は苦です。もろもろの法は苦です。

(三三五) Cf.『雑阿含経』巻第八〈一九五〉(大正蔵二・五〇a)

一 rūpā bhikkhave aniccā.

(三三六) Cf.『雑阿含経』巻第八〈一九五〉(大正蔵二・五〇a)

一 rūpā bhikkhave dukkhā.

比丘たちよ、このように見る、聞をそなえた聖なる弟子は、もろもろの色についても厭離します。……〈生まれは尽きた。梵行は完成された。なすべきことはなされた。もはや、この状態の他にはない〉と知ります」

と。

60 外処無我経（Bāhirāyatana-anatta-sutta）

（二三七）このように私は聞いた――……

世尊はつぎのように言われた。

「[一]比丘たちよ、もろもろの色は無我です。もろもろの声は無我です。もろもろの香は無我です。もろもろの味は無我です。もろもろの触は無我です。もろもろの法は無我です。

比丘たちよ、このように見る、聞をそなえた聖なる弟子は、もろもろの色についても厭離します。……〈生まれは尽きた。梵行は完成された。なすべきことはなされた。もはや、この状態の他にはない〉と知ります」

と。

六十の中略は終わる

（二三七）Cf.『雑阿含経』巻第八〈一九五〉（大正蔵二・五〇a）

一 rūpā bhikkhave anattā.

第一七　六十中略の章

以上の摂頌

「欲」（欲・貪・欲貪）によって十八あり
また「過去」（過去・未来・現在）によって二の九（＝十八）あり
十八の「無常であるもの」（無常・苦・無我であるもの）と
三の「内（処）」と「外（処）」とが説かれ
日種族なる仏によって
六十の中略が説かれている、と

六十の経あり

第一八　海の章（Samudda-vagga）

1　第一海経（Paṭhamasamudda-sutta）

（二二八）▽このように私は聞いた――……

世尊《せそん》はつぎのように言われた。△

「比丘《びく》たちよ、[一]聞《もん》のない凡夫《ぼんぷ》は、『海、海』[二]と語ります。比丘たちよ、これは聖者の律《りつ》[三]における海ではありません。比丘たちよ、これは大きな水の集まりであり、大きな水の流れです。

比丘たちよ、眼《げん》[1]は人の海です。それには色《しき》[四]からなる勢力があります。比丘たちよ、その色からなる勢力に[五]耐えるならば、この者は、波[六]のある、渦[七]のある、鮫[八]のいる、羅刹《らせつ》[九]のいる眼の海を渡った、と言われます。渡り、彼岸《ひがん》に達したかれは、バラモンとして陸地に立ちます。

比丘たちよ、耳《に》は人の海です。それには声《しょう》からなる勢力があります。……

比丘たちよ、鼻《び》は人の海です。それには香《こう》からなる勢力があります。……

比丘たちよ、舌《ぜつ》は人の海です。それには味《み》からなる勢力がありま

（二二八）『雑阿含経』巻第八〈二一七〉（大正蔵二・五四c）

一　assutavā puthujjano. 法を聞くこと（学識）のない凡俗者。非聖者。

二　samuddo samuddo.

三　ariyassa vinaye. 聖者の教え（用語法）における、の意。

四　tassa rūpamayo vego. 〈海に無量の波からなる（appamāṇa-ūmimaya）勢力（vega）があるように、その眼の海にも合流する青などの区別のある所縁によって、不可量の色からなる（appameyya-rūpamaya）勢力が知られるべきである〉。

五　yo taṁ rūpamayaṁ vegaṁ sahati. 〈眼の海において合流する色からなるその勢力に、すなわち、好ましい色に対する貪りに、好ましくない（色に対する）怒りに、考察のない（色に対する）愚癡に、というように貪りなどの煩悩を起こさず、捨の状態（upekkhakabhāva 正しい観察）によって耐えるならば（sahati）《征服するならば（adhibhavati）、その様相がなんら変化しないならば》、ということである〉。

六　sa-ūmiṁ. 〈もろもろの煩悩の波（kilesa-ūmi）によって〉、また〈怒りと愁いによって「波のある」〉。

七　sāvaṭṭaṁ. 〈もろもろの煩悩の渦（kiesāvaṭṭa）によって〉、また〈妙欲（五欲）によって「渦のある」〉。

八　sagāhaṁ. 〈もろもろの煩悩の鮫（kilesagāha）によって「鮫のいる」〉。

九　sarakkhasaṁ. 〈もろもろの煩悩の羅刹（kilesarakkhasa 悪鬼）によって〉、また〈女性（mātugāma）によって「鮫のいる、羅刹のいる」ということ。なぜなら、「比丘たち

す。比丘たちよ、その味からなる勢力に耐えるならば、この者は、波のある、渦のある、鮫のいる、羅刹のいる舌の海を渡った、と言われます。渡り、彼岸に達したかれは、バラモンとして陸地に立ちます。

比丘たちよ、身《しん》は人の海です。それには触《そく》からなる勢力があります。……

比丘たちよ、意《い》は人の海です。それには法《ほう》からなる勢力があります。比丘たちよ、その法からなる勢力に耐えるならば、この者は、波のある、渦のある、鮫のいる、羅刹のいる意の海を渡った、と言われます。渡り、彼岸に達したかれは、バラモンとして陸地に立ちます」

と。

このように世尊は言われた。▽このように善逝《ぜんぜい》は言われた。そして
さらに、△師はつぎのように言われた。

「鮫、羅刹、波、渦、[一〇]恐れのある
この渡り難い海を渡った
かれは[一一]明智者《みょうちしゃ》、[一二]梵行成就者《ぼんぎょうじょうじゅしゃ》
[一三]世の達人、[一四]到彼岸者と言われる」

よ、『鮫、羅刹』とは、女性の同義語です」（Itiv. 114）と、このように言われているからである〉。《「鮫、羅刹」とは、鮫、羅刹、マカラ（大魚）などである》。

……………………………………

一〇　sabhayaṁ. 〈波（煩悩）の恐れによって「恐れのある」〉。
一一　vedagū.　原意は「ヴェーダに精通した者」。
一二　vusitabrahmacariyo.
一三　lokantagū. 〈行の世界（saṅkhāraloka）の終極（anta）に達した者〉。
一四　pāragato. 〈涅槃（nibbāna）に到達した者〉。

と。

第一

（158）

2 第二海経（Dutiyasamudda-sutta）

（二三九）▽このように私は聞いた――……

世尊はつぎのように言われた。△

「比丘たちよ、聞のない凡夫は、『海、海』と語ります。比丘たちよ、これは聖者の律における海ではありません。比丘たちよ、これは大きな水の集まりであり、大きな水の流れです。

比丘たちよ、眼〔一〕によって識《し》られるべき、好ましい、楽しい、喜ばしい、愛しい、欲をともなった、魅力的な、もろもろの色があります。比丘たちよ、これが聖者の律における海と言われます。ここにおいて、この神々〔二〕を含む、魔〔三〕を含む、梵天《ぼんてん》〔四〕を含む世界〔五〕、沙門《しゃもん》〔六〕・バラモンを含む、天・人〔七〕を含む衆〔八〕は、ほとんど〔九〕が濡れ〔一〇〕、絡《から》〔一一〕んだ綛《かせ》のようになり、混乱〔一二〕した鳥の巣のようになり、ムンジャ草〔一三〕、パッバジャ草のようになって、苦処《くしょ》〔一四〕・悪道《あくどう》・破滅の輪廻《りんね》を超えることはありません。

▽比丘たちよ、耳によって識られるべき……もろもろの声がありま す。……

（二三九）『雑阿含経』巻第八〈二一六〉（大正蔵二・五四b）

一 以下については、本相応、第六三節「第一ミガジャーラ経」（本書、二〇〇頁）参照。

二 sadevako. 五欲界天をさす。以下については、長部2『沙門果経』第四一節参照。

三 samārako. 第六欲界天をさす。

四 sabrahmako. 梵衆天などの二十天をさす。

五 loko.「世界」には三種、すなわち、①場所（空間）の世界（okāsaloka 器世間）、②有情（生けるもの）の世界（sattaloka 有情世間）、③行（身心の形成力）の世界（saṅkhāraloka 行世間）がある。ここでは②の「有情の世界」をさす。

六 sassamaṇabrāhmaṇī. 仏教に敵対する沙門・バラモンと、悪を鎮め、悪を除いた沙門・バラモンをさす。

七 sadevamanussā. 人間の王、および残りの人間をさす。

八 pajā. 生けるものの世界をさす。

九 yebhuyyena.〈聖なる弟子（ariyasāvaka）《不還者（anāgāmī）》たちを除いて「ほとんどが」〉の意。

一〇 samunnā.

一一 tantākulakajātā. 以下については、因縁篇、第六〇節「因縁経」（因縁篇I、三五三頁）参照。

一二 kulagaṇṭhikajātā（R^e, kulakajātā guṇaguṇikajātā）.

一三 muñjapabbajabhūtā.

比丘たちよ、鼻によって識られるべき……もろもろの香があります。……

比丘たちよ、舌によって識られるべき……もろもろの味があります。……

比丘たちよ、身によって識られるべき……もろもろの触があります。……

比丘たちよ、意によって識られるべき、好ましい、楽しい、喜ばしい、愛しい、欲をともなった、魅力的な、もろもろの法があります。比丘たちよ、これが聖者の律における海と言われます。ここにおいて、この神々を含む、魔を含む、梵天を含む世界、沙門・バラモンを含む、天・人を含む衆は、ほとんどが濡れ、絡んだ綛のようになり、混乱した鳥の巣のようになり、ムンジャ草、パッバジャ草のようになって、苦処・悪道・破滅の輪廻を超えることはありません」

と。

「一五貪欲、瞋恚《しんい》、そしてまた
無明《むみょう》を離れている者、
この鮫、羅刹、波、恐れのある
渡り難い海を渡った

一四　apāyaṁ duggatiṁ vinipātaṁ saṁsāraṁ.「苦処」(apāya)とは地獄、畜生胎、餓鬼界、阿修羅身のこと。それは、苦楽の道（趣）があることから「悪道」(duggati 悪趣)であり、苦楽の集まりより堕ちていることから「破滅」(vinipāta 堕処)である。

……………………………………

一五　以下の二偈を、Rᵉ は次経（第二三〇節「釣師喩経」）の冒頭に置く。なお、その前半部分は、「貪欲、瞋恚、そしてまた　無明を離れている者（以上、偈文）かれはこの鮫、羅刹、波、恐れのある渡り難い海を渡った（以上、散文）」とも解される。

一六　maccujaho.〈三の死《煩悩魔（kilesamāra）・行作魔

執着《しゅうじゃく》を超え、[一六]死を捨て、[一七]依止《えじ》なき者は
[一八]無再有《むさいう》のために、苦を捨てた
かれは没して、くり返さず
[一九]死王を迷わせた、と私は言う」

と。

第二

(159)

3 釣師喩経（Baḷisikopama-sutta）

（二三〇）▽このように私は聞いた——……
世尊はつぎのように言われた。△

「比丘たちよ、たとえば、[一]釣師が[二]餌をつけた釣針を深い湖水に投げ入れ、[三]餌の眼をもつある魚がそれを呑み込むとします。比丘たちよ、このようにして、その釣師の釣針を飲み込んだ魚は、[四]災難に遭い、不幸に陥り、[五]釣師のなすがままになります。

比丘たちよ、ちょうどそのように、これら[六]六の釣針は、世界におけるもろもろの有情の不幸のためになり、もろもろの生物の殺戮のためになります。六とは何でしょうか。

（abhisaṅkhāramāra）・天子魔（devaputtamāra）》を捨て、とどまり〉。

一七 nirupadhi.〈三の依止（upadhi 生存素因）《煩悩・行作・妙欲（kāmaguṇa）という三の依止》によって依止のない者（anupadhi）は〉。《ただし、かれは、有余依の涅槃のみが証得されているから、蘊の依止（生存素因）による「依止なき者」（無余依涅槃者）ではない》。

一八 apunabbhavāya.〈涅槃（nibbāna）のために〉。

一九 amohayī maccurājaṁ.〈その行方が分からないように、《実践をすること（paṭipattigamana）により》死王を迷わせて行った〉。

（二三〇）『雑阿含経』巻第九〈二四五〉（大正蔵二・五八ｃ—五九ａ）

一 bāḷisiko.

二 āmisagatabaḷisaṁ.

三 āmisacakkhu. あるいは「貪りの眼をもつ」。

四 anayaṁ āpanno byasanaṁ āpanno.

五 yathākāmakaraṇīyo bāḷisikassa.

六 cha baḷisā. 六処、六処に対する執着をさす。

悪魔のなすがままになる者

[七]比丘たちよ、眼によって識られるべき、好ましい、楽しい、喜ばしい、愛しい、欲をともなった、魅力的な、もろもろの色があります。比丘たちよ、もし比丘がそれを歓喜《かんぎ》し、歓迎し、執着してとどまるならば、この魔の釣針を飲み込んだ比丘は『災難に遭い、不幸に陥り、[八]悪魔のなすがままになっている者』と言われます。

▽比丘たちよ、耳によって識られるべき……もろもろの声があります。……

比丘たちよ、鼻によって識られるべき……もろもろの香があります。……△

比丘たちよ、舌によって識られるべき……もろもろの味があります。……

▽比丘たちよ、身によって識られるべき……もろもろの触があります。……△

比丘たちよ、意によって識られるべき、好ましい、楽しい、喜ばしい、愛しい、欲をともなった、魅力的な、もろもろの法があります。比丘たちよ、もし比丘がそれを歓喜し、歓迎し、執着してとどまるならば、この魔の釣針を飲み込んだ比丘は『災難に遭い、不幸に陥り、悪魔のなすがままになっている者』と言われます。

七　以下については、本相応、第六三節「第一ミガジャーラ経」（本書、二〇〇頁）参照。

八　pāpimato. あるいは「悪しき者の」。「波旬の」。

悪魔のなすがままにならない者

また、比丘たちよ、眼によって識られるべき、好ましい、楽しい、喜ばしい、愛しい、欲をともなった、魅力的な、もろもろの色があります。比丘たちよ、もし比丘がそれを歓喜せず、歓迎せず、執着せずにとどまるならば、この魔の釣針を飲み込まなかった比丘は『釣針を壊し、釣針を破壊し、災難に遭わず、不幸に陥らず、悪魔のなすがままになっていない者』と言われます。

▽比丘たちよ、耳によって識られるべき……もろもろの声があります。……

比丘たちよ、鼻によって識られるべき……もろもろの香があります。……△

比丘たちよ、舌によって識られるべき……もろもろの味があります。……

▽比丘たちよ、身によって識られるべき……もろもろの触があります。……△

比丘たちよ、意によって識られるべき、好ましい、楽しい、喜ばしい、愛しい、欲をともなった、魅力的な、もろもろの法があります。比丘たちよ、もし比丘がそれを歓喜せず、歓迎せず、執着せずにとどまるならば、この魔の釣針を飲み込まなかった比丘は『釣針を壊し、釣針を破壊し、災難に遭わず、不幸に陥らず、悪魔のなすがままになっていない者』と言われます」

と。

第三

4 乳樹喩経（Khīrarukkhopama-sutta）

（三三二）このように私は聞いた——……

世尊はつぎのように言われた。

六処による心の占拠

「比丘たちよ、いかなる比丘であれ、比丘尼《びくに》であれ、その眼によって識《し》られるべきもろもろの色《しき》に対して、貪欲[一]があり、瞋恚[二]があり、愚痴《ぐち》[三]があり、貪欲[四]が断たれておらず、瞋恚が断たれておらず、愚痴が断たれていない場合、その眼によって識られるべきもろもろの色は、少量[五]が眼の領域に入っても、その心を占拠して[六]しまいます。多[七]量であれば、言うまでもありません。それはなぜか。貪欲があり、瞋恚があり、愚痴があり、貪欲が断たれておらず、瞋恚が断たれておらず、愚痴が断たれていないからです。

比丘たちよ、いかなる比丘であれ、比丘尼であれ、その耳によって識られるべきもろもろの声に対して、貪欲があり……

（三三二）漢訳の相当経典は不明。

一　yo rāgo so atthi. あるいは「貪欲なるものがあり」。「貪欲」とは貪りのこと。「あり」とは〈断たれていない状態《道（magga）によって根絶されていないこと》によって「あり」（atthi）ということ。それゆえ「それ（貪欲）が断たれていない場合」（so appahīno）と言われたのである〉。

二　yo doso so atthi. あるいは「瞋恚なるものがあり」。「瞋恚」とは怒りのこと。

三　yo moho so atthi. あるいは「愚痴なるものがあり」。「愚痴」とは愚かさのこと。

四　yo rāgo so appahīno.

五　parittā.〈山ほどであっても、好ましくない、魅力的でない色は「少量」と呼ばれることになり、このようなものでも《少しのものでも》、もろもろの色がその心を占拠する、ということを示すのである〉。

六　pariyādiyantevassa cittaṁ.

比丘たちよ、いかなる比丘であれ、比丘尼であれ、その鼻によって識られるべきもろもろの香に対して、貪欲があり……△

比丘たちよ、いかなる比丘であれ、比丘尼であれ、その舌によって識られるべきもろもろの味に対して、貪欲があり……

▽比丘たちよ、いかなる比丘であれ、比丘尼であれ、その身によって識られるべきもろもろの触に対して、貪欲があり……△

比丘たちよ、いかなる比丘であれ、比丘尼であれ、その意によって識られるべきもろもろの法に対して、貪欲があり、瞋恚があり、愚痴があり、貪欲が断たれておらず、瞋恚が断たれておらず、愚痴が断たれていない場合、その意によって識られるべきもろもろの法は、少量が意の領域に入っても、その心を占拠してしまいます。多量であれば、言うまでもありません。それはなぜか。貪欲があり、瞋恚があり、愚痴があり、貪欲が断たれておらず、瞋恚が断たれておらず、愚痴が断たれていないからです。

（幼い乳樹の喩え）

比丘たちよ、たとえば、乳樹[八]である、幼く[九]、若く、青い、アッサッタ[一〇]、あるいはニグローダ[一一]、あるいはピラッカ[一二]、あるいはウドゥンバラ[一三]があるとします。それを男性が鋭い斧でつぎつぎと切ってゆけば、乳が出るでしょうか」と。

七　ko pana vādo adhimattānaṁ. 〈それに対して、好ましい所縁、魅力的な物がその心を占拠する、ということについて、どのような話が必要であろうか、ということである。これについてはまた、爪先ほどの量であっても、マニ珠や真珠などの魅力的な物が多量の所縁（adhimattārammaṇa）である、と解されねばならない〉。《「多量であれば」とは、好ましい、魅力的なものであれば、ということ。物によって少量であっても、好ましい所縁は「多量」である》。

八　khīrarukkho. あるいは「乳液樹である」。

九　daharo taruṇo komārako.

一〇　assattho. 菩提樹。

一一　nigrodho. バンヤン樹。

一二　pilakkho. 小葉バンヤン樹。

一三　udumbaro. 無花果樹。

「はい、尊師よ」。

「それはなぜですか」。

「尊師よ、それには乳があるからです」と。

「ちょうどそのように、比丘たちよ、いかなる比丘であれ、比丘尼であれ、その眼によって識られるべきもろもろの色に対して、貪欲があり、瞋恚があり、愚痴があり、貪欲が断たれておらず、瞋恚が断たれておらず、愚痴が断たれていない場合、その眼によって識られるべきもろもろの色は、少量が眼の領域に入っても、その心を占拠してしまいます。多ければ、言うまでもありません。それはなぜか。貪欲があり、瞋恚があり、愚痴があり、貪欲が断たれておらず、瞋恚が断たれておらず、愚痴が断たれていないからです。

▽比丘たちよ、いかなる比丘であれ、比丘尼であれ、その耳によって識られるべきもろもろの声に対して、貪欲があり……

比丘たちよ、いかなる比丘であれ、比丘尼であれ、その鼻によって識られるべきもろもろの香に対して、貪欲があり……△

比丘たちよ、いかなる比丘であれ、比丘尼であれ、その舌によって識られるべきもろもろの味に対して、貪欲があり……

▽比丘たちよ、いかなる比丘であれ、比丘尼であれ、その身によって識られるべきもろもろの触に対して、貪欲があり……△

比丘たちよ、いかなる比丘であれ、比丘尼であれ、その意によって識られるべきもろもろの法に対して、貪欲があり、瞋恚があり、愚痴があり、貪欲が断たれておらず、瞋恚が断たれておらず、愚痴が断たれていない場合、その意によって識られるべきもろもろの法は、少量が意の領域に入っても、その心を占拠してしまいます。多ければ、言うまでもありません。それはなぜか。貪欲があり、瞋恚があり、愚痴があり、貪欲が断たれておらず、瞋恚が断たれておらず、愚痴が断たれていないからです。

六処による心の不占拠

比丘たちよ、いかなる比丘であれ、比丘尼であれ、その眼によって識られるべきもろもろの色に対して、貪欲[14]がなく、瞋恚[15]がなく、愚痴[16]がなく、貪欲が断たれており、瞋恚が断たれており、愚痴が断たれている場合、その眼によって識られるべきもろもろの色は、多量が眼の領域に入っても、その心を占拠しません。少量であれば、言うまでもありません。それはなぜか。貪欲がなく、瞋恚がなく、愚痴がなく、貪欲が断たれており、瞋恚が断たれており、愚痴が断たれているからです。

▽比丘たちよ、いかなる比丘であれ、比丘尼であれ、その耳によって識られるべきもろもろの声に対して、貪欲がなく……

一四　yo rāgo so natthi. あるいは「貪欲なるものがなく」。
一五　yo doso so natthi. あるいは「瞋恚なるものがなく」。
一六　yo moho so natthi. あるいは「愚痴なるものがなく」。

比丘たちよ、いかなる比丘であれ、比丘尼であれ、その鼻によって識られるべきもろもろの香に対して、貪欲がなく……

比丘たちよ、いかなる比丘であれ、比丘尼であれ、その舌によって識られるべきもろもろの味に対して、貪欲がなく……

比丘たちよ、いかなる比丘であれ、比丘尼であれ、その身によって識られるべきもろもろの触に対して、貪欲がなく……

比丘たちよ、いかなる比丘であれ、比丘尼であれ、その意によって識られるべきもろもろの法に対して、貪欲がなく、瞋恚がなく、愚痴がなく、貪欲が断たれており、瞋恚が断たれており、愚痴が断たれている場合、その意によって識られるべきもろもろの法は、多量が意の領域に入っても、その心を占拠しません。少量であれば、言うまでもありません。それはなぜか。貪欲がなく、瞋恚がなく、愚痴がなく、貪欲が断たれており、瞋恚が断たれており、愚痴が断たれているからです。

（乾いた乳樹の喩え）

比丘たちよ、たとえば、乳樹である、乾き[一七]、潤いのない、老齢の、アッサッタ、あるいはニグローダ、あるいはピラッカ、あるいはウドゥンバラがあるとします。それを男性が鋭い斧でつぎつぎと切ってゆけば、乳が出るでしょうか」と。

一七　sukkho kolāpo terovassiko.

「いいえ、尊師よ」。

「それはなぜですか」。

「尊師よ、それには乳がないからです」と。

「ちょうどそのように、比丘たちよ、いかなる比丘であれ、比丘尼であれ、その眼によって識られるべきもろもろの色に対して、貪欲がなく、瞋恚がなく、愚痴がなく、貪欲が断たれており、瞋恚が断たれており、愚痴が断たれている場合、その眼によって識られるべきもろもろの色は、多量が眼の領域に入っても、その心を占拠しません。少量であれば、言うまでもありません。それはなぜか。貪欲がなく、瞋恚がなく、愚痴がなく、貪欲が断たれており、瞋恚が断たれており、愚痴が断たれているからです。

▽比丘たちよ、いかなる比丘であれ、比丘尼であれ、その耳によって識られるべきもろもろの声に対して、貪欲がなく……

比丘たちよ、いかなる比丘であれ、比丘尼であれ、その鼻によって識られるべきもろもろの香に対して、貪欲がなく……△

比丘たちよ、いかなる比丘であれ、比丘尼であれ、その舌によって識られるべきもろもろの味に対して、貪欲がなく……

▽比丘たちよ、いかなる比丘であれ、比丘尼であれ、その身によって識られるべきもろもろの触に対して、貪欲がなく……△

比丘たちよ、いかなる比丘であれ、比丘尼であれ、その意によって識られるべきもろもろの法に対して、貪欲がなく、瞋恚がなく、愚痴がなく、貪欲が断たれており、瞋恚が断たれており、愚痴が断たれている場合、その意によって識られるべきもろもろの法は、多量が意の領域に入っても、その心を占拠しません。少量であれば、言うまでもありません。それはなぜか。貪欲がなく、瞋恚がなく、愚痴がなく、貪欲が断たれており、瞋恚が断たれており、愚痴が断たれているからです」

と。

第四

5 コッティカ経（Koṭṭhika-sutta）

（三三二）▽このように私は聞いた――△

あるとき、[一]尊者《そんじゃ》サーリプッタと尊者マ[二]ハーコッティカは、[三]バーラーナシーに近い、[四]イシパタナの[五]鹿園林《ろくおんりん》に住んでいた。

さて、尊者マハーコッティカは、夕方、[六]独坐《どくざ》から立ち上がり、尊者サーリプッタのもとへ近づいて行った。行って、尊者サーリプッタとともに喜びの挨拶を交わし、喜ばしい印象に残る話を取り交わすと、一方に坐った。

（三三二）『雑阿含経』巻第九〈二五〇〉（大正蔵二・六〇a―b）

一 āyasmā Sāriputto. 舎利弗長老。智慧第一の仏弟子。

二 āyasmā Mahākoṭṭhiko. 大倶絺羅長老。無碍解第一の仏弟子。なお、「コッティカ」は「マハーコッティカ」の略称。本相応、第一六二節「コッティカ無常経」（本書、六一六頁）参照。

三 Bārāṇasiyaṁ. ベナレス。波羅那。カーシ国の首都。

四 Isipatane. 仏による初転法輪の地。仙人堕処。中部26『聖求経』第一三節、補註15参照。

五 Migadāye. あるいは「ミガダーヤに」。

六 paṭisallanā. 果定（phalasamāpatti）から、の意。果定

一方に坐った尊者マハーコッティカは、尊者サーリプッタにこう言った。

「友、サーリプッタよ、眼はもろもろの色の束縛《そくばく》でしょうか、もろもろの色が眼の束縛でしょうか。

耳はもろもろの声の束縛でしょうか、もろもろの声が耳の束縛でしょうか。

鼻はもろもろの香の束縛でしょうか、もろもろの香が鼻の束縛でしょうか。

舌はもろもろの味の束縛でしょうか、もろもろの味が舌の束縛でしょうか。

身はもろもろの触の束縛でしょうか、もろもろの触が身の束縛でしょうか。

(163)
意はもろもろの法の束縛でしょうか、もろもろの法が意の束縛でしょうか」と。

「友、コッティカよ、眼は[七]もろもろの色の束縛ではなく、もろもろ[八]の色が眼の束縛でもありません。しかし、そこで、その両者[九]によって欲貪[一〇]が生じるならば、それがそこにおける束縛です。

耳はもろもろの声の束縛ではなく……

鼻はもろもろの香の束縛ではなく……

とは、聖者が得ている果の禅定をいう。

七　na cakkhu rūpānaṁ saṁyojanaṁ.

八　na rūpā cakkhussa saṁyojanaṁ.

九　tadubhayaṁ paṭicca.《「その両者」とは、その眼と色(cakkhurūpa)の両処(ubhaya-āyatana)、ということ》。

一〇　chandarāgo. あるいは「欲と貪りが」。

舌はもろもろの味の束縛ではなく、もろもろの味が舌の束縛でもありません。しかし、そこで、その両者によって欲貪が生じるならば、それがそこにおける束縛です。

▽身はもろもろの触の束縛ではなく……△

意はもろもろの法の束縛ではなく、もろもろの法が意の束縛でもありません。しかし、そこで、その両者によって欲貪が生じるならば、それがそこにおける束縛です。

黒牛と白牛の喩え

友よ、たとえば、黒牛と白牛[二]が、一本の紐か綱[三]につながれているとします。それを、『黒牛は白牛の束縛であり、白牛は黒牛の束縛である』と、このように言う者がいれば、はたしてかれは正しく語っているでしょうか」と。

「そうではありません、友よ」

「友よ、黒牛は白牛の束縛ではなく、白牛が黒牛の束縛でもありません。かれらが一本の紐か綱につながれていれば、それがそこにおける束縛です。

友よ、ちょうどそのように、眼はもろもろの色の束縛ではなく、もろもろの色が眼の束縛でもありません。しかし、そこで、その両者によって欲貪が生じるならば、それがそこにおける束縛です。

二　kāḷo ca balībaddho odāto ca balībaddho. あるいは「黒い軛牛と白い軛牛が」。

三　ekena dāmena vā yottena vā. あるいは「一本の紐か軛に」。

▽耳はもろもろの声の束縛ではなく……
鼻はもろもろの香の束縛ではなく……△
舌はもろもろの味の束縛ではなく、もろもろの味が舌の束縛でもありません。しかし、そこで、その両者によって欲貪が生じるならば、それがそこにおける束縛です。
▽身はもろもろの触の束縛ではなく……△
意はもろもろの法の束縛ではなく、もろもろの法が意の束縛でもありません。しかし、そこで、その両者によって欲貪が生じるならば、それがそこにおける束縛です。

梵行住

友よ、眼がもろもろの色の束縛になるならば、あるいはもろもろの色が眼の束縛になるならば、正しく苦を尽滅《じんめつ》するために、この梵行《ぼんぎょう》[一三]住《じゅう》は知られません。しかし、友よ、眼はもろもろの色の束縛ではなく、もろもろの色が眼の束縛でもないのです。また、そこでその両(164)者によって欲貪が生じるならば、それがそこにおける束縛です。それゆえ、正しく苦を尽滅するために、梵行住は知られます。
▽友よ、耳がもろもろの声の束縛になるならば……
友よ、鼻がもろもろの香の束縛になるならば……△
友よ、舌がもろもろの味の束縛になるならば、あるいはもろもろ

一三 brahmacariyavāso. 道の梵行の住まいは、ということ。

の味が舌の束縛になるならば、正しく苦を尽滅するために、この梵行住は知られません。しかし、友よ、舌はもろもろの味の束縛ではなく、もろもろの味が舌の束縛でもないのです。また、そこでその両者によって欲貪が生じるならば、それがそこにおける束縛です。それゆえ、正しく苦を尽滅するために、梵行住は知られます。

▽友よ、身がもろもろの触の束縛になるならば……△

友よ、意がもろもろの法の束縛になるならば、あるいはもろもろの法が意の束縛になるならば、正しく苦を尽滅するために、この梵行住は知られません。しかし、友よ、意はもろもろの法の束縛ではなく、もろもろの法が意の束縛でもないのです。また、そこでその両者によって欲貪が生じるならば、それがそこにおける束縛です。それゆえ、正しく苦を尽滅するために、梵行住は知られます。

友よ、[一四]この理由によって、また、これがつぎのように知られるべきです。

眼はもろもろの色の束縛ではなく、もろもろの色が眼の束縛でもない。しかし、そこでその両者によって欲貪が生じるならば、それがそこにおける束縛である。

▽耳はもろもろの声の束縛ではなく……

鼻はもろもろの香の束縛ではなく……△

一四　imināpariyāyena. あるいは「この根拠によって」。

舌はもろもろの味の束縛ではなく、もろもろの味が舌の束縛でもない。しかし、そこでその両者によって欲貪が生じるならば、それがそこにおける束縛である。

▽身はもろもろの触の束縛ではなく……△

意はもろもろの法の束縛ではなく、もろもろの法が意の束縛でもない。しかし、そこでその両者によって欲貪が生じるならば、それがそこにおける束縛である、

と。

世尊の六処

友よ、世尊には眼が存在します。世尊は眼によって色を見られます。[一五]世尊には欲貪がありません。[一六]世尊は心がよく解《げ》脱《だつ》しているお方です。

友よ、世尊には耳が存在します。世尊は耳によって声を聞かれます。世尊には欲貪がありません。世尊は心がよく解脱しているお方です。

友よ、世尊には鼻が存在します。世尊は鼻によって香を嗅がれます。世尊には欲貪がありません。世尊は心がよく解脱しているお方です。

友よ、世尊には舌が存在します。世尊は舌によって味を味わわれ

一五 chandarāgo bhagavato natthi.
一六 suvimuttacito bhagavato.

ます。世尊には欲貪がありません。世尊は心がよく解脱しているお方です。

友よ、世尊には身が存在します。世尊は身によって触に触れられます。世尊には欲貪がありません。世尊は心がよく解脱しているお方です。

友よ、世尊には意が存在します。世尊は意によって法を識られます。世尊には欲貪がありません。世尊は心がよく解脱しているお方です。

友よ、実にこの理由によって、これがつぎのように知られるべきです。

眼はもろもろの色の束縛ではなく、もろもろの色が眼の束縛でもない。しかし、そこでその両者によって欲貪が生じるならば、それがそこにおける束縛である。

▽耳はもろもろの声の束縛ではなく……

鼻はもろもろの香の束縛ではなく……△

舌はもろもろの味の束縛ではなく、もろもろの味が舌の束縛でもない。しかし、そこでその両者によって欲貪が生じるならば、それがそこにおける束縛である。

▽身はもろもろの触の束縛ではなく……△

意はもろもろの法の束縛ではなく、もろもろの法が意の束縛でもない。しかし、そこでその両者によって欲貪が生じるならば、それがそこにおける束縛である」
と。

第五

375

6 カーマブー経（Kāmabhū-sutta）

（二三三）▽このように私は聞いた――△

あるとき、尊者アーナンダ[一]と尊者カーマブー[二]は、コーサンビー[三]に近い、ゴーシタ園林[四]に住んでいた。

さて、尊者カーマブーは、夕方、独坐から立ち上がり、尊者アーナンダのもとへ近づいて行った。行って、尊者アーナンダとともに喜びの挨拶を交わし、喜ばしい印象に残る話を取り交わすと、一方に坐った。

一方に坐った尊者カーマブーは、尊者アーナンダにこう言った。

「[五]友、アーナンダよ、眼はもろもろの色の束縛でしょうか、もろもろの色が眼の束縛でしょうか。

▽耳はもろもろの声の束縛でしょうか……

鼻はもろもろの香の束縛でしょうか……△

（二三三）『雑阿含経』巻第二一〈五五九〉（大正蔵二・一四六b―c）

一 āyasmā Ānando. 多聞第一、随侍第一の仏弟子。

二 āyasmā Kāmabhū.

三 Kosambiyaṁ. ヴァンサ国の首都。

四 Ghositārāme. あるいは「ゴーシタ僧院に」。ゴーシタ長者によって設けられた園。

五 以下については、前経（第二三二節「コッティカ経」）参照。

舌はもろもろの味の束縛でしょうか、もろもろの味が舌の束縛でしょうか。
▽身はもろもろの触の束縛でしょうか……△
意はもろもろの法の束縛でしょうか、もろもろの法が意の束縛でしょうか」と。

「友、カーマブーよ、眼はもろもろの色の束縛ではなく、もろもろの色が眼の束縛でもありません。しかし、そこで、その両者によって欲貪が生じるならば、それがそこにおける束縛です。
▽耳はもろもろの声の束縛ではなく……
鼻はもろもろの香の束縛ではなく……△
舌はもろもろの味の束縛ではなく、もろもろの味が舌の束縛でもありません。しかし、そこで、その両者によって欲貪が生じるならば、それがそこにおける束縛です。
▽身はもろもろの触の束縛ではなく……△
意はもろもろの法の束縛ではなく、もろもろの法が意の束縛でもありません。しかし、そこで、その両者によって欲貪が生じるならば、それがそこにおける束縛です。

黒牛と白牛の喩え

友よ、たとえば、黒牛[六]と白牛が、一本の紐か綱につながれている

六 kāḷo ca balībaddho odāto ca balībaddho. あるいは「黒い犢牛と白い犢牛が」。

とします。それを、『黒牛は白牛の束縛であり、白牛は黒牛の束縛である』と、このように言う者がいれば、はたしてかれは正しく語っているでしょうか」と。

「そうではありません、友よ」

「友よ、黒牛は白牛の束縛ではなく、白牛が黒牛の束縛でもありません。かれらが一本の紐か綱につながれていれば、それがそこにおける束縛です。

友よ、ちょうどそのように、眼はもろもろの色の束縛ではなく、もろもろの色が眼の束縛でもありません。しかし、そこで、その両者によって欲貪が生じるならば、それがそこにおける束縛です。

▽耳はもろもろの声の束縛ではなく……

鼻はもろもろの香の束縛ではなく……△

舌はもろもろの味の束縛ではなく……

▽身はもろもろの触の束縛ではなく……△

意はもろもろの法の束縛ではなく、もろもろの法が意の束縛でもありません。しかし、そこで、その両者によって欲貪が生じるならば、それがそこにおける束縛です」

と。

第六

7 ウダーイー経 (Udāyī-sutta)

(三三四) ▽このように私は聞いた——△

あるとき、[一]尊者アーナンダと[二]尊者ウダーイーは、コーサンビーに近い、ゴーシタ園林に住んでいた。

さて、尊者ウダーイーは、夕方、独坐から立ち上がり、尊者アーナンダのもとへ近づいて行った。行って、尊者アーナンダとともに喜びの挨拶を交わし、喜ばしい印象に残る話を取り交わすと、一方に坐った。

一方に坐った尊者ウダーイーは、尊者アーナンダにこう言った。

「友、アーナンダよ、[三]この身は、世尊によって、[四]多くの理由により、『[五]このことによってもまた、この身は無我《むが》である』と[六]話され、開かれ、明かされていますが、同じように、[七]この識《しき》も、『このことによってもまた、この識は無我である』と[八]説き、示し、告げ、与え、開き、分別《ふんべつ》し、明瞭にすることができますか」と。

「友、ウダーイーよ、この身は、世尊によって、種々の理由により、『このことによってもまた、この身は無我である』と話され、開かれ、明かされていますが、同じように、この識も、『このことによってもまた、この識は無我である』と説き、示し、告げ、与え、

(三三四) Cf.『雑阿含経』巻第九〈二四八〉(大正蔵二・五九b—c)

一 āyasmā Ānando.

二 āyasmā Udāyī. 本相応、第一三三節「ヴェーラハッチャーニ経」(本書、五二六頁)参照。

三 ayaṁ kāyo.

四 anekapariyāyena.〈多くの根拠により(anekehi kāraṇehi)〉。

五 itipāyaṁ.〈このようにまた、この(iti pi ayaṁ)〉。《「このようにまた」とは、この根拠によってもまた(imināpi kāraṇena)、ということである》。

六 akkhāto vivaṭo pakāsito.

七 viññāṇaṁ pidaṁ.

八 ācikkhituṁ desetuṁ paññapetuṁ paṭṭhapetuṁ vivarituṁ vibhajituṁ uttānīkātuṁ.

開き、分別し、明瞭にすることができます」と。

眼識

「友よ、眼ともろもろの色とによって眼識が生じますか」と。

「はい、友よ」と。

「友よ、もし眼識が生じるための因であり縁であるものが、すべてことごとく、すべて完全に、残りなく消滅するならば、はたして[九]眼識は知られますか」と。

「いいえ、友よ」と。

「友よ、この理由により、また、これは、世尊によって、『このことによってもまた、この識は無我である』と話され、開かれ、明かされています」と。

耳識

(167)

「友よ、耳ともろもろの声とによって耳識が生じますか」と。

「はい、友よ」と。

「友よ、もし耳識が生じるための因であり縁であるものが、すべてことごとく、すべて完全に、残りなく消滅するならば、はたして耳識は知られますか」と。

「いいえ、友よ」と。

「友よ、この理由により、また、これは、世尊によって、『このこ

九 sabbena sabbaṁ, sabbathā sabbaṁ.

とによってもまた、この識は無我である』と話され、開かれ、明かされています」と。

鼻識

「友よ、鼻ともろもろの香とによって鼻識が生じますか」と。

「はい、友よ」と。

「友よ、もし鼻識が生じるための因であり縁であるものが、すべてことごとく、すべて完全に、残りなく消滅するならば、はたして鼻識は知られますか」と。

「いいえ、友よ」と。

「友よ、この理由により、また、これは、世尊によって、『このことによってもまた、この識は無我である』と話され、開かれ、明かされています」と。△

舌識

「友よ、舌ともろもろの味とによって舌識が生じますか」と。

「はい、友よ」と。

「友よ、もし舌識が生じるための因であり縁であるものが、すべてことごとく、すべて完全に、残りなく消滅するならば、はたして舌識は知られますか」と。

「いいえ、友よ」と。

「友よ、この理由により、また、これは、世尊によって、『このことによってもまた、この識は無我である』と話され、開かれ、明かされています」と。

身識

▽「友よ、身ともろもろの触とによって身識が生じますか」と。
「はい、友よ」と。

「友よ、もし身識が生じるための因であり縁であるものが、すべてことごとく、すべて完全に、残りなく消滅するならば、はたして身識は知られますか」と。

「いいえ、友よ」と。

「友よ、この理由により、また、これは、世尊によって、『このことによってもまた、この識は無我である』と話され、開かれ、明かされています」と。△

意識

「友よ、意ともろもろの法とによって意識が生じますか」と。

「はい、友よ」と。

「友よ、もし意識が生じるための因であり縁であるものが、すべてことごとく、すべて完全に、残りなく消滅するならば、はたして意識は知られますか」と。

「いいえ、友よ」と。

「友よ、この理由により、また、これは、世尊によって、『このことによってもまた、この識は無我である』と話され、開かれ、明かされています」と。

芭蕉の幹の喩え

「友よ、たとえば、[一〇]心材を欲し、心材を求める人が、心材を探し
377 歩きながら、鋭い斧を持ち、林に入ったとします。かれは、そこで、
大きな、真直ぐで、若い、心材のない、[一一]芭蕉の幹を見ます。それを
(168) 根もとで切ります。根もとで切り、先を切ります。先を切り、樹皮
を剥がします。しかし、そこで、軟材にも達しません。どうして心
材に達しましょうか。

　友よ、ちょうどそのように、比丘は、[一二]六触処《ろくそくしょ》において[一三]我《が》を随見《ずいけん》することも我所《がしょ》を随見することもありません。このように随見しないかれは、世界のいかなるものにも執着しません。執着せず、揺れません。揺れず、ただ独《ひと》り自ら、[一四]般涅槃《はつねはん》します。〈生まれは尽きた。梵行は完成された。なすべきことはなされた。もはや、この状態の他にはない〉と知ります[一五]」
と。

一〇 sāratthiko. 本相応、第一一六節「世界終行経」（本書、四三七頁）参照。

一一 kadalikkhandhaṁ.

一二 chasu phassāyatanesu. 接触のための六処において、ということ。

一三 nevattānaṁ na attaniyaṁ samanupassati.「我」（attā）とは自己（われ）、「我所」（attaniya）とは自己の所有（わがもの）、ということ。なお、「随見する」（samanupassati）とは、見る、考える、の意。

一四 parinibbāyati. あるいは「入滅します」。

一五 〈本経においては、無常（anicca）によって、無我相（anattalakkhaṇa）が語られている〉。《「無常によって」とは、無常であること（aniccabhāva）によって、ということである。因縁により識の発生があり、また生起があれば滅尽によってでなければならず、識は生滅があること（uppādavayavantatā）によって無常である。また、もし我（自己）が諸縁なくして成就するなら、その成就はそのとおり（真実）のものではない。それゆえ、「識は無我である」と、無常性（aniccatā）によって、無我性（anattatā）が語られている》。

8 燃焼門経（Ādittapariyāya-sutta）

（二三五）▽このように私は聞いた――……

世尊はつぎのように言われた。△

「比丘たちよ、そなたたちに、『燃焼門』という法門を説きましょう。それを聞きなさい。

それでは、比丘たちよ、『燃焼門』[一]という法門《ほうもん》[二]とは何でしょうか。

比丘たちよ、赤熱の、燃焼し、燃え、輝いている鉄棒[三]によって眼[四]の感官に触れられることはむしろよく、眼によって識られるべきもろもろの色について細相[五]により様相を捉えることはよくありません。

比丘たちよ、識[六]がとどまる場合、様相[七]の楽味《らくみ》に結ばれて、あるいは[八]細相の楽味に結ばれてとどまるならば、またもし[1]そのときに死ぬならば、二の行方のいずれかの行方に、すなわち、地獄[九]か畜生胎かに行くであろう、という道理が知られます。[一〇]比丘たちよ、私はこの危難を見て、このように説くのです。

比丘たちよ、赤熱の、燃焼し、燃え、輝いている、鋭い鉄釘[一一]によって耳の感官に触れられる[一二]ことはむしろよく、耳によって識られるべきもろもろの声について細相により様相を捉えることはよくありません。比丘たちよ、識がとどまる場合、様相の楽味に結ばれて、

（二三五）『雑阿含経』巻第九〈二四一〉（大正蔵二・五八a―b）
一 ādittapariyāyo. 燃焼の教説、説示。
二 dhammapariyāyo. 法の根拠。
三 ayosalākāya.
四 cakkhundriyaṁ. あるいは「眼根に」。
五 anubyañjanaso nimittaggāho.〈「手が美しい、足が美しい」というように、細相によって様相（外相）を捉えることは、ということ。なぜなら、「様相を捉えること」とは合流させて把捉することであり、「細相を捉えること」とは詳細な把捉であるからである。様相を捉える者は鰐（kumbīla）のように全体のみを把捉し、細相を捉える者は蛭（rattapā）のように分析して手足などのそれぞれの部分を把捉するのである。ただし、これら二の把捉（執見）は、一の速行分（javanavāra）《眼門にしたがって生じる意門の速行》にも得られるのであり、種々の速行分について言われるべきことではない〉。
六 viññāṇaṁ.〈業識が（kammaviññāṇaṁ）〉。
七 nimittassādagathitaṁ.〈様相の楽味（nimitassāda）によって結ばれ（gathitaṁ）、縛られて（baddhaṁ）〉。
八 anubyañjanassādagathitaṁ.
九 nirayaṁ vā tiracchānayoniṁ vā. あるいは「地獄か畜生界かに」。
一〇 imaṁ khvāhaṁ bhikkhave ādīnavaṁ.〈数十万年にわたり、地獄において領受すべきこの苦を見て、私は、「赤熱の鉄棒によって眼を抜き出して欲しい」と、このように説くのです、ということ。この仕方によって、すべての場合が理解されるべきである〉。
一一 ayosaṅkunā.〈鉄串（ayasūla）によって〉。
一二 sampalimaṭṭhaṁ.〈耳の孔を二つとも貫通して、地に打ちつけ、触れられることは〉。

あるいは細相の楽味に結ばれてとどまるならば、またそのとき、もし死ぬならば、二の行方のいずれかの行方に、すなわち、地獄か畜生胎かに行くであろう、というこの道理が知られます。比丘たちよ、私はこの危難を見て、このように説くのです。

比丘たちよ、赤熱の、燃焼し、燃え、輝いている、鋭い爪切り[一三]によって鼻の感官に触れられること[一四]はむしろよく、鼻によって識られるべきもろもろの香について細相により様相を捉えることはよくありません。比丘たちよ、識がとどまる場合、様相の楽味に結ばれて、あるいは細相の楽味に結ばれてとどまるならば、またそのとき、もし死ぬならば、二の行方のいずれかの行方に、すなわち、地獄か畜生胎かに行くであろう、というこの道理が知られます。比丘たちよ、私はこの危難を見て、このように説くのです。

比丘たちよ、赤熱の、燃焼し、燃え、輝いている、鋭い剃刀[一五]によって舌の感官に触れられること[一六]はむしろよく、舌によって識られるべきもろもろの味について細相により様相を捉えることはよくありません。比丘たちよ、識がとどまる場合、様相の楽味に結ばれて、あるいは細相の楽味に結ばれてとどまるならば、またそのとき、もし死ぬならば、二の行方のいずれかの行方に、すなわち、地獄か畜生胎かに行くであろう、というこの道理が知られます。比丘たちよ、

一三　nakhacchedanena.
一四　sampalimaṭṭhaṁ.〈爪切りを入れてもち上げ、振ると同時に切断し、落として、触れられることは〉。
一五　khurena.
一六　sampalimaṭṭhaṁ.〈縛りの根を絶ち、落として、触れられることは〉。

私はこの危難を見て、このように説くのです。

比丘たちよ、赤熱の、燃焼し、燃え、輝いている、鋭い刀[一七]によって身の感官に触れ[一八]られることはむしろよく、身によって識られるべきもろもろの触について細相により様相を捉えることはよくありません。比丘たちよ、識がとどまる場合、様相の楽味に結ばれて、あるいは細相の楽味に結ばれてとどまるならば、またそのとき、もし死ぬならば、二の行方のいずれかの行方に、すなわち、地獄か畜生胎かに行くであろう、というこの道理が知られます。比丘たちよ、私はこの危難を見て、このように説くのです。

比丘たちよ、眠る[一九]ことはむしろよいことです。ただし、比丘たちよ、眠ることは、諸[二〇]生命の不毛である、と私は説きます。諸[二一]生命の不結果である、と私は説きます。諸[二二]生命の蒙昧である、と私は説きます。しかし、その[二三]考えに支配されて僧団を破壊してしまうような(170)考えをすることは、よくありません。比丘たちよ、私はこの諸生命の不毛である危難を見て、このように説くのです。

六処の精察

比丘たちよ、それについて、聞《もん》をそなえた聖なる弟子は、つぎのように精察します。

赤熱の、燃焼し、燃え、輝いている鉄棒によって眼の感官に触れ

一七　sattiyā.〈ここでは、大きな柄のある刀（mahatī daṇḍaka-vāsi）《長い柄のある大刀（大斧）》と解されるべきである〉。

一八　sampalimaṭṭhaṁ.〈鋭い刀で身浄（kāyapasāda）を切り裂き、落として、触れられることは〉。

一九　sottaṁ.〈横臥し、眠りに入ることは〉。《このことによって、居眠りの眠り（pacalāyikaniddā）を退けているのである》。

二〇　vañjhaṁ jīvitānaṁ.

二一　aphalaṁ jīvitānaṁ.

二二　momūhaṁ jīvitānaṁ.

二三　yathārūpānaṁ vitakkānaṁ vasaṁ gato saṅghaṁ bhindeyya.〈このことによって、もろもろの考え《邪な考え》が僧団の破壊（saṅghabheda）という悪業をもたらすまでを示している〉。

られることはさて置き、私はこのことのみを思惟《しゆい》しよう。〈このように、眼は無常《むじょう》である。もろもろの色は無常である。眼識は無常である。眼触《げんそく》は無常である。また、この眼触を縁として生じる楽の、あるいは苦の、あるいは非苦非楽の感受《かんじゅ》も無常である〉と。

　赤熱の、燃焼し、燃え、輝いている、鋭い鉄釘によって耳の感官に触れられることはさて置き、私はこのことのみを思惟しよう。〈このように、耳は無常である。もろもろの声は無常である。耳識は無常である。耳触は無常である。また、この耳触を縁として生じる楽の、あるいは苦の、あるいは非苦非楽の感受も無常である〉と。

　赤熱の、燃焼し、燃え、輝いている、鋭い爪切りによって鼻の感官に触れられることはさて置き、私はこのことのみを思惟しよう。〈このように、鼻は無常である。もろもろの香は無常である。鼻識は無常である。鼻触は無常である。また、この鼻触を縁として生じる楽の、あるいは苦の、あるいは非苦非楽の感受も無常である〉と。

　赤熱の、燃焼し、燃え、輝いている、鋭い剃刀によって舌の感官に触れられることはさて置き、私はこのことのみを思惟しよう。〈このように、舌は無常である。もろもろの味は無常である。舌識は無常である。舌触は無常である。また、この舌触を縁として生じる楽の、あるいは苦の、あるいは非苦非楽の感受も無常である〉と。

赤熱の、燃焼し、燃え、輝いている、鋭い刀によって身の感官に触れられることはさて置き、私はこのことのみを思惟しよう。〈このように、身は無常である。もろもろの触は無常である。身識は無常である。身触は無常である。また、この身触を縁として生じる楽の、あるいは苦の、あるいは非苦非楽の感受も無常である〉と。眠ることはさて置き、私はこのことのみを思惟しよう。〈このように、意は無常である。もろもろの法は無常である。意識は無常である。意触は無常である。また、この意触を縁として生じる楽の、あるいは苦の、あるいは非苦非楽の感受も無常である〉と。

六処の厭離

二四 比丘たちよ、このように見る、聞をそなえた聖なる弟子は、眼について厭離《おんり》します。もろもろの色についても厭離します。眼識についても厭離します。眼触についても厭離します。また、この眼触を縁として生じる楽の、あるいは苦の、あるいは非苦非楽の感受についても厭離します。

▽耳についても厭離します。もろもろの声についても厭離します。耳識についても厭離します。耳触についても厭離します。また、この耳触を縁として生じる楽の、あるいは苦の、あるいは非苦非楽の感受についても厭離します。

二四 以下については、本相応、第三二節「第二根絶適応経」(本書、一四二頁)参照。

鼻についても厭離します。もろもろの香についても厭離します。鼻識についても厭離します。鼻触についても厭離します。また、この鼻触を縁として生じる楽の、あるいは苦の、あるいは非苦非楽の感受についても厭離します。

舌についても厭離します。もろもろの味についても厭離します。舌識についても厭離します。舌触についても厭離します。また、この舌触を縁として生じる楽の、あるいは苦の、あるいは非苦非楽の感受についても厭離します。

身についても厭離します。もろもろの触についても厭離します。身識についても厭離します。身触についても厭離します。また、この身触を縁として生じる楽の、あるいは苦の、あるいは非苦非楽の感受についても厭離します。

意についても厭離します。もろもろの法についても厭離します。意識についても厭離します。意触についても厭離します。また、この意触を縁として生じる楽の、あるいは苦の、あるいは非苦非楽の感受についても厭離します。

厭離し、離貪《りとん》します。離貪により、解脱します。解脱したとき、〈解脱した〉との智が生じます。〈生まれは尽きた。梵行は完成された。なすべきことはなされた。もはや、この状態の他にはない〉と知ります。

比丘たちよ、これが、『燃焼門』という法門です」

と。

第八

９　第一手足喩経（Paṭhamahatthapādopama-sutta）

（二三六）このように私は聞いた——……

世尊はつぎのように言われた。

「比丘たちよ、手[一]があれば、取捨《しゅしゃ》[二]が知られます[三]。足[四]があれば、進退[五]が知られます。関節[六]があれば、屈伸[七]が知られます。腹[八]があれば、飢渇[九]が知られます。

比丘たちよ、ちょうどそのように、眼があれば、眼触[一〇]を縁として内に楽《らく》[一一]、苦《く》が生起します[一二]。耳があれば、耳触を縁として内に楽、苦が生起します。鼻があれば、鼻触を縁として内に楽、苦が生起します。舌があれば、舌触を縁として内に楽、苦が生起します。身があれば、身触を縁として内に楽、苦が生起します。意があれば、意触を縁として内に楽、苦が生起します[一三]。

比丘たちよ、手がなければ、取捨が知られません。足がなければ、進退が知られません。関節がなければ、屈伸が知られません。腹が

（二三六）『雑阿含経』巻第四三〈一一六六〉（大正蔵二・三一一b—c）

一　hatthesu bhikkhave sati.〈もろもろの手（両手）が存在するとき（vijjamānesu）〉。

二　ādānanikkhepanaṁ.

三　paññāyati.

四　pādesu sati.　もろもろの足（両足）が存在するとき、ということ。

五　abhikkamapaṭikkamo.

六　pabbesu sati.　もろもろの関節が存在するとき、ということ。

七　samiñjanapasāraṇaṁ.

八　kucchismiṁ.

九　jighacchā pipāsā.

一〇　cakkhusampassapaccayā.　眼（もろもろの色と）の接触を縁として、の意。

一一　sukhaṁ dukkhaṁ.　あるいは「楽と苦が」。「楽か苦が」。

一二　uppajjati.

一三　底本 B^e, D^e はこの後を「中略」（pa）とする。

なければ、飢渇が知られません。

比丘たちよ、ちょうどそのように、眼がなければ、眼触を縁として内に楽、苦が生起しません。耳がなければ、耳触を縁として内に楽、苦が生起しません。鼻がなければ、鼻触を縁として内に楽、苦が生起しません。舌がなければ、舌触を縁として内に楽、苦が生起しません。身がなければ、身触を縁として内に楽、苦が生起しません。意がなければ、意触を縁として内に楽、苦が生起しません」

と。

第九

10 第二手足喩経（Dutiyahatthapādopama-sutta）

（二三七）このように私は聞いた――……

世尊はつぎのように言われた。

「比丘たちよ、手があれば、取捨が生じます[一]。足があれば、進退が生じます。関節があれば、屈伸が生じます。腹があれば、飢渇が生じます。

比丘たちよ、ちょうどそのように、眼があれば、眼触を縁として内に楽、苦が生起します。耳があれば、耳触を縁として内に楽、苦が生起します。鼻があれば、鼻触を縁として内に楽、苦が生起しま

（二三七）Cf.『雑阿含経』巻第四三〈一一六六〉（大正蔵二・三一一b—c）

一　hoti.

す。△舌があれば、舌触を縁として内に楽、苦が生起します。▽身があれば、身触を縁として内に楽、苦が生起します。△意があれば、意触を縁として内に楽、苦が生起します。[二]

比丘たちよ、手がなければ、取捨が生[三]じません。足がなければ、進退が生じません。関節がなければ、屈伸が生じません。腹がなければ、飢渇が生じません。

比丘たちよ、ちょうどそのように、眼がなければ、眼触を縁として内に楽、苦が生起しません。▽耳がなければ、耳触を縁として内に楽、苦が生起しません。鼻がなければ、鼻触を縁として内に楽、苦が生起しません。△舌がなければ、舌触を縁として内に楽、苦が生起しません。▽身がなければ、身触を縁として内に楽、苦が生起しません。△意がなければ、意触を縁として内に楽、苦が生起しません」と。

第一〇

第一八　海の章

以上の摂頌

二の「海」と「釣師（喩）」と

二　底本B^e, D^eはこの後を「中略」（pa）とする。

三　na hoti.〈第一〇（本経）においては、「生じません」（na hoti）と言われている場合、覚る者たちの意向によって言われている。また、これらの二（第九、第一〇）においてはいずれも、異熟の楽苦のみを示して、輪転と還転（vaṭṭavivaṭṭa）が語られているのである〉。《第九は、「知られます」（paññāyati）と言われている場合、覚る者たちの意向によって言われているから、「第一〇においては、『生じません』と言われている場合」などと言われている。なぜなら、両経の相違がこれだけだからである》。

「乳樹（喩）」とまた「コッティカ」と
「カーマブー」と「ウダーイー」と
また第八に「燃焼（門）」と
そして二の「手足喩」あり
それによって章が説かれる

第一九　毒蛇の章（Āsīvisa-vagga）

1　**毒蛇喩経**（Āsīvisopama-sutta）

（二三八）[一]*このように私は聞いた――

あるとき、世尊《せそん》は、サーヴァッティに近い、ジェータ林のアナータピンディカ僧院に住んでおられた。そこで、世尊は比丘[1]《びく》たちに話しかけられた。

「比丘たちよ」と。

「尊い方よ」と、かれら比丘は世尊に答えた。

世尊はつぎのように言われた。*

比喩

（四匹の毒蛇）

「比丘たちよ、たとえば、威力があり[二]猛毒の[三]ある四匹[2]の毒蛇がいるとします。そこへ、生きたいと欲し、死にたくないと欲し、楽《らく》を欲し、苦《く》を厭う男性がやって来ます。そのかれに、かれら[3]はこのように言います。

『おい、男よ、お前は、これらの威力があり猛毒のある四匹の毒蛇を、ときどき起こさねばならないし、ときどき沐浴させねばなら

（二三八）『増一阿含経』巻第二三〈六〉（大正蔵二・六六九c―六七〇a）、Cf.『雑阿含経』巻第四三〈一一七二〉（大正蔵二・三一三b―三一四a）

一　底本 B^e, D^e は＊―＊部分を省略するが、C^e, R^e, S^e, また底本『註』により、これを補う。

二　uggatejā.〈烈しい力があり（uggatatejā）、強い力があり（balavatejā）〉。

三　ghoravisā.〈触れ難い毒のある（dunnimmaddanavisā）〉。

ないし、ときどき食べさせねばならないし、ときどき寝かせねばな[四]らない。おい、男よ、これらの威力があり猛毒のある四匹の毒蛇のうち、[五]いずれかの一匹でもお前に対して怒れば、おい、男よ、お前は死に至るか、死ぬほどの苦を受けるであろう。[4]おい、男よ、お前はなすべきことをなせ』と。

（五人の殺戮者）

比丘たちよ、[六]そこで、その男性は、威力があり猛毒のある四匹の毒蛇を恐れ、あちこちに逃げます。そのかれに、かれらはこのように言います。

『おい、男よ、これら[七]五人の殺戮者である敵が、彼奴を見つけたならば即座に命を奪ってやろう、と後に付いてきている。おい、男よ、お前はなすべきことをなせ』と。

（第六の殺戮者）

比丘たちよ、そこで、その男性は、威力があり猛毒のある四匹の毒蛇を恐れ、五人の殺戮者である敵を恐れ、あちこちに逃げます。[八]そのかれに、かれらはこのように言います。

『おい、男よ、お前には、この[九]第六の殺戮者である刀を抜いた仲間が、彼奴を見つけたならば即座に頭を切り落としてやろう、と後に付いてきている。おい、男よ、お前はなすべきことをなせ』と。

四　saṁvesetabbā.〈横臥させねばならない（nipajjāpetabbā）〉。

五　aññataro vā aññataro vā.〈「木口」などのうちのどれでも〉。

六　〈それを聞いて、相手（その男性）は、四匹の毒蛇の放縦な瞬間と、王臣たちの遠隔を見て、左手で右手を包み、右の耳たぶに鎌首を置き、横臥している毒蛇の身体を撫でているかのように、徐々にそれを取り除いた。そして、この方法で残りのものも取り除き、かれらを恐れて逃げ出すのである。そこで、かれら毒蛇は、「この者は王からわれわれに与えられた奉仕者である」といってかれについて行くことになる〉。

七　pañca vadhakā paccatthikā.

八　〈しかし、その男性がこのように来た道をあちこち眺めて逃げ出したとき、王は、「その男性が逃げ出した」と聞いて、「いったい誰がかれを追跡して殺すことができるのか」と考え、かれに敵対する五人を得ると、「さあ、かれを追跡して殺せ」と遣わすことになる。そこで、かれの利行人たちはその経緯を知って告げるのである。この意味について、「そのかれに、かれらはこのように言います」などと言われている〉。

九　chaṭṭho antaracaro vadhako ukkhittāsiko.〈「最初は毒蛇たちにつき従われ、あちこちにかれらを騙して逃げました。今や五人の敵につき従われ、さらによく逃げています。かれはこのようにして捕らえることができませんが、愛着によればできます。それゆえ、若いときから一緒に食べたり飲んだりして親しい殺戮者である（刀を抜いた）仲間をかれに遣わしてください」と大臣たちに言われた王は、遍求し、殺戮者である仲間を遣わしているのである〉。

一〇　so passeyya suññaṁ gāmaṁ.〈逃げて（戻って）、眺めているとき、足をつぎつぎ嗅ぎ、急いでやって来る四匹の毒蛇、五人の殺戮者である敵、そして第六の殺戮者である仲間が、「おい、戻れ。逃げるな。妻子とともに諸欲を享

（村を破壊する盗賊たち）

比丘たちよ、そこで、その男性は、威力があり猛毒のある四匹の毒蛇を恐れ、五人の殺戮者である敵を恐れ、第六の殺戮者である刀を抜いた仲間を恐れ、あちこちに逃げます。[一〇]かれは空村を見つけます。どの家に入っても、[一一]空虚なものにのみ入り、[一二]空無なものにのみ入り、空のものにのみ入ります。どの容器に[一三]触れても、空虚なものにのみ触れ、空無なものにのみ触れ、空のものにのみ触れます。[一四]そのかれに、かれらはこのように言います。[一五]『おい、男よ、今やこの空村に[一六]村を破壊する盗賊たちが入っている。おい、男よ、お前はなすべきことをなせ』と。

（筏）

比丘たちよ、そこで、その男性は、威力があり猛毒のある四匹の毒蛇を恐れ、五人の殺戮者である敵を恐れ、第六の殺戮者である刀を抜いた仲間を恐れ、村を破壊する盗賊たちを恐れ、あちこちに逃げます。[一七]かれは、こちらの岸が[一八]危険で恐怖のある、向こう岸が[一九]安全で恐怖のない、[二〇]大きな水の流れを見つけます。しかし、かれには、こちらから向こうへ行くための[二一]渡し舟も[二二]渡り橋もありません。

比丘たちよ、そこで、その男性は、このように考えます。〈これは大きな河の流れだ。こちらの岸は危険で恐怖があるが、向こう岸

受し、楽しく過ごすがよい」と言い、やって来るのを見た。そして、かれはさらに一層あちこちへ逃げながら、六軒が空っぽの一つの村を見ることになる〉。

一一　rittakaññeva paviseyya.〈財、穀物、床と椅子などがないことから「空虚なものにのみ入り」〉。

一二　tucchakaṁ suññakaṁ.〈「空虚なもの」「空無なもの」はこの（「空のもの」の）同義語である〉。

一三　parimaseyya.〈「もし飲み水があれば飲もう。もし食物があれば食べよう」と、容器を開け、手を中に入れ、触れても〉。

一四　taṁ enaṁ evaṁ vadeyyuṁ.〈かれは、六軒のうちの一軒にも何ら得ず、村の中央の厚い樹陰があるところに曲がり板が敷かれているのを見て、「あそこにまず坐ることにしよう」と行った。そして、そこに坐り、そよ風に吹かれながら、それだけの量であっても楽を味わっているその男性に、利行の者たちは誰であれ、外で出来事を知ると、やって来て、このように言うであろう〉の意。

一五　idāni mbho purisa.

一六　corā gāmaghātakā.〈「ここでわれわれが得ようとするものを捕らえるか、あるいは殺害しよう」とやって来た、六人の、村を破壊する盗賊たちが〉。

一七　以下については、中部22『蛇喩経』第七節参照。

一八　sāsaṅkaṁ sappaṭibhayaṁ.〈四匹の毒蛇と、五人の殺戮者と、第六の仲間と、また六人の村を破壊する盗賊とによる、危険で（危惧があり）恐怖のある〉。

一九　khemaṁ appaṭibhayaṁ.〈かれら毒蛇などがいないことによって、安全で（安穏で）恐怖のない、また色とりどりの立派な庭園のある、多くの食べ物や飲み物のある、天の都のような〉。

二〇　udakaṇṇavaṁ.〈甚深にして広大な水を（gambhīraṁ puthulaṁ udakaṁ）〉。

二一　nāvā santaraṇī.〈「この舟でこちらの岸からあちらの岸

は安全で恐怖がない。しかし、こちらから向こうへ行くための渡し舟も渡り橋もない。私は草・木・枝・葉を集め、筏を結び、その筏により、手足でもって努力し、無事に向こう岸へ行ってみてはどうであろうか〉と。

比丘たちよ、そこで、その男性は、草・木・枝・葉を集め、筏を結び、その筏により、手足でもって努力し、無事に向こう岸へ行きます。かれは、渡り、向こう岸へ行き、バラモン[5]として、陸地に立ちます。

比喩の意味

比丘たちよ、これ[6]は、私が意味を知らせるために作った比喩です。また、これがその意味です。

比丘たちよ、『威力があり猛毒のある四匹の毒蛇』とは、これ[二三]は四大要素《しだいようそ》の、つまり地界・水界・火界・風界の同義語です。

比丘たちよ、『五人の殺戮者である敵』とは、これ[7]は五取蘊《ごしゅうん》の、すなわち、色取蘊《しきしゅうん》・受取蘊《じゅしゅうん》・想取蘊《そうしゅうん》・行取蘊《ぎょうしゅうん》・識取蘊《しきしゅうん》の同義語です。

383

比丘たちよ、『第六の殺戮者である刀を抜いた仲間』とは、これ[8]は喜貪の同義語です。

比丘たちよ、『空村』とは、これ[二四]は六内処《ろくないしょ》の同義語です。比丘たちよ、もし聡明で智慧《ちえ》のある賢者がそれを眼《げん》により観察するならば、

へ行くであろう」と、このように置かれた渡し舟もないであろう〉の意。

二二 uttarasetu.〈樹橋（rukkhasetu）、脚橋（jaṅghasetu）、車橋（sakaṭasetu）のいずれかの渡り橋（uttarasetu）《こちらの岸から渡る（uttaraṇa）ための橋（setu）》もないであろう〉の意。《「樹橋」とは、一人か二人で通るべき木製の橋である。「脚橋」とは、脚の隊商が通る適切な橋である。「車橋」とは、車で通ることができるものである》。

二三 catunnetaṁ mahābhūtānaṁ adhivacanaṁ.〈このうち、「木口毒蛇」は地界の、「臭口毒蛇」、「火口毒蛇」、「刀口毒蛇」は残りの界（水界、火界、風界）の喩えである、と見られるべきである。なぜなら、「木口」に嚙まれた場合、同じく、地界の動揺によっても、全身が硬くなる（thaddho hoti）からである。また、「臭口」などに嚙まれた場合、同じく、水界、火界、風界の動揺によっても、（全身が）流出し（paggharati）、燃え（jhāyati）、断たれる（chijjati）からである〉。なお、「四大要素」とは、身体、物質を構成する、地、水、火、風の四元素をいう。

二四 channetaṁ ajjhattikānaṁ āyatanānaṁ adhivacanaṁ.〈「六内処」が「空村」と同類であることはパーリ（聖典の本

空虚なものにのみ見え、空無なものにのみ見え、空のものにのみ見えます。比丘たちよ、もし聡明で智慧のある賢者がそれを耳《に》により観察するならば、空虚なものにのみ見え、空無なものにのみ見え、空のものにのみ見えます。比丘たちよ、もし聡明で智慧のある賢者がそれを鼻《び》により観察するならば、空虚なものにのみ見え、空無なものにのみ見え、空のものにのみ見えます。比丘たちよ、もし聡明で智慧のある賢者がそれを舌《ぜっ》により観察するならば、空虚なものにのみ見え、空無なものにのみ見え、空のものにのみ見えます。比丘たちよ、もし聡明で智慧のある賢者がそれを身《しん》により観察するならば、空虚なものにのみ見え、空無なものにのみ見え、空のものにのみ見えます。比丘たちよ、もし聡明で智慧のある賢者がそれを意《い》により観察するならば、空虚なものにのみ見え、空無なものにのみ見え、空のものにのみ見えます。

9 比丘たちよ、『村を破壊する盗賊たち』とは、[二五] これは六外《ろくげ》処《しょ》の同義語です。比丘たちよ、眼はもろもろの喜ばしい色・喜ばしくない色において壊されます。比丘たちよ、耳はもろもろの喜ばしい声《しょう》・喜ばしくない声において壊されます。比丘たちよ、鼻はもろもろの喜ばしい香《こう》・喜ばしくない香において壊されます。比丘たちよ、舌はもろもろの喜ばしい味《み》・喜ばしくない味において壊されます。比

文）に述べられている。しかし、ここに、つぎの業処の仕方がある。すなわち、その六人の盗賊が六軒からなる空村に入り、あちこちを徘徊し、何も得ず、村による不利益者となるように、ちょうどそのように比丘も六内処に執着し、考察する場合、「私」（ahaṁ）とか、「私のもの」（mamaṁ）とかと得るべきものを何も見ず、それらによる不利益者となる。かれは、「観を確立しよう」と、所造色の業処（upādā-rūpakammaṭṭhāna）によって、眼浄（cakkhupasāda）などを捉え、「これは色蘊である」と、意処（manāyatana）を「無色蘊である」と、確定する。以上、これらの一切を「名と色である」と名色（nāmarūpa）によって確定し、それらの縁を遍求し、観を増大させ、諸行を思惟する場合、次第に阿羅漢果に確立する。これが、一比丘の阿羅漢果までの業処として、語られていることになる〉。なお、「六内処」とは、内の感官である眼・耳・鼻・舌・身・意の六をいう。

二五　channetaṁ bāhirānaṁ āyatanānaṁ adhivacanaṁ.「六外処」とは、外の境（対象）である色・声・香・味・触・法の六をいう。

丘たちよ、身はもろもろの喜ばしい触《そく》・喜ばしくない触において壊されます。△比丘たちよ、意はもろもろの喜ばしい法《ほう》・喜ばしくない法において壊されます。

比丘たちよ、『大きな水の流れ』とは、[二六]これは四暴流《しぼる》の、つまり欲暴流《よくぼる》・有暴流《うぼる》・見暴流《けんぼる》・無明暴流《むみょうぼる》の同義語です。

比丘たちよ、『こちらの岸は危険で恐怖がある』とは、[二七]これは有《う》身《しん》の同義語です。

比丘たちよ、『向こう岸は安全で恐怖がない』とは、[二八]これは涅槃《ねはん》の同義語です。

比丘たちよ、『筏』とは、これは[二九]聖なる八支《はっし》の道の、すなわち、正《しょう》見《けん》・▽正思・正語《しょうご》・正業《しょうごう》・正命《しょうみょう》・正精進《しょうしょうじん》・正念《しょうねん》・△正定《しょうじょう》の同義語です。

比丘たちよ、『手足でもって努力し』とは、[三〇]これは精進努力の同義語です。

10 比丘たちよ、『かれは、渡り、向こう岸へ行き、バラモンとして、陸地に立ちます』とは、[三一]これは阿羅漢《あらかん》の同義語です」と。

第一

二六　catunnetaṁ oghānaṁ adhivacanaṁ. 〈「暴流」とは、ここでは、渡り難い状態（duruttaraṇattha）、暴流の状態をいう。なぜなら、これら（四暴流）は、「戒の防護を満たして阿羅漢果を私は得よう」との意向を起こし、善友によって正しく精進して渡るべきものであり、あれこれによって渡り難いものだからである。この渡り難い状態によって「暴流」と言われる。それらもまた、比丘の業処によって語られている。なぜなら、これらの四もまた、一の行蘊だからである。残りは「喜貪」において述べられた仕方で適用し、詳説されるべきである〉。

二七　sakkāyassetaṁ adhivacanaṁ. 〈「有身もまた、毒蛇などによって、水の流れのこちらの岸である」とは、四大要素など《取蘊など》によって、危険で恐怖のあるものの喩えである。それもまた、一比丘の業処によって語られている。なぜなら、「有身」は、「三地（三界）の五蘊」であり、略せば「名色」であるからである。このように、ここでは、名色の確定をはじめとして、阿羅漢果まで、業処が詳説されるべきである〉。「有身」とは、存在（有）の集まり（身）、五（取）蘊、名色をさす。

二八　nibbānassetaṁ adhivacanaṁ. 〈「涅槃が水の流れの向こう岸である」とは、四大要素などによって安全で恐怖のないもの、の喩えである〉。

二九　ariyassetaṁ aṭṭhaṅgikassa maggassa adhivacanaṁ. 「聖なる八支の道」とは、いわゆる八正道のこと。

三〇　viriyārambhassetaṁ adhivacanaṁ. 〈心の作用（cittakiriya）を示すために、すでに述べられた努力（vāyāma）を精進（vīriya）と捉えて、示すものである〉。

三一　arahato etaṁ adhivacanaṁ.

2 車喩経 (Rathopama-sutta)

(二三九) このように私は聞いた——……

世尊はつぎのように言われた。

「比丘たちよ、三法をそなえている比丘は、[一]現世において、[二]楽と喜が多くして住み、またもろもろの[三]煩悩《ぼんのう》の尽滅《じんめつ》のために、[四]その胎動が開始しています。

三とは何でしょうか。

[五]諸感官の門を守る者になる、食べ物に量を知る者になる、覚醒に努める者になる、ということです。

諸感官の門を守る者

それでは、比丘たちよ、どのようにして、比丘は[六]諸感官の門を守る者になるのでしょうか。

比丘たちよ、ここに、比丘は、眼によって色を見る場合、その外相を捉えることもなく、その細相を捉えることもありません。この眼の感官を防護しないで住むならば、もろもろの悪しき不善《ふぜん》の法が、貪欲《とんよく》として憂いとして、流れ込むことになります。そこでかれは、その防護につとめ、眼の感官を保護し、眼の感官を防護するに到ります。

耳によって声を聞く場合、その外相を捉えることもなく、その細

一 diṭṭheva dhamme. あるいは「現法において」。この世において、今ここに、ということ。
二 sukhasomanassabahulo. 〈かれ《比丘》には身の楽（kāyika-sukha）と心の喜（cetasikasomanassa）とが多くして〉。
三 āsavānaṁ khayāya. 〈ここでは《残らず、もろもろの漏（āsava 煩悩）を尽す（khepeti）から》漏尽（āsavakkhaya）という阿羅漢道（arahattamagga）が意趣されており、その（阿羅漢道の）ために、という意味である〉。
四 yoni cassa āraddhā hoti. 〈その根拠（kāraṇa）が円満して（paripuṇṇa）います〉。
五 以下については、本相応、第一二〇節「サーリプッタ共住者経」（本書、四六五頁）参照。
六 indriyesu guttadvāro.

相を捉えることもありません。この耳の感官を防護しないで住むならば、もろもろの悪しき不善の法が、貪欲として憂いとして、流れ込むことになります。そこでかれは、その防護につとめ、耳の感官を保護し、耳の感官を防護するに到ります。△

鼻によって香を嗅ぐ場合、▽その外相を捉えることもなく、その細相を捉えることもありません。この鼻の感官を防護しないで住むならば、もろもろの悪しき不善の法が、貪欲として憂いとして、流れ込むことになります。そこでかれは、その防護につとめ、鼻の感官を保護し、鼻の感官を防護するに到ります。△

舌によって味を味わう場合、▽その外相を捉えることもなく、その細相を捉えることもありません。この舌の感官を防護しないで住むならば、もろもろの悪しき不善の法が、貪欲として憂いとして、流れ込むことになります。そこでかれは、その防護につとめ、舌の感官を保護し、舌の感官を防護するに到ります。△

身によって触に触れる場合、▽その外相を捉えることもなく、その細相を捉えることもありません。この身の感官を防護しないで住むならば、もろもろの悪しき不善の法が、貪欲として憂いとして、流れ込むことになります。そこでかれは、その防護につとめ、身の感官を保護し、身の感官を防護するに到ります。△

七　odhastapatodo. 〈車の真ん中で横に鞭が置かれている〉。

八　sāreyya. 〈遣ったり（peseyya）〉。

九　evam eva kho. 〈たとえば、巧みでない御者が調御されていない駿馬たちを繋ぎ、平坦でない道に車を遣る場合、車輪も車軸も、また馬の蹄も壊れ、自らも不幸や災難に遭い、望むとおりに進み行かせることはできない。そのように、六感官の門を守っていない比丘は、望むがままに沙門の楽しみ（samaṇarati）《止・観・道・果の楽（samathavipassanā-maggaphala-sukha）》を味わうことができない。しかし、巧みな御者が調御されている駿馬たちを繋ぎ、平坦な地面に車を下ろし、手綱を執り、駿馬たちの蹄に念を置き、鞭を執り、従順にして、遣る場合、望むとおりに進み行かせる。ちょうどそのように、六感官の門を守っている意によって法を識《し》る場合、その外相を捉えることもなく、その細相を捉えることもありません。この意の感官を防護しないで住むならば、もろもろの悪しき不善の法が、貪欲として憂いとして、流れ込むことになります。そこでかれは、その防護につとめ、意の感官を保護し、意の感官を防護するに到ります。

比丘たちよ、たとえば、平坦な地の十字路に、鞭[七]の置かれた、駿馬の繋がれた車が停まっているとします。それに巧みな調教師である馬の御者が乗り、左手に手綱を執り、右手に鞭を執って、望むところから望むところへ、行[八]かせたり、戻らせたりします。ちょうど[九]そのように、比丘たちよ、比丘は、これら六感官の保護[一〇]のために学びます。抑[一一]制のために学びます。調御[一二]《じょうご》のために学びます。寂止[一三]《じゃくし》のために学びます。

比丘たちよ、このようにして、比丘は諸感官の門を守る者になります。

食べ物に量を知る者

それではまた、比丘たちよ、どのようにして、比丘は食[一四]べ物に量を知る者になるのでしょうか。

比丘たちよ、ここに、比丘は、正[一五]しく観察し、食べ物を摂取します。〈それは、戯《たわむ》れのためでなく、心酔《しんすい》のためでなく、美容のため

比丘は、この教えにおいて、望むがままに沙門の楽しみを味わい、もし「無常の随観」（aniccānupassanā）に向かう智（ñāṇa）を行かせたいと思うなら、智が行く《執着のない意（asaṅgamana）が起こる》のである。「苦の随観」などについても、これと同じ仕方で解される〉。

一〇 ārakkhāya.〈守護（rakkhaṇa）のために〉。《煩悩の賊（kilesacora）から守護するために》。

一一 saṃyamāya.〈速力（vega）を抑止する（niggahaṇa）ために〉。《煩悩を因とする根の速力（indriyavega）を抑止するために》。

一二 damāya.〈従順（nibbisevana）のために〉。《歪み（visevana）、動転（vipphandita）を滅尽するために》。

一三 upasamāya.〈煩悩の寂止（kilesūpasama）のために〉。

一四 bhojane mattaññū.〈食べ物について分量を知る者（pamāṇaññū）である。その場合、二の分量、すなわち「受領分量」（paṭiggahaṇapamāṇa）と「使用分量」（paribhogapamāṇa）がある。そのうち、「受領分量」には施者の影響（vasa）《意向（ajjhāsaya）》が知られ、施物の影響《分量》が知られ、自分の力が知られるべきである。なぜなら、このような比丘は、もし施物が多くなると施者が少しを施そうとし、施者の影響で少しを受けるからである。施物が少なくなると施者が多くを施そうとし、施物の影響で少しを受けるからである。施物も多くなると施者も多くを施そうとし、自己の力を知って、分量によって受ける。かれは、ダンミカティッサ大王時代の「七歳の沙弥」のように、受領のとき、その量を知ることにより、未生の利得を得、また既生の不動者（thāvara 阿羅漢）にするのである。……そのうち、「使用分量」は省察を目的とする。「このために私は食べ物を食べる」と使用（食べること）の省察のみが目的であるから、使用分量と呼ばれる〉。

一五 paṭisaṅkhā yoniso. 正しく智によって、ということ。

でなく、あくまでも、この身体の存続のため、維持のため、害の制止のためであり、梵行《ぼんぎょう》を支えるためでしかない。このようにして、私は古い苦痛を克服しよう。また、新しい苦痛を起こさないようにしよう。そうすれば、私は生き存え、過誤がなく、安らかに住むことになる〉と。

比丘たちよ、たとえば、人は治癒のためにだけ傷に油を塗り、あるいはまた、荷物を運ぶためにだけ車軸に油をさします。比丘たちよ、そのように、比丘は、正しく観察し、食べ物を摂取します。〈それは、戯れのためでなく、心酔のためでなく、美容のためでなく、あくまでも、この身体の存続のため、維持のため、害の制止のためであり、梵行を支えるためでしかない。このようにして、私は古い苦痛を克服しよう。また、新しい苦痛を起こさないようにしよう。そうすれば、私は生き存え、過誤がなく、安らかに住むことになる〉と。

比丘たちよ、このようにして、比丘は食べ物に量を知る者になります。

覚醒に努める者

それではまた、比丘たちよ、どのようにして、比丘は覚醒[一六]に努める者になるのでしょうか。

一六 jāgariyaṁ anuyutto.

一七 caṅkamena. あるいは「瞑想歩きにより」。

一八 sato sampajāno. 〈念と正知とをそなえ、ということ。どのように眠れば、念をそなえ、正知をそなえる者になるのか。念と正知とを捨断しないことによって、である。なぜなら、この者は、日中も全夜分も、もろもろの障碍の法から心を浄め、初夜分の終わりに経行所から下り、足を洗う場合も根本業処を捨てずに洗い、捨てずに眠りに入るからである。また、目を覚ます場合、根本業処を得たまま、目を覚ます。このように眠りに入る場合も、念をそなえ、正知をそなえる者になる。しかし、《古聖たちは》このようにそれを智に基づくものであると《眠りに入っているときにも目覚めているときに起こる智の自性があると》同意しなかった。《常時、もろもろの有分心が起こっているときに、念と正知との生起はない、との意趣である》。

また、述べられた仕方で、この者が心を浄め、初夜分の終わりに、「執取される身体を眠りによって安心させよう」と経行所から下り、根本業処を捨てずに足を洗い、門を開け、そして臥床に坐り、根本業処を捨てて、「諸蘊におい比丘たちよ、ここに、比丘は、日中には、[一七]経行《きんひん》により、安座により、もろもろの障碍の法から心を浄めます。夜の初分には、経行により、安座により、もろもろの障碍の法から心を浄めます。夜の中分には、[一八]念《ねん》をそなえ、正知をそなえ、起き上がりの想を思惟《しゆい》し、足[一九]に足を少しずらして[二〇]重ね、右脇をもって獅子《しし》のように臥します。夜の後分には、起き上がり、経行により、安座により、もろもろの障碍の法から心を浄めます。

比丘たちよ、このようにして、比丘は覚醒に努める者になります。比丘たちよ、これらの三法《さんぼう》をそなえている比丘は、現世において、楽と喜が多くして住み、またもろもろの煩悩の尽滅のために、その胎動が開始しています」

と[二一]。

第二

3 亀喩経（Kummopama-sutta）

（二四〇）▽このように私は聞いた——……

世尊はつぎのように言われた。△

「比丘たちよ、その[一]昔、亀[二]が、夕方、川[三]岸に沿って餌[四]を求めていました。比丘たちよ、ジ[五]ャッカルもまた、夕方、川岸に沿って餌を

ては諸蘊のみが、諸界においては諸界のみが破られる」と臥坐所を省察しつつ、次第に入る。また、目を覚ます場合、根本業処を得たまま、目を覚ます。このように眠りに入る場合も、念をそなえ、正知をそなえる者になる、と解されるべきである〉。

一九　pāde pādaṁ.〈右足の上に左足を〉。

二〇　accādhāya.〈越えて置き（ati-ādhāya）、少々ずらして置き、ということ。なぜなら、踝が踝に、あるいは膝が膝に当たると、しばしば痛くなり、心が統一されず、安楽な臥にならないからである。しかし、当たらないようにずらして置かれたなら、痛みは生じず、心は統一され、安楽な臥になるからである〉。

二一　〈以上、本経においては、《「感官の防護」、「食べ物に量を知ること」、「覚醒に努めること」という》三部分からなる（tivaṅgika）前段階の観（pubbabhāga-vipassanā）のみが語られている。しかし、これだけでもって終わりに至らず、《観の刹那に起こる》それらの根・力の菩提分（覚支）を合流させ、観を増大させて、比丘は阿羅漢果を得るのであると、このように阿羅漢果まで説示が語られるべきである〉。

（二四〇）『雑阿含経』巻第四三〈一一六七〉（大正蔵二・三一一c）

一　bhūtapubbaṁ. あるいは「昔、起こったこととして」。

二　kummo kacchapo. あるいは「甲の硬い亀が」。〈'kummo'（亀が）とは「骨亀が」（aṭṭhikummo）《背に鋭い骨のある（tikhiṇaṭṭhika）亀が》と言うことであり、'kacchapo'（亀が）とはその同義語である〉。因縁篇、第一五九節「亀経」

求めていました。

比丘たちよ、亀は、遠くからジャッカルが川岸に沿って餌を求めているのを見ました。見ると、首[六]を第五とする部分を自分の甲に[七]収め[八]、無関心[九]にして、沈黙[一〇]し、じっと[一一]しました。

比丘たちよ、ジャッカルもまた、亀が遠くから餌を求めているのを見ました。見ると、亀のところに近づいて行きました。行って、亀のそばに立ち、考えました。〈この亀が、首を第五とする部分の、いずれかの部分を動かしたとき、即座にそれを捕まえ、引き裂き、食べてやろう〉と。

比丘たちよ、しかし、亀は、首を第五とする部分の、いずれの部分も動かしませんでした。そこで、ジャッカルは、厭きて、機会を得ないまま、亀から去って行きました。

比丘たちよ、ちょうどそのように、悪しき魔が常にいつも、そなたたちのそばにも立っています。〈私は、この者たちの、眼から機会を得ることにしよう。▽あるいは耳から機会を得ることにしよう。あるいは鼻から機会を得ることにしよう。△あるいは舌から機会を得ることにしよう。▽あるいは身から機会を得ることにしよう。△あるいは意から機会を得ることにしよう〉と。

それゆえ、比丘たちよ、諸感官の門を守り、住みなさい。

註二（因縁篇Ⅱ、二九四頁）参照。
三 anunadītīre.〈川（nadī）の岸辺で（anutīre）〉。
四 gocarapasuto.〈いかなる果実（phalāphala）でも得たならば私は食べよう、と餌（gocara）のために求め（pasuta）、熱中し（ussukka）、それに縛られて（tannibandha）《忙しくして（byāvata）》いた〉。
五 siṅgālo.

……………………

六 soṇḍipañcamāni aṅgāni.
七 kapāle. あるいは「殻に」。
八 samodahitvā.〈かごにおけるように《自分の甲に》投げ入れ〉。
九 appossukko.
一〇 tuṇhībūto.
一一 saṅkasāyati.〈とどまっていました（acchati）〉。

眼によって色を見て、その外相を捉えてはなりません。その細相を捉えてはなりません。この眼の感官を防護しないで住むならば、もろもろの悪しき不善の法が、貪欲として憂いとして、流れ込むことになります。そこでそなたたちは、その防護のために実践し、眼の感官を保護し、眼の感官を防護しなさい。

耳によって声を聞き、▽その外相を捉えてはなりません。その細相を捉えてはなりません。この耳の感官を防護しないで住むならば、もろもろの悪しき不善の法が、貪欲として憂いとして、流れ込むことになります。そこでそなたたちは、その防護のために実践し、耳の感官を保護し、耳の感官を防護しなさい。△

鼻によって香を嗅ぎ、▽その外相を捉えてはなりません。その細相を捉えてはなりません。この鼻の感官を防護しないで住むならば、もろもろの悪しき不善の法が、貪欲として憂いとして、流れ込むことになります。そこでそなたたちは、その防護のために実践し、鼻の感官を保護し、鼻の感官を防護しなさい。△

舌によって味を味わい、▽その外相を捉えてはなりません。その細相を捉えてはなりません。この舌の感官を防護しないで住むならば、もろもろの悪しき不善の法が、貪欲として憂いとして、流れ込むことになります。そこでそなたたちは、その防護のために実践し、舌

の感官を保護し、舌の感官を防護しなさい。△

身によって触に触れ、▽その外相を捉えてはなりません。その細相を捉えてはなりません。この身の感官を防護しないで住むならば、もろもろの悪しき不善の法が、貪欲として憂いとして、流れ込むことになります。そこでそなたたちは、その防護のために実践し、身の感官を保護し、身の感官を防護しなさい。△

意によって法を識り、その外相を捉えてはなりません。その細相を捉えてはなりません。この意の感官を防護しないで住むならば、もろもろの悪しき不善の法が、貪欲として憂いとして、流れ込むことになります。そこでそなたたちは、その防護のために実践し、意の感官を保護し、意の感官を防護しなさい。

比丘たちよ、そなたたちは諸感官の門を守り、住みなさい。そこで、悪しき魔は、厭きて、機会を得ないまま、ジャッカルが亀から去って行くように、そなたたちからも去って行くはずです」と。

(179)

「亀が肢分を自らの甲に
収めるように、比丘は意の考えを
[一二]収め、[一三]依止《えじ》せず、[一四]他を悩まさず
[一五]寂滅《じゃくめつ》し、[一六]誰をも誹謗《ひぼう》せず」

一二　samodahaṁ.〈収め（samodahanto）《正しく置き（sammā odahanto）、内にのみ整え（ajjhattaṁ eva dahanto）》、置き（ṭhapento）、ということ。つぎのことが言われている。すなわち、亀が肢分を自らの甲に収め、ジャッカルに機会を与えなければ、ジャッカルもまたかれを襲わないように、比丘も自分のもろもろの意の考え（manovitakka）を自らの所縁の甲（ārammaṇakapāla）《所縁の瓶（ārammaṇakaṭāha）》に収め、煩悩の魔（kilesamāra）に機会を与えなければ、魔もまたかれを襲わない、と〉。なおまた、《「収め」とは、見られたものだけを捉えることから、もろもろの意の考えを即座に正しく置き、ということである。なぜなら、それが対象によって起こることを認めないからである》。

一三　anissito.〈愛と見との依存（taṇhādiṭṭhinissaya）によらず〉。

一四　aññaṁ aheṭhayāno.〈他のいかなる人も悩まさず〉。

一五　parinibbuto.〈煩悩の完全消滅（kilesaparinibbāna）によって寂滅し〉。

一六　nūpavadeyya kañci.〈他のいかなる人も、戒の欠損によって、あるいは正行の欠損によって、あるいは自己を称賛したいとの欲によって、あるいは他人を軽蔑したいとの欲によって誹謗しないであろう。何はともあれ、五法を内に起こし、「私は①適時（kālā）に語ろう、非時にではない。②真実（bhūta）によって語ろう、不実によってではない。③柔和（saṇha）によって語ろう、粗暴によってではない。④利益のともなうこと（atthasaṁhita）によって語ろう、

と。

4 第一木幹喩経 (Paṭhamadārukkhandhopama-sutta)

(三四二)▽このように私は聞いた――△

あるとき、世尊は、[一]コーサンビーにおける、[二]ガンガー河の岸に住んでおられた。

世尊は、大きな[三]木の幹がガンガー河の流れに[四]運ばれているのを[五]ご覧になった。ご覧になると、[六]比丘たちに話しかけられた。

「[1]比丘たちよ、そなたたちは、ガンガー河の流れに運ばれている、あの大きな木の幹が見えますか」と。

「はい、尊師よ」。

「比丘たちよ、もしその木の幹がこちらの岸に近づかず、あちら
387
の岸に近づかず、真ん中で沈まず、陸地に打ち上げられず、[七]人間に捉えられず、[八]非人に捉えられず、渦巻に捉えられず、内部の腐敗物にならなければ、比丘たちよ、このようにして、木の幹は海に向かい、海に傾き、海に趣くものになるでしょう。それはなぜか。比丘たちよ、ガンガー河の流れは海に向かい、海に傾き、海に趣くもの

第三

不利益をともなうことによってではない。⑤慈心 (metta-citta) をそなえて語ろう、内に怒りをそなえてではない」と、このように救済の自性 (ullumpanasabhāva) が確立されている心によってのみ住む、ということである〉。

(三四二)『雑阿含経』巻第四三〈一一七四〉(大正蔵二・三一四c―三一五b)、『増一阿含経』巻第二三〈六〉(大正蔵二・六六九c―六七〇a)

一 Kosambiyaṁ. ヴァンサ国の首都。

二 Gaṅgāya nadiyā. あるいは「ガンジス河の」。

三 dārukkhandhaṁ. あるいは「木の塊が」。

四 vuyhamānaṁ. 〈四角に工作して山間に置かれ、風と炎熱によって完全に乾燥している(木の幹)が、雨雲の雨が降ると、水によって浮かび、次第にガンガー河の流れに落ち、その流れによって運ばれているのを〉。

五 addasā. 〈ガンガーの岸に用意された立派な仏座に坐ってご覧になった〉。

六 bhikkhū āmantesi. 〈「この木の幹と同じものにして、私の教えのもとで信により出家する善家の子に示そう」との説示を望み、話しかけられた〉。

七 na manussagāho gahessati. 〈「この木の幹は実に大きい」と見て、筏で渡って行き、垂木などのために、人間たちが捉えず〉。

八 na amanussagāho gahessati. 〈「この栴檀の心材は大きな価値がある。宮殿の入口にそれを置くことにしよう」と考えて、非人たち(神々)は捉えず〉。

(180)

だからです。

[2]ちょうどそのように、比丘たちよ、もしそなたたちがこちらの岸に近づかず、あちらの岸に近づかず、真ん中で沈まず、陸地に打ち上げられず、人間に捉えられず、非人に捉えられず、渦巻に捉えられず、内部の腐敗者にならなければ、比丘たちよ、このようにして、そなたたちは涅槃に向かい、涅槃に傾き、涅槃に趣く者になるでしょう。それはなぜか。比丘たちよ、正見は涅槃に向かい、涅槃に傾き、涅槃に趣くものだからです」と。

このように言われたとき、ある比丘が[九]世尊にこう申し上げた。

「尊師よ、それでは、何が『こちらの岸』でしょうか。何が『あちらの岸』でしょうか。何が『真ん中で沈むこと』でしょうか。何が『陸地に打ち上げられること』でしょうか。何が『人間に捉えられること』でしょうか。何が『非人に捉えられること』でしょうか。何が『渦巻に捉えられること』でしょうか。何が『内部の腐敗者になること』でしょうか」と。

「比丘よ、『[3]こちらの岸』とは、これは六内処の同義語です。

比丘よ、『あちらの岸』とは、これは六外処の同義語です。

比丘よ、『真ん中で沈むこと』とは、[一〇]これは喜貪《きとん》の同義語です。

比丘よ、『陸地に打ち上げられること』とは、[一一]これは我慢《がまん》の同義

九　bhagavantaṁ etad avoca.〈「涅槃に趣く者に」という語で結ばれた説法を知り、随結（結論）の巧みさによって、この「尊師よ、それでは、何が」などの同義語を述べた。なぜなら、如来も、この会衆の中に坐り、「随結に巧みな比丘がいる。かれは私に質問するであろう」とその機会を作るために、この場所で説示を終了させられたのである〉。

一〇　nandirāgassetaṁ adhivacanaṁ.〈たとえば、真ん中で沈み、陸地に着いた木の幹を粗細な砂が覆い、それが再び頭を持ち上げることができないように、喜貪（喜びと貪り）に縛られた人は四大苦処に落ち、大苦に覆われ、かれは何千年経っても再び頭を持ち上げることができない。それゆえ、「これは喜貪の同義語です」と言われている〉。

一一　asmimānassetaṁ adhivacanaṁ.〈たとえば、陸地に達した木の幹が、下はガンガー（河）の水に、上は雨に濡れて、次第に水苔に覆われ、「この木株は岩なのか」と言われなければならない状態になるように、我慢（我の慢心）によって高ぶっている人は、糞掃衣者の立場で糞掃衣者に、説法者の立場で説法者に、論争者の立場で論争者に、医師の立場で医師に、中傷者の立場で中傷者になる。かれは、種々の不当な求めをしつつ、それぞれの罪過によって包み、「かれには内に何らかの戒があるのか、それともないのか」と言われなければならない状態になる。それゆえ、「これは我慢の同義語です」と言われている〉。

語です。

また、比丘よ、何が『人間に捉えられること』でしょうか。比丘よ、ここに、在家者《ざいけしゃ》たちと交際して住みます。喜びを共にし、悲しみを共にし、楽しむ者たちの中で楽しみ、苦しむ者たちの中で苦しみます。行なうべきもろもろの仕事が生じたとき、自らそれらに関係してしまいます。比丘よ、これが『人間に捉えられること』と言われます。

また、比丘よ、何が『非人に捉えられること』でしょうか。比丘よ、ここに、一部の者は、ある天群を願い、梵行を行ないます。〈私はこの戒《かい》によって、あるいは務めによって、あるいは苦行によって、あるいは梵行によって、天か天のある者かになろう〉と。比丘よ、これが『非人に捉えられること』と言われます。

比丘よ、『渦巻に捉えられること』とは、[一二]これは五妙欲《ごみようよく》の同義語です。

また、比丘よ、何が『内部の腐敗者になること』でしょうか。比丘よ、ここに、一部の者は、[一三]悪戒者、[一四]悪法者、不浄の[一五]疑念を起こす行為者、業を覆い隠す者、非沙門《ひしゃもん》にして[一六]沙門を自称する者、非梵行者にして[一七]梵行者を自称する者、[一八]内部が腐敗し、[一九]漏れ、[二〇]汚濁している者になります。比丘よ、これが『内部の腐敗者になること』と言わ

一二　pañcannetaṁ kāmaguṇānaṁ adhivacanaṁ.〈たとえば、渦巻の中に落ちた木の幹は、内部が岩などに打ち付けられ、壊されて、粉々になるように、五妙欲の渦巻に落ちた人は、四苦処において、刑罰や飢渇などの苦によって打ち付けられ、長時にわたり、粉々の状態になる。それゆえ、「これは五妙欲の同義語です」と言われている〉。

一三　dussīlo.〈無戒者（nissīlo）〉。《戒には邪悪（duṭṭha）というものがない。それゆえ、ここにおける（「悪戒者」の）「悪」（du）という語は「無」（abhāvaṁ）の意味であるから、「無戒者」と言ったのである》。

一四　pāpadhammo.〈劣法者（lāmakadhammo）〉。

一五　saṅkassarasamācāro.〈「この業は、この者にあると思う、この者にあると思う」というように、他の者たちによって疑念が想起される行為者である。あるいは、疑念によって他の者たちの行為を想起することからも「疑念を起こす行為者」である。なぜなら、かれは、二、三人が語っているのを見て、「私の欠点を語っているにちがいない」とかれらの行為に疑念を起こす、走る、ということで、「疑念を起こす行為者」であるからである〉。

一六　samaṇapaṭiñño.〈くじ引き（くじ食）などにおいて、「どれだけの沙門が精舎にいるか」と計算が始まったとき、「私も沙門である、私も沙門である」と自称する、くじ引きなどを行なう（者）〉。

一七　brahmacāripaṭiñño.〈布薩や要請（自恣）などにおいて、「私も梵行者である」と自称し、それらの儀式に加わる（者）〉。

一八　antopūti.〈腎臓や心臓などにおいて腐敗のない者にも、もろもろの徳が腐敗している状態によって、「内部が腐敗し」〉。

一九　avassuto.〈貪りによって濡れ〉。

二〇　kasambujāto.〈貪りなどの煩悩によって塵垢が生じている者〉。

れます」

と。

ちょうどそのとき、[二一]牛飼いのナンダが世尊の近くに立っていた。

そこで、牛飼いのナンダは、世尊に[二二]こう申し上げた。

「尊師よ、私はこちらの岸に近づきません。あちらの岸に近づきません。真ん中で沈みません。陸地に打ち上げられないでしょう。[二三]私は人間に捉えられないでしょう。非人に捉えられないでしょう。渦巻に捉えられないでしょう。内部の腐敗者にならないでしょう。[二四]尊師よ、願わくは、世尊のみもとで出家《しゅっけ》できますように、入団できますように」と。

「それでは、ナンダよ、そなたは主人たちに牛を返しなさい」と。

「尊師よ、[二五]犢《こうし》を求めている牛たちは帰って行くでありましょう」

と。

「ナンダよ、そなたが主人たちに牛を[二六]返すのです」

と。

そこで、牛飼いのナンダは、主人たちに牛を返し、世尊がおられるところへ近づいて行った。行って、世尊にこう申し上げた。

「尊師よ、主人たちに牛を[二七]返してまいりました。尊師よ、願わくは、世尊のみもとで出家できますように、入団できますように」

二一　Nando gopālako.

二二　etad avoca. 〈牛の群れをガンガーの岸に向かわせ、会衆の周りに立ったかれは、始めから終わりまで師の説法を聞いて、「師は、こちらの岸などに近づかないことなどによって実践を満たすことができる、と言われた。もしそのように満たすことができるならば、私は出家して満たそう」と考え、この「尊師よ、私は」などの言葉を述べたのである〉。

二三　na maṁ manussagāho gahessati. 原意は「人間の捉えが私を捉えないでしょう」。

二四　以下の「出家」と「入団」に関する定型的な説明については、長部16『大般涅槃経』第八五節参照。

二五　vacchagiddhiniyo. 〈犢たちに対する愛情があり、乳が流れる乳房をもって、犢への愛情により、（牛たちは）自分で帰って行くでしょう〉。

二六　niyyāteheva. 〈なぜなら、牝牛たちが返されない場合、牛の所有者たちがやって来て、「一頭の牝牛が見られない。一頭の牝牛が、一頭の犢が見られない」と、あなたの後を追って行くことになり、このようにしてあなたに不快が生じるであろうからである。また、負債のある者にはこの出家生活は繁栄せず、負債のない出家生活が仏などによって称賛されている、ということを示すためにこのように言われたのである〉。

二七　niyyātitā.

と。

牛飼いのナンダは、世尊のもとで出家が認められ、入団が認められた。そして入団するとまもなく、尊者《そんじゃ》ナンダは、独《ひと》り離れて住み、怠ることなく、熱心に、自ら励んだ。やがて、善家の子たちが正しく家を捨てて出家するという、かの無上の梵行の終結を、現世において、自らよく知り、目のあたり見、獲得して住んだ。〈生まれは尽きた。梵行は完成された。なすべきことはなされた。もはや、この状態の他にはない〉と知ったのであった。

そして、尊者ナンダは、阿羅漢の一人になった、[二八]

と。

第四

5 第二木幹喩経 (Dutiyadārukkhandhopama-sutta)

(二四二) このように私は聞いた——

あるとき、世尊は、キミラー[一]における、ガンガー[二]河の岸に住んでおられた。

世尊は、大きな木の幹[三]がガンガー河の流れに運ばれているのをご覧になった。ご覧になると、比丘たちに話しかけられた。

「比丘たちよ、そなたたちは、ガンガー河の流れに運ばれている、

二八 〈本経では、《「こちらの岸」などの接近・不接近などが説明されていることから》輪転と還転（vaṭṭavivaṭṭa 輪廻と解脱）が語られている〉。

(二四二) 漢訳の相当経典は不明。

一 Kimilāyaṁ. 〈キミラーという名前の都市における〉。

二 Gaṅgāya nadiyā. あるいは「ガンジス河の」。

三 dārukkhandhaṁ. あるいは「木の株が」。

あの大きな木の幹が見えますか」と。

「はい、尊師よ」。

「比丘たちよ、もしその木の幹がこちらの岸に近づかず、あちらの岸に近づかず、真ん中で沈まず、陸地に打ち上げられず、人間に捉えられず、非人に捉えられず、渦巻に捉えられず、内部の腐敗物にならなければ、比丘たちよ、このようにして、木の幹は海に向かい、海に傾き、海に趣くものになるでしょう。それはなぜか。比丘たちよ、ガンガー河の流れは海に向かい、海に傾き、海に趣くものだからです。

ちょうどそのように、比丘たちよ、もしそなたたちがこちらの岸に近づかず、あちらの岸に近づかず、真ん中で沈まず、陸地に打ち上げられず、人間に捉えられず、非人に捉えられず、渦巻に捉えられず、内部の腐敗者にならなければ、比丘たちよ、このようにして、そなたたちは涅槃に向かい、涅槃に傾き、涅槃に趣く者になるでしょう。それはなぜか。比丘たちよ、正見は涅槃に向かい、涅槃に傾き、涅槃に趣くものだからです」と。

このように言われたとき、[四]尊者《そんじゃ》キミラが世尊にこう申し上げた。

「尊師よ、それでは、何が〈こちらの岸〉でしょうか。何が〈あちらの岸〉でしょうか。何が〈真ん中で沈むこと〉でしょうか。何

四　āyasmā Kimilo.

が〈陸地に打ち上げられること〉でしょうか。何が〈人間に捉えられること〉でしょうか。何が〈非人に捉えられること〉でしょうか。何が〈渦巻に捉えられること〉でしょうか。何が〈内部の腐敗者になること〉でしょうか」と。

「キミラよ、〈こちらの岸〉とは、これは六内処の同義語です。キミラよ、〈あちらの岸〉とは、これは六外処の同義語です。キミラよ、〈真ん中で沈むこと〉とは、これは喜貪の同義語です。キミラよ、〈陸地に打ち上げられること〉とは、これは我慢の同義語です。

また、キミラよ、何が〈人間に捉えられること〉でしょうか。キミラよ、ここに、在家者たちと交際して住みます。喜びを共にし、悲しみを共にし、楽しむ者たちの中で楽しみ、苦しむ者たちの中で苦しみます。行なうべきもろもろの仕事が生じたとき、自らそれらに関係してしまいます。キミラよ、これが『人間に捉えられること』と言われます。

また、キミラよ、何が〈非人に捉えられること〉でしょうか。キミラよ、ここに、一部の者は、ある天群を願い、梵行を行ないます。〈私はこの戒によって、あるいは務めによって、あるいは苦行によって、あるいは梵行によって、天か天のある者かになろう〉と。キミラよ、これが『非人に捉えられること』と言われます。

キミラよ、〈渦巻に捉えられること〉とは、これは五妙欲の同義語です。

また、キミラよ、何が〈内部の腐敗者になること〉でしょうか。キミラよ、ここに、比丘は、ある汚染された罪[五]を犯し、そのような罪からの出罪が認められません[六]。キミラよ、これが『内部の腐敗者になること』と言われます」

と。

第五

389

6 漏泄法門経(Avassutapariyāya-sutta)

(二四三)このように私は聞いた――
あるとき、世尊は、サッカ国[一]における、カピラヴァットゥのニグローダ僧院[二]に住んでおられた。

ちょうどそのとき、カピラヴァットゥの釈迦族の者たち[三]には、沙門とか[四]、バラモンとか、およそ人間の身によって住まれたことのない、建てられて間もない[五]、新しい集会堂[1]があった。

さて、カピラヴァットゥの釈迦族の者たちは、世尊[2]がおられるところへ近づいて行った。行って、世尊を礼拝《らいはい》し、一方に坐った。一

五 saṅkiliṭṭhaṁ āpattiṁ.〈《出罪にいたる、告白にいたる罪が》隠されたとき以降、《障碍になることから》汚染されていない罪というものはない。このような汚染された罪を〉。
六 na vuṭṭhānaṁ paññāyati.〈別住(parivāsa)・マーナッタ(mānatta 贖罪)からの復帰(abbhāna 出罪)が認められません〉。

(二四三)『雑阿含経』巻第四三〈一一七六〉(大正蔵二・三一六a―c)
一 Sakkesu. あるいは「釈迦国における」。蘊篇、第二節「デーヴァダハ経」(蘊篇I、四六頁)参照。
二 Kapilavatthusmiṁ Nigrodhārāme.「カピラヴァットゥ」は釈迦国の都。「ニグローダ僧院」(あるいは「ニグローダ園林」)は、ニグローダという釈迦族の者が建てた精舎である。中部14『小苦蘊経』第一節参照。
三 Kāpilavatthavānaṁ Sakyānaṁ.
四 samaṇena vā.〈この場合、家や土地を取得するときには神々が自分の住処を得るから、「神によって」と言わず、「沙門とか、バラモンとか、およそ人間の身によって」と言われているのである〉。

方に坐ったカピラヴァットゥの釈迦族の者たちは、世尊にこう申し上げた。

(183)

「尊師よ、ここに、カピラヴァットゥの釈迦族の者たちには、沙門とか、バラモンとか、およそ人間の身によって住まれたことのない、建てられて間もない、新しい集会堂があります。尊師よ、世尊はそれを最初にご使用ください。世尊が最初にご使用された後、カピラヴァットゥの釈迦族の者たちは使用したいと思います。それは、カピラヴァットゥの釈迦族の者たちにとって、永く、利益《りやく》のため、安楽のためになるでありましょう」と。

世尊は、沈黙によって同意された。

そこで、カピラヴァットゥの釈迦族の者たちは、世尊が同意されたことを知り、座から立ち上がり、世尊を礼拝し、右回りをして、(六)新しい集会堂に近づいて行った。行って、(七)集会堂をあらゆる敷物で敷きつめ、もろもろの座を用意した。そして、水瓶を置き、油灯《ゆとう》を掲げると、世尊がおられるところへ近づいて行った。行って、世尊にこう申し上げた。

「尊師よ、集会堂はあらゆる敷物で敷きつめられ、もろもろの座は用意されております。水瓶は置かれ、油灯は掲げられております。尊師よ、世尊はご随意にお出でくださいますように」と。

五　acirakāritaṁ hoti.〈煉瓦工事や漆喰工事や装飾などによってよく整えられた天宮のように、最近完成した〉。

六　yena navaṁ santhāgāraṁ tenupasaṅkami.〈伝えによれば、その日、集会堂は、たとえ王家の者たちが集うために天宮のようによく整えられ、よく警護されていても、仏にふさわしいものとして用意されていなかった。なぜなら、諸仏というものは、森を志向し、森を楽しみ、村内に住まれたり、住まれなかったりするからである。それゆえ、「世尊の御心を知ってからお告げしよう」と考えて、かれらは世尊に近づいて行った。そして、今や御心を得て、お告げしたいと思い、集会堂があるところに近づいて行った〉。

七　sabbasanthariṁ santhāgāraṁ santharitvā.〈すべてが敷かれたものとなるように、それを敷かせ、ということ。まず最初に、「牛糞というものはあらゆる祝い事に適している」ということで、漆喰の準備が行なわれる地をも新鮮な牛糞で塗らせ、よく乾いた状態を知り、踏んだ場所に足跡が認められるように、四種の香《サフラン（kuṅkuma）、トゥルッカ（turukkha）、ヤヴァナプッパ（yavnapuppha）、タマーラパッタ（tamālapatta）の香》によって塗らせ、上に種々の色で作られた莫蓙を敷き、それらの上に大きな背のための《象などの背に敷かれるべき》羊毛カバーをはじめとして、象の敷物《象の背に敷かれるべき象の形をした彩りのある敷物》、馬の敷物、獅子の敷物、虎の敷物、月の敷物、太陽の敷物、種々の敷物など、種々の色の敷物で、敷かれるにふさわしいあらゆる場所を敷かせた。それゆえ、「集会堂をあらゆる敷物で敷きつめ」と言われている〉。

さて、世尊は、着衣し、鉢衣《はつえ》を保ち、比丘僧団とともに、新しい集会堂に近づいて行かれた。行かれると、御足を清め、集会堂に入られた。そして、[八]中央の柱の近くに、東面して坐られた。比丘僧団もまた、足を清めて集会堂に入り、西の壁の近くに、東面し、世尊のみを前にして坐った。カピラヴァットゥの釈迦族の者たちは、足を清めて集会堂に入り、東の壁の近くに、西面し、世尊のみを前にして坐った。

そこで、世尊は、カピラヴァットゥの釈迦族の者たちを、夜の大部分の間、[九]法話《ほうわ》によって、教示し、訓戒し、激励し、喜ばせて、送り出された。「ゴータマたちよ、[一〇]夜も更けました。[一一]随意にお戻りなさい」と。

「かしこまりました、尊師よ」と、カピラヴァットゥの釈迦族の者たちは世尊に答え、座から立ち上がり、世尊を礼拝し、右回りをして、去っていった。

さて、世尊は、カピラヴァットゥの釈迦族の者たちが去って間もなく、[一二]尊者マハーモッガッラーナに話しかけられた。

「モッガッラーナよ、比丘僧団は沈鬱[3]・眠気を離れています。モッガッラーナよ、そなたは比丘たちに法話を明らかにしなさい。私[4]は背中が疲れています。私はそれを伸ばしましょう」と。

八　majjhimaṁ thambhaṁ nissāya. あるいは「中央の柱に凭れて」。以下の情景については、長部16『大般涅槃経』第一八節参照。

九　dhammiyā kathāya.〈この場合の「法話」とは、集会堂の随喜（祝福）に関する種々の話である、と解されるべきである〉。

一〇　abhikkantā.〈三夜分が過ぎています〉の意。

一一　yassa dāni kālaṁ maññatha.〈「あなた方は行く時間を考えなさい（yassa tumhe gamanassa kālaṁ maññatha）。あなた方の行く時間です（gamanakālo tumhākaṁ）。行きなさい（gacchatha）」ということが言われている。しかし、なぜ世尊はかれらを送り出されたのか。憐れみ（anukampā）によってである。なぜなら、かれらは華奢であり、三夜分の間、坐り、過ごす場合、身体に病気が生じるかもしれないからである。また、比丘僧団も大勢であり、立ち坐る機会が得られることはよいということで、両者の憐れみによって送り出されたのである〉。

一二　āyasmantaṁ Mahāmoggallānaṁ. 大目連。神通第一の仏弟子。

「かしこまりました、尊師よ」

と、尊者マハーモッガッラーナは世尊に答えた。

すると、世尊は、大衣《だいえ》を四重にして敷かれた。そして、念をそなえ、正知をそなえ、[13]起き上がる想いを思惟《しゆい》され、足に足を少しずらして重ね、[14]右脇をもって獅子のように臥された。

そこで、尊者マハーモッガッラーナは、比丘たちに話しかけた。

「友、比丘たちよ」と。

「友よ」と、かれら比丘は尊者マハーモッガッラーナに答えた。

尊者マハーモッガッラーナは、このように言った。

「友らよ、あなた方に、[15]漏泄《ろうせつ》の法門と[16]不漏泄の法門とについて説きましょう。それを聞いて、よく考えてください」と。

「わかりました、友よ」と、かれら比丘は尊者マハーモッガッラーナに答えた。尊者マハーモッガッラーナは、このように言った。

漏泄者

「友らよ、どのようにして[17]漏泄者になるのでしょうか。

友らよ、ここに、比丘は、眼によって色《しき》を見て、愛しい色に[18]心を向け、愛しくない色に[19]心を背け、身に至る念を確立せず、[20]小さな心で住みます。また、かれに生じているそれらの悪しき不善の法がそこで残りなく消滅する、その[21]心解脱《しんげだつ》、[22]慧解脱《えげだつ》を如実《にょじつ》に知りません。

一三　uṭṭhānasaññaṁ manasikaritvā.〈「これだけの時間を過ごして、起き上がろう」と、起き上がりの想いを心に置き、眠ることなく、その長老の法話を《法を尊敬することにより》聞きつつ〉。
一四　dakkhiṇena passena sīhaseyyaṁ kappesi.「獅子臥」（sīhaseyyā）については、長部16『大般涅槃経』第六八節、補註39参照。
一五　avassutapariyāyañ ca.〈漏泄の法門（avassutassa pariyāyaṁ）、漏泄の根拠（avassatassa kāraṇaṁ）《濡れている状態の根拠（tintabhāvakāraṇaṁ）》、という意味である〉。なお、「漏泄の」（avassutassa）とは《貪などによって漏れている状態の》（avassutabhāvassa rāgādivasena）という意味である。
一六　anavassutapariyāyañ ca.
一七　avassuto hoti. 以下については、本相応、第一三二節「ローヒッチャ経」（本書、五一五頁）参照。
一八　adhimuccati.〈煩悩の志向によって（kilesādhimuccanena）《煩悩により動揺していること（paripphandita）によって》心を向け、貪求する者（giddha）となり〉。
一九　byāpajjati.〈害意（byāpāda）によって腐心の者（pūticitta）となり〉。
二〇　parittacetaso.
二一　cetovimuttiṁ. 阿羅漢の果定（arahattaphalasamādhi）をいう。
二二　paññāvimuttiṁ. 阿羅漢の果慧（arahattaphalapaññā）をいう。

(185)

耳▽によって声を聞き、愛しい声に心を向け、愛しくない声に心を背け、身に至る念を確立せず、小さな心で住みます。また、かれに生じているそれらの悪しき不善の法がそこで残りなく消滅する、その心解脱、慧解脱を如実に知りません。

鼻によって香を嗅ぎ、愛しい香に心を向け、愛しくない香に心を背け、身に至る念を確立せず、小さな心で住みます。また、かれに生じているそれらの悪しき不善の法がそこで残りなく消滅する、その心解脱、慧解脱を如実に知りません。△

舌によって味を味わい、▽愛しい味に心を向け、愛しくない味に心を背け、身に至る念を確立せず、小さな心で住みます。また、かれに生じているそれらの悪しき不善の法がそこで残りなく消滅する、その心解脱、慧解脱を如実に知りません。

身によって触に触れ、愛しい触に心を向け、愛しくない触に心を背け、身に至る念を確立せず、小さな心で住みます。また、かれに生じているそれらの悪しき不善の法がそこで残りなく消滅する、その心解脱、慧解脱を如実に知りません。△

意によって法を識り、愛しい法に心を向け、愛しくない法に心を背け、身に至る念を確立せず、小さな心で住みます。また、かれに生じているそれらの悪しき不善の法がそこで残りなく消滅する、その心解脱、慧解脱を如実に知りません。

友らよ、この比丘が、眼によって識られるべきもろもろの色に対する漏泄者、耳によって識られるべきもろもろの声に対する漏泄者、鼻によって識られるべきもろもろの香に対する漏泄者、舌によって識られるべきもろもろの味に対する漏泄者、身によって識られるべきもろもろの触に対する漏泄者、意によって識られるべきもろもろの法に対する漏泄者と言われます。

（魔が機会を得る）

友らよ、このように住む比丘に、もし魔[二三]がそのかれに眼[二四]から近づくならば、魔は機会[二五]を得ることになり、魔は対象[二六]を得ます。▽もし魔がそのかれに耳から近づくならば、魔は機会を得ることになり、魔は対象を得ます。もし魔がそのかれに鼻から近づくならば、魔は機会を得ることになり、魔は対象を得ます。△もし魔がそのかれに舌から近づくならば、魔は機会を得ることになり、魔は対象を得ます。▽もし魔がそのかれに身から近づくならば、魔は機会を得ることになり、魔は対象を得ます。△もし魔がそのかれに意から近づくならば、魔は機会を得ることになり、魔は対象を得ます。

（葦家、草家の喩え）

友らよ、たとえば、葦[二七]《あし》の家、あるいは草[二八]の家があり、乾燥し、空

二三 māro.〈煩悩魔（kilesamāra）も、天子魔（devaputtamāra）も〉。
二四 cakkhuto.〈眼となって（cakkhubhāvena）〉。
二五 otāraṁ.〈間隙（vivara 欠点）を〉。
二六 ārammaṇaṁ. あるいは「所縁を」。〈縁（paccaya）を〉。
二七 naḷāgāraṁ.
二八 tiṇāgāraṁ.

洞があり、一年を過ぎているとします。もし人がそれに東方から燃えている草火[二九]をもって近づくならば、火は機会を得ることになり、火は対象を得るでしょう。もし人がそれに西方から燃えている草火をもって近づくならば、火は機会を得ることになり、火は対象を得るでしょう。もし人がそれに北方から燃えている草火をもって近づくならば、火は機会を得ることになり、火は対象を得るでしょう。もし人がそれに南方から燃えている草火をもって近づくならば、火は機会を得ることになり、火は対象を得るでしょう。もし人がそれに下方から燃えている草火をもって近づくならば、火は機会を得ることになり、火は対象を得るでしょう。もし人がそれに上方から燃えている草火をもって近づくならば、火は機会を得ることになり、火は対象を得るでしょう。もし人がそれにどこから燃えている草火をもって近づいても、火は機会を得ることになり、火は対象を得るでしょう。

友らよ、ちょうどそのように、このように住む比丘に、もし魔がそのかれに眼から近づくならば、魔は機会を得ることになり、魔は対象を得ます。もし魔がそのかれに耳から近づくならば、魔は機会を得ることになり、魔は対象を得ます。もし魔がそのかれに鼻から近づくならば、魔は機会を得ることになり、魔は対象を得ます。も

二九　tiṇukkāya.

し魔がそのかれに舌から近づくならば、魔は機会を得ることになり、魔は対象を得ます。▽もし魔がそのかれに身から近づくならば、魔は機会を得ることになり、魔は対象を得ます。△もし魔がそのかれに意から近づくならば、[三〇]魔は機会を得ることになり、魔は対象を得ます。

（征服されている者）

友らよ、このように住む比丘をもろもろの色は征服し、比丘はもろもろの色を征服しませんでした。友らよ、このように住む比丘をもろもろの声は征服し、比丘はもろもろの声を征服しませんでした。友らよ、このように住む比丘をもろもろの香は征服し、比丘はもろもろの香を征服しませんでした。友らよ、このように住む比丘をもろもろの味は征服し、比丘はもろもろの味を征服しませんでした。

友らよ、このように住む比丘をもろもろの触は征服し、比丘はもろもろの触を征服しませんでした。友らよ、このように住む比丘をもろもろの法は征服し、比丘はもろもろの法を征服しませんでした。

友らよ、この比丘は、[三一]色に征服されている者、声に征服されている者、香に征服されている者、味に征服されている者、触に征服されている者、法に征服されている者、征服されている者、征服していない者と言われます。雑染の、再有《さいう》をもたらす、恐れのある、苦の果報のある、未来に生《しょう》・老《ろう》・死《し》にいたるべき、もろもろの悪しき

三〇　labhateva māro otāraṃ. 〈（以上の「喩え」において）「葦家、草家」は執着のある（savisevana）もろもろの処（六処）の喩えであり、「草火」は煩悩の生起にふさわしい所縁の喩えであり、「草火によってつぎつぎと置かれた場所で炭火が燃えること」は所縁が識閾に入ったときにもろもろの煩悩が生起することの喩えである。それゆえ、「魔は機会を得ることになり」と言われている〉。

三一　rūpādhibhūto.

不善の法が、かれを征服したのです。
友らよ、このようにして漏泄者になります。

不漏泄者

友らよ、それではまた、どのようにして不漏泄者になるのでしょうか。

友らよ、ここに、比丘は眼によって色《しき》を見て、愛しい色に心を向けず、愛しくない色に心を背けず、身に至る念を確立し、無量の心[三二]で住みます。また、かれに生じているそれらの悪しき不善の法がそこで残りなく消滅する、その心解脱、慧解脱を如実に知ります。

▽耳によって声を聞き、愛しい声に心を向けず、愛しくない声に心を背けず、身に至る念を確立し、無量の心で住みます。また、かれに生じているそれらの悪しき不善の法がそこで残りなく消滅する、その心解脱、慧解脱を如実に知ります。

鼻によって香を嗅ぎ、愛しい香に心を向けず、愛しくない香に心を背けず、身に至る念を確立し、無量の心で住みます。また、かれに生じているそれらの悪しき不善の法がそこで残りなく滅する、その心解脱、慧解脱を如実に知ります。△

舌によって味を味わい、▽愛しい味に心を向けず、愛しくない味に心を背けず、身に至る念を確立し、無量の心で住みます。また、か

三二　appamāṇacetaso.

れに生じているそれらの悪しき不善の法がそこで残りなく消滅する、その心解脱、慧解脱を如実に知ります。

身によって触に触れ、愛しい触に心を向けず、愛しくない触に心を背けず、身に至る念を確立し、無量の心で住みます。また、かれに生じているそれらの悪しき不善の法がそこで残りなく消滅する、その心解脱、慧解脱を如実に知ります。

意によって法を識り、愛しい法に心を向けず、愛しくない法に心を背けず、身に至る念を確立し、無量の心で住みます。また、かれに生じているそれらの悪しき不善の法がそこで残りなく消滅する、その心解脱、慧解脱を如実に知ります。

友らよ、この比丘が、眼によって識られるべきもろもろの色に対する不漏泄者、耳によって識られるべきもろもろの声に対する不漏泄者、鼻によって識られるべきもろもろの香に対する不漏泄者、舌によって識られるべきもろもろの味に対する不漏泄者、身によって識られるべきもろもろの触に対する不漏泄者、意によって識られるべきもろもろの法に対する不漏泄者と言われます。

（魔が機会を得ず）

友らよ、このように住む比丘に、もし魔がそのかれに眼から近づいても、魔は機会を得ず、魔は対象を得ません。もし魔がそのかれに耳から近づいても、魔は機会を得ず、魔は対象を得ません。もし魔がそのかれに鼻から近づいても、魔は機会を得ず、魔は対象を得ません。もし魔がそのかれに舌から近づいても、魔は機会を得ず、魔は対象を得ません。もし魔がそのかれに身から近づいても、魔は機会を得ず、魔は対象を得ません。もし魔がそのかれに意から近づいても、魔は機会を得ず、魔は対象を得ません。

(187)

（重閣、会堂の喩え）

友らよ、たとえば、[三三]重閣《じゅうかく》、あるいは会堂[三四]があり、厚い粘土で作られ、湿布で塗られているとします。もし人がそれに東方から燃えている草火をもって近づいても、火は機会を得ず、火は対象を得ないでしょう。もし人がそれに西方から燃えている草火をもって近づいても、火は機会を得ず、火は対象を得ないでしょう。もし人がそれに北方から燃えている草火をもって近づいても、火は機会を得ず、火は対象を得ないでしょう。もし人がそれに南方から燃えている草火をもって近づいても、火は機会を得ず、火は対象を得ないでしょう。もし人がそれに下方から燃えている草火をもって近づいても、火は機会を得ず、火は対象を得ないでしょう。もし人がそれに上方から燃えている草火をもって近づいても、火は機会を得ず、火は対象を得ないでしょう。もし人がそれにどこから燃えている草火をも

三三　kūṭāgāraṁ.
三四　sālā.

って近づいても、火は機会を得ず、火は対象を得ないでしょう。

友らよ、ちょうどそのように、このように住む比丘に、もし魔がそのかれに眼から近づいても、魔は機会を得ず、魔は対象を得ません。▽もし魔がそのかれに耳から近づいても、魔は機会を得ず、魔は対象を得ません。もし魔がそのかれに鼻から近づいても、魔は機会を得ず、魔は対象を得ません。△もし魔がそのかれに舌から近づいても、魔は機会を得ず、魔は対象を得ません。▽もし魔がそのかれに身から近づいても、魔は機会を得ず、魔は対象を得ません。△もし魔がそのかれに意から近づいても、[三五]魔は機会を得ず、魔は対象を得ません。

（征服している者）

友らよ、このように住む比丘はもろもろの色を征服し、もろもろの色は比丘を征服しませんでした。友らよ、このように住む比丘はもろもろの声を征服し、もろもろの声は比丘を征服しませんでした。友らよ、このように住む比丘はもろもろの香を征服し、もろもろの香は比丘を征服しませんでした。友らよ、このように住む比丘はもろもろの味を征服し、もろもろの味は比丘を征服しませんでした。友らよ、このように住む比丘はもろもろの触を征服し、もろもろの触は比丘を征服しませんでした。友らよ、このように住む比丘はもろもろの法を征服し、もろもろの法は比丘を征服しませんでした。

三五　neva labhetha māro otāraṁ.〈白い（善の）側においては、「厚い粘土で作られ、湿布で塗られている重閣」は執着のない（nibbisevana）《動揺のない》もろもろの処（六処）の喩えであり、「草火」はすでに述べられた種類の所縁の喩えであり、「草火をつぎつぎと置かれた場所で消すこと」は執着のないもろもろの処の所縁が識閾に入ったときに煩悩の焦熱が生起しないことの喩えである。それゆえ、「魔は機会を得ず」と言われている〉。

友らよ、この比丘は、色[三六]を征服している者、声を征服している者、香を征服している者、味を征服している者、触を征服している者、法を征服している者、征服[三七]している者、征服されていない者と言われます。かれが、雑染の、再有をもたらす、恐れのある、苦の果報のある、未来に生・老・死にいたるべき、それらの悪しき不善の法を征服したのです。

友らよ、このようにして不漏泄者になります」と。

393 そこで、世尊は、起き上がり、尊者マハーモッガッラーナに話しかけられた。「モッガッラーナよ、そのとおりです、そのとおりです。モッガッラーナよ、そなたが比丘たちに漏泄の法門と不漏泄の(188)法門について語ったことはそのとおりです」と。

尊者マハーモッガッラーナはこのように説き、師[三八]は是認された。かれら比丘は尊者マハーモッガッラーナが語ったことに歓喜《かんぎ》した、と。

第六

7 苦法経 (Dukkhadhamma-sutta)

(二四四) ▽このように私は聞いた――……

世尊はつぎのように言われた。△

三六 rūpādhibhū.

三七 adhibhū anadhibhūto. 底本B^eの脚註により、「すなわち、征服している者、(いかなる煩悩によっても)(征服されていない者」と解される。

三八 samanuñño satthā ahosi.

(二四四)『雑阿含経』巻第四三〈一一七三〉(大正蔵二・三一四a―c)

「比丘たちよ、比丘があらゆる[一]苦法の生起と消滅とを如実に知るとき、[二]もろもろの欲を見るかれに、もろもろの欲における欲貪、欲《よく》愛《あい》、欲迷、欲悩なるものが潜在しないように、もろもろの欲が見られています。しかも、かれの[三]行ないと住まいは、行ない、住んでいる者に悪しき不善の法である貪《むさぼ》りと憂いが[四]潜在しないように、[五]随覚されています。

生滅を知る

比丘たちよ、それでは、比丘は、どのようにあらゆる苦法の生起と消滅とを如実に知るのでしょうか。比丘たちよ、比丘は、〈色はこのとおりであり、色の生起はこのとおりであり、色の消滅はこのとおりである。受《じゅ》はこのとおりであり、▽受の生起はこのとおりであり、受の消滅はこのとおりである。△想《そう》はこのとおりであり、▽想の生起はこのとおりであり、想の消滅はこのとおりである。△諸行《しょぎょう》はこのとおりであり、▽諸行の生起はこのとおりであり、諸行の消滅はこのとおりである。△識はこのとおりであり、識の生起はこのとおりであり、識の消滅はこのとおりである〉と、このようにあらゆる苦法の生起と消滅とを如実に知ります。

比丘たちよ、また、比丘には、どのようにもろもろの欲を見る場合、もろもろの欲における欲貪、欲愛、欲迷、欲悩なるものが潜在

一　dukkhadhammānaṁ.〈苦の発生法の（dukkhasambhava-dhammānaṁ）、ということ。なぜなら、五蘊（pañca-khandha）があるとき、切断・殺害・拘束などに区分される苦が発生するからである。それゆえ、それら《五蘊》が苦の発生法《苦が生起する根拠》であるから、「苦法」（dukkhadhamma）《苦の根拠》（dukkhakāraṇa）と言われている〉。つまり、「苦法」とは苦の根拠、すなわち「五蘊」をさす。

二　yathāssa kāme passato.〈様相（ākāra）によってもろもろの欲（kāma）を《事欲（vatthukāmā）と煩悩欲（kilesa-kāma）を》見るかれに〉。

三　cāro ca vihāro ca.「行ない」は《心の行（cittācārā）》、「住まい」は《五門転起の行という住（pañcadvārappavatti-cāravihāra）》と解される。

四　nānusenti. あるいは「流入しない」（Cᵉ nānussavanti, Rᵉ nānusavanti.）。

五　anubuddho hoti. あるいは「理解されています」。世間智の理解をいう。

しないように、もろもろの欲が見られているのでしょうか。

比丘たちよ、[六]たとえば人の身の丈を越える、火炎のない無煙の炭火に満ちた、炭火坑があるとします。そこへ生きることを欲し、死ぬことを欲しない、楽を欲し、苦を嫌う男性がやって来ます。そこで、二人の屈強な男性がかれを別々の腕につかみ、その炭火坑に引きずります。かれは、あちこちに身をよじります。それはなぜか。比丘たちよ、なぜなら、その男性には、〈私はこの炭火坑に落ちるであろう。そうすれば、死んでしまうか、死ぬほどの苦しみを受けるにちがいない〉と知られているからです。

比丘たちよ、ちょうどそのように、比丘には、もろもろの欲を見る場合、もろもろの欲における欲貪、欲愛、欲迷、欲悩なるものが潜在しないように、[七]炭火坑に喩えられるもろもろの欲が見られています。

随覚

比丘たちよ、また、どのように比丘の行ないと住まいは、行ない、住んでいる者に悪しき不善の法である貪りと憂《うれ》いが流入しないように、随覚されているのでしょうか。

比丘たちよ、たとえば男性が棘《いばら》の多い[八]園林《おんりん》に入るようなものです。[九]かれの前にも棘があり、後にも棘があり、[一〇]左にも棘があり、右にも

六　「炭火坑」の比喩については、因縁篇、第六三節「子肉喩経」（因縁篇I、三六七頁）参照。

七　aṅgārakāsūpamā kāmā diṭṭhā honti.〈遍求を根本とし（pariyetthimūlaka）、また結生を根本とする（paṭisandhimūlaka）《欲を受容する意思により四悪趣で与えられる結生を根本とする》苦によって、炭火坑のような大熱悩（mahāpariḷāha）である、と見られています、ということ〉。

八　dāyaṁ.〈林に（aṭaviṁ）〉。

九　purato pi kaṇṭako.〈前方の、ごく近くの場所に、刺したいと欲する者のように、棘があり、ということ。「後に

棘があり、下にも棘があり、上にも棘があります。かれは、注意し[一一]て前進し、注意して後退します。〈私に棘が刺さらないように〉と。

比丘たちよ、ちょうどそのように、世間において愛しいもの、喜ばしいものは、聖者の律において『棘』と言われます。以上のように知り、防護と不防護が知られるべきです。

（不防護者）

比丘たちよ、それでは、比丘は、どのように不防護者[一二]になるのでしょうか。

[一三]比丘たちよ、ここに、比丘は、眼によって色《しき》を見て、愛しい色に心を向け、愛しくない色に心を背け、身に至る念を確立せず、小さな心で住みます。また、かれに生じているそれらの悪しき不善の法がそこで残りなく消滅する、その心解脱、慧解脱を如実に知りません。

▽耳によって声を聞き、愛しい声に心を向け、愛しくない声に心を背け、身に至る念を確立せず、小さな心で住みます。また、かれに生じているそれらの悪しき不善の法がそこで残りなく消滅する、その心解脱、慧解脱を如実に知りません。

鼻によって香を嗅ぎ、愛しい香に心を向け、愛しくない香に心を背け、身に至る念を確立せず、小さな心で住みます。また、かれに生じているそれらの悪しき不善の法がそこで残りなく消滅する、そ

も」などについても同じ仕方で解される〉。

一〇　uttarato pi kaṇṭako, dakkhiṇato pi kaṇṭako. あるいは「北にも棘があり、南にも棘があり」。

一一　satova（R^e, yato ca）. あるいは「気をつけて」。

一二　asaṃvaro. 根門（感覚器官）を防護していない者。

一三　以下については、前経、および本相応、第一三二節「ローヒッチャ経」（本書、五一五頁）参照。

の心解脱、慧解脱を如実に知りません。△

舌によって味を味わい、▽愛しい味に心を向け、愛しくない味に心を背け、身に至る念を確立せず、小さな心で住みます。また、かれに生じているそれらの悪しき不善の法がそこで残りなく消滅する、その心解脱、慧解脱を如実に知りません。

身によって触に触れ、愛しい触に心を向け、愛しくない触に心を背け、身に至る念を確立せず、小さな心で住みます。また、かれに生じているそれらの悪しき不善の法がそこで残りなく消滅する、その心解脱、慧解脱を如実に知りません。△

意によって法を識り、愛しい法に心を向け、愛しくない法に心を背け、身に至る念を確立せず、小さな心で住みます。また、かれに生じているそれらの悪しき不善の法がそこで残りなく消滅する、その心解脱、慧解脱を如実に知りません。

比丘たちよ、このように不防護者になります。

（防護者）

比丘たちよ、それではまた、どのように防護者[一四]になるのか。

比丘たちよ、ここに、比丘は眼によって色《しき》を見て、愛しい色に心を向けず、愛しくない色に心を背けず、身に至る念を確立し、無量の心で住みます。また、かれに生じているそれらの悪しき不善の法

一四　saṁvaro. 根門（感覚器官）を防護している者。

(190)

がそこで残りなく消滅する、その心解脱、慧解脱を如実に知ります。

▽耳によって声を聞き、愛しい声に心を向けず、愛しくない声に心を背けず、身に至る念を確立し、無量の心で住みます。また、かれに生じているそれらの悪しき不善の法がそこで残りなく消滅する、その心解脱、慧解脱を如実に知ります。

鼻によって香を嗅ぎ、愛しい香に心を向けず、愛しくない香に心を背けず、身に至る念を確立し、無量の心で住みます。また、かれに生じているそれらの悪しき不善の法がそこで残りなく滅する、その心解脱、慧解脱を如実に知ります。△

舌によって味を味わい、▽愛しい味に心を向けず、愛しくない味に心を背けず、身に至る念を確立し、無量の心で住みます。また、かれに生じているそれらの悪しき不善の法がそこで残りなく消滅する、その心解脱、慧解脱を如実に知ります。

身によって触に触れ、愛しい触に心を向けず、愛しくない触に心を背けず、身に至る念を確立し、無量の心で住みます。また、かれに生じているそれらの悪しき不善の法がそこで残りなく消滅する、その心解脱、慧解脱を如実に知ります。△

意によって法を識り、愛しい法に心を向けず、愛しくない法に心を背けず、身に至る念を確立し、無量の心で住みます。また、かれに生じているそれらの悪しき不善の法がそこで残りなく消滅する、その心解脱、慧解脱を如実に知ります。

比丘たちよ、このように防護者になります。

比丘たちよ、このように行ない、住んでいるその比丘に、いつか、あるとき、念が混乱して、束縛《そくばく》されるべき悪しき不善の憶念と思念が起こります。比丘たちよ、その場合、[一五]念の生起は遅いものですが、速やかにそれを捨て、除き、終わらせ、滅ぼします。

比丘たちよ、[一六]たとえば男性が日中に熱せられた鉄盤に水を二、三滴、落とすようなものです。比丘たちよ、水滴の落下は遅いものですが、それは速やかに尽きて、消え失せます。

比丘たちよ、ちょうどそのように、このように行ない、住んでいるその比丘に、いつか、あるとき、念が混乱して、束縛されるべき悪しき不善の憶念と思念が起こります。比丘たちよ、その場合、念の生起は遅いものですが、速やかにそれを捨て、除き、終わらせ、滅ぼします。

還俗せず

比丘たちよ、このように比丘の行ないと住まいは、行ない、住んでいる者に悪しき不善の法である貪りと憂いが流入しないように、随覚されています。

一五　dandho bhikkhave satuppādo.〈念の生起は確かに遅いが、生じると直ちにそれ《念》によって何らかの煩悩は抑止される、確立できない、ということ。なぜなら、眼門においては、《第一の速行時に》貪などが生じている場合、第二の速行時に《念の混乱によって》「私にもろもろの煩悩が生じている」と知り、第三の速行時に防護の速行のみが速行するからである〉。《この仕方で、他の（耳門などの）門についても解されることになる》。なお、「速行」(javana)とは、善悪の意思作用などをさす。

一六　以下の比喩については、中部66『鶉喩経』第七節参照。

比丘たちよ、このように行ない、このように住んでいるその比丘に、王たちが、あるいは王大臣たちが、あるいは友人たちが、あるいは知己たちが、あるいは親族たちが、あるいは縁者たちが、もろもろの財物を持[一七]ってきて、要請するかもしれません。『おい、お前、来るがよい。なぜ、お前をこれらの袈裟衣が焼[一八]き尽すのか。なぜ、禿げ頭にして、鉢を持ち歩くのか。さあ、還俗《げんぞく》して、もろもろの財物を受用し、もろもろの功徳を積むのだ』と。

比丘たちよ、実に、このように行ない、このように住んでいるその比丘が学びを捨てて還俗するであろう、ということの道理は存在しません。

比丘たちよ、たとえばガンガー河は東に向かい、東に傾き、東に趣いています。そこへ大群衆が鋤と籠《かご》を持ってやって来ます。『われわれはこのガンガー河を西に向かい、西に傾き、西に趣くものにしよう』と。

比丘たちよ、そのことをどう思いますか。はたして、その大群衆は東に向かい、東に傾き、東に趣くガンガー河を西に向かい、西に傾き、西に趣くものにすることができるでしょうか」と。

「それはできません、尊師よ」。

「それはなぜですか」。

一七 abhihaṭṭhuṁ pavāreyya.〈スディンナ長老のように、あるいは善家の子であるラッタパーラのように、その身によって七宝を持ってきて、語によって「われわれの財物から、欲するだけ取りなさい」と言って要請するかもしれない〉の意。

一八 anudahanti.〈身に覆われているため、熱悩を生み、焼き尽すのか、ということ。あるいは、汗が生じた身に付着してとどまるのか、という意味でもある〉。

「尊師よ、ガンガー河は東に向かい、東に傾き、東に趣いています。それを、西に向かい、西に傾き、西に趣くものにすることは容易でありません。ただちに、その大群衆は疲労し、困憊してしまうでありましょう」と。

「比丘たちよ、ちょうどそのように、このように行ない、このよ
396 うに住んでいるその比丘に、王たちが、あるいは王大臣たちが、あるいは友人たちが、あるいは知己たちが、あるいは親族たちが、あるいは縁者たちが、もろもろの財物を持ってきて、要請するかもしれません。『おい、お前、来るがよい。なぜ、お前をこれらの袈裟衣が焼き尽すのか。なぜ、禿げ頭にして、鉢を持ち歩くのか。さあ、還俗して、もろもろの財物を受用し、もろもろの功徳を積むのだ』と。

比丘たちよ、実に、このように行ない、このように住んでいるその比丘が学びを捨てて還俗するであろう、という道理は存在しません。それはなぜか。

[19]比丘たちよ、なぜなら、かれの心は、長い間、[20]遠離《おんり》に向かい、遠離に傾き、遠離に趣いているからです。そのようにかれが還俗するであろう、という道理は存在しません」

と[21]。

一九　yañ hi taṁ bhikkhave cittaṁ. 〈心が転向しないとき、人に転向（āvaṭṭana）というものはなく、確かにこのような心は転向しない。それゆえ、このことが言われているのである〉。

二〇　vivekaninnaṁ vivekapoṇaṁ vivekapabbhāraṁ.

二一　〈以上、本経においては、《道・果の証得（maggaphalādhigama）が明かされていないから》観の力（vipassanābala）のみが説明されている〉。

8 キンスカ喩経 (Kiṁsukopama-sutta)

(二四五) ▽このように私は聞いた——……△

ときに、ある比丘が、ある比丘のところへ近づいて行った。行って、その比丘にこう言った。

見の清浄に関する問答

(1)

「友よ、いったいどれだけでもって、[1]比丘の見は清浄《しょうじょう》になりますか」と。

「友よ、比丘が[一]六触処の生起と消滅とを如実に知るとき、友よ、これだけでもって比丘の見は清浄になります」と。

(2)

そこで、その比丘は、その比丘の問いに対する解答に満足せず[二]、[三]別の比丘のところへ近づいて行った。行って、その比丘にこう言った。

「友よ、いったいどれだけでもって、比丘の見は清浄になりますか」と。

「友よ、比丘が[四]五取蘊の生起と消滅とを如実に知るとき、友よ、これだけでもって比丘の見は清浄になります」と。

(二四五)『雑阿含経』巻第四三〈一一七五〉(大正蔵二・三一五b—三一六a)

一 channaṁ phassāyatanānaṁ.「六の触(接触)の様相が生起する場所の」ということ。「眼などの」という意味である。本相応、第七一節「第一・六触処経」(本書、二三一頁)参照。

二 asantuṭṭho.〈部分的な諸行に(padesasaṅkhāresu)《一部分の諸行に》とどまって語られているから、満足せず〉。《最小限、「地」などの法のみが見られるときには「色」の把握が、また、「眼識」などのそれと共にある法のみが見られるときには「無色」の把握が成就する、とかれらは言うのである》。

三 〈第二(の解答比丘)は、五蘊を業処とする者(pañca-kkhandhakammaṭṭhānika)であり、色蘊によって「色」を、他の蘊によって「名」を、というように「名色」を確定して、次第に阿羅漢果を得ている者である。それゆえ、かれも自ら証得している道のみを語った。しかし、この者(質問比丘)は、「この者たちの言《触処の業処者と五蘊の業処者との言葉》は互いに一致しない。第一の者は部分的な諸行に、この(第二の)者は部分的でない諸行にとどまり、語っている」と満足せず、《触処の業処者と》同じようにかれに《五蘊の業処者に》問い、立ち去った〉。

四 pañcannaṁ upādānakkhandhānaṁ.「五取蘊」とは、取著(執着)の縁となる五蘊(自己)、すなわち、色取蘊・受取蘊・想取蘊・行取蘊・識取蘊をいう。

（3）

そこで、その比丘は、その比丘の問いに対する解答に満足せず、[五]別の比丘のところへ近づいて行った。行って、その比丘にこう言った。

「友よ、いったいどれだけでもって、比丘の見は清浄になりますか」と。

「友よ、比丘が[六]四大要素の生起と消滅とを如実に知るとき、友よ、これだけでもって比丘の見は清浄になります」と。

（4）

397

そこで、その比丘は、その比丘の問いに対する解答に満足せず、[七]別の比丘のところへ近づいて行った。行って、その比丘にこう言った。

「友よ、いったいどれだけでもって、比丘の見は清浄になりますか」と。

「友よ、比丘が〈[八]およそ生起する性質のものは、すべて滅尽する性質のものである〉と如実に知るとき、友よ、これだけでもって比丘の見は清浄になります」と。

そこで、その比丘は、その比丘の問いに対する解答に満足せず、世尊がおられるところへ近づいて行った。[九]行って、世尊にこう申し上げた。

「尊師よ、ここに、私は、ある比丘のところへ近づいて行きまし

五　〈第三（の解答比丘）は、大要素を業処とする者（mahā-bhūtakammaṭṭhānika）であり、四大要素を、簡略により、また詳細により把握して、阿羅漢果を得ている者である。それゆえ、かれも自ら証得している道のみを語った。しかし、この者（質問比丘）は、「この者たちの言葉は互いに一致しない。第一の者は部分的な諸行に、第二の者は部分的でない諸行に、第三の者は超部分的な諸行にとどまり、語っている」と満足せず、同じようにかれに問い、立ち去った〉。

六　catunnaṃ mahābhūtānaṃ.「四大要素」とは地・水・火・風の四元素をさす。

七　〈第四（の解答比丘）は、三地を業処とする者（tebhū-makakammaṭṭhānika）である。……かれは、三地の法（欲界・色界・無色界の法）の全体を束の把握（kalāpaggāha）によって捉え、思惟しつつ、阿羅漢果を得ている者である。それゆえ、この者も自ら証得している道のみを語った。しかし、この者（質問比丘）は、「この者たちの言葉は互いに一致しない。第一の者は部分的な諸行に、第二の者は部分的でない諸行に、第三の者は超部分的な諸行に、第四の者は部分的でない諸行にのみとどまり、語っている」と満足せず、かれに問うた。「友よ、この見が清まっている涅槃をあなた方は自ら法性によって知ったのですか。それとも、誰かがあなた方に話したのですか」と。「友よ、われわれが何を知るでしょうか。ただ、神々を含む世界に正自覚者がおられます。そのお方によって、われわれにそれが知られているのです」と。かれは考えた。「これらの比丘は、私の意向を捉えて語ることはできない。私は、一切知者である仏にのみ問い、疑いのない者になろう」と。

(193)

た。行って、その比丘にこう言いました。『友よ、いったいどれだけでもって、比丘の見は清浄になりますか』と。

尊師よ、このように言われて、その比丘は私にこう言いました。『友よ、比丘が六触処の生起と消滅とを如実に知るとき、友よ、これだけでもって比丘の見は清浄になります』と。

尊師よ、そこで、私は、その比丘の問いに対する解答に満足せず、別の比丘のところへ近づいて行きました。行って、その比丘にこう言いました。

『友よ、いったいどれだけでもって、比丘の見は清浄になりますか』と。

尊師よ、このように言われて、その比丘は私にこう言いました。『友よ、比丘が五取蘊の生起と消滅とを如実に知るとき、友よ、これだけでもって比丘の見は清浄になります』と。

尊師よ、そこで、私は、その比丘の問いに対する解答に満足せず、別の比丘のところへ近づいて行きました。行って、その比丘にこう言いました。

『友よ、いったいどれだけでもって、比丘の見は清浄になりますか』と。

尊師よ、このように言われて、その比丘は私にこう言いました。

そして、仏がおられるところへ近づいて行った〉。

八 yaṁ kiñci samudayadhammaṁ, sabbaṁ taṁ nirodha-dhammaṁ. 以下は「法眼」の内容である。

九 以下は底本 B^e, D^e による。C^e, S^e, R^e によればつぎのとおり。「行って、世尊を礼拝し、一方に坐った。一方に坐ったその比丘は、世尊にこう申し上げた」。

『友よ、比丘が四大要素の生起と消滅とを如実に知るとき、友よ、これだけでもって比丘の見は清浄になります』と。

尊師よ、そこで、私は、その比丘の問いに対する解答に満足せず、別の比丘のところへ近づいて行きました。行って、その比丘にこう言いました。

『友よ、いったいどれだけでもって、比丘の見は清浄になりますか』と。

尊師よ、このように言われて、その比丘は私にこう言いました。

『友よ、比丘が〈およそ生起する性質のものは、すべて滅尽する性質のものである〉と如実に知るとき、友よ、これだけでもって比丘の見は清浄になります』と。

尊師よ、そこで、私は、その比丘の問いに対する解答に満足せず、世尊がおられるところへ参りました。

尊師よ、いったいどれだけでもって、比丘の見は清浄になるのでしょうか」と。

仏の解答

[一〇]「比丘よ、たとえばキンスカ[一一]をかつて見たことのない男性がいるとします。かれは、キンスカを見たことのある男性のところへ近づいて行きます。行って、その男性にこう言います。『おい、君、キ

一〇　〈世尊は、かれの言葉を聞いて、「そなたの問いに答えた者たちは、四人とも漏尽者です。ただ、そなたが自分の暗愚さから、それを理解しなかっただけです」というように困惑させられなかった。そうではなく、かれの修習にふさわしい状態を知り、「この者は義を求めている。説法に

ンスカはどのようなものか』と。かれはこう言います。『ああ、君、キンスカは[一二]焼けた切り株のような黒いものだ』と。比丘よ、ただそのとき、キンスカはその男性が見たとおりのものだったのでしょう。

比丘よ、そこで、その男性は、その男性の問いに対する解答に満足せず、キンスカを見たことのある別の男性のところへ近づいて行きます。[398]行って、その男性にこう言います。『おい、君、キンスカはどのようなものか』と。かれはこう言います。『ああ、君、キンスカは[一三]肉塊のような赤いものだ』と。比丘よ、ただそのとき、キンスカはその男性が見たとおりのものだったのでしょう。

比丘よ、そこで、その男性は、その男性の問いに対する解答に満足せず、キンスカを見たことのある別の男性のところへ近づいて行きます。行って、その男性にこう言います。『おい、君、キンスカはどのようなものか』と。かれはこう言います。『ああ、君、キンスカは[一四]皮が剝がれ、[一五]莢《さや》が破れた[一六]シリーサのようなものだ』と。比丘よ、ただそのとき、キンスカはその男性が見たとおりのものだったのでしょう。

[(194)]比丘よ、そこで、その男性は、その男性の問いに対する解答に満足せず、キンスカを見たことのある別の男性のところへ近づいて行きます。行って、その男性にこう言います。『おい、君、キンスカ

よってのみ、それを覚らせよう」ということで、キンスカの喩えを引かれた〉。

一一　kiṁsuko.「何ものか」(kiṁ-su-ka) という名をもつ不思議な木とされる。

一二　jhāmakhāṇu.

一三　maṁsapesi.

一四　ocīrakajāto (R^e, odīrakajāto).

一五　ādinnasipāṭiko. あるいは「果皮が」。

一六　sirīso. アカシアの一種。

はどのようなものか』と。かれはこう言います。『ああ、君、キンスカは枝葉の茂った、濃い陰のあるニグローダ[一七]のようなものだ』と。比丘よ、ただそのとき、キンスカはその男性が見たとおりのものだったのでしょう。

比丘よ、ちょうどそのように、勝解《しょうげ》しているその善人たちに見が清浄になっているとおり、その善人たちは解答しています。

（比喩）

比丘よ、たとえば王に辺境の都城があり、堅固な土塁、堅固な城壁と城門、六門をそなえているとします。そこには、見知らぬ者を遮り、知っている者を通す、賢明、聡明で、智慧のある門番がおります。

東方から急ぎの使者二人がやって来て、その門番にこう言います。『これ、この都城の城主はどこにおられるか』と。『尊者よ、このお方は中央の十字路に坐っておられます』と。そこで、その急ぎの使者二人は、城主に真実の言葉を伝え、来たとおりの道を行きます。

▽西方から急ぎの使者二人がやって来て、その門番にこう言います。『これ、この都城の城主はどこにおられるか』と。『尊者よ、このお方は中央の十字路に坐っておられます』と。そこで、その急ぎの使者二人は、城主に真実の言葉を伝え、来たとおりの道を行きます。△

一七　nigrodho. バンヤン樹。

北方から急ぎの使者二人がやって来て、▽その門番にこう言います。『これ、この都城の城主はどこにおられるか』と。『尊者よ、このお方は中央の十字路に坐っておられます』と。そこで、その急ぎの使者二人は、城主に真実の言葉を伝え、来たとおりの道を行きます。△

南方から急ぎの使者二人がやって来て、その門番にこう言います。『これ、この都城の城主はどこにおられるか』と。『尊者よ、このお方は中央の十字路に坐っておられます』と。そこで、その急ぎの使者二人は、城主に真実の言葉を伝え、来たとおりの道を行きます。

（比喩の意味）

比丘よ、これは、私が意味を知らせるために作った比喩です。また、これがその意味です。

比丘よ、『都城』[一八]とは、これはこの四大要素から成り、母と父から生まれ、米飯と麦菓子で養われたものであり、無常《むじょう》の、除滅の、摩滅の、破滅の、壊滅《えめつ》の性質のある身体の同義語です。

比丘よ、『六門』[一九]とは、これは六内処の同義語です。

比丘よ、『門番』[二〇]とは、これは念の同義語です。

比丘よ、『急ぎの使者二人』[二一]とは、これは止観《しかん》の同義語です。

比丘よ、『城主』[二二]とは、これは識の同義語です。

比丘よ、『中央の十字路』[二三]とは、これは四大要素である、地界・

一八　nagaraṁ.〈「身体」（kāya）は、識である王の子の住処であるから「都城」である〉。なお、「身体」の喩えについては長部2『沙門果経』第八五節参照。

一九　cha dvārā.〈「六処」（cha-āyatana 六内処）は、その門となるものであるから「諸門」（六門）である〉。「六内処」とは、眼・耳・鼻・舌・身・意の六処、六門、六根をいう。

二〇　dovāriko.〈「念」（sati）は、それらの門において常によく確立しているから「門番」である〉。

二一　sīghaṁ dūtayugaṁ.〈「止観」（samatha-vipassanā）は、業処（瞑想対象）を告げる法王（仏）によって遣わされるから「急ぎの使者」である。ここでは、「止」は「大戦士」のように、「観」は賢明な大臣のように解されるべきである〉。

二二　nagarassāmī.「識」は、都城である身体の主であるから「城主」である。

二三　majjhe siṅghāṭako.〈「中央の十字路」とは、都城の中央にある十字路である。「四大要素」とは、《心基色（hadaya-vatthurūpa）は中央に十字路があることによって捉えられるから》心基（hadayavatthu）の所依となる大要素である〉。

水界・火界・風界の同義語です。
比丘よ、『真実の言葉』[二四]とは、これは涅槃《ねはん》の同義語です。
比丘よ、『来たとおりの道』[2]とは、これは聖なる八支の道、すなわち、正見・正思・正語・正業・正命・正精進・正念・正定の同義語です[3]」
と。

第八

9 琵琶喩経（Vīṇopama-sutta）

（二四六）▽このように私は聞いた――……
世尊はつぎのように言われた。△
「[一]比丘たちよ、いかなる比丘であれ、比丘尼であれ、眼によって識られるもろもろの色に対して、欲[二]、あるいは貪《とん》[三]、あるいは瞋《しん》[四]、あるいは痴《ち》[五]、あるいは心の対立[六]が生じるならば、それより心を防止すべきです。『この道は、恐れ[七]があり、恐怖[八]があり、棘[九]があり、藪[一〇]がある。また傍道[一一]であり、邪道[一二]であり、行動し難い[一三]。また、この道は[一四]不善人に親しまれており、この道は善人たちに親しまれていない。お前はこれに適さない』と。[1]それより心を眼によって識られるもろもろの色から防止すべきです。

二四 yathābhūtaṁ vacanaṁ.〈「涅槃」（nibbāna）は、如実の自性において（yathābhūtasabhāvaṁ）、不動（akuppa）であり、統御するもの（adhikārī）として、「真実の言葉」と言われている〉。

（二四六）『雑阿含経』巻第四三〈一一六九〉（大正蔵二・三一二b—c）

一 yassa kassaci bhikkhave bhikkhussa vā bhikkhuniyā.〈たとえば大地主が耕作をして、収穫を終え、家の入口に仮堂を建て、両僧団に布施をする場合、たとえそれによって両僧団への布施が確立していても、二の会衆が満足しているとき、残余の人々をも満足させるように、まさにそのように、四阿僧祇を（さらに十万劫を）超えて、諸波羅蜜を満たし、菩提坐で一切知智を証得して、最上の法輪を転じられる世尊は、ジェータ林の大精舎に坐り、比丘の会衆にも、比丘尼の会衆にも、大法の供養を行なうにあたり、師として、この『琵琶喩経』を開始された〉。

二 chando.〈「欲」《渇愛という欲》は先に生起している弱い渇愛であり、それ《欲》は《得られたものに親しむから》染める（喜ばせる）ことができない〉。

三 rāgo.〈しかし、「貪」はあちこちに生起する強い渇愛であり、それは染めることができる〉。

▽比丘たちよ、いかなる比丘であれ、比丘尼であれ、耳によって識られるもろもろの声に対して、欲、あるいは貪、あるいは瞋、あるいは痴、あるいは心の対立が生じるならば、それより心を防止すべきです。『この道は、恐れがあり、恐怖があり、棘があり、藪がある。また傍道であり、邪道であり、行動し難い。また、この道は不善人に親しまれており、この道は善人たちに親しまれていない。お前はこれに適さない』と。それより心を耳によって識られるもろもろの声から防止すべきです。

比丘たちよ、いかなる比丘であれ、比丘尼であれ、鼻によって識られるもろもろの香に対して、欲、あるいは貪、あるいは瞋、あるいは痴、あるいは心の対立が生じるならば、それより心を防止すべきです。『この道は、恐れがあり、恐怖があり、棘があり、藪がある。また傍道であり、邪道であり、行動し難い。また、この道は不善人に親しまれており、この道は善人たちに親しまれていない。お前はこれに適さない』と。それより心を鼻によって識られるもろもろの香から防止すべきです。△

比丘たちよ、いかなる比丘であれ、比丘尼であれ、舌によって識られるもろもろの味に対して、▽欲、あるいは貪、あるいは瞋、あるいは痴、あるいは心の対立が生じるならば、それより心を防止すべ

四 doso.〈棒を執ることなどを行ない得ない、先に生起している弱い怒りが「瞋」と呼ばれる〉。

五 moho.〈「痴」は、愚痴・迷妄によって生起する無智である〉。

六 patighaṁ.〈それら《棒を執ることなど》を行ない得る、あちこちに生起する強い怒りが「対立」と呼ばれる〉。〈このように、ここでは、五の語によって三の不善根（akusala-mūla）が捉えられている。それらが捉えられると、それを根本とするすべての煩悩も捉えられることになる。「欲」「貪」という二語によって八の貪倶心生起が、「痴」「対立」という二語によって二の憂倶心生起が、「痴」という語によって貪・瞋のない二の掉挙・疑倶心生起が捉えられているのである。このように十二の心生起のすべても示されていることになる〉。

七 sabhayo.〈煩悩という盗賊の住処であるから「恐れがあり」〉。

八 sappatibhayo.〈殺害・拘束などの根拠であるから「恐怖があり」〉。

九 sakaṇṭako.〈貪などの棘によって「棘があり」〉。

一〇 sagahano.〈貪の藪などによって「藪がある」〉。

一一 ummaggo.〈「傍道」とは、天界に、あるいは人界に、あるいは涅槃に行こうとする者の非道（amagga）である〉。

一二 kummaggo.〈「邪道」とは、非難され（kucchita）、嫌悪された場所に至る一歩の（小さな）道のように、苦処を得させるから邪道である〉。

一三 duhitiko.〈duhitiko（行動し難い）とは、このうち、ihiti とは iriyanā（行動）であり、ここでは dukkhā ihiti（困難な行動）であるから、「行動し難い」ということである。なぜなら、その道に根や実などの食べるべきものや味わうべきものがない場合、そこでの行動は困難なものになり、そこを通って望む場所に行くことができないからである。煩悩の道を通っても、成功に至ることができないから、「煩悩

きです。『この道は、恐れがあり、恐怖があり、棘があり、藪がある。また傍道であり、邪道であり、行動し難い。また、この道は不善人に親しまれており、この道は善人たちに親しまれていない。お前はこれに適さない』と。それより心を舌によって識られるもろもろの味から防止すべきです。

比丘たちよ、いかなる比丘であれ、比丘尼であれ、身によって識られるもろもろの触に対して、欲、あるいは貪、あるいは瞋、あるいは痴、あるいは心の対立が生じるならば、それより心を防止すべきです。『この道は、恐れがあり、恐怖があり、棘があり、藪がある。また傍道であり、邪道であり、行動し難い。また、この道は不善人に親しまれており、この道は善人たちに親しまれていない。お前はこれに適さない』と。それより心を身によって識られるもろもろの触から防止すべきです。△

比丘たちよ、いかなる比丘であれ、比丘尼であれ、識によって識られるもろもろの法に対して、欲、あるいは貪、あるいは瞋、あるいは痴、あるいは心の対立が生じるならば、それより心を防止すべきです。『この道は、恐れがあり、恐怖があり、棘があり、藪がある。また傍道であり、邪道であり、行動し難い。また、この道は不善人に親しまれており、この道は善人たちに親しまれていない。お

の道」（kilesamagga）が「行動し難い」と言われているのである〉。

一四　asappurisasevito.〈コーカーリカなどの不善人に親しまれており〉。コーカーリカは、二大弟子（舎利弗・目連長老）を誹謗し、紅蓮地獄に生まれ変わった比丘とされる。詳しくは『ダンマパダ 全詩解説』（法句三六三）四三六〜四三八頁参照。

前はこれに適さない』と。それより心を識によって識られるもろもろの法から防止すべきです。

比喩

（1）比丘たちよ、たとえば[一五]穀類が[一六]実り、しかし穀類地の番人が(196)怠り、また[一七]穀類を食べる牛がその穀類地に入り、欲する限り、陶酔し、夢中になるとします。

比丘たちよ、[一八]ちょうどそのように、聞《もん》をそなえていない凡夫《ぼんぶ》は、400 六触処に対して防護を行なわず、[一九]五の妙欲について、欲する限り、陶酔し、夢中になります。

（2）比丘たちよ、たとえば穀類が実り、また穀類地の番人が怠らず、しかし穀類を食べる牛がその穀類地に入るとします。そこで、穀類地の番人は、それを鼻でしっかりと捕らえます。鼻でしっかりと捕らえて、[二〇]額の上部で[二一]しっかりと押さえます。額の上部でしっかりと押さえて、[二二]棒でしっかりと打ちつけます。棒でしっかりと打ちつけて、放します。比丘たちよ、再びまた、▽穀類を食べる牛がその穀類地に入るとします。そこで、穀類地の番人は、それを鼻でしっかりと捕らえます。鼻でしっかりと捕らえて、額の上部でしっかりと押さえます。額の上部でしっかりと押さえて、棒でしっかりと打ちつけます。棒でしっかりと打ちつけて、放します。△比丘たちよ、

一五 kiṭṭhaṁ.〈穀類場に生じている穀物（sassa）が〉。
一六 sampannaṁ.〈満ち、よく結実し〉。
一七 kiṭṭhādo.〈穀物を食べる（sassakhādako）〉。
一八 evam eva kho.〈ここでは、「実っている穀類」は、五の妙欲の喩えと見られるべきである。「穀類を食べる牛」は、欺瞞の心の喩えである。「穀類地の番人が怠る時」は、比丘が六門における念を捨てて行動する時の喩えである。「穀類地の番人の怠りによって、牛により、収穫された部屋の穀類が食べられるから、穀物の所有者に穀物の果の達成がないこと」は、六門を守る念の不在によって、五の妙欲を味わう心により、善の側が滅ぶから、比丘に沙門果の達成がないことの喩えである、と知られるべきである〉。
一九 pañcasu kāmaguṇesu.「五の妙欲」とは、好ましい色・声・香・味・触に対する五感官（眼・耳・鼻・舌・身）の欲をいう。長部1『梵網経』第九四節参照。
二〇 uparighaṭāyaṁ.〈二本の角の間で〉。
二一 suniggahitaṁ niggaṇheyya.〈額が定まったとき、鼻の紐を《鼻の紐が落ちる場所で》しっかりと押さえ、押さえつけます〉。
二二 daṇḍena.〈棍棒（muggara）のような太い棒で〉。

三たびまた、穀類を食べる牛がその穀類地に入るとします。そこで、穀類地の番人は、それを鼻でしっかりと捕らえます。鼻でしっかりと捕らえて、額の上部でしっかりと押さえます。額の上部でしっかりと押さえて、棒でしっかりと打ちつけます。棒でしっかりと打ちつけて、放します。[二三]なぜなら、比丘たちよ、このようにその穀類を食べる牛は、村へ行ったり、森に行ったり、何度も立ったり、何度も坐ったりしますが、以前のその棒による接触を思い出して、再びその穀類地に入ることがないからです。

[二四]比丘たちよ、ちょうどそのように、比丘の心は、六触処について[二五]征服し、しっかり征服しているとき、[二六]内に[二七]確立し、[二八]落ち着き、[二九]専一になり、[三〇]安定します。

(3) 比丘たちよ、たとえば[三一]王、あるいは王大臣に琵琶の音が以前に聞かれたことがないとします。かれが[三二]琵琶の音を聞きます。かれはこのように言います。『お前たち、これはいったい何の音か。(197)このように[三三]魅力的で、このように[三四]愛しく、このように[三五]酔わせ、このように[三六]夢中にさせ、このように[三七]虜にするとは』と。

そこで、かれらはかれにこのように言います。

『尊者よ、これは琵琶というものです。この音が、そのように魅力的で、そのように愛しく、そのように酔わせ、そのように夢中に

二三 evaṁ hi so bhikkhave goṇo.〈このように、穀類地の番人の怠りに従って穀類地に入りたくなるたびに、こうして押さえ、打ちつけて、放すことにより、従順な状態に導かれたその牛は〉。

二四 evam eva kho.〈ここでもまた、「実っている穀類」は、五の妙欲の喩えと見られるべきである。「穀類を食べる（牛）」は、欺瞞の心の喩えである。「穀類地の番人怠らないこと」は、この比丘が六門における念を捨てないことの喩えである。「棒」は、経（suttanta）の喩えである。「牛が穀類地に向かうときの棒による打ちつけ」は、心が外の異なる所縁に向かうとき、『無始（輪廻）』、『天使』、『燃焼』、『蛇喩』、『未来』、『恐怖』などの、それぞれの経に傾注し、心生起を異なる所縁から防護し、根本業処に入らせることの喩えである、と知られるべきである〉。

二五 udujitaṁ hoti sudujitaṁ（R^e, ujujātaṁ hoti sammujujātaṁ).〈udujitaṁ とは tajjitaṁ（それを征服している）ということである。sudujitaṁ とは sutajjitaṁ《充分に（suṭṭhu）遠ざけること（dūrakaraṇa）によって征服している（jitaṁ）》ということであり、sujitaṁ（よく征服している）という意味でもある。なお、udu、sudu は単なる不変詞（nipātamatta）にすぎない〉。

二六 ajjhattaṁ.〈活動領域の内に（gocarajjhattaṁ）〉。《内となる活動領域である。なぜなら、業処の所縁は、外の色などの所縁を欠いていることから、「内」と言われるからである》。

二七 santiṭṭhati.〈第一禅（初禅）によって確立し〉。

二八 sannisīdati.〈第二禅によって落ち着き〉。

二九 ekodi hoti.〈第三禅によって専一になり〉。

三〇 samādhiyati.〈第四禅によって安定します、ということ。あるいは、このすべては第一禅によって知られるべきである。なぜなら、これだけで、正自覚者によって、止を保護とする（samathānurakkhaṇa）根防護戒（indriyasaṁvarasīla）

させ、そのように虜にするのです』と。

『さあ、お前たち、その琵琶を私のところへ持ってまいれ』と。そして、かれらはその琵琶をかれのところへ持って行きます。そして、かれにこのように言います。

『尊者よ、これがその琵琶です。この音が、そのように魅力的で、そのように愛しく、そのように酔わせ、そのように夢中にさせ、そのように虜にするのです』と。

かれはこのように言います。

[三八]『お前たち、その琵琶は私に不要である。その音のみを私のところへ持ってまいれ』と。

そこで、かれらはかれにこのように言います。

『尊者よ、この琵琶というものは多数の要素から成り、多大の要素から成っております。[三九]多数の要素が努力し、音を発します。すなわち、[四〇]胴によって、[四一]皮によって、[四二]棹《さお》によって、[四三]諸帯によって、[四四]諸絃によって、[四五]撥《ばち》によって、また[四六]人の適切な精進によってというように、尊者よ、この琵琶というものは多数の要素から成り、多大の要素から成っております。多数の要素が努力し、音を発します』と。

[四七]かれは、その琵琶を十種[2]に、あるいは百種に裂いてしまいます。それを十種に、あるいは百種に裂くと、粉々にします。粉々にする

というものが語られているからである〉。《「止を保護とする」とは、止がこの保護である、ということである。根防護戒が止の保護となるように、そのように語られている、という意味である。根防護戒が止の縁であるように、そのように止もまたその縁である》。

三一 raññо vā. 〈いずれかの辺境の王、あるいは〉。

三二 viṇāsaddaṁ suṇeyya. 〈早朝時に目覚め、巧みな琵琶師によって奏でられている甘い音を聞くとします〉。

三三 rajanīyo. 〈心を染める（rañjeti）から「魅力的で」〉。

三四 kamanīyo. 〈愛されるべきこと（kāmetabbatā）によって「愛しく」〉。

三五 madanīyo. 〈心を酔わせる（madayati）から「酔わせ」〉。

三六 mucchanīyo. 〈心を夢中であるかのようにして夢中にさせられる（mucchiyati）から「夢中にさせ」〉。

三七 bandhanīyo. 〈縛るかのようにして把握を縛る（bandhati）から「虜にする」〉。

三八 alaṁ me bho. 〈琵琶の形を見て、それを望まず、以下のように言った〉。

三九 anekehi sambhārehi samāraddhā vadati. 琵琶の音の喩えについては、小部『ミリンダの問い』（Mil. 53）につぎの会話が知られる。「大王よ、琵琶に柱（じ）があり、皮があり、胴があり、棹があり、頸があり、諸絃があり、撥があり、また人の適切な精進があるとき、音は生じますか」と。「はい、尊者よ、生じるでしょう」と。なお、長部21『帝釈天問経』補註3参照。

四〇 doṇiṁ.

四一 cammaṁ.

四二 daṇḍaṁ.

四三 upadhāraṇe. あるいは「頸に」（C^e, R^e, upaveṇaṁ）。

四四 tantiyo.

四五 koṇaṁ. 〈四角い堅材の小棒（sāradaṇḍaka）に〉。

四六 purisassa ca tajjaṁ vāyāmaṁ.

と、火で焼きます。火で焼くと、灰にします。灰にすると、大風に晒すか、川の急流に流してしまいます。

かれは、[四八]このように言います。

『お前たち、[四九]この琵琶というものは不実である。[五〇]どのような琵琶と呼ばれるものも同じだ。ただ、ここで、この人々は、時を超え、放逸《ほういつ》になり、戯《たわむ》れているのである』と。

比丘たちよ、[五一]ちょうどそのように、比丘は、[3]色に行方がある限り、色を[五二]探求します。受に行方がある限り、受を探求します。想に行方がある限り、想を探求します。諸行に行方がある限り、諸行を探求します。識に行方がある限り、識を探求します。色に行方がある限り、色を探求しても、受に行方がある限り、受を探求しても、想に行方がある限り、想を探求しても、諸行に行方がある限り、諸行を(198)探求しても、識に行方がある限り、識を探求しても、[五三]かれには、それについて、〈私〉とか、〈私のもの〉とか、〈私である〉という思いも生じることがありません」

と。

第九

四七　so taṁ vīṇaṁ. 〈その王は、《音を自性のとおりに知らなかったため》「その琵琶を持ってまいれ。私はその音を見ることにしよう」と、その琵琶を持ち〉。

四八　evaṁ vadeyya. 〈これらすべての方便によっても（音を）見ず、その人々にこのように言うとします〉の意。

四九　asatī kirāyaṁ. 〈この琵琶は確かに不実（asatī）である、つまらぬもの（lāmaka）である、という意味である〉。

五〇　yathevaṁ yaṁ kiñci vīṇā nāma. 〈琵琶の不実だけでなく、この琵琶というものと同じように、他のどのような絃と結ばれたものも、そのすべては不実である、という意味である〉。

五一　evameva kho. 〈ここでは、「琵琶」は《多くの法の集まりの状態であるから》五蘊の喩えである、と見られるべきである。「王」は瑜伽行者（禅定者）の喩えである。その王がその琵琶を十種に裂いて以降、調べても音を見ず、琵琶を求めない者となるように、瑜伽行者も五蘊を調べても「私」とか「私のもの」と捉えられるべきものを見ず、諸蘊によって求めない者となる。それゆえ、かれ《瑜伽行者》のその蘊の思惟を示して、「色に行方がある限り、色を探求します」などと言われたのである〉。

五二　samanvesati. 〈遍求します（pariyesati）〉。

五三　tam pi tassa na hoti. 〈色などについて、これは「私」とか、「私のもの」とか、「私である」と、このように説明される見・愛・慢の三妄想があるが、それもその漏尽者に生じないから、随結（結論）のとおりに経の言及がある。それゆえ、『大註釈』（Mahā-aṭṭhakathā）に言われている。「最初に戒が語られている、中間に定の修習が、そして最後に涅槃が。これが琵琶喩の話である」と〉。

10 六生物喩経（Chappāṇakopama-sutta）

（二四七）▽このように私は聞いた――……

世尊はつぎのように言われた。△

「比丘たちよ、たとえば、[一]身に傷があり、[二]身の腐熟した人が[三]葦林に入るとします。そして、[四]もろもろのクサの棘がかれの足を突き刺します。また、もろもろの葦の葉が肢体を引っ掻きます。

比丘たちよ、このようにして、その人は、いよいよそのために苦、憂いを受けることになります。

比丘たちよ、[五]ちょうどそのように、ここで、一部の比丘は村へ行き、あるいは森へ行き、『この尊者は、[六]このような行為があり、[七]このような実行があり、[八]不浄な村棘である』と[九]言う者を得ます。かれを「棘である」と知り、防護者と不防護者とが知られるべきです。

不防護者

[402] それでは、比丘たちよ、どのようにして『[一〇]不防護者』になるのでしょうか。

「[一一]比丘たちよ、ここに、比丘は、眼によって色を見て、愛しい色に心を向け、愛しくない色に心を背け、身に至る念を確立せず、小さな心で住みます。また、かれに生じているそれらの悪しき不善の法がそこで残りなく消滅する、その心解脱、慧解脱を如実に知りま

（二四七）『雑阿含経』巻第四三〈一一七〇〉（大正蔵二・三一二c―三一三a）、同〈一一七一〉（大正蔵二・三一三a―b）。

一 arugatto.〈瘡身の（vaṇasarīro）〉。

二 pakkagatto.〈それらの傷が熟しているから「身の腐熟した」〉。

三 saravanaṁ.〈矢林に（kaṇḍavanaṁ）〉。

四 kusakaṇṭakā.《この場合、クサ（kusa）は、棘（kaṇṭaka）のようなものであるから、「棘」ということが意趣されている。あるいは、クサ草（kusatiṇa）の述べられた様相の部分が「クサの棘」と言われている》。

五 evam eva kho.〈「身に傷のある人」は、悪戒の人の喩えである、と知られるべきである。「もろもろのクサの棘によって突き刺され、また刀の刃のようなもろもろの葦の葉で肢体を引っ掻かれたかれの、いよいよの苦、憂い」は、それぞれにおける同梵行者によって『このかれは、これらとこれらの業の作者である』と言われている者に生じる苦である、と知られるべきである〉。

六 evaṁkārī.〈このような医者の行為や使者の行為などを行ない〉。

七 evaṁsamācāro.〈未亡人への親近などによって親近処（托鉢地）があり〉。

八 asucigāmakaṇṭako.〈清浄でない状態によって「不浄」であり、村の住民たちを突き刺す状態によって「棘」であるから「村棘」である〉。

九 labhati vattāraṁ.〈叱責者（codaka）を得ます〉。

一〇 asaṁvaro.

一一 以下については、本相応、第一三二節「ローヒッチャ経」における「門を守らぬ者」の項（本書、五二二頁）参照。

せん。

耳によって声を聞き、愛しい声に心を向け、愛しくない声に心を背け、身に至る念を確立せず、小さな心で住みます。また、かれに生じているそれらの悪しき不善の法がそこで残りなく消滅する、その心解脱、慧解脱を如実に知りません。

鼻によって香を嗅ぎ、愛しい香に心を向け、愛しくない香に心を背け、身に至る念を確立せず、小さな心で住みます。また、かれに生じているそれらの悪しき不善の法がそこで残りなく消滅する、その心解脱、慧解脱を如実に知りません。

舌によって味を味わい、愛しい味に心を向け、愛しくない味に心を背け、身に至る念を確立せず、小さな心で住みます。また、かれに生じているそれらの悪しき不善の法がそこで残りなく消滅する、その心解脱、慧解脱を如実に知りません。

身によって触に触れ、愛しい触に心を向け、愛しくない触に心を背け、身に至る念を確立せず、小さな心で住みます。また、かれに生じているそれらの悪しき不善の法がそこで残りなく消滅する、その心解脱、慧解脱を如実に知りません。

意によって法を知り、愛しい法に心を向け、愛しくない法に心を背け、身に至る念を確立せず、小さな心で住みます。また、かれに

一二 chappāṇake.

一三 ahiṁ.

一四 susumāraṁ.

一五 pakkhiṁ.〈象鼻の鳥（hatthisoṇḍasakuṇa）を〉。《象相の鳥（hatthiliṅgasakuṇa）を、ということ。伝えによれば、その顔（口）は象鼻のようであるから、「象鼻の鳥を」と言われている》。

一六 kukkuraṁ.

一七 siṅgālaṁ.

一八 makkaṭaṁ.

一九 ossajjeyya.《紐で縛ったまま、放ちます（vissajjeyya）》。

二〇 āviñcheyyuṁ.〈引っ張ります（ākaḍḍheyyuṁ）〉。〈これらのうち、蛇は「蜷局で円輪を結び《身体が円輪相によって立つようにして》、眠ろう」と蟻塚に入りたくなる。鰐は「遠くの洞穴に入り、臥そう」と水に入りたくなる。鳥は「縛りのない虚空で楽に行こう」と虚空を飛びたくなる。犬は「竈の場所で灰をかけ、暖をとり、臥そう」と村に入りたくなる。ジャッカルは「人肉を食べ、背を伸ばして、横になろう」と新墓地に入りたくなる。猿は「木の上にのぼり、あちこちに飛び移ろう」と林に入りたくなるのである〉。

二一 evam eva.〈このうち、「六匹の生物」は六処（chāyatana）の喩えである、と見られるべきである。「堅固な紐」は《それらを縛るから》渇愛（taṇhā）の喩えである。「中央の結び目」は《縛りを解き難くする因であるから》無明（avijjā）の喩えである。それぞれの門において所縁が《快適であることによって、またそこでの愛執が強固であることによって》強くなる場合、それぞれの処はそれぞれの所縁において引き行くのである。

なお、この比喩を、世尊は、同類（sarikkhaka）によって、あるいは諸処の種々性を示すこと（nānattadassana）によって引き出そうとされるのである。

そのうち、まず、「同類によって」、別々に専注（appanā）

生じているそれらの悪しき不善の法がそこで残りなく消滅する、その心解脱、慧解脱を如実に知りません。

（比喩）

比丘たちよ、たとえば人が、領域の異なる、餌場の異なる六匹[一二]の生物を捕らえて、堅固な紐で縛るとします――蛇[一三]を捕らえて、堅固な紐で縛ります。鰐[一四]を捕らえて、堅固な紐で縛ります。鳥[一五]を捕らえて、堅固な紐で縛ります。犬[一六]を捕らえて、堅固な紐で縛ります。ジ[一七]ャッカルを捕らえて、堅固な紐で縛ります。猿[一八]を捕らえて、堅固な紐で縛ります。堅固な紐で縛り、中央に結び目を作り、放[一九]ちます。

比丘たちよ、すると、領域の異なる、餌場の異なる六匹の生物は、各自の餌場・領域へ引[二〇]き行きます――蛇は〈蟻塚に入ろう〉と引き行きます。鰐は〈水に入ろう〉と引き行きます。鳥は〈虚空《こくう》を飛ぼう〉と引き行きます。犬は〈村に入ろう〉と引き行きます。ジャッカルは〈墓地に入ろう〉と引き行きます。猿は〈林に入ろう〉と引き行きます。

比丘たちよ、その六匹の生物は消耗し、疲れると、その生物たちのより強いものが、かれらをかれに従わせ、服従させ、支配することになります。

比丘たちよ、ちょうど[二一]そのように、どのような比丘も身に至る念

《合流（saṁsandanā）》の作用はなく、パーリ（聖典）においては《比喩が「ちょうどそのように」云々によって》専注されている。

つぎに、「諸処の種々性を示すことによって」、この専注（合流）がある――

「蛇」というものは、よく掃き清められた場所に歓喜せず、ゴミ捨て場、草、葉、藪、蟻塚に入り、臥すとき、（その心は）歓喜し、一点に集中する。ちょうどそのように、この「眼」もまた、《色、心などの不等なものに傾くから》不等を意向とし、磨かれた黄金の壁などに歓喜せず、眺めることも欲せず、ただ色、心、花、蔓などの種々のものに歓喜する。……

「鰐」もまた、外へ出るものの、得るべきものを見ず、目を閉じて歩く。百尋ほどの水に潜って、洞穴に入り、臥しているとき、その心は一点に集中し、楽に眠る。ちょうどそのように、「耳」もまた、洞穴を意向とし、虚空に依止し、耳孔、孔隙にのみ意向を作り、耳孔の虚空のみがその声を聞く場合の縁となる。……

「鳥」もまた、木の上とか地上では喜ばないが、一つか二つの落ちた土塊を越えて、縛りのない虚空に跳入しているとき、その心は一点に集中する。ちょうどそのように、「鼻」もまた、虚空を意向とし、風に依止し、香を活動領域とする。……

「犬」もまた、外を歩くものの、平穏な場所を見ず、土塊などに悩まされる。しかし、村内に入り、竈の場所で灰をかけ、臥す場合に、安楽になる。ちょうどそのように、「舌」もまた、村を意向とし、水に依止する味を所縁とする。というのは、三夜分（徹夜して）沙門法を行なっても、早朝に鉢を持って村へ（托鉢に）行かねばならず、また、乾いた湿気のない硬食の味を唾で知ることができないからである。

「ジャッカル」もまた、外を歩くものの、喜びを見ない。

が修習《しゅじゅう》されず、多修されなければ、眼はもろもろの心地よい色においてかれを引き行き、もろもろの心地よくない色は逆らいます。

▽耳はもろもろの心地よい声においてかれを引き行き、もろもろの心地よくない声は逆らいます。

鼻はもろもろの心地よい香においてかれを引き行き、もろもろの心地よくない香は逆らいます。

舌はもろもろの心地よい味においてかれを引き行き、もろもろの心地よくない味は逆らいます。

身はもろもろの心地よい触においてかれを引き行き、もろもろの心地よくない触は逆らいます。△

識はもろもろの心地よい法においてかれを引き行き、もろもろの心地よくない法は逆らいます。

比丘たちよ、このようにして『不防護者』になります。

防護者

それではまた、比丘たちよ、どのようにして『防護者』[三二]になるのでしょうか。

[三三]比丘たちよ、ここに、比丘は、眼によって色を見て、愛しい色に心を向けず、愛しくない色に心を背けず、身に至る念を確立し、無量の心で住みます。また、かれに生じているそれらの悪しき不善の法

しかし、新墓地で人肉を食べ、臥す場合にのみ、安楽になる。ちょうどそのように、「身」もまた、執受を意向とし、地に依止する触（触れられるもの）を所縁とする。……「猿」もまた、地上で行動するものの、歓喜しない。しかし、百ハッタの高さの木に登り、枝面に坐って、あちこちを眺める場合にのみ、安楽になる。このように、「意」もまた、種々を意向とし、有分を縁とする。以前に見られた種々の所縁にも意向を作るが、根本の有分がその縁となる〉。

……

三二　asaṁvaro.

三三　以下については、本相応、第一三二節「ローヒッチャ経」における「門を守る者」の項（本書、五二三頁）参照。

がそこで残りなく消滅する、その心解脱、慧解脱を如実に知ります。

耳によって声を聞き、愛しい声に心を向けず、愛しくない声に心を背けず、身に至る念を確立し、無量の心で住みます。また、かれに生じているそれらの悪しき不善の法がそこで残りなく消滅する、その心解脱、慧解脱を如実に知ります。

鼻によって香を嗅ぎ、愛しい香に心を向けず、愛しくない香に心を背けず、身に至る念を確立し、無量の心で住みます。また、かれに生じているそれらの悪しき不善の法がそこで残りなく消滅する、その心解脱、慧解脱を如実に知ります。

舌によって味を味わい、愛しい味に心を向けず、愛しくない味に心を背けず、身に至る念を確立し、無量の心で住みます。また、かれに生じているそれらの悪しき不善の法がそこで残りなく消滅する、その心解脱、慧解脱を如実に知ります。

身によって触に触れ、愛しい触に心を向けず、愛しくない触に心を背けず、身に至る念を確立し、無量の心で住みます。また、かれに生じているそれらの悪しき不善の法がそこで残りなく消滅する、その心解脱、慧解脱を如実に知ります。

意によって法を知り、愛しい法に心を向けず、愛しくない法に心を背けず、身に至る念を確立し、無量の心で住みます。また、かれに生じているそれらの悪しき不善の法がそこで残りなく消滅する、その心解脱、慧解脱を如実に知ります。

（比喩）

比丘たちよ、たとえば人が、領域の異なる、餌場の異なる六匹の生物を捕らえて、堅固な紐で縛るとします――蛇を捕らえて、堅固な紐で縛ります。鰐を捕らえて、堅固な紐で縛ります。鳥を捕らえて、堅固な紐で縛ります。犬を捕らえて、堅固な紐で縛ります。ジャッカルを捕らえて、堅固な紐で縛ります。猿を捕らえて、堅固な紐で縛ります。堅固な紐で縛り、堅固な杭に、あるいは柱に縛り付けます。

比丘たちよ、すると、領域の異なる、餌場の異なる六匹の生物は、各自の餌場・領域へ引き行きます――蛇は〈蟻塚に入ろう〉と引き行きます。鰐は〈水に入ろう〉と引き行きます。鳥は〈虚空を飛ぼう〉と引き行きます。犬は〈村に入ろう〉と引き行きます。ジャッカルは〈墓地に入ろう〉と引き行きます。猿は〈林に入ろう〉と引き行きます。

比丘たちよ、その六匹の生物は消耗し、疲れると、その杭の、あるいは柱の近くに立ち、近くに坐り、近くに臥します。

比丘たちよ、ちょうどそのように、どのような比丘も身に至る念が修習され、多修されるならば、[二四]眼はもろもろの心地よい色においてかれを引き行かず、もろもろの心地よくない色は逆らいません。

▽耳はもろもろの心地よい声においてかれを引き行かず、もろもろの心地よくない声は逆らいません。

鼻はもろもろの心地よい香においてかれを引き行かず、もろもろの心地よくない香は逆らいません。

舌はもろもろの心地よい味においてかれを引き行かず、もろもろの心地よくない味は逆らいません。

身はもろもろの心地よい触においてかれを引き行かず、もろもろの心地よくない触は逆らいません。△

識はもろもろの心地よい法においてかれを引き行かず、もろもろの心地よくない法は逆らいません。

比丘たちよ、このようにして『防護者』になります。

比丘たちよ、『堅固な杭に、あるいは柱に』とは、これは[二五]身に至る念の同義語です。

比丘たちよ、それゆえ、ここに、そなたたちはこのように学ぶべきです。〈われわれによって、身に至る念は修習され、多修され、[二六]乗り物のように行なわれ、礎のように行なわれ、確立され、積み重ねられ、よく努めらるものになるであろう〉と。

二四　taṁ cakkhu nāviñchati.〈「渇愛」の紐で縛られた「処」の生物は、「身に至る念」の柱において、従順な状態になっているから、引き行かない、ということである。以上から、本経においては、前分の観（pubbabhāgavipassanā）のみが語られている〉。

二五　kāyagatāya satiyā. この実践については中部119『身至念経』（後分五十経篇Ⅱ）、長部22『大念処経』（大篇Ⅱ）参照。

二六　yānikatā. 思いのままに進むように行なわれ、ということ。長部16『大般涅槃経』第三七節参照。

比丘たちよ、このように学ぶべきです」

と。

第一〇

(201) 404

11 麦束経（Yavakalāpi-sutta）

（二四八）このように私は聞いた――……

世尊はつぎのように言われた。

「比丘たちよ、たとえば、麦束[一]が四大路に置かれているとします。そこへ、担ぎ棒[二]を手にした六人の男性がやって来ます。かれらは麦束を六本の担ぎ棒で打ちます[三]。比丘たちよ、このようにしてその麦束は、六本の担ぎ棒で打たれ、よく打たれたものになります。そこへ、第七[四]の担ぎ棒を手にした男性がやって来ます。かれはその麦束を第七の担ぎ棒で打ちます。比丘たちよ、このようにしてその麦束は、第七の担ぎ棒で打たれ、よりよく打たれたものになります[五]。

比丘たちよ、ちょうどそのように[六]、聞をそなえていない凡夫は、眼において適意・不適意の色《しき》により打たれます。耳において適意・不適意の声により打たれます。鼻において適意・不適意の香により打たれます。舌において適意・不適意の味により打たれます。身において適意・不適意の触《そく》により打たれます。意において適意・不適

（二四八）『雑阿含経』巻第四三〈一一六八〉（大正蔵二・三一一c―三一二b）

一 yavakalāpī.〈刈り取って置かれた麦の集積（yavapuñja）が〉。

二 byābhaṅgihatthā.〈天秤棒（てんびんぼう）（kāja）を手にした〉。

三 chahi byābhaṅgīhi haneyyuṁ.〈六本の大きな天秤棒で打ちつけます〉。

四 sattamo.〈その六人が麦を打ちつけ、袋に満たして行くとき、別の第七（の男性）がやって来ます〉の意。

五 suhatatarā assa.〈そこに残りが籾殻ほどでもあれば、それを得るために、よりよく打たれたものになります〉の意。

六 evaṁ eva.〈このうち、「四大路」は六処の喩えである、と見られるべきである。「四大路に置かれている麦束」は有情の喩えである。「六本の担ぎ棒」は好・不好・中による十八所縁の喩えである。「第七の担ぎ棒」は有（生存）の願いと《その縁となる》諸煩悩との喩えである。四大路に置かれている麦束が六本の担ぎ棒で打たれるように、これらの有情は十八所縁の棒で六処において打たれるのである。第七によってよりよくなるように、有情たちは、有を根本とする苦《輪転苦》を受けつつ、有の願いと諸煩悩によってよく打たれたものになる〉。

意の法により打たれます。

比丘たちよ、もしもその聞をそなえていない凡夫が、未来の再有《さいう》について考えるならば、比丘たちよ、その愚人は、たとえばその麦束が第七の担ぎ棒で打たれているように、よりよく打たれる者になります。

[七]比丘たちよ、その昔、神々と阿修羅《アスラ》との合戦が起こりました。

比丘たちよ、そこで、[八]ヴェーパチッティ阿修羅王は、阿修羅たちに呼びかけました。

『友らよ、もし神々と阿修羅との合戦で、阿修羅が勝利し、神々が敗北したならば、あの[九]神々の主サッカを、[一〇]首を第五とする縛りによって縛り、私のもと、[一一]阿修羅の都に連れてくるがよい』と。

比丘たちよ、神々の主サッカもまた、[一二]三十三天の神々に呼びかけました。

『友らよ、もし神々と阿修羅との合戦で、神々が勝利し、阿修羅が敗北したならば、あのヴェーパチッティ阿修羅王を、首を第五とする縛りによって縛り、私のもと、[一三]スダンマーの会堂に連れてくるがよい』と。

比丘たちよ、しかし、その戦いにおいては、神々が勝利し、阿修羅たちは敗北しました。比丘たちよ、そこで、三十三天の神々は、

七　bhūtapubbaṁ bhikkhave.〈今やかれらにその有の願いと諸煩悩とを示すために、「比丘たちよ、その昔」などと言われた〉。以下については、有偈篇、第二五〇節「ヴェーパチッティ経」（有偈篇Ⅱ、三七三頁）参照。

八　Vepacitti asurindo.

九　Sakkaṁ devānamindaṁ. サッカとは帝釈天をさす。

一〇　kaṇṭhapañcamehi bandhanehi. 二本の手、二本の足、首（喉）という五の縛りをさす。

一一　asurapuraṁ. あるいは「阿修羅の城に」。

一二　deve tāvatiṁse. シネール（須弥山）の頂上に住むサッカを主とする神々。山麓に阿修羅（アスラ）の住処があるとも言われる。

一三　Sudhammaṁ devasabhaṁ. あるいは「善法堂に」。この会堂は、マガ（帝釈サッカの前生）の妻スダンマー（善法）のために建てられたとされる。

ヴェーパチッティ阿修羅王を、首を第五とする縛りによって縛り、神々の主サッカのもと、スダンマーの会堂に連れてきました。比丘たちよ、[一四]そこにおいて、ヴェーパチッティ阿修羅王は、首を第五とする縛りによって縛られたのです。

比丘たちよ、ヴェーパチッティ阿修羅王は、〈[一五]神々は正しく、阿修羅たちは正しくない。今から、私は、この天の都へ行く〉と、このように思いました。すると、首を第五とする縛りから解かれている自己を見、また、天の五妙欲を与えられ、そなえ、楽しみました。

比丘たちよ、また、ヴェーパチッティ阿修羅王は、〈阿修羅たちは正しく、[一六]神々は正しくない。今から、私は、その阿修羅の都へ行くであろう〉と、このように思いました。すると、首を第五とする縛りによって縛られている自己を見、また、天の五妙欲から衰退しました。

[一七]比丘たちよ、このようにヴェーパチッティの縛りは実に繊細ですが、[一八]それより繊細なものは魔の縛りです。比丘たちよ、[一九]思考すれば[二〇]魔に縛られ、思考しなければ[二一]悪しき者から解かれます。

魔の思考

比丘たちよ、〈[二二]私である〉とは、これは[二三]思考したものです。〈[二四]これは私である〉とは、これは思考したものです。〈[二五]私はなるであろう〉

一四　tatra.〈スダンマーの地に（bhummaṁ）《近くに（samīpa）、の意》、スダンマーの天会堂の門において、という意味である〉。

一五　dhammikā kho devā.〈この神々は正しい。私のような阿修羅の主を捕らえ、私のためにわずかな破壊《苦の生起》も作っていないからである、ということについて述べている〉。

一六　adhammikā devā.〈この神々は正しくない。私のような阿修羅の主を、生糞の豚《生糞を食べる豚》のように、首を第五とする縛りによって縛り、坐らせるからである〉。

一七　evaṁ sukhumaṁ kho bhikkhave vepacittibandhanaṁ.〈伝えによれば、それは紅蓮の茎糸のように、また蜘蛛の巣糸のように繊細であるが、剃刀によっても、手斧によっても切ることができない。ただ、心によって縛られ、心によって解かれるから、「ヴェーパチッティの縛り」と言われている〉。

一八　tato sukhumataraṁ mārabandhanaṁ.〈しかし、この煩悩の縛りはそれよりも繊細である。眼の領域に入らず、威儀路を防止しない。それゆえ、縛られている有情は、地面でも、虚空でも、百ヨージャナも、千ヨージャナも、行ったり、来りもする。ただし、これが切られる場合、他によってではなく、智（ñāṇa）によってのみ切られるから、「智によって解かれる縛り」（ñāṇamokkhaṁ bandhanaṁ）とも言われる〉。

一九　maññamāno.〈愛（taṇhā）・見（diṭṭhi）・慢（māna）によって諸蘊（五蘊）を思考すれば〉。《「思考すれば」とは、分別された（parikappita）愛（渇愛）によって「これは私のものである」と、見（邪見）によって「これは私の我である」と、慢（慢心）によって「これは私である」と思考すれば、ということである》。

二〇　baddho mārassa.〈魔の縛り（mārabandhana）によって縛られ、ということ。あるいは、これは《‘mārassa’というこの所有格は》具格の意味の所有格であり、煩悩の魔（kilesamāra）によって縛られ、という意味である〉。

とは、これは思考したものです。〈私[二六]はならないであろう〉とは、これは思考したものです。〈私は[二七]有《う》色者《しきしゃ》になるであろう〉とは、これは思考したものです。〈私は[二八]無《む》色者《しきしゃ》になるであろう〉とは、これは思考したものです。〈私は[二九]有想者になるであろう〉とは、これは思考したものです。〈私は[三〇]無想者になるであろう〉とは、これは思考したものです。〈私は[三一]非有想非無想者になるであろう〉とは、これは思考したものです。

比丘たちよ、思考したものは〈病[三二]〉です。思考したものは〈腫[三三]れ物〉です。思考したものは〈矢[三四]〉です。

比丘たちよ、[三五]それゆえ、ここに、〈われわれは思考しない心によって住もう〉と、このように、比丘たちよ、そなたたちは学ぶべきです。

魔の動転

比丘たちよ、〈私である〉とは、これは動[三六]転したものです。〈これは私である〉とは、これは動転したものです。〈私はなるであろう〉とは、これは動転したものです。〈私はならないであろう〉とは、これは動転したものです。〈私は有色者になるであろう〉とは、これは動転したものです。〈私は無色者になるであろう〉とは、これは動転したものです。〈私は有想者になるであろう〉とは、これは動転したものです。〈私は無想者になるであろう〉とは、これは動

二一　mutto pāpimato.〈魔の縛りから解かれ、ということ。あるいは、これは具格の意味の所有格であり、悪しき者（魔）である煩悩の縛り（kilesabandhana）から解かれ、という意味である〉。

二二　maññitaṁ.

二三　asmi.〈「私である」という語によって、愛によって思考したもの（taṇhāmaññita）が説かれている〉。

二四　ayam aham asmi.〈「これは私である」とは、見によって《慢を根本とする見（mānamūlakadiṭṭhi）によって》思考したもの（diṭṭhimaññita）が（説かれている）〉。

二五　bhavissaṁ.〈常住（psassata）による見によって思考したものである〉。

二六　na bhavissaṁ.〈断滅（uccheda）による（見によって思考したものである）〉。

二七　rūpī.〈「有色者」など《の語》は、常住《常住の執見》のみの区別を説明するものである〉。

二八　arūpī.

二九　saññī.

三〇　asaññī.

三一　nevasaññīnāsaññī.

三二　rogo. 以下については、本相応、第九〇節「第一動転経」（本書、三二三頁）参照。

三三　gaṇḍo.

三四　sallaṁ.

三五　tasmā.〈思考したものは、病気（ābādha）、内の汚れ（antodosa）、切り落とし（nikantana）によって、（それぞれ）「病」であり、「腫れ物」であり、「矢」であるから、それゆえ〉。

三六　iñjitaṁ.〈「動転したものです」云々は、諸有情がこれらの煩悩によって《愛などの煩悩によって、明らかな動きにより》動転し（iñjanti）、また《明らかでない動きにより》動揺し（phandanti）、また放逸の様相を得ることで妄

(203)
転したものです。〈私は非有想非無想者になるであろう〉とは、これは動転したものです。

比丘たちよ、動転したものは〈病〉です。動転したものは〈腫れ物〉です。動転したものは〈矢〉です。

比丘たちよ、それゆえ、ここに、〈われわれは動転しない心によって住もう〉と、このように、比丘たちよ、そなたたちは学ぶべきです。

魔の動揺

比丘たちよ、〈私である〉とは、これは動揺[三七]したものです。〈これは私である〉とは、これは動揺したものです。〈私はなるであろう〉とは、これは動揺したものです。〈私はならないであろう〉とは、これは動揺したものです。〈私は有色者になるであろう〉とは、これは動揺したものです。〈私は無色者になるであろう〉とは、これは動揺したものです。〈私は有想者になるであろう〉とは、これは動揺したものです。〈私は無想者になるであろう〉とは、これは動揺したものです。〈私は非有想非無想者になるであろう〉とは、これは動揺したものです。

比丘たちよ、動揺したものは〈病〉です。動揺したものは〈腫れ物〉です。動揺したものは〈矢〉です。

比丘たちよ、それゆえ、ここに、〈われわれは動揺しない心によっ

想すること（papañcita）《輪廻の延長、あるいは蘊の相続の拡大》になるから、それら《愛・見の煩悩》の様相《転起の様相》を示すために言われているのである〉。

三七　phanditaṃ.

て住もう〉と、このように、比丘たちよ、そなたたちは学ぶべきです。

魔の妄想

比丘たちよ、〈私である〉とは、これは妄想[三八]したものです。〈これは私である〉とは、これは妄想したものです。〈私はなるであろう〉とは、これは妄想したものです。〈私はならないであろう〉とは、これは妄想したものです。〈私は有色者になるであろう〉とは、これは妄想したものです。〈私は無色者になるであろう〉とは、これは妄想したものです。〈私は有想者になるであろう〉とは、これは妄想したものです。〈私は無想者になるであろう〉とは、これは妄想したものです。〈私は非有想非無想者になるであろう〉とは、これは妄想したものです。

比丘たちよ、妄想したものは〈病〉です。妄想したものは〈腫れ物〉です。妄想したものは〈矢〉です。

比丘たちよ、それゆえ、ここに、〈われわれは妄想しない心によって住もう〉と、このように、比丘たちよ、そなたたちは学ぶべきです。

（魔の慢心）

比丘たちよ、〈私である〉[三九]とは、これは慢心[四〇]《まんしん》したものです。〈これは私である〉[四一]とは、これは慢心したものです。〈私はなるであろう〉とは、これは慢心したものです。〈私はならないであろう〉とは、

三八　papañcitaṁ. あるいは「戯論したものです」。

三九　asmi. 〈これは、愛に相応する慢によって言われている〉。

四〇　mānagataṁ. 〈慢の行ったものが「慢心したもの」である。慢の転起（mānapavatti）という意味である。慢（māna）こそ、慢心したものであり、糞になったもの（gūthagata）、尿になったもの（muttagata）のようである〉。

四一　ayam aham asmi. 〈見によって《慢を根本とする見によって》（言われているもの）である。しかし、見に相応する慢というものはないのではないか。そのとおり、ない。しかし、慢が断たれていないから、見というものは生じる。これは、慢を根本とする見について言われているのである〉。

これは慢心したものです。〈私は有色者になるであろう〉とは、これは慢心したものです。〈私は無色者になるであろう〉とは、これは慢心したものです。〈私は有想者になるであろう〉とは、これは慢心したものです。〈私は無想者になるであろう〉とは、これは慢心したものです。〈私は非有想非無想者になるであろう〉とは、これは慢心したものです。

比丘たちよ、慢心したものは〈病〉です。慢心したものは〈腫れ物〉です。慢心したものは〈矢〉です。

比丘たちよ、それゆえ、ここに、〈われわれは慢の破壊された心によって住もう〉と、このように、比丘たちよ、そなたたちは学ぶべきです」

と。

第一一

第一九　毒蛇の章

(204)

以上の摂頌

「毒蛇」と「車」と「亀」とまた
二の「木幹」と「漏泄」と

「苦法」と「キンスカ」と「琵琶」とまた
「六生物」と「麦束」あり、と

六処篇における「第四の五十経」は終わる

以上の章の摂頌

「無碍安穏者」と「世界（妙欲）」と
「資産家」と「デーヴァダハ」とにより
また「新古」により五十（経）あり
それによって「第三（の五十経）」と言われる
「歓喜尽滅」「六十（中略）の仕方」
そして「海」と「毒蛇」によって
これら四の五十（経）が
諸集において明かされている

六処相応は終わる

補　註

第一　六処相応

内無常経

1（本文四五頁）cakkhuṁ aniccaṁ.〈「眼《げん》は」とは、二の眼、すなわち、智眼《ちげん》（ñāṇacakkhu）と肉眼（maṁsacakkhu）は、ということである。

そのうち、「智眼」は五種、すなわち、仏眼《ぶつげん》（buddhacakkhu）、法眼《ほうげん》（dhammacakkhu）、普眼《ふげん》（samantacakkhu）、天眼《てんげん》（dibba-cakkhu）、慧眼《えげん》（paññācakkhu）である。《見る（cakkhati）から眼（cakkhu）、智（ñāṇa）である。自性《じしょう》のとおり、所縁を知ることによって、正・不正を告げている者のように起こる、という意味である》。

そのうち、「仏眼」とは、意向意趣の智（āsayānusayañāṇa）と他心智）と根上下の智（indriyaparopariyattañāṇa）とであり、「仏の眼をもって眺め」（D. II. 38）と引用されているものである。《諸仏の眼であるから「仏眼」である。実に、不共通のものとして、諸有情《しょうじょう》の相続における常住《じょうじゅう》・断滅見《だんめつけん》の随順智・如実智《にょじつち》のうちの、欲貪《よくとん》・随眠《ずいめん》などを確実に解明する智である、意向意趣の智、および根上下の智である》。

「法眼」とは《下位の三道が四諦法《したいほう》に述べられている様相による転起によって、同じく、それらの果がそれぞれに敵対するものの安息《あんそく》と捨断《しゃだん》による転起によって、法の眼であるから》、下位の三道と三果（すなわち、預流《よる》・一来・不還《ふげん》の道と果）とであり、「離塵にして離垢の法眼が生じた」（Vin. I. 16）と引用されているものである。

「普眼」とは、《普く一切法について眼の作用が成就《じょうじゅ》することから「普眼」であり》一切知智（sabbaññutañāṇa）であり、「あまねき眼をもつお方よ、高殿に上り」（M. I. 168）と引用されているものである。

「天眼」とは《天住（dibbavihāra）に依止して得られるべきことから、神々の天眼のようであるために「天眼」、勝《すぐ》れた証智《しょうち》（abhiññāvisesa）であり》、光の遍満によって《光を増大させ、色を見ることにより》生じる智であり、「清浄《しょうじょう》な天の眼によって」（M. I. 183）と引用されているものである。

「慧眼」とは、四諦確定の智（catusaccaparicchedakañāṇa）であり、「眼が生じた」（Vin. I. 11）と引用されているものである。《「比丘《びく》たちよ、これは苦聖諦《くしょうたい》である、と以前に聞いたことのない諸法に対する眼が生じた」などの仕方によって引用されているから、四諦を限定する智が「慧眼」と言われている。これは「観智」（vipassanāñāṇa）であると言う者もおり、「観・道・果の省察智」（vipassanāmaggaphala-paccavekkhaṇa-ñāṇa）であると言う者もいる》。

「肉眼」もまた、二の眼、すなわち、有資糧眼《うしりょうげん》（sasambhāra-cakkhu）と浄眼（pasādacakkhu）とがある。《「肉眼」も同様である。なぜなら、それもまた、色を見ること（rūpadassana）において見る（cakkhati）から、「眼」である》。

そのうち、眼孔において眼の諸膜に囲まれているこの肉球なるもの、そこにおける四界《しかい》、色《しき》・香《こう》・味《み》・滋養《じよう》、発生、命、性、眼浄、身浄という十三が、略説すれば、資糧になる。《「資糧」とは、縁となるこれらによって維持される（abhisa-mbhārehi）から資糧（sambhāra）であり、支え（upatthambha）となる四等起色（catusamuṭṭhānikarūpā）である。資糧と共なる（saha sambhārehi）、ということで「有資糧」である。諸大種によって浄められる（pasīdati）から「浄」（pasāda）である》。さらに、詳説すれば、四界、色・香・味・滋養、発生というこれら九は四の生起によって三十六になり、命、性、眼浄、身浄というこれら（四）はまず業《ごう》による生起のもの（kammasamuṭṭhāna）であるから、（計）四十が資糧になる。これが「有資糧眼」（資糧を有する眼、眼全体）と呼ばれる》。

また、ここにおける、白い円に限定された黒い円に囲まれ、見の円（diṭṭhimaṇḍala）に入っている、色を見ることができる《自己に基づいて起こる識《しき》によって色処を見ることができる》、澄浄のみのもの（pasādamatta）、これが「浄眼」と呼ばれる。また、その他の「耳《に》」などについての《その眼や耳などの因縁などによる、また、特相などによる》詳論は、『清浄道論』（Vism. 444）に説かれているとおりである〉。なお、《「見の円に」とは、対面してとどまっているもろもろのものの影像が認められる場所となり、眼と称される「見の」生起の場所となる「円に」》という意味である。

第一正覚以前経

1（本書、七四頁） imesaṁ channaṁ ajjhattikānaṁ āya-tanānaṁ. 〈「一対の章」の第一（本経）と第二（次経）における（六内処《ろくないしょ》の）「内」（ajjhattikānaṁ）とは、「内」という内によって「内」である。《「自己の内に」（attānam adhi）が「内に」（ajjhattaṁ）である。それに関わっているから、そこにおけるもろもろの存在が「内」（ajjhattikāni 六内処）である》。《「内に」には、①「内」という内に（ajjhattajjhattaṁ）、②「自己」という内に（niyakajjhattaṁ）、③「領域」という内に（gocarajjhattaṁ）、④「対象」という内に（visayajjhattaṁ）、という四種がある》。ただし、それらのその内の状態は、欲貪（chandarāga）が極めて強いこと（adhimattabalavatā）によって知られるべきである。なぜなら、「六内処」は人々が家の内にいるようなものであり、「六外《ろくげ》処《しょ》」は家の近くにいるようなものだからである。妻子や財産や穀物に満ちている家の内では、欲貪が極めて強くなり、そこには誰も入ることができず、ほんのわずかな容器の音でも、「これは何だ？」と話すことになる。ちょうどそのように、「六内処」においては欲貪が極めて強い。以上のように、この欲貪が極めて強いことによって、それらは「内」と言われている。

それに対して、家の近くでは、そのように強くならず、そこで歩く人間も四足獣も強いて妨げることがない。妨げることがなくても、欲がなければ、塵かごほども得ることができない。以上のように、そこでは、それらの欲貪は極めて強いものにならない。そのように、色などにおいても、欲貪は極めて強くないから、それらは「外」（bahirāni 六外処）《「内」より外にあるもろもろの存在（ajjhattikato bahi bhavāni）》と言われている。

なお、内外処の話は、『清浄道論』（Cf. Vism. 565）において詳しく説かれている。二経においても、残余のことはすでに説かれた仕方のとおり解される。第三、第四の経についても同様である〉。

第一「もし楽味がなければ」経

1（本書、九二頁） vimariyādikatena cetasā. あるいは「自由な心によって」。〈限界が作られていない心によって、ということ。なぜなら、煩悩《ぼんのう》が生じる、あるいは断たれていない輪転によって、有学《うがく》たちの心は「限界が作られている」と呼ばれるからである。断たれていることによって、限界を離れているのである。ただし、ここでは、諸煩悩も輪転もすべて断たれているから、限界を離れた、煩悩・輪転の限界を超えている心によって、かれらは住んだ、という意味である。第六『第二「もし楽味《らくみ》がなければ」経』についても、これと同じ仕方で解される〉。

一切経

1（本書、一〇六頁） sabbaṁ vo bhikkhave desessāmi. 〈「一切」（sabba）には四種がある。すなわち、①一切の一切、②処の一切、③有《う》身《しん》の一切、④場所の一切である。そのうち、

①「この世でかれに見られぬものなし、知られぬものも、知りえぬものも。知られるべきものは一切知られた、それゆえ、如来《にょらい》は普眼者なり」（MNid. 360）、とあるが、これが「一切の一切」（sabba-sabba）と呼ばれる。

②「比丘たちよ、そなたたちに、一切を説きましょう。それを聞きなさい」（本経）とあるが、これが「処の一切」（āyatana-sabba）と呼ばれる。

③「比丘たちよ、そなたたちに、あらゆる（一切の）法の根本法門を説くことにします」（中部1『根本法門経』第一節 M.I.1）とあるが、これが「有身の一切」（sakkāya-sabba）

《有身法の全体》と呼ばれる。

④「あるいはまた、一切の法《五門の所縁となる一切の法》に対し、最初の注意として、心、意《い》、心意……相応の意界が生じる」とあるが、これが「場所の一切」(padesa-sabba)と呼ばれる。

以上のように、五所縁のみが「場所の一切」である。三地(三界)の法が「有身の一切」である。四地(三界《さんがい》と出世間《しゅつせけん》)の法が「処の一切」である。知られるべきものはいずれも「一切の一切」である。

「場所の一切」は《三地の法のその一部分を含まないから》、「有身の一切」に及ばない。「有身の一切」は《もろもろの出世間法を含まないから》、「処の一切」に及ばない。「処の一切」は「一切の一切」に及ばない。なぜか。一切知智には、この法が所縁にならない、ということが存在しないからである。なお、本経においては、「処の一切」が意趣されている〉。

燃焼経

1(本書、一二一頁)bhikkhū āmantesi.〈かれらのためにふさわしい説法《せっぽう》を考え、それを示すことにしよう、と話しかけられた。

それについて、つぎの次第話がある——

伝えによれば、今から九十二劫《こう》前、マヒンダという名の王が現われた。その長子はプッサと呼ばれた。かれは、最後有の有情として、波羅蜜《はらみつ》を満たし、智《菩提智《ぼだいち》》が熟すると、菩提座に上り、一切知性を洞察した。王の次子はかれの第一弟子に、帝師の息子は第二弟子になった。

王は考えた。「わが長子は出家《しゅっけ》して仏になり、次子は第一弟子に、帝師の息子は第二弟子になっている」と。かれは、「われらの仏である、われらの法である、われらの僧《そう》である」と精舎《しょうじゃ》を作らせ、精舎の門屋から自分の家の門まで、両方に《外は》竹壁の諸倉をもって、《内は布幕によって》張りめぐらした。そして、頂上に黄金の星が飾られ、香の鎖や華鬘《けまん》の鎖が合流した天蓋を結ばせ、下には銀色の砂を敷き、花を撒かせ、その道を通って世尊《せそん》が来られるようにした。

師は、精舎にのみとどまり、衣を纏い、幕内の比丘僧団とともに、王家にやって来られた。そして食事の務めを終えると、幕内に行かれた。だれも一匙の食べ物も施すことができなかった。そこで、都に住む人々は不満をもらした。「仏は世に現われておられる。しかし、われわれは功徳《くどく》を積むことができない。月や太陽がすべての者に光明《こうみょう》をもたらすように、諸仏というものはすべての者の利益《りやく》のために現われるのだ。それにもかかわらず、この王は、すべての者の功徳の意思を自分の内にのみ入れている」と。

その王には、また、別の三人の息子がいた。都の人々はかれらと一緒になり、相談した。「諸王家との折衝というものがない。一工夫をしよう」と。かれらは、辺地で盗賊らを決起させ、「いくつかの村が攻撃されている」と信書を送り、王に告げさせた。王は、息子たちを呼び寄せ、「これ、余は老大である。そなたたちは行って、盗賊どもを鎮めよ」と遣わした。関係している盗賊らは、あちこちから、混乱なく、かれらのもとにやって来た。かれらは、無住の村に住まわせると、「盗賊どもは鎮まった」と帰り、王を礼拝《らいはい》して、立った。

王は満足して、言った。「これ、そなたたちに望みのものを取らそう」と。かれらは同意し、行って、都の人々と考えた。「王はわれらに望みのものを与えてくださる。何を得ようか」と。「尊い御子方よ、あなた方にとって象や馬は得難いものではありません。しかし、仏宝は得難いものです。いつでも現われるものではありません。あなた方の長兄であるプッサ仏のお世話をするという望みを得てください」と。かれらは、「そのようにしよう」と都の人々に答えると、鬚をそり、沐浴し、香油を塗り、王のもとへ行き、乞うた。

「陛下、私どもに望みをお与えくださいと。

「これ、そなたたちは何を得たいか」と。

「陛下、私どもに象や馬の必要はありません。私どもには、長兄であるプッサ仏のお世話をするという望みをお与えください」と。

「この望みは、余の生きている限り、与えることができぬ」と両耳を閉じた。

「あなたさまは、私どもから、力ずくで、望みを与えさせられたのではありません。あなたさまが満足され、ご自分の好意で、お与えになられたのです。陛下、王家に二言があってよいものでしょうか」とかれらは真実の言葉をもって語った。

王は、反論することができず、言った。

「これ、七年、七ヵ月、七日の間、奉仕した後、そなたたちに与えよう」と。

「光栄です。陛下、保証をお与えください」と。

「これ、何の保証か」と。

「それだけの間、死なないという保証です」と。

「これ、そなたたちは不当な保証を与えさせている。そのような保証を与えることはできぬ。生けるものの命は草先の露のようなものだ」と。

「陛下、もし保証をお与えくださらなければ、私どもは、その間、死者として、どのような善《ぜん》を行なえばよろしいのでしょうか」と。

「これ、それでは、六年を与えよ」と。

「できません、陛下」と。

「それでは、五年を、四年を、三年を、二年を、一年を与えよ」。「七ヵ月を、六ヵ月を与えよ。……半月だけを与えよ」と。

「できません、陛下」と。

「それでは、七日だけを与えよ」と。

「かしこまりました、陛下」と、かれらは七日に同意した。

王は、七年、七ヵ月、七日の間に行なうべき（仏に対する）恭敬を、わずか七日間で行なった。それより、息子たちの住処へ師に行っていただくため、八ウサバ（約八×七〇メートル）の広い道を飾らせた。中央部分における四ウサバ量の箇所を諸象に踏ませ、遍（カシナ）の円輪のようにして、砂で敷きつめ、花を撒かせた。各処に芭蕉と満水瓶を置かせ、幡旗を掲げさせた。ウサバ毎に蓮池を掘らせ、やがて両側に香・華鬘・花の店を出させた。中央部分の四ウサバの広い飾られた道の両側における、それぞれ二ウサバの広い道に、切り株や棘を集めさせ、松明にさせた。王の息子たちもまた、自分の命令の及ぶ場所にある一六ウサバの道を、まったく同じように飾らせた。

王は、自分の命令の及ぶ場所の耕地の境界へ行き、師を礼拝した後、悲泣しつつ、言った。

「これ、そなたたちは、余の右目を抜き取る者のようにして、行くがよい。このように取って行く者は、また諸仏にふさわしいことを為しえるであろう。酒飲みのように、放逸《ほういつ》に行なってはならぬ」と。

「私どもは、承知しているつもりです、陛下」と、かれらは師を得て、行った。そして、精舎を作らせ、師に受けていただき、そこで師のお世話をしながら、時には長老の座に、時には中堅の座に、時には僧団の新参の座にとどまった。布《ふ》施《せ》を考察している三人に、一つの同じようなことのみが生じた。かれらは、入雨安居《にゅううあんご》が近づいたとき、考えた。「どのようにすれば、師のご意向に適うことができるのか」と。そこで、かれらはこう思った。「諸仏というものは法の師であり、財の師ではない。戒《かい》に確立すれば、われわれは師のご意向に適うことができるであろう」と。そして、布施を用意する人々を呼び寄せ、「皆さん、この方法のみにより、粥食《かゆじき》や硬食などを得て、布施を行なってください」と言い、布施を用意する障害を断ち切った。

さて、かれらのうち、長兄は五百人を連れて、十戒に確立し、二枚の袈裟を纏い、浄水を用いつつ、生活した。次兄は三百人とともに、末弟は二百人とともに、まったく同じように行なった。かれらは、生涯、師にお仕えした。師は、かれらのもとで、般涅槃《はつねはん》（入滅）された。

かれらも死去し、それ以降、九十二劫にわたり、人間界から天界《てんかい》へ、また天界から人間界へ輪廻《りんね》しつつ、われわれの師の時代に天界から没し、人間界に生まれた。かれらの布施堂で務めた大臣はアンガ国・マガダ国の王ビンビサーラとなって生まれた。かれらは、その王の国で、バラモン大富豪の家に生まれた。長兄は長兄として、次兄は次兄、末弟は末弟として生まれた。かれらを取り巻く人々も取り巻く人々として生まれたのであった。

かれらは成長すると、三人とも、その千人を連れて出家し、苦行者《くぎょうしゃ》となり、ウルヴェーラーの川岸にのみ住んだ。アンガ国・マガダ国の住人は、毎月、かれらに大供養をした。

さて、われわれの菩薩《ぼさつ》は、出家をし、次第に一切知性を得られた。そして、最上の法輪を転じ、ヤサをはじめとする善《ぜん》家《け》の子らを導き、六十人の阿羅漢《あらかん》を説法のために諸方へ遣わされた。また、自ら、鉢衣《はつえ》を保ち、「かれら三人の結髪兄弟を調御《じょうご》しよう」と、ウルヴェーラーへ行き、数百の奇跡によってかれらの邪見を打ち破り、かれらを出家させられた。かのお方は、その神通《じんずう》からなる鉢衣を保つ千人の沙門《しゃもん》を連れて、ガヤーシーサへ行き、かれらに囲まれて坐られた。そして、「この者たちにはどのような法話《ほうわ》がふさわしいであろうか」と考え、「この者たちは、朝夕、火に仕えている。この者たちに、十二処が燃え焼かれているようにして説くことにしよう。そうすれば、この者たちは阿羅漢果を得ることができるであろう」と結論を下された。

そこで、かれらにそのとおりに法を示すべく、この「燃焼の法門」(ādittapariyāya) を語られた。それゆえ、言われている。「かれらのためにふさわしい説法を考え、それを示すことにしよう、と話しかけられた」と〉。

ウパセーナ蛇経

1（本書、二二一頁） āsīviso patito hoti.〈伝えによれば、食事の務めを果たした長老は、大衣《だいえ》を保ち、洞窟の陰で、ゆるやかな窓風に扇がれながら、坐り、粗末な下着の針仕事をしていた。そのとき、洞窟の屋根に二匹の幼い蛇が戯《たわむ》れていた。そのうちの一匹が落ちて、長老の肩先を覆った。しかも、《四匹の蛇のうち》それは毒を帯びていた。それゆえ、落ちた場所から、ずっと、長老の肩に、まるで灯炎が灯心《とうしん》を占拠しているかのように、毒が入っていった。長老は、毒がそのように来るのを見て、たとえそれが落ちただけの、限定通りに《自分の毒にふさわしく》行くものであっても、自分の神通力によって、「この自体は洞窟の中で滅ばないように《時を過ごさないように》」と決意し、比丘たちに呼びかけたのである〉。

ウパヴァーナ自見経

1（本書、二二四頁） 以下は、法に知られる六徳のうちの五徳をさす。「六徳」はつぎのように示される。「法は、世尊によってよく説かれたものであり、自ら見るべきものであり、時間を隔てないものであり、〝来たれ、見よ〟と言うにふさわしいものであり、導くべきものであり、賢者たちによって各自に知られるべきものである」(svākkhāto bhagavatā dhammo sandiṭṭhiko akāliko ehipassiko opanayiko paccattaṁ veditabbo viññūhi) と。長部16『大般涅槃経』第二九節参照。なお、その内容は、『清浄道論』第七章「六随念《ろくずいねん》の解釈」(Vism. 213~217) によれば、おおむね、つぎのように解される。

(1)「よく説かれたもの」(svākkhāto) とは、教法も出世間法も含まれる。世尊によって「よく説かれたもの」であり、教法（初も中も後も善い、完全無欠で清浄な法）と出世間法（九出世間法＝四道・四果・涅槃）とからなる。

(2)「自ら見るべきもの」（sandiṭṭhiko）とは、貪《むさぼ》りなどを無くしようとする聖者が自ら見るべきものである。出世間法としての法は、聖者が観察智《かんざつち》によって「自ら見るべきもの」である。

(3)「時間を隔てないもの」（akāliko）とは、聖道《しょうどう》が自己の聖果を与える場合、待つべき時間が存在しないから、時間の無いもの（無時間的なもの）である。五日、七日などといった「時間を隔てないもの」、直ちに果を与えるものである。

(4)「〝来たれ、見よ〟と言うにふさわしいもの」（ehi-passiko）とは、完全で清浄なものである。勝義からは得られるゆえに現に存在し、煩悩垢がないことによって完全清浄であるから、「〝来たれ、見よ〟と言うにふさわしいもの」である。

(5)「導くべきもの」（opanayiko）とは、出世間法を自己の心に導くにふさわしいものである。聖道（法）は聖者を無為の涅槃に導きうるものであるから、「導くべきもの」である。

(6)「賢者たちによって各自に知られるべきもの」（paccattaṁ veditabbo viññūhi）とは、略説知者などの賢者によって、「私は道を修習《しゅじゅう》している、果を証得《しょうとく》している、滅を目のあたり見ている」と、出世間法は知られるべきである。それゆえ、「賢者たちによって各自に知られるべきもの」である、ということである、と。

バーラドヴァージャ経

1（本書、四九四頁）āyasmā Piṇḍolabhāradvājo.〈団食《ピンダ》（piṇḍa）に行く《ウラ》（ulamāna）、（団食《だんじき》を）遍求する（pariyesamāna）出家者（pabbajita）であるから「ピンドーラ」（Piṇḍola）である。伝えによれば、かれは財が朽ちたバラモンになった。そこで、比丘僧団の利得と尊敬を見て、団食のために出て、出家した。かれは、大きな鍋鉢（kapallapatta）を持って歩き、それによって鍋鉢一杯の粥を飲み、鍋鉢一杯の菓子を噛み、鍋鉢一杯の食べ物を食べた。そこで、かれら（比丘）は、かれの大価の状態を師にご報告した。師は、かれに鉢袋（pattatthavikā）を許されなかった。鉢（patta）は寝台の下に倒して置いた。かれは、置く場合も、《大地に》擦りつけたまま、放って置いた。持つ場合も、擦りつけたまま、引き出して持った。行っているうちに、それは壊れて朽ち果て、一ナーリ量の米飯のみを得るものになった。それより、かれらは師にご報告した。そこで、師は、かれに鉢袋を許された。長老は、後日、感官の修習（indriyabhāvanā）を行ない、最上の果である阿羅漢果（arahatta）に確立した。以上のように、かれは、団食のために出家したから「ピンドーラ」であるが、姓によって「バーラドヴァージャ」（Bhāradvāja）であるから、二つを一つにして「ピンドーラ・バーラドヴァージャ」と言われる〉。

2（本書、四九四頁）upasaṅkami.〈高貴な大臣たちに囲まれ、近づいて行った、ということ。

伝えによれば、長老は、ある日、サーヴァッティで団食のために歩いた（托鉢《たくはつ》をした）。そして、食事の務めを果たし、夏季の清涼地で日中を坐って過ごそう、と虚空《こくう》を通って行くと、川岸にウデーナ王のウダパーナ（udapāna 井戸）と呼ばれる園があった。そこに入り、ある樹の根もとで、涼しい水風に吹かれつつ、日中を坐って過ごした。

デーナと呼ばれる王もまた、七日間、大飲（mahāpāna）《他の仕事をせず、飲みものを求める者となり、七日間、それにふさわしい従者が酒を飲むこと》をして、七日目に園を警護させ、大衆に囲まれて園に行き、吉祥の石板に敷かれた臥床に横臥した。かれの足もとには、一人の侍女が按摩をしながら坐っていた。王はやがて眠りに入った。かれが眠りに入っているとき、舞女たちは『私たちは王様のために歌などを演じているが、その王様は眠りに入っておられる。眠っておられるときに、大きな音を出すことはできない』と各自の楽器を置き、園を出て行った。

彼女たちは、それぞれの場所でさまざまな果実を食べ、花々を飾っていたが、長老を見ると、『声を出してはいけない』と互いに制止しながら遊歩し、礼拝して、坐った。長老は、『嫉妬（issā）を捨てねばなりません。物惜しみ（macchera）を除かねばなりません』などの仕方で、彼女たちにふさわしい法話を語った。

一方、王の足もとで按摩をしながら坐っていたその女性（侍女）は、足を揺らせて、王を目覚めさせた。かれは、『彼女たちはどこへ行ったのか』と尋ねた。『彼女たちにあなたさまから何かご用がありましょうか。彼女たちは一人の沙門を囲んで坐っております』と。王は怒り、まるで竈に投げ込まれた塩のように、ガタガタと歯を鳴らしつつ起き上がった。そして、『赤銅蟻にかれを喰わせてやろう』と出かけ、一本のアソーカ樹に赤銅蟻たちの巣箱を見つけ、手で枝を引っ張ったが、つかむことはできなかった。赤銅蟻の巣箱は切れて、王の頭に落ちた。全身が稲の籾殻で撒かれたように、また松明で焼かれているかのようになった。

長老は、王の邪悪なことを知り、神通によって虚空へ跳び上がった。彼女たちもまた、立ち上がり、王の近くへ行き、身体を拭いているかのように、大地につぎつぎと落ちた蟻の群れを捕まえた。そして、身体に投げ入れながら、すべての者が《愛しさから》舌鋒によって突き刺した。『これはいったい何事でしょうか。他の王様たちは出家者を見れば、礼拝し、質問されるのに、この王様は蟻の巣箱を頭上で壊したくなるとは』と。

王は自分の過ちを見て、守園人を呼び寄せ、尋ねた。『この者は出家者か。別の日にもここへ来るのか』と。『はい、陛下』と。『ここへ来た日に、そなたは私に報告するのだ』と。長老はまた、二、三日すると、再びやって来て、樹の根もとに坐った。守園人は見て、『これは私にとって大きな贈り物だ』と、急いで行き、王に報告した。王は立ち上がり、法螺貝や小鼓などの音を止めて、高貴な大臣たちとともに、園に行った。それゆえ、「近づいて行った」と言われている〉。

ローヒッチャ経

1（本書、五一五頁） sambahulā antevāsikā kaṭṭhahārakā māṇavakā. 〈「青年バラモンたちは」（māṇavakā）とは、そこで老大であっても、かれらは老大のときでも、共住者（共住弟子）であることによって、「青年バラモン」と言われているのである〉。

2（本書、五一六頁） muṇḍakā samaṇakā. 〈剃頭者（muṇḍa）に対して「剃頭者である」と、また沙門（samaṇa）に対して「沙門である」と言うことはよい。しかし、この者たちは、軽蔑して「禿頭者（muṇḍaka）、似非沙門（samaṇaka）である」と言った〉。

3（本書、五一六頁） bandhupādāpaccā. 〈「梵天《ぼんてん》の足から生まれた」とは、このうち、'bandhu'（親族）とは「梵天」（brahmā）が意趣されている。なぜなら、バラモンたちはかれを祖父（pitā-maha）と呼んでいるからである。足（pāda）の子（apacca）が「足から生まれた（者たち）」（pādāpaccā）であり、梵天の足裏から生まれている（者たち）、という意味である。伝えによれば、かれらにはつぎの主張があった。「バラモンは梵天の口（mukha）から、王族は胸（ura）から、庶民は臍（nābhi）から、奴隷は膝（jāṇu）から、沙門は足裏（piṭṭhipāda）から生まれ出た」と〉。

4（本書、五一六頁） ibbhā. 〈家持ち（gahapatikā）である〉。《奉仕によって象（ibha）を運ぶから「象飼い」（ibbhā）、象の番人（hatthigopakā）である。ただし、かれらは卑賤な富豪の資産を取り、資産家の状態を取り、「家持ち」とも言われるから、「卑賤な者である」と言った》。長部3『アンバッタ経』第一〇節補註8参照。

5（本書、五一六頁） bharatakānaṁ. 〈富豪たちの（kuṭimbikānaṁ）、ということ。なぜなら、富豪たちは王国を支える（raṭṭhaṁ bharanti）から、《王国に住む場合、その王国のために租税（bali）を支えること（bharaṇa）によって、あるいは自分の資産のために支えることによって》「地主」（bharatā）と言われる。ただし、この者たちは軽蔑して語り、「地主たちの」と言った〉。

6（本書、五一六頁） vihārā nikkhamitvā. 〈「赤い煉瓦《れんが》で覆われた、銀板のように等しく撒かれた砂の、楽しい庭で、薪束《まきたば》を縛り、投げつつ、砂をかき混ぜ、手に手をとり、葉屋の周りを歩き、『この者たちは地主たちの尊敬がある、この者たちは地主たちの尊敬がある』と何度も叫んでいるが、これらの青年バラモンは戯れ過ぎている。かれらは、精舎に比丘たちがいることも知らない。比丘たちがいることをかれらに示そう」と考え、葉屋から（paṇṇakuṭito）出た〉。

第一海経

1（本書、六六一頁） cakkhu purisassa samuddo. あるいは「人の眼は海です」。〈「満たし難い状態」（duppūraṇaṭṭha）によって、あるいは「湿す状態」（samuddanaṭṭha）によって「海」（samudda）であり、眼がすなわち、海と言われる。なぜなら、それ（眼）は、地からアカニッタ梵天界まで、青などの所縁が合流する《識閾に入る》充満状態を作ることができないからであり、そのように「満たし難い状態」によって「海」である。また、眼は、それぞれの青などの所縁において湿し、防護なく、退くものに、煩悩生起の根拠として、《有情の相続が（眼門の渇愛《かつあい》によって）汚れがとどまることにより》汚れを伴い向かい行くから、「湿す状態」によっても「海」である〉。《そのうち、「満たし難い状態によって」とは、満たすことが出来ない状態によって、ということである。「湿す状態によって」とは、すべてにわたり、次々と含めることによって、ということである。なぜなら、大ガンガー（ガンジス）のような大河などの大洪水が毎年入っても、海は満ちることがないからである》。

燃焼門経

1（本書、六八九頁） tasmiṁ ce samaye kālaṁ kareyya. 〈誰も汚れた心によって死ぬ者はいない。なぜなら、一切の有情には有分（bhavaṅga）《根本の有分 mūlabhavaṅgaṁ》によってのみ死（kālakiriyā）が起こるからである。ただ、煩悩の恐れ（kilesabhaya）を示して、このように言われたのである。あるいはまた、時（samaya）によってこのように言われている。なぜなら、眼門の領域に入った所縁に対して《貪によって》染まった心が、あるいは怒った心が、あるいは迷った心が、所縁の味（ārammaṇarasa）を領受《りょうじゅ》し、有分に入り、有分にとどまり、死ぬからである。そのとき、死ぬ者には二の行方のみが期待されるのであり、この時（samaya）《死の時（maraṇa-samaya）》によって、これが言われている〉。《「怒る心」によって、どのように「所縁の味」があるのか。憂受の生起（domanassavedanuppatti）がすなわち、その所縁の味の領受である、と解されるべきである》。原意は「もしそのとき、時（死時）を作るならば」。なお、「死ぬ」（kālaṁ karoti, kālakiriyaṁ karoti 時を作る）とは、一般に凡夫《ぼんぷ》が死ぬ場合に用いられる表現である。

毒蛇喩経

1（本書、六九九頁） bhikkhū āmantesi. 〈独行者・二人行者・三人行者・四人行者・五人行者として同類の生活に専念し、すべてが苦相の業処者《ごっしょしゃ》（dukkhalakkhaṇakammaṭṭhānika）であり、取り囲み、坐っている瑜伽行者《ゆがぎょうじゃ》（禅定者《ぜんじょうしゃ》）である「比丘たちに話しかけられた」ということである。なぜなら、本経は、人の意向（puggalajjhāsaya）によって説かれているからである。もろもろの人のうちでも、諸方に住み、苦相の業処者である「広説知者」（vipañcitaññū）たちが、奉仕のときにやって来て、師を取り囲み、坐ったことによって説かれたものである。そうであっても、これは、「略説知者」（ugghaṭitaññū）をはじめとする四人の確かな縁になるものである。なぜなら、「略説知者」である人は本経の要目の説示（mātikā-nikkhepa）だけで阿羅漢果を得るであろうし、「広説知者」は要目の詳細な分別《ふんべつ》によって、「被教導者」（neyya）である人は本経のみを学習し、遍問し、正しく思惟《しゆい》し、善友に親しみ、従い、仕えて、阿羅漢果を得るであろうし、「語句最上者」（padaparama）には本経が未来の熏習《くんじゅう》（vāsanā）になるであろうからである。以上のように、すべての者にとっても資助となることを知り、世尊は、シネール（須弥山《しゅみせん》）を持ち上げるかのように、虚空を拡げるかのように、輪囲山《りんいせん》を震わせるかのように、大いなる勇猛をもって、「比丘たちよ、たとえば」というように、この『毒蛇喩経』を開始されたのである）。なお、「四人」については長部14『大譬喩経』第六九節参照。

2（本書、六九九頁）cattāro āsīvisā.〈「四匹の毒蛇」とは、木口（kaṭṭhamukha）、臭口（pūtimukha）、火口（aggimukha）、刀口（satthamukha）というこれらの四匹である。そのうち、「木口」に噛まれた者は、全身が乾燥木のように硬くなり、つぎ目や隙間において極端に鉄杭が置かれたように立つ。「臭口」に噛まれた者の場合、全身が熟した臭いパナサ（パンの木）のように、膿みただれた状態になり、流れ出て、容器に入れられた水のようになる。「火口」に噛まれた者は、全身が焼け、握り拳の灰のように、また握り拳の籾殻のように散乱する。「刀口」に噛まれた者は、全身が破られ、落雷の場所のように、また大鋤で掘られた隙間口のようになる。このように、「毒」（visa）によって分類される四種の毒蛇がいる）。また、〈「毒の勢力の相違」（visavegavikāra）によって十六種〉に、〈「人施設」（puggalapaṇṇatti 人の規定）によって六十四種〉に、あるいはまた〈「胎」（yoni 四生体）によって二百五十六種〉にも分類される。

3（本書、六九九頁）evaṁ vadeyyuṁ.〈見守らせるためにかれら（人々）はこのように言うとします、ということ。なぜなら、王たちは毒蛇を捕まえさせ、「そのような盗賊どもはこれらに噛ませて殺してしまおう」とか、「都を破壊するとき、敵軍の中にそれを投げ込もう。敵の力を砕くことができない場合、美食をし、立派な臥床に上り、これらを自分に噛ませ、敵の支配を受けず、自分の好みで死のう」と、毒蛇を見守らせるからである。かれらは、あえて盗賊を殺そうと欲しない場合、「このようにこの者たちは、長い間、苦を得て、死ぬであろう」と欲し、その男性にこのように、「おい、男よ、お前は、これらの威力があり猛毒のある四匹の毒蛇を」と言うのである〉。

4（本書、七〇〇頁） yaṁ te ambho purisa karaṇīyaṁ taṁ karohi.〈これは利行者（atthacaraka）の言葉と解されるべきである。伝えによれば、かれらは、その男性にこのように毒蛇を提供し、「これはお前たちの奉仕者である」と四の籠《かご》に入れられた毒蛇に告げたという。そこで、一匹が出て来て、その男性の右足に沿って上り、右手の手首から巻きつき、右の耳孔のもとで鎌首をもたげ、ススと音をたてながら横臥した。別の一匹は、左足に沿って上り、同じようにして左手から巻きつき、左の耳孔のもとで鎌首をもたげ、ススと音をたてながら横臥した。第三の一匹は、出ると、対面して上り、腹に巻きつき、のど首のもとで鎌首をもたげ、ススと音をたてながら横臥した。第四の一匹は、背中から上り、首に巻きつき、頭の上で鎌首をもたげ、ススと音をたてながら横臥した。

このように、四匹の毒蛇による身体の骨組みが生じたとき、一人がその男性の利行人として、それを見て、「おい、男よ、お前には何が得られているのか」と質問した。そこで、その男性が、「おい、私にはこれらがある。手には指輪のように、腕には腕輪のように、腹には腹巻き布のように、耳には耳飾りのように、首には真珠の首飾りのように、頭には頭の飾りのように、立派な装飾品はどれも王から与えられているのだ」と答えると、かれはこう言った。

「おい、暗愚な者よ、『王が満足して、私に装飾品を与えてくれた』などと考えてはならない。お前は王に対して罪を犯した盗賊である。しかも、これら四匹の毒蛇は奉仕し難く、世話し難い。一匹が起き上がりたくなると、一匹が沐浴したくなる。一匹が沐浴したくなると、一匹が寝たくなる。一匹が食べたくなると、一匹が食べたくなる。かれらのうちで欲の満たないものが、即座に嚙みつき、殺すのだ」と。

「おい、そうであれば、何か安全な道《安全な方法》はあるのか」と。

「ある。王臣たちが混乱している状態を知って逃げることが安全だ」

と言い、「お前はなすべきことをなせ」と言うのである〉。

5（本書、七〇二頁） tiṭṭhati brāhmaṇo.〈この者は《勝義からは（pamatthato）》バラモンではない。なぜ、「バラモン」と言われたのか。これだけのもろもろの敵を除外している（bāita）から、あるいは、説示（desanā）《概要説示（uddesa-desanā）》をくりかえし《除き》つつ、一人の漏尽《ろじん》バラモン（khīṇāsavabrāhmaṇa）を示すためにも、このように言われたのである。

なお、かれがこのようにして渡ったとき、四匹の毒蛇は「われわれが得たものはなかった。今からお前の命をガリガリと齧り、吐き出すことにしよう」と、五人の敵は「われわれが得たものはなかった。今からお前を取り囲み、手足を切断し、王のもとへ行き、百金か千金を得ることにしよう」と、第六の仲間は「私が得たものはなかった。今からお前の頭を水晶色の刀で切断し、将軍の地位を得て、栄華を味わうことにしよう」と、六人の盗賊は「われわれが得たものはなかった。今からお前に種々の刑罰を行なわせ、多くの財を運ばせることにしよう」と思った。しかし、かれらは水の流れを渡ることができず、王の命令によって妨げられたことから、さらに行くこともできず、干乾びて死ぬことになるのである〉。

6（本書、七〇二頁） upamā kho myāyaṁ.〈ここでは、つぎのように初めから比喩の結合が知られるべきである。すなわち、「王」は業の喩えである、と見られるべきである。「王に違犯する男性」は輪転（輪廻）に依存する凡夫の喩えである。「四匹の毒蛇」は四《し》大要素《だいようそ》の喩えである。「王がかれに四匹の毒蛇を受け取らせる時」は業が凡夫に結生の刹那に四大要素を与える時の喩えである。「これらの毒蛇の放縦な瞬間と王臣たちの遠隔の瞬間に出て、『おい、男よ、お前はなすべきことをなせ』との言葉により、逃げよ、と言われた時」は師がこの比丘に大要素の業処を語り、「これらの大要素について厭離《おんり》しなさい。離貪《りとん》しなさい。このようにして解脱《げだつ》するでしょう」と語られた時の喩えである。「その男性が利行者の言葉を聞き、四匹の毒蛇の放縦な瞬間と王臣たちの遠隔の瞬間に出て、あちこちに逃げること」はこの比丘が師のもとで業処を得て、大要素である毒蛇から解脱するために、智という逃亡によって逃げることの喩えである〉。

7（本書、七〇二頁） pañcannetaṁ upādānakkhandānaṁ adhivacanaṁ.〈ここでは、二の様相（色と無色《むしき》）によって、諸蘊《しょううん》と殺戮者である敵との類似性が知られるべきである。なぜなら、諸蘊は互いに殺戮し、それらがあれば殺戮というものが認められるからである。どのようにか。まず、色は色をも無色をも殺戮し、同じく無色は無色をも色をも殺戮する。どのようにか。実にこの「地界」が壊れる場合、他の三界（水界・火界・風界）を得て壊れ、「水界」などについてもこの仕方がある。このように、まず、色は色を殺戮する。また、色蘊が壊れる場合、四無色蘊（受蘊《じゅうん》・想蘊《そううん》・行蘊《ぎょううん》・識蘊《しきうん》）を得て壊れるのであり、このように色は無色をも殺戮する。受蘊も壊れる場合、想蘊・行蘊・識蘊を得て壊れる。想蘊などについてもこの仕方がある。このように無色は無色を殺戮する。また、死没《しぼつ》の刹那に、四無色蘊が壊れる場合、基色をも得て壊れるのであり、このように無色は色をも殺戮する。

　このように、まず、互いに殺戮するから「殺戮者」である。また、諸蘊があるところに、切断、破壊、殺戮、捕縛があるのであり、他所にあるのではない。このように、諸蘊があるとき、殺戮が認められるから、また「殺戮者」である〉。なお、「五《ご》取蘊《しゅうん》」とは、取著《しゅじゃく》（執着《しゅうじゃく》）の縁となる五蘊（色・受・想・行・識）をいう。

8（本書、七〇二頁） nandīrāgassetaṁ adhivacanaṁ.〈ここでは、二の様相によって、喜貪と刀を抜いた殺戮者との類似性が、慧の頭を落とすこと（paññāsirapātana）と生体を与えること（yonisampaṭipādana）とから、知られるべきである。どのようにか。実に好ましい所縁が眼門の領域に入ったとき、その所縁によって貪りが生じ、これだけで「慧の頭が落ちている」と呼ばれるが、耳門などについてもこの仕方がある。このように、まず、「慧の頭を落とすこと」との類似性が知られるべきである。また、この喜貪は卵生《らんしょう》などに分類される四の生体（四生）を与える。それには、生体（胎）に近づく根本である、二十五の大恐怖と三十二の刑罰とが現われるから、このように「生体を与えること」からも、刀を抜いた殺戮者との類似性が知られるべきである。

以上のように、喜貪によっても、一比丘の業処が語られていることになる。どのようにか。それは、この喜貪が行蘊であり、それを行蘊であると確定し、それと結合している受が受蘊であり、想が想蘊であり、心が識蘊であり、それらの基所縁（vatthārammaṇa 基と所縁）が色蘊である、と、このように五蘊を確定するからである。今や、それらの五蘊を名色《みょうしき》によって確定し、それらの縁を遍求して以降、観を増大させ、次第に一人（一比丘）が阿羅漢果を得る、と、このように喜貪によって業処が語られていることになるのである〉。

9（本書、七〇三頁）〈今や「外」（六外処）が「村を破壊する盗賊たち」と同類であることを示し、このように言われた。

そのうち、「もろもろの喜ばしい色・喜ばしくない色において」とは、具格の意味における於格であり、もろもろの喜ばしい色・喜ばしくない色によって、という意味である。

それについて、盗賊たちが村を破壊する場合、《盗賊たちによってそのとき行なわれるべき》五の用事が起こる。①まず、盗賊たちが村を取り囲み、とどまり、火を放ち、カタカタという声を上げる。②それから、人々は手に財を持ち、外へ出る。③それから、かれらと、財のために《倒すことなどによって》手のもみ合いをする。④ある者たちはここで打撃を受け、ある者たちは打撃の場所に倒れる。⑤そして、残りの無病《むびょう》の者たちを拘束し、自分の住処へ連れて行き、縄や紐などで縛り、奴隷として使用するのである。

そのうち、「村を破壊する盗賊たちが村を取り囲み、火を放つこと」は、所縁が六門の領域に入ったとき、煩悩・熱悩が発生することの喩えである。「手に財を持って外へ出ること」は、その刹那に善法を捨てて不善法をそなえることの喩えである。「財のために、手のもみ合いになること」は、悪《あく》作《さ》・悪説《あくせつ》・単堕《たんだ》（波逸罪《はいつざい》）・粗罪（偸蘭遮《ちゅうらんじゃ》）になる時の喩えである。「打撃を受ける時」は、僧残罪《そうざんざい》になる時の喩えである。また、「打撃の場所に倒れる時」は、波羅《はら》夷罪《いざい》になり、非沙門になる時の喩えである。「残りの者たちを拘束し、住処へ連れて行き、奴隷として使用する時」は、その所縁のみによって見るすべての者たちが小戒・中戒・大戒を破り、学を捨て、在家《ざいけ》の状態（還俗者《げんぞくしゃ》）になる時の喩えである。そこでかれが妻子を養う場合は現世の苦蘊が、死んで苦処に生まれ変わる場合は後世の苦蘊が知られるべきである。これらの外処もまた、一比丘の業処によってのみ、語られている〉。

10（本書、七〇四頁）〈たとえば、危険な（危惧のある）こちらの岸に立っている者が水の流れを渡ろうと欲する場合、数日間住み、徐々に舟を用意し、水遊びをするように舟に乗ってはならない。なぜなら、そのようにすれば、乗らないうちに災難に遭うからである。ちょうどそのように、煩悩の河を渡ろうと欲する場合、「私はまだ若い。年老いたときに、八支道《はっしどう》（八正道）の筏を結ぶことにしよう」と、妄想すべきではない。なぜなら、このようにすれば、年を老いなくても破滅に至り、老いても行なうことができないからである。ただ、『賢善一喜（経）』（中部131・後分五十経篇Ⅱ）などを憶念し、急いでこの聖道の筏を結ぶべきである。（ちなみに、同経第一節につぎの偈あり。「過去を追いゆくことなかれ、未来を願いゆくことなかれ、……今日こそ努め励むべきなり、誰が明日の死を知ろう……」と）

たとえば、また、筏を結ぶ場合、手足の円満が求められねばならない。なぜなら、足の曲がりや足の萎えがある者《足が切断されている者》は踏みとどまることができないし、鎌首のような手の者などは草や葉などを持つことができないからである。そのように、この聖道の筏を結ぶ場合も戒の足と信の手との円満が求められねばならない。なぜなら、悪戒者や不信者は教え（仏教）に踏みとどまることがなく、実践を信じず、聖道の筏を結ぶことができないからである。たとえば、また、手足が円満していても、力がなく、病気に悩まされている者は筏を結ぶことができず、力をそなえている者のみができるように、持戒者《じかいしゃ》や信仰者であっても怠惰や懈怠であればこの道の筏を結ぶことはできず、努力精進《どりょくしょうじん》する者のみができるのである。以上のように、これは結ぼうと欲することによって、努力精進によってあるべきものである。

たとえば、その人が筏を結び、岸に立って、ヨージャナの距離に広がる水の流れを、「私はこれを個人の行動で渡らなければならない」と意を結ぶ《心になすべきことを用意する》ように、瑜伽者（禅定者）もまた経行所から下りて、「今、私は四道を害する煩悩の河を渡り、阿羅漢果に踏みとどまらなければならない」と意を結ぶべきである。

たとえば、また、その人は、筏によって水の流れを渡る場合、ガーヴタの距離を行って、止まり、眺め、「私は一部分を過ぎた。あと三部分が残っている」と知る。さらにまた、ガーヴタの距離を行って、止まり、眺め、「私は二部分を過ぎた。二部分が残っている」と知る。さらにまた、ガーヴタの距離を行って、止まり、眺め、「私は三部分を過ぎた。あと一部分が残っている」と知る。それも過ぎて、止まり、眺め、「私は四部分も過ぎた」と知る。そして、その筏を足で突き、流れに向かって捨て、渡り、岸に立つ。そのように、この比丘も聖道の筏によって煩悩の河を渡る場合、預流道によって第一道を害する諸煩悩を渡り、道と直結する果に立ち、省察智によって止まり、眺め、「私は四道を害する諸煩悩の一部分を捨断した。あと三部分が残っている」と知る。再び同じようにして、根・力の菩提分（indriyabalabojjhaṅga）を連結し、諸行《しょぎょう》を思惟し、一来道によって第二道を害する諸煩悩を渡り、道と直結する果に立ち、省察智によって止まり、眺め、「私は四道を害する諸煩悩の二部分を捨断した。あと二部分が残っている」と知る。再び同じようにして、根・力の菩提分を連結し、諸行を思惟し、不還道によって第三道を害する諸煩悩を渡り、道と直結する果に立ち、省察智によって止まり、眺め、「私は四道を害する諸煩悩の三部分を捨断した。あと一部分が残っている」と知る。再び同じようにして、根・力の菩提分を連結し、諸行を思惟し、阿羅漢道によって第四道を害する諸煩悩を渡り、道と直結する果に立ち、省察智によって止まり、眺め、「私は一切の煩悩を捨断した」と知るのである。

　たとえば、その人は、その筏を流れに運び出し、渡り、陸地に立ち、都に入り、立派な高楼の上に行き、「これだけで実に無益なものから解放されている」と心が統一され、意が満ちて坐る。そのように、（この比丘も）その座に、あるいは他の夜間道場や昼間道場などのどこかに坐り、「これだけで実に無益なものから解放されている」と涅槃を所縁とする果定に入り、心が統一され、意が満ちて坐るのである。あるいは、これについて、「比丘たちよ、『かれは、渡り、向こう岸へ行き、バラモンとして、陸地に立ちます』とは、これは阿羅漢の同義語です」と言われている。

　このように、まず、ここでは種々の業処が語られているが、連結し、いずれもすべてはただ一つにして示されなければならない。一つにして示す場合も、「五蘊」によってのみ繰り返されるべきである。

　どのようにか。ここでは、実に、四大要素、内の五処、外の五処、法処における十五の微細色、有身の一部、以上、これが「色蘊」である。意処、識蘊、法処の一部、四暴流《しぼる》、有身の一部、以上、これらが「四無色蘊」である。そのうち、色蘊は「色」であり、四無色蘊は「名」であり、以上、これが「名色」である。それには、喜貪、欲暴流、有暴流、法処の一部、有身の一部という、これらの縁がある。以上、「縁のある名色を確定する」と名づけられる。縁のある名色を確定し、三相を載せて、観を増大させ、諸行を思惟し、阿羅漢果を得る。以上、これが一比丘の出離門《しゅつりもん》（niyyānamukha）である。

　そのうち、四大要素、五取蘊、内外の十一処、法処の一部、見暴流、無明暴流《むみょうぼる》、有身の一部、以上、これが「苦諦《くたい》」（dukkha-sacca）である。喜貪、法処の一部、欲暴流、有暴流、有身の一部、以上、これが「集諦《じったい》」（samudayasacca）である。彼《ひ》岸《がん》と称される涅槃が「滅諦《めったい》」（nirodhasacca）であり、聖道が

「道諦《どうたい》」(maggasacca)である。そのうち、二諦は「輪転」(vaṭṭa)、二諦は「還転」(vivaṭṭa)である。二諦は「世間」(lokiya)、二諦は「出世間」(lokuttara)である。以上、四諦は《逼迫などの》十六の様相(ākāra)により、《「念処分別」に述べられた》六万の仕方(naya)により、分別し、示されねばならない、と。

説示の終わりに、略説知者である五百人の比丘は阿羅漢果に確立した。なお、経は「苦相《くそう》」(dukkhalakkhaṇa)によって語られている〉。

車喩経

1(本書、七〇九頁) sīhaseyyaṁ kappeti. あるいは「獅《し》子《し》臥《が》をします」。〈これ(臥 seyyā)には、①欲楽臥、②餓鬼《がき》臥《が》、③獅子臥、④如来臥という四種の臥(catasso seyyā)がある。そのうち、

①欲楽臥と(kāmabhogi-seyyā)は、「比丘たちよ、一般的に欲を楽しむ者たちは、《右手が身体を捉えるなどの行為に適するから》脇を左にして臥します」(A. II. 244)とされるものである。なぜなら、かれらの中には、一般的に脇を右にして臥す者はいないからである。

②餓鬼臥(peta-seyyā)とは、「比丘たちよ、一般的に餓鬼たちは仰向けに臥します」(A. II. 244)とされるものである。なぜなら、肉も血も少ないから、餓鬼たちは骨の集まりがもつれ、脇を一方にして臥すことができず、仰向けにのみ臥すからである。

③獅子臥(sīha-seyyā)とは、「比丘たちよ、一般的に獣王である獅子は尾を内腿に入れ、脇を右にして臥します」(A. II. 245)とされるものである。なぜなら、威力に満ちているため、獣王である獅子は、《右の前足の上に左の前足を置いて》二本の前足を一箇所に、《同じく二本の》後足を一箇所に置き、尾を内腿に入れ、前足、後足、尾の止まっている場所を観察し、二本の前足の先端に頭を置いて臥すからである。《恐れをもつ他の獣たちは自分の棲み処に入り、恐怖が先立ち、そのように臥すが、獅子は恐れがないことから、まるで比丘が念を現前させて臥すように、念をそなえて臥す》。日中に臥しても、目覚める場合、恐れることなく目覚める。しかも、頭を上げ、前足などが止まっている場所を観察する。もしも何らかの場所を捨てて、止まることになれば、「これは、お前の生まれにも勇猛さにもふさわしくない」と、心が満ちず、その場で臥す。餌のために出かけることはない。しかし、捨てることなく、止まったときは、「これは、お前の生まれにも勇猛さにもふさわしい」と大いに喜び、満ち、立ち上がり、獅子の欠伸《あくび》をし、鬣《たてがみ》を震わせ、三度、獅子《しし》吼をして、餌のために出かけるのである。また、

④如来臥(Tathāgata-seyyā)は、第四禅の臥(catutthajhāna-seyyā)と言われる。《「第四禅の臥」とは、第四禅の果定(phalasamāpatti）であるという。なぜなら、一般に諸如来は果定に入って臥すからである》。

それら（四種の臥）のうち、ここでは、③獅子臥のことが述べられている。なぜなら、これは、威力に満ちた威儀路《いぎろ》であり、最上臥（uttama-seyyā）と呼ばれるからである〉。長部16『大般涅槃経』第六八節、補註39参照。

第一木幹喩経

1（本書、七一三頁）〈「ガンガー河の流れに運ばれている、あの大きな木の幹が」とは、これがまた八の欠点を脱していることから、流れに向かって行く木の幹が海に達するための障害を作る他の八の欠点を示すために、これを開始された。

その場合、その八の欠点を脱していることはつぎのように解されるべきである。

①一つは、ガンガーに遠くない山地に生じたものであり、種々の蔓草に包まれ、枯葉になって、蟻などに噛まれ、その場で、見られない状態になる。この木の幹は、ガンガーに入り、もろもろの曲がった場所で戯れているかのように海に達し、宝石色の波面に輝きえない。

②つぎは、ガンガーの岸の、外に根があり、内に枝があるもの《ガンガーの岸の内に垂れ下がった枝があるもの》として生じたものである。これは、たとえ時々に垂れた枝々が水に触れても、外に根があることから、ガンガーに入り、もろもろの曲がった場所で戯れているかのように海に達し、宝石色の波面に輝きえない。

③つぎは、ガンガーの真ん中に生じたものである。しかし、堅固な根によって確立され、また外に出ている曲がった枝々は種々の蔓草に絡まれている。これも、根が堅固であることから、また外が蔓草に絡まれていることから、ガンガーに入り……輝きえない。

④つぎは、落ちたその場で砂に覆われたものであり、腐敗状態になる。これもまた、ガンガーに入り……輝きえない。

⑤つぎは、二つの岩の間に生じていることから、よく掘り立てられているかのように、不動に立ったものであり、行き来する水を二種に裂く。これは岩の間によく確立していることから、ガンガーに入り……輝きえない。

⑥つぎは、野外の地で、天空（蒸気）を満たし、もろもろの蔓草に絡まれて立っているものである。一、二年過ぎて、やって来た大洪水で、一度か、二度濡らす。これもまた、天空を満たして立っていることにより、また一年か二年かの後に一度か二度か濡れることにより、ガンガーに入り……輝きえない。

⑦つぎも、ガンガーの真ん中にある洲に生じた柔らかい幹の枝であり、洪水が来ると流れに沿って伏し、水が行くと頭を上げ、踊っているかのように立つ。そのために、海がガンガーに、「おい、ガンガーよ、お前はわが栴檀の心材やサラ

ラ（芳香樹）の心材などの種々の木を運んだが、木の幹を運んでいない」と、このように言うようなものである。「神よ、これはよい利得です。つぎの機会に私は知るでしょう」と。つぎの機会に赤銅色の水が抱擁するかのようにやって来る。それもまた、同じように、流れに沿って伏し、水が行くと頭を上げ、踊っているかのように立つ。これは、自己の軟弱さにより、ガンガーに入り……輝きえない。

⑧つぎは、ガンガーの四方に落ち《杖・橋のようにとどまっているから、大衆の資具《しぐ》になり》、砂が撒かれているものであり、中橋のように、多くの者の資具（縁）になり、両岸に、竹・葦・カランジャ（樹）・カクダ（樹）などが浮かぶとその場で引っ掛かる。同じように、種々の灌木が運ばれ、壊れた杵や破れた箕、蛇、犬、象、馬などの死体もその場で引っ掛かる。大ガンガーもそれに接近して分かれ、二種になり、魚、亀、鰐、大魚（マカラ）なども即座に住まいを設ける。これも四方に落ち、大衆の資具となることによってガンガーに入り、もろもろの曲がった場所で戯れているかのように海に達し、宝石色の波面に輝きえない。

以上のように、世尊はこれらの八の欠点を脱していることから、流れに向って行く木の幹が海に達するための障害を作る他の八の欠点を示すために、「ガンガーの流れに運ばれている、あの大きな木の幹が」などと言われた〉。

2（本書、七一四頁）evam eva kho.〈ここで、外の八の欠点とともに、つぎのように比喩の合流が知られるべきである。すなわち、

①「ガンガーに遠くない山地に生じ、その場で蟻などに噛まれ、見られない状態になった木の幹」は、「布施されるものはない」などの邪見をそなえた人の喩えである、と知られるべきである。なぜなら、この者は教え（仏教）に遠ざかっていることから、聖道（ariyamagga）《四種の聖道路》に上り、定の筏（samādhikulla）に坐って涅槃の海（nibbānasāgara）に達することができないからである。

②「ガンガーの岸の、外に根があり、内に枝があるものとして生じたもの」は、在家者への束縛《そくばく》が断たれていない沙門地主の人（samaṇakuṭimbikapuggala）の喩えである、と知られるべきである。なぜなら、この者は、「心というものは固定されていない。『私は沙門だ』と言いつつ、たちまち在家者になり、『私は在家者だ』と言いつつ、たちまち沙門になる。誰が知るであろうか。何になるであろうか」と《考え、束縛を除かないからである》。年老いてから出家する者も在家者への束縛を除かない。また、年老いて出家した者には達成というものがない。もしかれに衣が得られても、端が破れたものとか、色あせた古いものとかが得られる。臥坐所《がざしょ》も、精舎の辺地に葉庵とか仮堂とかが得られる。托鉢に行くにも、子や孫たちの、幼児たちの後から行かなければならず、周辺に坐らなければならなくなる。そのため、かれは苦しみ、悩

み、涙を流し、「私には家の財産がある。それを食べて生活することは適切であろうか」と考え、一人の持律師に問う。「尊者《そんじゃ》、師よ、自分の持ち物を考えて食べることは適切でしょうか。不適切でしょうか」と。「これについて過失はありません。これは適切です」と。かれは、自分に親しい、若干の、悪口の、悪行の比丘を得て、夕刻時に村内に行き、村の中央に立ち、村人たちを呼び寄せ、「われわれの努力《田畑など》から起こった収入を、あなたがたは誰に与えますか」と言う。「尊者よ、あなた方は出家者です。私どもは誰に与えましょうか」と。「出家者たちに自分の持ち物として、何がふさわしいか」と鋤と籠を持ち、土地の境界や束縛などを作りつつ、七穀・七菜とあらゆる果実を集める。そして、冬季・夏季・雨季において欲するものをそれぞれ料理させ、食べつつ、沙門地主になり、生活する。ただし、かれには五髻童子を伴う妻（足元で仕える者）が一人もいない。この人は、たとえ垂れた枝々が水に触れても内に枝がある樹のように、塔廟の庭や菩提樹の庭などにいる比丘たちに《托鉢食《たくはつじき》のために》身の和合を施すが、在家者への束縛が断たれていないため、外に根があることから、聖道に入り、定の筏に坐って涅槃の海に達することができない。

③「ガンガーの真ん中に生じ、外に蔓草に絡まれて曲がった枝々のあるもの」は、僧団の所有物によって生活しながら生活が壊れている人の喩えである、と知られるべきである。

ある一部の者は、在家者に対する束縛を捨てて出家しながら、適切な場所で出家生活ができない。なぜなら、出家生活というものは結生の獲得のようなものだからである。たとえば人々が結生を得る場合、かれらの家の正行のみを学ぶように、比丘たちもまたかれらのもとで出家する場合、そのかれらのみの正行を獲得する。それゆえ、ある一部の者は、不適切な場所で出家し、教示、教誡、誦唱、遍問などから外れる者になり、早朝に剃頭の瓶を持ち、水浴場へ行く。師匠や和尚の食事のために、肩に鉢をつけ、食堂へ行く。悪口の沙門たちと種々の遊びに興じる。寺男や子供たちと交わり、住むのである。

かれは、若い比丘のとき、自分にふさわしい若い比丘たちや寺男たちと一緒に僧団の財物（saṅghabhoga）《僧団の所有する財物村（bhogagāma）》へ行き、「これは漏尽者たちが某王のもとで受け取った僧団財物である。お前たちは僧団にこれとこれとを施してはならない。なぜなら、お前たちの事情を聞いて、王とか王大臣たちは不愉快になるだろうからである。さあ、今からこれとこれとを行なえ」と、鋤と籠を持たせ、予め池や水路で行なうべき仕事をさせ、多くの七穀・七菜を精舎に入れさせ、寺男たちから、自分の資助の状態を僧団に告げさせる。僧団は、「この若者は資助が多い。この者に百か二百を与えよ」と、与えさせる。以上のようにして、かれはあちこちから僧団の財物のみによって増大し、二十一種の邪求に縛られる。かれは聖道に入り、定の筏に坐って涅槃の海に達することができない。

④「落ちたその場で砂が覆い、腐敗状態になった樹」は、怠惰な大食漢の喩えである、と知られるべきである。なぜなら、このような人に、資具を貪り、師匠や和尚への務めを放り出し、説戒・遍問・正思惟を避けている俗の眼について、五蓋《ごがい》は意味としてつぎのように言うからである。「おい、われわれは誰の持ち物へ行くのか」と。

すると、沈鬱・眠気（蓋）が起き上がり、このように言う。「お前たちは見ていないのか。この某精舎に住む怠惰な人は、某という村へ行き、粥という粥を《粥を飲み、それが消化されないうちに次の粥を飲み干し》、菓子という菓子を、食べ物という食べ物を食べて、精舎に帰り、すべての務めを放り出し、説戒などもなく、床に入り、われわれに機会を作っているのだ」と。

すると、貪欲蓋が起き上がり、言う。「おい、お前に機会が作られると、私にも作られたことになる。今こそかれは眠り、煩悩に照らされたまま《正思惟がないことによって心が煩悩に従ったまま》で、目覚め、欲の考えを行なうであろう」と。

すると、瞋蓋が起き上がり、言う。「お前たちに機会が作られると、われわれにも作られたことになる。今こそ、眠り、起き上がって、『お前はあらゆる務めを行なえ』と言われ、かれは、『この者たちは自分の業を作らず（仕事をせず）、われわれに対して活動をしている』と種々の悪口を言いつつ、《怒りによって眼のある者（賭博師）たちを作りつつ》（諸）眼を除去し、実行するであろう」と。

すると、浮つき（掉挙）蓋が起き上がり、言う。「お前たちに機会が作られると、われわれにも作られたことになる。怠惰な者は風に運ばれた火の塊のように、浮ついた者《静まりのない者》になる」と。そこで、後悔（不行儀）蓋が起き上がり、言う。「お前たちに機会が作られると、われわれにも作られたことになる。怠惰な者は後悔（不行儀）が作られた者のようになる。不浄に対して浄想を、また浄に対して不浄想を起こす」と。

そこで、疑蓋が起き上がり、言う。「お前たちに機会が作られると、われわれにも作られたことになる。なぜなら、このような者は八箇所について大きな疑いを生むからである」と。

このように、怠惰な大食漢を、五蓋は、凶暴な犬などが角の断たれた老牛にするかのように、襲い、捉える。かれもまた、聖道に入り、定の筏に坐って涅槃の海に達することができない。

⑤「二つの岩の間に掘られた根の様相で立っている樹」は、（邪）見を起こしてとどまっている成見者の喩えである、と知られるべきである。なぜなら、かれは「無色有《むしきう》において色がある」「無想有において心が転起する」「《『これら四の念処を七年間修習するならば』（中部10『念処経』第一七節）な

どの言葉から》出世間道は多心刹那である」「潜在煩悩（随眠）は心不相応である」「それらの有情はまた輪転し、輪廻する」と言いつつ、アリッタのように、またカンタカ沙弥《しゃみ》のように行動するからである。しかも悪口者となり、和尚などを共住弟子などによって破壊しつつ、行動するのである。かれもまた、聖道に入り、定の筏に坐って涅槃の海に達することができない。

⑥「野外の地で天空（蒸気）を満たし、もろもろの蔓草に絡まれて立ち、一、二年を過ぎてやって来た大洪水で一度か二度か濡らす樹」は、老大のときに出家して、辺地に住みつつ、僧団を見難く、また法を聞き難い人の喩えである、と知られるべきである。なぜなら、一部の者は老いたときに出家し、数日で入団戒《にゅうだんかい》を得て、五年のときにパーティモッカ（根本戒）を熟知し、十年のときに持律長老のもとでの律の話の際、胡椒とかハリータカ片とかを口に置いて、払子《ほっす》で口を覆い、眠りながら坐り、類似（lesakappa）によって作律者（kata-vinaya）《作明者《さみょうしゃ》のように律を学ぶ者》となり、鉢衣を保ち、辺地を行くからである。そこで人々はかれを敬い、比丘を見ることが得難いために、「尊者よ、ここでのみお過ごしください」と精舎を作らせ、花が咲き実の成る樹を植え、そこに住まわせるのである。

また、大寺のような精舎の多聞比丘《たもんびく》たちは、「地方で衣の染色などをして戻ってくることにしよう」とそこへ行く。かれはかれらを見て、大いに喜び、満足し、種々の務めを行ない、翌日、（鉢衣を）取って、托鉢村に入り、「某師は経師です。某師は論師です。某師は持律師です。某師は三蔵です。あなた方はこのような長老たちをいつ得るのですか。聞法を行なわせなさい」と言う。男性信者たちは「聞法を行なわせよう」と精舎の道を浄め、バターや油などを取って、大長老に近づき、「尊者よ、私たちは聞法を行なわせましょう。《この施物を》説法者たちのためにお考えください」と言って、翌日、やって来て、法を聞く。

居住長老は、来客たちの鉢衣を片付け、室内でのみ、日中を過ごす。日中の説者は起立し、唱誦し、瓶から水を吐くかのように唱誦を行ない、起立する。かれは、そのことも知らない。夜の説者は、海を震動させるかのように、夜に語り、起立する。かれは、そのことも知らない。朝の説者は語り、起立した。かれは、そのことも知らない。ただし、早朝に起立し、顔を洗い、長老たちに鉢衣を手渡し、托鉢に行く場合、大長老に言った。「尊者よ、日中の説者はどのジャータカ（本生話）を語ったのですか。唱誦者はどの経を唱誦したのですか。夜の説者はどの法話を語ったのですか。朝の説者はどのジャータカを語ったのですか。諸蘊はどれだけですか。諸界はどれだけですか。諸処《しょしょ》はどれだけですか」と。このような者は、一、二年が過ぎて、比丘を見ることや聞法を得ても、洪水が来ると、一度か二度か濡れた樹のようになる。かれはこのように、僧団を見ることからも聞法からも退き、遠くに住んでおり、聖道に入り、定の筏に坐って涅槃の海に達することができない。

⑦「ガンガーの真ん中にある洲に生じた柔らかい樹」は、甘美な唱誦をする人の喩えである、と知られるべきである。なぜなら、かれはつぎつぎと知られる「ヴェッサンタラ」などのジャータカを学び、比丘を見難い辺地に行き、そこで法話によって心が清まった人々により仕えられつつ、自分を指定して作られた花や実をそなえた樹のある、歓喜園《かんぎおん》のような楽しい精舎に住むからである。そこで、かれの荷物を運ぶ比丘たちは、その事情を聞いて、「某者はこのように奉仕者たちに執心して住んでいるらしい。賢明な比丘は仏語を学ぶとか、業処を思惟することができる。連れてきて、かれと一緒に某長老のもとで法を、某長老のもとで業処を学ぶことにしよう」と、そこへ行く。

かれはかれらへの務めを果たし、夕刻時に、精舎の巡行に出かけたかれらによって、「友よ、この塔廟はあなたが作らせたのですか」と尋ねられ、「はい、尊者よ」と言った。「この菩提樹、この仮堂、この布薩堂、この火堂、この経行所はあなたが作らせたのですか。これらの樹を植えさせて、あなたは歓喜園のような楽しい精舎を作らせたのですか」と。「はい、尊者よ」と言った。

かれは、夕方、長老への奉仕に行き、礼拝し、尋ねた。「尊者よ、なぜあなた方は来ているのですか」と。「友よ、あなたを連れて行き、某長老のもとで法を、某長老のもとで業処を学び、某という森で和合し、沙門法を行なおう、という理由で、われわれは来たのです」と。「わかりました、尊者よ。あなた方は私のために来られたのです。私も、ここに長く住むことを厭う者であり、行きます。尊者よ、鉢衣を取ります」と。「友よ、若い沙弥たちは道に疲れています。今日は滞在し、明日、食後に出かけましょう」と。「わかりました、尊者よ」と、翌日、かれらとともに托鉢に入った。村の住民たちは、「われわれの聖者が、多くの来客比丘を得て、来ておられる」と、もろもろの座席を用意し、粥を飲ませて、楽座の話を聞き、食事を施した。長老たちは、「友よ、あなたは随喜を作り、出かけなさい。われわれは水の楽な場所で食事の務めを果たしましょう」と、出て行った。

村の住民たちは、随喜を聞いて尋ねた。「尊者よ、どこから長老たちは来たのですか」と。「この方々はわれわれの師匠・和尚、和尚に等しい者、友人、知人です」と。「なぜ来られたのですか」と。「私を連れて行きたい、と思ったからです」と。「しかし、あなた方は行きたいと思っているのですか」と。「はい、友よ」と。「尊者よ、あなた方は何を言うのですか。われわれは、だれの布薩堂を、だれの食堂を、だれの火堂などを作ったのですか。われわれは、吉祥・不吉の際に、だれのもとへ行くのでしょうか」と。大信女たちもそこにただ坐り、涙を浮かべた。若者は、「このようにあなた方が苦しんでいるとき、私は行って、何をするのでしょうか。長老たちを出発させましょう」と精舎に行った。

長老たちもまた、食事の務めを果たし、鉢衣を取って、坐り、かれを見ると、「友よ、待ちなさい。日中になったので、われわれは行きます」と言った。「はい、尊者よ、あなた方は喜んでおられますが、某家には煉瓦の根が立ったままの形で《不適切に》立っています。某家などには装飾の根などがあります。私は行っても心が乱れるでしょう。あなた方は先に行き、某精舎で衣の洗浄・染色などをしてください。私はそこへ行くことにしましょう」と。かれらはかれの退きたい思いを知り、「あなたは後から来てください」と出かけて行った。

かれは、長老たちについて行き、引き返し、精舎に戻り、食堂などを眺めつつ、精舎が楽しいことを見て、考えた。「実に行かないことはよい。もしも行ったならば、どのような法話者が来て、すべての者の意を破壊し、精舎を自分の部派に属するものにするのであろうか。また、私が後に来て、この者の後から得られる団食を食べて行動しなければならなくなるのであろうか」と。

かれは、後日、聞く。「あの比丘たちは、行った場所で、一部、二部、一蔵、二蔵などによって仏語を学び、註釈師として生まれ、持律者として生まれ、百の付随も、千の付随もそなえて行動しているらしい。しかし、ここで沙門法を行なうために行っている者たちは励み、努めて預流者として生まれ、一来者として、不還者として、阿羅漢として生まれ、大いに敬われて入滅している」と。

かれは考えた。「もしも私が行ったならば、私にもこの成就があるであろう。しかし、この場所を離れることができない場合、極度に衰退する」と。この人は、自己の軟弱さによってその場所を離れられず、聖道に入り、定の筏に坐って涅槃の海に達することができない。

⑧「ガンガーの四方に落ち、砂が撒かれている状態で、中橋のように、多くの者の資具（縁）になり、生じている樹」は、「伝車」「大聖種」「月喩」などの実践のうち、いずれかの実践を学び、とどまり、執着のある生活をする人の喩えである、と知られるべきである。なぜなら、かれはその実践に基づく法を学び、本来、妙音者として、チッタラ山などのような広大な場所へ行き、塔廟の庭の務めなどを果たすからである。また、聞法堂に着いたかれに、外来の若者たちは、「法を語ってください」と言うのである。かれは、正しく学んだ法、実践を《止観の行を》説明して語る。そこで、糞掃衣者・常乞食者など、長老・新参・中堅の比丘たちのすべてが、かれに対し「ああ、善人である」と心喜ぶ者になる。

かれは、誰かには因縁のみを、誰かには半偈を、誰かには偈を用意しつつ、鉄の帯で結んでいるかのように、若い沙弥たちを愛護し、大長老たちに近づき、「尊者よ、これは古い精舎です。ここでは、誰がそこに増益《ぞうやく》を生むでしょうか」と尋ねる。長老たちは、「友よ、何を言うのです。二万四千カリーサの広さに亘り、そこに増益を生む者がいます」と。「尊者よ、あなた方はそのように言われますが、竈には火も燃えていません」と。「友よ、大寺に住む者たちが得たもろもろのものはそのようには滅びません。誰も止めません。「尊者よ、古の王たちによって施され、漏尽者たちによって受けられものを、なぜこの者たちが破滅させないのですか」と。「友よ、あなたのような説法者は納得できないでしょう」と。「尊者よ、そのように言わないでください。われわれは実践を解説する説法者なのです。あなた方は私のことを『僧団の地主である、精舎の奉仕者である』と思いつつ、行動しようとしています」と。「友よ、いったいどうして、あなた方のような者によって語られるとき、この不適切なことがわれわれに起こるのでしょうか」と。「それでは、尊者よ、寺男たちが来たとき、われわれに負担をかけてください。われわれは一つの適切な方法を語りましょう」と。

かれは、早朝に出かけ、集会堂に立ち、寺男たちが来たとき、「信者たちよ、某地の配分はどこですか。某地の貨幣はどこですか」などと言い、他の地を得て、他に与える。このように、順次にそれぞれを防ぎつつ、それぞれに与えた。そして、粥が手ずからのものとして、菓子が手ずからのものとして、食べ物が手ずからのものとして、油・蜜・糖蜜・バターなどが手ずからのものとして、自分だけの所有物になるようにした。精舎全体が一つの混乱となり、持戒の比丘たちは嫌悪し、出て行った。

かれもまた、師匠や和尚によって遣わされた多くの悪口の人々に和尚を与え、精舎を満たすのである。外来の比丘たちは、精舎の入口に立ったまま、「精舎には誰が住んでいるのですか」と尋ね、「このような比丘たちが住んでいます」と聞くと、直ちに外へ出て行くのである。この人は、教えの四方に落ちることにより、大衆のために資具（縁）の状態に近づいており、聖道に入り、定の筏に坐って涅槃の海に達することができない〉。

3（本書、七一四頁）〈今や、「こちらの岸」などの仕方で、内処などが説かれた場合、つぎのように接近・不接近（upagamanānupagamana）など《こちらの岸とあちらの岸とに接近することと、接近しないことと、真ん中で沈むこと》が知られるべきである。

「私には澄浄の眼がある。私は少しの色所縁をも洞察することが《知ることが》できる」ということによって眼を味楽させても、暗い扉などによって澄浄が害されると、「私の眼は喜ばしくない。色所縁が大きくても、私は明らかにすることができない」と憂える場合も、眼処に近づく、と名づけられる。しかし、無常《むじょう》・苦・無我《むが》という三相によって観る場合、近づかない、と名づけられる。「耳」（耳処）などについてもこの仕方で解される。ただし、「意処」については、「実に私の意は喜ばしい。何ものも左から《邪《よこしま》に》捉えず、すべてを右から《正しく》のみ捉える」とか、「意によってつぎつぎと考える私に得られないものはない」と、このように味楽させても、「つぎつぎと考え難い私には意が熟練しない」と、このように憂いを生じさせても、意処に近づく、と名づけられる。なおまた、好ましい色に対して貪りを、好ましくない色に対して対立（怒り）を起こす場合、色処に近づく、と名づけられる。「声《しょう》」（声処）などについてもこの仕方で解される〉。

漏泄法門経

1（本書、七二〇頁） navaṁ santhāgāraṁ.〈最近建てられた集会堂が、一大会堂が、という意味である。なぜならば、出発のときなど《祝いや祭りなどの集まり》に、王たちがそこに立って、「これだけの者は前から、これだけの者は後から、これだけの者は両側から行け。これだけの者は象に、これだけの者は馬に乗れ。これだけの者は車に立て」と、このように勧告をする（santhaṁ karonti）、境界を結ぶから、その場所は「集会堂」（santhāgāra）《勧告の家（saññāpanāgāra）》と言われている。また、その王たちが、出発の場所から戻り、家々に新鮮な牛糞や漆喰の床を作らせるまで、二、三日の間、そこで休息する（santharanti）《疲れを除く（vissamanti）》ことからも「集会堂」である。その王たちが、共に（saha）《集合して（sannipātavasena）、一緒に》目的（attha）を《'attha' の ttha 字を ntha 字にして》告示する（anusāsana）家（agāra）であることからも「集会堂」である〉。

2（本書、七二〇頁） yena bhagavā tenupasaṅkamiṁsu.〈かれらは、「集会堂が完成した」と聞いて、「さあ、それを見ることにしよう」と行き、門屋をはじめとしてすべてを眺め、「この集会堂は、実に立派で、すばらしい。誰が最初に使用すれば、長く、われわれの利益のため、安楽のためになるであろうか」と考えた。そして、「われわれの親族の最勝者に最初に施される場合でも、師（satthā 仏）のみがふさわしい。供養されるべき者によって施される場合でも、師のみがふさわしい。それゆえ、われわれは師に最初に使用していただこう。また、比丘僧団（bhikkhusaṅgha）に来ていただこう。比丘僧団が来れば、三蔵の仏語（tepiṭaka-buddhavacana）が《もろもろの聖果法（ariyaphaladhamma）も》到来することになるであろう。師には、三夜分にわたり、われわれのために法話を語っていただくことにしよう。このように三宝（ti-ratana）によって使用された後、われわれは使用することにしよう。このようにすれば、長く、われわれの利益のため、安楽のためになるであろう」と結論し、近づいて行った〉。

3（本書、七二二頁） vigatathinamiddho.〈伝えによれば、

比丘たちは、二夜分の間、立っていても、坐っていても、動揺した。しかし、後夜分には食べ物が消化され、その消化により、比丘僧団は沈鬱・眠気を離れたものになった、というが、これは根拠にならない。なぜなら、諸仏の話を聞こうとする者に、身心の煩いは生じず、身心の軽快性などが起こるからである。それゆえ、かれらには、二夜分の間、立っていても、坐っていても、法を聞いている場合、沈鬱・眠気は離れており、後夜分になっても、同じように離れたままになっているのである。それゆえ、「沈鬱・眠気を離れています」と言われた〉。

4（本書、七二二頁） piṭṭhi me āgilāyati. 〈なぜ（背中が）疲れているのか。なぜなら、世尊には六年間、大いなる努力をされ、大きな身の苦しみが生じたからであり、そこで後に老大となられたとき、背中の風病が起こったのである、という。が、これは根拠にならない。なぜなら、世尊は起こった苦痛を鎮め、一日も、二日も、七日も、《ヴェールヴァ村（ベールヴァ村）におけるように》一跏趺を組むことがおできになるからである（長部16『大般涅槃経』第三四節参照）。ただ、集会堂を四威儀路（行・住・坐・臥）によって享受したいと思われたのである。そのうち、御足を清めた場所から法座まで歩かれたが、これだけの場所で「歩くこと」（行）が完成しているのである。法座に着いて、少し立って、坐られたが、これだけの場所で「立つこと」（住）が完成しているのである。二夜分の間、法座に坐られたが、これだけの場所で「坐ること」（坐）が完成しているのである。今や、右脇をもって少し臥すと、「横たわること」（臥）が完成するであろう、と、このように四威儀路によって享受したいと思われたのである。執取《しゅうしゅ》された（意識のある）身体というものは、「疲れない」と言われるべきでない。それゆえ、長く坐ることによって生じた疲れがわずかであっても、それを捉えて、このように言われたのである〉。

キンスカ喩経

1（本書、七四一頁） bhikkhuno dassanaṁ suvisuddhaṁ hoti. 〈「見」（dassana）とは、これは初道（預流道）の同義語である。なぜなら、初道は煩悩を捨断する作用を完成させつつ、最初に涅槃（nibbāna）を見るからであり、それゆえ、「見」と言われる。ただし、種姓智（gotrabhuñāṇa）は、道（magga）より最初に（涅槃を）見るのであるが、見終わって、なすべき作用である煩悩の捨断がないから、「見」と言われない。さらにまた、四道も「見」である。なぜか。預流道（sotāpatti-magga）の刹那に「見」は清まり、果（phala）の刹那に清まっているからである。一来道、不還道、阿羅漢道の刹那に清まり、果の刹那に清まっているからである。このように語っている比丘たちの言葉を聞いて、その比丘は、「私も見を清め、阿羅漢果に確立し、見が清まっている涅槃を目のあたり見て住むことにしよう」と、その（別の）比丘に近づき、このように問うたのである。かれは触処《そくしょ》を業処（瞑想対象）とする者（phassāyatanakammaṭṭhānika）であり、六触処によって色・無色の法を把握し、阿羅漢果を得ている者である。なぜなら、このうち、前の五処は色であり、意処は無色であるからである。以上、かれは自ら証得している道のみを語った〉。なお、「種姓智」は凡夫（世間）の種姓を離れて聖者（出世間）の種姓に入る前の智（観智）であり、涅槃を見ることはできるが、煩悩を捨断することはできない。その後に「道」（道智）が生じ、捨断するのである。『清浄道論』第二二章「智見清浄の解釈」（Vism. 672f.）参照。

2（本書、七四八頁） yathāgatamaggo.〈「聖道」（ariya-magga）は、前分の観道（pubbabhāga-vipassanā-magga）のようなものであり、これも八支をそなえているから、そのようなものであるとして、「来たとおりの道」と言われている。これが、まず、ここで説法のために引かれた喩えの合流である〉。

3（本書、七四八頁）〈つぎに、その意味を明らかにするために引き出された部分について、この合流がある。すなわち、ここでは、「六門の喩え」は六触処によって見の清浄を得ている漏尽者を示すために引かれており、「城主の喩え」は五蘊によって、「十字路の喩え」は四大要素によって、「都城の喩え」は三地法によって見の清浄を得ている漏尽者を示すために引かれているのである。

なお、簡略には、本経では、「四諦」（catusacca）のみが語られている。なぜなら、全体的に、都城の資糧《六門など》によって「苦諦」が、真実の言葉によって「滅諦」が、来たとおりの道によって「道諦」が、また苦を増大させる渇愛が「集諦」だからである。説示の終わりに、質問をした比丘は預流果（sotāpattiphala）に確立した、という〉。

琵琶喩経

1（本書、七四八頁） tato cittaṁ nivāraye.〈眼によって識《し》られるそのもろもろの色から、欲などによって生起する心を、「不浄への傾注」などの方便によって、防止すべきである。なぜなら、眼門の好ましい所縁に対して貪が生起しているとき、傾注しても、心は不浄から消えるからである。好ましくない所縁に対して瞋が生起しているとき、傾注しても、心は慈しみから消えるからである。無関心の所縁に対して痴が生起しているとき、説戒や遍問、師の近住に傾注しても、心は消えるからである。しかし、このように出来ない者は、師（仏）の偉大性（satthumahattatā）、法の善説性（dhammassa svākkhātatā）、そして僧の善行道《ぜんぎょうどう》（saṅghassa suppaṭipatti）に傾注しなければならない。なぜなら、師の偉大性を省察する者にも、法の善説性、僧の善行道を省察する者にも、心は《深甚《じんじん》の智行、省察、慧のある人への親近《じんごん》により、その勝解の成就によって、無智の心は》消えるからである。それゆえ、「不浄への傾注などの方便によって、防止すべきである」と言われている〉。

2（本書、七五三頁） dasadhā vā. 〈まずはじめに十種に裂くとする。そこで、音を見ないため、百種に裂く。そのようにしても見ないため、片々にする。そのようにしても見ないため、「破片は燃えるであろう。しかし、音は出て行き、逃げるであろう。そのとき、私はそれを見ることになる」と、火で焼く。そのようにしても見ないため、「軽い灰の粉末は風によって飛び散るであろう。音は核の穀物のように、足元に落ちるであろう。そのとき、私はそれを見ることになる」と、大風に晒す。あるいは、そのようにしても見ないため、「灰の粉末は水のように行くであろう。しかし、音は向こう岸に行く場合、人のように出て行き、渡るであろう」と、川の急流に流してしまう〉の意。

3（本書、七五四頁） yāvatā rūpassa gati. あるいは「色の及ぶ限り」。〈そこで、「行方」（gati）とは、①行方の行方（gati-gati）、②発生の行方（sañjātigati）、③有相の行方（salakkhaṇa-gati）、④無有の行方（vibhavagati）、⑤破壊の行方（bheda-gati）という五種になる。そのうち、

①この色というものは、無間地獄《むけんじごく》を下限にし、色究竟梵天界《しきくきょうぼんてんかい》を上限にして、この間を輪廻し、転じる。これがその「行方の行方」と呼ばれる。

②つぎに、この身体は、紅蓮《ぐれん》の萼にも、白蓮《びゃくれん》や青蓮《しょうれん》などにも発生しない。ただ、生臓（胃）と熟臓（直腸）との間の、濃い暗黒の、悪臭・異臭の漂う、最も嫌われる場所で、腐魚などにいる蛆虫のように発生する。これが色の「発生の行方」と呼ばれる。

③つぎに、色には、二種の相（特徴）がある。「比丘たちよ、それは壊れる（ruppati）から、それゆえ、色（rūpa）と〔言われます〕（S. III. 86）と、このように言われた壊滅《えめつ》と称される各自の相と、無常などと区分される一般の相とである。これがその「有相の行方」と呼ばれる。

④「密林は諸獣の行方であり、虚空は諸鳥の行方である。無有は諸法の行方であり、涅槃は阿羅漢の行方である」（Vin. V. 149）と、このように言われた色の無有が「無有の行方」《相続の断絶（santānaviccheda）》と呼ばれる。

⑤また、その破壊であるもの、これが「破壊の行方」と呼ばれる。

「受」などについても、この仕方で解される〉。

ワ　行

ヤ　行

ラ　行

マ 行

ハ　行

ナ　行

タ　行

サ　行

カ 行

索　引

ア　行

〈訳者略歴〉

片山一良（かたやま　いちろう）

1942年　兵庫県赤穂市に生まれる。
1965年　駒沢大学仏教学部仏教学科卒業。
1967年　駒沢大学大学院修士課程修了。
現　在　駒沢大学名誉教授。
著　書　『ブッダのことば　パーリ仏典入門』（大法輪閣）
　　　　『「ダンマパダ」全詩解説　仏祖に学ぶひとすじの道』（大蔵出版）
　　　　『パーリ仏典にブッダの禅定を学ぶ　『大念処経』を読む』（大法輪閣）
　　　　『「ダンマパダ」をよむ』（サンガ）
訳　書　『ジャータカ全集』第8巻（春秋社）
　　　　『原始仏教』第1～14巻（中山書房仏書林）
　　　　『パーリ仏典　中部（マッジマニカーヤ）』全6巻（大蔵出版）
　　　　『パーリ仏典　長部（ディーガニカーヤ）』全6巻（大蔵出版）
　　　　『パーリ仏典　相応部（サンユッタニカーヤ）』1～6（大蔵出版）

パーリ仏典〈第3期〉7　相応部（サンユッタニカーヤ）　六処篇 I

2018年7月15日　第1刷発行

訳　　者　片　山　一　良
発 行 者　石　原　大　道
発 行 所　大蔵出版株式会社
〒150-0011　東京都渋谷区東2-5-36
TEL. 03-6419-7073　FAX. 03-5466-1408
http://www.daizoshuppan.jp/
装 幀 者　CRAFT 大友
印 刷 所　三協美術印刷株式会社
製 本 所　東京美術紙工協業組合

ISBN 978-4-8043-1219-4 C3315